新世紀
法學叢書

修訂二版

海商法論 Maritime Commercial Law

林群弼

學歷／
日本慶應大學法學博士（商法專攻）

經歷／
國立臺灣大學法律系暨法律研究所副教授
東海大學副教授

現職／
國立臺灣大學法律學院副教授
淡江大學保險研究所副教授

三民書局

國家圖書館出版品預行編目資料

海商法論／林群弼著.－－修訂二版修正.－－臺
北市: 三民, 2018
　　面；　　公分－－(新世紀法學叢書)

4712780656235
　1.海商法

587.6

© 海商法論

著 作 者	林群弼
發 行 人	劉振強
著作財產權人	三民書局股份有限公司
發 行 所	三民書局股份有限公司
	地址　臺北市復興北路386號
	電話　(02)25006600
	郵撥帳號　0009998–5
門 市 部	(復北店)臺北市復興北路386號
	(重南店)臺北市重慶南路一段61號
出 版 日 期	初版一刷　2003年4月
	修訂二版一刷　2004年11月
	修訂二版修正　2018年9月
編 　 號	S 584790

行政院新聞局登記證局版臺業字第○二○○號

有著作權·不准侵害

4712780656235

http://www.sanmin.com.tw　三民網路書店

代　序

無常與哀傷　送別近四十年老友

　　當日早上十一點參加臺大法律系林群弼教授之告別式。送別者有司法院院長許宗力、大法官許志雄、前銓敘部部長朱武獻及眾多教授、學者、律師及眾多門生故舊，告別式在莊嚴肅穆下完成。

　　憶起一九七八年（剛好是鄧小平訪日的那一年）我負笈日本讀牙醫研究所，認識正在慶應大學讀法學博士的群弼兄，當時他在東京地區臺灣留學生中是非常令人敬佩的領導型人物，除博學多聞、才華橫溢、富臺灣意識外，還會演布袋戲、也會畫漫畫，最令人動容者，乃他完全「克難苦學」，靠打零工賺取生活費與學費。當年他常言「以雙手勞動，維持心臟跳動」之名言，言猶在耳，故他曾在富士山冰冷寒冬中打零工，為拼高工資，不得不如此，才能賺取足夠生活費與學費。憶常與他在下雪的東京，火爐旁聽他縱橫天下事，口才一流，佩服不已。

　　群弼兄最後終於在克難苦讀下，花了十二年時間，拿到臺灣籍第三位慶應大學法學博士，回國後與曾為法律扶助基金會董事長的臺北大學教授吳景芳女士結為連理。林教授走後，臺灣痛失「海商法」的泰斗型大師，哀哉、痛哉、惜哉！

柯　建　銘

二〇一七年三月

修訂二版序

　　本書自二○○三年四月出版以來，承蒙各位抬愛，如今已經銷售一空，於第二版再版之際，除將第一版些許之錯字更正外，並參考第一版讀者之寶貴意見，於各單元正文論述之後，增列實例演習，以符合實務界參考之需要。

　　第二版之本書內容，除以我國現行海商法法規作為論述對象外，更於各章節正文論述之後，加強實務問題之探討，並於各實例演習中，探討「學界之各種見解」、「學界之通說」、「實務界之見解」、「個人之意見及理由」，加強對於海商爭點問題之具體瞭解，當然本書雖經不少增訂，但仍難臻完美之境，尚祈第二版讀者，不斷提供意見，以便日後再版時之改進。

林　群　弼　謹識

二○○四年十一月
序於國立臺灣大學法律學院

初版序

　　本人自大學畢業服完義務兵役後，即前往日本研究商法，受業於日本商法大師倉澤康一郎教授門下。留日期間，共達十六載有半，其中對於恩師倉澤康一郎教授「嚴謹、細膩」之為學態度，感動不已，對於日本學界吸收外國法規時去蕪存菁之消化過程，印象極為深刻。在日本，「商法合同演習」係以公司法、票據法、海商法、保險法作為共同研究之對象，因此本人之專攻領域，雖以海商法為主公司法為輔，但長期耳濡目染之結果，對於票據法、保險法亦不得不稍有涉獵。吾人雖然長期專攻，但海商法之學問畢竟浩瀚如海，其中存疑難解之處，仍然不少，有待日後之繼續努力。本書中本人所提個人之淺見，大多成形於當時「商法合同演習」之訓練，飲水思源，對於恩師倉澤康一郎教授十餘年之諄諄教誨，鄙人實在甚為感佩而永銘於心。

　　本書係以我國現行海商法規作為論述對象，其中有關海商法之爭議問題，本書大多附有各家學說、實務界見解及本人之淺見，並於其後擬設實例演習，詳加解說，以祈初學者得以練習思考，藉此建立海商法基本之概念。惜乎筆者才疏學淺，掛漏謬誤之處在所難免。尚祈各方賢達，不吝賜正，至感幸甚！

林　群　弼　謹識

二〇〇三年三月
序於國立臺灣大學法律學院

凡　例

　　為提高研習便利，立於比較法之觀點，特將本書引用之相關法律名詞輔以各國法系之名稱介紹，重要法條並附註英文解釋；援將條文之呈現略以簡語如下：

一、相關法律名詞

例：

　　　　　　　┌──　英文名詞解釋　　　　　┌──　日文名詞解釋

　海商法〔英：maritime commercial law；日：海商法（かいしょうほう）；

　德：Seehandelsrecht；法：droit commercial maritime〕

　└──　德文名詞解釋　　　　法文名詞解釋

二、法條呈現簡析

例：

　　　　　　　　　　　　　　　　　　　　　　　　　表該條第二項

　　海商法第十四條規定：「Ⅰ船舶共有人，對於利用船舶所生之債務，就其應有部分，負比例分擔之責。Ⅱ共有人對於發生債務之管理行為，曾經拒絕同意者，關於此項債務，得委棄其應有部分於他共有人而免其責任。」（Ⅰ The co-owners of a ship shall be liable, in proportion to their shares in the co-ownership, for the obligations which have arisen from utilization of the ship. Ⅱ A co-owner, who has refused giving consent to the administrative action which brought about an obligation, may exempt himself from such obligation by giving away his share in the co-ownership to other co-owners.)

　　　　　──　表該條第一項　　　　　　　　　　　表該條文之英譯　──

海商法論
Maritime Commercial Law

Content

目次

第一編　緒　論

maritime commercial law

第一章　海商法之意義

海商法一詞，英美法稱之為 "Maritime Law" 或 "The Law of Admiralty" 或 "Admiralty Law"。在英美法中 "Maritime Law" 與 "Admiralty Law" 往往被視為相同之意思，亦即「海商法」或「海事法」之意思。惟若嚴格區別之，"Admiralty Law" 多指海事私法而言；而 "Maritime Law" 則多指海法 (Law of the Sea)，往往含有國際公法中海事關係法令之意味，因而在其前頭往往加上 "International" 之字樣，例如：

⑴ International Maritime Committee（萬國海法會、國際海事委員會）。

⑵ International Maritime Organization（國際海事組織、國際海事機構）。

德文將海商法稱之為 "Seehandelsrecht"，在德法中，形式意義之「海商法」，乃指德國商法典 (Handelsrecht) 中第四篇「海商」(Seehandel, §476～§905) 之規定而言。法文將海商法稱之為 "droit commercial maritime"，在法國法中，形式意義之「海商法」，乃指法國商法 (droit commercial) 中第二篇「海商」(commerce maritime, §190～§436) 之規定而言。日文將海商法亦稱之為「海商法」（かいしょうほう），似自法文之 "droit commercial maritime" 或德文之 "Seehandelsrecht" 翻譯而來，而我國「海商法」之名則似自日文直接移植而來。在日本法中，形式意義之海商法，乃指日本商法（しょうほう）第四篇「海商」（かいしょう，§684～§851）之規定而言❶。

「海商法」一詞，本為大陸法之法律名詞，在英美法之法律概念中，並無直接「海商法」之名詞。吾人以為，我國海商法英譯時，似應將之譯為 "Maritime Commercial Law" 方能與法文中之 "droit commercial maritime"、德文中之 "Seehandelsrecht" 或日文中之「海商法」相當。似不可將之譯為 "Maritime Law" 或 "Admiralty Law"，"Maritime Law" 或 "Admiralty Law" 固為英美法傳統之法律概念，但僅能相當於法國法之 "droit maritime"、德國法之 "Seerecht" 及日本法之「海法」（かいほう）。日本法之「海法」，乃指有關海事之法規全體而言（海事に関する法規の全体）。

❶　石井照久，伊沢孝平，《海商法・航空法》，有斐閣，昭和 43 年 8 月 20 日發行，p. 15。

分為私海法、公海法、國際海法及海事國際私法，並非海商法之意❷。德國法之 "Seerecht"，即為「海法」之意，乃指與海洋自由、公海、沿海、海上航行等有關之國際條約、國際私法及國際法全部而言（海洋の自由、公海、沿海、海上航行等に関する国際条約、国際私法及国内法の全体をいう）❸。因此，德國法之 "Seerecht" 並非海商法之意。

海商法之意義，有形式意義與實質意義之分。

一、形式意義之海商法

形式意義之海商法者，乃指被命名為「海商法」之成文法規也。易言之，形式意義之海商法者，係指被命名為「海商法」之法典而言。法典 (code) 者，乃指國家所編纂而經由法定程序頒布之成文法規也。

二、實質意義之海商法

實質意義之海商法者，乃指與海商事件有關之各種法規也。除了形式意義之海商法典外，舉凡有關海商事件之其他法律、條約、習慣、命令均包括之。因為海商法係私法中關於海上商事，尤其以海上運送及其他海上企業關係為主要規律對象之特別法規，因此，吾人似可將海商法定義如下：

海商法〔英：maritime commercial law；日：海商法（かいしょうほう）；德：Seehandelsrecht；法：droit commercial maritime〕，乃指以海上商事及其相關事項為規律對象之商事法也。依此定義，吾人析述如下：

(一)海商法者海法也

吾人藉著船舶航行於海洋，謂之航海 (navigation)，與海有關的事項，謂之海事 (maritime affairs or maritime matters)，與海事有關之法規，謂之海

❷　我妻榮，《新法律学辞典》，有斐閣，昭和 51 年 5 月 30 日新版初版第 16 刷發行，pp. 333、603。

❸　山田晟，《ドイツ法律用語辞典 (Deutsch-Japanisches Rechtswörterbuch)》，株式会社大学書林，昭和 56 年 2 月 20 日第 1 版發行，p. 200。

法（或海事法，maritime law）。

海法分為國際海法與國內海法兩種。

1.國際海法

國際海法者，乃指國際公法中有關海事之法規也。

2.國內海法

國內海法者，乃指國內法中有關海事之法規也。又可分為：

⑴國內公海法

國內公海法者，乃指國內公法中有關海事之法規也。亦即規律國家與人民間有關海事之法規也。又可分為海事司法法及海事行政法。

A. 海事司法法

海事司法法散見於民刑訴訟法及其他相關法規之中。

B. 海事行政法

國內公海法中以海事行政法居多，例如：

a. 有關船舶管理者

有關船舶管理者，例如船舶法、船舶登記法。

b. 有關引水管理者

有關引水管理者，例如引水法。

c. 有關漁撈管理者

有關漁撈管理者，例如漁業法。

⑵國內私海法

國內私海法者，乃指國內私法中有關海事之法規也，亦即規律私人間有關海事之法規也。國內私海法以海商法為主。

故海商法是一種海法，以海法之立場觀之，海商法係屬商事之海法；以商法之立場觀之，海商法係屬海事之商法❹。

---

❹　王洸，《海商法釋論》，海運出版社，1962 年 7 月出版，p. 5。劉承漢，《海商法論譯叢編》，交通部交通研究所編印，1971 年 10 月初版，p. 15。

(二)海商法者商事法也

商事法本為以商事為規律對象法規之總稱,商事者,以營利為目的之事業或行為也,亦即商人或與商人在商業上所為之法律行為也。然而此之商事法,乃指狹義之實質商事法而言,狹義之實質商事法,包括公司法、票據法、海商法、保險法,海商法乃狹義實質商事法之一種也。

凡全國一般人民及一般事項均可適用之法律,謂之普通法 (general law);反之,僅限於特定人或特定事項或特定區域適用之法律,謂之特別法 (special law; particular law)。因民法係規定私法中一般事項之法規,而海商法則為規律私法中有關海商特別事項之法規,因此,海商法與民法處於特別法與普通法之地位,故海商法第五條規定:「海商事件,依本法之規定,本法無規定者,適用其他法律之規定。」(To maritime matters which are not provided for in this Law, the provisions of other relevant laws are to be applied.)

(三)海商法者海上商事法也

海商法以海上商事及其相關事項為規律之對象,係屬一種海上商事法。所謂規律,乃指規範 (model) 及定律 (rule) 而言。亦即,海上商事及其相關事項係以海商法為規範及定律,務使一切海上商事及其相關事項納入正軌,藉以確定其法律上之債權債務關係,免生無謂之糾紛也。海上商事與陸上商事不同,海上商事係以海上運送為中心,而就船舶之所有、利用及海員之權利義務、海難、海損及海上保險等一切事項之總稱。海上商事,基本上須以船舶為工具,以海洋為舞臺,以海上運送為目的。而陸上商事雖與海上商事同有運送營業,但與船舶、海洋可謂風馬牛而不相及也❺。

問題與思考

何謂海商法?大陸法系所謂之海商法,與英美法系之 Maritime Law 或 Admiralty Law 有何不同?

---

❺　鄭玉波,《海商法》,三民書局,1976 年 5 月第 7 版,p. 2。

第二章 海商法之性質及特性

綱要導讀

　　十九世紀，法國學者波爾特秀士 (Pardessus) 曾經大力提倡「海商法自立說」，認為海商法具有「普通性」、「不動性」及「習慣起源性」三大特性，其性質有別於民法及陸商法，而應獨立成為另一法域。現代固有某些學者反對波爾特秀士之見解，例如龐努卡斯 (Bonnecase)，但仍有某些學者，認為前述波爾特秀士之見解仍有存在價值❶。茲將海商法之性質及特性，簡單說明如下：

一、海商法之性質

㈠海商法為具有國際性之國內法

　　國內法〔英：municipal law；日：国内法 (こくないほう)；德：staatliches Recht, staatliche Rechtsordnung；法：droit interne〕者，乃指由一個國家制定，並在該國領土內施行之法律也。如中華民國民法、刑法、商法即是。國際法〔英：international law, law of nations；日：国際法 (こくさいほう)；德：Völkerrecht；法：droit international, droit des gens〕者，乃指一般國際社會所公認，其施行區域不以一國之範圍為限，凡屬於該國際團體各國家間均須一致遵行之法則也 。 例如以前國際聯盟之盟約 (Covenant of the League of Nations)、現在之聯合國憲章 (the Charter of the United Nations) 即是。

　　海商法固然具有強烈之國際性，但海商法畢竟為由一個國家所制定，並在該國領土內施行之法律。因此，海商法應為國內法，而非國際法。

㈡海商法為具有公法性之私法

　　公法〔英：public law；日：公法 (こうほう)；德：öffentliches Recht；法：droit public〕者，乃指規定國家或公共團體相互間、或國家、公共團體與私人間有關公權關係之法律也。例如行政法、民訴法、刑法、憲法即是。私法〔英：private law；日：私法 (しほう)；德：Privatrecht, Zivilrecht；法：

---

❶　田中誠二，《海商法詳論》，勁草書房，昭和 51 年 8 月 20 日第 1 版第 1 刷第 2 回發行，p. 38。

droit privé〕者，乃指規定私人相互間、或私人與國家、公共團體間有關私權關係之法律也。例如民法、商事法即是。

　　海商法所規定之事項，多屬私人相互間之權利義務關係，因此海商法應屬私法，而非公法。惟為貫徹國家之海事政策，維護海上航行之安全，各國常於海商法之條文中，規定刑事之處罰。例如就一般之救助義務，我國 1962 年版之海商法第一四二條規定：「Ⅰ船長於不甚危害其船舶海員旅客之範圍內，對於淹沒或其他危難之人，應盡力救助。Ⅱ違反前項之規定者，處三年以下有期徒刑或拘役。」由此規定可知，船長於不甚危害其船舶、海員、旅客之範圍內，而對淹沒或其他危難之人，不盡力救助者，依本條之規定，應處三年以下有期徒刑或拘役。惟本條於 1999 年修正時，已以新海商法第一〇二條規定：「船長於不甚危害其船舶、海員、旅客之範圍內，對於淹沒或其他危難之人應盡力救助。」其修正理由為：「一、條次變更。二、現行條文第二項因刑法第二百九十四條可資適用，爰予刪除。」**❷**由此修正可知，船長違反一般之救助義務時，應回歸適用刑法第二九四條之規定**❸**。

㈢海商法為民法之特別法

　　普通法〔英：general law；日：一般法，普通法（いっぱんほう，ふつうほう）；德：gemeingültiges Recht；法：droit général；羅：ius generale〕者，亦稱一般法，乃指以概括方法規定一定之事項，適用於全國一般人民或一般事項之法規也。特別法〔英：special law, particular law；日：特別法（とくべつほう）；德：Spezialrecht, Partikularrecht；法：droit spécial, droit particulier；羅：ius speciale〕者，乃指相對於普通法，僅適用於特定地方、

---

❷　交通部，《海商法修正草案（含總說明）》，1995 年 7 月，p. 132。

❸　刑法第二九四條：「（違背法令契約遺棄罪）Ⅰ對於無自救力之人，依法令或契約應扶助、養育或保護，而遺棄之，或不為其生存所必要之扶助、養育或保護者，處六月以上五年以下有期徒刑。Ⅱ因而致人於死者，處無期徒刑或七年以上有期徒刑，致重傷者，處三年以上十年以下有期徒刑。」

特定人物、或特定事項之法規也。

海商法所規定者，雖為私人相互間權利義務關係之民事事項，但其內容卻屬海商之特別事項，因此海商法應為民法之特別法。有關海商事項，海商法應優先於民法而適用之。亦即，當海商法有特別規定時，應優先適用海商法之規定，當海商法無特別規定時，始適用民法之一般規定。例如有關移轉登記之效力，海商法第九條規定：「船舶所有權之移轉，非經登記，不得對抗第三人。」有關抵押權設定之效力，海商法第三十六條規定：「船舶抵押權之設定，非經登記，不得對抗第三人。」海商法既有明文規定，則有關登記之效力，自應優先適用海商法之規定。反之，有關所有權之如何移轉，船舶抵押權之如何設定，因海商法並無明文規定，自應適用民法一般之規定。

㈣海商法為海洋法之一種

海洋法〔英：the law of the sea；日：海洋法（かいようほう）〕，亦稱海法，乃指以人類從事海上活動所生法律關係作為規範對象法規之總稱也。海洋法之類別，就其適用而言，可分為國際海洋法及國內海洋法；就其性質而言，可分為海事公法及海事私法。海商法在適用上原則上為國內海洋法，在性質上原則上為海事私法❹，顯然海商法為海洋法之一種。

㈤海商法為交通法之一種

交通法 (transportation law) 者，乃指以使用交通工具所生之法律關係作為規範對象法規之總稱也。海商法係以使用交通工具船舶之法律關係作為規範對象之法規，故為交通法之一種。交通法，除海商法之外，尚包括汽車運送法、鐵路運送法、航空法、內河航行法、郵政電信法等法規❺。

---

❹ 梁宇賢，《海商法精義》，自版，瑞興圖書股份有限公司總經銷，1999 年 9 月修訂新版，p. 3。

❺ 梁宇賢，《海商法論》，三民書局印行，1992 年 8 月修訂 3 版，p. 5。

二、海商法之特性

(一)國際性

海商法所規定者，多以海上運送為中心，常涉及國際間之運送，因此海商法之內容，多來自於國際公約、國際海運慣例，不受各國固有利益及風俗之影響，而具有普遍於各國之性質。茲將影響海商法之重要國際公約，依其年代順序，簡單列舉於下：

(1)「1910 年關於碰撞法規之國際統一公約」(International Convention for the Unification of Certain Rules of Law in regard to Collisions, Brussels, September 23, 1910)。

(2)「1910 年關於海上救助撈救法規之統一公約」(Convention for the Unification of Certain Rules of Law relating to Assistance and Salvage at Sea, Brussels, September 10, 1910)。

(3)「1924 年關於載貨證券法規之國際統一公約」(The International Convention for the Unification of Certain Rules of Law relating to Bill of Lading, Brussels, 25, 1924)

(4)「1924 年關於海船所有人責任限制法規之國際統一公約」(International Convention for the Unification of Certain Rules relating to the Limitation of the Liability of Owners of Seagoing Vessels, Brussels, August 25, 1924)。

(5)「1926 年關於海上優先權及抵押權法規之國際統一公約」(International Convention for the Unification of Certain Rules relating to Maritime Liens and Mortgages, Brussels, April 10, 1926)。

(6)「1950 年約克‧安特衛普規則」(The York-Antwerp Rules, 1950)。

(7)「1952 年關於碰撞事件民事管轄法規之國際公約」(International Convention on Certain Rules concerning Civil Jurisdiction in Matters of Collision, Brussels, May 10, 1952)。

⑻「1952 年關於碰撞或其他意外事件刑事管轄法規之國際統一公約」 (International Convention for the Unification of Certain Rules relating to Penal Jurisdiction in Matters of Collision or other Incidents of Navigation, Brussels, May 10, 1952)。

⑼「1957 年關於海船所有人責任限制法規之國際統一公約」 (International Convention relating to the Limitation of the Liability of Owners of Seagoing Vessels, Brussels, October 25, 1957)，共計十六條。

⑽「1961 年關於海上旅客運送法規之國際統一公約」(International Convention for the Unification of Certain Rules relating to the Carriage of Passengers by Sea, Brussels, April, 1961)。

⑾「1967 年關於海上旅客行李法規之國際統一公約」(International Convention for the Unification of Certain Rules relating to the Carriage of Passengers' Luggage by Sea, Brussels, May 27, 1967)。

⑿「1967 年修正海上救助撈救法規統一公約之議定書」〔Protocol to Amend the Convention for the Unification of Certain Rules of Law relating to Assistance and Salvage at Sea (Brussels, September 10, 1910), Brussels, May 27, 1967〕。

⒀「1967 年關於海上優先權及抵押權法規之國際統一公約」 (International Convention for the Unification of Certain Rules relating to Maritime Liens and Mortgages, Brussels, May 27, 1967)。

⒁「1968 年布魯塞爾議定書」(Protocol to Amend the International Convention for the Unification of Certain Rules of Law relating to Bill of Lading, Brussels, 23, 1968)，簡稱威士比規則 (The Visby Rules, 1968)。

⒂「1974 年約克・安特衛普規則」(The York-Antwerp Rules, 1974)。

⒃「1974 年關於海上旅客及行李運送雅典公約」(Athens Convention

relating to the Carriage of Passengers and their Luggage by Sea, 1974)。

⒄「1976 年倫敦議定書」(Protocol to the Athens Convention relating to the Carriage of Passengers and their Luggage by Sea, 1974, London, November 19, 1976)。

⒅「1976 年海事求償責任限制公約」(Convention on Limitation of Liability for Maritime Claims, 1976)。

⒆「1978 年聯合國海上貨物運送公約」(United Nations Convention on the Carriage of Goods by Sea, 1978)，簡稱漢堡規則 (The Hamburg Rules)。

⒇「1979 年修正關於載貨證券規定統一公約議定書」〔Protocol Amending the International Convention for the Unification of Certain Rules of Law relating to Bills of Lading (August 25, 1924, As Amended by the Protocol of February 23, 1968), Brussels, December 21, 1979〕。

(21)「1980 年聯合國國際貨物多式聯運公約」(United Nations Convention on International Multimodal Transport of Goods, adopted at Geneva on May 24, 1980)。

㈡不動性

所謂不動性，亦稱不變性，係指海商法不因國家革命而受影響，有維持其同一內容而不變之性質而言。亦即，海商法不因國家社會組織之變更，而受其影響之性質❻。

㈢習慣起源性

所謂習慣起源性，係指海商法之立法，係基於從事航海營業者之習慣累積而成而言。亦即海商法之起源，具有大多來自海商習慣累積之性質。

㈣海上航行之特殊性

相較於傳統之陸上運送，因潮流、氣象、水道方位、水深、水流、海

❻　森清，《海商法原論》，有斐閣，昭和 11 年 2 月 17 日改訂版發行，p. 200。

洋之廣大性、海上航行之孤獨性、海上航行之危險性等因素，海上運送之危險遠甚於傳統之陸上運送。為因應此等海上航行之特殊性，海商法乃有「海上保險」（§126～§152）、「船舶適航能力」（§62）、「共同海損」（§110～§125）、「責任限制」（§21～§23）、「法定免責」（§69～§73）、「單位責任限制」（§21）之規定❼。

㈤海上企業之大資本性

基本上，海商法之適用，須以船舶為工具、以海洋為舞臺、以運送為目的。而船舶造價昂貴，且運送量大，非有多數船舶則不足以勝任，因此海上企業之經營，須有巨大之資本。為因應此等海上企業之大資本性，海商法乃有「船舶共有」（§11～§20）之規定。

---

❼ 張新平，《海商法》，國立政治大學法學叢書 (48)，五南圖書出版公司印行，2001 年 2 月初版 1 刷，p. 10。

第三章　海商法之演進

一、古　代

(一)羅德海法

　　據傳說，古代已有海商活動，西元前二十多世紀，埃及、巴比倫及迦太基等國家曾有海法，惟其法則極為簡單，且無文字記載可稽，僅於「巴比倫」時代，西元前 2550 年之《漢摩拉比法典》(*Hamurabi Code*) 發現有關海商之章節，例如就造船、傭船契約之特種形式、租賃借貸、堪航擔保、海上運送人之責任、救助費用、救助責任、船長之薪餉、船舶碰撞責任、冒險借貸等，均設有專條規定，因此某些學者認為，《漢摩拉比法典》應為世界上最早之海商法成文法典❶。惟一般通說仍認為，海商法係以羅德海法（西元前三世紀，Law of Rhodes 或 Rhodian Law 或 The Rhodian Sea Law）為其起源。

　　羅德島原係愛琴海中之一小島，位於埃及與小亞細亞之間，在地中海之東，為古代交通往來之要衝，往來其間之歐洲船舶，遇有糾紛，多在該島解決，因此商業繁盛，習慣漸成。為確保航運及交易之安全，立法者乃將當時多數有效之習慣，彙集成一法典，此乃相傳之「羅德海法」也。因此實際上羅德海法應非成文法，而屬於一種習慣法。

　　羅德海法之內容，在古人之典籍中，記載無多。如前所述，西元三世紀時，有羅馬律師保羅斯者，著有論文五卷 (*The Sentences of Paulus, The Selection of Rules*)，其第二卷列有「羅德海法」一節云：「如為減輕船舶載重而投棄貨載者，其因共同利益而受之損失，應共同負擔。」(Lege Rhodia cavetur ut si levandae navis gratiâ jactus mercium factus est, omnium contributione sarciatur, quod pro omnibus datum est) (Dig Lib xiv tit 2 foll)(The Rhodian law decrees that if in order to lighten a ship merchandise has

---

❶　田中誠二，《海商法詳論》，勁草書房，昭和 51 年 8 月 20 日第 1 版第 1 刷第 2 回發行，p. 6。劉甲一，《商事法論（下)》，五南圖書出版公司印行，1979 年 4 月初版，p. 6。

been thrown overboard, that which has been given for all should be replaced by the contribution of all.) 西元六世紀之《羅馬查士丁尼法典提要》(*Justinian's Digest*, A.D. 533) 第十四章亦列有羅德海法一節云：「凡船舶向海盜納金贖放者，應由利害關係人共同分擔其贖金。」論者常謂此乃今日海商法上共同海損及海上保險之起源❷。又據傳云，在當時羅德海法甚具崇高地位，雖羅馬皇帝亦甚尊崇。例如有位叫尤德蒙 (Eudaemon of Nicomedia) 之人，當其船舶在義大利遇難之後，復遭海盜之洗劫及稅吏之壓迫，乃向安多尼斯皇帝 (Emperor Antoninus) 申訴，皇帝答云：「朕為陸地之統治者，而羅德海法為海洋之統治者，關於此事件，應依羅德海法決定，朕之法律並未反對之。」(Antoninus replied: "I am indeed lord of the world, but the Law is lord of the sea. This matter must be decided by the maritime law of the Rhodians, provided that no law of ours is opposed to it.")❸

　　一般論者常謂，羅德海法係為海商法之起源，其理由約有下列兩點：

　　(1)該法已漸形成海商法之體系。

　　(2)於西元前數世紀，該法已常被保險人引用承認。例如前述《羅馬查士丁尼法典提要》(*Justinian's Digest*, A.D. 533) 第十四章所引用之「凡船舶向海盜納金贖放者，應由利害關係人共同分擔其贖金」即是。

(二)羅馬法

　　在羅馬法中，有關商法之規定，大多含有海商之規定，殊值重視，惟

---

❷ *Lowndes and Rudolf The Law of General Average and The York-Antwerp Rules*, by D. J. Wilson and J. H. S. Cooke, London, Sweet & Maxwell, 12th edition, 1997, §00.01, p. 1.

❸ *The Law of Admiralty*, 2nd Ed., by Grant Gilmore and Charles L. Black. Jr., Mineola, New York, The Foundation Press, Inc., 1975, pp. 3~4. Digest 14.2.9; 2 Digest of Justinian 389 (Monro transl., 1909). 梁宇賢，《海商法論》，三民書局印行，1992 年 8 月修訂 3 版，p. 8。桂裕，《海商法新論》，國立編譯館出版，正中書局發行印刷，1982 年 9 月臺 9 版，p. 16。

羅馬法中有關海商之規定，僅散見於學說編纂及《查士丁尼法典》中，且大多因襲羅德海法而來，僅是羅馬法附加種種訴權而已。西羅馬帝國滅亡後，東羅馬帝國之李奧大帝 (Leo, Spiens, 886–911) 制定巴西利佳 (Besilica) 法典，海商法亦占其中之一篇。惟巴西利佳法典中有關海商之規定，雖然海制之形態較為進步，但內容極為簡單，僅有船舶利用爭議、船舶契約及漁船私酒之買賣等規定而已 ❹。

二、中世紀海商法

時降至中世紀（五世紀至十五世紀中葉），海商之範圍擴大，海事習慣法則隨著地中海、大西洋及北海等諸地域之航運發展而興盛。十一世紀時，義大利博羅尼城成立法律學院 (Law School of Balogny)，羅馬法復為歐洲國家所重視，海事法之原理原則，遂被採入各國之法律、命令，或散見於各學者之論文、著作。中世紀有名之海商法，約有下列幾種：

㈠耶路撒冷王國海事法

耶路撒冷王國海事法 (The Maritime Law of the Kingdom of Jerusalem)，始於古德莆來 (Godfrey de Bonillon, 1060–1100)，率領第一次十字軍東征，收復耶路撒冷以後 ❺。

㈡亞勒倫海法

亞勒倫海法（英：Judgments of Oleron；日：オレロン海法；法：Rôles ou Jugements d'Oléron）者，乃指西元十二世紀時，將亞勒倫海事裁判所之判決及伏特酒之進口法例，彙編而成之判例法也。有關亞勒倫海法之起源，因法國、德國、英國之學者，各自採取有利於自己國家之主張，因此嚴格言之，亞勒倫海法之真正起源（例如名稱之由來、成立之時期及編者），尚難清楚判斷。惟依一般之通說，亞勒倫為法國西海岸羅歇爾 (La Rochelle)

---

❹ 吳智，《海商法論》，自版，三民書局總經銷，1976 年 3 月修訂 4 版，p. 3。

❺ 桂裕，《海商法新論》，國立編譯館出版，正中書局發行印刷，1982 年 9 月臺 9 版，p. 325。

附近之一小島，於西元十二、三世紀之時，因地處大西洋交通之門戶，貿易極為繁盛，有關海事之判決亦極為發達，收錄西元十二、三世紀前後亞勒倫島海事裁判所之海事判例，彙編而成之海事判例法，即為亞勒倫海法❻。

　　據傳英國自查理一世（Charles I, 1157–1199）後，歷經亨利三世（Henry III, 1216–1272）及愛德華三世（Edward III, 1327–1377）統治期間，亞勒倫海法逐漸傳入英國，形成英國海商法之基石，英國商船法之編纂，實基於於亞勒倫海法❼。

(三)康索拉度海法

　　康索拉度海法（英：Consulate of the Sea；日：コンソラート、デル、マーレ；義：Consolato del mare；西：Consolat de mar）者，乃指西元十二世紀至十四世紀時，在西班牙之巴賽隆納 (Barcelona) 將當時之海事習慣及判決，彙編而成之海事法典也。康索拉度海法與亞勒倫海法、威士比海法 (Law of Visby) 並稱為中世紀之三大海法。

　　因康索拉度海法詳記當時之海商習慣而且加以說明，因此不僅於巴賽隆納之區域，連義大利、法國等國之海事裁判所亦多加以適用。康索拉度海法雖非政府所制定之法典，但其內容與近代海商法極為接近，對於船舶之利益分配契約 (commenda)、船長船員之權利義務、運送契約等有極詳盡之規定。

(四)威士比海法

　　威士比海法（英：Law of Visby；日：ヴィスビー海法；德：Wisby Seerecht）者，乃指西元十五世紀左右，於瑞典哥德蘭 (Gothland) 島之威士比港所編

---

❻　田中誠二，《海商法詳論》，勁草書房，昭和 51 年 8 月 20 日第 1 版第 1 刷第 2 回發行，p. 8。

❼　何佐治，《最新海商法釋義》，自版，建華印書有限公司印刷，1962 年 9 月初版（臺），p. 18。桂裕，《海商法新論》，國立編譯館出版，正中書局發行印刷，1982 年 9 月臺 9 版，p. 17。

纂之海事法典也。

　　威士比海法，係將漢撒同盟諸都市所存在之商習慣法編輯而成，為歐洲中世紀各國海事法之重要法源❽。

㈤漢撒海諸城法

　　1254 年，德國之魯白克 (Lubeck)、布郎斯威克 (Brunswick)、丹敘克 (Danzig)、哥魯尼 (Cologne)、佛郎德之布魯奇 (Bruges in Flanders)、英國之倫敦 (London)、俄國之那佛哥拉脫 (Novogorot) 及萊因河一帶之諸都市，為適應共同需要，乃組織聯合會，藉以保護航業，促進貿易。該聯合會，於 1597 年間，搜羅各該都市之海事慣例，編成一部海事法典，稱為「漢撒海法」(The Law of Hansa) 或「漢撒海諸城法」(The Laws of Hansa Towns)❾。

三、近世紀海商法

　　至十九世紀，因經濟發達，航海技術進步，海商法乃有下列之演變：

㈠就海上企業之組織形態而言

　　至十九世紀時，海上企業之組織形態，由「船舶共有」變更為「股份有限公司」，藉以集合巨資，並藉以分散投資之危險。

㈡就船長之權限制度而言

　　在中世紀時，船長多為海上企業之共同經營人，至十九世紀時，船長已由「海上企業之共同經營人」轉變為「海上企業之受僱人」，並具有代理海上運送人及載貨利害關係人之權利義務。其後又因通訊技術之發達及分公司之普遍設立，船長之權限又被限縮，而退居於航運技術負責人之地位，

---

❽　我妻榮，《新法律学辞典》，有斐閣，昭和 51 年 5 月 30 日新版初版第 16 刷發行，p. 45。

❾　何佐治，《最新海商法釋義》，自版，建華印書有限公司印刷，1962 年 9 月初版（臺），p. 19。桂裕，《海商法新論》，國立編譯館出版，正中書局發行印刷，1982 年 9 月臺 9 版，p. 18。梁宇賢，《海商法論》，三民書局印行，1992 年 8 月修訂 3 版，p. 11。

但另由海商法賦予某些公法色彩之重要權限，例如「指揮船舶」、「維持船內治安」及「緊急處分」等權限即是。

(三)就海上企業之運送工具而言

海上企業之運送工具固為船舶，但至十九世紀時，因造船技術之發達，海上企業之運送工具已由「帆船」轉變為「汽船」，因此，運送契約之型態乃大受影響。中世紀時，運送契約之種類僅有「件貨運送契約」之型態，但至十九世紀時，已有所謂「傭船契約」之契約型態出現。

(四)就海上危險之賠償制度而言

中世紀之前，海上運送早有「海上保險」、「共同海損」之規定。至十九世紀時，為配合海上航行之特殊危險性，乃有「船舶所有人責任限制」、「法定免責」、「船舶碰撞」、「救助撈救」等規定之發生❿。

四、近代各國之立法

(一)大陸法系國家

1.法　國

法國自亞勒倫海法頒布後，即居於領導之地位。於法王路易十四（Louis XIV）時，因其國家左右臨海，一方為亞勒倫海法所支配，一方為康索拉度海法所支配，解決海事問題，難免分歧，而發生糾紛。因此乃在宰相康培爾（Colbarlt）之提議下，由國王命令組織委員會，調查各港口之航運習慣，終於在 1681 年 8 月，將當時之海事法規及慣例彙編，頒訂「海商條例」（亦稱海事敕令，Ordonnance sur la marine, 1681）。法國 1681 年之「海商條例」，為十七世紀最有系統之法典，因此「海商條例」之頒布，國際海法及國際慣例乃開始正式進入國內法之領域。

法國 1681 年之「海商條例」，共分五編，第一編為「海事司法官及管轄權」，第二編為「船員及船舶」，第三編為「海事契約」，第四編為「港灣沿岸之警察」，第五編為「漁業」。該條例之內容，包含海事公法及海事私

---

❿　劉甲一，《商事法論（下）》，五南圖書出版公司印行，1979 年 4 月初版，p. 8。

法，在當時對全歐洲曾發生極大影響，例如比利時、荷蘭、西班牙、葡萄牙、瑞典等國有關海事法規之立法或解釋，莫不受其左右。1807 年拿破崙制定法蘭西商法典，將海事條例之海事私法部分併入商法典內，成為歐洲各國立法之典範，其影響範圍遠達中美、南美諸國 ❶。其後法國頒布之海商法規尚有「1885 年之船舶抵押法」、「1891 年之船舶碰撞法」、「1916 年之海難救助法」、「1936 年之海上物品運送法」、「1949 年之海上優先權法」等 ❷。

2.德　國

德國海商法之法典化，遠較法國為遲。1861 年制定之「普通德意志商法典」（Allgemeines Deutsches Handelsgesetzbuch，舊商法），其第五編即為「海商」(Seehandel)，舊商法海商之規定，頗受法國商法之影響。1897 年制定，即現行之「德意志商法典」(Handelsgesetzbuch) 新商法，將「海商」改列為第四編 (Viertes Buch. Seehandel)，自第四七四條至第九○五條，共分十一章。第一章為「總則」(Erster Abschnitt. Allgemeine Vorschriften, §474～§483)，第二章為「船舶所有人及船舶共有體」(Zweiter Abschnitt. Reeder und Reederei, §484～§510)，第三章為「船長」(Dritter Abschnitt. Schiffer, §511～§555)，第四章為「物品運送行為」(Vierter Abschnitt. Frachtgeschäft zur Beförderung von Gütern, §556～§663)，第五章為「旅客運送之運送行為」(Fünfter Abschnitt. Frachtgeschäft zur Beförderung von Reisenden, §664～§678)，第六章為「冒險借貸」(Sechster Abschnitt. Bodmerei, §679～§699)，第七章為「海損」(Siebenter Abschnitt. Haverei, §700～§739)，第八章為「海難中之救援救助」(Achter Abschnitt. Bergung

---

❶ 烏賀陽然良，《佛蘭西商法 (II)》，有斐閣，編者神戶大学外国法研究会，昭和 32 年 5 月 30 日（復刊版）初版第 1 刷發行，p. 11。

❷ 何佐治，《最新海商法釋義》，自版，建華印書有限公司印刷，1962 年 9 月初版（臺），p. 23。梁宇賢，《海商法精義》，自版，瑞興圖書股份有限公司總經銷，1999 年 9 月修訂新版，p. 12。

und Hilfeleistung in Seenot, §740～§753)，第九章為「船舶債權者」(Neunter Abschnitt. Schiffsgläubiger, §754～§777)，第十章為「對航海危險之保險」(Zehnter Abschnitt. Versicherung gegen die Gefahren der Seeschiffahrt, §778～§900)，第十一章為「時效」(Elfter Abschnitt. Verjährung, §901～§905) ⓭。

德國於 1897 年制定前述之「德意志商法典」後，又於 1902 年制定船員法，1930 年又依國際公約增訂船員返還本國之法。其後，1943 年制定「船舶抵押證券銀行法」，1951 年頒布「商船旗幟懸掛權法」，1957 年全面修訂 1902 年之船員法 ⓮。屬於德國法系之國家，有瑞士、丹麥、挪威、日本及 1829 年以後之西班牙等國。惟嚴格說來，日本海商法並非純屬德國法系之立法，因日本海商法有關共同海損及船舶所有人責任限制等規定，係採法國之因果主義及委付主義（1975 年之前），而有關海難救助之立法則採英美法之立法精神 ⓯。我國海商法之立法，在實質上，係仿自日本商法之海商編，原則上以採取德國之立法例為主，並兼其他各國之立法例，因此我國海商法之立法，亦非純屬德國法系，而應屬折衷法系或統一法系 ⓰。

㈡英美法系國家

1.英 國

英國之普通法，係由判例累積而成，性質上屬於一種習慣法 (customary law)，具有濃厚之地方色彩。英國之衡平法 (Equity)，雖然大量吸收羅馬法之精髓，但在體制上究竟難與歐洲大陸法融合，而自成獨自之法系。

英國在 1285 年，即有「海事法院」(The Court Admiralty) 之設立，最

⓭ 烏賀陽然良，《佛蘭西商法（II）》，有斐閣，編者神戶大学外国法研究会，昭和 32 年 5 月 30 日（復刊版）初版第 1 刷發行，pp. 1～3。

⓮ 石井照久、伊沢孝平，《海商法・航空法》，有斐閣，昭和 43 年 8 月 20 日初版第 5 刷發行，p. 62。

⓯ 林咏榮，《商事法新詮（下）》，五南圖書出版公司，1989 年 4 月再版，p. 525。

⓰ 梁宇賢，《海商法論》，三民書局印行，1992 年 8 月修訂 3 版，p. 13。

初由海軍總司令兼理，以審理海員紀律等事件。至愛德華三世 (1327–1377) 時，海事法院之管轄範圍逐漸擴大，擴及於刑事、民事、侵權行為及依亞勒倫海法應屬海事契約範圍之事件。1560 年設置副司令，專門負責海事案件之審理，其裁判法官則由具有羅馬法知識之學者擔任之。其後，因「普通法院」(The Common Law Court) 與海事法院發生管轄權限之爭論，普通法院為抵制海事法院權限之擴張，曾經規定：海事法院之管轄區域，應以海潮升降之處及河流在第一架橋樑所在之處為限。其間曾一度廢止海事法院，旋又恢復，有關權限之爭論仍然經常發生。直至 1873 年及 1875 年頒行「法院組織法」(Judicature Act)，將海事法院、遺囑法院及離婚法院，合併為一庭，並同屬於高等法院，爭論始告平息 **⑰** 。

英國最早之海事法典為《海事黑皮書》(The Black Book of Admiralty)。有關《海事黑皮書》之年代及編著，現已不詳，惟其中有關海事之法規、命令、判例及程序，頗多引申亞勒倫海法之處 **⑱** 。茲將英國海商法典及批准之海事公約，簡述如下：

⑴ 1855 年公布之「載貨證券法」(Bill of Lading Act, 1855)；

⑵ 1894 年公布之「商船法」(The Merchant Shipping Act, 1894)；

⑶ 1906 年公布之「海上保險法」(The Marine Insurance Act, 1906)；

⑷ 1911 年批准之「1910 年之救助公約」(The Salvage Convention, 1910) 及「1910 年之船舶碰撞責任公約」(The Maritime Collision Liability Convention, 1910)；

⑸ 1913 年公布之「引水法」(Pilotage Act, 1913)；

⑹ 1924 年批准之「海上載貨證券公約」(The Ocean Bills of Lading Convention, 1924)；

⑺ 1924 年公布之「海上物品運送法」(The Carriage of Goods by Sea

---

⑰ 劉甲一，《商事法論 (下)》，五南圖書出版公司印行，1979 年 4 月初版，p. 65。

⑱ 桂裕，《海商法新論》，國立編譯館出版，正中書局發行印刷，1982 年 9 月臺 9 版，p. 19。

Act, 1924)；

⑻ 1971 年公布之「海上物品運送法」(The Carriage of Goods by Sea Act, 1971)；

⑼ 1992 年公布之「海上物品運送法」(The Carriage of Goods by Sea Act, 1992)❶ 。

2.美　國

美國有聯邦法院 (Federal Courts) 及州法院 (State Courts) 之劃分，因此有關司法之管轄，難免亦有爭議。為杜絕此等爭議，聯邦憲法 (Constitution of the United States, 1787) 第三條第二款 (Article III, Section 2) 乃明文規定：「聯邦司法權應包括⋯⋯一切應屬海事法院管轄之事件。」 (The judicial power shall extend...to all cases of admiralty and maritime jurisdiction; ...) 由此規定可知，關於海商事件之管轄，應歸於聯邦法院。惟聯邦國會為杜糾紛，乃於 1789 年制定法律第七十六號，重申前旨。1789 年 9 月 20 日，聯邦國會制定法律第七十六號，其第二十章第九節即規定：「茲更規定（聯邦）地區法院 (Distric Court) 對於公海及各該地區內與海相通，能供十噸以上船舶行駛之水面，發生有關應屬海事法院管轄之民事事件，包括稅捐、扣押事件在內，有第一審專屬管轄權，但訴訟當事人依普通法 (common law) 得提起之訴訟，而為普通法院有管轄權者，不在此限；又對於依聯邦法律所為一切陸上或上述水面以外之扣押事件及處罰及沒收等訴訟，亦有專屬管轄權。」易言之，凡依海事法規定應屬海事法院管轄之事件，歸聯邦法院審理，凡依普通法規定應屬普通法院管轄之事件，歸州法院審理❷ 。

有關海商法之制定法，美國與英國不同，有關海商之規範，多委諸於

---

❶　梁宇賢，《海商法論》，三民書局印行，1992 年 8 月修訂 3 版，p. 14。何佐治，《最新海商法釋義》，自版，建華印書有限公司印刷，1962 年 9 月初版（臺），p. 21。

❷　桂裕，《海商法新論》，國立編譯館出版，正中書局發行印刷，1982 年 9 月臺 9 版，p. 20。

習慣法及單行法規，較缺乏綜合性之海商法典。茲將歷年來美國所頒布之海商法規，簡述如下：

    ⑴ 1851 年公布之「船舶所有人責任限制法」(Limitation of Liability Act, 1851)；

    ⑵ 1882 年公布之「旅客法」(Passengers Act, 1882)；

    ⑶ 1893 年公布之「哈德法」(Harter Act, 1893)；

    ⑷ 1910 年批准之「海上優先權法」(Maritime Lien Act, 1910)；

    ⑸ 1912 年公布之「海難救助法」(Salvage Act, 1912)；

    ⑹ 1916 年批准之「聯邦載貨證券法」(Federal Bills of Lading Act, 1916)；

    ⑺ 1920 年公布之「船舶抵押法」(Ship Mortgage Act, 1920)；

    ⑻ 1920 年公布之「瓊斯法」(Jones Act, 1920)；

    ⑼ 1936 年公布之「商船法」(Merchant Marine Act, 1936)；

    ⑽ 1936 年公布之「海上物品運送法」(Carriage of Goods by Sea Act, 1920)；

    ⑾ 1984 年公布之「船舶所有人責任限制法」(Limitation of Liability Act, 1984)。

第四章　海商法之沿革

綱 要 導 讀

一、前清末葉之「海船法草案」

二、1926 年之「海船法案」

三、1929 年之「海商法」

四、1962 年之「海商法」

五、1999 年之「海商法」

　㈠第一章「通則」之修正

　㈡第二章「船舶」之修正

　　1.將「船舶經理人」修正為「共有船舶經理人」，並將「經理其營業」修正為「經營其業務」

　　2.將船舶所有人責任限制之制度，由「船價主義」修正為「兼採船價主義及金額主義」之立法

　　3.增訂船舶所有人責任限制規定之例外項目

　　4.將「優先權」正名為「海事優先權」，將「抵押權」正名為「船舶抵押權」

　　5.增訂留置權之位次，在海事優先權之後，船舶抵押權之前

　　6.增訂不適用優先權之規定

　㈢第三章「運送」之修正

　　1.將第三章之章名，由「運送契約」變更為「運送」

　　2.增訂全部傭船契約解除之規定

　　3.增訂載貨證券內依託運人通知載明貨物相關事項時，推定運送人依其記載為運送

　　4.就受領貨物之效力，將「視為」修正為「推定」

　　5.修正運送人責任免除限制之規定

　　6.提高單位賠償責任限制金額及其除外規定，並增訂單位包裝件數之計算方式

　　7.修正關於偏航不負賠償責任之規定

8.增訂載貨證券所載之裝載港或卸貨港為中華民國港口者，其載貨證券所生之法律關係，應適用本法之規定

㈣第四章「船舶碰撞」之修正

1.增訂船舶碰撞時，被扣押之船舶得由適當之銀行或保證人出具書面保證，請求放行

2.增訂關於船舶碰撞之訴訟管轄法院，得由當事人合意管轄之法院為之

㈤第五章「船舶碰撞」之修正

1.將原章名「救助及撈救」修正為「海難救助」

2.增訂施救人對於船舶或船舶上貨物可能造成之環境損害，予以防止或減輕之報酬請求權，及救助報酬請求權之二年消滅時效

3.增訂拖船對被保險人拖船施以救助者得請求報酬。但以非為履行該拖船契約者為限

㈥第六章「共同海損」之修正

1.修正共同海損之定義

2.修正共同海損分擔義務之規定

3.修正共同海損各被保存財產分擔價值之規定

4.增訂共同海損費用之規定

5.增訂郵件不分擔共同海損之規定

㈦第七章「海上保險」之修正

1.修正得為海上保險之標的，不限得以貨幣估價者，並增訂海上保險契約得約定延展加保至陸上、內河、湖泊或內陸水道之危險

2.增訂被保險人有損害防止之義務，及被保險人違反義務時，保險人對因而擴大之損失不負責任

3.修正違反裝船通知義務之效力

4.增訂有關船舶、運費部分損害之計算，使其補償方式有所依據

5.將船舶行蹤不明或被保險人扣押得為委付之期限縮短為二個月

6.增訂貨物應由保險人負保險責任之損害，其回復原狀及轉運至目的地費用總額合併超過到達目的地價值時，得委付之

7.刪除專就戰爭危險投保之規定

8.增訂保險標的物雖經委付而未被承諾前，當事人雙方均得採取救助、保護或回復等各項措施，以避免損失之擴大

六、海商法之統一趨勢

　　有關航海活動，中國古文典籍，記載頗多，自其記載，不難找出其徵誌。例如《易繫辭》云：「伏羲氏刳木為舟」；《山海經》云：「番禺始作舟」；世本云：「共鼓貨狄作舟，造船通商，由來久矣」；《論語》云：「子曰：『道不行，乘桴浮於海』」，足見中國航運活動，發軔甚早。惟其較有明確之淵源者，則表現於唐宋造船、航運活動之記錄。

　　漢魏時代，錫蘭南洋諸地，已與中國通商。南北朝以至隋唐，中國航業更加發達，當時之航路，或自爪哇、蘇門答臘、錫蘭向西發展；或自錫蘭沿循印度洋進入波斯灣；或自錫蘭沿循阿拉伯海岸進入紅海之亞丁。尤其唐朝時，曾於各沿海港口，設置「市舶司」，專司航海業務之管理。宋朝時，更將「市舶司」之組織，加以擴充，其規則條例，亦更加繁密，於焉，中國海商之發展基礎乃告奠定矣！宋末之時，威尼斯商人馬可波羅 (Marco Polo, 1254–1324) 曾來中國，在其著作《東方見聞錄》（Il *Miloone*）中曾經記載：歸程來中國船，在印度洋又見中國船 15 艘。據其觀察，當時印度與中國間之交通，幾乎全部操在中國人手中。再者，明朝之時，曾派太監鄭和出使南洋，當時曾經配發巨舶 64 艘，載運士兵 27,000 人，經南洋、歷印度、波斯，而至非洲好望角，聲勢浩大，盛況空前。

　　綜觀上述可知，中國航運發達甚早，應無可疑，尤其明朝初年，航運路線更已貫穿南洋東西之海岸，海商活動可謂相當鼎盛。惜乎，中國政府向來自以地大物博，國內資源應有盡有，海外物資並無迫切需要，因此歷來國際貿易，多由民間自行活動，所換物品，亦多與民生無關。至於政府所辦航運活動，則多以宣揚國威為主，偏重於軍事政治作用。同時，歷代中國政府，又以海岸天險，國防可據，因此閉關自守，海禁甚嚴，未曾頒布任何海商法令，以致中國之海商法規無法進步發展。直至清末鴉片戰後，海禁洞開，始與各國正式通商，始知海商重要，應頒海法。茲將中國海商法之制定、沿革，簡單介紹如下：

一、前清末葉之「海船法草案」

光緒 34 年 10 月,成立修訂法律館,延聘日本學者志田鉀太郎博士來華擬訂商法草案,至宣統元年脫稿。志田鉀太郎博士所擬之商法草案,其中含有「海船法草案」一編。該「海船法草案」共分六編,第一編為「總則」、第二編為「海船關係人」、第三編為「海船契約」、第四編為「海損」、第五編為「海難之救助」、第六編為「海船債權之擔保」,共計 263 條。惜乎,該「海船法草案」未經審定,清廷已覆,因未曾頒行,故無法律上之效力。

二、1926 年之「海船法案」

因 1918 年發生江寬輪船與楚材兵艦碰撞事件,1919 年乃由交通部及海軍部,奉令設立「商船航律會」,從事商船航律之編纂。先由交通部起草,再由此司法、農商、海軍三部,分任修改,並決定公布之前,先徵航商同意,惜乎歷時甚久,而未能定案。

1926 年 11 月 18 日,前北京政府之司法部,將前述「海船法草案」之條文字句及特別名詞略加修改,以「海船法案」之名公布,可惜亦未施行。

三、1929 年之「海商法」

1927 年國民政府成立,有鑑於海商法之制定攸關海上商業之發展,乃復開始海商法之編訂。1929 年中央政治會議於第 183 次會議議決,關於民商法之編纂,採民商合一之立法,其不能合併者,如公司法、票據法、保險法、海商法則分別訂立單行法規,以作為民法之特別法。其中海商法之立法,由立法院商法起草委員會起草,惟其草案頗多採擇當時立法院顧問法國人愛斯加拉 (I. Estcarra) 之意見,因遭船商強力反對。其後經起草委員會數月討論,並曾召集相關各機關及招商局船務人員等,共同參加研究,並廣泛參照我國航行習慣,將原稿修正過半,復由民商兩起草委員會重加

審查，其中甚多參照英、美之航運慣例及日、德之成文規定，經立法院第 68 次會議逐條討論，三讀通過「海商法草案」，並於 1929 年 12 月 30 日正式公布，復於 1930 年 11 月 25 日公布施行法，均自 1931 年 1 月 1 日起施行。此即我國 1929 年之海商法，亦即我國第一次正式施行之海商法。此海商法共 174 條，計分八章。第一章為「通則」，第二章為「船舶」，第三章為「海員」，第四章為「運送契約」，第五章為「船舶碰撞」，第六章為「救助及撈救」，第七章為「共同海損」，第八章為「海上保險」❶。其後，有鑑於海運管制之需要，並為配合海商法之施行，國民政府又相繼制定船舶法、船舶登記法。船舶法於 1930 年 12 月 4 日公布，全文共 43 條，1931 年 7 月 1 日開始施行；船舶登記法於 1930 年 12 月 5 日公布，1938 年 7 月 1 日開始施行。

四、1962 年之「海商法」

　　1929 年版之「海商法」，自公布施行至戰後，相沿適用約有三十餘年，其中國民政府之遷移臺灣，海商貿易狀況已有改變，國際公約精神亦與昔日大異其趣，顯然 1929 年版之「海商法」已經無法適應現代海商之實際需要，因此國民政府乃將 1929 年版之「海商法」大規模修正，並於 1962 年 7 月 25 日公布，此法即現行海商法施行前之舊海商法。1962 年之「海商法」，共 194 條，計分十章。第一章為「通則」，第二章為「船舶」，第三章為「船長」，第四章為「海員」，第五章為「運送契約」，第六章為「船舶碰撞」，第七章為「救助及撈救」，第八章為「共同海損」，第九章為「海上保險」，第十章為「附則」。

　　同時，船舶法及船舶登記法，亦於戰後歷經數次修正。船舶法曾於 1961 年 1 月 30 日修正公布全文 98 條，1974 年 11 月 1 日修正公布全文 89 條，至 1983 年 12 月 28 日及 1996 年 10 月 2 日再經公布施行。最近，復於 2002 年 1 月 30 日修正公布第六二、六三、六五～六七、六九～七三、七八～八

---

❶　吳智，《海商法論》，自版，三民書局總經銷，1976 年 3 月修訂 4 版，p. 6。

三條條文；增訂第二二條之一、三五條之一、四二條之一、四九條之一、五一條之一、六一條之一、七四條之一、八七條之一～八七條之十條文；並刪除第八七條之條文。船舶登記法早於 1946 年 8 月 2 日及 1947 年 9 月 29 日兩次修正公布施行，至 1975 年 6 月 5 日又再經修正公布。現行船舶登記法共 66 條，計分七章。第一章為「總則」，第二章為「申請登記程序」，第三章為「所有權登記」，第四章為「抵押權及租賃權登記」，第五章為「註銷登記」，第六章為「登記保險費」，第七章為「附則」。至今，我國海商之法制體系，大致已經現代化，符合國際之立法精神矣！

五、1999 年之「海商法」

　　1962 年版之「海商法」，自公布施行，相沿適用又經三十餘年，其中因國際海運興革及海洋法律思潮之變遷，如 1924 年海牙規則 (The Hague Rule, 1924) 前後受到 1968 年布魯塞爾議定書 (Brussels Protocol, 1968)、海牙威士比規則 (The Hague-Visby Rules) 及 1979 年特別提款權議定書 (S.D.R. Protocol, 1979) 之修正，美國 1916 年海運法 (The Shipping Act, 1916) 於 1984 年完成總修訂，以及國際共同海損理算規則「1950 年約克‧安特衛普規則」(The York-Antwerp Rules ,1950) 亦於 1974 年、1990 年兩次修正，顯然 1962 年之「海商法」已經不合時宜，不足因應實際需要。為因應時代之變遷及海運經營型態之更迭，並配合社會環境整體之需要，乃研擬海商法修正草案，並於 1999 年 7 月 14 日修正公布。

　　1999 年之「海商法」，共 153 條，計分八章。第一章為「通則」，第二章為「船舶」，第三章為「運送契約」，第四章為「船舶碰撞」，第五章為「海難救助」，第六章為「共同海損」，第七章為「海上保險」，第八章為「附則」。

　　1999 年之「海商法」，除將 1962 年「海商法」第三章「船長」及第四章「海員」合併為另將草擬之「船員法」外，其主要之修正內容如下：

㈠第一章「通則」之修正

　　修正船舶保全程序之規定。有關船舶保全程序之規定，舊法（1962 年

之海商法）第四條之原本規定為：「I船舶之扣押、假扣押，自運送人或船長發航準備完成時起，以迄航行完成時止，不得為之；但為使航行可能所生之債務，不在此限。II國境內航行船舶之假扣押，得以揭示方法為之。」新法（1999年之海商法）則以第四條將之修正為：「I船舶保全程序之強制執行，於船舶發航準備完成時起，以迄航行至次一停泊港時止，不得為之。但為使航行可能所生之債務，或因船舶碰撞所生之損害，不在此限。II國境內航行船舶之保全程序，得以揭示方法為之。」其修正理由為：「一、為保護航海事業之發展，同時亦予銀行授信資金融通安全之保障，爰修正第一項對船舶保全程序強制執行之限制。二、第一項之『航行完成』修正為『航行至次一停泊港』，以資明確。三、對船舶保全程序之強制執行，包括對船舶之假扣押及假處分。」

㈡第二章「船舶」之修正

1.將「船舶經理人」修正為「共有船舶經理人」，並將「經理其營業」修正為「經營其業務」

有關船舶經理人之選任，舊法第十七條之原本規定為：「船舶共有人應選任船舶經理人經理其營業，船舶經理人之選任，應以共有人過半數並其應有部分之價值合計過半數之同意為之。」新法則以第十七條將之修正為：海商法第十七條規定：「船舶共有人，應選任共有船舶經理人，經營其業務，共有船舶經理人之選任，應以共有人過半數，並其應有部分之價值合計過半數之同意為之。」其修正理由為：「一、本章第十一條至第二十條皆為規定船舶共有制度，為期用語明確，特將『船舶經理人』修正為『共有船舶經理人』（第十八條至第二十條皆同）。二、『經理其營業』文字修正為『經營其業務』，俾符實務。」

2.將船舶所有人責任限制之制度，由「船價主義」修正為「兼採船價主義及金額主義」之立法

就船舶所有人責任之限制，舊海商法第二十一條之原本規定為：「I船舶所有人，對左列事項所負責任，以本次航行之船舶價值、運費及其他附

屬費為限，船舶所有人不提供船舶價值而委棄其船舶者，亦同：一 船長、海員、引水人或其他一切服務於船舶之人員，因執行業務所加損害於第三人之賠償。二 交付船長運送之貨物或船上其他一切財產物品所受損害之賠償。三 本於載貨證券所生之債務。四 在履行契約中所犯航行過失之賠償。五 船舶所加於港埠、倉庫、航路設備及工作物之損害所應修理之義務。六 關於除去沉船漂流物之義務及其從屬之義務。七 救助及撈救之報酬。八 在共同海損中屬於船舶所有人應分擔之部分。九 船長在船籍港外，以其職權因保存船舶或繼續航行之實在需要所為行為，或契約所生之債務，而其需要非由發航時準備不足，船具缺陋或設備疏忽而生者。II前項運費，對於依約不能收取之運費及票價，不包括在內。III第一項所稱附屬費，指船舶因受損害應得之賠償，但保險金不包括在內。IV第一項第一款所稱之損害，包括身體之傷害及生命之喪失。」新法則以第二十一條將之修正為：「I船舶所有人對下列事項所負之責任，以本次航行之船舶價值、運費及其他附屬費為限：一 在船上、操作船舶或救助工作直接所致人身傷亡或財物毀損滅失之損害賠償。二 船舶操作或救助工作所致權益侵害之損害賠償。但不包括因契約關係所生之損害賠償。三 沉船或落海之打撈移除所生之債務。但不包括依契約之報酬或給付。四 為避免或減輕前二款責任所負之債務。II前項所稱船舶所有人，包括船舶所有權人、船舶承租人、經理人及營運人。III第一項所稱本次航行，指船舶自一港至次一港之航程；所稱運費，不包括依法或依約不能收取之運費及票價；所稱附屬費，指船舶因受損害應得之賠償。但不包括保險金。IV第一項責任限制數額如低於下列標準者，船舶所有人應補足之：一 對財物損害之賠償，以船舶登記總噸，每一總噸為國際貨幣基金，特別提款權五四計算單位，計算其數額。二 對人身傷亡之賠償，以船舶登記總噸，每一總噸特別提款權一六二計算單位計算其數額。三 前二款同時發生者，以船舶登記總噸，每一總噸特別提款權一六二計算單位計算其數額。但人身傷亡應優先以船舶登記總噸，每一總噸特別提款權一〇八計算單位計算之數額內

賠償，如此數額不足以全部清償時，其不足額再與財物之毀損滅失，共同在現存之責任限制數額內比例分配之。四　船舶登記總噸不足三百噸者，以三百噸計算。」其修正理由為：「一、現行條文第一項對船舶所有人所得主張責任限制之事項計有九款，除第五項對於港埠設備之損害修理義務亦得限制外，其他八款與 1924 年海船所有人責任限制公約之規定相仿。二、查 1924 年及 1957 年海船所有人責任限制公約目前已發展為 1976 年海事求償責任限制國際公約（於 1986 年 12 月 1 日起生效）。修正條文第一項係參照 1976 年海事求償責任限制國際公約精神，為更能刺激及鼓勵船舶所有人淘汰劣質之老舊船舶，以積極建造性能優良之新船，特將現行之『船價制及委付制』修正為『船價制及金額制』。三、第一項就船舶所有人得主張限制責任項目各款之規定，係參照 1957 年海船所有人國際公約第一條第一項與 1976 年海事求償責任限制國際公約第二條第一項之規定，及我國國情及政策，爰修正如上。四、增訂第二項：係參酌 1976 年公約第一條內容對享有責任限制權之船舶所有人之含括範圍。其中『船舶所有權人』係指航行船舶依船舶登記法所登記之船舶所有權人；『船舶承租人』係指就航行船舶與船舶所有權人訂有光船租賃契約之傭船人；『經理人』係指就航行船舶受委任經營其航運業務之人；『營運人』係指航行船舶之船舶所有權人、船舶承租人、經理人以外有權為船舶營運之人。五、增訂第三項：明定所稱本次航行，係指船舶自一港至次一港之航程，並納入現行條文第二項及第三項對運費及附屬費之定義。六、將現行條文第四項刪除，以配合第一項第一款及第四項之規定。七、增訂第四項：係參酌 1957 年海船所有人責任限制國際公約第三條及 1976 年海事求償權責任限制國際公約第六、第七、第八條對於責任限制數額之計算標準，復參酌世界主要國家計算標準，擬訂以新臺幣為計算單位之責任限制數額計算標準為：㈠對財物損害之賠償以船舶登記總噸，每一總噸新臺幣二千元計算其數額。㈡對人身傷亡之賠償以船舶登記總噸，每一總噸新臺幣六千元計算其數額。㈢前二款同時發生者，以船舶登記總噸，每一總噸新臺幣六千元計算其數額，但人身傷亡

應優先以船舶登記總噸，每一總噸四千元計算之數額內賠償，如此數額不足以全數賠償，其不足額再與財物之毀損滅失，共同在現存之責任限制數額內比例分配之。八、惟為慮及經此計算標準所計算之責任限制數額，不因未來國內幣值劇烈變動而影響其實質，擬參照 1976 年公約所採國際貨幣基金特別提款權 (SDR) 為計算單位，並以 1993 年 12 月 29 日之匯率換算標準（1 計算單位等於 1.38107 美元；1 美元等於新臺幣 26.70 元）予以換算如第四項所列數額。」自 1924 年及 1957 年海船所有人責任限制國際公約至 1976 年海事求償責任限制國際公約，其對船舶所有人責任限制制度具有三項特徵：即(1)責任限制之項目逐次減縮；(2)責任限制之例外日漸擴大；(3)責任限制之賠償額越來越確定及增加❷。

3.增訂船舶所有人責任限制規定之例外項目

　　就船舶所有人責任限制規定之例外，舊海商法第二十二條規定：「前條責任限制之規定，於左列情形不適用之：一　本於船舶所有人之行為或過失所生之債務。二　前條第九款所定債務經船舶所有人之允許者。三　本於船長海員及其他服務船舶之人員之僱傭契約所生之債務。」新海商法則以第二十二條將之修正為：「前條責任限制之規定，於下列情形不適用之：一　本於船舶所有人本人之故意或過失所生之債務。二　本於船長、海員及其他服務船舶之人員之僱用契約所生之債務。三　救助報酬及共同海損分擔額。四　船舶運送毒性化學物質或油污所生損害之賠償。五　船舶運送核子物質或廢料發生核子事故所生損害之賠償。六　核能動力船舶所生核子損害之賠償。」由此規定可知，新法增訂船舶所有人責任限制之規定，對於「救助報酬及共同海損分擔額」、「船舶運送毒性化學物質或油污所生損害之賠償」、「船舶運送毒性化學物質或油污所生損害之賠償」、「船舶運送核子物質或廢料發生核子事故所生損害之賠償」、「核能動力船舶所生核子損害之賠償」等情形不適用之。其修正理由為：「一、為配合前條之修正，第一款增列『本人之故意』，並刪除現行條文第二款。二、現行條文第三款

❷　交通部，《海商法修正草案（含總說明）》，1995 年 7 月，pp. 2、22～28。

列為修正條文第二款。三、增訂第三款至第六款：係參照一九七六年海事求償責任限制國際公約第三條規定，責任人不能適用主張限制其責任之事項而增訂。例如因船舶運送毒性化學物質或油污所生損害及賠償數額皆非常嚴重及鉅大。為嚴加防範其事故之發生，國際間乃採嚴格責任（危險）主義，而不採過失責任原則。」❸

4.將「優先權」正名為「海事優先權」，將「抵押權」正名為「船舶抵押權」

就海商法第二章（船舶）第二節之節名，舊海商法之規定為：「優先權及抵押權」，而新海商法則以第二章（船舶）第二節之節名，將之修正為：「海事優先權及船舶抵押權」。由此規定可知，新海商法已將「優先權」正名為「海事優先權」，將「抵押權」正名為「船舶抵押權」。其修正理由為：「本節節名修訂為『海事優先權及船舶抵押權』，將『優先權』正名為『海事優先權』，以示對於船舶之優先權；『抵押權』修正為『船舶抵押權』，俾用語一致。」

5.增訂留置權之位次，在海事優先權之後，船舶抵押權之前

就留置權之位次，舊海商法未有規定，新海商法則以第二十五條規定：「建造或修繕船舶所生債權，其債權人留置船舶之留置權位次，在海事優先權之後，船舶抵押權之前。」其立法理由為：「本條新增，明定留置權之位次，在海事優先權之後，在船舶抵押權之前。」

6.增訂不適用優先權之規定

就不適用優先權之規定，新海商法第二十六條規定：「本法第二十二條第四款至第六款之賠償請求，不適用本法有關海事優先權之規定。」由此規定可知，「船舶運送毒性化學物質或油污所生損害之賠償」、「船舶運送核子物質或廢料發生核子事故所生損害之賠償」、「核能動力船舶所生核子損害之賠償」，不適用本法有關海事優先權之規定。其立法理由為：「一、本條新增。二、本條係參酌 1967 年統一海事優先權及抵押權國際公約之規定

❸　交通部，《海商法修正草案（含總說明）》，1995 年 7 月，pp. 3、28。

予以增訂。蓋因核子動力船舶之輻射物品、或與毒性、爆炸性或其他危險性物質結合成之輻射物品所生之核子事故非常嚴重,其發生之損害賠償非常龐大,如其損害賠償請求不排除在海事優先權以外,則其他船舶海事優先權擔保之債權將無法獲得賠償。」

(三)第三章「運送」之修正

1.將第三章之章名,由「運送契約」變更為「運送」

舊海商法第五章之章名為「運送契約」,新海商法則以第三章之章名將之變更為「運送」。其修正理由為:「一、章次變更。二、本章之內容非僅限於契約之規定。並參其他立法相當章節,例:鐵路法第五章『運送』,公路法第三章『公路運輸』,民法第二編第二章第十六節『運送營業』,修正章名為『運送』,以表彰本章內容。」

2.增訂全部傭船契約解除之規定

就全部傭船契約之解除,舊海商法第八十六條規定:「以船舶之全部供運送時,託運人於發航前得解除契約,但應支付運費三分之一,如託運人已裝載貨物之全部或一部者,並應負擔裝卸之費用。」新海商法則以第四十三條將之修正為:「I以船舶之全部供運送時,託運人於發航前得解除契約。但應支付運費三分之一,其已裝載貨物之全部或一部者,並應負擔因裝卸所增加之費用。II前項如為往返航程之約定者,託運人於返程發航前要求終止契約時,應支付運費三分之二。III前二項之規定,對於當事人之間,關於延滯費之約定不受影響。」其修正理由為:「一、條次變更。二、第一項文字修正。託運人解除契約應負擔因裝卸所增加之保險費用。三、參照日本商法第七四五條增訂第二項,以期周全。四、以船舶之全部供運送之契約解除或終止時,並不影響當事人間,關於延滯費之約定,爰增訂第三項。」

3.增訂載貨證券內依託運人通知載明貨物相關事項時,推定運送人依其記載為運送

就載貨證券應記載之事項,舊海商法第九十八條規定:「I載貨證券,

應載明左列各款事項，由運送人或船長簽名：一　船舶名稱及國籍。二　託運人之姓名、住所。三　依照託運人書面通知之貨物種類、品質、數量、情狀及其包皮之種類、個數及標誌。四　裝載港及目的港。五　運費。六　載貨證券之份數。七　填發之年月日。II前項第三款之通知事項，如與所收貨物之實際情況有顯著跡象，疑其不相符合或無法核對時，運送人或船長得不予載明。」新法則以第五十四條將之修正為：「I載貨證券，應載明下列各款事項，由運送人或船長簽名：一　船舶名稱。二　託運人之姓名或名稱。三　依照託運人書面通知之貨物名稱、件數或重量，或其包裝之種類、個數及標誌。四　裝載港及卸貨港。五　運費交付。六　載貨證券之份數。七　填發之年月日。II前項第三款之通知事項，如與所收貨物之實際情況有顯著跡象，疑其不相符合，或無法核對時，運送人或船長得在載貨證券內載明其事由或不予載明。III載貨證券依第一項第三款為記載者，推定運送人依其記載為運送。」由此規定可知，新法第五十四條第三項增訂：載貨證券內依託運人通知載明貨物相關事項時，推定運送人依其記載為運送。本條之修正理由為：「一、條次變更。二、修正條文第一項各款載貨證券之記載事項係屬訓示規定，為配合海運實務上載貨證券未列船舶國籍之慣例，爰刪除現行條文第一項第一款『及國籍』之規定。三、現行條文第一項第二款所載：『姓名、住址』僅屬自然人之稱呼，惟貨物運送之託運人除自然人外，尚有以公司名義等法人機構託運者，爰修正如上。四、現行條文第一項第三款貨物『種類』修正為『名稱』，以資明確。另貨物之運送並非均有包裝，尚有裸裝及散裝等多種，爰將『及其包皮』修正為『或其包裝』，以期周延並符合 1968 年海牙威士比規則第三條第三項 (b) 規定（原文為：Either the number of packages or pieces, or the quantity, or weight, as the case may be, as furnished in writing by the shipper.）。五、海商法之適用，以海上運送為限，實務上有聯運之情形，現行條文第一項第四款『目的港』爰修正為『卸貨港』。六、載貨證券所須載明者為運費交付之方式，故第一項第五款修正為：『運費交付』。七、修正條文第二項增訂『或

在載貨證券內載明其事由』，以保障託運人與運送人雙方要求或依據事實記載或不記載之權利。八、為辨正當前國際海運實務於載貨證券記載 "Said to be"、"Said to weight" 或 "Said to contain" 等未明確載明未修正條文第一項第三款內容時，我國法院判決見解不一之情形（參閱 1976 年臺上字第 3112 號、1977 年臺上字第 108 號、2021 號、2971 號、1978 年臺上字第 1426 號、2270 號等判決），爰參照 1968 年海牙威士比規則第三條第四項（原文為：Such a bill of lading receipt by the carrier of the goods as therein described in accordance with paragraph 3 (a), (b) and (c).），增訂修正條文第三項，以利適用。」 ❹

4.就受領貨物之效力，將「視為」修正為「推定」

就受領貨物之效力，舊海商法第一○○條規定：「I 貨物一經有受領權利人受領，視為運送人已依照載貨證券之記載，交清貨物。但有左列情事之一者，不在此限：一 提貨前或當時，受領權利人已將毀損滅失情形以書面通知運送人者。二 毀損滅失不顯著，而於提貨後三日內以書面通知運送人者。三 在收貨證件上註明毀損或滅失者。II受領權利人之損害賠償請求權，自貨物受領之日或自應受領之日起一年內，不行使而消滅。」新法則以第五十六條將之修正為：「I 貨物一經有受領權利人受領，推定運送人已依照載貨證券之記載，交清貨物。但有下列情事之一者，不在此限：一 提貨前或當時，受領權利人已將毀損滅失情形，以書面通知運送人者。二 提貨前或當時，毀損滅失經共同檢定，作成公證報告書者。三 毀損滅失不顯著而於提貨後三日內，以書面通知運送人者。四 在收貨證件上註明毀損或滅失者。II貨物之全部或一部毀損、滅失者，自貨物受領之日或自應受領之日起，一年內未起訴者，運送人或船舶所有人解除其責任。」由此規定可知，貨物一經有受領權利人受領後，「推定」運送人已依載貨證券之記載交清貨物。本條之修正理由為：「一、條次變更。二、參照 1968 年海牙威士比規則第三條第六項之規定，將『視為』修正為『推定』，以賦予

---

❹ 交通部，《海商法修正草案（含總說明）》，1995 年 7 月，pp. 83～87。

受領權利人得舉證證明運送人尚未交清貨物之權利。三、增訂第一項第二款，依 1968 年海牙威士比規則第三條第六項規定，貨物之毀損或滅失若於提貨前或當時，已經雙方共同檢定，作成公證報告書者，亦推定運送人尚未交清貨物。四、第二項參照 1968 年海牙威士比規則第三條第六項修正，現行條文係於 1962 年修法時所增訂，第二項之立法理由為『……從美國海上貨物運送條例之規定訂為一年』，查美國海上運送條例及 1968 年海牙威士比規則均訂明：『一年內未起訴者，運送人或船舶所有人解除其責任』之規定，爰依國際公約修正之，另貨物之全部或一部毀損滅失，均須於貨物受領之日或自應受領之日起一年內起訴，否則運送人解除其責任。」

5.修正運送人責任免除限制之規定

就運送人責任免除之限制，舊海商法第一〇五條規定：「運送契約，或載貨證券記載條款條件或約定，以免除運送人或船舶所有人對於因過失或本章規定應履行之義務而不履行致有貨物毀損滅失之責任者，其條款條件約定，不生效力。」新海商法則以第六十一條將之修正為：「以件貨運送為目的之運送契約或載貨證券記載條款、條件或約定，以減輕或免除運送人或船舶所有人，對於因過失或本章規定應履行之義務而不履行，致有貨物毀損、滅失或遲到之責任者，其條款、條件或約定不生效力。」由此規定可知，新法就強制責任之範圍，限於以件貨運送為目的之運送契約及載貨證券者，並增訂「減輕」運送人或船舶所有人責任之記載、條件或約定不生效力，將「遲到」列為最低強制責任。本條之修正理由為：「一、條次變更。二、依民法第六四〇條之規定：『因遲到之損害賠償，不得超過因其運送物全部喪失可得請求之賠償額。』因此，即使本條將『遲到』列為最低強制責任，對於運送人亦無重大不利之處；為考慮運送人和託運人間利益之均衡，避免運送人以特約條款排除本法所規定運送人因遲到應負之責任，爰增列『遲到』一詞於『……毀損、滅失』之後。三、本條有關強制責任之範圍，應僅限於以件貨運送為目的之運送契約者，而對於減輕責任之記載條款或約定，亦宜明確規定不生效力，以資周延，特參考 1968 年海牙威

士比規則第三條第八項之規定,將『運送契約』修正為『件貨運送契約』及將『……貨物毀損滅失之責任者』修正為『……貨物毀損、滅失或遲到之責任者』。」❺

6.提高單位賠償責任限制金額及其除外規定,並增訂單位包裝件數之計算方式

就單位賠償責任限制金額及其除外規定,舊海商法第一一四條規定:「Ⅰ託運人於託運時故意虛報貨物之性質或價值,運送人或船舶所有人對於其貨物之毀損或滅失,不負賠償責任。Ⅱ除貨物之性質價值於裝載前已經託運人聲明並註明於載貨證券者外,運送人或船舶所有人對於貨物之毀損滅失,其賠償責任,以每件不超過三千元為限。」新海商法則以第七十條將之修正為:「Ⅰ託運人於託運時故意虛報貨物之性質或價值,運送人或船舶所有人對於其貨物之毀損或滅失,不負賠償責任。Ⅱ除貨物之性質及價值於裝載前,已經託運人聲明並註明於載貨證券者外,運送人或船舶所有人對於貨物之毀損滅失,其賠償責任,以每件特別提款權六六六・六七單位或每公斤特別提款權二單位計算所得之金額,兩者較高者為限。Ⅲ前項所稱件數,係指貨物託運之包裝單位。其以貨櫃、墊板或其他方式併裝運送者,應以載貨證券所載其內之包裝單位為件數。但載貨證券未經載明者,以併裝單位為件數。其使用之貨櫃係由託運人提供者,貨櫃本身得作為一件計算。Ⅳ由於運送人或船舶所有人之故意或重大過失所發生之毀損或滅失,運送人或船舶所有人不得主張第二項單位限制責任之利益。」由此規定可知,新法提高單位賠償責任限制金額及其除外規定,並增訂單位包裝件數之計算方式。本條之修正理由為:「一、條次變更。二、第一項未修正。本項『虛報』乃指所報貨物之性質與價值與事實不符。三、本條文第二、三、四項係參照 1968 年海牙威士比規則第四條第五項有關款別修訂,茲說明如後:㈠第二項:參照第 (a) 款規定 "the nature and value of such

---

❺　保成文化出版公司,《海商法修正草案》,修正草案系列叢書 1,1994 年 2 月出版,pp. 95~97。

goods" 修訂為貨物之性質及價值。本修正條文單位責任限制係比照我國最大貿易國——美國之單位責任限制每件 500 美元，依 1993.12.29 匯率折算約為新臺幣 13,000 餘元，原訂 3,000 元單位責任限制金額，提高為新臺幣 12,000 元。另第 (a) 款規定每公斤賠償標準為每件賠償限額的千分之三，宜增列規定每公斤賠償限額為新臺幣 36 元。為因應航運國際化之特性，本修正條文單位責任限制，以國際貨幣基金特別提款權（Special Drawing Right，簡稱 SDR）計算，依 1992.12.29 中央銀行外匯局提供，1 SDR 等於 1.38107 美元，1 美元等於新臺幣 26.7 元，故本單位責任限制折合每件 325 SDR 或每公斤 0.98 SDR 計算之。㈡增訂第三項：因應貨櫃、墊板或其他方式併裝運送等，爰參照第 (c) 款增訂單位包裝件數之計算標準。㈢增訂第四項：貨物之毀損或滅失如係運送人或船舶所有人之故意或重大過失所致者，單位賠償責任限制之規定，不適用之。爰參照第 (e) 款 "Neither the carrier nor the ship shall be entitled to the benefit of the limitation of liability provided for in this paragraph if it is proved that the damage resulted from an act or omission of the carrier done with intent to cause damage or recklessly and with knowledge that damage would probably result." 增訂之。」

7.修正關於偏航不負賠償責任之規定

　　就偏航不負賠償責任之規定，舊海商法第一一五條規定：「為救助或意圖救助海上人命財產或因其他正當理由變更航程者，不得認為違反運送契約，其因而發生毀損或滅失時，船舶所有人或運送人不負賠償責任。但變更航程之目的，為裝卸貨物或乘客者，不在此限。」新海商法則以第七十一條將之修正為：「為救助或意圖救助海上人命、財產，或因其他正當理由偏航者，不得認為違反運送契約，其因而發生毀損或滅失時，船舶所有人或運送人不負賠償責任。」由此規定可知，為救助或意圖救助海上人命、財產，或因其他正當理由「偏航」者，不得認為違反運送契約。本條之修正理由為：「一、條次變更。二、現行條文所謂『變更航程』者應屬民法違反契約之問題，爰參照 1968 年海牙威士比規則第四條第四項 "deviation"

文字修訂為『偏航』。所謂偏航乃指㈠凡船舶無正當理由離開運送契約上所明定航程之航道者；或㈡凡運送契約上未明定航程之航道，但離開通常習慣上之航道者；或㈢凡運送契約上載明數卸載港時，船舶得航行所有或其中任何港口，但如無任何相反之慣例或正當理由，則應按運送契約上明定之次序航行，否則即為偏航；或㈣凡運送契約只載明某地區之若干卸載港而未列名時，如無相反之慣例或正當理由，船舶應按地理之次序航行所有港口，否則即為偏航。請參閱 1906 年英國海上保險法 (Marine Insurance Act, 1906) sec. 46、47 等有關規定（詳見交通部編印，《海商法修正草案參考資料》，pp. 206～207）。三、依航業慣例，為裝卸貨物或乘客之目的而偏航者，原即非屬正當理由，毋庸作特別規定；現行條文但書之規定，恐將遭致誤解，以反面解釋認為除為裝卸貨物或乘客之目的而偏航者外，均屬正當理由，爰予刪除。」❻

8.增訂載貨證券所載之裝載港或卸貨港為中華民國港口者，其載貨證券所生之法律關係，應適用本法之規定

就涉外民事法律之適用，新海商法第七十七條規定:「載貨證券所載之裝載港或卸貨港為中華民國港口者，其載貨證券所生之法律關係依涉外民事法律適用法所定應適用法律。但依本法中華民國受貨人或託運人保護較優者，應適用本法之規定。」本條係新增之規定，由此規定可知，載貨證券所載之裝載港或卸貨港為中華民國港口者，其載貨證券所生之法律關係，應適用本法之規定。本條之立法理由為:「一、本條新增。二、海商事件之爭訟，固可依『涉外民事法律適用法』之規定，定其應適用之法律，惟在具體個案，因託運人、受貨人與運送人之國籍互異，依法律規定，往往須適用外國法律或外國運送人故意以載貨證券之約款以排除本法之適用，對我國託運人，受貨人之保護未免不周，為使載貨證券所載之裝載港其卸載港為中華民國港口之託運人、受貨人有依本法受裁判之機會，俾免外國運送人以載貨證券上之準據法約款，排除本法之適用，爰參照 1936 年美國海

❻　交通部，《海商法修正草案（含總說明）》，1995 年 7 月，pp. 110～113。

上貨物運送條例 (Carriage of Goods by Sea Act, 1936) Sec. 13: This Act shall apply to all contracts for carriage of goods by sea to or from ports of the United States in foreign trade. 及 1971 年英國海上貨物運送條例 (Carriage of Goods by Sea Act, 1971) (b) In relating to Hovercraft Article Ⅹ: The provisions of these Rules shall apply to every bill of lading relating to the carriage of goods between hoverports in two different States if: (b) the carriage is to or from a hoverport in the United Kingdom. （載貨證券所載之裝載港或卸載港為英國港口者，應適用本條例之規定）等規定，增訂本修正條文。」 ❼

(四)第四章「船舶碰撞」之修正

1.增訂船舶碰撞時，被扣押之船舶得由適當之銀行或保證人出具書面保證，請求放行

就加害船舶之扣押，舊海商法第一四〇條規定：「Ⅰ船舶在中華民國領水港口河道內碰撞者，法院對於加害之船舶得扣押之。Ⅱ碰撞不在中華民國領水港口河道內，而被害者為中華民國船舶或國民，法院於加害之船舶進入中華民國領水後，得扣押之。Ⅲ前兩項被扣押船舶得提供擔保，請求放行。」新海商法以第一〇〇條將之修正為：「Ⅰ船舶在中華民國領海內水港口河道內碰撞者，法院對於加害之船舶，得扣押之。Ⅱ碰撞不在中華民國領海內水港口河道內，而被害者為中華民國船舶或國民，法院於加害之船舶進入中華民國領海後，得扣押之。Ⅲ前兩項被扣押船舶得提供擔保，請求放行。Ⅳ前項擔保，得由適當之銀行或保險人出具書面保證代之。」由此規定可知，就加害船舶之扣押，新海商法增訂，被扣押之船舶得由適當之銀行或保證人出具書面保證，請求放行。本條之修正理由為：「一、條次變更。二、本條訂定目的，屬於公益性質，以保障受害之我國船舶及人民，故賦予法院對於加害之船舶，得逕行扣押。三、第一、二項『領水』修正為『領海內水』使意義更為明確，但法院對於加害船舶進入我國領域即得扣押之。四、現行條文第三項未修正。五、增列第四項『擔保，得由

---

❼　交通部，《海商法修正草案（含總說明）》，1995 年 7 月，pp. 116～119。

適當之銀行或保險人出具書面保證代之。』之規定，以符合實務需要。」

　　2.增訂關於船舶碰撞之訴訟管轄法院，得由當事人合意管轄之法院
　　　為之

　　　就碰撞訴訟之管轄，舊海商法第一四一條規定：「關於碰撞之訴訟，得
向左列法院起訴：一　被告之住所或營業所所在地之法院。二　碰撞發生
地之法院。三　被告船舶船籍港之法院。四　船舶扣押地之法院。」新海
商法以第一〇一條將之修正為：「關於碰撞之訴訟，得向下列法院起訴：一
　被告之住所或營業所所在地之法院。二　碰撞發生地之法院。三　被告
船舶船籍港之法院。四　船舶扣押地之法院。五　當事人合意地之法院。」
由此規定可知，就碰撞訴訟之管轄，新海商法增訂關於船舶碰撞之訴訟管
轄法院，得由當事人合意管轄之法院為之。本條之修正理由為：「一、條次
變更。二、增列第五款『當事人合意地之法院』，俾利實務上，不同國籍船
舶碰撞，為求公平，合意於第三國之法院訴訟。」易言之，舊海商法所為
管轄法院之規定乃民事訴訟法之特別法，自應優先適用。而其未規定者，
固得適用民事訴訟法之規定，自非不得合意管轄。然因船舶碰撞經常涉及
不同國籍之船舶，因此合意之管轄法院並非僅限於我國領域內之法院，為
杜爭議，新海商法乃增訂合意管轄法院之規定，俾當事人得合意在第三國
之法院訴訟❽。

㈤第五章「船舶碰撞」之修正

　　1.將原章名「救助及撈救」修正為「海難救助」

　　　舊海商法第七章之章名原為「救助及撈救」，新海商法則以第五章將之
修正為「海難救助」。其修正理由為：「一、章次變更。二、原章名『救助
及撈救』均屬海難救助，為使意義明確修正為『海難救助』。」

　　2.增訂施救人對於船舶或船舶上貨物可能造成之環境損害，予以防
　　　止或減輕之報酬請求權，及救助報酬請求權之二年消滅時效

　　　就財物救助之報酬請求，舊海商法第一四三條規定：「對於船舶或船舶

---

❽　交通部，《海商法修正草案（含總說明）》，1995 年 7 月，p. 7。

上所有財物施以救助或撈救而有效果者，得按其效果請求相當之報酬。」新海商法則以第一〇三條將之修正為:「I對於船舶或船舶上財物施以救助而有效果者，得按其效果請求相當之報酬。II施救人所施救之船舶或船舶上貨物，有損害環境之虞者，施救人得向船舶所有人請求與實際支出費用同額之報酬；其救助行為對於船舶或船舶上貨物所造成環境之損害已有效防止或減輕者，得向船舶所有人請求與實際支出費用同額或不超過其費用一倍之報酬。III施救人同時有前二項報酬請求權者，前項報酬應自第一項可得請求之報酬中扣除之。IV施救人之報酬請求權，自救助完成日起二年間不行使而消滅。」由此規定可知，就財物救助之報酬請求，新海商法增訂：施救人對於船舶或船舶上貨物可能造成之環境損害，予以防止或減輕之報酬請求權，及救助報酬請求權之二年消滅時效。本條之修正理由為：「一、條次變更。二、文字修正，配合本章章名刪除第一項『或撈救』。三、本條增列第二項及第三項，係參考1989年海難救助國際公約第十二條、第十三條、第十四條之規定，對於保護海洋環境有效果之施救人，得向船舶所有人請求救助支出費用（指實際、合理支出之費用）或費用之一倍之報酬，以鼓勵施救人救助船舶或貨物，盡力防止或減輕船舶或船舶上貨物造成環境之損害。四、增訂第四項救助報酬請求權之短期消滅時效，世界各國大多規定自救助完成日起算二年。」

3.增訂拖船對被保險人拖船施以救助者得請求報酬。但以非為履行該拖船契約者為限

就施救拖船之報酬請求權，舊海商法第一四四條規定:「屬於同一所有人之船舶救助或撈救，仍得請求報酬。」新海商法以第一〇四條將之修正為:「I屬於同一所有人之船舶救助，仍得請求報酬。II拖船對於被拖船施以救助者，得請求報酬。但以非為履行該拖船契約者為限。」由此規定可知，就施救拖船之報酬請求權，新海商法增訂：拖船對被保險人拖船施以救助者得請求報酬，但以非為履行該拖船契約者為限。本條之修正理由為：「一、條次變更。二、文字修正，配合第七章章名，刪除第一項中『或撈

救』。三、增列第二項,明定拖船對於被保險人拖船救助之報酬請求權,並加列但書,以明雙方權義,俾免糾紛。」

㈥第六章「共同海損」之修正

1.修正共同海損之定義

就共同海損之定義,舊海商法第一五〇條規定:「稱共同海損者,謂在海難中船長為避免船舶及貨載之共同危險所為處分,而直接發生之損害及費用。」新海商法以第一一〇條將之修正為:「稱共同海損者,謂在船舶航程期間,為求共同危險中全體財產之安全所為故意及合理處分,而直接造成之犧牲及發生之費用。」由此規定可知,新海商法之共同海損不再以「船長之行為」作為絕對要件。本條之修正理由為:「一、條次變更。二、參照1974年約克·安特衛普規則(以下簡稱約安規則)Rule A 及 Rule C 予以修正。三、現行條文規定共同海損須以船長之行為為絕對要件,則第三人自不敢當機立斷,採取適當之防險措施,有違共同海損制度之本旨。參閱 Papayanni v. Grampian S. S. Co., 1986, 1 Com. Cas. 448; Ralli v. Troop, 1894, 157 U.S. 386; Beatrice, 1924, A.M.C. 914; Australian Coastal Shipping Co. v. Green, 1971, 1 Q. B. 456 等判例,以上判例敘明共同海損並不須以船長之行為為絕對要件,摘錄自 Lowndes and Rodolf, *General Average and York Antwerp Rules*, 10th ed., by S. J. Donaldson, C. S. Staughton and D. J. Wilson (*British Shipping Laws*, Vol. 7), London, Stevens & Sons, 1975. 四、約安規則 Rule A: "There is a general average act when, and only when, any extraordinary sacrifice or expenditure is intentionally and reasonably made or incurred for the common safety for the purpose of preserving from peril the property involved in a common maritime adventure." 共同海損定義採共同安全說,本條爰依其修正。五、現行條文之『海難中』修正為『船舶航程期間』,乃因共同海損不一定必然發生在海難中。六、故意及合理處分 (intentionally and reasonably made or incurred) 乃指本於有意識之行為,合理的轉變財產之權利,約安規則以 intentionally 代替英法之 voluntarily,以界

定共同海損之必要條件，此因 voluntarily 不若 intentionally 者，後者必須係為明知而有意使其發生。七、現行條文之『損害』修正為『犧牲』(sacrifice)以示自願故意之涵意，亦係約安規則之用語，避免與一般之財產損害雷同。」 **❾**

2.修正共同海損分擔義務之規定

就共同海損分擔之義務，舊海商法第一五一條規定：「共同海損應以左列各項與共同海損之總額為比例，由各利害關係人分擔之：一　所存留之船舶。二　所存留貨載之價格。三　運費之半額。四　為共同海損行為所犧牲之財物。」新海商法則以第一一一條將之修正為：「共同海損以各被保存財產價值與共同海損總額之比例，由各利害關係人分擔之。因共同海損行為所犧牲而獲共同海損補償之財產，亦應參與分擔。」由此規定可知，就共同海損分擔之義務，新海商法已採概括式之規定，亦不再採運費半額制。本條之修正理由為：「一、條次變更。二、現行條文對於共同海損損失分擔義務採列舉式，本次修正則參照約安規則 Rule B，特採概括式，俾免文字與以下各條之牴觸，尤其不再採運費半額制，係為配合國際通行實務。」

3.修正共同海損各被保存財產分擔價值之規定

就共同海損分擔額之計算，舊海商法第一五二條規定：「關於共同海損之分擔額，船舶以到達地到達時之價格為準，貨物以卸載地卸載時之價格為準，但關於貨物之價格，應扣除因滅失無須支付之運費及其他費用。」新海商法則以第一一二條將之修正為：「I 前條各被保存財產之分擔價值，應以航程終止地或放棄共同航程時地財產之實際淨值為準，依下列規定計算之：一　船舶以到達時地之價格為準。如船舶於航程中已修復者，應扣除在該航程中共同海損之犧牲額及其他非共同海損之損害額。但不得低於其實際所餘殘值。二　貨物以送交最後受貨人之商業發票所載價格為準，如無商業發票者，以裝船時地之價值為準，並均包括應支付之運費及保險

---

❾　保成文化出版公司，《海商法修正草案》，修正草案系列叢書 1，1994 年 2 月出版，pp. 138～143。

費在內。三　運費以到付運費之應收額，扣除非共同海損費用為準。II前項各類之實際淨值，均應另加計共同海損之補償額。」由此規定可知，新海商法已修正共同海損各被保存財產之分擔價值，船舶部分增訂途中已修復者之計算方式，貨物以送交最後受貨人之商業發票所載之價格為準，並增訂運費及保險費分擔價值之計算標準。本條之修正理由為：「一、條次變更。二、參照約安規則 Rule XVII 規定予以修正。三、第一項第一款增訂船舶航程途中已修復之情形，係為補救現行條文之闕失，至於所扣除部分，因共同海損之犧牲額於本條第二項已明訂加計共同海損之補償額，故不能再計犧牲額致成重覆。關於其他非共同海損之損害，因既與共同海損無關，自不應計入。船舶價值必須為到達時客觀價值始能為其他共同海損利益人之所承認。至個別契約下之價值，如抵押貸款或租船租金所可估計之船舶價值等，均不得視為本條船舶之分擔價值，此亦為約安規則 Rule XVII 之所明訂。四、第一項第二款貨物部分，乃依約安規則 Rule XVII 所為之修正，在求計算簡單以免過去因估價而耗日費時。但貨物在海運途中，常因買賣行為而使所有權人幾度易主，如此必有前後多種價值不同之商業發票出現，故應依交付與最後受貨人之商業發票所載之價格為準。五、共同海損應由各被保存財產共同分擔，現行條文僅規定船舶及貨物之分擔額，故增訂運費分擔價值之計算標準，以補救現行條文之未備。六、增訂第二項。」❿

4.增訂共同海損費用之規定

就共同海損之費用，舊海商法並無明文規定。新海商法則以第一一四條將之增訂為：「I下列費用為共同海損費用：一　為保存共同危險中全體財產所生之港埠、貨物處理、船員工資及船舶維護所必需之燃、物料費用。二　船舶發生共同海損後，為繼續共同航程所需之額外費用。三　為共同海損所墊付現金百分之二之報酬。四　自共同海損發生之日起至共同海損實際收付日止，應行收付金額所生之利息。II為替代前項第一款、第二款共同海損費用所生之其他費用，視為共同海損之費用。但替代費用不得超

❿　交通部，《海商法修正草案（含總說明）》，1995 年 7 月，pp. 144～146。

過原共同海損費用。」其增訂理由為：「一、本條新增。現行條文並無明定
共同海損費用，惟參照現行條文第一五〇條定義之文字，可見此係明顯闕
漏，爰參照約安規則 Rule F, X, XI, XX, XXI 作概括式增訂。二、依約安
規則 Rule XI 規定，為保存共同危險中全體財產之共同安全而進入避難港，
其所生之費用得列為共同海損費用，增訂第一款，以概括在港埠所生之費
用。三、依共同安全說，船、貨於獲救安全後之繼續航行費用，即非共同
海損範圍，但依冒險完成說，自共同海損一經發生，直至航程未最後完成
前，均屬共同海損範圍，現行約安規則費用部分採後之學說，但有限制，
即如共同海損未發生，亦應由船主負責之費用不得列入，故規則乃用『額
外費用』(Extraordinary expenses)，本法參照約安規則 Rule X 增訂第二款。
四、約安規則 Rule XX 規定實際籌措現金之人可給付其報酬（即共同海損
墊款百分之二）以鼓舞緊急支應，此報酬得列為共同海損費用列入分擔金
額，特增訂第三款。五、另 Rule XXII 規定當事人應收應付之金額與其實
際現金收付額之時間差距，則可各計算其利息，並作為共同海損費用列入
分擔金額，特增訂第四款以為因應。六、約安規則 Rule F 所訂之『替代費
用』(substitute expenses) 乃係在共同海損中為代替原共同海損費用所生之
其他保險費用，其金額須不超過原共同海損費用，爰依該規定增訂第四款。
例如船舶發生共同海損後在避難港 A 須購置燃物、燃料，由於 A 港本項費
用較為昂貴，故自較為廉價之 B 港購入，惟 B 港之購置費用加交通保險費
之總和須低於 A 港之支出，則 B 港之燃物、燃料費用及交通費則為本修正
條文之替代費用。」

5.增訂郵件不分擔共同海損之規定

　　就不分擔共同海損之物品，舊海商法第一六〇條規定：「Ⅰ船上所備糧
食、武器、海員之衣物、薪津及旅客之行李，皆不分擔海損。Ⅱ前項物品
如被投棄，其損害應由各關係人分擔之。」新海商法則以第一二〇條將之
修正為：「Ⅰ船上所備糧食、武器、船員之衣物、薪津、郵件及無載貨證券
之旅客行李、私人物品皆不分擔共同海損。Ⅱ前項物品如被犧牲，其損失

應由各關係人分擔之。」由此規定可知，就不分擔共同海損之物品，新海商法增訂郵件不分擔共同海損。本條之修正理由為：「一、條次變更。二、參照約安規則 Rule XVII 第四項修正。三、第一項之『船員』一詞包括船長及海員，將『海員』文字修正為『船員』以資周延；對於郵件，因不能行使留置權且負有保密之義務，自難估計其價值，特予增訂不分擔共同海損。四、配合修正條文第一百零九條將現行條文第二項之『被投棄』修正為『被犧牲』。」 ⓫

㈦第七章「海上保險」之修正

1.修正得為海上保險之標的，不限得以貨幣估價者，並增訂海上保險契約得約定延展加保至陸上、內河、湖泊或內陸水道之危險

就海上保險之保險標的，舊海商法第一六七條規定：「航行中可能發生危險之財產權益，得以貨幣估價者，皆得為保險標的。」新海商法以第一二七條將之修正為：「Ⅰ凡與海上航行有關而可能發生危險之財產權益，皆得為海上保險之標的。Ⅱ海上保險契約，得約定延展加保至陸上、內河、湖泊或內陸水道之危險。」由此規定可知，新海商法已將海上保險之保險標的擴大，不限得以貨幣估價者，並增訂海上保險契約得約定延展加保至陸上、內河、湖泊或內陸水道之危險。

本條之修正理由為：「一、條次變更。二、現行條文僅規定『航行中』得以貨幣估價者之財產權益，方得為保險標的，已無法配合現行船東保護及賠償險（Protection & Indemnity Insurance，簡稱 P&I）等海上保險保險實務，爰修正第一項將保險標的擴大之。三、第一項所指保險標的，僅指海上保險之標的，故增列『海上』二字。四、為配合現行海陸聯運之發展趨勢及其作業之需要，並參考 1906 年英國海上保險法（Marine Insurance Act, 1906，簡稱 MIA）sec. 2 規定，爰予增訂第二項海上保險契約當事人間得自由約定加保內河及陸上之危險。」

⓫　交通部，《海商法修正草案（含總說明）》，1995 年 7 月，p. 157。

2.增訂被保險人有損害防止之義務，及被保險人違反義務時，保險人對因而擴大之損失不負責任

　　就減免損失費用之償還，舊海商法第一七二條規定：「Ⅰ保險人對於要保人或被保險人為避免或減輕損失之必要行為所生之費用，負償還之責，其償還數額與賠償金額合計雖超過保險標的之價值仍應償還。但契約另有訂定者，不在此限。Ⅱ保險人對於前項費用之償還，以保險金額對於保險標的之價值比例定之。」新海商法則以第一三〇條將之修正為：「Ⅰ保險事故發生時，要保人或被保險人應採取必要行為，以避免或減輕保險標的之損失，保險人對於要保人或被保險人未履行此項義務而擴大之損失，不負賠償責任。Ⅱ保險人對於要保人或被保險人，為履行前項義務所生之費用，負償還之責，其償還數額與賠償金額合計雖超過保險標的價值，仍應償還之。Ⅲ保險人對於前項費用之償還，以保險金額為限。但保險金額不及保險標的物之價值時，則以保險金額對於保險標的之價值比例定之。」由此規定可知，新海商法增訂被保險人有損害防止之義務，及被保險人違反義務時，保險人對因而擴大之損失不負責任。

　　本條之修正理由為：「一、條次變更。二、德國商法第八一九條、日本商法第六六〇條及 MIA sec. 78 (4) 均訂定被保險人有損害防止之義務，且被保險人違反義務時，保險人對因而擴大之損失不負責任，爰增訂第一項。三、現行條文第一項但書，明訂保險人得以契約減輕其賠償責任，實有違海險法理，蓋海上保險對於要保人或被保險人之損害防止倚賴甚鉅，參見 MIA sec. 87 刪除第一項但書，現行條文第一項列為修正條文第二項。四、修正現行條文第二項列為修正條文第三項，並增列但書規定，以因應『不足額保險之比例分擔原則』。」❷

3.修正違反裝船通知義務之效力

　　就違反裝船通知義務之效力，舊海商法第一七四條規定：「貨物保險時，未確定裝運之船舶者，要保人或被保險人於知其已裝載於船舶時，應將該

---

❷　交通部，《海商法修正草案（含總說明）》，1995 年 7 月，pp. 164～165。

船舶之名稱及國籍，即通知於保險人，不為通知者，保險契約失其效力。」新海商法則以第一三二條將之修正為：「未確定裝運船舶之貨物保險，要保人或被保險人於知其已裝載於船舶時，應將該船舶之名稱、裝船日期、所裝貨物及其價值，立即通知於保險人。不為通知者，保險人對未為通知所生之損害，不負賠償責任。」由此規定可知，新海商法已將違反裝船通知義務之效力修正為：未確定裝運船舶之貨物保險，要保人或被保險人於已知悉裝載之船舶，而疏於就船舶名稱等為通知義務時，保險人僅對於未為通知所生之損害不負賠償責任，其原訂保險契約仍具效力。

本條之修正理由為：「一、條次變更。二、船舶之結構及性能等影響船舶航行安全甚鉅，在造船技術不發達且各國造船水準差異很大時期，船舶之國籍影響保險人對於保險費之預估，惟現代造船技術進步，此項影響保險費率之因素，已漸式微，故將現行條文國籍予以刪除。三、未確定裝運船舶之貨物保險之要保人於知悉貨物之裝船日期及價值時，均應立即通知保險人，以利保險人對於危險之預估，特予增訂貨物之價值應通知保險人。四、前項保單，如承保數航次時，當要保人疏於本條規定之通知義務時，保險人對於因之所發生之損害不負賠償責任，其原訂保險契約仍具效力，爰修正如上，以期合理。」

4.增訂有關船舶、運費部分損害之計算，使其補償方式有所依據

就船舶、運費部分損害之計算，舊海商法並未明文規定。就船舶部分損害之計算，新海商法以第一三九條明文規定：「Ⅰ船舶部分損害之計算，以其合理修復費用為準。但每次事故應以保險金額為限。Ⅱ部分損害未修復之補償額，以船舶因受損所減少之市價為限。但不得超過所估計之合理修復費用。Ⅲ保險期間內，船舶部分損害未修復前，即遭遇全損者，不得再行請求前項部分損害未修復之補償額。」就運費部分損害之計算，新海商法以第一四〇條明文規定：「運費部分損害之計算，以所損運費與總運費之比例就保險金額定之。」

增訂船舶部分損害計算之立法理由為：「一、本條新增。二、參照 MIA

sec. 69 規定，增訂船舶分損補償額之計算方法，使其補償方式有所依據。三、船舶遭遇全損者，即按全損賠償，自不得再請求部分損害未修復之補償額。」增訂運費部分損害計算之立法理由為：「一、本條新增。二、參照 MIA sec. 70 規定，增訂運費分損補償額之計算，使其補償方式有所依據。」

5.將船舶行蹤不明或被保險人扣押得為委付之期限縮短為二個月

就船舶委付之原因，舊海商法第一八三條規定：「被保險船舶之委付，得於有左列各款情形之一時為之：一　船舶被捕獲或沉沒或破壞時。二　船舶因海損所致之修繕費總額達於保險金額四分之三時。三　船舶不能為修繕時。四　船舶行蹤不明或被扣押已逾四個月仍未放行時。」新海商法則以第一四三條將之修正為：「I 被保險船舶有下列各款情形之一時，得委付之：一　船舶被捕獲時。二　船舶不能為修繕或修繕費用超過保險價額時。三　船舶行蹤不明已逾二個月時。四　船舶被扣押已逾二個月仍未放行時。II前項第四款所稱扣押，不包含債權人聲請法院所為之查封、假扣押及假處分。」由此規定可知，新海商法已將船舶行蹤不明或被保險人扣押得為委付之期限縮短為二個月。

本條之修正理由為：「一、條次變更。二、現行條文第一款『船舶沉沒』屬於實際全損，實務海上保險已無須委付，故刪除之。三、現行條文第一款『船舶破壞』、第二款有關『修繕費總額』，因涉及國際間法律規定之不一，故與現行條文第三款『船舶不能為修繕時』合併為修正條文第二款，並明定船舶修繕費用超過保險價額時，亦得委付，較具彈性。四、船舶被扣押與行蹤不明性質不同，故分別列為第一項第三款、第四款，其期限縮短為二個月，蓋現今通訊科技及搜尋技術進步，對於船舶行蹤不明之調查時間縮短，參照 Japanese Hull Insurance Union （簡稱 JHIU），General Conditions of Hull Insurance Article 10. 船舶委付之原因規定，予以縮短為二個月。五、增訂第二項之除外規定，以符海上保險排除私法上扣押之實務。」⑬

---

⑬　保成文化出版公司，《海商法修正草案》，修正草案系列叢書 1，1994 年 2 月出

6.增訂貨物應由保險人負保險責任之損害，其回復原狀及轉運至目的地費用總額合併超過到達目的地價值時，得委付之

就貨物委付之原因，舊海商法第一八四條規定：「被保險貨物之委付，得於有左列各款情形之一時為之：一　船舶因遭難或其他事變不能航行已逾四個月，而貨物尚未交付於受貨人、要保人或被保險人時。二　裝運貨物之船舶行蹤不明已逾四個月時。三　因應由保險人負保險責任之損害，於航行中變賣貨物，達於其全價值四分之三時。四　貨物之毀損或腐壞已失其全價值四分之三時。」新海商法則以第一四四條將之修正為：「被保險貨物有下列各款情形之一時，得委付之：一　船舶因遭難，或其他事變不能航行已逾二個月而貨物尚未交付於受貨人、要保人或被保險人時。二　裝運貨物之船舶，行蹤不明，已逾二個月時。三　貨物因應由保險人負保險責任之損害，其回復原狀及繼續或轉運至目的地費用總額合併超過到達目的地價值時。」由此規定可知，就貨物之委付原因，新海商法增訂：貨物應由保險人負保險責任之損害，其回復原狀及轉運至目的地費用總額合併超過到達目的地價值時，得委付之。

本條之修正理由為：「一、條次變更。二、第一款、第二款船舶遭難或其他事變不能航行及船舶行蹤不明，貨物得委付之期間規定修正為二個月，得為委付。修正理由同第一四三條之說明。三、貨物因應由保險人負保險責任之損害時，其回復原狀及轉運至目的地費用總額合併超過該貨物到達目的地價值，將形成不經濟現象，故將現行條文第三款、第四款修正為第三款，明定得委付，以排除現行條文委付須達全價值四分之三認定之困難。」

7.刪除專就戰爭危險投保之規定

就戰爭保險委付之原因，舊海商法第一八六條規定：「專就戰事危險為保險者，被保險之船舶貨物或運費之委付，得在被捕獲或被扣留時為之。」新海商法則將本條之規定刪除之。

本條之刪除理由此規定可知為：「現行海險實務，多將戰爭危險附屬於

版，pp. 176～177。

船舶或貨物保險單之中，除再保險外，事實海上保險並無專就戰爭為保險者，故予刪除。」

8.增訂保險標的物雖經委付而未被承諾前，當事人雙方均得採取救助、保護或回復等各項措施，以避免損失之擴大

就委付之積極效力，舊海商法第一八八條規定：「委付經承諾或經判決為有效後，自發生委付原因之日起，保險標的物即視為保險人所有。」新海商法則以第一四七條修正為：「I委付經承諾或經判決為有效後，自發生委付原因之日起，保險標的物即視為保險人所有。II委付未經承諾前，被保險人對於保險標的物之一切權利不受影響。保險人或被保險人對於保險標的物採取救助、保護或回復之各項措施，不視為已承諾或拋棄委付。」由此規定可知，新海商法增訂：保險標的物雖經委付而未被承諾前，當事人雙方均得採取救助、保護或回復等各項措施，以避免損失之擴大。

本條之修止理由為：「一、條次變更。二、現行條文列為修正條文第一項。三、增訂第二項規定，係參照 1983 年協會船舶保險條款 (Institute Time Clauses-Hulls, 1/10/83) 第十三條第三款及 1982 年協會貨物保險條款 (Institute Cargo Clauses (A), 1/1/82) 第十七條，於保險標的物雖經委付而未被承諾前，當事人雙方均得採取救助、保護或回復等各項措施，以避免損失之擴大，乃係世界性之公益規定。」❶⓭

六、海商法之統一趨勢

由前述「海商法之演進」可知，各國海商法因發展背景之不同，難免各具特色而內容互異。然而，現代海商企業活動多屬超越國界之活動，因此各國海商法互異之結果，其涉外之法律關係，難免發生牴觸之現象，雖然此等法律牴觸現象，得依國際私法加以解決，但在程序上，費時費日，實在不足以因應現代海商企業活動之迫切需要。各國海商學者，有鑑於此，乃多方鼓吹，力謀各國海商法之統一。因此，自十九世紀末葉以來，海商

---

❶⓭ 交通部，《海商法修正草案（含總說明）》，1995 年 7 月，pp. 181～182。

法之統一運動，已見端倪❶。

　　1873 年，英人白立德 (Elihu Burret)、美人費爾德 (David Dudley Field) 及邁爾士 (James B. Miules) 共同發起組織「國際法學會」(The International Law Association)，邀請各國人士共同致力於法律之統一工作，該會逐年集會，就載貨證券、海上碰撞、甲板載貨、侵權行為、海上保險、海事管轄等問題，加以探討，謀求意見之調和，促成種種國際公約之成立❶。

　　1897 年，有鑑於海商部分工作之繁重，「國際法學會」乃在比利時成立「國際海商委員會」(The International Maritime Committee)，專門處理海商部分之工作。就「國際海商委員會」之成立宗旨，該委員會之創立人路易爵士 (Sir Louis Franck) 曾經宣稱：「委員會之宗旨，即在於使作為國與國間天然聯繫之海洋，得有在觀念上合理、周密而公平，及在文義上可行之統一性法律利益。」 (The object of giving the sea which is the natural tie between the nations the benefit of a uniform law which will be.)

---

❶　林咏榮，《商事法新詮（下）》，五南圖書出版公司，1989 年 4 月再版，p. 528。

❶　桂裕，《海商法新論》，國立編譯館出版，正中書局發行印刷，1982 年 9 月臺 9 版，p. 24。

第二編　本　論

maritime commercial law

第一章　通　則

第三節　船舶之強制執行

一、船舶強制執行之概念

　㈠強制執行之意義

　㈡船舶強制執行之立法主義

　　　┌ 禁止扣押主義
　　　└ 不禁止扣押主義

二、船舶強制執行之規定

　㈠海商法之規定（§4）

　　　┌ 本條之立法理由
　　　├ 船舶強制執行之原因
　　　│　1.假扣押
　　　│　2.假處分
　　　├ 船舶強制執行之限制
　　　│　1.立法理由
　　　│　2.禁止假扣押、假處分之時期
　　　│　　　┌ 形式主義
　　　│　　　└ 實質主義
　　　├ 船舶強制執行限制之例外
　　　│　1.使航行可能所生之債務
　　　│　　　┌ 限於本次航行說
　　　│　　　└ 兼指歷次航行說
　　　│　2.因船舶碰撞所生之損害
　　　└ 舊海商法規定之缺失
　　　　　1.對於本國債權人之保護頗為不周，有害我國航運之發展
　　　　　2.禁止扣押主義之立法，已不符國際航運之需求
　　　　　3.禁止扣押主義之立法，已不符國際立法之潮流

　㈡強制執行法之規定（強 §114）

　　　┌ 強制執行法修法後之效果
　　　│　1.船舶之扣押，無論何時均得為之

  2. 一般債務之假扣押或假處分，自船舶發航準備完成時起，以迄航行完成時止，不得為之
  3. 為使航行可能所生之債務或因船舶碰撞所生損害賠償之債務，得隨時為假扣押或假處分
└ 強制執行法修法後之程序
  1. 管轄法院
  2. 船舶強制執行之方法
    ┌ 非海商法上之船舶
    └ 海商法上之船舶

第一節　船舶之意義

一、社會通念上船舶之意義

「船舶」一詞，係由「船」與「舶」二字合而構成。船 (large boat or ship) 者，乃指在水面或水中載人運貨之交通工具也。舶 (ocean-going ship, vessel) 者，乃指海中之大船也。於英文中 "vessel" 除船舶之意義外，亦有 "hollow receptacle, esp. for a liquid, e.g. a cask, tub, bucket, bowl, bottle, cup" 之意義。亦即，英文之 "vessel"，除船舶之意義外，尚有「中空或凹陷之一種容器，尤其係屬液體之一種容器，例如桶子、盆子、水桶、碗缽、瓶子、杯子」等等之意義。

關於「船舶」之定義，於立法上並未統一，例如船舶在船舶法之定義與在海商法之定義，即有不同。吾人綜合上述中、英文之說明，似可將一般社會通念之船舶，定義如下：

船舶者，乃指具有相當體積，並能在水面或水中航行及載運貨物或人員之一種中空或凹陷之浮動物體也。依此定義，吾人析述如下：

㈠船舶者中空或凹陷之浮動物體也

浮動 (floating) 者，乃指可漂於水面或流於水中之謂也，惟此種浮動物體須為中空或凹陷之浮動物體始可。若為平體物，則非船舶，例如竹筏，因其不具中空或凹陷之條件，故非船舶。子曰：「道不行，乘桴浮於海」，《梁紅玉傳》中所謂之「桴鼓作戰」，此種「桴」，其實僅為「用於浮水之木排」(wooden raft for floating)，因其係屬平體之物，不具中空或凹陷之條件，故亦非船舶。

㈡船舶者具有相當體積之浮動物體也

所謂「相當體積」，須有多大體積，始謂相當乎？甚難一概而論，其具

體情形，應依一般航業之慣例決定之。例如原住民所用之獨木舟 (dugout, canoe)、鄉村漁民所用之小舢舨、帆艇、救生艇、划船及其他類似之小艇，因在一般航業之慣例上，不算具有「相當體積」，故非船舶。

㈢船舶者能在水面或水中航行之浮動物體也

航行 (navigation) 者，乃指船在水上、水中或飛機在空中之來往動作也。例如內河航行 (inland navigation)、空中航行 (aerial navigation)。此之所謂「能在水面或水中航行」，係指不但有在水面或水中行駛往來之「能力」外，尚有在水面或水中行駛往來之「目的」始可。因此，不能在水面或水中行駛往來之物體，例如僅能隨波逐流之竹筏、皮囊，固不得稱為船舶，即使能在水面或水中航行之物體，但其建造之目的並非使其在水面或水中航行者，亦不得稱為船舶。例如水上飛機、水陸兩用之戰車（水鴨子），雖具有能在水面或水中航行之能力，但並非以在水面或水中航行為目的，故亦非船舶。

在水面或水中航行，並不以具有經常性為必要。如一時停航或暫時移作他用，仍不失其為船舶，惟如永久移作他用，例如浮橋、水上住家、水上旅館、水上碼頭、水上飯店，因其目的業已變更，已非船舶。船舶之移用，究為暫時性或為永久性，應先探求由當事人表現於外部之真意，如當事人表現於外部之真意無從探得時，則應視其為暫時性之移用，而仍承認其船舶性，對於其所發生之法律關係，仍應適用海商法之規定。若由當事人表現於外部之真意，可探知其為永久性之移用時，例如已登記為水上飯店或已從事其他用途之裝潢（如卡拉 OK），則失其船舶性。失其船舶性後之法律關係，應適用民法之規定；而失其船舶性前之法律關係，則仍應適用海商法之規定。其間之差異，乃在於海商法上運送人之責任，一般較民法上運送人之責任為輕也。

㈣船舶者能載運貨物或人員之浮動物體也

船舶須具有運送之功能，其徒具有船舶之名，卻無運送之功能者，非屬船舶。例如燈塔船、浮船塢 (floating dock)、碼頭船、躉船（音ㄉㄨㄣˇ ㄔㄨㄢˊ，乃指停在碼頭上，以供船舶停靠或讓旅客上下，而不能開動之船

舶也），因不能載運貨物或人員，缺乏運送之功能，故不能算是船舶。以上所述者，乃社會通念上船舶之意義 ❶ 。

二、法律上船舶之意義

在法律上所稱之船舶，有下列廣狹二義：

㈠廣義之船舶

廣義之船舶者，乃指船舶法上之船舶，亦即在水面或水中可供航行之船舶也。1930 年 12 月 4 日國民政府公布之船舶法第一條規定：「本法所稱船舶，依海商法之規定。」船舶法與海商法雖同屬於海事法之一種，但船舶法為船舶管理之行政法，屬於公法範疇；海商法為以海上商事及其相關事項為規律對象之商事法，屬於私法範疇。以公法之船舶法而從私法之海商法，將船舶法當成海商法之子法，不但在理論上不倫不類，本末倒置，而且在實務上亦使該不適用海商法之船舶，無所隸屬。故 1961 年修正之船舶法與 1962 年修正之海商法，對於船舶之定義，乃各異其規定。

1961 年 1 月 30 日修正之船舶法第一條第一項規定：「本法所稱船舶，謂在水面或水中可供航行之船舶。」(The expression "ship" as referred to in this law denotes any vessel which is capable of navigating on waters or by submerging thereunder.) 依此規定，凡在水面或水中可供航行之船舶，均為船舶法上之船舶。在理論上，除軍事編制之軍艦不屬於船舶法上之船舶外，凡屬於交通部管轄之船舶，不論其在內陸水道、江河湖泊、海洋各地航行者，均可適用船舶法之規定。

近年來發明之水翼船，雖非以在水面或水中航行為目的，但依交通部 1979 年 2 月 5 日交航 (68) 字第 01476 號令發布的「水翼船管理規則」第二條規定：「水翼船，指裝有水翼，航行時，可賴水翼所產生之提昇力，使船身自水面昇起，而行駛之特殊船舶。」亦屬船舶法所稱之船舶。氣墊船，亦是如此，依交通部 1978 年 7 月 17 日交航 (67) 字第 12585 號令發布的

---

❶ 施智謀，《海商法》，瑞明彩色印刷有限公司，1986 年 7 月再版，p. 12。

「氣墊船管理規則」第二條亦將之視為特種船舶，故亦屬船舶法所稱之船舶。但水上飛機，因非以在水面或水中航行為目的，又無上述交通部發布之管理規則將之列為特種船舶，故非船舶法上之船舶。

海商法所適用之對象，僅限於在海上航行或在與海相通水面或水中航行之船舶，故海商法上之船舶，其範圍較船舶法上之船舶狹小甚多。海商法上之船舶，必為船舶法上之船舶，而船舶法上之船舶，則未必為海商法上之船舶。故曰：船舶法上之船舶，乃廣義之船舶也❷。

(二)狹義之船舶

狹義之船舶，即海商法上之船舶，乃指在海上航行或在與海相通水面或水中航行之船舶也。海商法上之船舶，須具備下列要件。要件 (conditions) 者，乃指法律行為成立時，所不可或缺之必要條件也。

1.積極要件

積極要件 (positive condition) 者，乃指法律行為成立時，須因某事實之發生，始能成就之必要條件也。海商法第一條規定：「本法稱船舶者，謂在海上航行，或在與海相通之水面或水中航行之船舶。」(The expression "ship" as referred to in this Law denotes any vessel which navigates on sea or waters connected with sea, or by submerging thereunder.) 依此規定，吾人可知，海商法上之船舶，須具備下列積極要件：

(1)就其航行功能而言，須為適於在海上或在與海相通水面、水中航行之船舶 (Vessel which is fit to navigate on sea or waters, or by submerging thereunder)

海商法上之船舶，須為適於在海上或在與海相通水面、水中航行之船舶，亦即須具有在海上或在與海相通水面、水中航行之設備，可供航行之船舶。因此，未具航行設備而隨波逐流之竹筏、木排、皮囊乃至乘浪滑行

❷　梁宇賢，《海商法論》，三民書局，1986 年 7 月修訂再版，p. 38。
　　劉承漢，《海商法論譯叢編》，交通部交通研究所編印，1971 年 10 月初版，p. 130。

之衝浪板，固不足以稱為船舶，其徒具船舶形態，不可供航行之用者，如海上博物館、觀光船、海上飯店、水上住家、碼頭船、躉船，亦非海商法上之船舶。浚渫船（音ㄐㄩㄣˋ　ㄒㄧㄝˋ　ㄔㄨㄢˊ，浚者，挖深也。渫者，除去水底穢濁之謂也。浚渫船，即俗稱之土船或挖泥船也），其未具航行設備無航行之功能者，亦非海商法上之船舶。

　　惟所謂「適於在海上或在與海相通水面、水中航行」，並不以經常性為必要。偶爾暫停航行或入塢修理，仍不失為海商法上之船舶。至於沉沒船、遇難船，是否仍為海商法上之船舶？吾人以為，當(1)該沉沒船、遇難船有撈救或修復之可能，而且(2)其所有人在外觀上有即刻撈救或修復之意願時，仍不失其船舶性。惟此二條件，須兼而備之始可，否則，若無撈救、修復之可能或其所有人在外觀上無即刻撈救或修復之意願時，則應失其船舶性。失其船舶性之船舶，就其早已發生之債務，其所有人仍得主張船舶所有人責任之限制；其債權人對其存留船體，仍得主張船舶優先權。但沉沒船或遇難船，失其船舶性後，恰有他船經過而發生撞損時，則為單純民法上侵權行為之問題，無海商法上有關船舶碰撞之適用，該有過失之沉沒船或遇難船之所有人，不得主張船舶所有人責任之限制；該受損船舶之受害人，亦不得對其存留船體主張船舶優先權，而排除其他債權人之參與分配❸。

　　待解體之舊船，是否仍有海商法之適用？吾人以為，待解體之船舶，仍具船舶之形式及航行之功能，只因航行功能較差，且保養費用較高，乃流於解體之命運。據經濟部國貿局 1975 年 7 月 7 日貿 (64) 正發字第 13160 號函稱：「國貿局依規定核准合格廠商進口之廢船，均限供解體之用，藉以獲取鋼料，供加工製造鋼鐵製品內外銷云云，雖無再航行之意圖，惟既尚有船舶之形式，仍難謂非船舶。」在航運界有所謂「最後之航次」，即待解體之船舶，雖然未載任何貨物或人員，在航向解體之港口途中，在未失去船舶形式及航行功能之前，仍屬船舶，應仍有海商法之適用❹。

---

❸　施智謀，前揭《海商法》，p. 14。

❹　楊仁壽，《海商法論》，三民書局總經銷，1990 年 9 月出版，p. 4。

⑵就其航行地點而言，須為在海上航行或在與海相通水面或水中航行之船舶 (Vessel which navigates on sea or waters connected with sea, or by submerging thereunder)

亦即航行之地點，須在海上或在與海相通之水面或水中。「海上」，乃指海洋而言。「與海相通之水面或水中」，乃指海洋以外之水（如江、河）而與海洋相通者而言。因此，像飛船、太空船、沙漠船，雖亦能航行，惟其航行之地點，既不在「海上」，亦不在「與海相通之水面或水中」，故非海商法上之船舶。在內河或內湖航行之船舶，其航行之地點，雖在水面或水中，但因該水面或水中，既非「海上」，又非在「與海相通之水面或水中」，仍非海商法上之船舶。「水中」，乃水面之下也。因潛水商船早在發展之中，利用潛水船舶運送貨物，不但速度較快，而且合乎經濟原則。例如英國之 Saunders Rose Co.，即曾接受委託設計一艘八萬噸之潛水油輪，時涑高達三十五浬（浬者，nautical mile or sea mile，1 浬約相當於 1.852 公里）；日本之三菱重工業會社，亦曾於 1958 年 9 月在日內瓦國際原子能會議中，提出建造三萬噸原子潛水油輪之計畫書，其速度較一般油輪為快❺。

所謂「與海相通之水面」(waters connected with sea)，海商法未作具體規定，交通部為便利計，曾於 1933 年間，就關於與海相通能供海船行駛之水域，以部令作如下之規定：

A. 長江自海口至重慶一段。

B. 海河自海口至天津一段。

C. 珠江自海口至梧州一段。

D. 湘江自漢口至長沙一段。

E. 黃浦江自吳淞口至上海一段。

F. 閩江自海口至南台一段。

G. 其他沿海各港灣能通海船之水道。

國內學者，常以此種 1933 年交通部之部令，作為「與海相通之水面」

❺　王洸，《船舶法釋論》，海運出版社，增訂 3 版，p. 7。

之解釋。吾人以為，所謂「與海相通之水面」，似不應以上述交通部之部令作為解釋，而似乎應依其字義解釋反而較為恰當，其理由如下：

A. 就舊法所作解釋之行政命令，對於新法似無繼續適用之必要

1962 年修正前之舊海商法（1929 年公布）第一條規定：「本法稱船舶者，謂在海上航行及在與海相通，能供海船行駛之水上航行之船舶。」上述交通部之部令，係就 1962 年修正前之海商法第一條有關海船行駛水域之解釋。海船者，乃指適於海上航行之船舶也。如今法規早被修正，現行海商法第一條已無「海船」之用語。故該交通部就舊條文所作解釋之部令，對於新條文似無繼續適用之必要。

B. 若依上述部令，在法律之適用上，甚易發生困擾

若依上述部令，作為「與海相通水面」之解釋，則在法律之適用上，甚易發生困擾。例如在黃浦江之航行，上海以西之處，亦有行駛大型船舶之可能，若依上述交通部之部令，自吳淞口航行至上海適用海商法，但船舶若自上海繼續向西（即上游）航行時，則須立即改為民法之適用。同樣一條河流，同樣一艘船舶之航行，只因如此一線之隔，法律適用立即不同，實在不無困擾之處。

C. 依字義解釋，亦無範圍過廣之問題

若依字義解釋，舉凡與海相通之江河湖泊，莫不屬之，表面看來，似有範圍過廣之嫌，但因有海商法第三條第一項之限制規定，小船不得適用海商法，故適用上並無困難。若使大船所能到達之「與海相通水面」一律適用海商法，則可避免上述一線之隔法律適用立即不同之困擾。

所謂「在海上航行，或在與海相通之水面或水中航行之船舶」，係以船舶航行之區域為準，而非以船舶之性質及能力為準。易言之，海商法所稱之船舶，乃指①在海上航行之船舶；②在與海相通水面或水中航行之船舶。在海上航行之船舶固為海商法上之船舶，但在與海相通水面或水中航行之船舶，縱然終年未曾駛入海洋，亦為海商法上之船舶。所謂「在海上航行，或在與海相通之水面或水中航行之船舶」並非「在與海相通水面或水中航

行」而且「須在海上航行或能在海上航行」之意思，而是「在與海相通水面或水中航行」或者「在海上航行」之意思。

2.消極要件

消極要件 (negative condition) 者，乃指法律行為成立時，須因某事實之不發生，始能成就之必要條件也。海商法上船舶之消極要件者，乃指須不具備某些事實始能成為海商法上船舶之謂也。海商法第三條規定：「下列船舶除因碰撞外，不適用本法之規定：一　船舶法所稱之小船。二　軍事建制之艦艇。三　專用於公務之船舶。四　第一條規定以外之其他船舶。」依此規定，吾人可知，船舶除須具備海商法第一條所規定之積極要件外，尚須具備海商法第三條所規定之下列消極要件，始能成為海商法上之船舶。

(1)船舶法所稱之小船

依船舶法第一條之規定，「小船：謂總噸位未滿五十噸之非動力船舶，或總噸位未滿二十噸之動力船舶。」因此，總噸位未滿二十噸之動力船舶或未滿五十噸之非動力船舶 (Mechanically propelled vessel of less than twenty tons in gross tonnage or non-mechanically propelled vessel of less than fifty tons in gross tonnage) 除因碰撞外，不適用海商法之規定。

「總噸位」(gross tonnage)，乃指登記噸數 (registertonnage) 而言，其計算標準應依 1982 年 7 月 16 日修正公布之「船舶丈量規則」行之。「動力船舶」(mechanically propelled vessel) 者，乃指以機械為推動力之船舶也。機械 (machinery or mechanism) 者，乃指由多種機件配成而能活動之器具也。輪船固為以機械為推動力之動力船舶，其他以蒸汽、石油、柴油、瓦斯、電力、原子、核子為能源之機械推動者，亦均為動力船舶。「非動力船舶」者，乃指動力船舶以外之船舶也。亦即以機械為推動力之船舶以外之所有船舶，均為非動力船舶。例如以帆布 (canvas, sailcloth) 或櫓櫂為前進工具之船舶〔搖船用之器具，長者稱為櫓 (scull)，短者稱為槳 (oar)，裝於船後使船前進之撥水用具，稱為櫂〕。

總噸位未滿二十噸之動力船舶或未滿五十噸之非動力船舶，亦即船舶

法上所謂之「小船」。因此等小船,數目眾多,難以管理,而且在海上航行或在與海相通水面或水中航行易生海難,故為策進航海之安全,並鼓勵航業之投資,乃將上述小船排除於海商法適用之外。

海商法第三條,對於噸數之限定,採雙重標準。對於動力船舶,只要求滿二十噸即可;而對於非動力船舶,則採較高之標準,須滿五十噸以上始有海商法之適用。其立法用意,乃在於①鼓勵國民淘汰非動力船舶,而多建造動力船舶,以促進我國航業之健全發展。②有意藉此排斥遊樂性之私人非動力船舶。

⑵軍事建制之艦艇 (Vessels constitutionally listed under the armed forces)

所謂軍事建制之艦艇,乃指符合國家之軍事規制,具有軍用船舶身分之艦艇而言。如海軍所屬之戰鬥艦、巡洋艦、驅逐艦、潛水艇、砲艇及登陸艇,其目的乃在作戰;運輸艦、運兵船、醫療船、驅逐母艦、掃雷艇及巡邏艇,其目的乃在輔助作戰。在陸軍、空軍編制中,亦有運輸艦艇及交通船舶,均為供軍事使用之目的而設。

海商法者,乃指以海上商事及其相關事項為規律對象之商事法也。既為商事法,通常具有營利性,而上述軍事建制之艦艇,其目的乃在於保衛國土與維護海權,其中縱有從事運送人員、貨物者,其任務多屬公法活動,不具營利之商法性質,自不屬於海商法之範圍。惟軍事建制之艦艇租與商用者,於其租借期間,仍有海商法之適用。反之,本為海商法上之船舶,被徵租為軍用時,在其徵租期間,則無海商法之適用❻。

武裝自衛之商船,既非符合軍事規制,又不具軍用船舶之身分,難謂其為軍事建制之艦艇,故仍應有海商法之適用。

⑶專用於公務之船舶 (Vessels exclusively used for official purpose)

「公務」者,乃指國家之公共事物也。「專用於公務之船舶」者,乃指獨為公務而用,而不作其他用途之船舶也。例如海關之緝私船、水警之巡

---

❻　吳智,《海商法論》,自版,三民書局總經銷,1976 年 3 月修訂 4 版,p. 13。

邏船、水上警察船、港埠管理機關之引水船、救火船、交通船以及其他之檢疫船、測量船、救難船、氣象船、補給船、燈船、海底電纜敷設船均為專用於公務之船舶。其使用之目的，不在營利，而在於行使國家之管轄權，故應受各有關行政法規之支配。

　　此等專用於公務之船舶，其所有權誰屬並不重要。因此，縱為私人所有之船舶，倘被徵租為「專用於公務之船舶」，仍無海商法之適用。反之，國家或其他公法人所有之船舶，經營私法上之業務，其具有營利之性質者，仍有海商法之適用。例如公營之渡船（如以前航行於臺灣澎湖間省營之臺澎輪）及公營交通事業所有之船舶，均有海商法之適用也。惟既曰「專用」，則公務船舶兼營私法上之業務或商用船舶偶兼為政府載運貨物者，亦不能稱為「專用於公務之船舶」，故仍應有海商法之適用。

⑷第一條規定以外之其他船舶 (Vessels other than those stipulated under Article 1)

　　「第一條規定以外之其他船舶」者，乃指「在海上航行，或在與海相通之水面或水中航行之船舶」以外之船舶而言，此乃概括之規定。舉凡在內陸之江、河、湖、泊等不與海相通水面或水中航行之船舶，莫不屬之。因在此等水域航行，缺乏「特殊之海上危險性」、「船舶之孤立性」、「人貨之危險共同性」等海上航行之特性，故在此等區域航行之船舶，縱其噸數合乎海商法第三條第一項之要求，亦無適用海商法之餘地。

 問題與思考

一、何謂船舶？試就其社會上之意義及法律上之意義說明之。

二、何謂「與海相通之水面」？試具理由以說明之。

三、海商法上之船舶，對於噸位之限制為何？其採雙重標準之理由為何？試簡述之。

第二節　不適用海商法之船舶

一、海商法上之船舶

海商法第一條規定：「本法稱船舶者，謂在海上航行，或在與海相通之水面或水中航行之船舶。」海商法第三條又規定：「下列船舶除因碰撞外，不適用本法之規定：一　船舶法所稱之小船。二　軍事建制之艦艇。三　專用於公務之船舶。四　第一條規定以外之其他船舶。」依此二條之規定，吾人可知，海商法上之船舶，就噸位而言，係屬大船而非小船；就地域而言，係屬海船而非河船；就目的而言，係屬商船而非軍艦或公務船。

二、海商法上之船舶應限於商業性船舶

海商法上之船舶，是否以商業性船舶（商船）為限？因我國海商法未有明文規定，學界向有下列二說：

(一)否定說

主張否定說者認為，我國海商法上之船舶，應不以商船為限，非商業性之船舶只要符合海商法第一條及第三條之規定，亦得適用海商法之規定。例如張東亮教授即主張：「本法對於船舶之使用目的，並無硬性之規定。故對船舶之使用目的，其為漁業或運送，客運或貨運，或其他目的均無不可。」[7]否定說之理由，大致如下：

1.我國未如日本、德國海商法明文規定限於商業行為

日本商法第六八四條第一項規定：「本法所稱船舶，謂以商行為為目的，供航海所用之船舶。」（本法ニ於テ船舶トハ商行為ヲ為ス目的ヲ以て航海ノ用ニ供スルモノヲ謂フ。）德國商法第四八四條規定：「（船舶所有人）稱

---

[7]　張東亮，《海商法新論》，五南圖書出版公司發行，1989 年 1 月修訂初版，p. 51。

船舶所有人者，謂對供自己航海營業所用之船舶，享有所有權之人。」

〔(Reeder) ist der Eigentümer eines ihm zum Erwerbe durch die Seefahrt dienenden Schiffes.〕日、德海商法均為商法中之一編，其以商行為為要件，亦屬當然。惟我國別無商法典之存在，不以商行為為要件。

2.我國海商法各章之規定，並非僅以商行為為限

我國海商法共有八章，除第三章「運送」，純屬商行為之有關規定，以及第六章「共同海損」，涉及商行為外，其餘各章之規定，與商行為並無重大關係，可見我國海商法上之船舶，應不以商船為限❽。

3.若海商法僅適用於商船，在實務上將發生法律適用之不便現象

若海商法僅適用於商船，則對於非商船之其他船舶必須另訂專門法規，勢將造成疊床架屋之現象，可謂甚為不便。

㈡肯定說

主張肯定說者認為，我國海商法上之船舶，應以商船為限，其非商業性之船舶，並非藉航海而獲利之船舶，不得適用海商法之規定。例如施智謀教授即謂：「海商法之規定，僅適用於商船，商船之特徵在於『藉航海而獲利』(Erwerb durch Seefahrt)。法律上所謂『藉航海而獲利』不僅限於『有償』的運送他人貨物或旅客，同時亦包括一切利用船舶而有所獲益之行為。故如以自船裝載自貨，或以船舶從事捕魚、撈救、救助、或從事引水工作，或以船舶拖帶他船為業者，均屬『藉航海而獲利』之行為，該船仍得視為商船，而有海商法之適用。漁船有海商法規定之適用，應特別注意之。」❾

吾人以為，應以肯定說為妥。其理由如下：

1.就立法之精神而言，應以肯定說為妥

過去海商法修正案說明，曾揭示適用本法之船舶為商船及從事漁撈之

---

❽ 劉承漢，《海商法論譯叢編》，交通部交通研究所編印，1971 年 10 月初版，p. 134。

❾ 施智謀，《海商法》，自版，瑞明彩色印刷有限公司印刷，1986 年 7 月再版，p. 16。

船舶。我國海商法對於船舶之定義,雖未如日本商法第六八四條明文規定須以商行為為目的。惟就當年立法院海商法修正案,司法、交通、財政、經濟四委員會聯席會議審查修正案說明中,揭示適用本法之船舶為商船及從事漁撈之船舶。由此可知,我國海商法上之船舶,應以商業性之船舶為限,其非商業性之船舶,並非藉航海而獲利之船舶,不得適用海商法之規定❿。

2.就海商法之性質而言,應以肯定說為妥

海商法為商法之一種,自然具有強烈之營利性,故唯有商業性船舶,始能適用海商法。惟此之所謂商業性船舶(商船),應指「藉航海而獲利」之船舶,因此不僅限於運送他人或他人之貨物而獲利之行為,使用自己船舶而獲利之行為亦包括之,海商法上所規定之運送、救助、撈救、引水、船舶拖帶等固為「藉航海而獲利」之行為,其他如捕魚、採珊瑚等以船舶從事營利事業之行為,亦屬「藉航海而獲利」之行為,均有海商法之適用。

3.就海商法之立法目的而言,應以肯定說為妥

海商法立法之目的,本在於促進海上商事之發達、藉此發展國際貿易、繁榮經濟、甚至於奠定海權之基礎等等,海上娛樂事業,本非海商法立法之目的,因此非「藉航海而獲利」之船舶(如遊艇),應無海商法之適用。

4.就國際立法之潮流而言,應以肯定說為妥

海商法本具有強烈之國際性,因此解釋海商法之時,除現行海商法有特別規定外,不宜擅自作違背世界立法潮流之解釋。目前全世界之海商立法中,英美法系之國家,其海上物品運送法 (Carriage of Goods by Sea Act),因僅限於運送貨物,固以商行為為要件;大陸法系之國家,如日、德、法等國家,其海商法亦多以商行為為要件。在此全世界之立法潮流之下,我國實在不宜獨自將商行為排除在要件之外。

---

❿　吳智,《海商法論》,自版,三民書局總經銷,1976 年 3 月修訂 4 版,p. 10。
　　梁宇賢,《海商法論》,三民書局印行,1992 年 8 月修訂 3 版,p. 44。

三、「海上」之意義

海商法第一條所稱之「海上」與保險法之海上保險所稱之「海上」，在意義上略有不同。海商法第一條所稱之「海上」，乃指海洋而言，惟在適用上，其範圍已擴展到「與海相通之水面或水中」，只要與海相通之水面或水中亦包括在內。亦即海商法第一條所稱「海上」之區域，乃指 1.海洋； 2.與海相通之水面或水中。其意義已與一般社會通念之「海上」不同矣！

保險法中之海上保險 (marine insurance)，亦稱水上保險，簡稱水險，乃指以填補因航海所生危險為目的之財產保險也。亦即以「與海上航行有關而可能發生危險之財產權益」為保險標的，而對於海上一切事變及災害所生之毀損、滅失及費用，負賠償責任之保險也（§127；保 §83）。我國保險法第八十三條規定：「海上保險人對於保險標的物，除契約另有規定外，因海上一切事變及災害所生之毀損、滅失及費用，負賠償之責。」(Unless otherwise stipulated in the contract, the marine insurer is liable for indemnity of damage, loss, and expenses arising out of all accidents and calamities at sea with respect to the insured object.) 由此可見，其範圍本應僅限於「海上一切事變及災害」，不屬於海上之事變及災害所生之毀損、滅失及費用，應不在海上保險之範圍。惟因近世交通發達，國際貿易繁盛，保險業之經營競爭劇烈，保險之範圍遂日益擴大，後來其範圍竟然超過海商法第一條所稱之「海上」。不僅與海相接觸之碼頭、海岸或貨棧，在其範圍之內，即使陸上之標的物，亦往往被列入其範圍，海上保險幾乎已成「運送保險」之別名。

依現行慣例，保險法上之海上保險，依其運送方法，包括 1.海洋上運送； 2.內河內陸運送； 3.空中運送； 4.郵政運送。依其保險標的，其範圍包括 1.船舶、船具； 2.建造中及試航中之船舶； 3.貨物及利得； 4.運送及運送之利得； 5.運送責任； 6.旅客隨身攜帶之行李、服飾、用具； 7.船舶費用之支出 ❶。例如今有貨物自臺北經由鐵路運往高雄，再由高雄出港，

❶　桂裕，《保險法論》，三民書局印行，1990 年 9 月增訂新 4 版，pp. 211、212。

其自臺北經由鐵路運往高雄之運送,雖屬內陸運送,但除契約另有規定外,應可列入海上保險範圍之內也。

四、非海商法上船舶之碰撞

碰撞 (collision) 者,乃指兩個以上的物體相互間粗暴性的接觸或衝突之行為也 (The act of striking or dashing together of two bodies, the violent meeting and mutual striking or clashing of two or more moving bodies or of a moving body with a stationary body.)❶ 。船舶碰撞〔英：collision between vessels；日：船舶衝突（せんぱくしょうとつ）；德：Zusammenstoß Von Schiffen；法：abordage〕者,乃指兩艘以上之船舶發生損害之相互接觸也。有關船舶碰撞之要件、性質、責任、國際公約、海商法之規定等等,日後將以專題討論。茲僅就「非海商法船舶」之碰撞問題,簡單探討如下：

海商法第三條前段規定:「下列船舶除因碰撞外,不適用本法之規定:」依其反面解釋,縱然雙方皆非海商法上之船舶,一旦發生碰撞,即可適用海商法之規定。亦即,船舶之噸數無論大小,用途無論公私,航行地點無論是否在海上,一旦發生碰撞,一律適用海商法之規定。撰其立法理由,約有下列幾點：

㈠為避免法律適用上之不公平現象

船舶之碰撞,常生損害賠償之結果,對於船舶本身與船舶所有人私法上之權益影響甚大,若不使其一律適用海商法之規定,以決定其損害賠償責任及訴訟程序,則將發生一方適用民法侵權行為之規定須負無限責任；他方適用海商法船舶碰撞之規定僅負有限責任之不公平現象。

㈡為使被害船舶受損貨物之所有人或受傷之人員能獲較為周全之保護

船舶碰撞,按其性質本為侵權行為,原可適用民法有關侵權行為之規

---

❶ *Ballentine's Law Dictionary*, third edition edited by Willian. S. Anderson, The Lawyers Cooperative Publishing Company, Rochester, N. Y., 1969, p. 8.

定。民法第二一七條規定:「Ⅰ損害之發生或擴大,被害人與有過失者,法院得減輕賠償金額,或免除之。Ⅱ重大之損害原因,為債務人所不及知,而被害人不預促其注意或怠於避免或減少損害者,為與有過失。」(Ⅰ If the injured party has by his own fault contributed in causing or aggravating the injury, the court may reduce the amount of damage or give no damage at all. Ⅱ The injured party is deemed to have committed a fault if he has omitted to call beforehand the attention of the other party to the danger of serious injury which the other party had not the means of knowing, or he omitted to avert or mitigate the injury.)

依此規定,當被害之船舶,與有過失而被「減輕」或「免除」賠償時,在被害船舶受損之貨物或人員,將有無法向同時亦有過失(有共同過失)之他方船舶請求損害賠償之危險,在事理上並非合理。

海商法第九十七條規定:「Ⅰ碰撞之各船舶有共同過失時,各依其過失程度之比例負其責任,不能判定其過失之輕重時,各方平均負其責任。Ⅱ有過失之各船舶,對於因死亡或傷害所生之損害,應負連帶責任。」由此規定,吾人可知,在物的損害方面,海商法將民法之「與有過失主義」改為「比例過失主義」;在人的損害方面,海商法將民法之「與有過失主義」改為「連帶責任主義」。使在被害船舶受損之貨物或人員,得有機會向同時亦有過失(有共同過失)之他方船舶請求損害賠償,對於在被害船舶受損貨物之所有人或死傷之人員保護較為周全。此種規定,對於「海商法上船舶」固有必要,對於「非海商法船舶」亦有必要也❸。

(三)為避免國際間法律抵觸現象之發生

船舶之碰撞,不盡為國輪與國輪之碰撞,亦不盡為在我國領域或領海內之碰撞,一律適用民法有關侵權行為之規定,實在有欠妥當。因為民法常受各國風俗習慣之影響,具有固定性與繼續性而較缺國際性與進步性。各國民法之規定較易有所差異,尤其在公海上不同國籍之船舶發生碰撞時,

---

❸　施智謀,前揭《海商法》,p. 17。

若適用民法規定，極易發生國與國間法律彼此差異抵觸之現象。

海商法較諸民法具有國際性（商法中尤以海商法、票據法最具國際性），目前世界各國之海商法，大多根據國際公約制定或修訂而來。例如目前我國海商法有關船舶碰撞之規定，即大致符合「1910 年關於碰撞法規之國際統一公約」(International Convention for thc Unification of Certain Rules of Law in regard to Collisions, 1910) 之精神。一律適用海商法之規定，較不至發生國際間法律差異抵觸之現象。

惟雙方均非海商法上之船舶，當其發生碰撞時，是否可適用海商法之全部規定？

「1910 年關於碰撞法規之國際統一公約」第一條規定：「海船與海船間或海船與內河船發生碰撞時，關於船上之物品或人員之損害賠償，不論其碰撞發生於何水區，概依下列之規定處理之。」(Where a collision occurs between sea-going vessels or between sea-going vessels and vessels of inland navigation, the compensation due for damages caused to the vessels, or to any things or persons on board thereof, shall be settled in accordance with the following provisions, in whatever waters the collision takes place.) 第十一條規定：「本公約於軍艦或專用於公務之政府船舶不適用之。」(This convention does not apply to ships of war or to government ships appropriated exclusively to a public service.)

由此兩條規定，吾人可知，「1910 年關於碰撞法規之國際統一公約」，並不適用到軍艦或專用於公務之政府船舶。在損害賠償時，亦僅限於至少碰撞之一方為「海船」時，方有適用。亦即在 1. 一方必為海船，而且 2. 另一方必非軍艦或專用於公務之政府船舶時，始有適用「1910 年關於碰撞法規之國際統一公約」之餘地。但我國海商法僅於第三條規定：「下列船舶除因碰撞外，不適用本法之規定：一 船舶法所稱之小船。二 軍事建制之艦艇。三 專用於公務之船舶。四 第一條規定以外之其他船舶。」因我國海商法並無類似「1910 年關於碰撞法規之國際統一公約」第一條、第十

一條之規定，在解釋上，不論是否雙方均為小船、軍艦、公務船，均可適用海商法第四章有關「船舶碰撞」之規定（§94～§101）以及海商法第一〇九條有關碰撞時各船長之救助義務規定。但於雙方均為小船、軍艦、公務船等「非海商法上船舶」時，則無法適用海商法有關「船舶所有人責任限制」（§21）、「海事優先權」（§24）、「法定免責」（§69）之規定。因對於此等船舶之債權，本無優先權，若因碰撞而突然變成享有優先權，對於其他債權人顯然不公。「非海商法上船舶」之所有人，本應依民法上之侵權行為而負無限責任，若因碰撞而突然變成僅負有限責任，對於被害人，顯然不公。「非海商法上船舶」之所有人，本應依民法上之侵權行為而負無限責任，若因碰撞而突然變成得以主張法定免責，對於被害人，豈非太不公平乎？因此當碰撞之雙方均為「非海商法上船舶」時，不能適用海商法有關「船舶所有人責任限制」（§21）、「海事優先權」（§24）、「法定免責」（§69）等規定。否則不僅對於被害人、其他債權人顯然不公，亦有違「1910年關於碰撞法規之國際統一公約」之精神也。

 問題與思考

一、海商法第一條所稱之「海上」，與保險法上之「海上保險」所稱之「海上」，兩者有何差異？設自臺北經鐵路運貨至高雄，其保險契約能否泛稱為「海上保險」？併請論述之。

二、海商法上之船舶，是否以商業性船舶為限？試具學說以說明之。

三、海商法第三條前段規定：「下列船舶除因碰撞外，不適用本法之規定」，其立法理由為何？試簡單說明之。

四、雙方均非海商法上之船舶，當其發生碰撞時，是否可適用海商法之全部規定？試具理由以說明之。

五、甲漁船與乙遊樂船於海上因船長指揮錯誤而致發生碰撞，甲船上之丙貨受損。乙船身受創，經船舶所有人允許對丁負有修繕債務，對戊負有繫纜費債務。試討論其中法律關係。

六、總噸位未滿二十噸之動力船舶得否以之設定抵押權？並抒己見。

第三節　船舶之強制執行

第一項　船舶強制執行之概念

一、強制執行之意義

　　強制執行〔英：compulsory execution；日：強制執行（きょうせいしっこう）；德：Zwangsvollstreckung；法：exécution〕者，民訴上之強制執行，乃指為謀債權人之利益，對於債務人，依國家之強制力，以求實現私法上給付請求權之法定程序也。

　　債務人之財產，乃債權之總擔保，除因法律之規定或其性質上不許強制執行者外，凡屬債務人之財產，而有金錢之價值者，均得成為強制執行之標的物。因法律之規定或其性質上不許強制執行者，例如債務人及其家屬二個月間生活所必需之物（強執 §52）、債務人及其家屬所必需之衣服、寢具、餐具及職業上或教育上所必需之器具、物品，不得查封（強執 §53）。性質上不許強制執行者，例如不融通物（供公眾使用之物、猥褻書刊或毒品等），不得為交易之標的，自不得為強制執行之標的、專屬於債務人不得移轉於他人之權利（如終身定期金），縱有財產上之價值，亦不得為強制執行之標的 ❶❹。

---

❶❹　陳世榮，《強制執行法詮解》，自版，國泰印書館有限公司承印，1976 年 2 月修訂，p. 28。陳榮宗，《強制執行法》，三民書局發行，1995 年 10 月 5 版，p. 68。楊與齡，《強制執行法論》，自版，建華印書有限公司印刷，1986 年 6 月修正 7 版，p. 51。

二、船舶強制執行之立法主義

　　船舶為物，而且具有財產上之價值，故與一般之財產無異，得為強制
執行之標的。惟船舶為交通運輸之重要工具，如在發航準備完成後，仍准
債權人之聲請，逕予扣押或假扣押，則旅客及貨物之運送勢將受到不利之
影響，故對於發航準備完成後之船舶，是否准予扣押或假扣押，各國之立
法例，約可分為下列兩種：

㈠禁止扣押主義

　　此之所謂禁止扣押主義，乃指在發航準備完成後，對於船舶暫時排除
國家司法權一部分之行使，不得施以扣押或假扣押之原則也。大陸法系之
國家多採禁止扣押主義，例如舊法國商法第二一五條規定：「Ⅰ船舶在發航
準備終了後，不得扣押。但為航海所生之債務，不在此限。對債務已提供
擔保者，亦不得扣押。Ⅱ船舶執有出航文書者，視為發航準備終了。」(Ⅰ
Le bâtiment prêt à faire voile n'est pas saisissable, si ce n'est à raison de dettes
contractées pour le voyage qu'il va faire; et, même dans ce dernier cas, le
cautionnement de ces dettes empêche la saisie. Ⅱ Le bâtiment est censé prêt à
faire voile lorsque le capitaine est muni de ses expéditions pour son voyage.)
1972 年修正前之德國商法第四八二條規定：「(對於發航準備完成之船舶，
禁止強制拍賣) Ⅰ依強制執行而為之強制拍賣，不得施於出航準備已完成
之船舶。亦不得實施假扣押。Ⅱ為使航行而負之債務，對於債務施行強制
執行或假扣押時，不適用前項之規定。」〔(Keine Zwangsversteigerung
segelfertiger Schiffe) Ⅰ Die Zwangsversteigerung eines Schiffes im Wege der
Zwangsvollstreckung darf nicht angeordnet werden, wenn das Schiff zum
Abgehen fertig (segelfertig) ist, Auch darf ein segelfertiges Schiff nicht mit
Arrest belegt werden. Ⅱ Diese Vorschriften finden keine Anwendung, wenn
Schuld, wegen deren die Zwangsversteigerung oder der Arrest stattfinden soll,
zum Behufe der bevorstehenden Reise eingegangen ist.〕日本商法第六八九條

規定：「扣押及假扣押對於發航準備終了之船舶，不得為之。但為使航行可能所生之債務，不在此限。」〔差押及ヒ仮差押ノ執行（仮差押ノ登記ヲ為ス方法ニ依ルモノヲ除ク）ハ発航ノ準備ヲ終ハリタル船舶ニ対シテハ之ヲ為スコトヲ得ス但其船舶ガ発航ヲ為スニ生シタル債務ニ付テハ此限ニ在ラス。〕

各該大陸法系國家之規定，雖其內容不免略有差異，但大陸法系國家之立法，大多側重於保護旅客及貨物所有人之利益，亦即為保護公益計，使客貨便利航行，多採禁止扣押主義之立法。一般而言，大陸法系國家採禁止扣押主義立法之理由，約有下列幾點：

(1)船舶於發航準備完成之後，若未能順利發航，不但有損旅客及貨物所有人之利益，無法履行運送契約之結果，國家社會之經濟亦將遭受重大之損害，在此情況下，金融債權人之利益，似非優先考慮保護之對象。

(2)船舶完成發航準備，需要相當之期間，金融債權人未於此相當之期間內聲請扣押或假扣押，顯有怠於行使權利之嫌，在法律上應無特加保護之必要❶。

⑵不禁止扣押主義

此之所謂不禁止扣押主義，乃指不論其發航準備是否已經完成，凡有扣押、假扣押之名義者，均得對於船舶施予扣押、假扣押之原則也。英美法系之國家多採不禁止扣押主義，例如美國法典彙編第四十六編第八十五節，對於裝載不合規定之船舶，明定縱使已從港口進行發航，亦得予以扣押❶。1952 年海船扣押公約 (International Convention relating to the Arrest of Seagoing Ships, 1952) 第三條第一項規定：「除本條第四項及第十條所規定者外，請求權人對於發生海事請求權之船舶，或在海事請求權發生時與該

---

❶　田中誠二，《海商法詳論》，勁草書房，昭和 51 年 8 月 20 日第 1 版第 1 刷第 2 回發行，p. 173。

❶　劉承漢，《海商法論譯叢編》，交通部交通研究所編印，1971 年 10 月初版，p. 144。

船舶同一所有人之其他船舶，均得予以扣押。被扣押之船舶，縱已準備出航，亦得扣押之。但第一條第一項第十五款至第十七款之海事請求權，除對於發生海事請求權之船舶外，不得扣押其他船舶。」(Subject to the provisions of paragraph (4) of this Article and of Article 10, a claimant may arrest either the particular ship in respect of which the maritime claim arose, or any other ship which is owned by the person who was, at the time when the maritime claim arose, the owner of the particular ship, even though the ship arrested be ready to sail, but no ship, other than the particular ship in respect of which the claim arose, may be arrested in respect of any of the maritime claims enumerated in Article 1 (1) (o), (p) or (q).) 各該英美法系國家之規定，雖其內容不免略有差異，但英美法系國家之立法，大多側重於保護金融債權人之利益，亦即為保護金融債權人之利益計，允許對於發航準備完成之船舶聲請扣押或假扣押，多採不禁止扣押主義之立法。一般而言，英美法系國家採不禁止扣押主義立法之理由，乃因英美法系之國家多認為，金融債權人應優先予以保護，否則金融債權人勢將不樂於提供融資，影響所及，航運事業必將難以發展也。

　　我國舊海商法第四條規定：「I船舶之扣押、假扣押，自運送人或船長發航準備完成時起，以迄航行完成時止，不得為之。但為使航行可能所生之債務，不在此限。II國境內航行船舶之假扣押，得以揭示方法為之。」足見我國舊海商法採「禁止扣押主義」。1999年修法後之現行海商法第四條規定：「I船舶保全程序之強制執行，於船舶發航準備完成時起，以迄航行至次一停泊港時止，不得為之。但為使航行可能所生之債務，或因船舶碰撞所生之損害，不在此限。II國境內航行船舶之保全程序，得以揭示方法為之。」足見我國現行海商法已在縮小禁止之範圍，僅在禁止「船舶保全程序之強制執行」，僅在禁止「對船舶之假扣押及假處分」，其往「不禁止扣押主義」之方向發展，可見於一斑也。

第二項　船舶強制執行之規定

就船舶之強制執行方法，強制執行法第一一四條第一項規定：「海商法所定之船舶，其強制執行，除本法另有規定外，準用關於不動產執行之規定；建造中之船舶亦同。」依此規定，吾人可知，就非海商法上船舶之強制執行方法，依一般動產執行之規定，應「以查封、拍賣或變賣之方法行之」（強執§45）；反之，就海商法上船舶及建造中之船舶，其強制執行之方法，除強制執行法另有規定外，準用關於不動產執行之規定，而應「以查封、拍賣、強制管理之方法行之」（強執§75）。就船舶之強制執行而言，應適用海商法及強制執行法之規定，而強制執行法則為海商法之特別法。茲將海商法及強制執行法之規定，分別簡述如下：

一、海商法之規定

我國海商法第四條規定：「I船舶保全程序之強制執行，於船舶發航準備完成時起，以迄航行至次一停泊港時止，不得為之。但為使航行可能所生之債務，或因船舶碰撞所生之損害，不在此限。II國境內航行船舶之保全程序，得以揭示方法為之。」依此規定，吾人析述如下：

㈠本條之立法理由

本條之立法目的，旨在規定船舶保全程序之強制執行，於船舶發航準備完成時起，以迄航行至次一停泊港時止，不得為之，促使船舶營運之順利完成，藉以保護旅客及貨物所有人之利益。否則任予准許債權人之聲請，逕予假扣押或假處分，不僅對船舶所有人不利，對於旅客及貨物所有人亦將造成重大損失。

㈡船舶強制執行之原因

所謂「船舶保全程序之強制執行」，係指船舶之假扣押及假處分而言，不包括扣押在內。扣押〔英：seizure；日：差押え（さしおさえ）；德：

Beschlagnahme；法：saisie〕者，乃指對於物件暫時所施之留置處分也。亦即將證據物件或可以沒收之物，由檢察官或法院自持有人之手，移轉歸其持有，且代行保管之強制處分也❶❼。

1.假扣押

假扣押〔英：attachment, provisional attachment；日：仮差押え（かりさしおさえ）；德：Arrest；法：saisie conservatoire〕者，乃指就金錢或得易為金錢之請求，對債務人財產請求扣押（查封），禁止其處分，以保全將來強制執行為目的而設之特別訴訟程序也❶❽。船舶之假扣押者，乃指依民事訴訟法保全程序所為之假扣押也。

因船舶具有極大之移動性，對於本國船舶之執行，常須借助民事訴訟法所定假扣押之程序，始足以保障債權人之利益。對於外國船舶之執行，更有必要，因對於外國船舶若不能及時加以假扣押，除非該外國船舶公司在中華民國境內尚有足夠可供執行之財產，一旦任其離去，日後將難以執行也。

假扣押係民事訴訟法固有之制度，船舶之假扣押，須依民事訴訟法規定之要件，始得為之。就聲請假扣押之要件，民事訴訟法第五二二條規定：「Ⅰ債權人就金錢請求或得易為金錢請求之請求，欲保全強制執行者，得聲請假扣押。Ⅱ前項聲請，就未到履行期之請求，亦得為之。」民事訴訟法第五二三條又規定：「Ⅰ假扣押，非有日後不能強制執行或甚難執行之虞者，不得為之。Ⅱ應在外國為強制執行者，視為有日後甚難執行之虞。」因此對於船舶之假扣押，須有日後不能強制執行或甚難執行之虞者，始得為之。

2.假處分

假處分〔英：provisional disposition；日：仮処分（かりしょぶん）；德：einstweilige Verfügung〕者，乃指就金錢以外之請求，為預防其現狀之變更，以保全將來強制執行為目的而設之特別訴訟程序也。假處分為保全程序之

---

❶❼　鄭競毅，《法律大詞書》，臺灣商務印書館發行，1972 年 10 月臺 2 版，p. 465。

❶❽　國立編譯館主編，《法律辭典》，國立編譯館出版印行，1987 年 6 月增訂，p. 896。

一種，與假扣押相對稱❶。

㈢船舶強制執行之限制

我國海商法第四條第一項規定：「船舶保全程序之強制執行，於船舶發航準備完成時起，以迄航行至次一停泊港時止，不得為之。但為使航行可能所生之債務，或因船舶碰撞所生之損害，不在此限。」由此規定，吾人可知，「船舶保全程序之強制執行」，自船舶發航準備完成時起，以迄航行至次一停泊港時止，不得為之。

1.立法理由

⑴承認船舶保全程序之強制執行，固可保護債權人，刺激船舶資金之融通，促進航業之發展。惟船舶為交通運輸之重要工具，如在發航準備完成後，仍准債權人之聲請，逕予假扣押或假處分，則運送人不但不能營業，而且尚須支付管理費用及其他費用，可謂損失甚大；再者，已上船之旅客，必須下船，已裝船之貨物，必須卸貨，如此一上一下一裝一卸之間，必多紛擾，妨害公益，莫此為甚。故為保護公益，便利客貨之運送，乃犧牲債權人之利益，對於船舶之假扣押、假處分加以限制也。

⑵船舶債權人如欲聲請假扣押或假處分，於發航準備完成前，本有充分之時間為之，對於此等保全措施，能為而不為，顯屬懈怠，法律自不宜過分保護，以致影響一般公益也。

2.禁止假扣押、假處分之時期

依前述海商法第四條第一項之規定，船舶之假扣押、假處分，自「發航準備完成時」起，以迄「次一停泊港時」止，不得為之。亦即「發航準備完成時」為禁止假扣押、假處分之始期，「次一停泊港時」為禁止假扣押、假處分之終期。

「發航準備完成時」為禁止扣押、假扣押之始期，惟何謂「發航準備完成時」？對此問題，學者見解不一，其主要學說有下列兩種：

---

❶ 鄭競毅，前揭《法律大詞書》，p. 1173。國立編譯館主編，前揭《法律辭典》，p. 898。

(1)形式主義

主張形式主義者認為，不論實質上發航準備是否已經完成，凡持有發航許可證書者，均得視為發航準備已經完成。例如楊仁壽先生即謂：「所謂發航準備完成者，指船長已取得當地航政主管機關核准發航及海關准許結關放行之情形而言」[20]。

(2)實質主義

主張實質主義者認為，發航準備是否已經完成，不以形式上是否領得發航許可證書為唯一條件，應以「發航準備在實際上是否已經完成」為判定之標準。例如吳智教授即謂：「所謂發航準備完成，乃船舶為航行目的之必要，在客觀事物上已完成相當之準備，例如船舶業已艤裝載貨完成，燃料給養補給齊全，海員旅客經已乘船，船長已備妥各項必要文書，出港航行之一應手續辦畢，並已執有發航許可證書時起（船舶出入港必須經航政機關之許可手續）」[21]。劉承漢先生亦謂：「依海關緝私條例第十八條，船舶出口須向海關呈驗出口艙單，並向海關領取出口准單，此項准單即發航許可證書是。惟修正海商法則仿日德立法例，改採實質主義，明定『自運送人或船長發航準備完成時起』。是不僅形式上執有發航許可證書，必須實質上準備完成，舉凡船舶之艤裝，貨物之裝載，海員之配備，以及船舶文書之具備等，均須準備完成。」[22]實質主義之理由為，舊海商法第六條規定：「船舶之扣押、假扣押，自船長執有發航許可證書之時起，以迄航行完成時止，不得為之。但為使航行可能所生之債務，不在此限。」1962年修法時，將之修正為1962年版海商法第四條之規定，將「自船長執有發航許可證書之時起」，改為「自運送人或船長發航準備完成時起」，1999年修法時，又將之修正為「於船舶發航準備完成時起，以迄航行至一次停泊港時

---

[20]　楊仁壽，前揭《海商法論》，p. 11。

[21]　吳智，《海商法論》，自版，三民書局總經銷，1976年3月修訂4版，p. 14。

[22]　劉承漢，《海商法論譯叢編》，交通部交通研究所編印，1971年10月初版，p. 146。

止，不得為之。」由此修法之過程，可知現行海商法已棄形式主義，而改採實質主義。

實質主義，似乎較能符合海商法第四條之立法精神，然而事實上是否發航已經完成，在認定上十分困難。形式主義，簡單明瞭，不至發生認定上困難之現象，然而似乎有違 1962 年修法時改變條文用語之初衷。惟實務界採「形式主義」之見解❷，吾人以為，似以兼採形式主義及實質主義為妥。因在船舶之強制執行上，強制執行法係海商法之特別法，2000 年 4 月 14 日司法院修正公布之「辦理強制執行事件應行注意事項」第六十一條第三款規定：「所謂發航準備完成者，指法律上及事實上得開行之狀態而言，例如船長已取得當地航政主管機關核准發航與海關准結關放行及必需品之補給已完成，並已配置相當海員、設備及船舶之供應等屬之。」足見在強制執行法上，係兼採形式主義及實質主義，吾人對於上述海商法之解釋，似宜兼採形式主義及實質主義，始能配合。易言之，所謂發航準備完成者，應指在法律上，船長已取得當地航政主管機關核准發航與海關准許結關放行之文件，而且在事實上，必需品之補給已完成，並已配置相當海員、設備及船舶之供應等情形而言。

所謂「以迄航行至次一停泊港時止」，係指兩個港口間之「航段」而言，亦即船舶自某港口到達下次預定停泊港口之航段而言。足見我國現行海商法係採航段主義，而非航程主義。例如自 A 港至 B 港為一航段，自 B 港至 C 港又為另一航段。船舶自 A 港發航準備完成時，直至到達次一停泊港口 B 港時止，或船舶自 B 港發航準備完成時，直至到達次一停泊港口 C 港時止，即為保全程序強制執行之禁止期間。

航程主義者，亦稱預定航程主義或運送航次主義，乃指於運送契約上預定之航程完成或到達預定之最後目的港時，始得執行船舶保全程序之見解也。航段主義者，亦稱短航主義，乃指船舶自某港口到達下次預定停泊

---

❷ 梁宇賢，《海商法精義》，自版，瑞興圖書股份有限公司總經銷，1999 年 9 月修訂新版，p. 23。

之港口，亦即船舶到達任一預定停泊港時，即得執行船舶保全程序之見解也。1999 年修法後，我國海商法明採航段主義之立法，其主要理由，約有下列幾點：

⑴若採航程主義，對本國債權人之保護，甚為不利

若採航程主義，對於非以吾國港口為終點目的港之船舶，吾國債權人將永無實施假扣押之可能，對於吾國債權人而言，可謂極其不利。

⑵在盛行定期班輪之今日，已無明顯之目的港

船舶扣押或假扣押禁止之規定，原係帆船時代之海商立法，當初所盛行者，係屬不定期之航運，而今所盛行者，已多變為定期班輪，船舶自發航後，往返復航，並且常在某一港口卸下一部客貨，另行裝上一部客貨後繼續航行，並非在某單一港口卸下全部客貨，另行裝上全部客貨發航。因此在今日盛行之定期班輪，並無明顯之目的港，故採航程主義似已非妥。

⑶採航段主義，始符強制執行法第一一四條之修正旨趣

強制執行法第一一四條之修正旨趣，乃在縮小舊海商法第四條船舶扣押或假扣押禁止之適用範圍，以兼顧本國債權人之利益，故 1999 年修正之新海商法明顯採用航段主義之立法，以符強制執行法第一一四條之修正旨趣。

⑷實務界亦採航段主義之見解

司法院發布之「辦理強制執行事件應行注意事項」第六十一條第三項規定：「所謂航行完成，指船舶到達下次預定停泊之商港而言。」足見我國實務界早採航段主義之見解。

㈣船舶強制執行限制之例外

依海商法第四條後段但書之規定，「但為航行可能所生之債務，或因船舶碰撞所生之損害，不在此限」。可見「為使航行可能所生之債務，或因船舶碰撞所生之損害」，為禁止船舶假扣押、假處分之例外。易言之，「為使航行可能所生之債務，或因船舶碰撞所生之損害」仍得對債務所由發生之船舶隨時為假扣押或假處分。

1.使航行可能所生之債務

所謂「使航行可能所生之債務」者，例如為準備航行購買燃料、糧食或修繕船舶所生之債務即是。因此等債務在發航之前，求償機會較少，倘不加以保護，則一般人勢必相率戒懼，不敢為船舶供給勞務，或與船舶為貨物之交易，影響國家航業之發展，誠非淺鮮，故海商法特設例外規定，使其得為假扣押或假處分[24]。

惟此所謂之「為使航行可能所生之債務」，是否僅以「本次航行」之債務為限？抑或包括「歷次航行」之債務在內？法無明文規定，學者說法不一，其主要見解，有下列兩種：

(1)限於本次航行說

主張此說者認為，海商法第四條所謂之「為使航行可能所生之債務」，僅以「本次航行」之債務為限，「歷次航行」所負之債務，並不包括在內。例如梁宇賢教授即謂：「所謂『為使航行可能所生之債務』，是否僅以『本次航行』者為限，抑或包括該船舶『歷次航行』者在內，本法無明文規定。解釋上，應以本次航行可能所生之債務為限。」[25]張東亮教授亦主張：「按本法第四條但書之規定：『但為使航行可能所生之債務不在此限。』意謂有使航行可能的債務即可進行扣押與假扣押，而何者為使航行可能的債務？本次抑歷次？預訂航程之航行，抑或航段？法欠明文，解釋宜嚴格以本次航段或航次中予以給養、救助、拖帶、引水、修繕等債務者，則有扣押或假扣押的權利，航程與航段則宜參考前述(三)，以刻意保護與船舶交易之債權人。」[26]

(2)兼指歷次航行說

主張此說者認為，海商法第四條所謂之「為使航行可能所生之債務」，不以「本次航行」之債務為限，「歷次航行」所負之債務，亦包括在內也。

---

[24] 何俊魁，《海商法概論》，自版，臺北監獄印刷廠印刷，1958 年 4 月初版，p. 12。

[25] 梁宇賢，前揭《海商法論》，p. 107。

[26] 張東亮，前揭《海商法新論》，p. 98。

例如桂裕教授即謂：「法律既無『本次航行』之明文，則但書之規定似可作廣義的適用，凡任何使航行可能之債務，不問發生在整個航程中前一階段或後一階段或正將開始之一階段，應一律在得扣押之列。若謂此項債務係指使本次航行為可能者而言，則一面供給金錢，給養，燃料等於船舶，使本次航行為可能，一面又立即予以扣押或假扣押，使本次航行為不可能，如此出爾反爾，豈不形同兒戲。若在本次發航前，即欲扣押其船舶者，則其始又何必給予信用，使航行為可能乎？」**㉗**

　　吾人以為，似以限於本次航行說為妥，其理由如下：

　　⑴例外之規定，本應從嚴解釋

　　海商法第四條但書之規定，屬於例外之規定，在解釋上本應從嚴解釋，以為使本次航行可能所生之債務為限。

　　⑵對怠於行使權利之債權人，無強加保護之必要

　　為使「歷次航行」可能所生之債務，在前次發航準備完成前，木可對船舶為假扣押或假處分，至少在本次發航準備完成前，亦可以一般債權之名義，對船舶為假扣押或假處分，其行使假扣押或假處分之時間相當充裕，而債權人竟然怠於行使，自無再加保護之必要。

　　⑶採用「限於本次航行說」，正足以促使債權人早日行使權利

　　採用限於本次航行說，海商法第四條所謂之「為使航行可能所生之債務」，僅以「本次航行」之債務為限，正可避免債權人怠於行使其權利。

　　2.因船舶碰撞所生之損害

　　所謂「因船舶碰撞所生之損害」，係指在船舶碰撞之場合，被碰撞之船舶對於碰撞之他船所得主張之損害賠償而言。例如海商法第九十六條規定：「碰撞係因於一船舶之過失所致者，由該船舶負損害賠償責任。」基此規定，被碰撞之船舶對於碰撞之他船所得主張之損害賠償，即得隨時為假扣押或假處分。因船舶碰撞所生之損害，係屬海上侵權行為所生之損害賠償，

㉗　桂裕，《海商法新論》，國立編譯館出版，正中書局發行印刷，1982 年 9 月臺9 版，p. 220。

若不對加害船舶實施假扣押,則於本案判決確定後,恐將無從追及,而無法強制執行,因此本法特予規定,被碰撞之船舶對於碰撞之他船所得主張之損害賠償,隨時得為假扣押或假處分,藉以保護船舶碰撞被害人之權益也。

(五)舊海商法規定之缺失

1999 年修法前,我國舊海商法第四條規定:「I 船舶之扣押、假扣押,自運送人或船長發航準備完成時起,以迄航行完成時止,不得為之。但為使航行可能所生之債務,不在此限。II國境內航行船舶之假扣押,得以揭示方法為之。」足見我國舊海商法係採禁止扣押主義。禁止扣押主義之立法,在形式上雖有其理由存在,惟在實質上,禁止扣押主義之立法,具有下列重大之缺點,茲簡單說明如下:

1.對於本國債權人之保護頗為不周,有害我國航運之發展

目前外國之立法,多採不禁止扣押主義之立法,我國卻採禁止扣押主義之立法,對於本國債權人之保護頗為不周,有害我國航運之發展。例如今有某船,因借債而向我國銀行設定抵押權,在其所欠款項屆期未清償而停泊於我國港口之時,因其航行尚未完成,債權人(銀行)無法聲請扣押或假扣押,當該船離開我國而停泊外國港口時,因該外國採不禁止扣押主義之立法,外國之債權人得就該船舶聲請查封拍賣,如此一來,我國債權人之抵押權豈不全然落空,日後焉敢再貸款於船舶所有人?我國航運之發展,豈不因此而受到不利之影響?

2.禁止扣押主義之立法,已不符國際航運之需求

船舶扣押或假扣押禁止之規定,原係帆船時代之海商立法,當初所盛行者,係屬不定期之航運,「航行」之觀念,自可以運送航次之標準判定之,採禁止扣押主義之立法,尚有道理。因船舶之扣押、假扣押,自運送人或船長發航準備完成時起,以迄航行完成時止,固不得為之,但至少於本運送航次之目的港尚可為之也。然而現代之海運型態,已自不定期之航運變為定期班輪,船舶自發航後,往返復航,並且常在某一港口卸下一部客貨,

另行裝上一部客貨後繼續航行，並非在某單一港口卸下全部客貨，另行裝上全部客貨發航。因此在今日盛行定期班輪之海運型態下，事實上已無明顯之目的港，既無明顯之目的港，若再採禁止扣押主義之立法，焉能再於本運送航次之目的港為之？因此禁止扣押主義之立法，誠已不符國際航運、定期班輪之需求。

3.禁止扣押主義之立法，已不符國際立法之潮流

英美法系之國家，本就不採禁止扣押主義之立法，船舶扣押或假扣押禁止之規定，本為德國固有之制度，德國商法第四八二條之內容，原本相當於我國海商法第四條之規定，但 1972 年修正海商法時，已修正為：「航行中之船舶及非在港口停泊者，不得為強制執行程序上拍賣之命令及假扣押之執行。」足見 1972 年之德國商法，早已盡量擴充船舶扣押及假扣押之可能性。1952 年海船扣押公約第三條亦採不禁止扣押主義之立法，該公約固為英美法系之國家所贊同，大陸法系之國家，亦多簽署批准，足見禁止扣押主義之立法，早已不符國際立法之潮流❷。

二、強制執行法之規定

舊海商法禁止扣押主義之立法，具有上述之種種缺點，司法行政部（今已更名為法務部）乃力謀修正，惟海商法之修正，係屬交通部之職權，而當時交通部並無修法之意思。因強制執行法係海商法之特別法，可優先海商法而適用之，因此 1975 年，司法行政部乃藉強制執行法之修正，以達修正海商法之目的，而於現行強制執行法第一一四條第二項、第三項之規定中，排除舊海商法禁止扣押主義之立法。

㈠強制執行法修法後之效果

1975 年 4 月 22 日修正公布之強制執行法，其第一一四條規定：「Ⅰ海商法所定之船舶，其強制執行，除本法另有規定外，準用關於不動產執行之規定；建造中之船舶亦同。Ⅱ對於船舶之強制執行，自運送人或船長發

---

❷　施智謀，前揭《海商法》，p. 81。梁宇賢，前揭《海商法論》，p. 108。

航準備完成時起，以迄航行完成時止，仍得為之。III前項強制執行，除海商法第四條第一項但書之規定外，於保全程序之執行名義，不適用之。」本條之規定，於 1996 年 10 月 9 日再經修正公布，現行強制執行法第一一四條規定：「I 海商法所定之船舶，其強制執行，除本法另有規定外，準用關於不動產執行之規定；建造中之船舶亦同。II對於船舶之強制執行，自運送人或船長發航準備完成時起，以迄航行完成時止，仍得為之。III前項強制執行，除海商法第四條第一項但書之規定或船舶碰撞之損害賠償外，於保全程序之執行名義，不適用之。」因強制執行係海商法之特別法，依「特別法優於普通法」之原則，現行強制執行法第一一四條之規定，對於船舶之強制執行，發生如下之效果：

1.船舶之扣押，無論何時均得為之

強制執行法第一一四條第二項規定：「對於船舶之強制執行，自運送人或船長發航準備完成時起，以迄航行完成時止，仍得為之。」此種規定，旨在解除舊海商法船舶扣押之限制，以保障船舶融資之暢通，促進國際貿易之發達。本條所謂之「強制執行」，係指根據確定之終局裁判所為之查封、拍賣船舶程序而言。所謂確定之終局裁判，包括確定之判決及裁定（如拍賣抵押物之裁定）。因此，對於停泊於我國港口之船舶，不論其為本國籍或外國籍，不論其是否為「為使航行可能所生之債務」，如係根據確定之終局裁判而為強制執行者，隨時均得將之扣押（查封），不受任何條件之限制。

2.一般債務之假扣押或假處分，自船舶發航準備完成時起，以迄航行完成時止，不得為之

強制執行法第一一四條第三項規定：「前項強制執行，除海商法第四條第一項但書之規定或船舶撞之損害賠償外，於保全程序之執行名義，不適用之。」所謂「保全程序之執行名義」，係指假扣押、假處分而言。本項之規定，旨在防止假扣押或假處分之濫行聲請。因為 1.假扣押或假處分僅係根據民事訴訟法保全程序所為之假扣押或假處分裁定，並非根據確定之終局判決而發生，債權人是否真有其權，尚未確定。 2.假扣押或假處分之聲

請，並不以本案之繫屬為條件（民訴 §529），只要有「日後不能強制執行或甚難執行之虞者」，均得為之。若不維持海商法第四條禁止假扣押或假處分之立法旨意，頗有濫行聲請之可能。因此規定，船舶之假扣押或假處分，自運送人或船長發航準備完成時起，以迄航行完成時止，不得為之。

3. 為使航行可能所生之債務或因船舶碰撞所生損害賠償之債務，得隨時為假扣押或假處分

自前述強制執行法第一一四條第三項之規定觀之，海商法第四條第一項但書規定之效力不受影響。因此為使航行可能所生之債務或因船舶碰撞所生損害賠償之債務，縱然該船舶業已發航準備完成或航行尚未完成，仍得隨時為假扣押或假處分，並無任何條件之限制。易言之，為使航行可能所生之債務或因船舶碰撞所生損害賠償之債務，得隨時為假扣押或假處分，本項之立法理由，參照前述「船舶強制執行之例外」。「船舶碰撞之損害賠償」係 1996 年 10 月 9 日所增列之規定，國內某些論者認為，「船舶碰撞之損害賠償」本可類推適用「為使航行可能所生之債務，不在此限」之規定，並無另行增列之必要。其理由為，既然「為使航行可能所生之債務」，係因非由於債權人怠於行使權利，而得隨時為假扣押或假處分，則其他因船舶碰撞、海難救助、共同海損所生之請求權，亦非由於債權人怠於行使權利所致，基於同一法理，亦應類推適用，而得隨時為假扣押或假處分。例如楊仁壽先生即謂：「為使航行可能所生債務，已不予禁止，則發航之際及其後所生債務，不論因契約而生（例如海難救助契約）或侵權行為所生（例如船舶碰撞），更不能加以禁止，海商法此次修正，加上『或因船舶碰撞所生損害』，無寧係當然解釋所應爾。」❷⑨

(二)強制執行法修法後之程序

1. 管轄法院

強制執行法第七條規定：「Ⅰ 強制執行由應執行之標的物所在地或應為

---

❷⑨　楊仁壽，《最新海商法論》，自版，文太印刷企業有限公司印刷，三民書局總經銷，1999 年 10 月印刷，p. 165。

執行行為地之法院管轄。II應執行之標的物所在地或應為執行行為地不明者，由債務人之住、居所、公務所、事務所、營業所所在地之法院管轄。III同一強制執行，數法院有管轄權者，債權人得向其中一法院聲請。IV受理強制執行事件之法院，須在他法院管轄區內為執行行為時，應囑託該他法院為之。」由此規定，吾人可知，對於船舶聲請強制執行者，以船舶查封時停泊港之法院為管轄法院。

2.船舶強制執行之方法

⑴非海商法上之船舶

強制執行法第一一四條第一項規定：「海商法所定之船舶，其強制執行，除本法另有規定外，準用關於不動產執行之規定；建造中之船舶亦同。」依此規定之反面解釋，非海商法上船舶，其強制執行，依一般動產之執行方法為之。

⑵海商法上之船舶

依前述強制執行法第一一四條第一項之規定，海商法所定之船舶，其強制執行，除本法另有規定外，準用關於不動產執行之規定；建造中之船舶亦同。至於不動產之執行方法，強制執行法第七十五條第一項規定：「不動產之強制執行，以查封、拍賣、強制管理之方法行之。」強制執行法第七十六條規定：「I查封不動產，由執行法官命書記官督同執達員依左列方法行之：一 揭示。二 封閉。三 追繳契據。II前項方法，於必要時得併用之。III已登記之不動產，執行法院並應先通知登記機關為查封登記，其通知於第一項執行行為實施前到達登記機關時，亦發生查封之效力。」此等方法之規定，均旨在防止債務人任意處分不動產。揭示者，乃指查封不動產之事實，公告周知之謂也。例如張貼查封之布告於不動產之所在地，使公眾知悉法院查封之事實即是。封閉者，乃指將不動產封鎖關閉，以禁止或限制債務人或第三人對該不動產之管理使用也。追繳契據者，乃指責令債務人交出該查封不動產所有權之證明文件也 ❸ 。

❸ 陳榮宗，《強制執行法》，三民書局印行，1995 年 10 月 5 版，p. 390。楊與齡，

海商法第四條第二項亦規定:「國境內航行船舶之保全程序,得以揭示方法為之。」因強制執行法已有揭示、封閉等方法之規定,故有些學者認為,此乃重複之規定,其實此項條文,僅係注意之規定,對於強制執行法所賦與法官之職權,並無任何限制或補充之意圖。尤其海商法第四條第二項之規定為「得以揭示方法為之」,係指執行法院「可以揭示之方法為之」之意,必要時亦得以「封閉」或「追繳契據」之方法為之,以防止其逃逸或處分也。海商法第四條第二項之立法理由,約有下列兩點:

A. 當時法院對於船舶之假扣押,常以封閉之方法為之,以致船舶往往無法航行,直接導致航商之損失,間接影響社會經濟之流通。雖然強制執行法第七十八條規定:「已查封之不動產,以債務人為保管人者,債務人仍得為從來之管理或使用。由債務人以外之人保管者,執行法院得許債務人於必要範圍內管理或使用之。」然而船舶一旦經其封閉,焉能許其使用?故海商法特此重複規定,以提示其應加注意也。

B. 此種揭示之方法,原則上應以國內航行之船舶為限。因在國境內自由航行之船舶,必係本國之船舶,不僅國境內有其營業所,可為追償債務之對象,且其船籍港在國內,有關機關隨時可以監督管理,不患其有逃匿之行為,因此執行假扣押時,只要以揭示方法為之,同時頒發船舶航行許可命令,明示准許航行之目的港、航路及期間,並通知當地航政主管機關及海關即可,並無以「封閉」、「追繳契據」等方法將其查封,斷其生機之必要也。至於航行國外之船舶或外國籍船舶,原則上應不能使用揭示之方法。民事訴訟法第五二三條規定:「I假扣押,非有日後不能強制執行或甚難執行之虞者,不得為之。II應在外國為強制執行者,視為有日後甚難執行之虞。」自此規定觀之,航行國外之船舶或外國籍船舶,原則上應不得以揭示方法為之,並須於查封之後,使其停泊於指定之處所(強執 §114-1),

---

《強制執行法論》,自版,建華印書有限公司印刷,1986 年 6 月修正 7 版,p. 464。陳世榮,《強制執行法詮解》,自版,國泰印書館有限公司承印,1976 年 2 月修訂,p. 254。

以貫徹查封之效力，而且於查封之後，並須通知當地之航政主管機關，以免誤發航行許可證❸。

 問題與思考

一、海商法第四條所謂之「扣押」，其意義為何？試具學說及理由以說明之。

二、海商法第四條之「假扣押」是否包括假處分？試具學說及理由以說明之。

三、我國海商法，對於船舶強制執行之限制，有何規定？其立法理由為何？試具條文及理由以說明之。

四、海商法第四條之「發航準備完成時」，其意義為何？試具學說及理由以說明之。

五、海商法第四條之「航行完成時」，其意義為何？試具學說及理由以說明之。

六、我國海商法，對於船舶強制執行之限制，有何例外之規定？其立法理由為何？試具條文及理由以說明之。

七、海商法第四條之「使航行可能所生之債務」，其意義為何？試具學說及理由以說明之。

八、對於船舶強制執行之限制，我國現行海商法之規定有何缺失？試具理由以說明之。

九、就船舶強制執行之規定，我國強制執行法，為彌補現行海商法規定之缺失，有何修正之規定？基此修正之規定，對於船舶之強制執行，發生如何之效果？試具理由以說明之。

十、依現行強制執行法及海商法之規定，船舶強制執行之管轄法院為何？其強制執行之方法又如何？試就法條規定以說明之。

十一、何謂船舶（海商法上之船舶）？對之為扣押，假扣押有何特別之限制？又何謂載貨證券？何謂載貨證券文義責任？其內容記載「仲裁條款」

---

❸　劉承漢，前揭《海商法論譯叢編》，p. 148。梁宇賢，前揭《海商法論》，p. 116。

時，該項記載有如何之效力？試分別論述之。

十二、建造中之船舶所有權誰屬？其得否為抵押權之標的物？又海商法對
　　　其強制執行有何規定？

十三、何謂海商法上之船舶？我國海商法及強制執行法對於海商法上之船
　　　舶的扣押、假扣押及假處分之規定，有何異同？其立法理由何在？
　　　試就所見述之。

十四、西德旺恩公司出售臺灣富裕公司德律風根 24 吋畫面電視機 50 臺，
　　　每臺售價（包括運費）新臺幣貳萬元，約定交單後 10 天付款。旺恩
　　　公司依約將該批電視機自行裝入貨櫃後交付泰正輪船公司所屬之蓋
　　　斯輪運送，並由該輪船長簽發載貨證券一式兩份交予旺恩公司。出
　　　賣人旺恩公司乃將載貨證券之一份寄來臺灣並請求買受人富裕公司
　　　於收到是項載貨證券後 2 天內依約付款，奈富裕公司於蓋斯輪到達
　　　基隆港前 2 大仍拒不付款，旺恩公司為防止富裕公司提貨，乃致電
　　　蓋斯輪船長，表明其係原託運人，並請求勿將貨物交付予富裕公司，
　　　富裕公司於貨到基隆港時，憑其所持有之載貨證券乙份，向船長請
　　　求交付貨物，船長不理會旺恩公司之電報，仍將貨物交付予富裕公
　　　司，並準備繼續開往東京港。經查載貨證券係為無記名式，且於其
　　　上載明「貨櫃一只，內裝德律風根 24 吋畫面電視機 50 臺」，「目的
　　　港基隆港」。試以我國海商法，附具理由，簡答之：
　　　設如旺恩公司因富裕公司提領貨物後，以泰正公司違約為由，向基
　　　隆地方法院聲請假扣押，並取得假扣押之執行名義，此時執行處對
　　　蓋斯輪假扣押之執行，應如何處理？

第二章　船　舶

㈣船舶共有與類似名稱之區別

┌ 船舶共有與合夥之區別

　1. 就性質而言

　2. 就股份之處分而言

　3. 就債務之分擔而言

　4. 就關係之終止而言

　5. 就共有之關係而言

　6. 就經理人之選任而言

　7. 就相互代表權之有無而言

└ 船舶共有與民法上之共有之區別

　1. 就種類之不同而言

　2. 就應有部分之出賣而言

　3. 就抵押權之設定而言

　4. 就經理人之選任而言

　5. 就共有物之處分而言

　6. 就免責權之有無而言

㈤船舶共有之法律關係

┌ 船舶共有之內部關係

　1. 共有船舶之處分及用益（§11）

　　┌ 共有人過半數之同意

　　└ 應有部分之價值合計過半數之同意

　2. 應有部分之處分

　　┌ 應有部分之出賣（§12）

　　├ 應有部分之抵押（§13、§33、§36）

　　├ 共有關係之退出（§15）

　　└ 共有關係之繼續性（§16）

└ 船舶共有之外部關係

　1. 船舶共有債務之清償（§14）

　　┌ 分割責任制之採用

　　└ 委棄免責權之行使

2.共有船舶經理人之對外代表權

　　┌ 共有船舶經理人選任之立法理由（§17）
　　├ 共有船舶經理人之選任方法
　　├ 共有船舶經理人之權限（§18、§19）
　　└ 船舶經理人之義務（§20）

㈥船舶共有關係之終止

　┌ 船舶滅失
　├ 應有部分併歸於一人
　├ 船舶喪失航行能力
　└ 共有船舶破產（§16）

第二節　海事之優先權

一、海事優先權之意義

二、海事優先權之立法理由

㈠緩和船舶所有人責任限制對債權人不利之規定（§21、§27）
㈡鼓勵船舶之救助、沉船之打撈或移除，以維船舶航海之安全（§21）
㈢保護公益、共益，並能維護衡平之原則（§24）

三、海事優先權之性質

㈠物權說（§24、§27、§29、§30、§31）

　┌ 就法律之編制言之，海事優先權應為物權
　├ 因具有優先性及追及性，海事優先權應為擔保物權
　├ 因有效力位次之存在，海事優先權應為物權
　└ 因著重於標的物之存在，海事優先權應為物權

㈡債權說

　┌ 就法條用語而言，海事優先權應為債權（§24、§28、§29～§31）
　├ 享有優先受償之權利，未必皆為物權
　├ 因未具「排他性」及「公示性」，海事優先權應為債權
　├ 因不須登記，亦不須占有標的物，海事優先權應為債權
　└ 未經法律規定之物權，不得隨意創設

㈢債權物權化說（§24、§25、§27～§30）

　┌─ 物權說與債權說，各有所偏
　└─ 基於公益、共益、衡平之理由，海商法乃賦予物權之作用（§24、§31）

㈣程序說

㈤船舶人格化說

　⇨債權物權化說，補充理由如下：

　　1. 就「1926年關於海上優先權及抵押權法規之國際統一公約」之規定而言，應採債權物權化說

　　2. 「1967年關於海上優先權及抵押權法規之國際統一公約」與我國海商法無關

　　3. 宜經修法程序之後，始能改採擔保物權說

四、海事優先權之項目（§24）

㈠船長、海員及其他在船上服務之人員，本於僱傭契約所生之債權

㈡因船舶操作直接所致人身傷亡，對船舶所有人之賠償請求

㈢救助之報酬、清除沉船費用及船舶共同海損分擔額之賠償請求

㈣因船舶操作直接所致陸上或水上財物毀損滅失，對船舶所有人基於侵權行為之賠償請求

㈤港埠費、運河費、其他水道費及引水費

五、海事優先權之除外事項

㈠海事優先權之除外事項（§26）

㈡海事優先權與船舶所有人責任限制之關係

　┌─ 既得主張船舶所有人責任限制，亦得主張海事優先權之債權（§21）
　├─ 不得主張船舶所有人責任限制，亦不得主張海事優先權之債權（§22）
　├─ 得主張船舶所有人責任限制，卻不得主張海事優先權之債權（§21、§24）
　└─ 不得主張船舶所有人責任限制，卻得主張為海事優先權所擔保之債權（§22）

六、海事優先權之標的（§27）

㈠船舶、船舶設備及屬具或其殘餘物（§7）

㈡在發生優先債權之航行期內之運費（§28）

㈢船舶所有人因本次航行中船舶所受損害，或運費損失應得之賠償（§110、§111）

㈣船舶所有人因共同海損應得之賠償（§102、§104）

㈤船舶所有人在航行完成前，為施行救助所應得之報酬

七、海事優先權之位次

  ㈠意義

  ㈡我國海商法之規定

    — 海事優先權與普通債權之位次

    — 異次航行所生優先權之位次（§30）

      ⇨後來居上原則，理論基礎有二：

       1.財產說

       2.利益說

    — 同次航行所生優先權之位次（§21、§24、§29）

       1.不同款之優先權

       2.同款之優先權

    — 海事優先權與船舶抵押權之位次

八、海事優先權之效力

  ㈠一般之效力

  ㈡特別之效力

    — 與船舶抵押權競合時之效力（§24）

    — 與船舶留置權競合時之效力（§25）

    — 與船舶所有權競合時之效力（§31）

九、海事優先權之消滅

  ㈠海事優先權之行使期間（§32）

  ㈡海事優先權期間完成後債權之效力

第三節　船舶抵押權

一、船舶抵押權之意義

二、船舶抵押權之立法理由

三、船舶抵押權之設定人（§11、§13、§19、§35）

四、船舶抵押權之設定方式（§11、§13、§33、§36；民§758、§760；強§114）

五、船舶抵押權之效力（§5、§7、§25、§34、§36、§37；民§861、§870、§871～§873、§900；船登§3、§30）

六、船舶抵押權之位次

　㈠船舶抵押權相互間之位次（船登§30；民§865）

　㈡船舶抵押權與海事優先權間之位次（§24）

　㈢船舶抵押權與留置權間之位次（§24、§25、§36）

　　├ 船舶留置權優先說
　　└ 以留置權之占有與船舶抵押權登記之先後決定其優劣位次說

　㈣船舶抵押權與質權間之位次（§36）

　㈤船舶抵押權與船舶租賃權間之位次

七、船舶抵押權之消滅（民§762、§880、§881）

八、船舶抵押權與海事優先權之區別（§7、§19、§24、§25、§27、§31～§34；
　　民§880）

第四節　船舶所有人之責任限制

一、責任限制之理由

　㈠責任之意義

　　├ 無限責任
　　└ 有限責任

　　　1. 人的有限責任

　　　2. 物的有限責任

　㈡船舶所有人責任限制之意義

　㈢船舶所有人責任限制之立法理由

　　├ 船長在航海中權限極大，船舶所有人不易指揮命令
　　├ 海員在航海中行動自由，船舶所有人無法直接指揮監督
　　├ 船長及其他高級海員，非船舶所有人所能任意選任
　　├ 若不減輕船舶所有人之責任，人人將視航海為畏途
　　└ 海商企業關係國勢之強弱，在國策上實有特加保護之必要

二、責任限制之主義

(一)執行主義

── 執行主義之意義

── 執行主義之優點

1. 明確扼要，讓人容易瞭解

2. 頗具保護運送人之旨趣

── 執行主義之缺點

1. 破壞財產之整體性，令人難以接受

2. 違背報償責任之原則，亦與委任及授權代理之觀念不符

3. 對債權人十分不利，船舶債權人易遭無謂之損失

4. 發生過分複雜之副作用，令人眼花撩亂

(二)委付主義

── 委付主義之意義

── 委付主義之優點

1. 只要符合委付要件，發航前即可估計船舶所有人最高之責任限度

2. 海產之範圍，容易瞭解，不怕作偽

── 委付主義之缺點

1. 委付主義往往空使船舶繫留碼頭而不能利用或處分

2. 委付主義往往會妨礙國家造船工業之發展

3. 委付主義往往致使航運發達之國家處於不利之地位

4. 船舶全部滅失時，等於變相之不負責

(三)金額主義

── 金額主義之意義

── 金額主義之優點

1. 事故發生之前，船舶所有人即可預知其責任之最高限度，而且計算時簡單明瞭

2. 債權人不至因執行標的物之不存在而無法獲得賠償，對於債權人相當有利

3. 可以鼓勵船舶所有人汰舊換新，促進國家造船工業之發達

── 金額主義之缺點

1. 同一次航程中，發生數次事故時，對船舶所有人相當不利

2. 可藉一船公司之設立逃避責任，對於鼓勵大型海運公司之發展相當不利

3. 對大船之船舶所有人較不公平

4. 無法及時反應船舶造價，易生計算與事實顯著不符之現象

㈣船價主義
　├ 船價主義之意義
　├ 船價主義之優點
　│　1.就船舶之繼續處分或利用而言，相當有利
　│　2.就船舶所有人之保護而言，相當有利
　└ 船價主義之缺點
　　　1.就船舶債權人之保護而言，相當不利
　　　2.對於船舶價值之估計，甚易發生爭執
　　　3.無從發現船體時，則無法鑑定
㈤選擇主義
　├ 選擇主義之意義
　└ 選擇主義之優缺點
㈥併用主義（§21）

─ 三、責任限制之趨勢

─ 四、責任限制之國際公約
㈠「**1924 年**關於海船所有人責任限制之國際公約」
㈡「**1957 年**關於海船所有人責任限制之國際公約」

─ 五、船舶所有人責任限制之標的
㈠兼採船價主義及金額主義之立法（§21）
㈡船舶之價值、運費及其他附屬費
㈢船舶所有人有限責任之限制金額
　├ 責任限制數額之計算單位
　├ 責任限制數額之計算標準
　└ 船舶登記總噸不足三百噸者，以三百噸計算
㈣責任限制有關用語之意義

─ 六、船舶所有人責任限制之事項
㈠修正理由

㈡船舶所有人責任限制之事項
- 在船上、操作船舶或救助工作直接所致人身傷亡或財物毀損滅失之損害賠償
- 船舶操作或救助工作所致權益侵害之損害賠償。但不包括因契約關係所生之損害賠償
- 沉船或落海之打撈移除所生之債務。但不包括依契約之報酬或給付
- 為避免或減輕前二款責任所負之債務

㈢海商法第二十一條第一項規定之探討
- 我國現行規定之缺失
- 修法之建議

七、船舶所有人責任限制之例外（§22）

㈠本於船舶所有人本人之故意或過失所生之債務
㈡本於船長、海員及其他服務船舶之人員之僱用契約所生之債務
㈢救助報酬及共同海損分擔額
㈣船舶運送毒性化學物質或油污所生損害之賠償
㈤船舶運送核子物質或廢料發生核子事故所生損害之賠償
㈥核能動力船舶所生核子損害之賠償

第一節 概 說

第一項 船舶之特性

物〔英：thing；日：物（もの）；德：Sache；法：chose〕者，乃指得為權利客體外界之一部也。亦即人體之外，獨立存在，人力所能支配，得為權利客體外界之一部也。物必屬於動產或不動產，兩者必居其一。民法第六十六條規定：「稱不動產者，謂土地及其定著物。」(Immovable are land and things permanently affixed thereto.) 民法第六十七條規定：「稱動產者，為前條所稱不動產以外之物。」(All things other than immovables mentioned in preceding articles are movables.) 船舶為浮動 (floating) 之物體，既非土地，亦非土地上之定著物，故船舶應為動產，殆無異議也。

海商法第六條規定：「船舶除本法有特別規定外，適用民法關於動產之規定。」(Unless otherwise specifically provided for in this Law, the provisions of the Civil Code relating to movable property are to be applied to ship.) 足見我國海商法亦承認船舶為動產，原則上適用民法關於動產之規定；但海商法對船舶另有特別規定者，則依海商法之特別規定，不受民法關於動產規定之拘束。近來，所謂船舶之特性，大抵就其不動產性及人格性而言之。

一、船舶之不動產性

船舶在本質上雖屬動產，但因其價值高、體積大、移轉難，在法律上有時將之視為不動產處理，和一般動產不一樣，是為「船舶之不動產性」。所謂不動產性者，乃指有點類似不動產，但與不動產不盡相同之意也。此種不動產性，可由下列幾點見之：

(一)登記 (registration)

　　登記〔英：registration；日：登記（とうき）；德：Eintragung；法：transcription, inscription〕者，乃指就私法上之權利，依照法定程序，將一定事項呈請特定公署記載於一定簿冊之行為也。易言之，乃指為廣泛公示於社會，將某特定事實登載於某特定公署所備公簿（公開的簿冊）之行為也。在民法上，動產物權之讓與，以交付為生效要件。而至於不動產物權之讓與，民法第七五八條則規定：「不動產物權，依法律行為而取得、設定、喪失及變更者，非經登記，不生效力。」(Rights over immovables, which are acquired, created, lost and altered according to juristic acts, are not effective until registration has taken place.) 由此規定，吾人可知，在民法上不動產物權之讓與，以登記為生效要件。

　　海商法第九條規定：「船舶所有權之移轉，非經登記，不得對抗第三人。」(Transfer of the ownership of a ship, unless having been duly registered, shall not be set up as a defence against a third party.) 海商法第三十六條規定：「船舶抵押權之設定，非經登記，不得對抗第三人。」(Creation of a ship mortgage, unless having been duly registered, shall not be set up as a defence against a third party.) 船舶登記法亦規定：「船舶關於左列權利之保存、設定、移轉、變更、限制、處分或消滅，均應登記：一　所有權。二　抵押權。三　租賃權。」（船登 §3）「船舶應行登記之事項，非經登記，不得對抗第三人。」（船登 §4）

　　由上述海商法及船舶登記法之規定，吾人可知，船舶雖為動產，但其所有權、抵押權乃至租賃權之取得、設定、喪失及變更，均與不動產一樣，必須辦理登記。惟民法上不動產之移轉，以登記為生效要件；而海商法上船舶之移轉，則以登記為對抗要件。易言之，在民法上，不動產之移轉，若不登記，則在買賣當事人間根本不生效力；而在海商法上，船舶之移轉，若不登記，則在買賣當事人間仍然有效，只是不能對抗第三人，亦即不能對第三人主張其移轉之效力而已。

㈡書面 (in written form)

民法第七六〇條規定：「不動產物權之移轉或設定，應以書面為之。」
(The transfer or creation of rights over immovables must be made in writing.)
物權 (real rights) 者，乃指直接支配其標的物而享受其利益之具有排他性權
利也。不動產物權 (real rights over immovables) 者，乃指以不動產為標的物
之物權也。例如，所有權、地役權、抵押權等均為以不動產為標的物之物
權。因不動產物權之移轉或設定，必須訂立契約，而契約尤須以文字表示，
使物權得喪之效力有所依據，免生爭執，此乃民法第七六〇條所以規定不
動產物權之移轉或設定，應以書面為之之理由也。惟民法對於動產之讓與，
並無強制之規定，故一般動產之讓與，係以交付為生效要件。海商法第八
條規定：「船舶所有權或應有部分之讓與，非作成書面並依下列之規定，不
生效力：一　在中華民國，應申請讓與地或船舶所在地航政主管機關蓋印
證明。二　在外國，應申請中華民國駐外使領館、代表處或其他外交部授
權機構蓋印證明。」

由此規定，吾人可知，船舶所有權或應有部分之讓與，除經當事人雙
方對立之意思表示相互合致 (mutual assent) 外，尚須作成書面，並經航政主
管機關蓋印證明，方能發生效力，此亦法律賦予船舶不動產性之另一表現
也。揆其立法理由，乃因船舶關係國防潛力，在戰時可運送軍隊軍品，應
盡可能保存其國籍，以資利用。故本條規定，船舶全部或一部之讓與，除
經當事人雙方對立之意思表示相互合致外，非作成書面，並依法定程序取
得航政主管機關蓋印證明，不生效力，如此可昭船舶讓與之慎重，並予主
管機關審核控制之機會，藉以防止船舶直接或間接移轉於敵對國家或歹徒
盜匪之中，損及國家利益也。

㈢抵押 (mortgage)

抵押權〔英：hypothec, mortgage；日：抵当権（ていとうけん）；德：
Hypothec；法：hypothèque〕者，乃指對於債務人或第三人不移轉占有而供
擔保之不動產，得就其賣得價金受清償之權利也。(民 §860：Mortgage is the

right to receive performance of an obligation from the proceeds of sale of the immovable which has been given as security for the obligation by the debtor or by a third persons, without transferring its possession.) 依民法之規定，抵押權為不動產擔保物權，抵押權之標的物限於不動產❶。

　　海商法第三十三條規定：「船舶抵押權之設定，應以書面為之。」(Creation of a ship mortgage shall be made in written form.) 海商法第三十四條規定：「船舶抵押權，得就建造中之船舶設定之。」(Ship mortgage may be created upon a ship under construction.) 海商法第三十六條規定：「船舶抵押權之設定，非經登記，不得對抗第三人。」(Creation of a ship mortgage, unless having been duly registered, shall not be set up as a defence against a third party.) 由此規定，吾人可知，不但船舶可設定抵押，而且連在建造中之船舶，亦能設定抵押，這也是船舶具有不動產性之一種表現。海商法規定船舶能設定抵押權之立法理由，乃在給予船舶所有人繼續利用船舶之便利，且使抵押權人能減少保管船舶之費用，因為抵押權之設定，不必移轉占有之故也。若不使船舶具有不動產性，則船舶本為動產，應適用民法有關動產質權之規定。動產質權 (pledge of movables) 者，乃指因擔保債權，占有由債務人或第三人移交之動產，得就其賣得價金，受清償之權利也。(民 §884：Pledge of movables is the right to take possession of the movable delivered by the debtor or a third party as security for an obligation and to received performance of the said obligation from the proceeds of sale of that movable.) 動產質權以占有其標的物為成立要件，出質人須將質物之占有移轉於質權人。船舶若不使之具有不動產性，而適用動產質權之規定，船舶所有人必須移轉船舶於質權人，則船舶所有人不得繼續使用船舶，以為運

---

❶　依動產擔保交易法之規定，動產亦有設定抵押權之可能。此乃題外之言，因動產擔保交易法與海商法並無直接特別法與普通法之關係，何況依動產擔保交易法之規定，動產抵押權之設定，其標的亦以「動產擔保交易標的物品類表」所規定者為限。

送之營業；而質權人必須擇地保存，其保存費用又極高昂，對於當事人而言，可謂兩相不便；對於國家社會而言，因為船舶不能繼續使用，物不能盡其用，在經濟上亦為一大損失也。

　　海商法規定建造中船舶得以設定抵押權之立法理由，乃在於便利造船工業之發展也。因船舶之建造，動輒須要大量資金及長久時間，實非一般企業家所能負擔，故為獎勵造船工業起見，乃規定建造中之船舶亦得以設定抵押權，使船舶所有人能藉此抵押權之設定，達到融資之便利。此點與蓋大樓者可以土地設定抵押，通融資金之用意，大致相同。

㈣強制執行 (compulsory execution)

　　強制執行〔英：compulsory execution；日：強制執行（きょうせいしっこう）；德：Zwangsvollstreckung；法：exécution〕者，民訴上之強制執行，乃指為謀債權人之利益，對於債務人，依國家之強制力，以求實現私法上給付請求權之法定程序也。強制執行法 (Law relating to Compulsory Execution) 第一一四條第一項規定：「海商法所定之船舶，其強制執行，除本法另有規定外，準用關於不動產執行之規定；建造中之船舶亦同。」(Except as otherwise provided in this Law, the provisions pertaining to compulsory execution against immovable property shall apply mutatis mutandis to execution against the vessels as prescribed in the Maritime Commercial Law; and the vessels which are under construction shall apply too.) 由此規定，吾人可知，在強制執行上，船舶亦被視為不動產而處理之。

㈤船舶為領土之延長 (extension of territory)

　　國際公法將船舶視為一國領土之延長，在理論上，其說是否妥當，固屬另一問題，但現今各國立法多將船舶視為一國領土之延長，則為事實。例如我國刑事訴訟法第五條第二項即規定：「在中華民國領域外之中華民國船艦或航空機內犯罪者，船艦本籍地、航空機出發地或犯罪後停泊地之法院，亦有管轄權。」(If an offence is committed on a vessel or aircraft of the Republic of China, the court of the place where the vessel is registered or from which the aircraft departed or landed after the commission of the offence shall also have jurisdiction.)

　由此規定，吾人可知，在我國領域外之我國船艦犯罪者，以在我國領域內犯罪論。如此將船舶視為我國領土（土地）之延長，則船舶之具有不動產性，可知矣！

二、船舶之人格性 (personality)

　以物之形態為區別標準，物可分為單一物、結合物及集合物三種。單一物〔英：single thing；日：單一物（たんいつぶつ）；德：einfache Sachen；法：choses simples〕者，乃指其構成部分失其個性，而在形態上獨立自成一體之物也。例如一個蘋果、一張紙（自然成為一體）、一雙鞋、一件襯衫（人為的物體）。結合物〔英：compound thing；日：合成物（ごうせいぶつ）；德：zusammengesetzte Sachen；法：choses composées；羅：res compositae〕者，亦稱合成物或組成物，乃指由數個未失個性之物所結合而成之物也。結合物之構成部分雖未失其個性，但形體上已成為一個單一體，故在法律上與單一體同樣處理，例如手錶、鑽戒、汽車、船舶等皆為結合物也。集合物〔英：collective thing；日：集合物（しゅうごうぶつ）；德：Sachinbegriff, Gesamtsache；法：universalité〕者，乃指為達成經濟上的共同目的，由多數單一物或結合物集合而成之物也。例如集合多數機械設備之工廠、集合多數牛羊及農舍之牧場、集合各類圖案資料之圖書館。

　船舶乃由船身、甲板及推動之機器等物所構成，其構成部分雖未失其個性，但形體上已成為一個單一體，故船舶不但是一種物，而且是一種結合物。船舶只是一種物，本應為權利客體，無獨立之人格，與自然人或法人之得為權利主體者不同 ❷。但因船舶價格鉅大，在經濟上甚為重要，海

---

❷　權利客體 (object of right) 者，乃指權利行使之對象也，亦稱權利之標的物或目的物。權利主體 (subject of right) 者，乃指享有一般權利義務能力而具有人格者之本體也。

商法往往賦予其交易上個體性之標誌及特徵，使其在法律上之地位類似自然人或法人。此種狀態，學者稱之為「船舶之人格性」。惟此之所謂「船舶之人格性」者，乃指船舶在某一部分有點類似自然人或法人之性質，但究與自然人或法人不盡相同之謂也。故船舶儘管部分類似自然人或法人，但船舶既非自然人，亦不能解釋為法人。

船舶之人格性，大致可由下列諸點看出：

(一)名稱 (name of vessel)

船舶必須有名稱，曰：「船名」，亦稱為「船舶名稱」，船名為船舶標誌之一（船舶 §8）。船舶法第十條規定：「船名由船舶所有人自定。但不得與他船船名相同。」(Ship's name is to be designated by shipowner, provided that the name designated shall not be same as that of another ship.) 船舶之有船名，與自然人之有姓名，法人之有名稱相同。我國船名大多只有二、三個文字而已（如太平輪、中興輪），頗易相同，故特別規定，船名由船舶所有人自定，但不得與他船船名相同，以免發生混淆或誤會也。船名應在船體上標明，除戰時避免捕獲外，不得毀壞塗抹（船舶 §8）❸，否則得處船舶所有人 3,000 元以上 30,000 元以下之罰鍰（船舶 §82）❹。船名應向主管機關

---

❸ 船舶法第八條規定：「I 船舶應具備左列各款標誌：一　船名。二　船籍港名。三　船舶總噸位與淨噸位。四　船舶號數。五　吃水尺度。六　法令所規定之其他標誌。II 前項標誌不得毀壞、塗抹。但為戰時避免捕獲者，不在此限。III 標誌事項因登記事項之變更而發生變更時，應即改正。」

❹ 船舶法第八十二條規定：「有左列行為之一者，處船舶所有人新臺幣三千元以上三萬元以下罰鍰：一　船舶違反第八條規定，未具各款有關標誌、毀壞或塗抹各款標誌或標誌事項變更時，未即改正者。二　違反第十二條規定，於船舶各項證書因遺失、破損或證書登載事項變更時，未自發覺或發生之日起三十日內申請補發或換發者。三　依第十七條規定申領臨時船舶國籍證書時，違反第十八條規定，未於三十日內向船籍港航政主管機關申請換發或補發船舶國籍證書者。四　客船違反第五十六條規定，於客船證書內規定事項有變更或證書之期限屆滿時，未向船籍港或船舶所在地航政主管機關申請換發客船證書者。」

登記（船登 §12）❺，因船名是船舶最重要的標誌，故船名既向主管機關登記後，不得任意變更。倘欲變更，須有正當之理由，並經主管機關之許可。船名之變更，不影響船舶之同一體性，原有之優先權、抵押權及租賃權，在船名變更後，仍繼續存在。

㈡**船籍** (vessel's home)

船舶之有船籍港，就好像自然人或法人之有住所一樣。船籍港，乃船舶之住所也。住所〔英：domicile；日：住所（じゅうしょ）；德：Wohnsitz；法：domicile；羅：domicilium〕者，乃指吾人法律關係之中心地域也。關於自然人之住所，民法第二十條第一項規定：「依一定事實，足認以久住之意思，住於一定之地域者，即為設定其住所於該地。」(A person who resides in a place with the intention of remaining there permanently upon presence of supporting fact established his domicile at that place.) 關於法人之住所，民法第二十九條規定：「法人以其主事務所之所在地為住所。」(The domicile of a juristic person is at the place where it has its principal office.) 船舶為動產，本可以其所有人之住所或營業所為住所，但因船舶行動不定，性質上與陸上一般之動產不同，故使之具有人格性，於其所有人之住所或營業所之外，另外設立船籍港，以為其獨立之住所。

船籍港之意義，依德國商法第四八〇條之規定：「（船籍港）船舶從事航海業務所依賴之港，視為船籍港。」〔(Heimathafen) Als Heimatshafen des Schiffes gilt der Hafen, von welchem aus die Seefahrt mit dem Schiffe

---

❺　船舶登記法第十二條規定：「申請書應開具左列事項，由申請人簽名：一　船舶種類、名稱及其噸位。二　船籍港。三　登記原因及其年、月、日。四　登記之目的。五　證明登記原因文件之件數。六　登記費之數額。七　登記之機關。八　申請之年、月、日。九　申請人之姓名、籍貫、住、居所、職業；申請人如為法人時，其名稱及事務所。十　有船舶經理人時，其經理人之姓名、籍貫、住、居所。十一　由代理人申請時，代理人之姓名、籍貫、住、居所、職業。」

betrieben wird.〕德國商法第四八〇條之規定，似可作為船籍港意義之參考。船籍港之主要作用，乃在於便利航政主管機關之檢查管理，並可作為決定法院管轄之標準。因此，當船舶航行涉訟時，得由被告船舶船籍港所在地之法院管轄（§101 ③）❻，船籍港由船舶所有人自行認定（船舶 §11）❼，且為應登記事項之一（船登 §12）。

(三)國籍 (nationality of vessel)

人們依國籍法之規定要有國籍，而船舶依船舶法之規定亦要有國籍。船舶之有國籍與自然人之有國籍同，皆因其具有本國國籍而受本國法律之保護，這一點也和一般之「物」不同而與「人」相類似。

自然人可能為無國籍，亦可能為雙重國籍。船舶是否亦可能為無國籍或雙重國籍乎？吾人以為，船舶可能為無國籍，但不可能為雙重國籍。我國船舶法第七條規定：「中華民國船舶，非領有中華民國船舶國籍證書或中華民國臨時船舶國籍證書，不得航行。但遇有左列各款情事之一時，不在此限：一　下水或試航時。二　經航政主管機關許可或指定移動時。三　因緊急事件而作必要之措置時。」 (Ship of the Republic of China, unless having obtained Certificate of Nationality of the Republic of China or Provisional Certificate of Nationality of the Republic of China, shall not navigate except when there is occurrence of any one of the following events: ① When the ship is launched or is under trial run. ② When change of the ship's position is permitted or designated by competent shipping administration. ③ When necessary measures are taken on account of emergency.) 此不得航行之中華民國船舶，在其尚未領有中華民國船舶國籍證書或中華民國臨時船舶國籍證書之前，即為無國籍船舶，因該船舶既無中華民國國籍，亦無外國

---

❻　海商法第一〇一條規定：「關於碰撞之訴訟，得向下列法院起訴：一　被告之住所或營業所所在地之法院。二　碰撞發生地之法院。三　被告船舶船籍港之法院。四　船舶扣押地之法院。五　當事人合意地之法院。」

❼　船舶法第十一條規定：「船舶所有人應自行認定船籍港。」

之國籍也，足見船舶有可能無國籍。然而合法之船舶必有國籍，尤其在海商法上以海上運送為活動中心之船舶，不具國籍則不得航行，不得航行，則無法達到海上運送之目的，因此無國籍之船舶決不可能成為海商法上之船舶。

　　船舶取得國籍，係取得法律上之一種地位。在平時，可藉以決定其得享有之權利及其應承擔之義務，以及在行政上、司法上管轄權之歸屬。例如船舶法第五條規定：「非中華民國船舶，除經中華民國政府特許或為避難者外，不得在中華民國政府公布為國際商港以外之其他港灣口岸停泊。」依此規定，原則上只有中華民國之船舶始能在中華民國之一般港灣停泊；在戰時，可藉以決定其為中立國船舶或交戰國船舶，對於該船舶及其所載客、貨之法律地位，可謂影響重大。故每一船舶只能有一個國籍，與自然人有時可能具有雙重國籍者不同。

　　依「1958 年日內瓦公海公約」(Geneva Convention on the High Seas, 1958) 第六條規定：「I 船舶應僅懸掛一國國旗航行，除有國際條約或本條款明文規定之例外情形外，在公海上專屬該國管轄。船舶除其所有權確實移轉或變更登記外，不得於航程中或在停泊港內更換其國旗。II 船舶如懸掛兩個以上國家之國旗航行，權宜換用，不得對他國主張其中任何一國之國籍，且得視同無國籍船舶。」(1 Ships shall sail under the flag of one State only and, save in exceptional cases expressly provided for in international treaties or in these articles, shall be subject to its exclusive jurisdiction on the high seas. A ship may not change its flag during a voyage or while in a port of call, save in the case of a real transfer of ownership or change of registry. II A ship which sails under the flags of two or more States, using them according to convenience, may not claim any of the nationalities in question with respect to any other State, and may be assimilated to a ship without nationality.) 依此規定，吾人可知，國際公約亦不承認船舶之雙重國籍。船舶不懸掛其所登記國之國旗或懸掛兩國以上之國旗者，以無國籍船舶論，無國籍之船舶可被

懷疑為海盜船，軍艦可以對其進行檢查及搜捕。

㈣生存期 (period of existing)

依民法規定，自然人之權利能力，始於出生，終於死亡。胎兒以將來非死產者為限，關於其個人利益之保護，視為既已出生（民 §6、§7）❽。船舶亦有所謂生存期，這一點頗具人格性，船舶之生存期，始於下水，終於註銷登記。

船舶法第一條第一項規定：「本法所稱船舶，謂在水面或水中供航行之船舶。」(The expression "ship" as referred to in this Law denotes any vessel which navigates on waters or by submerging thereunder.) 因此，船舶之所以成為船舶，應以「在水面或水中航行」為要件，所以必須等到船舶下水時，才能算是船舶生存期之開始。因此下水前之船舶，除了海商法第十條（船舶建造中，船舶承攬人破產之效力）及海商法第三十四條（船舶建造中船舶設定抵押權之效力）之特別規定外，無海商法之適用。

船舶法第二十一條第一項規定：「業經登記之船舶，如遇滅失、報廢或喪失中華民國國籍時，船舶所有人應自發覺或發生之日起十五日內，向船籍港之航政主管機關申請辦理註銷手續；其船舶國籍證書，除已遺失者外，並應繳銷。」(In the event that a ship, having been duly entered into registry is lost, is reported as unoperational or loses the nationality of the Republic of China, the shipowner shall, within fifteen days from the day of discovery or occurrence, apply, to the competent shipping administration at the ship's port of registry, for cancellation of her registry and the Certificate of Nationality of ship, unless having been lost, shall be surrendered for cancellation simultaneously.) 此註銷其船舶之登記，即為船舶生存期之終止，有如自然人之死亡（註：目前自然人之出生，採獨立呼吸說；而自然人之死亡，原則採心臟鼓動停止說，器官移植時，例外採腦死說）。

---

❽　民法第六條規定：「人之權利能力，始於出生，終於死亡。」民法第七條規定：「胎兒以將來非死產者為限，關於其個人利益之保護，視為既已出生。」

　　船舶法第二十一條第二項規定：「船舶失蹤歷六個月或沉沒不能打撈修復時，船舶所有人應向船籍港之航政主管機關依前項規定辦理註銷及繳銷手續。」(In the event that a ship has disappeared for six months or has sunk without possibility of being salvaged and repaired, the shipowner shall, in accordance with the provision of the preceding paragraph, implement the cancellation and surrender procedures with the competent shipping administration at the ship's port of registry.) 海商法第一四三條第一項第三款、第四款規定：「三　船舶行蹤不明已逾二個月時。四　船舶被扣押已逾二個月仍未放行時。」被保險之船舶得委付之 (§143 Ⅰ)，此點有些類似民法死亡宣告之規定❾。

 問題與思考

一、試述船舶之特性。

二、何謂物？船舶之本質究為動產或不動產？試具理由以說明之。

三、何謂船舶之不動產性？試舉例以說明之。

四、何謂登記？民法上不動產移轉之登記與海商法上船舶移轉之登記，其效力有何不同？試具條文以說明之。

五、依海商法之規定，船舶讓與之生效要件為何？其立法理由為何？試具條文以說明之。

六、對於船舶抵押權之設定，我國海商法有何規定？其立法理由為何？試具條文以說明之。

七、以物之形態為區別標準，物可分為幾種？船舶屬於何種之物？

八、船舶既為「物」，何以又具有「人格性」？其理由為何？

九、何謂船舶之人格性？試舉例以說明之。

---

❾　委付 (abandonment) 者，乃指海上保險之被保險人，於保險標的物雖非全損但其狀態幾與全損無異或是否全損甚難證明時，將其殘餘利益或標的物之一切權利移轉於保險人，以請求全部保險金額之法律行為也。

十、何謂船籍港？船籍港之作用如何？試簡單說明之。

十一、船舶之國籍對於船舶有何意義？船舶有否可能無國籍？有否可能雙重國籍？試具理由以說明之。

十二、船舶之生存期始於何時？終於何時？試就船舶法、海商法之規定以說明之。

十三、海商法對船舶之讓與方式及處分共有船舶共有人之同意均有特別規定，試分述而申論之。

十四、船舶所有人甲以存證信函通知船員乙終止僱傭契約並命乙出具離船志願書又訂立契約將船舶轉讓於丙，並經送請航政主管機關蓋印，迄未辦理船舶移轉登記，問終止僱傭契約與船舶移轉契約之效力如何？

十五、船舶移轉之形式要件如何？

十六、甲將其所有之 A 船，在外國讓與乙，已依海商法第八條之規定，作成書面並經中華民國領事館蓋印證明，但未向航政機關辦理所有權移轉登記。嗣後，甲又將 A 船出租與丙，且完成租賃權登記，同時交由丙占有使用。問：乙於 A 船有無船舶所有權？

十七、試說明下列登記之主管機關及效力。

船舶抵押權設立登記。

第二項　船舶所有權之共有

第一款　船舶共有之意義

船舶共有之意義，有廣義及狹義兩種。廣義之船舶共有，乃指船舶所有權屬於數人共有之狀態也。法國商法上所謂之 "copropriétaire de navire" 即指廣義之船舶共有；狹義之船舶共有，乃指多數人以共同經營航業為目的而共有一船舶所有權之狀態也。德國商法上所謂之 "Reederei" 即指廣義

之船舶共有。若屬廣義之船舶共有，民法上有關共有之規定，已經足夠適用，海商法當無特別規定之必要，因此海商法所謂之船舶共有，當指狹義之船舶共有而言❿。基此立場，吾人對於船舶共有，似可定義如下：

　　船舶共有〔英：co-ownership of ship；日：船舶共有（せんぱくきょうゆう）；德：Reederei；法：copropriétaire de navire〕者，乃指多數人以共同經營航業為目的而共有一船舶所有權之狀態也。由此可知，船舶共有必須具備下列要件：

一、船舶所有人之人數須為多數

　　凡在法律上具有獨立之人格者，無論為法人或自然人，均得為船舶共有人，惟船舶共有之船舶所有人須為多數之共有人始可。例如「皇后號」之船舶屬長榮海運股份有限公司所有，長榮海運股份有限公司雖由多數股東所組成，但僅有一個人格，故「皇后號」之船舶所有人僅有一人，缺乏「多數之共有人」之要件，即非此之所謂船舶共有。

二、船舶之數目須為單一

　　船舶共有之船舶數目須為單一，亦即船舶共有之關係，必須僅存在於單一船舶之上，若存在於多數船舶之上，則非此所謂之船舶共有。例如 A、B、C、D 四人共有 X、Y 二艘船舶，因缺乏「船舶之數目須為單一」之要件，非此所謂之船舶共有。就「船舶之數目須為單一」而言，船舶共有有點類似實務上所稱之「一船公司」(single ship company)⓫。

---

❿　石井照久、伊沢孝平，《海商法・航空法》，有斐閣，昭和 43 年 8 月 20 日初版第 5 刷發行，p. 163。
　　田中誠二，《海商法詳論》，勁草書房，昭和 51 年 8 月 20 日第 1 版第 1 刷第 2回發行，p. 98。
⓫　施智謀，《海商法》，自版，瑞明彩色印刷有限公司，1986 年 7 月再版，p. 91。

三、共有關係須為分別共有

船舶共有之共有關係須為分別共有,若 A、B、C 三人以合夥之名義,共買一艘船舶,因 A、B、C 係屬合夥關係而非分別共有之關係,非屬此之所謂船舶共有。又如 A、B、C 三人因繼承而共有一艘船舶,在遺產分割之前,A、B、C 之共有係屬公同共有而非分別共有,亦非此之所謂船舶共有。基於合夥關係或公同共有關係之共有,因非屬海商法上之船舶共有,故無法適用海商法之規定,而應分別適用民法有關合夥、公同共有之規定。為避免船舶共有關係過於複雜,船舶之分別共有,在法國習慣上將船舶分為二十四股,在英國則將之限於六十四股,我國因無特別規定,在理論上,其份數,可依當事人之約定,任意劃分❷。

四、共有之目的須為共同經營航業

共有之目的須為共同經營航業,始能適用海商法之規定。此之所謂「共同經營航業」,係指「經營航業」及「共同計算」而言。

㈠經營航業

經營航業,係指「藉航海而獲利」(zum Erwerb durch Seefahrt) 之行為而言。而所謂「藉航海而獲利」之行為,不僅限於運送他人或他人貨物而獲利之行為,使用自己船舶而獲利之行為亦包括之。因此,海商法所規定之運送、救助、撈救、引水、船舶托帶等固屬藉航海而獲利之行為,其他如捕魚、採珊瑚等以船舶從事營利事業之行為,亦屬「藉航海而獲利」之行為。

㈡共同計算

共同計算 (gemeinschaftliche Rechnung),係指共享其利同擔其損而言。船舶共有人為達其經營航業及共同計算之目的,往往於其內部之間,先成立一合夥之關係 (Gesellschaftsverhaltnis),故在實務上,在共有人之間,往

---

❷ 同前註。

往先有船舶共有契約 (Reedereivertrag) 之締結 ❸。

第二款　船舶共有發生之原因

中世紀時代（middle ages，指西元五世紀末至十五世紀之期間），資本缺乏，船舶之建造及航海之準備，其所需資金，往往非單一船舶所有人所能全數提供，加以當時船舶構造簡單，通訊設備簡陋，航海風險極大，而船舶保險制度尚未發生，有志於海上運送之人，在「資金需求」及「危險分擔」之原則下，乃結合數人，就某一特定之船舶、某一特定之航海，共籌資金，共同從事海上業務之經營。如此，經營成功時，則依各人投資之比例，共同分享利益；經營失敗時，則依各人投資之比例，共同分擔損失，此乃船舶共有制度之所由發生也。簡言之，船舶共有發生之原因，即在於「資金之需求」及「危險之分擔」。

惟於近時，因航運事業頗為發達，尤於定期航運發達之後，航運資金所需極大，其所需之資金，已非少數之人所能籌足，航運損失數額龐大，其所遭之危險，已非少數之人所能分擔，因此航運業務之經營，乃漸為公司組織所取代（尤其是股份有限公司），船舶共有之企業組織形態，乃日漸式微。儘管如此，船舶共有制度並非已全無存在之價值，因船舶共有人與一般公司之股東，其法律地位究非相同，在小型不定期航運及遠洋漁業之場合，藉此船舶共有之組織形態以為海上業務之經營者，仍不乏其人也。

第三款　船舶共有之法律性質

船舶共有之法律性質究為何屬？國內學說，約有下列幾種：

一、合夥關係說

主張此說者認為，船舶共有，其性質係屬民法上之合夥契約，因此當海商法無特別規定時，自應適用民法有關合夥之規定。例如施智謀教授即

❸　施智謀，前揭《海商法》，p. 93。

主張：「船舶共有契約，按其性質為民法上之合夥契約，故就船舶共有所生之法律關係，海商法無明文規定而船舶共有人又無特別約定者，仍應適用民法關於合夥之規定。」 ⑭

二、介乎共有與合夥間之特殊關係說

主張此說者認為，船舶共有，係海商法為因應船舶特異性所為共同之規定，介乎民法共有與合夥之間，既非民法上之「物合」，亦非屬「人合」，其法律性質，應屬一種海上特殊之共有關係。例如楊仁壽先生即謂：「船舶共有實介乎『物合』『人合』之間，係海商法特設之一種物權的共有關係，此種共有關係，無論係共有人之內部關係或外部關係，均與民法之分別共有不同，不得混為一談。」 ⑮

三、單純共有說

單純共有說，亦稱純物權關係說。主張此說者認為，船舶共有，與債權關係無涉，係屬一種單純共有之物權關係。例如劉承漢先生即謂：「按此項共有關係之性質為何，歷來各國學說主張不一，我國海商法係採單純共有說，祗認船舶共有人有物權關係，而無債權關係。」 ⑯ 何佐治亦謂：「我海商法，對於共有制度，規定甚詳。但以往歐洲共有制度，偏於合夥關係。而我海商法，認為純物權關係，非債權關係。」 ⑰ 吳智教授更主張：「船舶共有，自為民法上物權共有關係，惟有無兼有民法債權上之合夥關係（船舶之共有方面言），學者間爭論頗多，如德國學者，多主張於物權的共有關

---

⑭ 施智謀，前揭《海商法》，p. 93。

⑮ 楊仁壽，前揭《海商法論》，p. 59。

⑯ 劉承漢，《海商法論譯叢編》，交通部交通研究所編印，1971 年 10 月初版，p. 181。

⑰ 何佐治，《最新海商法釋義》，自版，建華印書有限公司印刷，1962 年 9 月初版（臺），p. 62。

係之外兼有債權的合夥關係（就共同經營方面言），為合夥兼有說（惟戰後已趨向單純共有說）。法國學者，則主張單純共有說（僅有物權關係，並無債權關係）。日本學者，主張折衷說，即共有人若以其共有船舶共同從事航海營業，則共有人實以共同經營事業為目的，自難謂無合夥關係，否則僅有單純共有之關係而已。英美學者，亦認為船舶共有者，而非合夥性質〔見 Cari E. Mcdowell Helen M. Gibbs 編著之《海洋運輸學》(*Ocean Transportation*) 第十七章船舶法之四〕，我國海商法則採單純共有說，因海上企業危險性大，且須龐大之資本經營之，與合夥不可比擬」。❸

　　吾人以為，應以「單純共有說」為妥。其理由如下：

㈠我國未如德國商法之明文規定，不宜採合夥關係說

　　合夥關係說，為德國之通說，施智謀教授之主張，可能受此德國通說之影響。德國商法第四八四條規定：「（船舶所有人）稱船舶所有人者，謂對供自己航海營業所用之船舶，享有所有權之人。」〔(Reeder) Reeder ist der Eigentümer eines ihm zum Erwerbe durch die Seefahrt dienenden Schiffes.〕由此規定，吾人可知，德國商法上之船舶所有人，不但對於該船舶必須享有所有權，而且必須Ⅰ該所有之船舶為商船；Ⅱ自己利用該船舶。德國商法第四八九條又規定：「（船舶共有體之概念）Ⅰ船舶屬於二人以上所共有者，於使用於航海上在共同計算營利時，視為成立船舶共有體。Ⅱ船舶屬於公司之場合，不適用關於船舶共有體之規定。」〔(Begriff der Deederei) I Wird von mehreren Personen ein ihnen gemeinschaftlich zustehendes Schiff zum Erwerbe durch die Seefahrt für gemeinschaf-tliche Rechnung verwendet, so besteht eine Reederei. II Der Fall, wenn das Schiff einer Handelsgesellschaft gehört, wird durch die Vorschriften über die Reederei nicht berührt.〕由此規定，足見所謂「船舶共同體」，雖不若公司組織具有法律上之人格，但亦得以團體資格而為船舶權利之主體，與民法上之合夥頗為類似，因此在德國以合夥關係說，並非毫無依據。惟在我國海商法，並無類似德國商法第四

---

❸　吳智，《海商法論》，自版，三民書局總經銷，1976 年 3 月修訂 4 版，p. 25。

八四條及第四八九條之規定，如此貿然引進德國學說以為我國海商法之解釋，實非允當之舉。

㈡我國未如日本商法之明文規定，不宜採特殊關係說

　　日本商法第六八四條第一項規定：「本法稱船舶者，謂以為商行為為目的，供航海使用之船舶。」（本法ニ於テ船舶トハ商行為ヲ為ス目的ヲ以テ航海ノ用ニ供スルモノヲ謂フ。）同法第六八九條又規定：「扣押及假扣押，對於發航準備終了之船舶，不得為之。但為使航行可能所生之債務，不在此限。」〔差押及ヒ仮差押ノ執行（仮差押ノ登記ヲ為ス方法ニ依ルモノヲ除ク）ハ発航ノ準備ヲ終ハリタル船舶ニ対シテハ之ヲ為スコトヲ得ス但其船舶ガ発航ヲ為ス為メニ生シタル債務ニ付テハ此限ニ在ラス。〕基此規定，日本多數學者常採折衷說而認為，日本海商法上之船舶，必須以商行為為目的，其他船舶非供商業上之用者，亦未嘗不可共有，供商業用之船舶，其船舶共有之性質屬合夥關係，而非供商業用之船舶，其船舶共有之性質則屬單純之共有關係。易言之，船舶共有應為一種特殊之關係，當其供商業用之時既非單純之共有關係，當其非供商業用之時亦非單純之合夥關係。我國海商法未有日本商法第六八四條之明文規定，既無如此解釋之根據，亦無如此解釋之必要。

㈢我國海商法上應屬單純物權之共有關係

　　海商法上之船舶，縱令數人共有且數共有人共同經營航運事業，亦不得因此推定其為合夥關係。其內部之間，或許原本存有合夥之關係(Gesellschaftsverhaltnis)，例如二人以上互約出資購置船舶，並且共同利用該船舶從事運送、漁撈等海上業務，此等結合關係固為合夥關係，惟此乃其內部間另一之法律關係，與船舶共有之性質無關。我國海商法仍將該共同投資船舶之關係，特別規定為船舶共有，而不將之視為合夥，而且依船舶登記法之規定，數人依繼承而取得船舶所有權者，應依船舶登記法為共有之登記，「載明各人之應有部分」（船登 §38、§39），將民法上之公同共有改為海商法上之分別共有 ❿。足見船舶共有之性質，應屬單純物權之共

有關係，我國海商法上有關船舶共有之規定，應屬民法物權編有關共有規定之特別規定。

第四款　船舶共有與類似名稱之區別

一、船舶共有與合夥之區別

合夥〔英：partnership；日：組合（くみあい）；德：Gesellschaft；法：société；羅：societas〕者，乃指二人以上互約出資，以經營共同事業之契約也（民§667）。海商法上之船舶共有與民法上之合夥，其不同之處，約有下列幾點：

(一)就性質而言

合夥屬於債權關係，而船舶共有則屬於物權關係。

(二)就股份之處分而言

於合夥之場合，合夥具有強烈之人合色彩，民法第六八三條規定：「合夥人非經他合夥人全體之同意，不得將自己之股份轉讓於第三人。但轉讓於他合夥人者，不在此限。」反之，於船舶共有之場合，海商法第十二條第二項規定：「因船舶共有權一部分之出賣，致該船舶喪失中華民國國籍時，應得共有人全體之同意。」除此之外，原則上船舶共有人得自由出賣其應有部分。

(三)就債務之分擔而言

於合夥之場合，民法第六八一條規定：「合夥財產不足清償合夥之債務時，各合夥人對於不足之額，連帶負其責任。」反之，於船舶共有之場合，海商法第十四條規定：「I船舶共有人，對於利用船舶所生之債務，就其應有部分，負比例分擔之責。II共有人對於發生債務之管理行為，曾經拒絕同意者，關於此項債務，得委棄其應有部分於他共有人而免其責任。」足

---

⑲　劉承漢，前揭《海商法論譯叢編》，pp. 181、182。梁宇賢，《海商法論》，三民書局印行，1992 年 8 月修訂 3 版，p. 154。

見船舶共有人，不負連帶責任。

(四)就關係之終止而言

於合夥之場合，民法第六八七條規定：「合夥人除依前二條規定退夥外，因左列事項之一而退夥：一 合夥人死亡者。但契約訂明其繼承人得繼承者，不在此限。二 合夥人受破產或禁治產之宣告者。三 合夥人經開除者。」由此規定，吾人可知，合夥人之死亡、破產、禁治產或被開除，均為法定退夥之原因，均將造成合夥關係之終止；反之，於船舶共有之場合，海商法第十六條規定：「共有關係，不因共有人中一人之死亡、破產或禁治產而終止。」

(五)就共有之關係而言

合夥之共有關係為公同共有關係。公同共有 (ownership-in-common or co-ownership-in-common) 者，乃指依法律規定或依契約，成立一公同關係之數人，基於其公同關係而共有一物之狀態也（民 §827）。公同關係者，乃指各共有人得在共有物上享有一切支配權之關係也。易言之，公同共有，即各共有人在其共有物上得享有一切支配權利之狀態也。公同共有之關係，自公同關係終止或因公同共有物之讓與而消滅。

船舶共有之共有關係為分別共有關係，各共有人有其應有部分，並無公同關係。分別共有 (co-ownership by shares) 者，亦稱普通共有，乃指數人按其應有部分對於一物共同享有所有權之狀態也。所謂「應有部分」，乃指各共有人對於該所有權在分量上應享之部分也。

(六)就經理人之選任而言

於合夥之場合，合夥經理人之選任與否，民法並無強制規定（民 §671～§679）；反之，於船舶共有之場合，海商法第十七條則明文規定：「船舶共有人，應選任共有船舶經理人，經營其業務，共有船舶經理人之選任，應以共有人過半數，並其應有部分之價值合計過半數之同意為之。」

(七)就相互代表權之有無而言

於合夥之場合，民法第六七九條規定：「合夥人依約定或決議執行合夥

事務者，於執行合夥事務之範圍內，對於第三人，為他合夥人之代表。」
足見於依委任本旨，執行合夥事務之範圍內，合夥人間有相互代表權；反
之，於船舶共有之場合，船舶共有人，除共有人中之一人被選定為經理人，
關於船舶之營運，在訴訟上或訴訟外代表共有人外，共有人間並無相互代
表權。

二、船舶共有與民法上之共有之區別

船舶共有與民法上之共有（一般物權之共有），亦有下列之不同：

㈠就種類之不同而言

民法之共有，有公同共有及分別共有兩種。公同共有及分別共有之意
義，參照前述之說明；而海商法上之船舶共有，僅為可分之共有，類似民
法上之分別共有，而與公同共有截然不同。

㈡就應有部分之出賣而言

於民法分別共有之場合，民法第八一九條第一項規定：「各共有人，得
自由處分其應有部分。」足見民法分別共有之共有人，出賣其應有部分時，
無須經其他共有人之同意；反之，於船舶共有之場合，海商法第十二條規
定：「I船舶共有人有出賣其應有部分時，其他共有人，得以同一價格儘先
承買。II因船舶共有權一部分之出賣，致該船舶喪失中華民國國籍時，應
得共有人全體之同意。」

㈢就抵押權之設定而言

於民法分別共有之場合，民法第八一九條第一項規定：「各共有人，得
自由處分其應有部分。」足見民法分別共有之共有人，就其應有部分設定
抵押權時，無須經其他共有人之同意；反之，於船舶共有之場合，海商法
第十三條規定：「船舶共有人，以其應有部分供抵押時，應得其他共有人過
半數之同意。」

㈣就經理人之選任而言

於民法分別共有之場合，民法第八二〇條規定：「I共有物，除契約另

有訂定外,由共有人共同管理之。II共有物之簡易修繕,及其他保存行為,得由各共有人單獨為之。III共有物之改良,非經共有人過半數,並其應有部分合計已過半數者之同意,不得為之。」足見民法之共有,並不以選任經理人為必要;反之,於船舶共有之場合,海商法第十七條規定:「船舶共有人,應選任共有船舶經理人,經營其業務,共有船舶經理人之選任,應以共有人過半數,並其應有部分之價值合計過半數之同意為之。」

㈤就共有物之處分而言

於民法分別共有之場合,民法第八一九條第二項規定:「共有物之處分、變更及設定負擔,應得共有人全體之同意。」各共有人固得自由處分其應有部分,但涉及共有物整體之時,因屬全體共有,其處分攸關全體之利害,自不得任由某一分別共有人或某一部分分別共有人擅自為之;反之,於船舶共有之場合,海商法第十一條規定:「共有船舶之處分及其他與共有人共同利益有關之事項,應以共有人過半數並其應有部分之價值合計過半數之同意為之。」因船舶共有,係屬商事問題,應以富有機動性為原則,否則凡事須經共有人全體之同意,難免貽誤商機,因此海商法乃有與民法不同之規定。

㈥就免責權之有無而言

於民法分別共有之場合,民法並無委棄免責權之規定;反之,於船舶共有之場合,海商法第十四條第二項規定:「共有人對於發生債務之管理行為,曾經拒絕同意者,關於此項債務,得委棄其應有部分於他共有人而免其責任。」

第五款 船舶共有之法律關係

一、船舶共有之內部關係

船舶共有之內部關係者,乃指船舶共有人相互間之權利義務關係也。關於船舶共有之內部關係,德國商法第四九〇條規定:「(船舶共有人間之

法律關係）船舶共有相互間之法律關係，依其事先所締結之契約定之。除有合意規定外，適用下列各條之規定。」〔(Rechtsverhältnis der Mitreeder) Das Rechtsverhältnis der Mitreeder untereinander bestimmt sich zunächst nach dem zwischen ihnen geschlossenen Vertrage. Soweit eine Verein barung nicht getroffen ist, finden die nachstehenden Vorschriften Anwendung.〕足見在德國商法上，有關船舶共有內部關係之規定，僅有補充當事人意思不足之效力，當事人間有約定者，依其約定，無約定者，始適用法律之規定。惟我國海商法並無類似德國商法第四九〇條之規定，故在我國海商法上，有關船舶共有內部關係之規定，應屬強行規定，對於海商法上有關船舶共有內部關係之規定，船舶共有人不得以約定之方式，排除或變更其適用，否則依民法第七十一條之規定，該契約或約定一概無效。依我國現行海商法之規定，船舶共有之內部關係如下：

㈠共有船舶之處分及用益

海商法第十一條規定：「共有船舶之處分及其他與共有人共同利益有關之事項，應以共有人過半數並其應有部分之價值合計過半數之同意為之。」(Disposal of a ship jointly owned or other matter relating to the common interests of the co-owners shall be made with consent of such majority of the co-owners that the total value of shares in the co-ownership, which are possessed by such co-owners in majority, is also more than one half of the total value of all the shares combined.)

本條以「共有船舶之處分」為例示規定，而以「及其他與共有人共同利益有關之事項」為概括規定。此之所謂處分，係指私法上之處分行為而言，處分行為〔英：juristic act of disposition；日：処分行為（しょぶんこうい）；德：Verfügungsgeschäft；法：acte de disposition〕者，乃指促使財產現狀、財產性質發生變化或促使財產權發生變動之行為也。例如物權之設定、移轉、消滅（物權行為）、債權讓與（準物權行為）等即是。處分行為係與管理行為（非處分行為）相對之用語。「共有船舶之處分」者，促使

共有船舶物權發生得喪、變更之法律行為也。例如共有船舶之出賣、保險委付、交換、委棄、毀棄、改造、拆散、贈與、設定抵押等以船舶為標的所為之法律行為即是。「其他與共有人共同利益有關之事項」者,乃指船舶處分之外,足以影響共有人利益之其他事實行為或法律行為也。例如船舶之重大修繕、保存、改良、船舶之出租、船舶共有契約之變更、船舶國籍之變更、新航線之開闢、船舶共有人之增資、辭退兼為共有人之船長、營業範圍外之船舶使用等有關船舶之管理行為或利用行為均屬之。在解釋上,通常之保存行為及管理行為應不包括之,究竟何者為「與共有人共同利益有關之事項」,應依具體之情形,個別判斷之,實在難以一概而論也[20]。

依海商法第十一條之規定,欲使共有船舶之處分,及其他與共有人共同利益有關之事項發生效力,必須具備下列要件:

1.共有人過半數之同意

因共有物係屬共有人全體之共有,共有物之處分攸關共有人全體之利害,自不得任由某一共有人或某一部分共有人擅自為之。故民法第八一九條第二項規定:「共有物之處分、變更及設定負擔,應得共有人全體之同意。」同此道理,對於船舶共有,海商法亦規定不得任由某一共有人或某一部分共有人擅自為之。惟船舶之營運,究屬商事行為,應以簡便、敏捷、富於彈力性為原則,倘事事均須共有人全體之同意,難免貽誤商機,妨礙航業之發展,故海商法規定,僅須「共有人過半數之同意」即可。

2.應有部分之價值合計過半數之同意

海商法第十一條所謂之「過半數」,係指雙重之多數決,亦即除在人數上須「共有人過半數之同意」外,在價值上須「應有部分之價值合計過半數之同意」,兩者均須超過半數始可。而且此之所謂多數決,係屬絕對之多數決,非指相對之多數決,係指共有人全體過半數之同意,而非指出席人數過半數之同意,係指應有部分之價值合計超過全體價值半數之同意,而非指超過出席人數應有部分合計價值半數之同意。「同意」之方式,不以召

---

[20] 施智謀,前揭《海商法》,p. 95。

開會議為必要，其以書信、電話、電報等方式，表達其同意之意思者，亦無不可。

　　本法規定雙重多數決之目的，旨在保護大額共有人之利益，並避免小額共有人之利益受到損害也。本來大額共有人之應有部分較多，其利害關係較重，原應以「應有部分之價值合計過半數之同意」為必要，但為防大額共有人之過分專斷，小額共有人之利益受到損害，法律乃規定雙重之多數決。例如 A 之應有部分占 55%，B 之應有部分占 25%，C 之應有部分占 20%。今若欲將船舶設定抵押，單憑 A 之同意，雖其應有部分占 55%，在價值上合計已超過半數，但在人數上尚未超過半數，固非法律所許；反之，B、C 兩人之同意，雖在人數上已經超過半數，但價值上合計尚未超過半數，亦非法律所許。依此規定，若欲將船舶設定抵押，必須有 A、B 之同意或 A、C 之同意始可。

㈡應有部分之處分

　　應有部分之處分，其最重要者，即為應有部分之出賣及應有部分之抵押兩者，茲就此兩者，依海商法之規定，簡述如下：

1.應有部分之出賣

　　海商法第十二條規定：「Ⅰ 船舶共有人有出賣其應有部分時，其他共有人，得以同一價格儘先承買。Ⅱ因船舶共有權一部分之出賣，致該船舶喪失中華民國國籍時，應得共有人全體之同意。」〔Ⅰ Whenever a co-owner sells his share in the co-ownership of a ship, the other co-owner(s) may by prior emptio purchase that share at the same price. Ⅱ When sale of a part of the co-ownership of a ship is such as will bring about the loss of her nationality of the Republic of China, consent of all the co-owners to such sale shall be required.〕

⑴出賣未導致喪失國籍時，其他共有人，有優先承買權

　　船舶共有人，就其應有部分，原則上得自由轉讓之，但為維持共有關係之協調，避免共有關係之流於複雜，海商法第十二條第一項乃規定：「船

舶共有人有出賣其應有部分時，其他共有人，得以同一價格儘先承買。」
基此規定，船舶共有人欲出賣其應有部分時，應先通知其他共有人，待其
他共有人表示拒絕後，始得以同一價格出賣於共有人以外之他人。若共有
人中同時有數人表示願意承買時，解釋上應依其應有部分之比例承買之。

(2)出賣導致喪失國籍時，應得全體共有人同意

海商法第十二條第二項規定：「因船舶共有權一部分之出賣，致該船舶
喪失中華民國國籍時，應得共有人全體之同意。」此規定之立法目的，旨
在維護本國船舶之噸位，並保護全體共有人之利益。因該共有船舶一旦喪
失中華民國國籍，則船舶共有人將失去基於本國國籍所享有之特權，例如
不得在中華民國公布為國際商港以外之其他港灣口岸停泊(船舶§5)，亦即，
船舶共有人將失去在本國國境內航行及沿海貿易之權利❷。

2.應有部分之抵押

海商法第十三條規定：「船舶共有人，以其應有部分供抵押時，應得其
他共有人過半數之同意。」 (When a co-owner mortgages his share in the
co-ownership of a ship, he shall obtain the consent of the majority of all other
co-owners.) 本條之立法目的，旨在保護其他共有人之利益。因應有部分之
抵押，與應有部分之出賣不同，因應有部分之出賣僅為部分物權之移轉，
與其他共有人之利害關係較小，而應有部分之抵押則往往導致船舶價值之
減低，甚至導致扣押、假扣押、被拍賣等情事之發生，與其他共有人之利
害關係，可謂甚為重大，因此須得其他共有人過半數之同意，以示限制。
所謂「其他共有人過半數之同意」，係指不包括本人在內之共有人過半數同
意而言，而且此之所謂過半數，僅為「人數上之過半數」，不包括「價值上
之過半數」，惟於「人數上之過半數」完全相等時，在解釋上，似應取決於
應有部分之價值，以示公平。

海商法第三十三條規定：「船舶抵押權之設定，應以書面為之。」足見
應有部分抵押權之設定，應以書面為之，否則不生效力。再者，海商法第

❷ 吳智，前揭《海商法論》，p. 25。

三十六條又規定：「船舶抵押權之設定，非經登記，不得對抗第三人。」足見應有部分抵押權之設定，非經登記，不得對抗第三人。惟登記僅為對抗要件，非為生效要件。綜觀海商法第十三條、第三十三條、第三十六條之規定，吾人可知，船舶應有部分設定抵押權之要件應為：1.其他共有人過半數之同意（§13）；2.書面（§33）；3.須經登記（§36，惟此僅為對抗要件）。

3.共有關係之退出

共有關係之退出原因，約有下列幾種：

⑴應有部分之讓與

應有部分之讓與，當然為共有關係之退出原因，其說明請參照前述應有部分之出賣。

⑵船長之解任

海商法第十五條規定：「Ⅰ船舶共有人為船長而被辭退或解任時，得退出共有關係，並請求返還其應有部分之資金。Ⅱ前項資金數額，依當事人之協議定之，協議不成時，由法院裁判之。Ⅲ第一項所規定退出共有關係之權，自被辭退之日起算，經一個月不行使而消滅。」（I When a co-owner is the shipmaster and is discharged from or relieved of such service, he may withdraw from the co-ownership and claim refund of his share in the co-ownership of the ship. II The amount of refund referred to in the preceding paragraph is to be determined by mutual agreement of the parties concerned; if no agreement be reached, it is to be adjudicated by court. III The right to withdraw from the co-ownership referred to in the preceding first paragraph is extinguished if not exercised upon a lapse of one month from the date of discharge.) 本規定之立法理由，乃因「辭退兼為共有人之船長」係屬「與共有人共同利益有關之事項」，自應以共有人過半數及應有部分價值合計過半數之同意為之（§11）。船長既因共有人數及應有部分價值合計過半數之表決而被辭退或解任，顯然彼此意見已不和諧，使其繼續共有，恐非船長之所願，亦非其他共有人之所樂見，因此本法乃規定，在此情況，船長得退

出船舶共有之關係。據此規定，吾人簡單析述如下：

A. 退出權之要件

船長退出共有關係之要件為：I該船長須兼為船舶共有人。若該船長非兼為船舶共有人時，應無本條之適用。II該船長職務須被辭退或解任。若該船長職務非被辭退或解任而係自請辭職時，應無本條之適用。

B. 退出權之效力

具備上述要件時，船長「得」退出共有關係，所謂「得」，與「應」字意義不同，船長得行使退出權，亦得不行使退出權，故兼為共有人之船長被辭退或解任時，並不當然退出共有關係。若船長不行使退出權，並不發生退出共有關係之效果；若船長行使退出權，即發生退出共有關係之效果，此時船長得請求返還其應有部分之資金，此項資金之數額，依當事人之協議定之，協議不成時，由法院裁判之（§15 II）。

C. 退出權之消滅

依海商法第十五條第三項之規定，船長退出共有關係之權，自被辭退之日起算，經一個月不行使而消滅。因船長之退出權，若久不行使，對於其他共有人之影響甚大，因此海商法乃規定「經一個月不行使而消滅」，以示限制。此一個月之期間，係屬除斥期間，無時效中斷之問題，當事人亦不得任意變更之❷。

⑶應有部分之委棄

海商法第十四條第二項規定：「共有人對於發生債務之管理行為，曾經拒絕同意者，關於此項債務，得委棄其應有部分於他共有人而免其責任。」當共有人依此規定，委棄其應有部分於他共有人時，應解釋為「退出共有關係」。因持有異議之共有人，既將其應有部分委棄於其他共有人，其共有關係，已不存在，自應解為退出共有關係。

4. 共有關係之繼續性

海商法第十六條規定：「共有關係，不因共有人中一人之死亡、破產或

---

❷　鄭玉波，《海商法》，三民書局印行，1976 年 5 月 7 版，p. 33。

受監護宣告而終止。」(Relationship of jointly owning a ship does not terminate by reason of death, bankruptcy or interdiction of one of the co-owners.) 本規定之目的，旨在維護航運事業之發展，不使因一共有人之事故，而影響全體航運事業之發展。共有人中之一人，當其死亡時，其應有部分自可由其繼承人繼承；當其破產時，其應有部分自可移交破產管理人管理，而屬破產財團；當其禁治產時，其應有部分自可移交監護人管理，不至影響其共有關係之繼續也 ❷❸。

二、船舶共有之外部關係

㈠船舶共有債務之清償

海商法第十四條規定：「Ⅰ船舶共有人，對於利用船舶所生之債務，就其應有部分，負比例分擔之責。Ⅱ共有人對於發生債務之管理行為，曾經拒絕同意者，關於此項債務，得委棄其應有部分於他共有人而免其責任。」(I The co-owners of a ship shall be liable, in proportion to their shares in the co-ownership, for the obligations which have arisen from utilization of the ship. II A co-owner, who has refused giving consent to the administrative action which brought about an obligation, may exempt himself from such obligation by giving away his share in the co-ownership to other co-owners.) 依此規定，吾人析述如下：

1.分割責任制之採用

海商法第十四條第一項規定：「船舶共有人，對於利用船舶所生之債務，就其應有部分，負比例分擔之責。」船舶共有人，對於利用船舶所生之債務，係負比例分擔之責，即學理上所稱之「分割責任」。所謂「利用船舶所生之債務」，例如購買航行所須之燃料、食品或船舶修繕所生之債務即是。本規定之目的，乃因經營航運業務，資金龐大，而且危險性高，為獎勵航運事業之投資，海商法乃採分割責任制，不使船舶共有人負擔連帶責任，

---

❷❸　楊仁壽，前揭《海商法論》，p. 61。

藉以減輕船舶共有人責任之負擔也。

2. 委棄免責權之行使

⑴委棄免責權之立法理由

規定委棄免責權之目的，乃在保護少數共有人之利益，因重大之管理行為（與共有人共同利益有關之事項），固然應以共有人過半數並其應有部分之價值合計過半數之同意為之（§11），惟於少數共有人拒絕同意之時，若強使其屈從多數人之決議，使其增加意外負擔，實非合理之舉，因此海商法乃有此共有人委棄免責權之規定，藉以保護少數共有人之利益。

⑵委棄免責權行使之要件

海商法第十四條第二項規定：「共有人對於發生債務之管理行為，曾經拒絕同意者，關於此項債務，得委棄其應有部分於他共有人而免其責任。」足見委棄免責權之行使，必須具備下列要件：

A. 須為船舶管理行為所生之債務

管理行為〔英：act of management；日：管理行為（かんりこうい）；法：acte d'administration〕者，乃指對於財產所為之保存、利用及改良行為也。管理行為係與處分行為相對之概念，而為保存行為、利用行為及改良行為之總稱。保存行為者，乃指防止財產之毀損、滅失，維持財產現狀所為之事實行為或法律行為也。此所謂之事實行為，例如房屋之修繕；所謂之法律行為，例如房屋之修繕契約、中斷債權消滅時效之行為即是。利用行為者，乃指依其性質，有效利用財產之事實行為或法律行為也。此所謂之事實行為，例如荒地之耕作；所謂之法律行為，例如荒地之耕作契約、附有利息之金錢借貸契約即是。改良行為者，乃指在不改變財產性質之範圍內，增加財產價值之事實行為或法律行為也。此所謂之事實行為，例如房屋之裝潢；所謂之法律行為，例如房屋之裝潢契約、房屋出租時，提高租金之房屋租賃契約即是㉔。

㉔　竹内昭夫、松尾浩也，《新法律学辞典》，有斐閣，平成 2 年 4 月 20 日第 3 版第 2 刷發行，p. 203。我妻栄，《新法律学辞典》，有斐閣，昭和 51 年 5 月 30 日

本條所謂之船舶管理行為，係指船舶之保存行為（例如船舶之維修）、利用行為（例如船舶之航行或出租）及改良行為（例如船舶之改造或裝潢）而言。惟此之所謂船舶管理行為，應指重大之船舶管理行為而言，亦即應指與共有人共同利益有關之重大管理行為而言，例如使船舶危險增高、船舶價值減低之行為，即屬與共有人共同利益有關之重大管理行為，當有本條之適用。若為通常之管理行為，因其係屬船舶之營運範圍，船舶經理人具有代表之權利（§18），毋庸船舶共有人之表決，自無本條之適用也。

B. 須為曾經拒絕同意之共有人

唯有曾經拒絕同意之共有人，始能行使共有人委棄免責權。條文之用語，既為「曾經拒絕同意」，則在會議決議生效之前必須明示拒絕同意始可，其於會議之中，以書面或口頭明示拒絕同意者，固然屬之，其於會議之前，以書面或口頭明示拒絕同意者，亦有本條之適用。其於會議之後，始以書面或口頭明示拒絕同意者，或於會議之前曾經明示拒絕同意而於會議之中卻僅表示棄權者，均無本條之適用。

C. 須有委棄應有部分之意思表示

海商法第十四條第二項規定：「共有人對於發生債務之管理行為，曾經拒絕同意者，關於此項債務，得委棄其應有部分於他共有人而免其責任。」法條用語為「得委棄」，而非「應委棄」。因此共有人對於發生債務之管理行為，曾經拒絕同意者，並非必然發生「委棄其應有部分於他共有人而免其責任」之效果。因此必須該共有人有「委棄其應有部分於他共有人」之意思表示，始發生「免其責任」之效果，否則若未明示委棄，應當視為事後承認，就該管理行為所發生之債務，仍無法免責。

至於意思表示之方式及時間，海商法並無明文規定，解釋上應於相當之時間，向其他全體之共有人或經理人為之，其方式，或為口頭，或為書面，均無不可，其時間，應依事件之繁簡、負擔之輕重及考慮所須時間之長短，具體判斷之。

新版初版第 16 刷發行，p. 171。

(3)委棄免責權行使之效力

具備上述要件之後，共有人即可行使其委棄免責權。委棄免責權之行使，將可發生如下效力：

A. 委棄之共有人債務之免除

依海商法第十四條第二項之規定，共有人對於發生債務之管理行為，曾經拒絕同意者，關於此項債務，得委棄其應有部分於他共有人而免其責任。易言之，「委棄應有部分」係共有人免其責任之代價，共有人一旦委棄其應有部分之後，債權人或其他共有人即不得再向該委棄之共有人要求任何補償。

B. 船舶共有關係之退出

當共有人，依海商法第十四條第二項之規定，委棄其應有部分於他共有人時，是否應解釋為「退出共有關係」？國內有些學者採英美立法之見解，認為並未退出共有關係。例如桂裕教授即主張：「我海商法規定為委棄，且以是為免責之原因，可知共有關係並不終止。為配合國家政策，終不若採美國辦法，凡不同意之共有人得要求提供船舶安全歸來之擔保 (stipulation or security for safe return)，而以特定利用上之權義委棄之，既保全共有關係之存續，複無害於少數共有人之利益。」㉕本人認為應解釋為「退出共有關係」。因持有異議之共有人，既將其應有部分委棄於其他共有人，既然失其應有部分，則其共有權已經無所附麗，其共有關係，應已不復存在，自應解為退出共有關係。

C. 其他共有人應有部分之擴張

委棄之共有人既將其應有部分委棄於其他共有人，則其他共有人之應有部分自然增加。惟此項增加，係屬按其應有部分之比例，承受委棄部分之「法定」增加，與一般根據讓與行為之「意定」增加不同，因此在此場合，其他共有人之取得應有部分，無須履行海商法第八條之規定，亦即其他共有人之取得應有部分，無須作成書面，亦無須取得航政主管機關之蓋

㉕ 桂裕，《海商法新論》，pp. 117、118。

印證明。

再者，共有人委棄之應有部分，是否應以未設定抵押權之應有部分為限？關於此點，約有下列二說：

a. 甲　說

主張甲說者認為，共有人行使委棄免責權時，其應有部分不以未設定抵押權者為限。其理由為：依海商法第三十七條及民法第八六八條之規定，船舶共有人中一人或數人，就其應有部分所設定之抵押權，不因分割或出賣而受影響（§37），即使共有人委棄其應有部分於他共有人，抵押權人仍得就其被委棄之應有部分主張拍賣而優先受償，對於抵押權人並無任何不利，因此共有人行使委棄免責權時，其應有部分不以未設定抵押權者為限。

b. 乙　說

主張乙說者認為，共有人行使委棄免責權時，其應有部分應以未設定抵押權者為限。其理由為：若共有人所委棄之應有部分設有抵押權，則其他共有人之債務負擔將隨之比例加重，對於其他共有人十分不利，因此共有人行使委棄免責權時，其應有部分應以未設定抵押權者為限。

吾人以為，應以乙說為妥。因此共有人行使委棄免責權時，其應有部分應以未設定抵押權者為限，若其應有部分已經設有抵押權時，在其應有部分之抵押未為除去之前，其委棄之意思表示，應為無效。其理由如下：

a. 乙說之主張較能保護其他共有人之利益

若共有人所委棄之應有部分設有抵押權，則其他共有人之債務負擔將隨之比例加重，尤其於委棄之共有人未盡清償責任之時，該被委棄之應有部分將有被執行拍賣之虞，對於其他共有人而言，可謂極其不利。

b. 乙說之主張較能防止委棄之共有人推卸清償責任

若共有人所委棄之應有部分設有抵押權，則委棄之共有人較易認為，所委棄之應有部分既屬他人所有，縱被執行拍賣於己何干？影響所及，委棄之前，往往故意設定抵押權，委棄之後，往往故意推卸清償責任，以遂其投機取巧之目的 ❷⑥。

(二)共有船舶經理人之對外代表權

1.共有船舶經理人選任之立法理由

　　海商法第十七條規定，船舶共有人，應選任共有船舶經理人，經營其業務。海商法規定共有船舶經理人選任之立法理由，乃因船舶共有人人多嘴雜，使之共同經營事業，在內部則難免相互牽制，易生衝突，對外部則難免事權不一，令出多門，影響航業之營運至鉅，因此海商法為便利營業計，乃規定船舶共有人，應選任共有船舶經理人，經營其營業。

2.共有船舶經理人之選任方法

　　海商法第十七條規定：「船舶共有人，應選任共有船舶經理人，經營其業務，共有船舶經理人之選任，應以共有人過半數，並其應有部分之價值合計過半數之同意為之。」(The co-owners of a ship shall appoint a ship's husband to administer her business. The appointment of ship's husband shall be made with consent of such majority of the co-owners that the total value of shares in the co-ownership, which are possessed by such co-owners in majority, is also more than one half of the total value of all the shares combined.) 足見共有船舶經理人之選任，應以共有人過半數，並其應有部分之價值合計過半數之同意為之，否則其選任無效。因共有船舶經理人之權限極大，關係全體船舶共有人之利益甚鉅，故選任時不能不予慎重，但又為避免過分嚴格，以致難以產生，本法特規定以共有人過半數，並其應有部分之價值合計過半數之同意為之即可。

　　本法既規定為「應」，則共有船舶經理人應為船舶共有之常設機關，惟若船舶共有人未選任共有船舶經理人，本法並無任何處罰之規定，在解釋上，船舶共有人未選任共有船舶經理人，仍無害其共有關係在私法上之地位。

　　共有船舶經理人之選任，係基於船舶共有人之意思，其法律性質，應屬民法上之委任代理，除海商法或船舶登記法有特別規定外，應適用民法

---

❷　施智謀，前揭《海商法》，p. 99。

關於「委任」（民 §528～§552）及「經理人」（民 §553～§557）之規定。再者，共有船舶經理人並無任何資格之限制，可由共有人出任之，亦得選任共有人以外之人充任之，而且不限於自然人，法人亦得為之，惟法人為共有船舶經理人時，應指派自然人實際負責船舶共有業務之營運❷❼。

3.共有船舶經理人之權限

⑴權限之內容

海商法第十八條規定：「共有船舶經理人關於船舶之營運，在訴訟上或訴訟外代表共有人。」(Ship's husband represents the co-owners in all judicial and extrajudicial acts relating to the business and carriage pertaining to the ship.) 此乃有關共有船舶經理人法定代理權之規定，所謂「關於船舶之營運」，係指有關船舶通常之經營及運送業務而言，例如購買糧食、燃料、僱用海員等航海準備行為、締結簡易修繕契約、交付稅捐等船舶之保存行為、締結貨物運送契約、締結傭船契約等船舶之業務行為即是。對於此等船舶營運通常所發生之事項，無論在訴訟上或訴訟外，共有船舶經理人均有代表船舶共有人之權限。

共有船舶經理人之選任，係基於船舶共有人之意思，其法律性質，應屬「委任代理」，海商法第十八條「法定代理」之規定，應屬有關共有船舶經理人權限之特別規定，此項「法定代理」規定之存在，不影響共有船舶經理人與船舶共有人間「委任代理」之本質。

⑵權限之限制

A. 法定限制

海商法第十九條第一項規定：「共有船舶經理人，非經共有人依第十一條規定之書面委任，不得出賣或抵押其船舶。」(No ship's husband shall sell or mortgage the ship unless a written mandate is granted by the co-owners in conformity with the provision of Article 11.) 由此規定，吾人可知，對於船舶之出賣或抵押，共有船舶經理人並無自由處理之權利，須經船舶共有人過

---

❷❼　梁宇賢，前揭《海商法論》，pp. 169～170。

半數並其應有部分價值合計過半數之同意以書面之委任，始得為之。因船舶之出賣，係屬處分行為而非管理行為，故不得自由為之。船舶之抵押，雖非直接之處分行為，但債權人行使債權時，即可依法拍賣船舶，與船舶共有人之利益關係極大，應屬「與共有人利益有關之事項」，故共有船舶經理人亦不得自由為之（§11）。

海商法第十九條第一項之規定，係屬共有船舶經理人權限之法定限制，與該條第二項之約定限制者不同。因此若違反海商法第十九條第一項之規定，共有船舶經理人隨意出賣或抵押其船舶時，船舶共有人仍可對抗任何第三人，該第三人為善意或惡意，在所不論。

B. 約定限制

海商法第十九條第二項規定：「船舶共有人，對於共有船舶經理人權限所加之限制，不得對抗善意第三人。」 (No restriction imposed upon the delegated authority of a ship's husband shall be set up as a defence against a bona fide third party.) 本規定之目的，旨在保護善意第三人，以謀交易之安全。由此規定，吾人可知，除海商法第十九條第一項所規定之法定限制外，船舶共有人亦得基於特別考量，對於共有船舶經理人之權限加以限制，惟其限制，僅為約定限制而非法定限制，不得對抗善意第三人。

所謂「不得對抗善意第三人」，係指船舶共有人對於共有船舶經理人權限所加之約定限制，僅能拘束共有船舶經理人，而不能以之拘束善意之第三人。所謂「約定限制」，例如對於船舶之修繕行為、金錢之借貸行為、票據行為、船舶之租賃行為、船舶之保險契約等事項，船舶共有人亦得基於特別考量，限制共有船舶經理人不得為之，惟此等限制，究非法定限制，不得對抗善意第三人。所謂善意第三人，即不知情之第三人，若第三人明知該約定限制之事實，即屬惡意，船舶共有人仍得對抗之，惟第三人惡意之事實，應由船舶共有人負舉證責任。

對於共有船舶經理人之權限，加以限制者，不得對抗第三人（§19），如共有船舶經理人自意開闢新航線、船舶重大修繕、金錢借入、船舶租賃

以及船舶保險等而負有債務者，是否亦在「不得對抗」之列？對此問題，國內學者，多採「可以對抗說」，認為海商法第十九條第一項所規定得以對抗善意第三人之事項，範圍太小，因此應解釋為，凡有關共有人法律上或實質上利益之行為，足以發生所有權增損變化之效果者，均屬海商法第十九條第一項之事項，應得對抗善意之第三人。例如梁宇賢教授即謂：「除此之外，其他之特殊行為，對船舶共有人之利害關係，甚至較抵押權之設定尤為嚴重，本法均未規定，因此在適用時，難免發生困難。為補救此種缺失，凡有關共有人法律上或實質上利益之行為，足以發生所有權增損變化之效果者，例如船舶之重大修繕及改良行為、出租、讓與、委付、開闢新航線等行為，在解釋上，認為均需以共有人過半數並其應有部分合計過半數之同意及書面委任，方得為之。」❷❽桂裕教授亦主張：「在解釋上仍應認為，凡有關共有人法律上或實質上利益之行為，足以發生所有權增損變化之效果者，均非經理人權限之所及；故讓與、委付、出租（除以出租為業者外）及抵押權之設定、保險、開闢新航線、改良、大修繕，及借款均應依海商法第十一條之規定，以共有人過半數並其應有部分之價值合計過半數之同意為之。如船舶係以出租為業務者，則經理人有權以船出租。」❷❾惟本人認為，應採「不可對抗說」為妥。其理由如下：

A. 海商法第十九條與第十一條規定之性質不同

海商法第十九條與第十一條規定之性質不同，兩者實在不宜相提並論。海商法第十九條，係屬「船舶共有人對外關係」之規定，亦即船舶所有人得否對抗善意第三人之規定，若屬第一項之規定，因該項共有船舶經理人權限之限制，係基於法律規定，船舶所有人可以對抗任何第三人，該第三人善意或惡意，在所不論。若屬第二項之規定，因該項共有船舶經理人權限之限制，非屬第一項法定之限制，不得對抗善意第三人。反之，海商法第十一條，係屬「船舶共有人對內關係」之規定，亦即「得否對於全體船

❷❽　梁宇賢，前揭《海商法論》，p. 172。

❷❾　桂裕，前揭《海商法新論》，pp. 120、121。

舶共有人發生效力」之規定，對於共有部分（共有船舶）之處分，及其他
與共有人共同利益有關之事項，應以共有人過半數並其應有部分之價值，
合計過半數之同意為之，此規定之目的，旨在區別其與「應有部分」處分
之不同。

B. 就法條之存在意義而言，應採「不可對抗說」

若凡屬海商法第十一條所規定之事項（例如船舶之重大修繕及改良行
為、出租、讓與、委付、開闢新航線等行為），均得對抗善意第三人，則海
商法第十九條第一項將失其存在之意義。

C. 就善意第三人之保護而言，應採「不可對抗說」

主張「可以對抗說」者認為，凡有關共有人法律上或實質上利益之行
為，足以發生所有權增損變化之效果者，均得對抗善意第三人，惟何謂「有
關共有人法律上或實質上利益之行為，足以發生所有權增損變化之效果
者」，並無一定之判斷標準，貿然採用「可以對抗說」之見解，將使善意第
三人受害無窮，影響所及，將無人敢與共有船舶經理人從事交易行為，其
結果對船舶共有人未必有益。

4.船舶經理人之義務

海商法第二十條規定：「共有船舶經理人，於每次航行完成後，應將其
經過情形，報告於共有人，共有人亦得隨時檢查其營業情形，並查閱帳簿。」
(After the consummation of each voyage, the ship's husband shall report to the
co-owners on the happenings of the voyage. Co-owner may also, at any time or
from time to time, inspect the business condition and review the account books.)
本條規定之目的，旨在保護船舶共有人之權益，因船舶共有人，既不能經
營船舶之財產，又不能親自處理船舶之事務，為保護船舶共有人之權益計，
本條特規定共有船舶經理人，於每次航行完成後，應將其經過情形，報告
於共有人，使船舶共有人藉以瞭解航行之情形，又得隨時檢查其營業情形，
並查閱帳簿，使船舶共有人藉以得知共有船舶經理人經營之狀態。

本條之規定，屬於強行規定，共有船舶經理人必須履行。因此共有船

舶經理人必須備妥帳簿，記載有關船舶利用之一切事項，提出損益計算書類，以備船舶共有人之隨時檢查及查閱。

第六款　船舶共有關係之終止

船舶共有關係之終止，其原因約有下列幾種：

㈠船舶滅失

船舶共有係屬一種單純共有之物權關係，以物之條件而言，當然須以船舶之存在為前提。因此船舶之滅失，當然為船舶共有關係之終止原因。

㈡應有部分併歸於一人

船舶所有人之人數須為多數，乃船舶共有之要件之一，因此當船舶之應有部分全歸一人所有，或船舶出賣為一人所有時，船舶共有之關係即告終止。

㈢船舶喪失航行能力

共有之目的須為共同經營航業，乃船舶共有之要件之一，共有之目的須為共同經營航業，始能適用海商法之規定。船舶喪失航行能力，自然無法共同經營航業，船舶共有之關係亦當終止。

㈣共有船舶破產

共有人中之一人破產，共有關係不因之而終止（§16），惟若共有船舶破產，於拍賣之前，其權利已歸破產管理人行使，其船舶共有自當終止。

 問題與思考

一、何謂船舶共有？其要件如何？試具理由以說明之。

二、船舶共有之法律性質為何？試具學說及理由以說明之。

三、何謂船舶共有？何謂合夥？船舶共有與合夥有何不同？試具理由以說明之。

四、船舶共有與民法之共有有何不同？試具理由以說明之。

五、試簡述船舶共有之法律關係。

六、何謂船舶共有之內部關係？試具我國海商法之規定以說明之。

七、何謂處分行為？我國海商法對於共有船舶之處分行為有何規定？

八、對於船舶共有，海商法常有除「共有人過半數之同意」外，在價值上
　　須「應有部分之價值合計過半數之同意」之規定，此種雙重多數決之
　　規定，其立法理由為何？

九、對於船舶共有人應有部分之處分，海商法有何規定？試具法條以說明
　　之。

十、船舶共有關係之退出原因約有幾種？試具理由以說明之。

十一、試簡述船舶共有之外部關係。

十二、對於船舶共有債務之清償，我國海商法有何規定？試具條文析述之。

十三、何謂船舶共有人之委棄免責權？其要件如何？效力如何？試具條文
　　　以析述之。

十四、何謂管理行為？對於發生債務之管理行為海商法有何特別規定？試
　　　具條文以析述之。

十五、船舶共有人委棄其應有部分時，其委棄之應有部分，是否應以未設
　　　定抵押權之應有部分為限？試具學說、理由以說明之。

十六、試述海商法規定船舶共有人必須選任船舶經理人之理由。

十七、船舶共有人選任船舶經理人之方法為何？試具條文以說明之。

十八、試簡述船舶經理人之權限。

十九、就船舶經理人權限之內容，海商法有何規定？就船舶經理人權限之
　　　限制，海商法又有何規定？試具條文以說明之。

二十、船舶經理人之義務為何？試具條文簡述之。

二十一、船舶共有關係之終止，其原因約有幾種？試具理由說明之。

二十二、海商法對船舶之讓與方式及處分共有船舶共有人之同意均有特別
　　　　規定，試分述而申論之。

二十三、我國海商法就何事項有「委棄」及「委付」之規定？

二十四、對於船舶經理人之權限，加以限制者，不得對抗第三人（§19）。

　　如經理人自意開闢新航線而負有債務者，是否亦在「不得對抗」
　　之列？何種之債，是因代理權之授予而發生？試兼論之。
二十五、船舶共有之法律關係若何？試說明之。
二十六、共有船舶之經理人如何選任？有何權限？並說明其權利義務。

第二節　海事之優先權

第一項　海事優先權之意義

　　優先權〔英：preferential right, right of priority；日：先取特権（さきど
りとっけん）；德：Vorzugsrecht；法：privilège〕者，乃指對於法律所規定
之特殊債權，得就債務人之總財產或特定財產主張優先於其他債權而受清
償之法定擔保物權也。對於優先權，我國民法並無專章規定，海商法（§24
～§32）、工會法（工會§38）、勞動契約法（勞契§29）等均有優先權之設，
優先權為法定擔保物權之一種❸。
　　海事優先權〔英：maritime lien；日：船舶先取特権（せんぱくさきど
りとっけん）；德：gesetzliches Pfandrecht, Schiffsgläubigerrecht；法：privilège
maritime〕者，亦稱船舶優先權，乃指對於海商法所規定之特殊債權，得就
該船舶、運費及其附屬費等特定標的物主張優先於其他債權而受清償之法
定擔保權利也。船舶優先權具有擔保之作用，依海商法之規定而發生，當
事人不得約定，所以德國法將之稱為「法定質權」(gesetzliches pfandrecht)。
　　在日本法上，海事優先權被稱之為「船舶先取特権」，屬於優先權之一
種，其性質與一般民法上之優先權並無不同。因此在日本法上，海事（船

---

❸　末川博，《法学辞典》，日本評論社，昭和 58 年 5 月 30 日第 1 版第 9 刷發行，
　　p. 389。鄭玉波，《民法物權》，三民書局印行，1980 年 1 月修訂 8 版，p. 200。

舶）優先權具有下列特徵，亦即(1)海事優先權，係依法律之規定而發生，非依當事人之意思表示而成立，因此其效力亦悉依法律之規定而決定；(2)海事優先權，係屬債權擔保為目的，具有從屬性之擔保物權；(3)海事優先權，不以占有債權標的物為必要；(4)海事優先權，就債權標的物有較其他債權優先受償之權利；(5)海事優先權，因係優先權之一種，故民法上一般優先權之規定得補充適用之❸。

在英美法上，海事優先權被稱之為 "maritime lien"（有人譯為「海事留置權」，亦有人譯為「船舶優先權」），特別冠上 "maritime"（海事）一詞，以示有別於其他之 "lien"。在英美法上，"lien" 之種類，大致如下：

一、common law lien (possessory lien of common law, retaining lien)

"common law lien" 者，乃指普通法上之 "lien" 也，亦即以債權之擔保為目的，占有與該債權有關之他人之物，於債權未受清償之前，債權人得以拒絕返還該標的物之權利也。普通法上之 "lien"，以標的物之占有為成立及存續要件，類似我國民法上之留置權，也類似於德國法上之 "Retentions recht" 或法國法上之 "droit de rétention"。

二、equitable lien (charging lien)

"equitable lien" 者，乃指衡平法上之 "lien" 也。衡平法上之 "lien"，不以標的物之占有為要件，其發生原因，約有下列兩種，亦即(1)基於書面契約之記載而發生。在此書面契約 (written contract) 中，須明白記載以某特定之財產擔保某特定之債務始可。(2)基於衡平法院之宣示而發生。衡平法院 (court of equity) 就當事人及關係人之交易，作全盤性考量之後，得宣示債

---

❸ 田中誠二，《海商法詳論》，勁草書房，昭和 51 年 8 月 20 日第 1 版第 1 刷第 2 回發行，p. 568。石井照久、伊沢孝平，《海商法‧航空法》，有斐閣，昭和 43 年 8 月 20 日初版第 5 刷發行，p. 133。

權人，就債務人之特定財產，有主張優先於其他債權而受清償之權。此時債權人縱未占有該債務人之特定財產，亦得主張之。此種 "equitable lien" 可存在於動產或不動產之上，而且債權人亦得向衡平法院聲請拍賣該債務人之特定財產，然後就其拍賣之價金優先受償❷。

三、statutory lien

"statutory lien" 者，乃指制定法上之 "lien" 也。制定法上之 "lien"，係基於成文法之規定，就特定之債權所承認之優先受償權利，而且不以標的物之占有為要件，故與大陸法系之優先權，較為類似❸。

四、maritime lien

"maritime lien" 者，乃指 "admiralty law" 上之 "lien" 也。亦即對於海事法所規定之特殊債權，債權人，依對物訴訟之程序，留置債務人之海上財產（船舶、屬具、未收運費、貨載等），並得就其賣得價金優先受償之權利也。"maritime lien"，不以標的物之占有為要件，與我國之海事優先權最為類似。"maritime lien" 往往因為契約或侵權行為而發生，又不須登記，然而其效力卻不但優於抵押權，而且具有強烈之追及效力（不因標的物所有權之轉讓而消滅），其債權之範圍若使太過龐大，其他債權人之利益勢將受到損害，船舶使用人之融資亦將受到影響，故英美法系之各國立法，常對 "maritime lien" 之債權範圍加以限制❹。

海事優先權，1999 年修正前之海商法，將之稱為「優先債權」（§24～

---

❷　馬中琍，《海上貨物運送 LIEN 之研究》，國立臺灣海洋大學碩士論文，指導教授林群弼博士，1995 年 6 月，p. 6。田中英夫，《英米法辞典》，東京大学出版会，1991 年 5 月 10 日初版發行，p. 301。

❸　田中誠二，前揭《海商法詳論》，p. 566。

❹　鴻常夫、北沢正啓，《英米商事法辞典》，商事法務研究会，昭和 61 年 3 月 25 日初版第 1 刷發行，p. 489。

§32），現行海商法則以第二章第二節，將之稱為「海事優先權」（§24～§32），因此在我國現行海商法上應以「海事優先權」為正名，而不應再將其稱為「船舶優先權」或「優先債權」。因其與船舶所有權與船舶抵押權併列於「船舶」一章（第二章）之中，故國內某些學者常將之稱為「船舶優先權」**㉟**。惟某些學者，有鑑於優先權之標的並不限制於船舶，將之稱為「海事優先權」**㊱**。

第二項　海事優先權之立法理由

海商法承認海事優先權之理由，大致如下：

一、緩和船舶所有人責任限制對債權人不利之規定

船舶所有人，因船舶業務活動所生之債務，得主張船舶所有人責任之限制（§21）。在船舶所有人限制責任制度之下，陸上債權人能對債務人之任何海產請求，而船舶債權人（海上債權人）則僅能對債務人之特定海產請求，顯然對於船舶債權人非常不利，海商法為彌補此等缺失，保障船舶債權人之利益，乃復規定「海事優先權」之制度，規定船舶債權人對於法律所規定之某種債權，得就該債務所由發生之船舶、運費及其附屬費等特定標的物，主張優先受償 (§27)，使船舶債權人在船舶所有人所負有限責任數額下，得以充分受償，故海事優先權制度可謂係船舶所有人責任限制下之一種對等制度，簡言之，即為緩和船舶所有人責任限制對債權人不利之

㉟ 甘其綬，《海商法論》，自版，文和股份有限公司印刷，1963 年 10 月初版，pp. 86、87。張東亮，《海商法新論》，五南圖書出版公司印行，1989 年 1 月修訂初版，p. 530。何俊魁，《海商法概論》，臺北監獄印刷廠印刷，1958 年 4 月初版，p. 29。林咏榮，《商事法新詮（下）》，五南圖書出版公司印行，1989 年 4 月再版，p. 551。

㊱ 梁宇賢，《海商法論》，三民書局印行，1992 年 8 月修訂 3 版，p. 228。

規定，調和船舶債權人與船舶所有人之利益所設之制度也 ❸ 。

二、鼓勵船舶之救助、沉船之打撈或移除，以維船舶航海之安全

船舶所有人責任限制之制度下，因船舶業務活動所生之債務，船舶所有人往往得以主張船舶所有人責任之限制（§21），對於船舶債權人而言，可謂相當不利。而船舶在航行中往往因為特殊狀況，須為船舶之救助、沉船之打撈或移除，若不承認海事優先權，船舶債權人因恐日後之清償無著，勢將拒絕為之，對於船舶航海之安全亦必發生不利之影響，故承認海事優先權制度，具有助益船舶航海安全之功能 ❸ 。

三、保護公益、共益，並能維護衡平之法則

在海事優先權制度之下，為保障船舶航行公共安全之公益債權，常能優先受償。例如「港埠費、運河費、其他水道費及引水費」（§24 I ⑤），係基於使用港埠設備所生之費用，使之優先受償，有助於國庫之充實，港埠之建設，對於航海安全公共利益之保護，可謂助益良多，即屬此之所謂公益債權。再如「清除沉船費用」（§24 I ③），對於船舶航行公共安全之保障，影響甚大，亦屬公益費用。

在海事優先權制度之下，為保障債權人共同利益之共益債權，亦常能優先受償。例如「救助之報酬」、「船舶共同海損分擔額之賠償請求」（§24 I ③），對於船價之維護，頗有貢獻，係屬基於多數債權人之共同利益而發生，即屬此之所謂共益債權。

在海事優先權制度之下，為維護衡平法則所發生之債權，亦常能優先受償。對於侵權行為所發生之債權，一方面為保護船舶所有人之利益，承

---

❸ 施智謀，《海商法》，自版，瑞明彩色印刷有限公司，1986 年 7 月再版，p. 335。

❸ 陳培峰，《海商法專題精義》，康德文化出版社出版，康德法學系列叢書，1993 年 8 月 31 日初版，p. 239。

認船舶所有人責任限制之制度，一方面為保護海事債權人之利益，又承認海事優先權之制度，藉以維護運送信用，並使其合乎衡平之法則。例如「因船舶操作直接所致人身傷亡，對船舶所有人之賠償請求」、「因船舶操作直接所致陸上或水上財物毀損滅失，對船舶所有人基於侵權行為之賠償請求」（§24 I ②、④），即係基於侵權行為所發生之債權，為保護該受損害之債權人，使其具有優先受償之權，始符衡平之法則也。

在海事優先權制度之下，「船長、海員及其他在船上服務之人員，本於僱傭契約所生之債權」，常能優先受償（在我國法上，係屬第一優先），如前所述，此等債務，本為海員生活之所需，養家之所賴，若不予以特別保護，使其免於後顧之憂，海員恐將無法安心工作，航行之安全，亦將因之而失卻保障也。再者，船長、海員與船舶所有人之法律關係，僅係基於僱傭契約之關係。身為僱用人之船舶所有人，多為經濟上之強者，而身為受僱人之船長、海員，則多為經濟上之弱者。當航海順利，船舶所有人獲得利潤、盈餘時，船長、海員毫無參與分配利益之權利，當航海不順，船舶所有人遭受損失、虧本時，船長、海員卻須負擔損失虧本之義務，如此不但在法理上有違衡平之原理，在實務上亦難免遭人保護強者，欺壓弱者之議。在海事優先權制度之下，規定此等債務得以優先受償，船長、海員等人不致清償無著，正符衡平之法則也 ❸ 。

第三項　海事優先權之性質

在 1999 年修法之前，有關海事優先權之性質為何？在學者之間頗有爭議，其主要見解如下：

---

❸　梁宇賢，《海商法專題論叢》，與大法學叢書編輯委員會編輯，三民書局總經銷，
　　1988 年 2 月初版，p. 4。王洸，《海商法釋論》，海運出版社發行，文和印刷公
　　司印刷，1962 年 7 月出版，p. 30。

一、物權說

主張物權說者認為，海事優先權具有優先性（§24Ⅱ）及追及性（§31），得就船舶賣得價金優先受償，亦不因船舶所有權之移轉而受影響，故應為擔保物權之一。例如桂裕教授即謂：「任何擔保物權必有債權為前提，因擔保物權之設定，此債權乃可就特定擔保物之賣得價金優先於無擔保債權而受清償。優先權乃擔保物權之特徵，非指債權之優先者。再就法律之編制以觀，船舶優先權及船舶抵押權，均與船舶所有權同列，其為物權，更無疑義。要之，船舶優先權乃海商法所創設之特種物權（民§757）。不特此也，即船舶抵押權亦未嘗非為海商法所特創之物權也。」❹ 陳計男先生亦謂：「我國民法關於擔保物權，則規定有抵押權、質權與留置權三種。日本民法第三編第八章則更有優先權（日名為先取特権）之規定，此為我民法所未規定。海商法為特別民法，而其關於船舶優先權之規定，又係基於特殊之情況而予規定，自屬一種特殊擔保物權」❹。

主張物權說者，其主要理由如下：

(一)就法律之編制言之，海事優先權應為物權

就法律之編制言之，我國海商法第二章第二節，將海事優先權及船舶抵押權並列，且與船舶所有權同列一章，足見海事優先權應為物權。

(二)因具有優先性及追及性，海事優先權應為擔保物權

擔保物權之效力恆優先於債權，而且擔保物權不因擔保物所有權之移轉而受影響，故「優先性」及「追及性」係屬擔保物權之特徵。依海商法第二十四條第二項之規定，海事優先權具有優先之效力。而且海商法第三

---

❹　桂裕，《海商法新論》，國立編譯館出版，正中書局發行印刷，1982 年 9 月臺 9 版，p. 151。

❹　鄭玉波主編，《商事法論文選輯（下）》，五南圖書出版公司發行，1984 年 7 月初版，p. 557。陳計男，〈論船舶優先權〉，原載《法學叢刊》，第 16 卷第 2 期，1971 年 4 月。

十一條規定：「海事優先權，不因船舶所有權之移轉而受影響。」足見海事優先權不但具有「優先性」，且亦具有「追及性」，故海事優先權應為擔保物權。

㈢因有效力位次之存在，海事優先權應為物權

一般而言，唯物權始有效力位次之問題，債權並無所謂效力位次之問題。債權間之地位，本立於平等之地位，不問其成立之先後，一概平均受償；惟在物權之場合，始有效力位次之問題，故效力位次之存在，可謂為物權之特徵。依海商法第二十四條、第二十九條、第三十條之規定，海事優先權亦有效力位次之存在，故海事優先權應為物權。

㈣因著重於標的物之存在，海事優先權應為物權

物權〔英：real rights；日：物権（ぶっけん）；德：Sachenrecht；法：droit réel；羅：ius in re〕者，乃指直接支配其標的物而享受其利益之具有排他性權利也。債權〔英：obligation；日：債権（さいけん）；德：Obligation, Forderung；法：obligation, droit de créance；羅：obligatio〕者，乃指某一特定人對於另一其他特定人請求為某一特定行為或不為某一特定行為（作為或不作為）之權利也。債權著重於請求之關係，而物權則著重於標的物之存在。依海商法第二十五條之規定（現行法已改為 §27），海事優先權係以船舶、船舶設備、屬具、殘餘物、運費、附屬利益等為其標的物，足見海事優先權甚著重於標的物之存在，故船舶優先權應為物權。

二、債權說

主張債權說者認為，因海事優先權之成立，既不必登記，亦不必占有，故海事優先權係屬船舶之特定債權，因法律之規定，就該船舶及其附屬物有優先受償之權利也。例如吳智教授即謂：「優先權者，即有優先受償之權利也，有物權債權之分。債權之有優先權，我民法債編並無特別規定，而海商事業因有其特殊性，故特設規定。本節所指之船舶優先權，即指債權方面之優先權而言」❷。王洸先生亦謂：「優先權有物權及債權之分。物權

方面之優先權，謂在同一物上，有數種權利存在，依其設定次序先後，以定其權利之優劣，優者得先於他人之權利而主張自己之權利也。例如在同一不動產上設定數個抵押權，先登記之抵押權，強過後登記之抵押權是。債權方面之優先權，謂對於債務者之總財產或特定之財產得依法律之規定，先於其他債權人，而受清償之權利也。本節所稱之優先權，指債權方面之優先權而言，即船舶之一定債權，有優先於其他債權優先受償之權利。按常情言之，物權效力強於債權而有其優先性，則對船舶有抵押權之債權人，其債務之清償，必優先於一般對船舶所有人之債權，然而抵押權雖為物權，不過以當事人間之契約定之。而債權之優先權則為法律所明定者，則亦可較抵押權為強」 ❹ 。

主張債權說者，其主要理由如下：

(一)就法條用語而言，海事優先權應為債權

海商法有關海事優先權之規定，其法條用語莫不將之稱為債權，足見船舶優先權應為債權。例如海商法第二十四條第一項明文規定「下列各款為……之債權」、第二十八條亦謂「第二十四條第一項第一款之債權，……」、第二十九條至第三十一條之用語亦為「優先債權」。

(二)享有優先受償之權利，未必皆為物權

擔保物權之效力固常優先於債權，惟享有優先受償之權利，未必皆為物權。例如強制執行法第二十九條第二項規定：「前項費用及其他為債權人共同利益而支出之費用，得求償於債務人者，得就強制執行之財產先受清償。」此等費用，雖得優先受償，然而其為債權，而非物權。海事優先權亦然，吾人豈能因其得以優先受償，而謂其必屬物權乎？

(三)因未具「排他性」及「公示性」，海事優先權應為債權

擔保物權之效力固常優先於債權，惟僅係對於債務人之特定財產得較

---

❷ 吳智，《海商法論》，自版，三民書局總經銷，1976 年 3 月修訂 4 版，p. 53。

❹ 王洸，《海商法釋論》，海運出版社發行，文和印刷公司印刷，1962 年 7 月出版，p. 29。

其他債權人優先受償而已,並非對於債務人之所有財產均得主張優先受償。何況海事優先權並未具有「排他性」、「公示性」等物權之性質,故海事優先權應為債權優先權。

㈣因不須登記,亦不須占有標的物,海事優先權應為債權

擔保物權,例如不動產之抵押權、動產之質權、留置權,不是須經登記,即須占有標的物。海事優先權,既不須登記,亦不須占有標的物,足見海事優先權並非擔保物權,其性質應為債權優先權。

㈤未經法律規定之物權,不得隨意創設

民法第七五七條規定:「物權,除本法或其他法律有規定外,不得創設。」物權須由法律明定,當事人不得任意創設,此謂之「物權法定主義」。縱觀海商法或其他法律,並未明定海事優先權為物權,將海事優先權解釋為物權,顯與物權法定主義不符,故海事優先權應解為債權優先權。

三、債權物權化說

主張債權物權化說者認為,物權說、債權說各有所偏,事實上海事優先權之本質應為債權,僅因基於公益、共益、衡平之理由,海商法規定其具有優先之效力,故海事優先權應為被法律物權化之債權。例如梁宇賢教授即謂「後發生者優先」之原則,非擔保物權依發生先後定其位次所可比擬。海事優先權既係債權,基於共益、公益、衡平的理由,法律規定其具有擔保物權之效力,故為債權物權化❹。楊仁壽先生曾採物權說,其後改採債權物權化說而主張:「因船舶優先權性質特殊,其本質雖為『債權』,海商法為因應實際需要,特予規定具有類似『物權』之性質而已,如第二十四條第二項規定『前項第一款至第五款所列優先權之位次,在船舶抵押權之前』,第二十五條規定得就特定之標的物優先受償,第二十七條、第二十八條規定優先位次,第二十九條規定追及性,第三十條規定優先權消滅之原因,均係海商法就『優先權』之特別規定,論者見此『特別規定』,即

---

❹ 梁宇賢,《海商法論》,三民書局印行,1992 年 8 月修訂 3 版,pp. 230、231。

據而論述其為『物權』，不啻『明察秋毫，不見輿薪』（註：此係 1962 年版海商法之規定）」 ❹⑤ 。

主張債權物權化說者，其主要理由如下：

(一)物權說與債權說，各有所偏

物權說與債權說，兩者皆有所偏，未能說明我國海商法上海事優先權之真正性質。債權說僅注意其法條之用語，卻忽略其優先之效力；物權說僅注意其優先之效力，卻忽略其法條之用語。

(二)基於公益、共益、衡平之理由，海商法乃賦予物權之作用

船舶優先權在本質上雖為債權之一種，然基於公益、共益、衡平之理由，海商法乃賦予物權之作用。因此，在形式上將海事優先權及船舶抵押權並列，且與船舶所有權同列一章，在實質上規定其優先性（§24）、追及性（§31），標的物及除斥期間，賦予其物權之作用。

四、程序說

主張程序說 (the procedural theory) 者認為，海事優先權之發生，旨在迫使船舶所有人出面訴訟，因而使法院在其管轄區域內控制船舶所有人之財產，而生扣押船舶之對物程序 (the process in rem)。因此說乃英國法所採之見解，故又稱為「英國之程序說」。依此說之見解，對於外國船舶，當船舶所有人不知為何人，或船舶所有人避不出面時，可依對物訴訟，就該船舶求償；若船舶所有人出面時，則由對物訴訟變成對人訴訟 (action in person)。

程序說之優點為：(1)可省去公示催告之煩；(2)可減少訴訟之拖延。惟程序說之缺點乃在於，當船舶所有人避不出面時，僅負較輕之「物之責任」，當船舶所有人出面時，則反須負較重之「人之責任」，甚為不合理 ❹⑥ 。

❹⑤　楊仁壽，《海商法論》，自版，三民書局總經銷，1993 年 3 月印刷，p. 67。

❹⑥　梁宇賢，〈論海商法上之優先權〉，《中興法學》，第 20 期，中興大學法律系發行，1984 年 3 月出版，p. 6。

五、船舶人格化說

主張船舶人格化說 (the personification theory) 者認為，基於優先權之對物訴訟，船舶本身具有人格，得為被告而為犯罪之主體 (the offending thing)，故船舶本身對於具有優先權之債權，負有清償之責，而船舶所有人之其他財產則可免負清償之責也。因此說乃美國法所採之見解，故又稱為「美國之人格化說」。依此說之見解，船舶具有人格，得為訴訟當事人，債權人得直接對船舶起訴，優先權之債權，僅由船舶負責，而非由船舶所有人之其他財產負責。

船舶人格化說之優點為：(1)優先權之範圍僅限於船舶之價值，而且優先權附著於船舶本身，不因所有權人之改變而消滅；(2)使船舶本身具有人格，因此對外國船舶，可直接起訴，對本國債權人之保護較為周到❹。惟船舶人格化說，雖可避免程序說之缺點，但究無法說明我國船舶優先權之本質。

吾人以為，1999 年修法前，我國舊海商法第二十四條規定：「Ⅰ左列各款債權，有優先受償之權：一 訴訟費及為債權人之共同利益而保存船舶或標賣，並分配賣價所支出之費用，船鈔、港埠建設費、引水費、拖船費，自船舶開入最後港後之看守費、保存費、檢查費。二 船長海員及其他服務船舶人員，本於僱傭契約所生之債權，其期間未滿一年者。三 為救助及撈救所負之費用及報酬，及船舶對於共同海損之分擔額。四 船舶所有人或船長、海員之過失所致之船舶碰撞或其他航行事變，旅客及船長、海員之身體傷害，貨載之毀損或滅失，加於港埠設施之損害賠償。五 船長在船籍港外，依其職權為保存船舶或繼續航行之實在需要所為之行為，或契約所生之債權。六 對於託運人所負之損害賠償。Ⅱ前項第一款至第五款所列優先權之位次，在船舶抵押權之前。」就此規定而言，應以債權物權化說為妥。除前債權物權化之理由外，補充數點理由於下：

---

❹ 梁宇賢，前揭〈論海商法上之優先權〉，p. 6。

㈠就「1926 年關於海上優先權及抵押權法規之國際統一公約」之規定而言，應採債權物權化說

1999 年修法前，我國海商法船舶優先權之規定，係承襲「1926 年關於海上優先權及抵押權法規之國際統一公約」(International Convention for the Unification of Certain Rules of Law relating to Maritime Liens and Mortgages, 1926) 之精神。該公約第二條明文規定「下列債權」云云 (The following...the claim)，可見該公約認為船舶優先權屬於債權，該公約第五條、第六條規定船舶優先權之「優先性」，第八條又規定船舶優先權之「追及性」，足見「1926 年關於海上優先權及抵押權法規之國際統一公約」對於海事優先權之性質，係採債權物權化說。

㈡「1967 年關於海上優先權及抵押權法規之國際統一公約」與我國海商法無關

「1967 年關於海上優先權及抵押權法規之國際統一公約」(International Convention for the Unification of Certain Rules relating to Maritime Liens and Mortgages, 1967) 第四條規定：「下列債權，以設於船舶之優先權擔保之。」(The following claims shall be secured by maritime liens on the vessel.) 顯然「1967 年關於海上優先權及抵押權法規之國際統一公約」係採擔保物權說。國內甚多學者亦因此規定之存在，勉予迎合，將我國舊海商法（1999 年修法前之海商法）之海事優先權解釋為物權說。事實上，我國現行海商法制定於 1929 年，修正於 1962 年，與「1967 年關於海上優先權及抵押權法規之國際統一公約」之規定，可謂風馬牛而不相及也。

㈢宜經修法程序之後，始能改採擔保物權說

採債權物權化說雖非理想之見解，卻係針對現行海商法規定不得不然之見解。「1967 年關於海上優先權及抵押權法規之國際統一公約」，改採擔保物權說，日本民法將優先權列於物權編（日民 §303～§341），德國商法將船舶優先權稱為「法定質權」(gesetzliches Pfandrecht, Schiffsgläubigerrecht)，英美法將船舶優先權稱為「海事留置權」(maritime lien)，質權、留置權均為物權之一種，足見擔保物權說應為世界立法之最新趨勢 **48**。

惟法律之解釋，不應忘其時空因素，完全不顧法規文義之解釋，焉能維護法律規定之尊嚴與法律適用之安定？吾人豈能徒為勉予迎合世界之立法趨勢，而將現行法律之明文規定視若莫睹！因此吾人以為，為順乎世界之立法趨勢，改採擔保物權說，宜經修法程序，修正現行海商法所有「優先債權」之用語（§24～§30），第二十四條最好亦能修正為：「對於左列債權，以設於船舶之優先權擔保之。」在此情況下改採物權說（擔保物權說），始較名副其實也。

1999 年修法後，我國現行海商法第二十四條規定：「Ⅰ下列各款為海事優先權擔保之債權，有優先受償之權：一 船長、海員及其他在船上服務之人員，本於僱傭契約所生之債權。二 因船舶操作直接所致人身傷亡，對船舶所有人之賠償請求。三 救助之報酬、清除沉船費用及船舶共同海損分擔額之賠償請求。四 因船舶操作直接所致陸上或水上財物毀損滅失，對船舶所有人基於侵權行為之賠償請求。五 港埠費、運河費、其他水道費及引水費。Ⅱ前項海事優先權之位次，在船舶抵押權之前。」因條文中已有「擔保」之用語，顯然已仿「1967 年關於海上優先權及抵押權法規之國際統一公約」(International Convention for the Unification of Certain Rules relating to Maritime Liens and Mortgages, 1967) 第四條之立法，既已修法，因此在我國現行海商法之規定下，就海事優先權之性質，應改採「擔保物權說」，而非舊法時代所應採之「債權物權化說」。

第四項　海事優先權之項目

海事優先權為法定優先權，不得由當事人任意創設。再者，海事優先權既不須占有，亦無須登記，一般人無從得知，而其效力卻又足於排斥先

---

48 張東亮，《海商法新論》，五南圖書出版公司，1989 年 1 月修訂初版，p. 532。

其成立之擔保物權（船舶抵押權），可謂為一種「不公開之特權」(secret privilege)。因此，各國立法大多採取列舉主義，嚴格限制其項目，以防杜其濫用❹。我國現行海商法第二十四條規定：「Ⅰ下列各款為海事優先權擔保之債權，有優先受償之權：一　船長、海員及其他在船上服務之人員，本於僱傭契約所生之債權。二　因船舶操作直接所致人身傷亡，對船舶所有人之賠償請求。三　救助之報酬、清除沉船費用及船舶共同海損分擔額之賠償請求。四　因船舶操作直接所致陸上或水上財物毀損滅失，對船舶所有人基於侵權行為之賠償請求。五　港埠費、運河費、其他水道費及引水費。Ⅱ前項海事優先權之位次，在船舶抵押權之前。」本條之規定，大體仿自「1967 年關於海上優先權及抵押權法規之國際統一公約」（國內亦有人譯為「1967 年統一海事優先權及抵押權國際公約」，其英文為 International Convention for the Unification of Certain Rules relating to Maritime Liens and Mortgages, Brussels, May 27, 1967) 第四條之規定，限於下列五種事項，始有優先受償之效力：

一、船長、海員及其他在船上服務之人員，本於僱傭契約所生之債權

本法參照「1967 年關於海上優先權及抵押權法規之國際統一公約」(International Convention for the Unification of Certain Rules relating to Maritime Liens and Mortgages, Brussels, May 27, 1967) 第四條第一款之規定，將本款之債權列為第一優先。「1967 年關於海上優先權及抵押權法規之國際統一公約」第四條第一款規定：「下列債權，以設於船舶之優先權擔保之：一　船長、海員及其他服務於船舶人員之工資及其他因僱傭關係而發生之債權。」(The following claims shall be secured by maritime liens on the

---

❹　例如「1926 年關於海上優先權及抵押權法規之國際統一公約」第二條、「1967 年關於海上優先權及抵押權法規之國際統一公約」第四條、日本商法第八四二條、德國商法第七五四條，莫不採取列舉主義之立法。

vessel: (I) Wages and other sums due to the master, officers and other members of the vessel's complement in respect of their employment on the vessel.)

船長〔英：master；日：船長（せんちょう）；德：Kapitän, Schiffer；法：capitaine〕者，乃指受船舶所有人僱用，主管船舶上一切事務之人員也。海員〔英：seaman；日：海員（かいいん）；德：Seeleute；法：gens de mer〕者，乃指受船舶所有人僱用，由船長指揮，服務於船舶上所有人員也（參照「船舶所有人責任限制之事項」之說明）。「其他服務船舶人員」(other person in service of the ship) 者，乃指基於僱傭契約，定期在船上服務之人員也。其於船舶碇泊中為船舶修繕或裝卸而臨時僱用之人員則不包括在內❺⓿。「本於僱傭契約所生之債權」(claim of obligation arising out of the contract of employment) 者，乃指船長、海員及其他服務船舶人員，本於僱傭契約，依船員法所得主張之金錢上請求權也。其主要者固為薪資，其他如送回原港之費用（船員 §40）、不當解僱或失業之補償（船員 §39）、海員治療之費用（船員 §41）、殘廢補助金（船員 §44）、海員死亡之撫卹金（船員 §45、§46）、海員死亡之喪葬費（船員 §48）、海員退休金（船員 §51）、海員之押櫃金（1931 年院字第 548 號，押櫃金之制度，交通部已明令禁止）等，亦屬本款之優先權。

本款之債權，被列為第一優先，除受「1967 年關於海上優先權及抵押權法規之國際統一公約」第四條規定之影響外，亦因此等債權，旨在保護經濟上弱者，使海員等無後顧之憂，英美法向來將之稱為「神聖優先權」(sacred lien)，不得以任何契約變更或限制之，即使船舶沉沒而僅剩一塊木板，該優先權亦可附麗其上❺❶。因此我國海商法不但將此債權列為第一優先債權，而且規定船舶所有人對之不得主張責任限制（§22）。易言之，此

---

❺⓿　吳智，《海商法論》，自版，三民書局總經銷，1976 年 3 月修訂 4 版，p. 56。

❺❶　黃茂清，〈論海上優先權之項目及位次〉，《臺大法學論叢》，第 4 卷第 2 期，臺大法律系發行，1975 年 4 月出版，p. 6。劉甲一，《商事法論（下）》，五南圖書出版公司印行，1979 年 4 月初版，p. 65。

等債權，就海事優先權標的物（§27）優先受償，不足受償時，仍得對船舶所有人以普通債權求償❷。海商法所以將此債權列為第一優先權者，乃因此等債權，均屬海員及其家屬生活之所賴或海員養病養老之所需，本應特別予以保護，而且此等債權為數不大，與其他債權人之利害關係不大，基於社會立法觀念，乃將之列為第一優先權。

至於社會保險金 (social insurance contribution)，是否亦得列為本款所謂之「本於僱傭契約所生之債權」？我國現行海商法及「1967 年關於海上優先權及抵押權法規之國際統一公約」均無明文之規定，惟「1993 年海事優先權及抵押權國際公約」 (International Convention on Maritime Liens and Mortgages, 1993) 第四條第一項第一款規定：「對船舶所有人、光船租船人、船舶管理人或船舶營運人之下列債權，以設於船舶之優先權擔保之：一就船長、海員及其他在船上服務人員，因其受僱於船上所得薪津及其他金額之債權，包括此等人之遣返費用及應代此等人支付之社會保險費。」(Each of the following claims against the owner, demise charterer, manager or operator of the vessel shall be secured by a maritime liens on the vessel: (a) Claims for wages and other sums due to the master, officers and other members of the vessel's complement in respect of their employment on the vessel, including costs of repatriation and social insurance contributions payable on their behalf.) 依此公約之規定，社會保險費，其中由船員負擔之部分，似可列入本款之海事優先權。

舊海商法（1962 年版）第二十四條之規定為：「Ⅰ左列各款債權，有優先受償之權：一　訴訟費及為債權人之共同利益而保存船舶或標賣，並分配賣價所支出之費用，船鈔、港埠建設費、引水費、拖船費，自船舶開入最後港後之看守費、保存費、檢查費。二　船長海員及其他服務船舶人員，本於僱傭契約所生之債權，其期間未滿一年者。三　為救助及撈救所

---

❷　俞士英，《海商法要義》，自版，三民書局總經銷，福元印刷廠印刷，1968 年 10 月初版，p. 65。

負之費用及報酬，及船舶對於共同海損之分擔額。四　船舶所有人或船長、海員之過失所致之船舶碰撞或其他航行事變，旅客及船長、海員之身體傷害，貨載之毀損或滅失，加於港埠設施之損害賠償。五　船長在船籍港外，依其職權為保存船舶或繼續航行之實在需要所為之行為，或契約所生之債權。六　對於託運人所負之損害賠償。II前項第一款至第五款所列優先權之位次，在船舶抵押權之前。」依此規定，「船長海員及其他服務船舶人員，本於僱傭契約所生之債權，其期間未滿一年者」有優先受償之權。此等債權得以主張優先權者，應以「其期間未滿一年者」為限。

　　「其期間未滿一年者」，其意義為何？約有下列四種見解：

㈠僱傭契約期間說

　　此說認為，「其期間未滿一年者」係指僱傭契約期間未滿一年者，始有優先權可言。例如最高法院 1969 年度臺上字第 4002 號判決即謂：「所稱未滿一年之期間，係指本於僱傭契約所定之期間而言，並非指債權發生後經過之期間。」

㈡薪資總額期間說

　　此說認為，「其期間未滿一年者」係指海員得主張之優先權僅以一年期間之薪資總額為限，超過部分，則不得主張優先權也。例如施智謀教授即謂：「本書認為，所謂『本於僱傭契約所生之債權，其期間未滿一年者』，係指『薪資總額』之限制，申言之，船長、海員及其他服務於船舶人員所得主張之優先權數額，以一年之薪資總額為限，超過年薪額以上者，其超過部分，則不得主張優先受償權，至於此項債權於何時發生，除另受民法時效規定之限制外，於船舶優先權之認定，並無影響。」❸張東亮教授亦謂：「船長、海員及其他服務於船舶人員所得主張之優先權數額，以一年之薪資總額為限，超過年薪額以上者，其超過部分，則不得主張優先受償權，本書從之」❹。

---

❸　施智謀，《海商法》，自版，瑞明彩色印刷有限公司，1986 年 7 月再版，p. 337。

❹　張東亮，《海商法新論》，五南圖書出版公司，1989 年 1 月修訂初版，pp. 534、

(三)優先權發生期間說

此說認為，「其期間未滿一年者」係指本於僱傭契約所生之債權之優先權，須於債權發生後一年內行使之，否則優先權即因期間之經過而消滅也。例如梁宇賢教授即主張：「此項優先債權之請求超過一年者，依法應不予准許。」 ❺❺ 甘其綬先生亦主張：「『其期間未滿一年者』之期間，當自債權發生之日起算。「1926 年統一船舶優先權及抵押權國際公約」之規定無此限制，外國亦鮮有此限制。我國海商法所以定此限制者，似在促使服務船舶人員，本於僱傭契約所生之債權早日行使。此項債權發生已在一年以上而由未經清償者，泰半由於債權人怠於行使其權利，故不予以優先權。」 ❺❻ 最高法院 1970 年度臺上字第 106 號判決亦謂：「海商法第二十四條第一項第二款所定有優先受償之債權，係指『船長、海員及其他服務船舶人員本於僱傭契約所生之債權，其期間未滿一年者』而言，從而可知上開優先受償之債權，係指服務人員本於僱傭而生最近未滿一年之薪資債權。」民國 72 年 5 月司法院司法業務研究會第 3 期之研討結論亦謂：「海商法第二十四條第一項第二款所謂『其期間未滿一年者』係指服務人員本於僱傭而生最近未滿一年之薪資債權而言，且為保障海員之生活，僱傭契約無論是否定有期限，均有其適用。」

(四)優先權行使期間說

此說認為，「其期間未滿一年者」係指本於僱傭契約所生之債權之優先權，須於債權得請求之日起一年內行使之，否則優先權即因期間之經過而消滅也。例如何佐治先生即主張：「因船舶發生事故，船長海員散失，留在荒島上，與其他地區不能發生聯絡，如果請求權就從這時候起算，可能船員為人營救或脫險，離開該島已在一年之外，請求權已經消滅了，這一款

535。

❺❺　梁宇賢，《海商法論》，三民書局印行，1992 年 8 月修訂 3 版，p. 239。

❺❻　甘其綬，《海商法論》，自版，文和股份有限公司印刷，1963 年 10 月初版，p. 96。

規定有何實益，這一款立法的意義，並非如此。所以這一款所謂債權，得為請求之日起算，逾一年之後，他們優先權才消滅」❺❼。

以上四說，我國學界以第三說為通說，亦即本於僱傭契約所生之債權之優先權，須於債權發生後一年內行使之，否則優先權即因期間之經過而消滅也。惟吾人以為似應以第四說為妥，亦即本於僱傭契約所生之債權之優先權，須於債權得請求之日起一年內行使之，否則優先權即因期間之經過而消滅也。其理由如下：

㈠就法條用語而言之

海商法第二十四條第一項第二款僅規定「船長、海員及其他服務船舶人員，本於僱傭契約所生之債權，其期間未滿一年者。」並未明文規定「僱傭契約期間未滿一年者」、「僅以一年期間之薪資總額為限」、「須於債權發生後一年內行使之」。

㈡就立法旨趣而言之

「1926 年關於海上優先權及抵押權法規之國際統一公約」（舊法 §24，係參照此國際公約所作之規定）並無此等規定，外國亦鮮有此限制。我國海商法所以定此限制者，除在照顧海員及其家屬之生活外，亦在促使海員本於僱傭契約所生之債權早日行使。就此立法旨趣而言之，「優先權發生期間說」及「優先權行使期間說」較為可採。惟船舶發生事故時，海員漂流荒島，無法行使其請求權之情事，不無可能，在此情況之下，若採「優先權發生期間說」，當該海員被救回本國，得以行使請求權之時，已因債權發生後經過一年而不能行使，事實上「債權人未怠於行使權利」，卻不能行使優先權，一至如此地步，則本款「照顧海員及其家屬之生活」、「促使海員本於僱傭契約所生之債權早日行使」之立法旨趣，又有何意義？故「優先權發生期間說」及「優先權行使期間說」二說之中，應以「優先權行使期間說」為妥，較能「接近」世界立法之潮流。當時本人即力主應將本款「其期間未滿一年者」之限制刪除，以貫徹「照顧海員及其家屬之生活」之立

❺❼ 何佐治，前揭《最新海商法釋義》，p. 117。

法旨趣，以符合世界立法之潮流。

　　1999 年修法之時，鑑於「其間未滿一年」限制之不當，及本款債權具有「神聖優先權」(sacred lien) 之性質，乃刪除「其間未滿一年」之限制，並將其優先受償之位次，自第二優先提昇為第一優先。

二、因船舶操作直接所致人身傷亡，對船舶所有人之賠償請求

　　本款係參照「1967 年關於海上優先權及抵押權法規之國際統一公約」(International Convention for the Unification of Certain Rules relating to Maritime Liens and Mortgages, Brussels, May 27, 1967) 第四條第一項第三款所作之規定。「1967 年關於海上優先權及抵押權法規之國際統一公約」第四條第一項第三款規定：「下列債權，以設於船舶之優先權擔保之：一……。三　不論發生在陸上或水上，因船舶營運直接所致人命死亡或身體傷害，對船舶所有人之債權。」(The following claims shall be secured by maritime liens on the vessel: （I）...;　（III）claims against the owner in respect of loss of life or personal injury occurring, whether on land or on water, in direct connection with the operation of the vessel.)「1993 年海事優先權及抵押權國際公約」(International Convention on Maritime Liens and Mortgages, 1993) 第四條第一項第二款規定：「對船舶所有人、光船租船人、船舶管理人或船舶營運人之下列債權，以設於船舶之優先權擔保之：一　……。二　不論發生在陸上或水上，因船舶營運直接所致人命死亡或身體傷害之債權。」(Each of the following claims against the owner, demise charterer, manager or operator of the vessel shall be secured by a maritime liens on the vessel: (a)...(b) claims in respect of loss of life or personal injury occurring, whether on land or on water, in direct connection with the operation of the vessel.) 1993 年之國際公約，將前述 1967 年之國際公約之規定略作文字修正，並鑑於因生命無價，其海事優先權自應先於財物之毀損滅失，乃將其

優先順位自第三款（第三優先）提升為第二款（第二優先）。

本款所謂之「操作」，原本來自「1967年關於海上優先權及抵押權法規之國際統一公約」第四條第一項第三款中之 "operation"，其原文含有船舶之航運、營運或利用之意。所謂「因船舶操作直接所致人身傷亡」，包括在陸上及水上之人身傷亡，例如在船舶之航運、營運、利用中，船舶所有人、船長或海員因操作船舶發生船舶碰撞或其他航行事變，以致發生船長、海員、其他船上服務人員、旅客、送行人、參訪人員受傷或死亡即是。惟此等「人身傷亡」須與「船舶操作」具有直接關係，始有本款之適用。

三、救助之報酬、清除沉船費用及船舶共同海損分擔額之賠償請求

本款係參照「1967年關於海上優先權及抵押權法規之國際統一公約」(International Convention for the Unification of Certain Rules relating to Maritime Liens and Mortgages, Brussels, May 27, 1967) 第四條第一項第五款所作之規定。「1967年關於海上優先權及抵押權法規之國際統一公約」第四條第一項第五款規定：「下列債權，以設於船舶之優先權擔保之：一 ……五 因救助、去除沉船、共同海損而發生之債權。」(The following claims shall be secured by maritime liens on the vessel:（I）…（V）claims for savage, wreck removal and contribution in general average.)

本款之規定，旨在獎勵第三人勇於救助遭難船舶及保護共同海損之債權。1999年修法時，鑑於我國高雄及基隆兩港水域，常有沉船阻撓海道航行之通暢，拖延不清除之事例，有礙安全，乃參據前述「1967年關於海上優先權及抵押權法規之國際統一公約」之內容，增訂「清除沉船費用」為海事優先權擔保之債權。惟於救助報酬之部分，根據「無效果即無報酬」(no cure, no pay) 之原則，應於船舶之救助有效果，且船舶所有人應支付報酬時，始有本款之適用。

四、因船舶操作直接所致陸上或水上財物毀損滅失，對船舶所有人基於侵權行為之賠償請求

本款係參照「1967 年關於海上優先權及抵押權法規之國際統一公約」第四條第一項第四款所作之規定。「1967 年關於海上優先權及抵押權法規之國際統一公約」第四條第一項第四款規定：「下列債權，以設於船舶之優先權擔保之：一 ……四　不論發生在陸上或水上，因船舶營運直接所致財產之滅失或毀損，對船舶所有人之債權。惟此項債權須以侵權行為為其原因，而非以契約為其原因。」(The following claims shall be secured by maritime liens on the vessel:（Ⅰ）...（Ⅳ）claims against the owner, based on tort and not capable of being based on contract, in respect of loss of or damage to property occurring, whether on land or on water, in direct connection with the operation of the vessel.）

本款之立法目的，旨在特別保護被害人之利益。但畢竟「財物毀損滅失」，不比人命之關天，故其位次自在「人身傷亡」之後。依 1999 年修正前之舊海商法第二十四條第一項第四款之規定，「船舶所有人或船長、海員之過失所致之船舶碰撞，或其他航行事變，旅客及船長、海員之身體傷害，貨載之毀損或滅失，加於港埠設施之損害賠償」有優先受償之權。1999 年修法時，特將原有第四款之規定修正為現行條文之第二款及第四款，將因船舶操作直接所致之傷害、毀損，區分為「人的損害」及「物的損害」，而賦予不同之位次。本次修正特以「侵權行為」代替舊有條文第一項第四款「過失所致」之損害賠償，如此修正，不但使本款規定之意義更為明確，且亦較符「1967 年關於海上優先權及抵押權法規之國際統一公約」之精神。

本款所謂之「基於侵權行為之賠償請求」，乃指本款之適用，僅限於侵權行為所生財物毀損滅失之賠償請求，不包括基於契約所生之賠償請求而言。所謂「因船舶操作直接所致陸上或水上財物毀損滅失」(loss of or damage to property occurring whether on land or on water, in direct connection with the operation of the vessel)，乃指雖然不論陸上或水上財物之毀損滅失，但須該毀損滅失與船舶操作具有「直接」關係始有本款之適用。因此因船舶操作直接所致之財物「物理上損害」(physical damage) 固有本款之適用，基於此等「物理上損害」所導致 (arising out of) 之「經濟損失」(economic loss)，亦有本款優先權之適用。基此原理，「1993 年海事優先權及抵押權國際公約」(International Convention on Maritime Liens and Mortgages, 1993) 第四條第一項第五款乃明文規定：「對船舶所有人、光船租船人、船舶管理人或船舶營運人之下列債權，以設於船舶之優先權擔保之：一 ……。五 基於侵權行為，因船舶營運發生物理上滅失或毀損而生之債權。但該船舶上運送之貨物、貨櫃及旅客動產之滅失或毀損，不在此限。」(Each of the following claims against the owner, demise charterer, manager or operator of the vessel shall be secured by a maritime liens on the vessel: (a)...(e) claims based on tort arising out of physical loss or damage caused by the operation of the vessel other than loss of or damage to cargo, containers and passengers' effects carried on the vessel.) 依此規定，基於侵權行為，因船舶營運發生物理上滅失或毀損，固有本款優先權之適用，基於此物理上滅失或毀損所發生之「經濟損失」，亦應有本款優先權之適用。

五、港埠費、運河費、其他水道費及引水費

本款係參照「1967 年關於海上優先權及抵押權法規之國際統一公約」第四條第一項第二款所作之規定。「1967 年關於海上優先權及抵押權法規之國際統一公約」第四條第一項第二款規定：「下列債權，以設於船舶之優先權擔保之：一 ……。二 海港、河道及其他水道之費用及引水費。」((II) port, canal and other waterway dues and pilotage dues.)

本款之立法目的，乃因本款所列之債權，多屬因公益支出所成立之債權，因此本法乃將之列為優先權，藉以保護債權人。惟因此等債權，縱未賦予海事優先權，港埠機關亦得以「禁止船舶發航」等為手段，確保此等

費用之支付，其優先位次並無優於他款之需要，因此 1999 年修法之時，乃將前述國際公約原有之第二優先（第二款）降至第五優先（第五款）。

港埠費 (port dues, harbor fee) 者，乃指作為使用港埠設備代價之私法上給付也（最高法院 1975 年度臺上字第 1906 號判決）。亦即作為使用港埠設施之代價，由港務機關對於進出港口之船舶加以徵收之費用也。例如港稅、停泊費、浚港費、浮筒費、繫解纜費等即是。引水費 (pilotage dues) 者，乃指船舶僱用熟悉航道之引水人，使其帶引航行，因而支出之費用也。此之引水費，似不以強制之引水為限，其因自由引水而生之引水費亦應包括在內。

本款所規定之費用，係屬有關公益之費用。因此等費用所生之債權，被列為最後之優先次序，乃因船舶所有人未付此等費用時，港埠機關尚得以禁止船舶發航為目的達到促使償還之目的，因此並無將其位次優先於其他債權之必要。

第五項　海事優先權之除外事項

一、海事優先權之除外事項

海商法第二十六條規定：「本法第二十二條第四款至第六款之賠償請求，不適用本法有關海事優先權之規定。」依此規定，下列三種為海事優先權之除外事項，即：(1)船舶運送毒性化學物質或油污所生損害之賠償；(2)船舶運送核子物質或廢料發生核子事故所生損害之賠償；(3)核能動力船舶所生核子損害之賠償。

本條係 1999 年修法時，參照「1967 年關於海上優先權及抵押權法規之國際統一公約」 (International Convention for the Unification of Certain Rules relating to Maritime Liens and Mortgages, Brussels, May 27, 1967) 新增之規定。因「船舶運送毒性化學物質或油污所生損害之賠償」、「船舶運送

核子物質或廢料發生核子事故所生損害之賠償」及「核能動力船舶所生核子損害之賠償」，其賠償金額非常龐大，若不將其賠償請求排除於海事優先權之外，則其他船舶海事優先權擔保之債權將無法獲得賠償。

二、海事優先權與船舶所有人責任限制之關係

依我國現行海商法之規定，海事優先權所擔保之債權與船舶所有人所得主張之債權，有時彼此相同，有時彼此不同，茲將兩者之債權之關係，簡單比較如下：

㈠既得主張船舶所有人責任限制，亦得主張海事優先權之債權

就船舶所有人責任限制之債權，海商法第二十一條第一項規定：「船舶所有人對下列事項所負之責任，以本次航行之船舶價值、運費及其他附屬費為限：一 在船上、操作船舶或救助工作直接所致人身傷亡或財物毀損滅失之損害賠償。二 船舶操作或救助工作所致權益侵害之損害賠償。但不包括因契約關係所生之損害賠償。三 沉船或落海之打撈移除所生之債務。但不包括依契約之報酬或給付。四 為避免或減輕前二款責任所負之債務。」就海事優先權所擔保之債權，海商法第二十四條第一項規定：「下列各款為海事優先權擔保之債權，有優先受償之權：一 船長、海員及其他在船上服務之人員，本於僱傭契約所生之債權。二 因船舶操作直接所致人身傷亡，對船舶所有人之賠償請求。三 救助之報酬、清除沉船費用及船舶共同海損分擔額之賠償請求。四 因船舶操作直接所致陸上或水上財物毀損滅失，對船舶所有人基於侵權行為之賠償請求。五 港埠費、運河費、其他水道費及引水費。」

比較前述兩者之規定可知，屬於船舶所有人責任限制之債權，亦屬於海事優先權所擔保之債權，有下列幾種：

(1)依海商法第二十一條第一項第一款之規定，因船舶操作直接所致人身傷亡之損害賠償，船舶所有人得主張責任限制；同時依海商法第二十四條第一項第二款之規定，此等「因船舶操作直接所致人身傷亡，對船舶所

有人之賠償請求」享有第二順位之海事優先權。

　　⑵依海商法第二十一條第一項第三款之規定，就「沉船移除所生之債務」，船舶所有人得主張責任限制；同時依海商法第二十四條第一項第三款之規定，「清除沉船費用」之賠償請求，享有第三順位之海事優先權。

　　⑶依海商法第二十一條第一項第一款之規定，就「操作船舶直接所致財物毀損滅失之損害賠償」，船舶所有人得主張責任限制；同時依海商法第二十四條第一項第四款之規定，「因船舶操作直接所致陸上或水上財物毀損滅失，對船舶所有人基於侵權行為之賠償請求」享有第四順位之海事優先權。

㈡不得主張船舶所有人責任限制，亦不得主張海事優先權之債權

　　約有下列項目：

　　⑴船舶運送毒性化學物質或油污所生損害之賠償（§22 ④）。

　　⑵船舶運送核子物質或廢料發生核子事故所生損害之賠償（§22 ⑤）。

　　⑶核能動力船舶所生核子損害之賠償（§22 ⑥）。

　　⑷其他未經海商法第二十一條第一項及第二十四條各款所列之債權。

㈢得主張船舶所有人責任限制，卻不得主張海事優先權之債權

　　船舶操作或救助工作所致權益侵害之損害賠償。但不包括因契約關係所生之損害賠償（§21 I ②、§24 I ④）。依海商法第一項第二款之規定，得主張責任限制，但卻不得主張優先權。

㈣不得主張船舶所有人責任限制，卻得主張為海事優先權所擔保之債權

　　就責任限制之例外，海商法第二十二條規定：「前條責任限制之規定，於下列情形不適用之：一　本於船舶所有人本人之故意或過失所生之債務。二　本於船長、海員及其他服務船舶之人員之僱用契約所生之債務。三　救助報酬及共同海損分擔額。四　船舶運送毒性化學物質或油污所生損害之賠償。五　船舶運送核子物質或廢料發生核子事故所生損害之賠償。六　核能動力船舶所生核子損害之賠償。」就危險責任賠償請求之排除適用，

海商法第二十六條規定：「本法第二十二條第四款至第六款之賠償請求，不適用本法有關海事優先權之規定。」由此可知，船舶所有人不得主張船舶所有人責任限制，卻得主張海事優先權之債權，約有下列幾種：

(1)船長、海員及其他在船上服務之人員，本於僱傭契約所生之債權，其享有第一順位之海事優先權。

(2)救助之報酬及船舶共同海損分擔額之賠償請求，其享有第三順位之海事優先權。

(3)「五　港埠費、運河費、其他水道費及引水費。」依海商法第二十四條第一項第五款之規定，得主張優先權，卻不得主張責任限制。

第六項　海事優先權之標的

前項所述「海事優先權之項目」，係屬海事優先權主體之問題，而本項所述「海事優先權之標的」，則屬海事優先權客體之問題。就海事優先權之標的，海商法第二十七條規定：「依第二十四條之規定，得優先受償之標的如下：一　船舶、船舶設備及屬具或其殘餘物。二　在發生優先債權之航行期內之運費。三　船舶所有人因本次航行中船舶所受損害，或運費損失應得之賠償。四　船舶所有人因共同海損應得之賠償。五　船舶所有人在航行完成前，為施行救助所應得之報酬。」依此規定，優先權之標的，限於與船舶有密切關係者，亦即以「海產」為限。而海商法上所謂之「海產」，除船舶、船舶設備及屬具或其殘餘物外，尚包括運費、損害賠償、報酬等與船舶有密切關係者。

一、船舶、船舶設備及屬具或其殘餘物

此之所謂船舶，係指海事優先權所由發生之船舶而言，並非泛指船舶所有人所有之船舶。而且此之船舶須屬海商法之船舶，始得成為優先權行使之標的。

　　所謂「船舶設備及屬具」，海商法第七條規定：「除給養品外，凡於航行上或營業上必需之一切設備及屬具，皆視為船舶之一部。」依此規定，除給養品外，凡於航行上或營業上必需之一切設備及屬具，皆為船舶設備及屬具。所謂給養品，例如米糧、麵粉、蔬菜即是。所謂航行上之設備，例如羅經盤、無線電、六分儀、雷達、探測儀等航行儀器設備即是。所謂航行上之屬具，例如錨鏈、錨機、救生艇、救生帶、舢板等屬具即是。所謂營業上之設備，例如客房之居住設備、衛生設備、通風設備、艙房之冷藏設備、貨物之裝卸設備等設備即是。所謂營業上之屬具，例如客房所須之桌椅、盤杯等屬具即是。此等航行上或營業上必需之一切設備及屬具，既然皆視為船舶之一部，則不論是否屬於船舶所有人所有，皆得成為海事優先權行使之標的。而且，船舶所有權移轉時、船舶抵押權行使時、保險委付時，亦當然被視為「船舶之一部」❺❽。

　　所謂殘餘物，係指船舶、船舶設備及屬具發生優先權事故後，喪失船舶特性，所剩餘之殘留物而言。例如船舶發生優先權事故後之沉沒物或漂流物即是。此等沉沒物或漂流物固為優先權行使之標的。惟此等沉沒物或漂流物所發生之債權（例如撞擊他船所生之債權），則無海事優先權之可言。此等殘餘物為他人拾得時，得否成為優先權之標的？通說認為，依民法第八一〇條規定：「拾得漂流物或沉沒品者，適用關於拾得遺失物之規定。」依民法第八〇七條之規定，「遺失物拾得後六個月內所有人未認領者，警署或自治機關應將其物或其拍賣所得之價金，交與拾得人歸其所有。」此之所謂所有人應作廣義解釋，而應包括權利人在內。因此優先權人得於六個月內認領。若優先權人未於六個月內認領，則此等沉沒物或漂流物應歸拾得人所有。歸拾得人所有之後，因遺失物之所有權取得，係屬「原始取得」，故此等沉沒物或漂流物歸拾得人所有之後，不得再為優先權追及之對象，不得再為優先權行使之標的❺❾。

---

❺❽　楊仁壽，《最新海商法論》，自版，文太印刷企業有限公司印刷，三民書局總經銷，1999 年 10 月印刷，p. 134。

二、在發生優先債權之航行期內之運費

運費有毛運費與淨運費之別。毛運費 (gross freight) 者，又稱總運費，乃指船舶該次航行所收運費之總額也。淨運費 (net freight) 者，又稱純運費，乃指自毛運費扣除營運成本後船舶所有人所淨賺之運費也。本款所謂之「運費」，因法條未明文規定為淨運費，故通說認為，此之所謂運費係指毛運費（總運費）而言，而且限於發生海事優先權航期內之運費始足當之。因海事優先權之標的，原則上應以「海產」為限，其非發生海事優先權航期內之運費，已失海產之特性，自非海事優先權行使之標的。至於僱傭契約債權之標的，海商法第二十八條規定：「第二十四條第一項第一款之債權，得就同一僱傭契約期內所得之全部運費，優先受償，不受前條第二款之限制。」此係為保護船長、海員及其他服務船舶之人員，所為之例外規定。依此規定，船長、海員及其他在船上服務之人員，本於僱傭契約所生之債權，得就同一僱傭契約期內所得之全部運費，優先受償，不受本次航行期內運費之限制。

再者，本款所謂之運費，以應行收入之運費為限。其非應行收入之運費，縱以實際收入，而依法仍應返還於託運人或旅客者，自非本款之運費。例如因解除運送契約，其須返還於託運人或旅客之運費或票價，縱以實際收入，亦非本款之運費。至於本款之運費，是否僅限於尚未收取者？學界見解不一，約有下列幾種：

㈠僅限於未收取者

主張此說者，認為作為海事優先權標的之運費，應僅限於未收取之運費。例如施智謀教授即謂：「所謂運費係指毛運費。在此意義下之運費，包括貨物運送之運費及旅客運送之票價，然所謂運費僅限於尚未收取者。海事優先權之標的，原則上以『海上財產』為限，運費一經船舶所有人收取後，即失卻海上財產之特性；而一變成為船舶所有人之『陸上財產』，優先

㊉ 梁宇賢，《海商法論》，三民書局印行，1992 年 8 月修訂 3 版，p. 250。

權之效力，並不及於陸上財產」 **❻** 。

㈡包括已收取者及未收取者

　　主張此說者認為，我國海商法未如日本商法第八四二條明文規定，海事優先權之標的僅限於未收取之運費，因此其未收取者及已收取者，均得為海事優先權之標的。例如張東亮教授即謂：「是項運費，包括旅客運送之票價及貨運運費；字面解釋指發生債權之本次航行期內，所應得之不問已收未收之運費均為優先權之標的物，若其他航行期內之運費則不包括之。」**❻** 吳智教授亦認為：「是項運費如以法條正面解釋，則發生債權之本次航行期內，所應得之不問已收未收之運費均為優先權之標的物，若其他航行期內之運費則不包括之。」**❻**

㈢以尚未收取者及仍在船長或船舶所有人之代理人所持有者為限

　　主張此說者認為，我國作為海事優先權標的之運費，應以尚未收取者及仍在船長或船舶所有人之代理人所持有者為限。其理由為，解釋本款時，切勿拘泥於字面上、形式上之解釋，而應參照「1926 年關於海事優先權及抵押權規定之國際統一公約」第十條之規定，由實質面與公約作相同之解釋。例如梁宇賢教授即謂：「綜上三說，本書認為以第（三）說為妥。蓋日本商法之規定僅以未經收取之運費為限，其範圍過於狹窄。我國海商法第二十七條第二款用語，規定在『航行期內之運費』而已，故有別日本立法例。因此，形式上，無論已收或未收，均為海事優先權之標的。惟在實質上，應解釋與公約及德國法之規定相同，即應以未收取，及或在船長或船舶所有人之代理人所持有者為限」**❻** 。

　　吾人以為，應以第三說較為妥當。其理由約有下列幾點：

---

❻　施智謀，《海商法》，自版，宜增文具印刷品行印刷，1999 年 6 月修訂版，p. 354。

❻　張東亮，《海商法新論》，五南圖書出版公司，1989 年 1 月修訂初版，p. 538。

❻　吳智，《海商法論》，自版，三民書局總經銷，1976 年 3 月修訂 4 版，p. 58。

❻　梁宇賢，《海商法精義》，自版，瑞興圖書股份有限公司總經銷，1999 年 9 月修訂新版，p. 70。

⑴我國海商法未如日本商法第八四二條明文規定,海事優先權之標的僅限於未收取之運費,因此並無硬採第一說之必要。

⑵自我國海商法現行規定之字面解釋,發生債權之本次航行期內,所應得之不問已收未收之運費似均得為優先權之標的物。惟就法理而言,海事優先權之標的,原則上應以「海產」為限,運費一經船舶所有人收取之後,即失卻其海產之特性,而一變為船舶所有人之陸上財產,優先權之效力,並不及於陸上財產,故第二說之見解並非妥當。

⑶自優先權之行使程序而言,優先權行使之終結方法,不外強制執行。收取後之運費,如尚在船長或船舶所有人代理人之手,尚且不難強制執行;如已經船舶所有人收取,則已失海產之特性,殊難再加以強制執行。

⑷ 「1926 年關於海事優先權及抵押權規定之國際統一公約」(International Convention for the Unification of Certain Rules of Law relating to Maritime Liens and Mortgages, 1926) 第十條規定:「對於運費之優先權,於運費尚屬應付未付或運費係尚在船長或船舶所有人之代理人持有中時,即得行使。此項原則對於附屬費之優先權亦適用之。」(A lien on freight may be enforced so long as the freight is still due or the amount of the freight is still in the hands of the master or the agent of the owner. The same principle applies to a lien on accessories.) 採第三說之見解,較能符合國際之立法潮流。

三、船舶所有人因本次航行中船舶所受損害,或運費損失應得之賠償

依本款之規定,下列兩者得為海事優先權之標的:

⑴船舶所有人因本次航行中船舶所受之損害應得之賠償

⑵船舶所有人因運費損失應得之賠償

所謂船舶所有人因運費損失應得之賠償,係指船舶所有人因貨載所受之毀損、滅失,所致運費損失所生之賠償。本款之賠償,與前款之運費相同,均僅限於未收取者或尚在船長或船舶所有人之代理人持有者為限。再

者，國家為獎勵航業所給予之補助或津貼，因係基於國家獎勵航海事業所為之公法上給付，其性質非屬「損害賠償」，因此不能成為海事優先權之標的。

　　保險金（因船舶保險契約所生之保險金或因運費保險契約所生之保險金）是否得列為本款之損害賠償，而得為海事優先權之標的？學界約有下列二說：

(一)肯定說

　　主張肯定說者認為，因船舶保險契約所生之保險金或因運費保險契約所生之保險金，應列為本款之損害賠償，而得為海事優先權之標的。例如吳智教授即謂：「就權利之實質以觀，基於船舶損害而生之賠償請求權，得視為船舶之變形物，徵之民法上優先權物上代位之法理，自應明定為優先權之標的物。其因運費保險契約所應得之賠償亦同。」[64]劉承漢亦主張：「於此有待研究者，則因運費保險契約所應得之賠償，是否亦為優先權之標的。船舶保險金應適用物上代位法則，已如前述。運費保險金亦有二說，主消極說者，謂 1926 年公約已明文規定，附屬費不包括保險金在內。⋯⋯。主張積極說者，謂優先權為擔保物權之一，以運費為標的者，其性質相當於權利質權，依民法規定，權利質權適用關於動產質權之規定，民法第八九九條：『動產質權，因質物滅失而消滅。如因滅失得受賠償金者，質權人得就賠償金取償。』是應同樣適用物上代位之法則，運費保險金，則運費之代位也。余亦以後說為妥。」[65]主張肯定說者之理由，約有下列二點：

　　(1)海商法第二十七條第三款，未如海商法第二十一條第三項，並未明文規定不包括保險金。

　　(2)船舶保險金為船舶之代位物，依民法物上代位之法則，其因船舶保險契約或運費保險契約所生之保險金，亦應列為海事優先權之標的。

---

[64]　吳智，《海商法論》，自版，三民書局總經銷，1976 年 3 月修訂 4 版，p. 58。

[65]　劉承漢，《海商法論譯叢編》，交通部交通研究所編印，1971 年 10 月初版，p. 229。

㈡否定說

　　主張否定說者認為，因船舶保險契約所生之保險金或因運費保險契約所生之保險金，不得列為海事優先權之標的。例如梁宇賢教授即謂：「保險契約為任意契約，船舶所有人對其船舶不為保險者，法無強制規定。倘船舶所有人為保險契約者，乃為自己之利益加一重保障。如保險金得為海事優先權之標的，則船舶所有人相率不敢保險，則對我國航運發展，將有所阻礙，故本書認為保險金不得為海事優先權之標的。」 ❻❻劉宗榮教授亦認為：「本款之賠償，只限於侵權行為之損害賠償金，不包括基於保險契約或公法上原因所為之給付」 ❻❼。

　　我國學界以否定說為通說，實務界亦採否定說之見解。例如最高法院1970 年臺上字第 3219 號判決即謂：「(舊) 海商法第二十一條第三項規定：『第一項所指附屬費，指船舶因受損害應得之賠償，但保險金不包括在內。』而 (舊) 同法第二十五條 (即現海 §27) 既未明文包括保險金在內，則當然應受前條法文之限制，應認為 (舊) 同法第二十五條 (現海 §27) 第三款所稱之賠償，不包括保險金在內。」吾人亦以否定說為妥。其理由約有下列幾點：

　　⑴船舶保險之保險費，本由陸產所支付，而且船舶保險乃屬任意契約，船舶所有人所以參加保險，無非僅為加重保障自己之利益而已。因此若貿然將保險金列為優先權之標的，其結果將無人樂於投保，而阻礙航業之發展。

　　⑵保險金本無賠償金之性質，我國現行保險法第一條規定：「Ⅰ本法所稱保險，謂當事人約定，一方交付保險費於他方，他方對於因不可預料，或不可抗力之事故所致之損害，負擔賠償財物之行為。Ⅱ根據前項所訂之契約，稱為保險契約。」本條文用語「賠償財物」中的「賠償」，與民法上

---

❻❻　梁宇賢，《海商法精義》，自版，瑞興圖書股份有限公司總經銷，1999 年 9 月　　　修訂新版，p. 72。

❻❼　劉宗榮，《海商法》，自版，金華打字行印刷，1996 年 4 月初版 1 刷，p. 173。

之用語略有不同。一般在民商法上，僅在侵權行為或債務不履行等場合，始有「賠償」一詞之使用，當事人依照契約之本旨實現其內容者，其用語應為「給付」。故保險法第一條所謂之「賠償」，應指「以填補損害為內容之給付」而言，亦即當要保人因不可預料或不可抗力之事故受到損害時，由保險人履行「以填補要保人損害為內容」之給付也，因此保險金本無賠償金之性質（參照本書「責任限制之標的」之說明）。

⑶一般而言，本款之賠償，應僅限於基於侵權行為之損害賠償金，不包括基於保險契約或公法上原因所為之給付。

四、船舶所有人因共同海損應得之賠償

海商法第一一○條規定：「稱共同海損者，謂在船舶航程期間，為求共同危險中全體財產之安全所為故意及合理處分，而直接造成之犧牲及發生之費用。」又海商法第一一一條規定：「共同海損以各被保存財產價值與共同海損總額之比例，由各利害關係人分擔之。因共同海損行為所犧牲而獲共同海損補償之財產，亦應參與分擔。」依此規定，共同海損之損失範圍，就船舶所有人而言，包括「船舶之犧牲」、「運費之損害」、「費用」三種。當船舶所有人「船舶受有損害」或「運費有所減收」時，應由利害關係人分擔之。此等船舶所有人所得請求之分擔額，在實際上即為因共同海損處分所生損失之代替物，為補償船舶債權人所受之損失，本款特別規定其得為海事優先權之標的。至於船舶所有人因「共同海損費用」所得請求之分擔額，因此項費用純係歸還船舶所有人所支出之費用，並非因共同海損所為處分所生損失之代位物，故在解釋上應非海事優先權行使之標的。

五、船舶所有人在航行完成前，為施行救助所應得之報酬

海商法第一○二條規定：「船長於不甚危害其船舶、海員、旅客之範圍內，對於淹沒或其他危難之人應盡力救助。」又海商法第一○三條第一項規定：「對於船舶或船舶上財物施以救助而有效果者，得按其效果請求相當

之報酬。」報酬之分配,部分屬於船舶所有人,部分屬於施救之船長、海員。惟本款所規定優先權之標的,僅限於船舶所有人所應得之部分,其依法應分配於船長或海員之部分,應非海事優先權之標的。

再者,本款所謂之報酬,固指船舶所有人在本次航行完成前為他船實行海難救助所得之報酬,惟所謂他船不限於不同所有人之他船,即同一所有人之姊妹船亦屬之。因海商法第一○四條第一項規定:「屬於同一所有人之船舶救助,仍得請求報酬。」

第七項　海事優先權之位次

第一款　意　義

海事優先權之位次者,乃指同時存有兩個以上之海事優先權時,其效力孰優孰劣之次序也。當船舶所有人之海產足以清償全部債務時,優先權人並無爭執海事優先權位次之必要,然而當船舶所有人之海產不足以清償全部債務時,海事優先權位次之先後,對於優先權人之利益則將發生嚴重之影響。海商法為避免無謂之紛爭,乃依優先權性質之輕重,以決定各優先權人受償之先後次序。

對於海事優先權之位次,大陸法系之國家,如日本、德國、法國、中華民國,多採法定順序主義,其海事優先權位次之先後,多由法律明文規定,不容當事人或審判法院自由變更,較富於固定性;反之,英美法系之國家,如英國、美國,其海事優先權位次之先後,大多根據法院之判例及習慣之累積而來,法律多無明文之硬性規定,較富於彈力性。因此在要求公平之特殊情況下,海事優先權之位次往往得由法院自由變更之。例如基於海員薪資而發生之優先權,通常稱為「神聖之優先權」(sacred lien),不論其發生之時期,均優先於所有之海事優先權而受償,然而基於公平及良心 (equity and good conscience) 之要求,法院有時會判決:「海難救助金應優

先於先前之海員薪資」(Salvage is preferred to wages previously earned)，因法院認為，若無海難救助金之優先權債權，海員薪資優先權之請求將無所保障也❻❽。

第二款　我國海商法之規定

我國屬大陸法系國家，對於海事優先權之位次，採法定順序主義。茲簡述如下：

一、海事優先權與普通債權之位次

海事優先權對於其他普通債權，係採「絕對優先性原則」，因此海事優先權絕對優於普通債權。普通債權人，僅於海事優先權人充分獲得滿足之後，始有受償之機會。在海事優先權人充分獲得滿足之前，普通債權人對於海事優先權之標的絕對不得主張逕行受償❻❾。

二、異次航行所生優先權之位次

海商法第三十條規定：「不屬於同次航行之海事優先權，其後次航行之海事優先權，先於前次航行之海事優先權。」本條之立法理由，乃因前次航行之海事優先權，係因後次航行之海事優先權始能獲得保存或清償之故，且寓有藉此規定督促優先權人早日行使其海事優先權之意。

民法第八六五條規定：「不動產所有人，因擔保數債權，就同一不動產，設定數抵押權者，其次序依登記之先後定之。」依此規定，設定在先之抵押權，其順位優於設定在後之抵押權。而本條所定海事優先權之順位，正與抵押權之順位相反，後次航行之海事優先權，其順位反而先於前次航行之海事優先權，此即海商法上所謂之「後來居上原則」。

---

❻❽　The Nika, 287 F., 717, 1923 A.M.C.409 (W.D. Wash, 1923). 房阿生，《船舶優先權之研究》，興大法研所碩士論文，1971 年 5 月出版，p. 115。

❻❾　楊仁壽，《海商法論》，自版，三民書局總經銷，1993 年 3 月印刷，p. 83。

「後來居上原則」(the inverse order rule, inverse priority rule)，亦稱「倒轉順序原則」，乃指後航次債權應優先於前航次債權受償之原則也。「後來居上原則」係海商法之一大特色，早在「冒險借貸」(bottomry) 盛行之時期，即有後航次債權應優先於前航次債權受償之慣例，今日各國海商法之「後來居上原則」即係沿襲此一慣例而來。冒險借貸〔英：bottomry；日：冒險貸借（ぼうけんたいしゃく）；德：Bodmerei；法：prêt à la grosse〕者，乃指籌借航海資金為目的，船舶所有人以船舶（或同時以船舶、貨載、運費）為擔保，若船舶沉沒無法完成航海，無須清償債務，若船舶安全完成航海，則須以高利清償債務之一種金錢消費借貸制度也。在冒險借貸中，若船舶因沉沒等原因無法完成航海時，船舶所有人不負清償債務之責任，若船舶安全完成航海，船舶所有人則負有以高價清償債務之責任，故冒險借貸為射倖契約 (alleatory contract) 之一種。在冒險借貸中，若船舶安全完成航海而船舶所有人（債務人）未清償債務時，債權人得將船舶拍賣，就其拍賣所得之價金優先受償，故冒險借貸為海事優先權 (maritime lien) 之一種。冒險借貸盛行於希臘時期，西元前四世紀 Demostenes 之演說集中早有冒險借貸之記載，直到西元十九世紀末期，歐洲各國之海事法，莫不承認冒險借貸之制度，尤其在英美之海事法中，更承認冒險借貸具有海事優先權 (maritime lien)[70]。射倖契約〔英：aleatory contract；日：射倖契約（しゃこうけいやく）；德：Glücksvertrag, aleatorischer Vertrag；法：contrat aléatoire〕者，乃指當事人一方或雙方應為之給付，依成立後偶然之機會決定其內容之契約也。

各國海商法採用「後來居上原則」，其理論基礎，約有下列二種學說：

(一)財產說 (property theory, theory of proprietary interest)

主張財產說者認為，海事優先權為法定質權，寄存於船舶，在其實行前，屬財產權之一種，與所有權相似。故於海事優先權成立之後，船舶所

[70] 鴻常夫、北沢正啓，《英米商事法辞典》，商事法務研究会，昭和 61 年 3 月 25 日初版第 1 刷發行，p. 98。

受之危險或所受之損失，即為海事優先權人所受之危險或所受之損失，此後發生之海事優先權即為加功於（有助於）此前發生海事優先權之權利，前次發生之海事優先權，有賴於後次之海事優先權，方得以保存，因此後次之海事優先權理應優先受償。易言之，主張財產說者認為，在實行之前，海事優先權為財產權之一種，與所有權相似，優先權人取得海事優先權後，已成為船舶共有人，且須承擔後發生海事優先權之危險 (a prior lienor has in a sense become a part owner and has taken the risk of subsequent liens)，亦即前次優先權人之取得海事優先權，無異對船舶取得一項財產權，嗣後再有海事優先權發生時，此後次發生之海事優先權即為加功於（有助於）前次發生海事優先權之權利，故後次之海事優先權理應優先受償。

㈡利益說 (benefit theory, theory of last beneficial service)

主張利益說者認為，後次之海事優先權人使船舶得以獲得保存，得以維持繼續活動，並使前次海事優先權人得以獲得利益 (the later liens have kept the vessel in operation and benefited the prior lienors)，若無後次海事優先權人提供保存船舶之行為，前次海事優先權人之優先權，必因船舶之不存在而無所附麗，因此若不使後次海事優先權人優先受償，前次優先權人無異坐享其成，殊非公平[71]。

利益說之理論，適用於契約海事優先權（因契約行為所發生之海事優先權）之場合，尚稱合理，但適用於侵權行為海事優先權（因侵權行為所發生之海事優先權）之場合，則難以自圓其說。例如船舶先發生基於侵權行為之海事優先權（例如船舶碰撞，§24Ⅰ④），其後基於契約，他人為之救助而發生救助報酬優先權（§24Ⅰ③），後次之救助報酬優先權固然可以優先受償，但若後次之海事優先權係因基於侵權行為而發生時（例如因船舶碰撞直接所致陸上或水上財物毀損滅失，對於船舶所有人基於侵權行為之賠償請求），此時後次之海事優先權人並未提供保存船舶之行為，並未使

[71]　陳顯榮，《從比較法論我國船舶優先權》，工商法學叢書①，聯經出版事業公司出版，1987年2月初版，p. 121。

前次海事優先權人得以獲得利益，爲能優先受償乎？財產說之理論，在後次海事優先權亦爲侵權行爲海事優先權之場合，尚能自圓其說，然而財產說將前次海事優先權人直接視爲船舶共有人 (part owner) 之觀念，似乎有點不切實際。因此利益說與財產說，似乎各有缺點，而有並存之必要。例如在 The John G. Sievens 一案中，美國最高法院即兼採利益說與財產說，而維持後來居上之原則 ❼ 。

三、同次航行所生優先權之位次

海商法第二十九條第一項規定：「屬於同次航行之海事優先權，其位次依第二十四條各款之規定。」(Preferential claims of obligation pertaining to the same voyage rank according to the order as the various subparagraphs are set forth in Article 24.)

何謂同次航行？國內某些學者認爲，海商法第二十一條第三項明文規定：「第一項所稱本次航行，指船舶自一港至次一港之航程」，因此所謂同次航行，顯然已採「航段主義」之見解，而將「同次航行」規定爲「同爲自一港至次一港航程之航行」。惟本人以爲，如此採「航段主義」之立法，似有未妥。因若採航段主義，則前一航段之海事優先權人，必須急於行使海事優先權，否則根據後來居上之原則，其海事優先權勢將劣後於後一航段之海事優先權，急於行使海事優先權之結果，往往導致船舶之被扣押，妨礙海上運送之進行，違背海事優先權制度之良法美意。

在解釋上，預定航程主義雖較航段主義爲優，在遠洋航行及國際航行之場合，確實較能避免上述缺點。因遠洋航行及國際航行，航程較爲遙遠，時間較爲長久，尤其帆船運送之時代，國際運送，漂洋過海，往往必須經年累月，始能完成其預定之航程，在此情況，依據航程規則，將同次航行解釋爲預定之一次航程，固然頗具固定性，足以避免上述船舶動輒被扣押之缺點。惟自快速船舶問世及連續短程航行之發展以來 (with the advent of

---

❼ 梁宇賢，《海商法論》，三民書局印行，1992 年 8 月修訂 3 版，p. 263。

speedier ships and consequently shorter voyage)，時空距離大為縮短，尤其短程之國內航運，例如自發航港之基隆港至目的港之臺中港，往往朝發夕至，在此情況，航次之差，僅有一日之隔，預定航程主義仍然無法避免前述船舶被扣押之缺點。因依「後來居上原則」，海事優先權人若不在一日之內急於行使其海事優先權，則昨日發生之海事優先權（前一航次之海事優先權）勢將劣後於今日發生之海事優先權（後一航次之海事優先權），急於行使海事優先權之結果，往往導致船舶之被扣押，妨礙海上運送之進行，海事優先權制度之良法美意勢必大打折扣。有鑑於此，美國法界，乃基於商務之便利及當地之習慣，創立種種特別規則，與航程規則相輔相成。例如：

1.航季規則

航季規則 (the season rule) 者，乃指以每一航運季節作為航次計算單位之規則也。亦即將同一年內所有航行，視為同一航次之規則也。Brown 法官於 "The City of Tawas" 一案中，首創航季規則。於五大湖地區 (the Great Lakes area) 之船舶及 New York 與 Connecticut 間之運河船，大抵採用此規則，因該地區冬季結冰，無法航行，可航期間一年僅有八個月，在此八個月之航運季節內之所有航行，即視為一個航次。惟本規則僅有權宜性質，若事實上整年航行之船舶，則無本規則之適用❼❸。

2.同年規則

同年規則 (the calendar year rule) 者，乃指以每一曆年作為航次計算單位之規則也。凡在每一曆年以內之期間，縱使同一船舶曾作多次航行，於決定海事優先權位次時，仍視為同一航次。此規則主要適用於美國大西洋及太平洋兩岸之近海貿易，惟此規則亦有以營業年度之十二個月為計算單位者，若同一債權之發生期間，延跨兩個年度者，例如自 1882 年之 11 月至 1883 年之 1 月，其海事優先權之發生，應以最近之年 (1883 年) 視之❼❹。

---

❼❸　The J. W. Tucker, 20 F. 129 (D.C.N.Y. 1884). Richard E. Burke, op. cit., p. 275.

❼❹　Connor, *Maritime Lien Priorities*, p. 786.

3.四十日規則

四十日規則 (the 40-day rule) 者，乃指以四十日作為航次計算單位之規則也。以四十日作為一個航次之理由，乃因三十日為賒帳期，十日為通知清償期，四十日之期間已足以保障普通謹慎之債權人。惟本規則並無持續航次之適用。易言之，船舶被扣押涉訟前之四十日為一航次，其四十日以前所發生之債權，屬於另一航次，應與本航次，比率受償。此規則主要適用於紐約港 (New York Harbor) ❼❺。

4.九十日規則

九十日規則 (the 90-day rule) 者，乃指以九十日作為航次計算單位之規則也。本規則係四十日規則之翻版，僅因顧慮地方環境之不同，酌予延長而已。本規則與四十日規則之最大差異，乃在於本規則有持續航次之適用，而四十日規則則無。此規則主要適用於華盛頓州之派吉松地區 (the Puget Sound area of Washington) ❼❻。

「同一航次」之問題，對於海事優先權人之權益，影響甚大，而如前所述，在快速船舶問世，連續短程航行發達之今日，「預定航程主義」之解釋，已無法彌補我國立法之缺失。因此將來修法之時，似宜參考外國立法，對於「同一航次」之意義，加以明文規定，以杜解釋上之紛爭，及避免船舶隨時被扣押之危險。

茲將現行海商法有關海事優先權位次之規定，簡述如下：

(一)不同款之優先權

海商法第二十九條第一項規定：「屬於同次航行之海事優先權，其位次依第二十四條各款之規定。」(Preferential claims of obligation pertaining to the same voyage rank according to the order as the various subparagraphs are set

---

❼❺ 黃茂清，〈論海上優先權之項目及位次〉，《臺大法學論叢》，第 4 卷第 2 期，臺大法律系發行，1975 年 4 月出版，p. 19。

❼❻ Gilmore and Black, *The Law of Admiralty Mineola*, New York, The Foundation Press, Inc., 1957, p. 607.

forth in Article 24.) 依此規定，同次航行所生不同款之優先權，其優先之位次，依海商法第二十四條第一項各款之順序決定之。亦即 §24 I ①＞§24 I ②＞§24 I ③＞§24 I ④＞§24 I ⑤。

㈡同款之優先權

1.原　則

海商法第二十九條第二項規定：「一款中有數債權者，不分先後，比例受償。」(In the event that there are several claims of obligation under any one sub-paragraph of Article 24, they are indemnified pro rata without precedence.) 此之所謂「比例受償」，係指不敷全部清償時，即按債權額之比例受償之意，若金額足以全部清償，則各優先權人可以一律平等受償，無須比例受償。依此規定，吾人可知，除海商法第二十九條第三項之例外規定外，原則上同次航行所生同款之債權，無論發生之先後，一律平等受償，不敷全部清償時，則按債權額之比例受償。易言之，在海商法第二十四條第一項第一款、第二款、第四款、第五款之情形，同一款中有數債權者，其優先權，不分其發生之前後，一律平等受償，不敷全部清償時，則按債權額之比例受償。

2.例　外

海商法第二十九條第三項規定：「第二十四條第一項第三款所列債權，如有二個以上屬於同一種類，其發生在後者優先受償。救助報酬之發生應以施救行為完成時為準。」依此規定，吾人可知，海商法第二十四條第一項第三款關於「救助之報酬」、「清除沉船費用」及「船舶共同海損分擔額」之賠償請求，如有二個以上屬於同一種類，其發生在後者，優先受償。此等規定，亦為「後來居上原則」之一種表現，因在先之債權，係依在後之債權，始得保全，故在後之債權應優先受償。而關於救助報酬之發生，應以施救行為完成時為準，而非以施救行為開始時為準。

本項所謂之「屬於同一種類」，向有下列兩種見解：

(1)同一事故說

主張同一事故說者認為,「屬於同一種類」者,乃指同一款次中同一名稱、同一事故之債權也,例如須同為救助之報酬、同為共同海損分擔額,或同為清除沉船費用之債權始可。若一為救助之報酬,一為共同海損分擔額,則縱列於同一款次,亦非「屬於同一種類」。採此說者,有鄭玉波、何佐治、俞士英等人❼。

(2)同一款次說

主張同一款次說者認為,「屬於同一種類」者,乃指屬於同一款次之債權也。亦即不論其發生之原因為何,只要被歸納在同一款次中,即應視為「屬於同一種類」,其發生在後者,應優先受償。因此,發生債權之原因,雖然一為救助之報酬,一為共同海損分擔額,但因救助之報酬、共同海損分擔額列於同一款次(§24 I ③),因此應視為「屬於同一種類」,而有後來居上原則之適用。採此說者,有甘其綬、施智謀、楊仁壽等人❽。

吾人以為,似以同一款次說為當。其理由如下:

(1)同一款次說之見解,較符我國海商法第二十九條第三項之立法旨趣

海商法第二十九條第三項之所以規定第二十四條第一項第三款所列債權,得以後來居上者,不外因為其後發生之債權,具有保存船舶及保存既有優先權之功能也。今同一款次之債權,名稱雖異,但其後發生之債權,具有保存船舶及保存既有優先權之功能,在實質上並無任何不同,故採同一款次說,較能符合海商法第二十九條第三項之立法旨趣。

---

❼ 鄭玉波,《海商法》,三民書局出版,1976 年 5 月 7 版,p. 24。俞士英,《海商法要義》,自版,福元印刷廠印刷,1968 年 10 月初版,pp. 75、76。何佐治,《最新海商法釋義》,自版,建華印書有限公司印刷,1962 年初版,p. 113。

❽ 甘其綬,《海商法論》,自版,文和股份有限公司印刷,1963 年 10 月初版,p. 107。施智謀,《海商法》,自版,瑞明彩色印刷有限公司印刷,1986 年 7 月再版,p. 343。楊仁壽,《海商法論》,自版,文太印刷有限公司印刷,1993 年 3 月再版,p. 84。

⑵同一款次說之見解，較符國際公約之精神及各國立法之潮流

「1967 年關於海上優先權及抵押權法規之國際統一公約」(International Convention for the Unification of Certain Rules relating to Maritime Liens and Mortgages, Brussels, May 27, 1967) 第五條第四項規定：「第四條第一項第五款所列之海事優先權，依其發生之先後，後發生者先受清償。共同海損分擔額，以行為之日視為債權發生日，救助債權以救助終了之日視為債權發生日。」(The maritime liens set out in subparagraph (v) of paragraph ⑴ of Article 4 shall rank in the versc order of the time when the claims secured thereby accrued. Claims for contribution in general average shall be deemed to have accrucd on the date on which the general average act was performed; claims for salvagc shall be deemed to have accrued on the date on which the salvage operation was terminated.) 依本公約之規定，只要屬於同一款者，其發生在後者優先受償，並不因為名稱之差異，而有任何不同，故採同一款次說，較能符合國際公約之精神及世界各國立法之潮流。

⑶同一事故說之見解，往往會發生矛盾衝突之現象

若因名稱不同即將之解釋為非「屬於同一種類」，則在同一款次中將出現兩種不同之適用標準，在實際適用上，往往會發生矛盾衝突之現象。例如同一航次中，同時發生救助報酬之 A 債權及船舶共同海損分擔額之 B 債權，其後又發生救助報酬之 C 債權，若依上述甲說，CB 不同類，應不分先後比例受償，AB 同時發生，亦應不分先後比例受償，但因 AC 同類，C 應較 A 優先受償，如此一來，C ＝ B，A ＝ B，A ≠ C（C ＞ A）之現象，實在不無矛盾。故採同一款次說，在法律之適用上較為方便合理❼❾。

今設有某 M 以其所有籍設臺灣 X 港之 K 輪，裝載某 A 之貨物，該貨

❼❾ 甘其綬，前揭《海商法論》，p. 109。黃茂清，〈論海上優先權之項目及位次〉，《臺大法學論叢》，第 4 卷第 2 期，臺大法律系發行，1975 年 4 月出版，p. 21。梁宇賢，〈論海商法上之優先權〉，《中興法學》，第 20 期，中興法律系發行，1984 年 3 月出版，p. 47。

價值一億元,自臺灣之 X 港運往美國之 Z 港,途中因風浪觸礁,在日本之
Y 港附近,發生救助報酬債權,M 應付 B 3,000 萬元。其後繼續航行途中
又發生船舶共同海損分擔額之債權,M 應付 C 1,000 萬元。抵達 Z 港後發
現 A 之貨物全毀,而且 K 輪之海員 D 因船舶操作直接所致之受傷,M 應
付 D 700 萬元,K 輪船長 E 之薪資 300 萬元,M 亦尚未支付。在此情況下,
若 K 輪本次航行之船舶價值、運費及其他附屬費共為 4000 萬元,此 4,000
萬元之未低於海商法第二十一條第四項所列之標準,且 M 亦別無其他財產
可供賠償,則 A、B、C、D、E 應如何參與分配?就此案例,吾人以為:

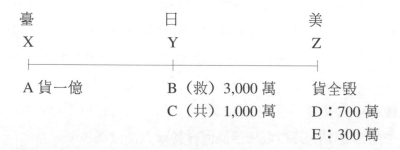

　　依題示,K 輪本次航行之船舶價值、運費及其他附屬費,其責任限制
數額未低於海商法第二十一條第四項所列之標準,且 M 亦別無其他財產可
供賠償,因此在本設例中,無論有無責任限制規定之適用,A、B、C、D、
E 均僅能在 4,000 萬元之內求償。

1. E 可獲得充分之清償,亦即 E 可獲 300 萬元之支付

　　依海商法第二十四條第一項第一款之規定,「船長、海員及其他在船上
服務之人員,本於僱傭契約所生之債權。」有優先受償之權,而且依海商
法第二十二條之規定,對於此等債務,船舶所有人不得主張船舶所有人責
任限制。因此船長 E 自得依海商法第二十四條第一項第一款之規定,主張
第一優先之順位,較 A、B、C、D 優先受償。而且 E 之債權不受「K 輪本
次航行之船舶價值、運費及其他附屬費」之限制。惟依海商法第二十七條

之規定，顯然「K 輪本次航行之船舶價值、運費及其他附屬費」亦為海事優先權優先受償之標的，故 E 自得依海商法第二十四條第一項第一款之規定，較 A（可能為第四優先）、B（第三優先）、C（第三優先）、D（第二優先）優先受償。

2. D 可獲得充分之清償，亦即 D 可獲 700 萬元之支付

依海商法第二十四條第一項第二款之規定，「因船舶操作直接所致人身傷亡，對船舶所有人之賠償請求。」有優先受償之權。故 D 應為第二優先，較 A、B、C 優先受償。

3. B、C 之債權，同屬海商法第二十四條第一項第三款所規定之債權

海商法第二十九條第三項規定：「第二十四條第一項第三款所列債權，如有二個以上屬於同一種類，其發生在後者優先受償。救助報酬之發生應以施救行為完成時為準。」本項所謂之「屬於同一種類」，向有下列兩種見解：

(1)同一事故說

主張「同一事故說」者認為，「屬於同一種類」者，乃指同一款次中同一名稱、同一事故之債權也，例如須同為救助之報酬、同為共同海損分擔額，或同為清除沉船費用之債權始可。若一為救助之報酬，一為共同海損分擔額，則縱列於同一款次，亦非「屬於同一種類」。採此說者，有鄭玉波、何佐治、俞士英等人[80]。

(2)同一款次說

主張「同一款次說」者認為，「屬於同一種類」者，乃指屬於同一款次之債權也。亦即不論其發生之原因為何，只要被歸納在同一款次中，即應視為「屬於同一種類」，其發生在後者，應優先受償。因此，發生債權之原因，雖然一為救助之報酬，一為共同海損分擔額，但因救助之報酬、共同海損分擔額列於同一款次（§24 I ③），因此應視為「屬於同一種類」，而

---

[80]　鄭玉波，《海商法》，三民書局出版，1976 年 5 月 7 版，p. 24。俞士英，《海商法要義》，自版，福元印刷廠印刷，1968 年 10 月初版，pp. 75、76。何佐治，《最新海商法釋義》，自版，建華印書有限公司印刷，1962 年初版，p. 113。

有後來居上原則之適用。採此說者，有甘其綬、施智謀、楊仁壽等人❽。

吾人認為以採同一款次說為當。其理由如下：

A. 同一款次說之見解，較符我國海商法第二十九條第三項之立法旨趣

海商法第二十九條第三項之所以規定第二十四條第一項第三款所列債權，得以後來居上者，不外因為其後發生之債權，具有保存船舶及保存既有優先權之功能也。今同一款次之債權，名稱雖異，但其後發生之債權，具有保存船舶及保存既有優先權之功能，在實質上並無任何不同，故採「同一款次說」，較能符合海商法第二十九條第三項之立法旨趣。

B. 同一款次說之見解，較符國際公約之精神及各國立法之潮流

「1967 年關於海上優先權及抵押權法規之國際統一公約」(International Convention for the Unification of Certain Rules relating to Maritime Liens and Mortgages, Brussels, May 27, 1967) 第五條第四項規定：「第四條第一項第五款所列之海事優先權，依其發生之先後，後發生者先受清償。共同海損分擔額，以行為之日視為債權發生日，救助債權以救助終了之日視為債權發生日。」(The maritime liens set out in subparagraph (v) of paragraph (1) of Article 4 shall rank in the verse order of the time when the claims secured thereby accrued. Claims for contribution in general average shall be deemed to have accrued on the date on which the general average act was performed; claims for salvage shall be deemed to have accrued on the date on which the salvage operation was terminated.) 依本公約之規定，只要屬於同一款次者，其發生在後者優先受償，並不因為名稱之差異，而有任何不同，故採「同一款次說」，較能符合國際公約之精神及世界各國立法之潮流。

---

❽　甘其綬，《海商法論》，自版，文和股份有限公司印刷，1963 年 10 月初版，p. 107。施智謀，《海商法》，自版，瑞明彩色印刷有限公司印刷，1986 年 7 月再版，p. 343。楊仁壽，《海商法論》，自版，文太印刷有限公司印刷，1993 年 3 月再版，p. 84。

C.同一事故說之見解，往往會發生矛盾衝突之現象

若因名稱不同即將之解釋為非「屬於同一種類」，則在同一款次中將出現兩種不同之適用標準，在實際適用上，往往會發生矛盾衝突之現象。例如同一航次中，同時發生救助報酬之 A 債權及船舶共同海損分擔額之 B 債權，其後又發生救助報酬之 C 債權，若依上述甲說，CB 不同類，應不分先後比例受償，AB 同時發生，亦應不分先後比例受償，但因 AC 同類，C 應較 A 優先受償，如此一來，C＝B，A＝B，A≠C（C＞A）之現象，實在不無矛盾。故採「同一款次說」，在法律之適用上較為方便合理❷。

因此本案例若依「同一事故說」，B、C 應依其債權數額，比例受償。其受償額應為：

$$B：(4,000 \text{ 萬} - 700 \text{ 萬} - 300 \text{ 萬}) \times \frac{3,000}{3,000 + 1,000}$$

$$C：(4,000 \text{ 萬} - 700 \text{ 萬} - 300 \text{ 萬}) \times \frac{1,000}{3,000 + 1,000}$$

若依「同一款次說」，B、C 之受償額應為，C 優先受償 1,000 萬元，B 則於 C 優先受償之後，就其餘額之 2,000 萬元取償〔4,000 萬－300 萬 (E)－700 萬 (D)－1,000 萬 (C)〕。

吾人以為，應以採「同一款次說」為當（參照前述說明），因此在本案例中，D、E 可獲得充分之清償，亦即 D 可獲 700 萬元，E 可獲 300 萬元，C 可獲 1,000 萬元之支付，但 B 僅能就其餘額 2,000 萬元求償，其不足額 1,000 萬元之部分（2,000 萬元－3,000 萬元＝－1,000 萬元），無法就 4,000 萬元之責任限制額受償。依海商法第二十二條第三款之規定，「救助報酬及

---

❷　甘其綬，前揭《海商法論》，p. 109。黃茂清，〈論海上優先權之項目及位次〉，《臺大法學論叢》，第 4 卷第 2 期，臺大法律系發行，1975 年 4 月出版，p. 21。梁宇賢，〈論海商法上之優先權〉，《中興法學》，第 20 期，中興法律系發行，1984 年 3 月出版，p. 47。

共同海損分擔額」不適用責任限制之規定，B 之未受賠償部分本得就 M 之其他財產求償，但因 M 已別無其他財產可供賠償，故 B 之 1,000 萬元部分，還是無法得到賠償。

4. A 之債權，無法獲得清償

依海商法第二十四條第一項第四款之規定，「因船舶操作直接所致陸上或水上財物毀損滅失，對船舶所有人基於侵權行為之賠償請求。」本件 A 之債權係屬基於貨物運送契約所發生之債權，因此非屬基於侵權行為之賠償請求，不得主張優先權，因此 A 之債權無法獲得清償。縱然 A 能證明 A 之債權符合海商法第二十四條第一項第四款所規定之要件，有可能享受第四優先之受償，但依海商法第二十一條之規定，本案例之船舶所有人對 A 得主張責任限制，而其責任限制之最高限額 4,000 萬元，於 E、D、C、B 分配之後，已無餘額，故 A 之債權，無論是否符合海商法第二十四條第一項第四款所規定之要件，均無法自 M 獲得賠償。

再設一例，今有某 A 以其所有之 X 輪，裝載 B 所有之貨物，及 C 所有之貨物各一批，自高雄港運送基隆港。航行途中，因貨物之裝載不當，以致 B 所有之貨物遭受毀損，應賠新臺幣 600 萬元；C 之貨物亦因船舶之遲延到達，而損失新臺幣 200 萬元。其後 A 僱用引水人 D，引導該輪進入基隆港由 E 進行修繕，結果各積欠 D 之引水費新臺幣 200 萬元，E 之修繕費 100 萬元。不久，A 因週轉困難，各積欠船長 F 之薪資新臺幣 300 萬元，船員 G 之薪資 100 萬元，因此乃向友人 H 借款新臺幣 1,000 萬元之外，並以 X 輪向 J 銀行設定船舶抵押權借款新臺幣 3,000 萬元。數月後，A 拍賣 X 輪得款新臺幣 3,500 萬元。試具理由回答下列各問題：

㈠ B、C、D、E、F、G、H、J 之債權，對於 X 輪有無海事優先權？

㈡ 就 A 拍賣 X 輪所得之新臺幣 3,500 萬元，B、C、D、E、F、G、H、J 應如何參與分配？

㈢ 若 A 曾以 X 輪向保險公司投保船舶保險，則 B、C、D、E、F、G、H、J 等人能否就該保險公司給付之保險金，主張優先權？

(四)若進基隆港之後，A 將 X 輪轉讓予 K，B、C、D、E、F、G、H、J 等人能否就 X 輪主張海事優先權？

(五)海事優先權之立法理由為何？海事優先權之時效期間之性質為何？

就此設例，吾人以為：

(一) B、C、D、E、F、G、H、J 之債權，對於 X 輪有無海事優先權？

1. B 之債權，無海事優先權

海商法第六十三條規定：「運送人對於承運貨物之裝載、卸載、搬移、堆存、保管、運送及看守，應為必要之注意及處置。」因此 A 以其所有之 X 輪，裝載 B 所有之貨物，航行途中，因貨物之裝載不當，以致 B 所有之貨物遭受毀損，運送人應負損害賠償責任。再者，依海商法第二十四條第一項第四款之規定，「因船舶操作直接所致陸上或水上財物毀損滅失，對船舶所有人基於侵權行為之賠償請求。」為海事優先權擔保之債權，有優先受償之權。惟本設例中 B 對 A 之損害賠償請求權，係屬基於「運送契約」發生之損害賠償請求權（除非 B 能證明 B 對 A 之損害賠償請求權，係屬基於侵權行為所發生之損害賠償請求權），因此 B 對 A 不得主張海事優先權。

2. C 之債權，無海事優先權

X 輪載運 C 之貨物，C 之貨物因船舶之遲延到達，而損失新臺幣 200 萬元，對此 C 自得向 X 輪之所有人 A 請求賠償。惟此項債權並無海事優先權。依海商法第二十四條第一項第四款之規定，「因船舶操作直接所致陸上或水上財物毀損滅失，對船舶所有人基於侵權行為之賠償請求。」為海事優先權擔保之債權。僅限於財物之毀損滅失有海事優先權，因遲延所發生之損害並不包括在內。

3. 引水人 D 之債權，有海事優先權

A 所有之 X 輪僱用引水人 D，引導該輪進入基隆港，積欠新臺幣 200 萬元。依海商法第二十四條第一項第五款之規定，「港埠費、運河費、其他水道費及引水費。」為海事優先權擔保之債權。依此規定，引水人 D 200 萬元之債權，有海事優先權。

4.修繕人 E 之債權，無海事優先權

A 所有之 X 輪受損，由 E 修繕，A 應清償 E 之修繕費 100 萬元。惟此項修繕費並非海事優先權擔保之債權。因海商法第二十四條第一項第四款之規定，僅限於「對船舶所有人基於侵權行為之賠償請求」，而 E 之修繕費 100 萬元係基於「契約」而生，因此並無優先權。E 對其修繕費 100 萬元之債權，僅能行使留置權，依題示，E 並未行使留置權，因此 E 對其修繕費 100 萬元之債權，僅能列入一般之普通債權。

5.船長 F 之薪資 300 萬元及船員 G 之薪資 100 萬元，有海事優先權

依海商法第二十四條第一項第一款之規定，「船長、海員及其他在船上服務之人員，本於僱傭契約所生之債權。」為海事優先權擔保之債權，有優先受償之權。因此本案例中船長 F 之薪資 300 萬元及船員 G 之薪資 100 萬元，有海事優先權。

6.友人 H 1,000 萬元之債權，無海事優先權

X 輪之所有人 A 因週轉困難，向友人 H 借款 1,000 萬元，惟 H 之此項債權，僅為一般普通債權，並無海事優先權。因我國現行海商法第二十四條所列之優先債權中，並無普通債權之項目。

7. J 銀行 3,000 萬之債權，僅有船舶抵押權，但無海事優先權

A 以 X 輪向 J 銀行設定船舶抵押權借款 3,000 萬元，J 銀行 3,000 萬元之債權，僅有船舶抵押權，但無海事優先權之債權。因我國現行海商法第二十四條所列之優先債權中，並無船舶抵押權之項目。

㈡就 A 拍賣 X 輪所得之新臺幣 3,500 萬元，B、C、D、E、F、G、H、J 應如何參與分配？

1. H、G 之債權為第一優先之債權，可獲得全部清償

我國海商法第二十九條第一項之規定，「屬於同次航行之海事優先權，其位次依第二十四條各款之規定。」再者，海商法第二十四條第二項規定：「前項海事優先權之位次，在船舶抵押權之前。」依此等規定，就拍賣 X

輪所得之 3,500 萬元，應優先償還 F 薪資 300 萬元及 G 之薪資 100 萬元
（3,500萬元－300 萬元－100 萬元＝3,100 萬元），因 F、G 之債權為第一優
先債權。

2. D 之債權為第五優先之債權，亦可獲得全部清償

再來就其餘額 3,100 萬元，應優先清償引水人 D 之債權 200 萬元
（3,100萬元－200 萬元＝2,900 萬元），因 D 之債權為第五優先債權。

3. J 之債權，可獲 2,900 萬元之清償，其不足額無法就 X 輪所賣得 之 3,500 萬元取償

再來就其餘額 2,900 萬元，應優先清償抵押權人 J 之債權 3,000 萬元
（2,900 萬元－3,000 萬元＝－100 萬元），因抵押權人 J 雖在海事優先權之
後卻在一般債權之先。其不足額 100 萬元，已無法就拍賣 X 輪所得之 3,500
萬元取償。

4. B、C、E、H 之債權，無法獲得清償

至於 B、C、E、H 等人之債權，因已無餘額，無法就拍賣 X 輪所得之
3,500 萬元受到分配。

（三）若 A 曾以 X 輪向保險公司投保船舶保險，則 B、C、D、E、F、
G、H、J 等人能否就該保險公司給付之保險金，主張優先權？

保險金（因船舶保險契約所生之保險金或因運費保險契約所生之保險
金）是否得為海事優先權之標的？學界約有下列二說：

1. 肯定說

主張肯定說者認為，因船舶保險契約所生之保險金或因運費保險契約
所生之保險金，應得為海事優先權之標的。例如吳智教授即謂：「就權利之
實質以觀，基於船舶損害而生之賠償請求權，得視為船舶之變形物，徵之
民法上優先權物上代位之法理，自應明定為優先權之標的物。其因運費保
險契約所應得之賠償亦同。」❸劉承漢亦主張：「於此有待研究者，則因運
費保險契約所應得之賠償，是否亦為優先權之標的。船舶保險金應適用物

---

❸ 吳智，《海商法論》，自版，三民書局總經銷，1976 年 3 月修訂 4 版，p. 58。

上代位法則，已如前述。運費保險金亦有二說，主消極說者，謂 1926 年公約已明文規定，附屬費不包括保險金在內……。主張積極說者，謂優先權為擔保物權之一，以運費為標的者，其性質相當於權利質權，依民法規定，權利質權適用關於動產質權之規定，民法第八九九條：『動產質權，因質物滅失而消滅。如因滅失得受賠償金者，質權人得就賠償金取償。』是應同樣適用物上代位之法則，運費保險金，則運費之代位也。 余亦以後說為妥。」❽主張肯定說者之理由，約有下列二點：

⑴海商法第二十七條第三款，未如海商法第二十一條第三項，並未明文規定不包括保險金。

⑵船舶保險金為船舶之代位物，依民法物上代位之法則，其因船舶保險契約或運費保險契約所生之保險金，亦應列為海事優先權之標的。

2.否定說

主張否定說者認為，因船舶保險契約所生之保險金或因運費保險契約所生之保險金，不得列為海事優先權之標的。例如梁宇賢教授即謂：「保險契約為任意契約，船舶所有人對其船舶不為保險者，法無強制規定。倘船舶所有人為保險契約者，乃為自己之利益加一重保障。如保險金得為海事優先權之標的，則船舶所有人相率不敢保險，則對我國航運發展，將有所阻礙，故本書認為保險金不得為海事優先權之標的。」❽劉宗榮教授亦認為：「本款之賠償，只限於侵權行為之損害賠償金，不包括基於保險契約或公法上原因所為之給付。」❽

我國學界以否定說為通說，實務界亦採否定說之見解。例如最高法院 1970 年臺上字第 3219 號判決即謂：「(舊) 海商法第二十一條第三項規定：

---

❽ 劉承漢，《海商法論譯叢編》，交通部交通研究所編印，1971 年 10 月初版，p. 229。

❽ 梁宇賢，《海商法精義》，自版，瑞興圖書股份有限公司總經銷，1999 年 9 月修訂新版，p. 72。

❽ 劉宗榮，《海商法》，自版，金華打字行印刷，1996 年 4 月初版 1 刷，p. 173。

『第一項所指附屬費，指船舶因受損害應得之賠償，但保險金不包括在內。』
而（舊）同法第二十五條（即現海 §27）既未明文包括保險金在內，則當
然應受前條法文之限制，應認為（舊）同法第二十五條（現海 §27）第三
款所稱之賠償，不包括保險金在內。」吾人亦以否定說為妥。其理由約有
下列幾點：

　　(1)船舶保險之保險費，本由陸產所支付，而且船舶保險乃屬任意契約，
船舶所有人所以參加保險，無非僅為加重保障自己之利益而已。因此若貿
然將保險金列為優先權之標的，其結果將無人樂於投保，而阻礙航業之發
展。

　　(2)保險金本無賠償金之性質，我國現行保險法第一條規定：「Ⅰ本法所
稱保險，謂當事人約定，一方交付保險費於他方，他方對於因不可預料或
不可抗力之事故所致之損害，負擔賠償財物之行為。Ⅱ根據前項所訂之契
約，稱為保險契約。」本條文用語「賠償財物」中的「賠償」，與民法上之
用語略有不同。一般在民商法上，僅在侵權行為或債務不履行等場合，始
有「賠償」一詞之使用，當事人依照契約之本旨實現其內容者，其用語應
為「給付」。故保險法第一條所謂之「賠償」，應指「以填補損害為內容之
給付」而言，亦即當要保人因不可預料或不可抗力之事故受到損害時，由
保險人履行「以填補要保人損害為內容」之給付也，因此保險金本無賠償
金之性質（參照本書「船舶所有人責任限制之標的」之說明）。

　　(3)一般而言，有關於物之賠償，應僅限於基於侵權行為之損害賠償金，
不包括基於保險契約或公法上原因所為之給付。

　　綜觀上述理由，吾人以為，若 A 曾以 X 輪向保險公司投保船舶保險，
則 B、C、D、E、F、G、H、J 等人不得就該保險公司給付之保險金，主張
優先權。

㈣若進基隆港之後，A 將 X 輪轉讓予 K，B、C、D、E、F、G、H、J 等人能否就 X 輪主張海事優先權？

　　海商法第三十一條規定：「海事優先權，不因船舶所有權之移轉而受影

響。」依此規定可知，海事優先權具有追及性，若進基隆港之後，A 將 X 輪轉讓予 K、B、C、D、E、F、G、H、J 等人，若其債權原本具有優先受償之權者，仍得就 X 輪主張海事優先權。

(五)海事優先權之立法理由為何？海事優先權時效期間之性質為何？

1.海事優先權之立法理由

海商法承認海事優先權之理由，大致如下：

(1)緩和船舶所有人責任限制對債權人不利之規定

船舶所有人，因船舶業務活動所生之債務，得主張船舶所有人責任之限制（§21）。在船舶所有人限制責任制度之下，陸上債權人能對債務人之任何海產請求，而船舶債權人（海上債權人）則僅能對債務人之特定海產請求，顯然對於船舶債權人非常不利，海商法為彌補此等缺失，保障船舶債權人之利益，乃復規定「海事優先權」之制度，規定船舶債權人對於法律所規定之某種債權，得就該債務所由發生之船舶、運費及其附屬費等特定標的物，主張優先受償 (§27)，使船舶債權人在船舶所有人所負有限責任數額下，得以充分受償，故海事優先權制度可謂係船舶所有人責任限制下之一種對等制度，簡言之，即為緩和船舶所有人責任限制對債權人不利之規定，調和船舶債權人與船舶所有人之利益所設之制度也❽。

(2)鼓勵船舶之救助、沉船之打撈或移除，以維船舶航海之安全

船舶所有人責任限制之制度下，因船舶業務活動所生之債務，船舶所有人往往得以主張船舶所有人責任之限制（§21），對於船舶債權人而言，可謂相當不利。而船舶在航行中往往因為特殊狀況，須為船舶之救助、沉船之打撈或移除，若不承認船舶優先權，船舶債權人因恐日後之清償無著，勢將拒絕為之，對於船舶航海之安全亦必發生不利之影響，故承認海事優先權制度，具有助益船舶航海安全之功能❽。

---

❽　施智謀，《海商法》，自版，瑞明彩色印刷有限公司，1986 年 7 月再版，p. 335。

❽　陳培峰，《海商法專題精義》，康德文化出版社出版，康德法學系列叢書，1993 年 8 月 31 日初版，p. 239。

⑶保護公益、共益，並能維護衡平之法則

在船舶優先權制度之下，為保障船舶航行公共安全之公益債權，常能優先受償。例如「港埠費、運河費、其他水道費及引水費」（§24Ⅰ⑤），係基於使用港埠設備所生之費用，使之優先受償，有助於國庫之充實，港埠之建設，對於航海安全公共利益之保護，可謂助益良多，即屬此之所謂公益債權。再如「清除沉船費用」（§24Ⅰ③），對於船舶航行公共安全之保障，影響甚大，亦屬公益費用。

在海事優先權制度之下，為保障債權人共同利益之共益債權，亦常能優先受償。例如「救助之報酬」、「船舶共同海損分擔額之賠償請求」（§24Ⅰ③），對於船價之維護，頗有貢獻，係屬基於多數債權人之共同利益而發生，即屬此之所謂共益債權。

在海事優先權制度之下，為維護衡平法則所發生之債權，亦常能優先受償。對於侵權行為所發生之債權，一方面為保護船舶所有人之利益，承認船舶所有人責任限制之制度，一方面為保護海事債權人之利益，又承認海事優先權之制度，藉以維護運送信用，並使其合乎衡平之法則。例如「因船舶操作直接所致人身傷亡，對船舶所有人之賠償請求」、「因船舶操作直接所致陸上或水上財物毀損滅失，對船舶所有人基於侵權行為之賠償請求」（§24Ⅰ②、④），即係基於為保護該受損害之債權人，使其具有優先受償之權，始符衡平之法則也。

在海事優先權制度之下，「船長、海員及其他在船上服務之人員，本於僱傭契約所生之債權」，常能優先受償（在我國法上，係屬第一優先），如前所述，此等債務，本為海員生活之所需，養家之所賴，若不予以特別保護，使其免於後顧之憂，海員恐將無法安心工作，航行之安全，亦將因之而失卻保障也。再者，船長、海員與船舶所有人之法律關係，僅係基於僱傭契約之關係。身為僱用人之船舶所有人，多為經濟上之強者，而身為受僱人之船長、海員，則多為經濟上之弱者。當航海順利，船舶所有人獲得利潤、盈餘時，船長、海員毫無參與分配利益之權利，當航海不順，船舶

所有人遭受損失、虧本時，船長、海員卻須負擔損失虧本之義務，如此不但在法理上有違衡平之法則，在實務上亦難免遭人保護強者，欺壓弱者之議。在海事優先權制度之下，規定此等債務得以優先受償，船長、海員等人不致清償無著，正符衡平之法則也 �89 。

2.海事優先權期間之性質

討論海事優先權時效期間性質之前，似有略為說明消滅時效及除斥期間區別之必要。按時效〔英：prescription；日：時効（じこう）〕者，乃指一定之事實狀態，繼續達一定之期間，即發生一定法律效果之制度也。時效既可發生此等法律效果，故時效應為權利變動問題之一種。易言之，時效應為一種法律事實也。時效依其成立要件及效果之不同，可分為取得時效及消滅時效兩種。

取得時效〔羅：praescriptio acquisitive；英：aquisitive prescription；日：取得時効（しゅとくじこう）；德：Ersitzung；法：prescription acquisitive, usucapion〕者，乃指占有他人之不動產或動產，繼續達一定之期間，即因之而取得其所有權（以外之財產權亦準此）之法律事實也。

消滅時效〔羅：praescriptio extinctiva；英：extinctive prescription；日：消滅時効（しょうめつじこう）；德：Verjährung；法：prescription extinctive ou liberatoire〕者，乃指因權利不行使所形成之無權利狀態，繼續達一定之期間，致其請求權消滅之法律事實也。

除斥期間〔英：limitation；日：除斥期間（じょせききかん）；德：Ausschlußfrist；法：délai préfix〕者，乃指法律對於某種權利所預定之存續期間也，故又稱為預定期間。除斥期間係因法律行為有瑕疵或其他不正常情形，以致於影響法律行為之效力，當事人得為撤銷或為其他補救行為之

�89 梁宇賢，《海商法專題論叢》，興大法學叢書編輯委員會編輯，三民書局總經銷，1988 年 2 月初版，p. 4。

王洸，《海商法釋論》，海運出版社發行，文和印刷公司印刷，1962 年 7 月出版，p. 30。

期間。除斥期間自始固定不變，期間一過，權利即歸消滅，不得展期，以求法律關係之早日確定，故屬於不變期間。例如意思表示有錯誤者，應自意思表示後一年內撤銷（民 §90），不在此一年之除斥期間內行使撤銷權，撤銷權即歸於消滅。

除斥期間與消滅時效之不同：

⑴意義之不同

消滅時效者，乃指因權利之不行使所形成之無權利狀態，繼續達一定之期間，致其請求權消滅之法律事實也。除斥期間者，乃指法律對於某種權利所預定之存續期間也，故又稱為預定期間。

⑵適用之不同

消滅時效多適用於請求權，權利人怠於行使其請求權，時效期間一過，則請求權之效力減損，債務人得拒絕履行；反之，除斥期間多適用於形成權（如撤銷權），以排除有瑕疵原因之法律行為，除斥期間一過，形成權即歸消滅，該法律行為成為有效。

⑶中斷或不完成之不同

消滅時效，常因障礙事由之發生，而發生中斷或不完成之問題；反之，除斥期間係預定之存續期間，屬於不變期間，不發生中斷或不完成之問題（但德國民法 §124 II則承認亦有不完成之問題）。

⑷援用之不同

消滅時效，非經當事人援用（即提出抗辯），法院不得依職權以之為裁判之依據；反之，除斥期間之期間一過，形成權即歸消滅，當事人縱不援用，法院亦得依職權以之為裁判之依據。

⑸拋棄之不同

消滅時效，其時效完成後，當事人得拋棄時效之利益，使時效完成之效力歸於無效；反之，除斥期間之期間一過，形成權即歸消滅，無當事人拋棄時效利益可言。

⑹起算點之不同

消滅時效，其期間之起算點，民法設有一般性之規定（民 §128），以請求權可行使時或為行為時起算；反之，除斥期間之期間起算點，除於各該條有規定外，未設一般性之規定，解釋上自以其權利成立之時起算，例如暴利行為之撤銷應自法律行為時起算（民 §74）。

⑺期間長短之不同

消滅時效，除法律另有短期時效之規定外，其時效期間一般為 15 年；反之，除斥期間之期間，通常較消滅時效為短，其最長之期間不超過 10 年（民 §93）。

海商法第三十二條規定:「第二十四條第一項海事優先權自其債權發生之日起，經一年而消滅。但第二十四條第一項第一款之賠償，自離職之日起算。」此等優先權一年時效期間之性質，究為除斥期間，或為消滅時效，學者見解不一，約有下列二說：

⑴消滅時效說

主張此說者認為，海商法第三十二條所定期間之性質屬於消滅時效。其理由為：

A.民法消滅時效之規定係以請求權為客體，而海商法第二十四條以後，均為有關債權請求權行使之規定，因此海商法第三十二條所定期間之性質，應為消滅時效期間。

B. 「1926 年關於海事優先權及抵押權規定之國際統一公約」(International Convention for the Unification of Certain Rules of Law relating to Maritime Liens and Mortgages, 1926) 第九條第五項規定：「上述期間得予中斷之原因，由審判法院所在地之法律定之。」(The grounds upon which the above periods may be interrupted are determined by the law of the court where the case is tried.) 同條第六項又規定:「如負擔優先權之船舶在債權人設有住所或主事務所之國家領水內係屬未能予以扣押者，締約國各保留權利，得各以立法規定，將優先權行使期間予以延長，但延長之期間，自債權發生

之時起算，不得逾三年。」(The High Contracting Parties reserve to themselves the right to provide by legislation in their respective countries, that the said periods shall be extended in class where it has been possible to arrest the vessel to which a lien attaches in the territorial waters of the state in which the claimant has his domicile or his principal place of business, provided that the extended period shall not exceed three years from the time when the claim originated.) 由此規定可知，海事優先權之時效期間具有中斷及延長之性質，既然具有中斷及延長之性質，則該期間應屬消滅時效之期間。

(2)除斥期間說

主張此說者認為，海商法第三十二條所定期間之性質屬於除斥期間。例如桂裕教授即謂：「優先權行使之期間與抵押權行使之期間相同，皆屬除斥期間之性質（參閱民§880），民法關於時效中斷及不完成之規定均無其適用。」[90] 施智謀教授亦認為：「關於船舶優先權，依吾海商法之規定，得依除斥期間之經過而消滅。其期間，依修正後海商法第三十二條之規定，一律自其所擔保債權發生之日起經一年而消滅，不再按優先權之種類之不同，而分別其長短（修正前海商法§30參照）。至於海商法第二十四條第一項第一款船長、海員及其他在船上服務之人員，本於僱傭契約所生之債權，其除斥期間自離職之日起算，而非自欠薪之日起算（海商法§32但書）」[91]。主張除斥期間說之主要理由為：

A. 海事優先權一經發生，即無須登記，亦無須占有，而附著於標的物，故具有隱密性，對其他債權影響甚大。因此宜採除斥期間說，加以限制之，以免長期留存於標的物上。

B. 所稱除斥期間之規定，僅適用於海事優先權，至於其所擔保之債權，仍適用一般消滅時效之規定，故所擔保之債權不因海事優先權之消滅而隨

---

[90]　桂裕，《海商法新論》，國立編譯館出版，正中書局發行印刷，1982年9月臺9版，p. 190。

[91]　施智謀，《海商法》，自版，宜增文具印刷品行印刷，1999年6月修訂版，p. 360。

之消滅。

上述二說，各有理由。惟吾人仍以除斥期間說較為可採。其理由如下：

A. 海事優先權之性質既屬擔保物權（新海商法），則其行使期間與抵押權之性質自應相同，故應類推適用民法第八八〇條抵押權之行使期間，此期間在實務上被認為係除斥期間（最高法院 1964 字第臺上 1391 號），因此海商法第三十二條規定之期間，亦應認係除斥期間。

B. 「1967 年關於海事優先權及抵押權法規之國際統一公約」(International Convention for the Unification of Certain Rules of Law relating to Maritime Liens and Mortgages, 1967) 第八條規定：「Ⅰ第四條所列之船舶優先權，自其供作擔保之債權發生之日起經過一年而消滅，但在一年之期間經過前，其船舶已因強制變賣而扣押者，不在此限。Ⅱ前項所定一年之期間不得中止或中斷，但優先權人因法定事由不能扣押其船舶者，其期間不進行。」(Ⅰ The maritime liens set out in Article 4 shall be extinguished after a period of one year from the time when the claims secured thereby arose unless, prior to the expiry of such period, the vessel has been arrested, such arrest leading to a forced sale. Ⅱ The one year period referred to in the preceding paragraph shall not be subject to suspension or interruption, provided however that time shall not run during the period that the lienor is legally prevented from arresting the vessel.) 足見就海事優先權之時效期間，1967 年之國際公約已明示其期間「不得中止或中斷」，足見其應為除斥期間。海商法具有強烈之國際性，因此我國海商法第三十二條所規定之期間，應解釋為「除斥期間」，以配合世界之立法潮流。

3. 共同海損之分擔

海商法第二十九條第四項規定：「共同海損之分擔，應以共同海損行為發生之時為準。」

4. 同一事變所生之債權

海商法第二十九條第五項規定：「因同一事變所發生第二十四條第一項

各款之債權，視為同時發生之債權。」因同一事變所生之債權，在時間上或有先後之別，但海上證據保全困難，分辨證明頗屬不易，為免舉證之困難，海商法乃有如此規定，將其擬制為同時發生之債權，使其不分先後，按其比例受償。例如因船舶操作之過失直接導致陸上或水上財物之毀損滅失，旋又發生救助報酬之賠償請求，因其為同一事變所生之債權，應視為同時發生之債權。既為「視為」之規定，則縱然當事人提出孰先孰後之證明，亦無法否定其為「同時發生之債權」也。

四、海事優先權與船舶抵押權之位次

海事優先權與船舶抵押權之位次，參照本章第三節第六項「船舶抵押權之位次」之說明。

 實例演習

M 以其所屬之 K 輪，裝載某 A 之貨物，價值一億元，自臺灣之 X 港前往美國之 Z 港，途中因風浪觸礁，在日本之 Y 港附近，發生救助報酬債權，M 應付 B 三千萬元。其後繼續航行途中又發生船舶共同海損分擔額之債權，M 應付 C 一千萬元。抵 Z 港後發現 A 之貨物全毀，而且 K 輪之海員 D 因船舶操作直接所致之受傷，M 應付 D 七百萬元，K 輪船長 E 之薪資三百萬元，M 亦尚未支付。在 Z 港，M 將 K 輪售給 N，N 將 K 輪改名為 L 輪，嗣 N 發現有關 K 輪之上述債務尚未清償，乃不辦理登記。試具理由回答下列各問：

㈠M、N 間 K 輪之買賣是否有效？

㈡K 輪改名為 L 輪，是否會影響 A、B、C、D、E 之權益？

㈢在本設例之情況下，若 K 輪本次航行之船舶價值、運費及其他附屬費共為四千萬元，此四千萬元之數額未低於海商法第二十一條第四項所列之標準，且 M 別無其他財產可供賠償，則 A、B、C、D、E 應如何參與分配？

就此設例，吾人以為：

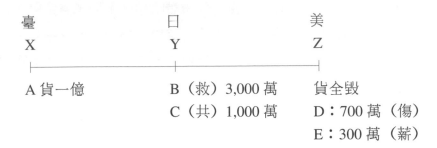

臺	日	美
X	Y	Z

A 貨一億　　　　　B（救）3,000 萬　　　貨全毀
　　　　　　　　　　C（共）1,000 萬　　　D：700 萬（傷）
　　　　　　　　　　　　　　　　　　　　　E：300 萬（薪）

(一) M、N 間之船舶買賣仍為有效

海商法第八條規定：「船舶所有權或應有部分之讓與，非作成書面並依下列之規定，不生效力：一　在中華民國，應申請讓與地或船舶所在地航政主管機關蓋印證明。二　在外國，應申請中華民國駐外使領館、代表處或其他外交部授權機構蓋印證明。」海商法第九條規定：「船舶所有權之移轉，非經登記，不得對抗第三人。」由此規定，吾人可知，「書面」及「蓋印證明」為船舶讓與之生效要件，而「登記」則僅為船舶讓與之對抗要件。因此在本案例中，只要 M、N 之間具有買賣意思表示之一致（實質要件）及作成書面並經蓋印證明（形式要件），則 M、N 間 K 輪之買賣應已生效，不待交付，亦不待登記。

(二) M 輪改名為 N 輪不影響 A、B、C、D、E 之權益

船舶必須有名稱，曰：「船名」，亦稱為「船舶名稱」，船名為船舶標誌之一（船 §8）。船舶法第十條規定：「船名由船舶所有人自定。但不得與他船船名相同。」船舶之有船名，與自然人之有姓名，法人之有名稱相同。我國船名大多只有二、三個文字而已（如太平輪、中興輪）頗易相同，故特別規定，船名由船舶所有人自定，但不得與他船船名相同，以免發生混淆或誤會也。船名應在船體上標明，除戰時避免捕獲外，不得毀壞塗抹（船 §8），否則得處船舶所有人三千元以上三萬元以下之罰鍰（船 §82）。船名應向主管機關登記（船登 §12），因船名是船舶最重要的標誌，故船名既向

主管機關登記後，不得任意變更。倘欲變更，須有正當之理由，並經主管機關之許可。

　　船名之變更，不影響船舶之同一體性，原有之優先權、抵押權及租賃權，在船名變更後，仍繼續存在，故本件 K 輪改名為 L 輪不影響 A、B、C、D、E 之權益。

(三)其分配情形如下：

　　依題示，K 輪本次航行之船舶價值、運費及其他附屬費，其責任限制數額未低於海商法第二十一條第四項所列之標準，且 M 亦別無其他財產可供賠償，因此在本設例中，無論有無責任限制規定之適用，A、B、C、D、E 均僅能在四千萬元之內求償。

1. E 可獲得充分之清償，亦即 E 可獲三百萬元之支付

　　依海商法第二十四條第一項第一款之規定，「船長、海員及其他在船上服務之人員，本於僱傭契約所生之債權。」有優先受償之權，而且依海商法第二十二條之規定，對於此等債務，船舶所有人不得主張船舶所有人責任限制。因此船長 E 自得依海商法第二十四條第一項第一款之規定，主張第一優先之順位，較 A、B、C、D 優先受償。而且 E 之債權不受「K 輪本次航行之船舶價值、運費及其他附屬費」之限制。惟依海商法第二十七條之規定，顯然「K 輪本次航行之船舶價值、運費及其他附屬費」亦為海事優先權優先受償之標的，故 E 自得依海商法第二十四條第一項第一款之規定，較 A（可能為第四優先）、B（第三優先）、C（第三優先）、D（第二優先）優先受償。

2. D 可獲得充分之清償，亦即 D 可獲七百萬元之支付

　　依海商法第二十四條第一項第二款之規定，「因船舶操作直接所致人身傷亡，對船舶所有人之賠償請求。」有優先受償之權。故 D 應為第二優先，較 A、B、C 優先受償。

3. B、C 之債權，同屬海商法第二十四條第一項第三款所規定之債權

　　海商法第二十九條第三項規定：「第二十四條第一項第三款所列債權，

如有二個以上屬於同一種類，其發生在後者優先受償。救助報酬之發生應
以施救行為完成時為準。」本項所謂之「屬於同一種類」，向有下列兩種見解：

⑴同一事故說

主張「同一事故說」者認為，「屬於同一種類」者，乃指同一款次中同
一名稱、同一事故之債權也，例如須同為救助之報酬、同為共同海損分擔
額，或同為清除沉船費用之債權始可。若一為救助之報酬，一為共同海損
分擔額，則縱列於同一款次，亦非「屬於同一種類」。採此說者，有鄭玉波、
何佐治、俞士英等人 [92] 。

⑵同一款次說

主張「同一款次說」者認為，「屬於同一種類」者，乃指屬於同一款次
之債權也。亦即不論其發生之原因為何，只要被歸納在同一款次中，即應
視為「屬於同一種類」，其發生在後者，應優先受償。因此，發生債權之原
因，雖然一為救助之報酬，一為共同海損分擔額，但因救助之報酬、共同
海損分擔額列於同一款次（§24 I ③），因此應視為「屬於同一種類」，而有
後來居上原則之適用。採此說者，有甘其綬、施智謀、楊仁壽等人 [93] 。

吾人以為，似以同一款次說較為妥當。其理由約有下列幾點：

1.同一款次說之見解，較符我國海商法第二十九條第三項之立法旨趣

海商法第二十九條第三項之所以規定第二十四條第一項第三款所列債
權，得以後來居上者，不外因為其後發生之債權，具有保存船舶及保存既
有優先權之功能也。今同一款次之債權，名稱雖異，但其後發生之債權，

---

[92] 鄭玉波，《海商法》，三民書局出版，1976 年 5 月 7 版，p. 24。俞士英，《海商
法要義》，自版，福元印刷廠印刷，1968 年 10 月初版，pp. 75、76。何佐治，
《最新海商法釋義》，自版，建華印書有限公司印刷，1962 年初版，p. 113。

[93] 甘其綬，《海商法論》，自版，文和股份有限公司印刷，1963 年 10 月初版，p.
107。施智謀，《海商法》，自版，瑞明彩色印刷有限公司印刷，1986 年 7 月再
版，p. 343。楊仁壽，《海商法論》，自版，文太印刷有限公司印刷，1993 年 3
月再版，p. 84。

具有保存船舶及保存既有優先權之功能，在實質上並無任何不同，故採「同一款次說」，較能符合海商法第二十九條第三項之立法旨趣。

2.同一款次說之見解，較符國際公約之精神及各國立法之潮流

「1967 年關於海事優先權及抵押權法規之國際統一公約」(International Convention for the Unification of Certain Rules relating to Maritime Liens and Mortgages, Brussels, May 27, 1967) 第五條第四項規定：「第四條第一項第五款所列之海事優先權，依其發生之先後，後發生者先受清償。共同海損分擔額，以行為之日視為債權發生日，救助債權以救助終了之日視為債權發生日。」(IV The maritime liens set out in subparagraph (v) of paragraph (1) of Article 4 shall rank in the verse order of the time when the claims secured thereby accrued. Claims for contribution in general average shall be deemed to have accrued on the date on which the general average act was performed; claims for salvage shall be deemed to have accrued on the date on which the salvage operation was terminated.) 依本公約之規定，只要屬於同一款次者，其發生在後者優先受償，並不因為名稱之差異，而有任何不同，故採「同一款次說」，較能符合國際公約之精神及世界各國立法之潮流。

3.同一事故說之見解，往往會發生矛盾衝突之現象

若因名稱不同即將之解釋為非「屬於同一種類」，則在同一款次中將出現兩種不同之適用標準，在實際適用上，往往會發生矛盾衝突之現象。例如同一航次中，同時發生救助報酬之 A 債權及船舶共同海損分擔額之 B 債權，其後又發生救助報酬之 C 債權，若依同一事故說之見解，C、B 不同類，應不分先後比例受償，A、B 同時發生，亦應不分先後比例受償，但因 A、C 同類，C 應較 A 優先受償，如此一來，C＝B，A＝B，A ≠ C（C ＞ A）之現象，實在不無矛盾。故採「同一款次說」，在法律之適用上較為方便合理[94]。

---

[94]　甘其綬，前揭《海商法論》，p. 109。黃茂清，〈論海上優先權之項目及位次〉，《臺大法學論叢》，第 4 卷第 2 期，臺大法律系發行，1975 年 4 月出版，p. 21。

因此本案例若依「同一事故說」，B、C 應依其債權數額，比例受償。
其受償額應為：

$$B：(4,000 萬 - 300 萬 - 700 萬) \times \frac{3,000}{3,000 + 1,000}$$

$$C：(4,000 萬 - 300 萬 - 700 萬) \times \frac{1,000}{3,000 + 1,000}$$

若依「同一款次說」，B、C 之受償額應為，C 優先受償一千萬元，B 則
於 C 優先受償之後，就其餘額之二千萬元取償〔4,000 萬 - 300 萬 (E) -
700 萬 (D) - 1,000 萬 (C)〕。

吾人認為以採「同一款次說」為當（參照前述說明），因此在本案例中，
E、D 可獲得充分之清償，亦即 E 可獲三百萬元，D 可獲七百萬元，C 可獲
一千萬元之支付，但 B 僅能就其餘額二千萬元求償，其不足額一千萬元之
部分（2,000 萬元 - 3,000 萬元 = -1,000 萬元），無法就四千萬元之責任限
制額受償。依海商法第二十二條第三款之規定，「救助報酬及共同海損分擔
額」不適用責任限制之規定，B 之未受賠償部分本得就 M 之其他財產求償，
但因 M 已別無其他財產可供賠償，故 B 之一千萬元部分，還是無法得到賠
償。

4. A 之債權，無法獲得清償

依海商法第二十四條第一項第四款之規定，「因船舶操作直接所致陸上
或水上財物毀損滅失，對船舶所有人基於侵權行為之賠償請求。」本件 A
之債權係屬基於貨物運送契約所發生之債權，因此非屬基於侵權行為之賠
償請求，不得主張優先權，因此 A 之債權無法獲得清償。縱然 A 能證明 A
之債權符合海商法第二十四條第一項第四款所規定之要件，有可能享受第
四優先之受償，但依海商法第二十一條之規定，本案例之船舶所有人對 A

梁宇賢，〈論海商法上之優先權〉，《中興法學》第 20 期，中興法律系發行，1984
年 3 月出版，p. 47。

得主張責任限制，而其責任限制之最高限額四千萬元，於 E、D、C、B 分配之後，已無餘額，故 A 之債權，無論是否符合海商法第二十四條第一項第四款所規定之要件，均無法自 M 獲得賠償。

二、何謂船舶所有人責任限制？何謂海事優先權？何種債權屬於船舶所有人責任限制之債權，亦屬於海事優先權所擔保之債權？何種債權為船舶所有人不得主張船舶所有人責任限制，但卻為海事優先權所擔保之債權？試述之。

就此設例，吾人以為：

(一)船舶所有人責任限制之意義

船舶所有人責任限制者，乃指船舶所有人對於船舶業務活動所生債務僅在一定限度內負擔有限責任之制度也。惟此之所謂船舶所有人者，依我國現行海商法第二十一條第二項之規定，係指船舶所有權人、船舶承租人、經理人及營運人而言。亦即除對船舶享有所有權之人外，尚包括利用他人船舶從事海上業務活動，而對船舶享有指揮營運權之人。例如船舶承租人、經理人及營運人，對於船舶雖無物權法上之靜態所有權，但係利用他人之船舶從事海上業務活動，而對船舶享有指揮營運權之人，故船舶承租人、經理人及營運人，仍屬此之所謂「船舶所有人」。

在海商法中，對於船舶所有人之損害賠償責任，則往往加以限制，設法予以減輕。究其理由，約有下列幾點：

1. 船長在航海中權限極大，船舶所有人不易指揮命令。
2. 海員在航海中行動自由，船舶所有人無法直接指揮。
3. 船長及其他高級海員，非船舶所有人所能任意選任。
4. 若不減輕船舶所有人之責任，人人將視航海為畏途。
5. 海商企業關係國勢之強弱，在國策上實有特加保護之必要。

(二)海事優先權之意義

海事優先權〔英：maritime lien；日：船舶先取特権（せんぱくさきどりとっけん）；德：gesetzliches Pfandrecht, Schiffsgläubigerrecht；法：privilège maritime〕者，亦稱船舶優先權，乃指對於海商法所規定之特殊債權，得就該船舶、運費及其附屬費等特定標的物主張優先於其他債權而受清償之法定擔保權利也。

海商法承認海事優先權之理由，大致如下：

1. 緩和船舶所有人責任限制對債權人不利之規定。
2. 鼓勵船舶之救助、沉船之打撈或移除，以維船舶航海之安全。
3. 保護公益、共益，並能維護衡平之法則。

㈢何種債權屬於船舶所有人責任限制之債權，亦屬於海事優先權所擔保之債權？

就船舶所有人責任限制之債權，海商法第二十一條第一項規定：「船舶所有人對下列事項所負之責任，以本次航行之船舶價值、運費及其他附屬費為限：一　在船上、操作船舶或救助工作直接所致人身傷亡或財物毀損滅失之損害賠償。二　船舶操作或救助工作所致權益侵害之損害賠償。但不包括因契約關係所生之損害賠償。三　沉船或落海之打撈移除所生之債務。但不包括依契約之報酬或給付。四　為避免或減輕前二款責任所負之債務。」就海事優先權所擔保之債權，海商法第二十四條第一項規定：「下列各款為海事優先權擔保之債權，有優先受償之權：一　船長、海員及其他在船上服務之人員，本於僱傭契約所生之債權。二　因船舶操作直接所致人身傷亡，對船舶所有人之賠償請求。三　救助之報酬、清除沉船費用及船舶共同海損分擔額之賠償請求。四　因船舶操作直接所致陸上或水上財物毀損滅失，對船舶所有人基於侵權行為之賠償請求。五　港埠費、運河費、其他水道費及引水費。」

比較前述兩者之規定可知，屬於船舶所有人責任限制之債權，亦屬於海事優先權所擔保之債權，有下列幾種：

1. 依海商法第二十一條第一項第一款之規定，因船舶操作直接所致人身傷亡之損害賠償，船舶所有人得主張責任限制；同時依海商法第二十四條第一項第二款之規定，此等「因船舶操作直接所致人身傷亡，對船舶所

有人之賠償請求。」享有第二順位之海事優先權。

　　2.依海商法第二十一條第一項第三款之規定，就「沉船移除所生之債務」，船舶所有人得主張責任限制；同時依海商法第二十四條第一項第三款之規定，「清除沉船費用」之賠償請求，享有第三順位之海事優先權。

　　3.依海商法第二十一條第一項第一款之規定，就「操作船舶直接所致財物毀損滅失之損害賠償」，船舶所有人得主張責任限制；同時依海商法第二十四條第一項第四款之規定，「因船舶操作直接所致陸上或水上財物毀損滅失，對船舶所有人基於侵權行為之賠償請求」享有第四順位之海事優先權。

㈣何種債權為船舶所有人不得主張船舶所有人責任限制，但卻為海事優先權所擔保之債權？

　　就責任限制之例外，海商法第二十二條規定：「前條責任限制之規定，於下列情形不適用之：一　本於船舶所有人本人之故意或過失所生之債務。二　本於船長、海員及其他服務船舶之人員之僱用契約所生之債務。三　救助報酬及共同海損分擔額。四　船舶運送毒性化學物質或油污所生損害之賠償。五　船舶運送核子物質或廢料發生核子事故所生損害之賠償。六　核能動力船舶所生核子損害之賠償。」就危險責任賠償請求之排除適用，海商法第二十六條規定：「本法第二十二條第四款至第六款之賠償請求，不適用本法有關海事優先權之規定。」由此可知，船舶所有人不得主張船舶所有人責任限制，但卻為海事優先權所擔保債權項目，有下列幾種：

　　1.依海商法第二十二條第二款之規定，就「本於船長、海員及其他服務船舶之人員之僱用契約所生之債務」，船舶所有人不得主張責任限制；但依海商法第二十四條第一項第一款之規定，就「船長、海員及其他在船上服務之人員，本於僱傭契約所生之債權」，卻得享有第一順位之海事優先權。

　　2.依海商法第二十二條第三款之規定，就「救助報酬及共同海損分擔額」，船舶所有人不得主張責任限制；但依海商法第二十四條第一項第三款之規定，就「救助之報酬及船舶共同海損分擔額之賠償請求。」卻得享有第三順位之海事優先權。

問題與思考

一、何謂海事優先權？在英美法上，Lien 之種類有幾種？試簡單說明之。

二、海商法承認海事優先權之理由為何？試具理由簡述之。

三、何謂海事優先權？其性質為何？試具學說以說明之。

四、我國現行海商法對於海事優先權之項目有何規定？試具條文規定以說明之。

五、對於海事優先權之位次，我國現行海商法有何規定？試具條文以說明之。

六、何謂「後來居上原則」？各國海商法採用「後來居上原則」，其理論基礎為何？試具學說以說明之。

七、說明海事優先權之意義及效力。又同次或異次航行之優先權，應依若何標準，定其優先受償之位次？試依海商法之規定，分別述之。

八、船舶抵押權與海事優先權之區別何在？試闡明之。

九、某船舶失蹤逾一年而未委付，其理賠應如何處理？

十、海上貨物運送，船舶貨物互為擔保，船對貨有何權利？貨對船有何權利？其成立要件及行使方法為若何？若船貨間之擔保與其他擔保物權並存時，如何定其先後？

十一、甲以其所有之船舶一艘出租給乙，乙僱用丙為船長，丙因駕駛不慎，撞及港埠設施，應賠償損害六十萬元，事故後三個月，乙因他故破產，甲收回並拍賣該船舶，問港埠管理人員得否就該賣得價金優先受償？

十二、何謂海事優先權？其立法理由安在？海事優先權可因何種事由而消滅？試分別說明之。

十三、何謂海事優先權（又稱船舶優先權）？何謂委付？海事優先權是否因保險船舶委付而消滅？試述理由以對之。

十四、船舶所有人甲，積欠其船長乙薪津一年又六個月計新臺幣十八萬元

（每月如以一萬元計），嗣後甲船沉沒，獲得保險金一千萬元，問：乙可否就其保險金求償？又其求償金額多少？一併論之。

十五、海事優先債權人於船舶所有人破產時，得否就其船舶主張別除權？

十六、甲船因共同海損分擔一百萬元，由乙墊付，經催討，歷一年未還，嗣甲船遇難沉沒，其船主獲得保險金一千萬元，乙可否就該保險金主張優先受償？並述其理由。

十七、甲為「華興輪」之所有人，與乙約定以該船之特定艙位為乙運送貨物，嗣後，甲因經濟拮据，乃將華興輪讓與丙，問：若丁係船長，則丁就其最近半年之薪資，如何主張海事優先權？

十八、船舶抵押權與海事優先權有何不同？若兩者競合時，其適用之位次，優先順序為何？原因何在？

十九、船舶抵押權在先，後因船舶主機損壞入廠修理，產生修理費，但修理費未為清償，被留置權人留置依法拍賣，試問，抵押權人與留置權人之受償程序為何？理由何在？試依法論斷之。

二十、M以其所屬籍設臺灣X港之K輪，裝載某A之貨物，價值一億元，自臺灣之X港運往美國之Z港，途中因風浪觸礁，在日本之Y港修理，應付B修繕費三千萬元，修繕後繼續航行中，因購買燃料，應付C一千萬元，抵Z港後發現A之貨物全毀。而且，在Z港M速將K輪售與N，銀貨兩訖之後，N發現上述債務尚未清償，且船長D一年內之薪資七百萬元、海員E一年內之薪資三百萬元亦尚未支付，乃不辦理登記。試具理由，回答下列各問：

㈠設K輪本次航行之船舶價值、運費及其他附屬費共為四千萬元，則A、B、C、D、E應如何參與分配？

㈡設本件預定於1991年1月1日交貨，貨主A於1992年7月5日提起訴訟，請求賠償。在此場合，M可否主張A之請求權已罹時效而消滅？

㈢本件M、N間有關K輪之買賣，其效力如何？

二十一、何謂船舶所有人責任限制？何謂海事優先權？何種債權屬於船舶所有人責任限制之債權，亦屬於海事優先權所擔保之債權？何種債權為船舶所有人不得主張船舶所有人責任限制，但卻為海事優先權所擔保之債權？試具理由說明之。

第八項　海事優先權之效力

就海事優先權之效力，可分「一般之效力」及「特別之效力」而論之：

一、一般之效力

海事優先權既有優先之權，則就法律所規定之標的，海事優先權之債權人，自得先於普通債權人而優先受償。

二、特別之效力

㈠與船舶抵押權競合時之效力

海商法第二十四條第二項規定：「前項海事優先權之位次，在船舶抵押權之前。」由此規定可知，當海事優先權與船舶抵押權競合時，海事優先權之效力應優於船舶抵押權。

㈡與船舶留置權競合時之效力

海商法第二十五條規定：「建造或修繕船舶所生債權，其債權人留置船舶之留置權位次，在海事優先權之後，船舶抵押權之前。」由此規定可知，當海事優先權與留置船舶之留置權競合時，海事優先權之效力應優於留置船舶之留置權。

㈢與船舶所有權競合時之效力

海商法第三十一條規定：「海事優先權，不因船舶所有權之移轉而受影響。」由此規定可知，海事優先權具有追及力，不因船舶所有權之移轉而受影響。本條之立法目的，乃在防止船舶所有人為避免債務，將船舶轉讓

於他人，以致海事優先權之債權無法受償。因此，當海事優先權與船舶所有權競合時，海事優先權之效力應優於船舶所有權，不因其所有權之轉讓而受影響**❾❺**。

第九項　海事優先權之消滅

一、海事優先權之行使期間

海商法第三十二條規定：「第二十四條第一項海事優先權自其債權發生之日起，經一年而消滅。但第二十四條第一項第一款之賠償，自離職之日起算。」依此規定，自海事優先權所擔保債權發生之日起算，經過一年尚未行使其海事優先權者，其海事優先權消滅。亦即，該債權喪失優先受償之權利，而成為無擔保物權之普通債權。

二、海事優先權期間完成後債權之效力

如海事優先權之期間完成後，則其所擔保之債權已失優先受償之權利，而成為無擔保物權之普通債權，其在期間限制仍依一般時效之規定。易言之，海商法第三十二條所規定者，乃海事優先權之期間限制，係屬有關擔保物權之期間規定，與其所擔保債權之本身無關。因此海事優先權縱因期間完成而消滅，有關擔保物權之期間規定，其所擔保之債權本身並未同歸消滅，債權人仍得主張其債權，就債務人之財產執行，僅因已經喪失海事優先權，無法再就債務人之海產優先取償而已。至於該債權之期間限制，仍應適用民法等一般期間之規定，不因海事優先權之喪失而受影響也。

---

❾❺　梁宇賢，《海商法精義》，自版，瑞興圖書股份有限公司總經銷，1999 年 9 月修訂新版，p. 76。

 問題與思考 _____

一、何謂海事優先權？海事優先權之消滅時效如何？如海事優先權之期間
完成，其債權之效力如何？

第三節 船舶抵押權

第一項 船舶抵押權之意義

抵押權〔英：mortgage or hypothec；日：抵当権（ていとうけん）；德：Hypothek；法：hypothèque〕者，乃指對於債務人或第三人不移轉占有而供擔保之不動產，得就其賣得價金優先受償之權利也。(Mortgage is the right to receive performance of an obligation from the proceeds of sale of the immovable which has been given as security for the obligation by the debtor or by a third persons, without transferring its possession.)

船舶抵押權〔英：mortage of ship；日：船舶抵当権（せんぱくていとうけん）；德：Schiffshypothek；法：hypothèque maritime〕者，乃指以船舶為標的之一種抵押權也，亦即對於債務人或第三人不移轉占有而供擔保之船舶，除海商法另有規定外，得就其賣得價金優先受償之權利也。此之所謂「海商法另有規定」，例如依海商法第二十四條第二項規定：「前項海事優先權之位次，在船舶抵押權之前。」即是。

第二項 船舶抵押權之立法理由

海商法規定船舶能設定抵押權之立法理由，旨在給予船舶所有人繼續

利用船舶之便利，且使抵押權人能減少保管船舶之費用。因船舶本為動產，融資時本來無法設定抵押權。惟若將船舶設定質權，則須將船舶之占有移轉於債權人。如此一來，就船舶所有人而言，將無法繼續利用船舶，其營業將因而停頓，而無法償債；就船舶之債權人而言，船舶債權人將因占有船舶而支付龐大之保養費用；就國家社會經濟而言，將因船舶之移轉占有而使船舶無法「物盡其用」。有鑑於此，世界各國乃將船舶不動產化，仿照不動產之抵押，創設船舶抵押權之制度。

第三項　船舶抵押權之設定人

就船舶抵押權設定人，海商法第三十五條規定：「船舶抵押權之設定，除法律別有規定外，僅船舶所有人或受其特別委任之人始得為之。」由此規定可知，下列人上具有設定船舶抵押權之資格：

一、船舶所有人

(一)船舶屬一人所有時

因設定抵押權係屬一種處分行為，對於標的物須有處分權及處分之行為能力，始得為之。船舶所有人當然具有處分權及處分之行為能力，因此船舶所有人得本於其所有權，就其船舶設定抵押權。處分行為〔英：juristic act of disposition；日：処分行為（しょぶんこうい）；德：Verfügungsgeschäft；法：acte de disposition〕者，乃指促使財產現狀、財產性質發生變化或促使財產權發生變動之行為也。例如物權之設定、移轉、消滅（物權行為）、債權讓與（準物權行為）等即是。管理行為〔英：act of management；日：管理行為（かんりこうい）；法：acte d'administration〕者，乃指對於財產所為之保存、利用及改良行為也。

㈡船舶屬數人共有時

1.就共有之整個船舶設定抵押權時

　　就共有整個船舶之設定抵押權，海商法第十一條規定：「共有船舶之處分及其他與共有人共同利益有關之事項，應以共有人過半數並其應有部分之價值合計過半數之同意為之。」由此規定可知，就共有之整個船舶設定抵押權時，無須全體共有人之同意，只要獲得「共有人過半數並其應有部分之價值合計過半數之同意」即可。

2.就共有人應有部分設定抵押權時

　　就共有人應有部分之設定抵押權，海商法第十三條規定：「船舶共有人，以其應有部分供抵押時，應得其他共有人過半數之同意。」由此規定可知，就共有人應有部分設定抵押權時，應得其他共有人過半數之同意。因船舶設定抵押權後，可能因為船舶抵押權之實行而遭扣押及拍賣，關係及其他共有人之利益，因此須有其他共有人過半數之同意。

二、船舶所有人特別委任之人

　　海商法第十九條規定：「Ⅰ共有船舶經理人，非經共有人依第十一條規定之書面委任，不得出賣或抵押其船舶。Ⅱ船舶共有人，對於共有船舶經理人權限所加之限制，不得對抗善意第三人。」由此規定可知，船舶所有人以外之人，就他人之船舶設定抵押權者，以受該船舶所有人書面特別授權者為限。

第四項　船舶抵押權之設定方式

　　船舶抵押權之標的物，有一般船舶及建造中船舶兩種。茲就其設定方式簡述如下：

一、一般船舶之設定抵押權

㈠書　面

就船舶之抵押，海商法第三十三條規定：「船舶抵押權之設定，應以書面為之。」此與民法第七六〇條之規定相同。民法第七六〇條規定：「不動產物權之移轉或設定，應以書面為之。」

㈡登　記

就抵押權設定之效力，海商法第三十六條規定：「船舶抵押權之設定，非經登記，不得對抗第三人。」此等規定與民法第七五八條之規定類似。就物權的登記生效要件主義，民法第七五八條規定：「不動產物權，依法律行為而取得、設定、喪失及變更者，非經登記，不生效力。」惟海商法第三十六條之規定與民法第七五八條之規定不同。依民法第七五八條之規定，一般抵押權之設定，以登記為生效要件，不經登記則不生效力；反之，依海商法第三十六條之規定，船舶抵押權之設定，以登記為對抗要件，若未登記，仍然有效，只是不得對抗第三人而已。

二、共有船舶之設定抵押權

㈠應有部分之設定抵押權

就共有船舶應有部分之設定抵押權，海商法第十三條規定：「船舶共有人，以其應有部分供抵押時，應得其他共有人過半數之同意。」由此規定可知，就共有船舶應有部分之設定抵押權，除應書面及登記外，並應具備「其他共有人過半數之同意」之要件。

㈡共有船舶整體之設定抵押權

就共有船舶全體之設定抵押權，海商法第十一條規定：「共有船舶之處分及其他與共有人共同利益有關之事項，應以共有人過半數並其應有部分之價值合計過半數之同意為之。」由此規定可知，就共有船舶整體之設定抵押權，除應書面及登記外，並應具備「其他共有人過半數之同意」及「其

應有部分之價值合計過半數」之要件。此即所謂「雙重」之多數決。反之，在「就共有船舶應有部分之設定抵押權」之場合，除應書面及登記外，僅需具備「其他共有人過半數之同意」之要件即可，無須具備雙重多數決之要件。

三、建造中船舶之設定抵押權

就建造中船舶之設定抵押權，強制執行法第一一四條第一項規定：「海商法所定之船舶，其強制執行，除本法另有規定外，準用關於不動產執行之規定；建造中之船舶亦同。」由此規定可知，建造中船舶之設定抵押權，既屬船舶設定抵押權之一種，其設定仍須具有「書面」、「登記」之要件，非經登記不得對抗第三人，而且建造中之船舶，須以船舶之整體設定抵押，不得以船舶之一部分設定抵押。

第五項　船舶抵押權之效力

海商法第五條規定：「海商事件，依本法之規定，本法無規定者，適用其他法律之規定。」茲就海商法之規定及其他法律之規定，分述如下：

一、海商法之規定

㈠非經登記不得對抗第三人

就抵押權設定之效力，海商法第三十六條規定：「船舶抵押權之設定，非經登記，不得對抗第三人。」

㈡不因分割或出賣而受影響

就抵押權之不可分性，海商法第三十七條規定：「船舶共有人中一人或數人，就其應有部分所設定之抵押權，不因分割或出賣而受影響。」足見船舶抵押權具有追及力，不因船舶所有人將船舶讓與他人而受影響，而且具有不可分性，不因分割而受影響。

二、其他法律之規定

(一)對抵押權人之效力

1.得就抵押權標的之賣得價金受償

民法第八七三條第一項規定:「抵押權人於債權已屆清償期而未受清償者,得聲請法院拍賣抵押物,就其賣得價金而受清償。」由此規定可知,船舶抵押權人於債權已屆清償期而未受清償者,得就抵押權標的之賣得價金受償。

至於船舶抵押權之標的物,可能為一般之船舶,亦可能為建造中之船舶。至於船舶抵押權標的物之範圍,海商法第七條規定:「除給養品外,凡於航行上或營業上必需之一切設備及屬具,皆視為船舶之一部。」

2.船舶抵押權人得就船舶抵押權所擔保之範圍優先受償

就抵押權之擔保範圍,民法第八六一條規定:「抵押權所擔保者,為原債權、利息、遲延利息及實行抵押權之費用。但契約另有訂定者,不在此限。」由此規定可知,船舶抵押權所擔保之範圍,除另有約定者外,為原債權、利息、遲延利息及實行抵押權之費用。

3.抵押權人得為保全行為

就抵押權之保全,民法第八七一條規定:「Ⅰ抵押人之行為,足使抵押物之價值減少者,抵押權人得請求停止其行為。如有急迫之情事,抵押權人得自為必要之保全處分。Ⅱ因前項請求或處分所生之費用,由抵押人負擔。」民法第八七二條規定:「Ⅰ抵押物價值減少時,抵押權人得請求抵押人回復抵押物之原狀,或提出與減少價額相當之擔保。Ⅱ抵押物之價值,因非可歸責於抵押人之事由致減少者,抵押權人僅於抵押人得受損害賠償之限度內,請求提出擔保。」

由此規定可知,船舶抵押權人得為保全行為。

4.抵押權人得取得抵押物以代清償

就抵押權之實行方法與流質契約之禁止,民法第八七三條規定:「Ⅰ抵

押權人於債權已屆清償期而未受清償者，得聲請法院拍賣抵押物，就其賣得價金而受清償。II約定於債權已屆清償期而未為清償時，抵押物之所有權移屬於抵押權人者，其約定為無效。」由此規定可知，清償期屆滿以前，約定於滿期而未清償，將抵押物之所有權移轉於抵押權人者，其約定無效。但清償期屆滿後，經當事人之合意，抵押權人得取得抵押物之所有權，以代清償❾❻。

5.抵押權人得就其抵押權讓與或提供擔保之用

⑴讓　與

就抵押權之從屬性，民法第八七〇條規定：「抵押權，不得由債權分離而為讓與，或為其他債權之擔保。」由此規定可知，船舶抵押權非屬專屬權，得隨同債權一併讓與之。惟其讓與必須登記，否則不得對抗第三人（§34）。

⑵提供擔保

就權利質權之標的，民法第九〇〇條規定：「可讓與之債權及其他權利，均得為質權之標的物。」由此規定可知，船舶抵押權人得將船舶抵押權隨同主債權一併設定權利質權，但不得設定抵押權。

⑤對抵押人之效力

1.船舶抵押權設定之後，抵押人仍得占有船舶或出賣船舶

因抵押權無須移轉占有，因此船舶抵押權設定之後，抵押人仍得占有船舶或出賣船舶。

2.船舶抵押權設定之後，抵押人仍得再設定抵押權

船舶登記法第三十條規定：「I同一船舶有二個以上之同種權利登記者，其權利先後除法令別有規定外，以登記之先後為準。II登記之先後在登記簿中為同部者，以權利先後欄為準；為異部者，以收件號數為準。」由此規定可知，船舶所有人因擔保數債權而就同一船舶設定數抵押權者，

---

❾❻　梁宇賢，《海商法論》，三民書局印行，1992 年 8 月修訂 3 版，p. 295。梁宇賢，《海商法實例解說》，自版，2000 年 5 月修訂版，p. 455。

其次序應依登記之先後為準。因此登記在先之抵押權人得就抵押權船舶之
賣得價金優先受償，登記在後之抵押權人僅得就其餘額受償❾。

3.船舶抵押權設定之後，其船舶仍得成立海事優先權

就海事優先權之位次，海商法第二十五條規定：「建造或修繕船舶所生
債權，其債權人留置船舶之留置權位次，在海事優先權之後，船舶抵押權
之前。」由此規定可知，船舶抵押權設定之後，其船舶仍得成立海事優先
權，且其海事優先權之位次優於船舶抵押權。

4.船舶抵押權設定之後，不妨礙船舶留置權之行使

就船舶留置權之位次，海商法第二十五條規定：「建造或修繕船舶所生
債權，其債權人留置船舶之留置權位次，在海事優先權之後，船舶抵押權
之前。」由此規定可知，船舶抵押權設定之後，不妨礙船舶留置權之行使，
且其船舶留置權之位次在海事優先權之後，船舶抵押權之前。

5.船舶抵押權設定之後，船舶所有人仍得設定船舶質權

就登記船舶之質權禁止，日本商法第八五〇條即規定：「已登記之船舶，
不得以之為質權之標的。」〔（登記船舶の質入の不許）登記シタル船舶ハ之
ヲ以テ質權ノ目的ト為スコトヲ得ス〕。由此規定可知，在日本法上，既已
登記之船舶不得設定質權。惟在我國海商法並無類似規定，而且船舶本質
上係屬動產，因此在解釋上船舶抵押權設定之後，船舶所有人仍得設定船
舶質權。其優先位次，應以「船舶質權人之占有船舶時間」與「船舶抵押
權之登記時間」之先後為基準，決定其優劣次序。

6.船舶抵押權設定之後，船舶所有人仍得將該船舶租賃

就船舶之登記範圍，船舶登記法第三條規定：「船舶關於左列權利之保
存、設定、移轉、變更、限制、處分或消滅，均應登記：一　所有權。二
抵押權。三　租賃權。」由此規定可知，船舶抵押權設定之後，船舶所
有人仍得將該船舶租賃。其優先位次，應以「船舶租賃之登記時間」與「船

---

❾　施智謀，《海商法》，自版，瑞明彩色印刷有限公司印刷，1986 年 7 月再版，
　　p. 68。

舶抵押權之登記時間」之先後為基準，決定其優劣次序。

第六項　船舶抵押權之位次

一、船舶抵押權相互間之位次

船舶登記法第三十條規定：「Ⅰ同一船舶有二個以上之同種權利登記者，其權利先後除法令別有規定外，以登記之先後為準。Ⅱ登記之先後在登記簿中為同部者，以權利先後欄為準；為異部者，以收件號數為準。」此規定與民法第八六五條之規定，大致相同。

民法第八六五條規定：「不動產所有人，因擔保數債權，就同一不動產，設定數抵押權者，其次序依登記之先後定之。」(Where the owner of an immovable creates several mortgages on the same property for securing several obligations, the ranks of these mortgages are determined according to the priority of registration.) 故船舶所有人，因擔保數債權，就同一不動產，設定數抵押權者，其位次應依登記之先後決定之。亦即在同一不動產上設定數抵押權者，先登記之抵押權，強過後登記之抵押權。

二、船舶抵押權與海事優先權間之位次

海商法第二十四條第二項規定：「前項海事優先權之位次，在船舶抵押權之前。」依此規定，吾人可知，海事優先權之位次，在船舶抵押權之前。本項之立法理由有二：

⑴海事優先權之成立，不必占有船舶，亦不以登記為要件，故在同一船舶，分別設有船舶抵押權與海事優先權相互競合時，無法依登記之次序而定其位次。

⑵船舶抵押權係由當事人之契約自由發生，而海事優先權則係基於法律之強制規定，若不嚴予限制，恐船舶所有人於海事優先權發生時，任意

設定抵押權，以圖妨害海事優先權人債權之行使。故在同一船舶，分別設有船舶抵押權與海事優先權相互競合時，不宜以成立之先後而定其位次。

三、船舶抵押權與留置權間之位次

船舶留置權〔英：lien of ship；日：船舶留置権（せんぱくりゅうちけん）；德：Schiffsretentionsrecht；法：droit de rétention maritime〕者，乃指船舶之占有人，就船舶所生之債權，於未受清償前得留置其船舶，以供擔保之權利也。

民法第九二八條規定：「債權人占有屬於其債務人之動產，而具有左列各款之要件者，於未受清償前，得留置之：一　債權已至清償期者。二　債權之發生，與該動產有牽連之關係者。三　其動產非因侵權行為而占有者。」民法第九二九條規定：「商人間因營業關係而占有之動產，及其因營業關係所生之債權，視為有前條所定之牽連關係。」民法第九三六條第一項又規定：「債權人於其債權已屆清償期而未受清償者，得定六個月以上之相當期限，通知債務人，聲明如不於其期限內為清償時，即就其留置物取償。」所謂「就其留置物取償」，乃指就其留置物拍賣或取得其所有權之謂也。

一般而言，抵押權僅適用於不動產（動產擔保交易法所規定之動產抵押為例外），留置權僅適用於動產，而一般之物，非動產即為不動產，不可能發生「抵押權」與「留置權」競合之情形。惟因船舶本為動產，卻又具有不動產性，故有可能發生「抵押權」與「留置權」競合之情形。例如船舶設立抵押權後，船長復於船籍港內或船籍港外修繕，發生債務，依現行海商法第二十四條之規定，無論在船籍港「內」或船籍港「外」修繕，修船廠均不得主張海事優先權（依舊海商法第二十四條第一項第五款之規定，「船長在船籍港外，依其職權為保存船舶或繼續航行之實在需要所為之行為，或契約所生之債權」得主張海事優先權），只能依民法第九二八條主張留置權。

當船舶抵押權與船舶留置權發生競合時，應如何定其位次乎？海商法第二十五條規定：「建造或修繕船舶所生債權，其債權人留置船舶之留置權位次，在海事優先權之後，船舶抵押權之前。」依此規定，吾人可知，當船舶抵押權與船舶留置權發生競合時，船舶留置權之位次，應在船舶抵押權之前。

在 1999 年修法之前，舊海商法並無類似現行海商法第二十五條之規定，因此於舊法之時代，當船舶抵押權與船舶留置權發生競合時，應如何定其位次乎？當時學界有下列兩大學說：

(一)船舶留置權優先說

主張此說者認為，當船舶抵押權與船舶留置權發生競合時，應當以船舶留置權為優先。例如梁宇賢教授即主張：「留置權優先，蓋留置權以占有為要件，留置權人於限期屆滿後，且得自行拍賣其船舶，捷足先登，乃事所必至。」[98]張東亮教授亦認為：「抵押權人若無法滿足留置債權，則將難以完成其抵押權之行使。故已登記之抵押權即次予留置權之效力。當然惡意之留置權應不予保護。」[99]

(二)以留置權之占有與船舶抵押權登記之先後決定其優劣位次說

主張此說者認為，當船舶抵押權與船舶留置權發生競合時，應當以留置權之占有與船舶抵押權登記之先後決定其優劣位次。其理由為，因登記本身對於第三人具有強烈之對抗力，不能因占有而受損，若因第三人之占有即可捷足先登，則所謂「依法登記」者，又有任何實益乎？因此，其位次應如下列：

1.船舶抵押權依法登記之場合

(1)當船舶抵押權登記在先，留置權之占有發生在後時，船舶抵押權優於船舶留置權。

(2)當船舶抵押權登記在後，留置權之占有發生在先時，船舶留置權優

[98] 梁宇賢，《海商法論》，三民書局印行，1992 年 8 月修訂 3 版，p. 298。

[99] 張東亮，《海商法新論》，五南圖書出版公司，1989 年 1 月修訂初版，p. 561。

於船舶抵押權。

2.船舶抵押權未依法登記之場合

海商法第三十六條規定：「船舶抵押權之設定，非經登記，不得對抗第三人。」在船舶抵押權未依法登記之場合，留置權人屬於海商法第三十六條所謂之「第三人」，不論船舶抵押權之設定先於或後於留置權占有之發生，抵押權人皆不得以該抵押權之設定，對抗留置權人。

因 1999 年修法時，已作現行海商法第二十五條之明文規定，既有明文之規定，則前述學理上之紛爭可告塵埃落定矣！

四、船舶抵押權與質權間之位次

質權〔羅：pignus；英：pledge；日：質権（しちけん）；德：Pfandrecht；法：nantissement, gage〕者，乃指債權人為其債權之擔保，而占有債務人或第三人移交之動產，得就其賣得價金優先受償之權利也。質權之標的為動產，而抵押權之標的則為不動產（動產擔保交易法所規定之動產抵押為例外），一般之物，非動產即為不動產，故不太可能發生「抵押權」與「質權」競合之情形。惟船舶雖為動產，但若實行質權之設定，則須移交於債權人，如此一來，債務人（船舶所有人）將無法利用船舶以繼續營業，無法繼續營業，則無法賺錢以償還債務；而債權人亦須保養船舶，費錢費力，相當不便。因未能物盡其用，就國家經濟之發展而言，亦非好事。因此諸多外國立法，大多明文禁止船舶不得設定質權，例如日本商法第八五〇條即規定：「已登記之船舶，不得以之為質權之標的。」（登記シタル船舶ハ之ヲ以テ質権ノ目的ト為スコトヲ得ス。）惟我國之海商法並無類似日本商法之禁止規定，而且船舶本為動產，故當債權人亦為航運業者之場合，似無禁止船舶設定質權之理由，在此情況下，則有可能發生「抵押權」與「質權」競合之情形。

「抵押權與質權競合之情形」，海商法並無明文之規定，因此不能與前述「抵押權與留置權競合之情形」相提並論。吾人以為，當「抵押權」與

「質權」發生競合時，應依質權之占有與抵押權登記之先後，以決定其位次。亦即，

1.船舶抵押權依法登記之場合

(1)當船舶抵押權登記在先，船舶質權之占有發生在後時，船舶抵押權優於船舶質權。

(2)當船舶抵押權登記在後，船舶質權之占有發生在先時，船舶質權優於船舶抵押權。

2.船舶抵押權未依法登記之場合

海商法第三十六條規定：「船舶抵押權之設定，非經登記，不得對抗第三人。」在船舶抵押權未依法登記之場合，質權人屬於海商法第三十六條所謂之「第三人」，不論船舶抵押權之設定先於或後於質權占有之發生，抵押權人皆不得以該抵押權之設定，對抗質權人。

五、船舶抵押權與船舶租賃權間之位次

租賃〔羅：locatio conductio rei；英：lease, hiring of things；日：賃貸借（ちんたいしゃく）；德：Miete und Pacht；法：louage des choses〕者，乃指當事人約定一方以物租與他方使用收益，他方支付租金之契約也（民§421 II）。船舶租賃者，乃指出租人將船舶移交於承租人，並由其全權管理經營船舶業務之謂也。

船舶登記法第三條規定：「船舶關於左列權利之保存、設定、移轉、變更、限制、處分或消滅，均應登記：一　所有權。二　抵押權。三　租賃權。」船舶登記法第四條又規定：「船舶應行登記之事項，非經登記，不得對抗第三人。」足見船舶租賃權，亦採登記對抗主義，既然船舶抵押權與船舶租賃權均以登記為對抗要件，則船舶抵押權與船舶租賃權間之位次，自應依其登記之先後以決定之，而非以成立之先後以決定之。

第七項　船舶抵押權之消滅

船舶抵押權消滅之原因，與民法上抵押權之消滅原因相同，茲簡單說明如下：

一、船舶之滅失

㈠船舶之全部滅失

就抵押權之消滅與物上代位性，民法第八八一條規定：「抵押權，因抵押物滅失而消滅。但因滅失得受之賠償金，應按各抵押權人之次序分配之。」由此規定可知，船舶抵押權因船舶之全部滅失而消滅。

㈡船舶之部分滅失

若船舶僅一部分滅失時，依擔保不可分原則，船舶抵押權仍應存在於船舶之殘餘部分。例如海難之後，船舶僅存在一部分之船體，則該船舶抵押權仍應存在於該剩下之一部分之船體。

二、所擔保債權之消滅

㈠所擔保債權消滅時，船舶抵押權亦隨之消滅

擔保物權以所擔保債權之存在為前提，若所擔保之債權因清償、抵銷、提存、免除、混同而消滅時，擔保物權當然亦隨之消滅。船舶抵押權既為擔保物權之一種，當其所擔保之債權消滅時，船舶抵押權當然亦隨之消滅。

㈡所擔保債權因時效消滅時，船舶抵押權亦隨之消滅

就抵押權之除斥期間，民法第八八〇條規定：「以抵押權擔保之債權，其請求權已因時效而消滅，如抵押權人於消滅時效完成後，五年間不實行其抵押權者，其抵押權消滅。」由此規定可知，以船舶抵押權擔保之債權，其請求權因時效而消滅時，如抵押權人於消滅時效完成後，五年間不實行其抵押權者，其抵押權消滅。

三、物權之混同

　　物權之混同，乃指同一物之所有權及其他物權，同歸一人，以致其他物權歸於消滅之謂也。就所有權與其他物權之混同，民法第七六二條規定：「同一物之所有權及其他物權，歸屬於一人者，其他物權因混同而消滅。但其他物權之存續，於所有人或第三人有法律上之利益者，不在此限。」由此規定可知，船舶所有權與船舶抵押權同歸一人時，船舶抵押權將因物權之混同而消滅。

四、拋　棄

　　船舶抵押權既為財產權，權利人自得加以拋棄。船舶抵押權人拋棄船舶抵押權時，應以意思表示向抵押人為之，且須為抵押權登記之塗銷。船舶抵押權拋棄之後，其所擔保之債權將成為普通債權。船舶抵押權固可自由為之，但當其拋棄有害第三人利益時，權利人即不得自由拋棄。

　　在船舶抵押權依法消滅之場合，應由抵押權人會同抵押人向主管機關申請抵押權之註銷登記，並繳還抵押權登記書；在船舶抵押權依法院裁判而消滅之場合，得僅由抵押人申請抵押權之註銷登記❿。

第八項　船舶抵押權與海事優先權之區別

　　船舶抵押權與海事優先權之不同，約有下列幾點：

一、定義不同

　　抵押權〔英：mortgage or hypothec；日：抵当権（ていとうけん）；德：Hypothek；法：hypothèque〕者，乃指對於債務人或第三人不移轉占有而供

---

❿　梁宇賢，《海商法論》，三民書局印行，1992 年 8 月修訂三版，p. 301。施智謀，《海商法》，自版，瑞明彩色印刷有限公司印刷，1986 年 7 月再版，p. 71。

擔保之不動產，得就其賣得價金優先受償之權利也。海事優先權〔英：
maritime lien ；日：船舶先取特権（せんぱくさきどりとっけん）；德：
gesetzliches Pfandrecht, Schiffsgläubigerrecht；法：privilège maritime〕者，
亦稱船舶優先權，乃指對於海商法所規定之特殊債權，得就該船舶、運費
及其附屬費等特定標的物主張優先於其他債權而受清償之法定擔保權利
也。

二、立法目的不同

　　海事優先權之立法目的乃在於：1. 緩和船舶所有人責任限制對債權人
不利之規定；2.鼓勵船舶之救助、沉船之打撈或移除，以維船舶航海之安
全；3.保護公益、共益，並能維護衡平之原則。反之，船舶抵押權之立法
理由乃在於：給予船舶所有人繼續利用船舶之便利，且使抵押權人能減少
保管船舶之費用。因船舶本為動產，融資時本來無法設定抵押權。惟若將
船舶設定質權，則須將船舶之占有移轉於債權人。如此一來，就船舶所有
人而言，將無法繼續利用船舶，其營業將因而停頓，而無法償債；就船舶
之債權人而言，船舶債權人將因占有船舶而支付龐大之保養費用；就國家
社會經濟而言，將因船舶之移轉占有而使船舶無法「物盡其用」。有鑑於此，
世界各國乃將船舶不動產化，仿照不動產之抵押，創設船舶抵押權之制度。

三、發生原因不同

　　船舶抵押權之發生係基於當事人間之約定；反之，海事優先權之發生
則係基於法律之明文規定（§24），當事人間不得以契約創設或變更。

四、受償標的不同

　　船舶抵押權之標的物，可能為一般之船舶，亦可能為建造中之船舶。
至於船舶抵押權標的物之範圍，海商法第七條規定：「除給養品外，凡於航
行上或營業上必需之一切設備及屬具，皆視為船舶之一部。」

反之，依海商法第二十七條之規定，海事優先權之標的物則為： 1.船舶、船舶設備及屬具或其殘餘物。 2.在發生優先債權之航行期內之運費。 3.船舶所有人因本次航行中船舶所受損害，或運費損失應得之賠償。 4.船舶所有人因共同海損應得之賠償。 5.船舶所有人在航行完成前，為施行救助所應得之報酬。

五、時效不同

依民法第八八○條之規定，以抵押權擔保之債權，其請求權已因時效而消滅，如抵押權人於消滅時效完成後，五年間不實行其抵押權者，其抵押權消滅。反之，海商法第三十二條之規定，第二十四條第一項海事優先權自其債權發生之日起，經一年而消滅。但第二十四條第一項第一款之賠償，自離職之日起算。

六、成立方式不同

於船舶抵押權之場合，船舶抵押權由船舶經理人（§19）或船舶所有人或其他受特別委任之人（§35）始得設定，且須以書面為之（§33），並須經登記始得對抗第三人（§36）；反之，於海事優先權之場合，海事優先權係依法律規定而當然發生，無須此等方式。

七、位次不同

海商法第二十五條規定：「建造或修繕船舶所生債權，其債權人留置船舶之留置權位次，在海事優先權之後，船舶抵押權之前。」由此規定可知，海事優先權之位次優於船舶抵押權。

八、多數競合時決定效力位次之標準不同

船舶抵押權多數競合時，其決定效力位次之標準，應以登記之先後為準；至於海事優先權，其決定效力位次之標準則如下：

(一)同次航行之優先權

　　1.屬於同次航行之優先權，其位次依海商法第二十四條第一項各款之規定。

　　2.同一位次中有數債權者，不分先後，比例受償。

　　3.海商法第二十四條第一項第三款（救助之報酬、清除沉船費用及船舶共同海損分擔額之賠償請求），如有二個以上屬於同一種類，其發生在後者，優先受償。

　　4.因同一事變所生之債權，視為同時發生之債權，應不分先後比例受償（指同種類之債權而言）。

(二)異次航行之優先權

　　不屬同次航行之優先權，其後次航行之優先權，先於前次航行之優先權。

九、消滅原因不同

(一)船舶抵押權之消滅原因

　　就船舶抵押權之消滅原因，海商法並無明文規定，應適用民法有關抵押權消滅之規定。例如因船舶之滅失、所擔保債權之消滅、物權之混同、拋棄等原因而消滅即是。

(二)海事優先權之消滅原因

　　海事優先權之消滅原因，約有下列幾點：

1.因事實上之理由而消滅

　　(1)船舶滅失。

　　(2)運費、賠償債權、共同海損分擔額及救助、撈救報酬，經船舶所有人收取而失去海產性質時，海事優先權亦歸消滅。

2.因法律行為而消滅

　　(1)主債權因清償等原因消滅時，海事優先權亦歸消滅。

　　(2)海事優先權人拋棄優先權時，海事優先權亦歸消滅。

3.除斥期間

就海事優先權之消滅，海商法第三十二條規定：「第二十四條第一項海事優先權自其債權發生之日起，經一年而消滅。但第二十四條第一項第一款之賠償，自離職之日起算。」

第四節　船舶所有人之責任限制

第一項　責任限制之理由

一、責任之意義

在民商法上，責任〔英：liability；日：責任（せきにん）；德：Verantwortlichkeit；法：responsabilité〕者，乃指違反義務者所應負擔之不利益也。責任有無限責任與有限責任之分。

㈠無限責任

無限責任〔英：unlimited liability；日：無限責任（むげんせきにん）；德：unbeschränkte Haftung；法：responsabilité illimitée〕者，乃指債務人就其全部債務，須以其全部財產為其負擔最高限度之責任也，亦稱為人的責任❶。例如合夥人對於合夥之債務，無限公司股東對於公司之債務，即須負此人的無限責任。

㈡有限責任

有限責任〔英：limited liability；日：有限責任（ゆうげんせきにん）；德：beschränkte Haftung；法：responsabilité limitéc〕者，乃指債務人就其

---

❶　我妻栄，《新法律学辞典》，有斐閣，昭和 51 年 5 月 30 日新版初版第 16 刷發行，p. 672。

全部債務，僅以其一定限度之財產為其負擔最高限度之責任也。有限責任
又可分為下列兩種：

1.人的有限責任

人的有限責任 (limited liability of person) 者，乃指債務人就其全部債
務，僅以一定金額為其負擔最高限度之責任也，亦稱為量的有限責任、定
額有限責任或計算上有限責任。人的有限責任，雖以債務人之一般財產為
對象，但其數額卻有限定。例如股份有限公司之股東、有限公司之股東、
兩合公司之有限責任股東，對於公司倒閉後之全部債務，該股東僅以自己
認股之額數或出資額為其責任負擔之最高限度。

2.物的有限責任

物的有限責任 (limited liability of thing) 者，乃指債務人就其全部債務，
僅以特定財產或特定物為其負擔最高限度之責任也。以特定財產為其負擔
最高限度之責任者，例如限定繼承人，對於被繼承人債務所負之責任，僅
以所繼承之財產為限（民 §1154）。以特定物為其負擔最高限度之責任者，
例如船舶所有人，將船舶委付 (abandon) 時，其責任即以委付之船舶為限
（1929 年公布之舊海商法 §23 之規定，稱為免責委付，1962 年修正時已廢）；
又如貨物之所有人，對於海難救助之報酬，以被救助之貨物為最高責任限
度；典押當業質權，出質人之責任，以質物為最高責任限度，均屬之❿。

二、船舶所有人責任限制之意義

船舶所有人責任限制者，乃指船舶所有人對於船舶業務活動所生債務
僅在一定限度內負擔有限責任之制度也。惟此之所謂船舶所有人〔英：
shipowner；日：船舶所有者（せんぱくしょゆうしゃ）；德：Reeder；法：
propriétaire de navire, armateur〕者，依我國現行海商法第二十一條第二項之
規定，係指船舶所有權人、船舶承租人、經理人及營運人而言。亦即除對

船舶享有所有權之人外，尚包括利用他人船舶從事海上業務活動，而對船舶享有指揮營運權之人。例如船舶承租人、經理人及營運人，對於船舶雖無物權法上之靜態所有權，但係利用他人之船舶從事海上業務活動，而對船舶享有指揮營運權之人，故船舶承租人、經理人及營運人，仍屬此之所謂「船舶所有人」。至於傭船運送人，因對於船舶並無指揮營運之權，故非此之所謂船舶所有人。船長、海員均為受船舶所有人所僱用之人（§2），對於船舶並無指揮營運之權，故亦非此之所謂船舶所有人。

「1957 年關於海船所有人責任限制之國際公約」 (International Convention relating to the Limitation of the Liability of Owners of Sea-going Ships, 1957) 規定傭船運送人 (charterer)、經理人 (manager)、船長 (master)、船員 (members of the crew) 得比照船舶所有人責任限制之規定主張限制責任（公約 §6）。因我國海商法並無類似之規定，自無與該公約作相同解釋之必要。依我國現行海商法第二十一條第二項之規定，所謂船舶所有人，包括船舶所有權人、船舶承租人、經理人及營運人。其中「船舶所有權人」係指航行船舶依船舶登記法所登記之船舶所有權人；「船舶承租人」係指就航行船舶與船舶所有權人訂有光船租賃契約之傭船人；「經理人」係指就航行船舶受委任經營其航運業務之人；「營運人」係指航行船舶之船舶所有權人、船舶承租人、經理人以外有權為船舶營運之人 ❿ 。

三、船舶所有人責任限制之立法理由

民法第一八八條第一項規定：「受僱人因執行職務，不法侵害他人之權利者，由僱用人與行為人連帶負損害賠償責任。但選任受僱人及監督其職務之執行，已盡相當之注意或縱加以相當之注意而仍不免發生損害者，僱用人不負賠償責任。」(The employer is jointly liable to make compensation for any damage which the employee wrongfully causes to the rights of another person in the performance of his duties. However, the employer is not liable for

---

❿　交通部，《海商法修正草案（含總說明）》，1995 年 7 月，p. 24。

the damage if he has exercised reasonable care in the selection of the employee, and in the superintendence of the duties, or if the damage would have been occasioned notwithstanding the exercise of such reasonable care.) 依此規定，受僱人因執行職務，不法侵害他人之權利時，應由僱用人與行為人連帶負損害賠償責任。但在海商法中，對於船舶所有人之損害賠償責任，則往往加以限制，設法予以減輕。究其理由，約有下列幾點：

㈠船長在航海中權限極大，船舶所有人不易指揮命令

船長在航海中權限極廣，其行為亦極為自由，船舶所有人實在不易指揮命令，縱然現代通訊設備發達，分公司及營業所普遍設立，但船舶發航後，仍非船舶所有人所能一一直接指揮，尤其在航行技術上，船長更負有指揮督導之責，實非船舶所有人所能直接指揮命令。

㈡海員在航海中行動自由，船舶所有人無法直接指揮監督

海員在航海中行動自由，船舶所有人不易直接指揮監督，且受航政主管機關監督之事由頗多，對海員之選任、解任，亦難任意辦理。

㈢船長及其他高級海員，非船舶所有人所能任意選任

船長及其他高級海員，須經國家考試及格而領有證書者，始得充當之，自應認其具有勝任能力，非船舶所有人所能任意選任。故與一般僱用人對受僱人選用不當、監督不周之情形，不能相提並論。

㈣若不減輕船舶所有人之責任，人人將視航海為畏途

航海事業，危險性既高，其損害之金額又極其龐大，若令船舶所有人於「海上財產」之外，復須以「陸上財產」充當賠償，小則個人傾家蕩產，大則影響社會經濟。因此若不減輕船舶所有人之責任，人人將視航海為畏途，海運事業焉能發展！

㈤海商企業關係國勢之強弱，在國策上實有特加保護之必要

海商企業本為一國軍事政治經濟活動之基礎，海商之盛衰關係國勢之強弱，因此為扶植造船工業、獎勵航業、發展國際貿易、鞏固海權，在國策上實有特加保護之必要。

前述第㈠至㈢點之理由，所謂「船舶所有人不易指揮命令」、「船舶所有人無法直接監督」等理由，因目前通訊設備極其發達，其構成理由之重要性，顯已不如從前。前述第㈣點之理由，所謂「若不減輕船舶所有人之責任，人人將視航海為畏途」之理由，因我國現行法已有法定免責之規定（§69、§70、§71、§72），法定免責之規定，就船舶所有人之保護而言，其實益尤甚於「船舶所有人責任限制之規定」，因此第㈣點之理由，就船舶所有人之保護或鼓勵而言，並非甚為重要❶❹。

第二項　責任限制之主義

關於船舶所有人責任之限制，各國立法所採之主義，約有下列幾種：

一、執行主義

㈠執行主義之意義

執行主義，亦稱海產主義，乃德國 1972 年 6 月 21 日以前所採之主義，故又稱為德國主義。執行主義〔英：principle of execution；日：執行主義（しっこうしゅぎ）；德：Exekutionssystem〕者，乃指將船舶所有人之財產分為海產 (Seevermögen) 與陸產 (Landvermögen) 兩種，船舶所有人就船舶業務活動所生債務，自始僅以本次航行之海產為限，負擔物的有限責任之原則也。

所謂海產，係指船舶及與船舶有關之運費 (Schiff und Fracht) 而言。船舶所有人應就債務之全額，負其責任，惟強制執行僅以本次航行之海產為限，亦即船舶債權人就其債權數額，僅得對於與債權發生有關之海產（指船舶及與船舶有關之運費）為強制執行，對於船舶所有人之其他財產則無

---

❶❹　張新平，〈現行海商法有關船舶所有人責任限制及海事優先權規定之探討〉，國立政治大學法學院財經法研究中心，財經法新趨勢研討會㈤，2000 年 5 月 2 日，pp. 2～4。

強制執行之權利。

執行主義下之船舶所有人責任，屬於物的有限責任。船舶所有人就船舶業務活動所生債務，本應負擔全額清償之義務，法律之所以僅令船舶所有人負擔物的有限責任者，乃為保護善意之船舶所有人，故當船舶所有人於船舶債務發生後，坐令船舶減損其價值以損害債權人之利益時，法律為保護債權人之利益起見，規定在一定之條件下，船舶所有人仍須負人的無限責任，因在此情況下，對於船舶所有人已無保護之必要也[105]。

(二)執行主義之優點

執行主義具有如下之優點：

1.明確扼要，讓人容易瞭解

將船舶所有人之財產分為海產與陸產兩種，可謂明確扼要，頗具實用性而讓人容易瞭解。

2.頗具保護運送人之旨趣

船舶所有人就船舶業務活動所生債務，自始僅以本次航行之海產為限，頗具保護航海者之旨趣。尤其在各國紛紛立法減輕船舶所有人責任之趨勢中，執行主義之觀念令人注目。

(三)執行主義之缺點

執行主義具有如下之缺點：

1.破壞財產之整體性，令人難以接受

現代國家多均承認財產之整體性與作為之整體性，執行主義將船舶所有人之財產分為海產與陸產，此種觀念有失財產之整體性，恐非現代國家所能接受。

---

[105] 石井照久、伊沢孝平，《海商法・航空法》，有斐閣，昭和 43 年 8 月 20 日初版第 5 刷發行，p. 148。林咏榮，《商事法新詮（下）》，五南圖書出版公司，1989 年 4 月再版，p. 542。楊仁壽，《海商法論》，自版，三民書局總經銷，1993 年 3 月印刷，p. 127。

2.違背報償責任之原則，亦與委任及授權代理之觀念不符

現今社會，交易頻繁，委任他人，代為辦事，勢所難免，委任人因受任人之行為而享受利益，委任人自應因受任人之行為而負擔責任，而在執行主義之下，船舶所有人就船長之行為，原則上不負任何責任，此等立法不但有違報償責任之原則，亦與委任及授權代理之觀念不符，不但不合現代立法之潮流，而且有害國家社會之利益，實為錯誤而危險之觀念❿。報償責任〔日：報償責任（ほうしょうせきにん）；德：Equivalenzprinzip〕者，乃指在社會生活中，獲取重大收益之當事人，就其收益活動所生之損害應負賠償之責任也。亦即，在社會生活中，因某特別方法或設施收取特別利益之人，就該特別方法或設施所生之損害，縱無過失亦應加以補償之賠償責任也。

3.對債權人十分不利，船舶債權人易遭無謂之損失

在執行主義之下，船舶所有人之責任，自始僅以船舶及與船舶有關之運費為限，當執行標的之船舶，於強制執行前，非因船舶所有人之故意或過失而消滅時，船舶債權人之債權，即因執行標的物之不存在而失其執行力，船舶債權人往往遭到無謂之損失。

4.發生過分複雜之副作用，令人眼花撩亂

執行主義本來在於力求明確扼要，結果卻發生過分複雜之副作用。例如執行主義將船舶所有人之責任區分為個人責任、物上責任、個人有限責任、個人物上混合責任等，又將債權人區分為若干範疇，分別給予各種名稱，各種債權人之身分又可相互轉變（例如船員薪工之給付請求權本為海上債權，卻得轉變為陸上債權，而對船舶所有人之陸上財產請求執行），如此規定未免過分複雜而令人眼花撩亂❿。

---

❿ 吳智，《海商法論》，自版，三民書局總經銷，1976 年 3 月修訂 4 版，p. 38。林行，《船舶所有人責任限制之演進及其在我國法制上之研究》，東吳大學碩士論文，1978 年 12 月，p. 40。陳洪，〈船舶所有人負責制度之現狀〉，《法學叢刊》，第 25 期第 7 卷，pp. 69～70。

執行主義原係德國及北歐斯堪地那維亞半島上諸國所採之主義，惟北歐諸國所採用之執行主義，乃其自古已有之制度，並非受到德國之影響。德國自 1972 年修訂商法海商篇之後，關於船舶所有人之責任制度，已經改採「金額主義」（「1957 年關於海船所有人責任限制之國際公約」所採之金額主義）；北歐諸國亦紛紛改採金額主義，其中雖有某些學者力主執行主義之優越性，但究無法使採用執行主義之國家增多 ❿ 。

二、委付主義

㈠委付主義之意義

委付主義〔英：principle of abandonment；日：委付主義（いふしゅぎ）；德：Abandonsystem；法：abandon, délaissement〕者，乃指本來船舶所有人對於因船舶業務活動所生之債務，與其他債務相同，應以全部之財產，負人的無限責任，但在法律規定之條件下，船舶所有人得委付其船舶及運費予債權人而免除其責任之原則也。委付主義，亦稱為法國主義或法法主義，乃因委付主義係承襲拿破崙法典而來，且採委付主義之國家又以法國為代表之故也；惟法國已於 1967 年改採金額主義（「1957 年關於海船所有人責任限制之國際公約」所採之金額主義），故將委付主義稱之為法國主義或法法主義，似有名實不符之嫌。

委付主義又稱為拉丁主義，其所以如此者，乃因拉丁國家大多採用委付主義之故也；惟日本並非拉丁國家，卻於 1975 年以前一直採用委付主義；反之，西班牙屬於拉丁國家，卻早已不採委付主義，因此將委付主義稱之為拉丁主義，亦有名實不符之嫌。

委付主義與執行主義，有點類似，但實質不同，其重大之差異，約有

---

❿ 林行，前揭《船舶所有人責任限制之演進及其在我國法制上之研究》，p. 39。吳智，前揭《海商法論》，p. 38。

❿ 陳洪，前揭〈船舶所有人負責制度之現狀〉，p. 68。林行，前揭《船舶所有人責任限制之演進及其在我國法制上之研究》，p. 41。

下列幾點：

(1)於委付主義之場合，委付之前，船舶所有人之責任本為「人的無限責任」，僅在委付之後，始變為「物的有限責任」；反之，於執行主義之場合，無論於委付之前或委付之後，均以「物的有限責任」為原則。

(2)於委付主義之場合，一經委付，海產即歸於債權人，海產經執行後，不足清償債務或尚有餘額，均與船舶所有人無關；反之，於執行主義之場合，海產經執行後，其金額不足清償債務時，船舶所有人固能免其責任，海產經執行後，尚有餘額時，則其餘額仍須歸還船舶所有人。

法國於 1967 年，以船舶法第六十一條之規定，改採金額主義（「1957 年關於海船所有人責任限制之國際公約」所採之金額主義）。日本自 1975 年 12 月 27 日頒布「船舶所有人責任限制法」（船舶の所有者等の責任の制限に関する法律）之後，亦已改採金額主義❿。

㈡委付主義之優點

委付主義具有如下之優點：

1.只要符合委付要件，發航前即可估計船舶所有人最高之責任限度

只要符合委付要件，不問損害多重，船舶所有人亦得以委付其海產而負物的有限責任，因此在發航前，即可準確估計船舶所有人最大之責任限度。

2.海產之範圍，容易瞭解，不怕作偽

債權人對於船舶所有人所應償付之海產，容易瞭解，而且海產、陸產之區分，不怕錯誤或作偽。

㈢委付主義之缺點

委付主義具有如下之缺點：

1.委付主義往往空使船舶繫留碼頭而不能利用或處分

因委付必須符合法定要件且須經表示始生效力，是否符合法定要件，

---

❿ 田中誠二，《海商法詳論》，勁草書房，昭和 51 年 8 月 20 日第 1 版第 1 刷第 2 回發行，pp. 276、277。

亦須經過種種調查。因此委付與否，易起爭端，往往空使船舶繫留碼頭而不能利用或處分。

2.委付主義往往會妨礙國家造船工業之發展

　　就國家社會之利益而言，船舶所有人應盡量投資，建造噸位大、速度快、性能好之船舶，而且經常汰舊換新，如此始能促進國家造船工業之發展。但在委付主義之下，船舶所有人之責任既以船舶之價值為準，船舶之價值愈小，則船舶所有人之責任愈輕，船舶之價值愈大，則船舶所有人之責任愈重。如此一來，投資愈大，吃虧愈大，誰人樂意建造噸位大、速度快、性能好之船舶？誰人樂意經常汰舊換新？國家之造船工業又焉能獲得發展❿？

3.委付主義往往致使航運發達之國家處於不利之地位

　　在委付主義之下，對於船舶，不論其噸位之大小，均採同等待遇。因此若在國際間發生債務，可能發生高成本之本國巨輪委付於外國債權人，低成本之外國小輪委付於本國債權人之現象。如此不成比例之責任負擔，往往致使航運發達之國家處於不利之地位⓫。

4.船舶全部滅失時，等於變相之不負責

　　當船舶全部滅失時，委付海產等於變相之絕對不負責。此時船舶所有人往往藉口貨物可由保險人賠償，不生任何困擾問題。然而船舶所載者，除貨物之外，往往尚有未保險之旅客，此等未保險之旅客，如有身體傷亡，因未保險，當然無法由保險人賠償，船舶所有人在此情形，是否亦能藉口船舶之全部滅失而隨同免責？對於此點，委付主義尚難自圓其說⓬。

---

❿　張東亮，《海商法新論》，五南圖書出版公司，1989 年 1 月修訂初版，p. 184。

⓫　梁宇賢，《海商法論》，三民書局印行，1992 年 8 月修訂 3 版，p. 185。吳智，前揭《海商法論》，p. 40。

⓬　吳智，前揭《海商法論》，p. 40。梁宇賢，前揭《海商法論》，p. 185。

三、金額主義

㈠金額主義之意義

金額主義〔英：principle of tonnage or amounts；日：金額責任主義（きんがくせきにんしゅぎ）；德：Summenhaftungssystem〕者，乃指於每次海上事故發生時，不分陸產與海產，僅依其船舶噸數之比例，分別就對人損害或對物損害，以計算船舶所有人責任之原則也。因金額主義係依其船舶之噸數以計算船舶所有人之責任，故金額主義又稱為噸數主義；亦因金額主義係英國 1894 年商船法 (Merchant Shipping Act, 1894) 所採之主義，且採用金額主義之國家亦以英國為代表，故金額主義又稱為英國主義。

英國舊商船法規定，船舶所有人對於生命或身體之損害賠償，應按船舶登記之噸數，以每噸 15 英鎊計算其責任之最高數額；對於貨物、商品、或其他物品之損害賠償，應按船舶登記之噸數，以每噸 8 英鎊計算其責任之最高數額；如生命、身體與貨物同時發生損害時，船舶所有人仍以每噸 15 英鎊計算其責任之最高數額，惟在分配此責任數額時，先以每噸 7 英鎊之數額，專供生命、身體損害者分配之用，再以其餘每噸 8 英鎊之數額，供貨物損害者及生命、身體之損害未能在上述每噸 7 英鎊內獲得滿足賠償者共同分配之。

英國舊商船法所採之金額主義，對於物之損害，以每噸 8 英鎊計算船舶所有人責任之最高數額；對於人之損害，以每噸 15 英鎊計算船舶所有人責任之最高數額，此乃因為當年制定商船法之時，以船舶總價除以船舶噸數，一般貨輪之平均造價正好必須每噸 8 英鎊，一般客輪之平均造價正好必須每噸 15 英鎊，始能耐航之故也。

在金額主義之下，若船舶於一次航行中遭遇數次海難，船舶所有人須對此同一航程中所發生之所有事故，分別負擔賠償責任，船舶所有人之賠償責任隨時有增加之可能。金額主義不像委付主義以整次之航海為標準，而係以航海中每次事故之計算為標準，故金額主義又稱為事故主義。

　　1957 年 10 月 10 日在比利時首都布魯塞爾 (Brussels) 舉行第十屆國際海事法外交會議，通過「1957 年關於海船所有人責任限制之國際公約」(International Convention relating to the Limitation of the Liability of Owners of Sea-going Ships, 1957)，對於船舶所有人之責任限制，採用金額主義。本公約第三條第一項中規定：「船舶所有人得依第一條限制其責任者，其責任限度之金額規定如左：(1)事件僅發生財產債權者，按船舶噸位，以每噸 1,000 金法郎計之總額。(2)事件僅發生人身債權者，按船舶噸位，以每噸 3,100 金法郎計之總額。(3)事件發生人身債權及財產債權者，按船舶噸位，以每噸 3,100 金法郎計之總額；其第一部分等於按船舶噸位，每噸 2,100 金法郎計之金額應專供人身債權之償付；其第二部分等於按船舶噸位，每噸 1,000 金法郎計之金額應供財產債權之償付，但如第一部分不足以清償人身債權者，則其未經清償之債權餘額應與財產債權就第二部分比例受償。」 (The amounts to which the owner of a ship may limit his liability under Article 1 shall be: (a) Where the occurrence has only given rise to property claims, an aggregate amount of 1,000 francs for each ton of the ship's tonnage; (b) Where the occurrence has only given rise to personal claims, an aggregate amount of 3,100 francs for each ton of the ship's tonnage; (c) Where the occurrence has given rise both to personal claims and property claims an aggregate amount of 3,100 francs for each ton of the ship's tonnage, of which a first portion amounting to 2,100 francs for each ton of the ship's tonnage shall be exclusively appropriated to the payment of personal claims and of which a second portion amounting to 1,000 francs for each ton of the ship's tonnage shall be appropriated to the payment of property claims; Provided however that in case where the first portion is insufficient to pay the personal claims in full, the unpaid balance of such claims shall rank rateably with the property claims for payment against the second portion of the fund.)

　　本公約第三條第六項又規定：「本條所稱之金法郎指重量為 65.5 公絲，

成色為純金千分之九百之單位。」(The franc mentioned in this Article shall be deemed to refer to a unit consisting of sixty-five-and-a-half milligrams of gold of millesimal fineness nine hundred.)

本公約對於船舶所有人之責任限制,除作為責任數額計算標準不同之外(一為英鎊,一為金法郎),與英國 1894 年商船法大致相同。例如船舶之噸數為一萬噸,則船舶所有人之最高責任限度應為:

(1)僅發生物的損害(財物損害)時,船舶所有人之最高責任限度應為:
1,000 f × 10,000 = 10,000,000 f

(2)僅發生人的損害(人身傷亡)時,船舶所有人之最高責任限度應為:
3,100 f × 10,000 = 31,000,000 f

(3)同時發生人的損害及物的損害時,船舶所有人之最高責任限度應為:
3,100 f × 10,000 = 31,000,000 f,但須分下列兩部分以賠償之。

a. 先以 2,100 f × 10,000 = 21,000,000 f 之數額專供人身傷亡賠償之用。

b. 再以 1,000 f × 10,000 = 10,000,000 f 之數額供財物損害賠償之用,但如第 a. 部分之數額不敷賠償人身傷亡之全部請求時,其不足之數額,得參加第 b. 部分,比例受償之。

本公約所採用之金額主義,曾經得到採執行主義之德國、採委付主義之法國所批准,故金額主義已非「僅英國」所採用之主義。

(二)金額主義之優點

金額主義具如下之優點:

1.事故發生之前,船舶所有人即可預知其責任之最高限度,而且計算時簡單明瞭

在金額主義之下,依船舶之噸數以決定船舶所有人責任之範圍,因此在每次事故發生之前,船舶所有人即可預先知道該次事故責任之最高限度。而且在計算船舶所有人責任之最高限度時,簡單明瞭,不像其他主義在估計海產時易生困難與糾紛,此點對於船舶所有人相當有利。

2.債權人不至因執行標的物之不存在而無法獲得賠償，對於債權人相當有利

在金額主義之下，船舶所有人所負之責任屬於人的有限責任，在一定之金錢數額內，船舶所有人須以其全部財產負擔清償責任，而且就對人之損害及對物之損害分別加以賠償，不論生命、身體或貨物之損害，債權人均可獲得確實可靠之擔保。不像在執行主義或委付主義之下，當船舶非因船舶所有人之故意或過失而全部滅失時，船舶債權人即有因執行標的物之不存在而無法獲得絲毫賠償之危險，此點對於債權人相當有利。

3.可以鼓勵船舶所有人汰舊換新，促進國家造船工業之發達

在金額主義之下，船舶所有人之責任既以船舶之噸數為準，不以船舶之價值為準，則船舶所有人不因船舶價值愈大而責任愈重，亦不因船舶價值愈小而責任愈輕。反之，船舶之性能愈佳，安全性即愈高，發生事故之可能性即愈少，對於船舶所有人之利益即愈有保障。如此一來，船舶所有人將樂意建造噸位大、速度快、性能好之船舶，船舶所有人將樂意經常汰舊換新，既可增進航海之安全，減低航海事故之發生，又能藉此發展國家之造船工業，奠定海權之基礎也。

(三)金額主義之缺點

金額主義具如下之缺點：

1.同一次航程中，發生數次事故時，對船舶所有人相當不利

在同一次航程中，若發生數次事故，對於每次事故，均須按其船舶之噸數而負其責任，對於船舶所有人而言，責任未免太重。亦即，在同一次航程中，若發生數次事故，船舶所有人所應負擔之責任最高限度，可能累積至天文數字。因此，在每次事故發生之前，船舶所有人固可預知該次事故責任之最高限度，但在每次航海開始之前，無法預知事故之次數，故事實上船舶所有人無法預知責任之最高限度，此點對於船舶所有人相當不利。

2.可藉一船公司之設立逃避責任，對於鼓勵大型海運公司之發展相當不利

因在金額主義之下，不分海產與陸產，一律按照船舶之噸數而負人的有限責任，船舶所有人為了逃避責任，往往會利用公司法上有限責任之規定（例如股份有限公司僅負股份有限責任；有限公司僅負有限責任），設立「一船公司」(single ship company)。一旦發生巨大賠償，公司即宣告破產，以逃避責任，此點對於鼓勵大型海運公司之發展相當不利。

3.對大船之船舶所有人較不公平

事實上，大船每噸之造價遠低於小船每噸之造價，在金額主義之下，不分大船與小船，一律按照船舶之噸數以計算船舶所有人責任之最高限度，此點對於大船之船舶所有人相當不公平。

4.無法及時反應船舶造價，易生計算與事實顯著不符之現象

英國之舊商船法，其制定之時，貨輪之造價，恰好平均每噸為八英鎊，因此對於物之損害，以每噸為 8 英磅計算船舶所有人責任之最高限度，或許不無道理。但若於今日，復以每噸為 8 英磅為船舶之造價，並以之計算船舶所有人責任之最高限度，則將顯然不符事實。由此可見，金融市場本就具有潛在之不穩定性，相同之金額，在不同之時間，往往會有不同之價值。而金額主義卻以每噸「固定」之若干金額，以計算船舶所有人責任之最高限度，此種主義，在通貨膨脹劇烈之現代，往往會發生法律無法及時修改，無法及時反應船舶造價，以致計算船舶所有人責任之最高限度時，往往會發生計算與事實顯著不符之現象，此點可說是金額主義特有之缺點。

四、船價主義

㈠船價主義之意義

船價主義〔英：principle of vessel's value；日：船価責任主義（せんかせきにんしゅぎ）；德：Werthaftungssystem〕者，乃指船舶所有人應於本次航行終了時「船舶價值」及運費、收益之數額內，就其全部財產，負人的

有限責任，惟船舶所有人亦得不提供船舶價值，將船舶委棄予債權人以免除其責任之原則也。船價主義為美國 1935 年以前所採之主義，故亦稱為美國主義。

在船價主義之下，船舶所有人對於「提供船舶價值」或「委棄船舶」有選擇權利，當「船舶價值」低於損害賠償數額時，船舶所有人往往選擇「委棄船舶」，將船舶委棄予債權人以免除其賠償責任，因此船價主義對於債權人可謂相當不利。有鑑於此，美國乃於 1935 年 8 月 29 日修訂新法，稱為「美國船舶所有人責任限制條例」(American Shipowners Limitation of Liability Act, 1935)，在 1935 年修訂之新法中，廢止船舶所有人「委棄船舶」之權利，而且對於人之損害兼採金額主義，規定對於生命、身體之損害賠償，如依船價計算，其分配所得未達每噸 60 美元者，船舶所有人應按每噸 60 美元計算其金額，予以補足。

(一)船價主義之優點

船價主義具有如下之優點：

1.就船舶之繼續處分或利用而言，相當有利

在船價主義之下，船舶所有人對於「提供船舶價值」或「委棄船舶」有選擇權利。因此，只要船舶所有人能「提供」相當於「船舶價值」之現金，使債權人之債權得以獲得擔保，船舶所有人即可繼續處分或利用其船舶，不像委付主義易起爭端，在訴訟期間，往往空使船舶繫留碼頭而不能處分或利用，這一點就船舶之繼續處分或利用而言，可謂相當有利。

2.就船舶所有人之保護而言，相當有利

在船價主義之下，船舶所有人對於「提供船舶價值」或「委棄船舶」有選擇權利。因此，當損害賠償相當龐大，無法或不願提供船舶價值時，船舶所有人往往亦得「委棄船舶」予債權人，以代債務之清償，此點就船舶所有人之保護而言，可謂相當有利。

(三)船價主義之缺點

船價主義具有如下之缺點：

1.就船舶債權人之保護而言，相當不利

在船價主義之下，船舶所有人對於「提供船舶價值」或「委棄船舶」有選擇權利。因此，當「船舶價值」遠低於損害賠償數額時，船舶所有人勢將選擇「委棄船舶」，將船舶委棄予債權人以求免責。此點就船舶債權人之保護而言，可謂相當不利。

2.對於船舶價值之估計，甚易發生爭執

在船舶所有人選擇「提供船舶價值」時，對於船舶價值之估計，債權人希望估價高以求多額之賠償，船舶所有人則希望估價低以求少額之賠償。因此，在估價時甚易發生爭執之現象，此點可說是船價主義特有之缺點。

3.無從發現船體時，則無法鑑定

對於船舶價值之估計，須請鑑定人加以鑑定，然而船舶有時漂流孤島，有時沉沒海底，在此場合往往因為無從發現船體而無法鑑定之。此點亦為船價主義特有之缺點。

五、選擇主義

㈠選擇主義之意義

選擇主義〔日：選択主義（せんたくしゅぎ），選択委付主義（せんたくいふしゅぎ）〕者，乃指船舶所有人得於委付、金額、船價三種制度中，任選一種，以決定其最高責任限度之原則也。

1907 年，國際海法會議在威尼斯 (Venice) 集會，就船舶所有人之責任限制擬訂條約草案。在此草案中規定，船舶所有人得委付其船舶及運費，或於航行終了時，支付船舶及運費之價格，或以每次航行為標準，支付每噸 200 法郎之金額，以免除其責任⑬。依此規定，船舶所有人得在下列三種制度中，任選一種，以決定其最高責任之限度：

(1)法國之委付主義（船舶所有人得委付其船舶及運費，但又類似德國之執行主義，故有某些學者主張，所謂選擇主義，係指在德國、法國、英

---

⑬　何俊魁，《海商法概論》，臺北監獄印刷廠，1958 年 4 月初版，p. 24。

國、美國四種主義中，任擇其一之原則也）。

　　⑵美國之船價主義（於航行終了時，支付船舶及運費之價格）。

　　⑶英國之金額主義（以每次航行為標準，支付每噸 200 法郎之金額）。

　　惟在選擇主義中之金額主義與真正英國之金額主義，略有不同。英國之金額主義，係採事故主義，在同一次航程中，若發生數次事故，船舶所有人對於每次事故，均須按其船舶之噸數而負其責任。而選擇主義中之金額主義，則採航海主義，在同一次航程中，若發生數次事故，船舶所有人僅於一個最高責任限度之內負其責任。

㈡選擇主義之優缺點

　　選擇主義旨在加重船舶所有人之責任，以補救物的有限責任之缺失，比利時曾於 1908 年 2 月 10 日通過採用選擇主義之法律案。然而，因船舶所有人具有充分選擇之權，選擇之時，莫不人人避重就輕，選擇「委付其船舶及運費」，以負物的有限責任。因此，基於人類喜歡避重就輕之本性，選擇主義之立法目的，本就難以達成。

六、併用主義

　　併用主義〔日：併用主義（へいようしゅぎ）〕者，乃指將船價主義與金額主義混合併用，以決定船舶所有人最高責任限度之原則也。早期所謂之併用主義，本指委付主義、執行主義、船價主義及金額主義之混合併用而言，但廣泛被採用之併用主義，則僅指船價主義與金額主義之混合併用而言。因「1924 年關於海船所有人責任限制法規之國際統一公約」(International Convention for the Unification of Certain Rule of Law relating to the Limitation of the Liability of Owners of Seagoing Vessels, 1924) 採用此制，故在日本亦有人將併用主義稱為條約主義〔条約の主義（じょうやくのしゅぎ）〕❶❹。

---

❶❹　小町谷操三，《商法講義（三，海商）》，有斐閣，昭和 19 年 2 月 29 日發行，
　　p. 29。

「1924 年關於海船所有人責任限制法規之國際統一公約」第一條規定：「Ⅰ對於下列事項，海船所有人所負之責任，以與船舶之價值、運費及附屬費相等之金額為限：(1)因船長、海員、引水人、或其他船上服務人員之行為或過失，所加於陸上或水上財產之損害，而對第三人負賠償責任者。(2)交付船長運送之貨物或船上其他財產、物品所受損害之賠償。(3)本於載貨證券所生之債務。(4)在履行契約中所犯航行過失之賠償。(5)除去沉船及有關之債務。(6)救助之報酬。(7)共同海損中應分擔之部分。(8)船長在船籍港外，因保存船舶或繼續航行之需要，於職權範圍內所定契約或所為行為而發生之債務，但以其需要非由於發航時配備缺漏或給養不足而發生者為限。Ⅱ但前項第一款至第五款之責任，仍以不超過按船舶噸數每噸八英鎊計算之總額為限。」(Ⅰ The liability of the owner of a sea-going vessel is limited to an amount equal to the value of the vessel, the freight and the accessories of the vessel in respect of (1) Compensation due to third parties by reason of damage caused whether on land or on water, by the acts or faults of the master, crew, pilot or any other person in the service of the vessel; (2) Compensation due by reason of damage caused either to cargo delivered to the master to be transported or to any goods and property on board; (3) Obligations arising out of bills of lading; (4) Compensation due by reason of a fault of navigation committed in the execution of a contract; (5) Any obligation to raise the wreck of a sunken vessel and any obligation connected therewith; (6) Any remuneration for salvage; (7) Any contribution of the shipowner in general average; (8) Obligations arising out of contracts entered into or transactions carried out by the master, acting within the scope of his authority away from the vessel's home port, where such contracts or transactions are necessary for the preservation of the vessel or the continuation of the voyage, provided that the necessity is not caused by any insufficiency or deficiency of equipment or stores at the beginning of the voyage; Ⅱ Provided that, as regards the cases mentioned in Nos. (1), (2), (3), (4) and (5), the liability referred to in the preceding provision shall not exceed an aggregate sum equal to 8 pounds per ton of the vessel's tonnage.)

　　同公約第七條又規定：「Ⅰ因船長、海員、引水人、或其他船上服務人員之行為或過失，致他人之生命遭受損失或身體受到損害時，船舶所有人對於被害人或其代表人所負之責任，於前列各條所規定之限制外，更按船舶噸數每噸八英鎊計算之金額內負其責任。同一事故之諸被害人或其代表人之債權，均應就上開之金額限度內受償。Ⅱ被害人或其代表人於上述金額內未獲全部清償者，其未清償部分與其他債權，於前列各條所規定之責任限度金額內，依優先權之次序受償。Ⅲ旅客對於運送船舶之債權，亦適用前述責任限制；但不適用於海員及其他船上服務人員之傷亡事件。該員等有關死傷之訴訟權利，仍依船籍國國內法之規定。」 ❶❶❺(I Where death or personal injury is caused by the acts or faults of the captain, crew, pilot or any other person in the service of the vessel, the owner of the vessel is liable to the victims or their representatives up to an amount equal to 8 pounds per ton of the vessel's tonnage, over and above the limit of liability provided for in the preceding articles. The victims of a single accident and their representatives rank together against the sum constituting the extent of liability. II If the victims or their representatives are not fully compensated by this amount, they rank as regards the balance of their claims with the other claimants against the amounts mentioned in the preceding articles regard being had to the order of their liens.) ❶❶❻

　　依上述「1924 年關於海船所有人責任限制法規之國際統一公約」第一條及第七條之規定，吾人可知，在併用主義之下，船舶所有人不像選擇主

---

❶❶❺　劉承漢，《海商法論譯叢編》，交通部交通研究所編印，1971 年 10 月初版，p. 315。

❶❶❻　海事法規，神戶高等商業学校田崎研究室編印，大正 14 年 6 月初版，p. 76。

義那樣有自由選用某一種主義之權利。所謂併用主義,乃是一種以船價主義為主、以金額主義為輔,用以決定船舶所有人最高責任限度之原則也。亦即,原則上以船舶之價值、運費及附屬費為船舶所有人之最高責任限度,若船舶全部滅失而無海產可供執行時,船舶所有人不必賠償而可獲免責;若船舶價值超過船舶噸數每噸八英鎊之總額時,就某些特定債務之賠償(如該公約§1Ⅰ①～⑤之債務),則以船舶噸數每噸八英鎊之總額為船舶所有人之最高責任限度。此外,若有生命、身體遭受損害時,船舶所有人應於前述最高責任限額之外,另提相當於船舶噸數每噸八英鎊計算之金額專供此項「人損」之賠償❶。

　　1928年比利時修正商法時,採用併用主義。1935年美國修正法律時,亦採併用主義。1939年義大利之「船舶所有人有限責任法」大體上亦採併用主義,但1941年之「義大利航行法」則改採以船價主義為主之立法原則❶。

　　以上各種主義,各有利弊。因此,近來各國海商法學者及航運業經營者,大多主張不論採用何種主義均有必要借助於保險制度,以資補救。日本之田中誠二教授更主張,人身責任保險之保險費,應由國家及船舶所有人各自負擔一半,遇有傷亡事件,則以此人身責任保險之保險金額充當賠償之用,俾能兼顧保護船舶所有人之美旨及社會交易之安全。

　　我國海商法,於1999年修正前,曾以第二十一條規定:「Ⅰ船舶所有人,對左列事項所負責任,以本次航行之船舶價值、運費及其他附屬費為限,船舶所有人不提供船舶價值而委棄其船舶者,亦同:一　船長、海員、引水人或其他一切服務於船舶之人員,因執行業務所加損害於第三人之賠償。二　交付船長運送之貨物或船上其他一切財產物品所受損害之賠償。

---

❶　重田晴生、中元啓司,《海商法》,青林書院,1994年11月26日初版第1刷發行,p. 58。中村真澄,《海商法》,成文堂,平成2年4月1日初版第1刷發行,p. 99。

❶　藤崎道好,《海商法概論》,成山堂書店,昭和53年3月28日增補版發行,p. 35。

三　本於載貨證券所生之債務。四　在履行契約中所犯航行過失之賠償。

五　船舶所加於港埠、倉庫、航路設備及工作物之損害所應修理之義務。

六　關於除去沉船漂流物之義務及其從屬之義務。七　救助及撈救之報酬。

八　在共同海損中屬於船舶所有人應分擔之部分。九　船長在船籍港外，以其職權因保存船舶或繼續航行之實在需要所為行為，或契約所生之債務，而其需要非由發航時準備不足、船具缺陋或設備疏忽而生者。II前項運費，對於依約不能收取之運費及票價，不包括在內。III第一項所稱附屬費，指船舶因受損害應得之賠償，但保險金不包括在內。IV第一項第一款所稱之損害，包括身體之傷害及生命之喪失。」由此規定可知，我國海商法關於船舶所有人責任限制之規定，係採美國 1935 年 8 月 29 日以前之「船價主義」❶❶❾。

某些學者認為，我國舊海商法（1962 年修正公布之海商法），關於船舶所有人責任限制之規定，係採「船價主義」及「委付主義」之選擇主義，亦即船舶所有人可就「船價主義」及「委付主義」擇一而適用之。吾人不以為然，因我國海商法規定，船舶所有人對於特定海上債務所負之債務，以「本次航行之船舶價值、運費及其他附屬費為限」，係屬船價主義❶❷⓿；又規定「船舶所有人不提供船舶價值而委棄其船舶者，亦同」，則屬類似委付主義。因此若謂可由船舶所有人擇一而適用，應指「船價主義」及「類似委付主義」之擇一適用，而非指「船價主義」及「委付主義」之擇一適用。

何以稱為「類似委付主義」？因法國、日本舊商法海商篇所採之委付主義，在委付前本為「人的無限責任」（即無限責任），在委付後始變為「物的有限責任」。而我國海商法關於船舶所有人之責任限制，在委棄前本為「人的有限責任」（即量的有限責任），在委棄後始變為「物的有限責任」。我國海商法所謂「以本次航行之船舶價值、運費及其他附屬費為限」，僅為計算

❶❶❾　施智謀，《海商法》，自版，瑞明彩色印刷有限公司，1986 年 7 月再版，p. 315。
　　　楊仁壽，前揭《海商法論》，p. 128。

❶❷⓿　梁宇賢，前揭《海商法論》，p. 204。

責任之單位，亦即僅為用以計算船舶所有人責任最高金額之單位，並非用來限定「執行標的物」之物的範圍，在一定之金額限度內，亦得就船舶所有人之陸上財產請求強制執行，故在委棄前本為「人的有限責任」，只有在委棄後始變為「物的有限責任」，亦即僅於委棄後始以該被委棄之船舶為責任之最高限度。故我國海商法，關於船舶所有人責任限制之規定，在委棄前為「人的有限責任」，在委棄後始變為「物的有限責任」。與委付主義在委付前為「人的無限責任」，委付後始變為「物的有限責任」者，不盡相同，故應稱為「類似委付主義」。

1999 年修法後之我國現行海商法，就船舶所有人之責任限制，以第二十一條規定：「Ⅰ船舶所有人對下列事項所負之責任，以本次航行之船舶價值、運費及其他附屬費為限：一　在船上、操作船舶或救助工作直接所致人身傷亡或財物毀損滅失之損害賠償。二　船舶操作或救助工作所致權益侵害之損害賠償。但不包括因契約關係所生之損害賠償。三　沉船或落海之打撈移除所生之債務。但不包括依契約之報酬或給付。四　為避免或減輕前二款責任所負之債務。Ⅱ前項所稱船舶所有人，包括船舶所有權人、船舶承租人、經理人及營運人。Ⅲ第一項所稱本次航行，指船舶自一港至次一港之航程；所稱運費，不包括依法或依約不能收取之運費及票價；所稱附屬費，指船舶因受損害應得之賠償。但不包括保險金。Ⅳ第一項責任限制數額如低於下列標準者，船舶所有人應補足之：一　對財物損害之賠償，以船舶登記總噸，每一總噸為國際貨幣基金，特別提款權五四計算單位，計算其數額。二　對人身傷亡之賠償，以船舶登記總噸，每一總噸特別提款權一六二計算單位計算其數額。三　前二款同時發生者，以船舶登記總噸，每一總噸特別提款權一六二計算單位計算其數額。但人身傷亡應優先以船舶登記總噸，每一總噸特別提款權一〇八計算單位計算之數額內賠償，如此數額不足以全部清償時，其不足額再與財物之毀損滅失，共同在現存之責任限制數額內比例分配之。四　船舶登記總噸不足三百噸者，以三百噸計算。」足見 1999 年修法時，已揚棄舊法之「船價主義」（或國

內某些學者所稱之「船價主義及委付主義」），而改採「船價主義及金額主義之併用主義」（詳後）。

第三項　責任限制之趨勢

在傳統上，有關船舶所有人責任限制之立法主義有「海產主義」、「委付主義」、「船價主義」、「金額主義」、「選擇主義」、「併用主義」。如前所述，各種主義，各有優點，也各有缺點，而且各國正力求國際統一公約之制定。第二次世界大戰以後，英國主張基於加強保護被害者之理由，提出近似英國金額主義之國際公約草案。於 1955 年 9 月馬德里所召開之「萬國海法協會」成立，復於 1957 年 10 月於比利時之布魯塞爾會議舉行第十屆國際海事法外交會議，討論「海船所有人責任限制公約」，1957 年 10 月 10 日布通過「1957 年關於海船所有人責任限制之國際公約」(International Convention relating to theLimitation of the Liability of Owners of Sea-going Ships, 1957)。

「1957 年關於海船所有人責任限制之國際公約」與 1924 年之國際公約大不相同。「1924 年關於海船所有人責任限制法規之國際統一公約」第一條規定：「Ⅰ對於下列事項，海船所有人所負之責任，以與船舶之價值、運費及附屬費相等之金額為限：(1)因船長、海員、引水人、或其他船上服務人員之行為或過失，所加於陸上或水上財產之損害，而對第三人負賠償責任者。(2)交付船長運送之貨物或船上其他財產、物品所受損害之賠償。(3)本於載貨證券所生之債務。(4)在履行契約中所犯航行過失之賠償。(5)除去沉船及有關之債務。(6)救助之報酬。(7)共同海損中應分擔之部分。(8)船長在船籍港外，因保存船舶或繼續航行之需要，於職權範圍內所定契約或所為行為而發生之債務，但以其需要非由於發航時配備缺漏或給養不足而發生者為限。Ⅱ但前項第一款至第五款之責任，仍以不超過按船舶噸數每噸八英磅計算之總額為限。」(Ⅰ The liability of the owner of a sea going vesselis limited to an amount equal to the value of the vessel, the freight and the accessories of the vessel in respect of (1) Compensation duc to third parties by reason of damage caused whether on land or on water, by the acts or faults of the master, crew, pilot or any other person in the service of the vessel; (2) Compensation due by reason of damage caused either to cargo delivered to the master to be transported or to any goods and property on board; (3) Obligations arising out of bills of lading; (4) Compensation due by reason of a fault of navigation committed in the execution of a contract; (5) Any obligation to raise the wreck of a sunken vessel and any obligation connected therewith; (6) Any remuneration for salvage; (7) Any contribution of the shipowner in general average; (8) Obligations arising out of contracts entered into or transactions carried out by the master, acting within the scope of his authority away from the vessel's home port, where such contracts or transactions are necessary for the preservation of the vessel or the continuation of the voyage, provided that the necessity is not caused by any insufficiency or deficiency of equipment or stores at the beginning of the voyage; II Provided that, as regards the cases mentioned inNos. (1) , (2) , (3) , (4) and (5) , the liability referred to in the preceding provision shall not exceed an aggregate sum equal to 8 pounds per ton of the vessel's tonnage.) 由此規定可知，1924 年採用「併用主義」之立法原則，而且得以主張責任限制之債權項目則有八種項目。反之，「1957 年關於海船所有人責任限制之國際公約」第三條第一項中規定：「I 船舶所有人得依第一條限制其責任者，其責任限度之金額規定如左：(1)事件僅發生財產債權者，按船舶噸位，以每噸 1,000 金法郎計之總額。(2)事件僅發生人身債權者，按船舶噸位，以每噸 3,100 金法郎計之總額。(3)事件發生人身債權及財產債權者，按船舶噸位，以每噸 3,100 金法郎計之總額；其第一部分等於按船舶噸位，每噸 2,100 金法郎計之金額應專供人身債權之償付；其第二部分等於按船舶噸位，每噸 1,000 金法郎計之金額應供財產債

權之償付，但如第一部分不足以清償人身債權者，則其未經清償之債權餘額應與財產債權就第二部分比例受償。」(Ⅰ The amounts to which the owner of a ship may limit his liability under Article 1 shall be: -(a) Where the occurrence has only given rise to property claims, an aggregate amount of 1,000 francs for each ton of the ship's tonnage; (b) Where the occurrence has only given rise to personal claims, an aggregate amount of 3,100 francs for each ton of the ship's tonnage; (c) Where the occurrence has given rise both to personal claims and property claims an aggregate amount of 3,100 francs for each ton of the ship's tonnage, of which a first portion amounting to 2,100 francs for each ton of the ship's tonnage shall be exclusively appropriated to the payment of personal claims and of which a second portion amounting to 1,000 francs for each ton of the ship's tonnage shall be appropriated to the payment of property claims; Provided however that in case where the first portion is insufficient to pay the personal claims in full, the unpaid balance of such claims shall rank rateably with the property claims for payment against the second portion of the fund.) 由此規定可知，對於船舶所有人之責任限制，採用金額主義，已為第二次世界大戰以後之立法趨勢。

　　再者，1976 年 「1976 年海事求償責任限制公約」 (Convention on Limitation of Liability for Maritime Claims, 1976) 成立。就船舶所有人責任限制之事項，「1976 年海事求償責任限制公約」第二條規定：「(可限制責任之債權) Ⅰ除第三條及第四條另有規定外，對下列各項賠償，無論其責任之根據如何，均可限制責任：(a) 有關在船上發生或與船舶操作或救助作業直接相關之人身傷亡或財產之滅失或毀損（包括對港埠工程、港灣、水道及輔助航海設備之損害），以及因此所致間接從屬損害之賠償；(b) 有關貨物、乘客或其行李，因海上運送遲延所致損害之賠償。(c) 有關與船舶操作或救助作業直接有關所發生契約權利以外，侵害權利所致其他損害之賠償；(d) 有關沉沒、破毀、擱淺或委棄船舶，包括此等船上之任何物件在內，

使其浮升、移除、拆毀或使其無害所致之賠償；(e) 有關船上貨物之移除、拆毀或使其無害所致之索賠；(f) 有關應負責任者以外之人，為避免或減輕應負責任者可依本公約限制責任之損害所採取之措施，及由此措施所致進一步損害之賠償。II 本條第一款之賠償，即使訴諸追索權，或以契約或其他情況要求補償，亦可限制責任。但第一項 (d)、(e)、(f) 各款之賠償，於負有責任者之契約有關酬勞範圍之內者，不得限制責任。」〔(Claims subject to Limitation) I Subject to Article 3 and 4 the following claims, whatever the basis of liability may be, shall be subject to limitation of liability: (a) claims in respect of lossor life or personal injury or loss or damage to property (including damage to harbour works, basins and waterways and aids to navigation), occurring on board or in direct connexion with the operation of the ship or with salvage operation, and consequential loss resulting therefrom; (b) claims in respect of loss resulting from delay in the carriage by sea cargo, passengers or their luggage; (c) claims in respect of other loss resulting from infringement of rights other than contractual rights, occurring in direct connexion with the operation of the ship or salvage operation; (d) claims in respect ofraising, removal, destruction or the rendering harmless of a ship which is sunk, wrecked, stranded or abandoned, including anything that is or had been on board such ship; (e) claims in respect of the removal, destruction or the rendering harmless of the cargo of the ship; (f) claims of a person other than the person liable in respect of measures taken in order to avert or minimize loss for which the person liable may limit his liability in accordance with this Convention, and further loss caused by such measures. II Claims set out in paragraph 1 shall be subject to limitation of liability even if brought by way of recourse or for indemnity under a contract or otherwise. However, claims set out under paragraph 1 (d), (e)and (f) shall not be subject to limitation of liability to the extent that they relate to remuneration under acontract with the person liable.〕1976 年之國際公約，得主張責任限制之債權，由 1924 年國際公約之八項縮減為六項，而且其中之 (d)、(e) 項又得加以保留（排除），足見得主張責任限制之債權日漸減少，乃今後國際立法之潮流。

就一般限制，「1976 年海事求償責任限制公約」 (Convention on Limitation of Liability for Maritime Claims, 1976) 第六條規定：「Ⅰ除第七條所規定之賠償外，對任何某一特定場合產生之各種賠償之責任限制，應按下列規定計算：(a) 有關人身傷亡之賠償：(i) 噸位不超過 500 噸之船舶，為 333,000 計算單位；(ii) 噸位超過 500 噸之船舶，除第 (i) 外，應增加下列金額：自 501 噸至 30,000 噸，每噸為 167 計算單位。自 30,001 噸至 70,000 噸，每噸為 125 計算單位。超過 70,000 噸，每噸為 83 計算單位。(b) 有關任何其他賠償：(i) 噸位不超過 500 噸之船舶，為 167,000 計算單位；(ii) 噸位超過 500 噸之船舶，除第 (i) 外，應增加下列金額：自 501 噸至 30,000 噸，每噸為 167 計算單位。自 30,001 噸至 70,000 噸，每噸為 125 計算單位。超過 70,000 噸，每噸為 83 計算單位。」（Ⅰ The limits of liability for claims other than those mentioned in Article 7, arising on any distinct occasion, shall be calculated as follows: (a) in respect of claims for loss of life or personal injury, (i) 333,000 Units of Account for a ship with a tonnage not exceeding 500 tons, (ii) for a ship with a tonnage in excess thereof, the following amount in addition to that mentioned in (i): for each ton from 501 to 30,000 tons, 167 Units of Account; for each ton from 30,001 to 70,000 tons, 125 Units of Account; for each ton in excess of 70,000 tons, 83 Units of Account.）就計算單位，「1976 年海事求償責任限制公約」第八條規定：「Ⅰ第六條及第七條所規定之計算單位，係指國際貨幣基金組織所規定之特別提款權。第六條及第七條所述之數額，應按照責任限制基金設立之日、付款之日、或根據尋求責任限制所在國之法律等同於此項付款之擔保提供日期，該國貨幣之價值，折算成該國之貨幣。凡屬國際貨幣組織成員國之締約國，其以特別提款權表示之本國貨幣價值，應按國際貨幣基金組織在上述日期在其進行營業及交易中適

用之現行定值辦法計算。非屬國際貨幣組織成員國之締約國,其以特別提款權表示之本國貨幣價值,應按該締約國確定之辦法計算。II但是,非屬國際貨幣組織成員國,且其法律不允許適用本條第一項規定辦法之國家,可在簽署本公約並對批准、接受或認可不作保留時,或在批准、接受、認可或加入本公約時,或在此後任何時刻,聲明在其領土內適用本公約所規定之責任限制,確定為如下:(a) 有關第六條第一項第 (a) 款:(i) 噸位不超過 500 噸之船舶,為 5,000,000 貨幣單位;(ii) 噸位超過 500 噸之船舶,除第 (i) 款外,應增加下列數額:自 501 噸至 3,000 噸,每噸為 7,500 貨幣單位。自 3,001 噸至 30,000 噸,每噸為 5,000 貨幣單位。自 30,001 噸至 70,000 噸,每噸為 3,750 貨幣單位。超過 70,000 噸,每噸為 2,500 貨幣單位。(b) 有關第六條第一項第 (b) 款:(i) 噸位不超過 500 噸之船舶,為 2,500,000 貨幣單位。(ii) 噸位超過 500 噸之船舶,除第 (i) 款外,應增加下列數額:自 501 噸至 3,000 噸,每噸為 2,500 貨幣單位。自 3,001 噸至 30,000 噸,每噸為 1,850 貨幣單位。超過 70,000 噸,每噸為 1,250 貨幣單位。(c) 有關第七條第一項,為 700,000 貨幣單位,乘以船舶證書上規定之載客定額所得之數額,但不超過 375,000,000 貨幣單位。第六條第二項及第三項之規定,相應適用於本項第 (a) 款及第 (b) 款。III 第二項所指之貨幣單位,相當於純度為千分之九百之黃金 65.5 毫克。第二項所述之數額折算成一國貨幣時,應按該國之法律辦理。IV 第一項末句所規定之計劃及第三項所規定之折算,其方式應使第六條及第七條所規定之金額,在以締約國本國貨幣表示時,盡可能具有這一金額以計算單位表示之相同真實價值。締約國應將第一項所規定計算方式或第三項所規定折算結果,在其簽署本公約並對批准、接受或核准不作保留時,或交存第十六條所述文件之時,以及計算方式或折算結果發生變動時,通知本公約保管人。」〔(Unit of Account) I The Unit of Account referred to in Articles 6 and 7 is the Special Drawing Rights as defined by the International Monetary Fund. The amounts mentioned in Articles 6 and 7 shall be covered into the national currency of the State in which limitation is sought, according to the value of that currency at the date the limitation fund shall have been constituted, payment is made, or security is given which under the law of that State is equivalent to such payment. The value of a national currency in terms of the Special Drawing Right, of a State Party which is a member of the International Monetary Fund, shall be calculated in accordance with the method of valuation applied by the International Monetary Fund in effect at the date in question for its operations and transactions. The value of a national currency in terms of the Special Drawing Right, of a State Party which is not a member of the International Monetary Fund, shall be calculated in a manner determined by that State Party. II Nevertheless, those States which are not members of the International Monetary Fund and whose law does not permit the application of the provisions of paragraph 1 may, at the time of signature without reservation as to ratification, acceptance or approval or at the time of ratification, acceptance, approval or accession or at any time thereafter, declare that the limits of liability provided for in this Convention to be applied in their territories shall be fixed as follow: (a) in respect of Article 6, paragraph 1 (a), at an amount of: (i) 5 million monetary units for a ship with a tonnage not exceeding 500 tons; (ii) for a ship with a tonnage in excess thereof, the following amount in addition to that mentioned in (i): for each ton from 501 to 3,000 tons, 7,500 monetary units; for each ton from 3,001 to 30,000 tons, 5,000 monetary units; for each ton from 30,001 to 70,000 tons, 3,750 monetary units; and for each ton in excess of 70,000 tons, 2,500 monetary units and (b) in respect of Article 6, paragraph 1 (b) at an amount of: (i) 2.5 million monetary units for a ship with a tonnage not exceeding 500 tons; (ii) for a ship with a tonnage in excess thereof, the following amount in addition to that mentioned in (i): for each ton from 501 to 30,000 tons, 2,500 monetary units; for each ton from 30,001 to 70,000 tons, 1,850 monetary units; and for each ton in excess of

70,000 tons, 1,250 monetary units; and (c) in respect of Article 7, paragraph 1, at an amount of 700,000 monetary units multiplied by the number of passengers which the ship is authorized to carry according to its certificate, but not exceeding 375 million monetary units. Paragraph 2 and 3 of Article 6 apply corresponding to subparagraphs (a) and (b) of this paragraph. III The monetary unit referred to in paragraph 2 corresponds to sixty-five and a half milligrammes of gold of millesimal fineness nine hundred. The conversion of the amounts referred to in paragraph 2 into the national currency shall be made according to the law of the State concerned. IV The calculation mentioned in the last sentence of paragraph 1 and the conversion mentioned in paragraph 3 shall be made in such amanner as to express in the national currency of the State Party as far aspossible the same real value for the amounts in Article 6 and 7 as is expressed there in units of account. States Parties shall communicate to the depositary the manner of calculation pursuant to paragraph 1, or the result of the conversion in paragraph 3, as the case may be, at the time of the signature without reservation as to ratification, acceptance or approval, or when depositing an instrument referred to in Article 16 and whenever there is a change in either.〕由此規定可知,採取英國式之金額主義,並以國際貨幣基金會之特別提款權 (SDR) 作為計算單位似為未來國際之立法趨勢。

第四項　責任限制之國際公約

一、1924 年關於海船所有人責任限制之國際公約

1922 年 10 月國際海事委員會 (International Maritime Committee) 擬定「海船所有人限制責任國際統一公約草案」(Draft International Convention for the Unification of Certain Rules of Law relating to the Limitation of the

Liability of Owners of Sea-going Vessels.) 向 1924 年在布魯塞爾召開之國際外交會議提出，參加本國際外交會議之國家有 24 國，我國並未參加。本國際外交會議商討之結果，成立「1924 年關於海船所有人責任限制之國際公約」 (International Convention for the Unification ofCertain Rules of Law relating to the Limitation of the Liability of Owners ofSea-going Vessels, 1924.)

就得主張責任限制之債權，「1924 年關於海船所有人責任限制之國際公約」第一條規定：「Ⅰ船舶所有人對於下列事項之責任，以相等於船舶價值、運費及其附屬費為限：(1)船長、海員、引水人或服務於船舶之其他人員，無論在陸上或水上，因其行為或過失所加損害於第三人之賠償。(2)交付船舶運送之貨物，或船上任何物品或財產所受損害之賠償。(3)本於載貨證載貨證券所生之債務。(4)在履行契約中所犯航行過失之賠償。(5)除去沉船及其相關之任何義務。(6)救助及撈救之任何報酬。(7)在共同海損中屬於船舶所有人應分擔之部分。(8)船長在船籍港外，因保存船舶或繼續航行之必要，於職權範圍內所訂契約或所為行為而生之債務，但以其必要非由於發航時配備缺漏或給養不足而生者為限。Ⅱ但前項第一款至第五款之責任，仍以不超過按船舶噸位每噸 8 英鎊計算之金額為限。」(1 The liability of the owner of a sea-going vesselis limited to an amount equal to the value of the vessel, the freight and the accessories of the vessel in respect of (1) Compensation due to third parties by reason of damage caused whether on land or on water, by the acts or faults of the master, crew, pilot or any other person in the service of the vessel; (2) Compensation due by reason of damage caused either to cargo delivered to the master to be transported or to any goods and property on board; (3) Obligations arising out of bills of lading; (4) Compensation due by reason of a fault of navigation committed in the execution of a contract; (5) Any obligation to raise the wreck of a sunken vessel and any obligation connected therewith; (6) Any remuneration for salvage; (7)

Any contribution of the shipowner in general average; ⑻ Obligations arising out of contracts entered into or transactions carried out by the master, acting within the scope of his authority away from the vessel's home port, where such contracts or transactions are necessary for the preservation of the vessel or the continuation of the voyage, provided that the necessity is not caused by insufficiency or deficiency of equipment or stores at the beginning of the voyage; Ⅱ Provided that, as regards the cases mentioned in Nos. ⑴, ⑵, ⑶, ⑷ and ⑸, the liability referred to in the preceding provision shall not exceed an aggregate sum equal to 8 pounds per ton of the vessel's tonnage.）

就得主張責任限制之金額,「1924 年關於海船所有人責任限制之國際公約」第七條規定:「Ⅰ因船長、海員、引水、或其他服務於船舶人員之行為或過失,致生命或身體傷害者,船舶所有人對被害人或其代表人,於前列各條規定之責任限制外,更按該船舶噸位每噸八英鎊計算之金額內負其責任。同一事故之諸被害人或其代表人之債權,均就上開金額內受償。Ⅱ若如被害人或其代表人於前項金額內未獲全部清償者,其未清償部分與其他債權,於前列各款所述之責任限度金額內,依優先權之位次受償。Ⅲ旅客對運送船舶之債權,亦適用前述責任限制;但不適用於海員,或其他服務於船舶人員之死傷事件。該員等有關死傷之訴訟權利,仍依船籍國國內法之規定。」（Ⅰ Where death or personal injury is caused by the acts or faults of the captain, crew, pilot or any other person in the service of the vessel, the owner of the vessel is liable to the victims or their representatives up to an amount equal to 81 per ton of the vessel's tonnage, over and above the limit of liability provided for in the preceding articles. The victims of a single accident and their representatives rank together against the sum constituting the extent of liability. Ⅱ If the victims or their representatives are not fully compensated by this amount, they rank as regards the balance of their claims with the other claimants against the amounts mentioned in the preceding articles regard being had to the order of their liens. III The same limitation of liability applies to passengers as respects the carrying ship, but does not apply to the crew or other persons in the service of that ship whose right of action in the case of death or personal injury remains governed by the national law of the ship.）

　　就責任限制之例外，「1924 年關於海船所有人責任限制之國際公約」第二條規定：「Ⅰ前條責任限制於下列情形不適用之。㈠本於船舶所有人之行為或過失所致之債務。㈡前條第八款所規定之債務，經船舶所有人明示允許或承認者。㈢本於海員及其他服務於船舶之人員之僱傭契約所生之債務。Ⅱ船舶所有人或共有人為船長者，除因其自己之航行過失及服務船舶人員之過失所致之損害賠償外，不得主張限制其責任。」（Ⅰ The limitation of liability laid down in the foregoing article does not apply. (1) to obligations arising out of acts or faults committed by or with the privity of the owner of the vessel. (2) to any of the obligations referred to in No. 8 of Article 1, when the owner has expressly authorized or retified such obligation. (3) to obligations on the owner arising out of the engagement of the crew and other persons in the service of the vessel. II Where the owner or a part owner of the vessel is at the same time master, he cannot claim limitation of liability for faults, other than his faults of navigation and the faults of persons in the service of the vessel.）

二、1957 年關於海船所有人責任限制之國際公約

　　第二次世界大戰後，各國於 1957 年在布魯塞爾召開會議，並於該年在布魯塞爾簽訂「1957 年關於海船所有人責任限制之國際公約」(International Convention Relating to the Limitation of the Liability of Owners of Sea-going Ships, 1924)。

　　就得主張責任限制之債權，「1957 年關於海船所有人責任限制之國際公約」第一條規定：「海船所有人對於因下列事故所發生之債權，得依本公約第三條限制其責任。但以事故之發生非由於所有人之實際過失或知情者

為限：㈠船上所載任何人生命之喪失或身體之傷害，及船上所載任何財物之喪失或損害。㈡因船上任何人之行為、疏忽、或過失而其行為、疏忽、或過失應由船舶所有人負責者，或因非在船上任何人之行為、疏忽、或過失而其行為、疏忽、或過失應由船舶所有人負責者，所致陸上或水上任何他人生命之喪失、或身體之傷害，其任何財物之喪失或損害，或權利之侵害；但關於後一種之行為、疏忽或過失，船舶所有人僅得就該行為、疏忽或過失係在船舶之航行及管理，或在其貨物之裝載、運送、或卸載，或在其旅客之上船、運送、或下船中發生者為限。㈢關於除去沉船依法律應負之義務或責任，沉沒船舶、擱淺船舶、或被棄船舶（包括船上所載之任何物）之浮升、除去、或破壞依法律所生暨其從屬之義務或責任，及對於港埠工作物、海灣及航道所加損害所生之義務或責任。」（(1) The owner of a sea-going ship may limit his liability in accordance with Article 3 of this Convention in respect of claims arising from any of the following occurrence, unless theoccurrence giving rise to the claim resulted from the actual fault or privity of the owner: 一 (a) Loss of life of, or personal injury to, anyperson being carried in the ship, and loss of, or damage to, any property on board the ship; (b) Loss of life of, or personal injury to, any otherperson, whether on land or on water, loss of or damage to any other property or infringement of any rights caused by the act, neglect or default of any person on board the ship for whose act, neglect or default the owner is responsible or any person not on board the ship for whose act, neglect or default the owner is responsible: provided however that in regard to the act, neglect or default of this last class of person, the owner shall only be entitled to limit his liability when the act, neglect or default is one which occurs in the navigation or the management of the ship or in the loading, carriage or discharge of its cargo or in the embarkation, carriage or disembarkation of its passengers; (c) Any obligation or liability imposed by any law relating to the removal of wreck and arising from or in connection with the raising, removal or destruction of any ship which is sunk, stranded or abandoned (including anything which may be on board such ship) and any obligation or liability arising out of damage caused to harbour works, basins and navigable waterways.）

　　就責任限制之金額，「1957 年關於海船所有人責任限制之國際公約」第三條規定：「Ⅰ船舶所有人得依第一條限制其責任者，其責任限度之金額規定如左：⑴事件僅發生財產債權者，按船舶噸位，以每噸 1,000 金法郎計之總額。⑵事件僅發生人身債權者，按船舶噸位，以每噸 3,100 金法郎計之總額。⑶事件發生人身債權及財產債權者，按船舶噸位，以每噸 3,100 金法郎計之總額；其第一部分等於按船舶噸位，每噸 2,100 金法郎計之金額應專供人身債權之償付；其第二部分等於按船舶噸位，每噸 1,000 金法郎計之金額應供財產債權之償付，但如第一部分不足以清償人身債權者，則其未經清償之債權餘額應與財產債權就第二部分比例受償。」（Ⅰ The amounts to which the owner of a ship may limit his liability under Article 1 shall be: –(a) Where the occurrence has only given rise to property claims, an aggregate amount of 1,000 francs for each ton of the ship's tonnage; (b) Where the occurrence has only given rise to personal claims, an aggregate amount of 3,100 francs for each ton of the ship's tonnage; (c) Where the occurrence has given rise both to personal claims and property claims an aggregate amount of 3,100 francs for each ton of the ship's tonnage, of which a first portion amounting to 2,100 francs for each ton of the ship's tonnage shall be exclusively appropriated to the payment of personal claims and of which a second portion amounting to 1,000 francs for each ton of the ship's tonnage shall be appropriated to the payment of property claims; Provided however that in case where the first portion is insufficient to pay the personal claims in full, the unpaid balance of such claims shall rank rateably with the property claims for payment against the second portion of the fund.)

就金法郎之定義,「1957 年關於海船所有人責任限制之國際公約」 第三條第六項又規定:「本條所稱之金法郎指重量為六十五點五公絲,成色為純金千分之九百之單位。」 (VI The franc mentioned in this Article shall be deemed to refer to a unit consisting of sixty-five-and-a-half milligrams of gold of millesimal fineness nine hundred.)

三、1976 年海事求償責任限制公約

聯合國於 1976 年召開「海事求償責任限制會議」,於 1976 年 11 月 19 日簽訂「海事求償責任限制公約」(Convention on Limitation of Liability for Maritime Claim, 1976),共計 23 條。

就得主張責任限制之人,「1957 年關於海船所有人責任限制之國際公約」第一條規定:「得主張責任限制之人: 1. 下述定義中所規定之船舶所有人及救助人,得依本公約之規定,對第二條所規定之債權,限制其責任。 2. 船舶所有人一詞,係指船舶之所有權人、傭船人、經理人及營運人（海船之經營者）。3. 救助人係指提供與救助作業直接相關服務之所有人員。救助作業尚包括第二條第一項第 (d)、(e)、(f) 款所規定之作業。 4. 若第二條所規定之賠償請求,係向船舶所有人或救助人對其行為、疏忽或過失負有責任之任何人提出時,該人即有權援引本公約所規定之責任限制。 5. 在本公約中,船舶所有人之責任,應包括對船舶本身提起訴訟案件中之責任。 6. 對於依本公約規定得以限制責任之債務承擔責任之保險人,有權在被保險人本人得享受本公約利益之相同範圍內,享受本公約之利益。 7. 援引責任限制之行為,不構成對責任之承認。」(Persons entitled to limit liability: 1. Shipowners, and salvors, as hereinafter defined, may limit their liability in accordance with the rules of this Convention for claims set out in Article 2. 2. The term "shipowner" shall mean the owner, charterer, manager and operator of a seagoing ship. 3. Salvor shall mean any person rendering services in direct connextion with salvage operations. Salvage operations shall also include operations referred to in Article 2, paragraph 1(d), (e) and (f). 4. If any claims set out in Article 2 are made against any person for whose act, neglect or default the shipowner or salvor is responsible, such person shall be entitled to avail himself of the limitation of liability provided for in this Convention. 5. In this Convention the liability of a shipowner shall include liability in an action brought against the vessel herself. 6. An insurer of liability for claims subject to limitation in accordance with the rules of this Convention shall be entitled to the benefits of this Convention to the same extent as the assured himself. 7. The act of invoking limitation of liability shall not constitute an admission of liability.）

　　就船舶所有人責任限制之事項，「1976 年海事求償責任限制公約」第二條規定：「（可限制責任之債權）Ⅰ除第三條及第四條另有規定外，對下列各項賠償，無論其責任之根據如何，均可限制責任：(a) 有關在船上發生或與船舶操作或救助作業直接相關之人身傷亡或財產之滅失或毀損（包括對港埠工程、港灣、水道及輔助航海設備之損害），以及因此所致間接從屬損害之賠償；(b) 有關貨物、乘客或其行李，因海上運送遲延所致損害之賠償；(c) 有關與船舶操作或救助作業直接有關所發生契約權利以外，侵害權利所致其他損害之賠償；(d) 有關沉沒、破毀、擱淺或委棄船舶，包括此等船上之任何物件在內，使其浮升、移除、拆毀或使其無害所致之賠償；(e) 有關船上貨物之移除、拆毀或使其無害所致之索賠；(f) 有關應負責任者以外之人，為避免或減輕應負責任者可依本公約限制責任之損害所採取之措施，及由此措施所致進一步損害之賠償。Ⅱ本條第一款之賠償，即使訴諸追索權，或以契約或其他情況要求補償，亦可限制責任。但第一項 (d)、(e)、(f) 各款之賠償，於負有責任者之契約有關酬勞範圍之內者，不得限制責任。」〔(Claims subject to Limitation) Ⅰ Subject to Article 3 and 4 the following claims, whatever the basis of liability may be, shall be subject to limitation of liability: (a) claims in respect of loss or life or personal injury or loss or damage to property (including damage to harbour works, basins and waterways and aids to navigation), occurring on board or in direct connexion with the operation of the ship or with salvage operation, and consequential loss resulting therefrom; (b) claims in respect of loss resulting from delay in the carriage by sea cargo, passengers or their luggage; (c) claims in respect of other loss resulting from infringement of rights other than contractual rights, occurring in direct connexion with the operation of the ship or salvage operation; (d) claims in respect of raising, removal, destruction or the rendering harmless of a ship which is sunk, wrecked, stranded or abandoned, including anything that is or had been on board such ship; (e) claims in respect of the removal, destruction or the rendering harmless of the cargo of the ship; (f) claims of a person other than the person liable in respect of measures taken in order to avert or minimize loss for which the person liable may limit his liability in accordance with this Convention, and further loss caused by such measures. II Claims set out in paragraph 1 shall be subject to limitation of liability even if brought by way of recourse or for indemnity under a contract or otherwise. However, claims set out under paragraph 1 (d), (e) and (f) shall not be subject to limitation of liability to the extent that they relate to remuneration under a contract with the person liable.〕

就本公約規定之保留權利，「1976 年海事求償責任限制公約」第十八條規定：「I 任何國家在簽字、批准、接受、核准或加入本公約時，得以保留其不適用本公約第二條 (d)(e) 款之權利。但本公約其他各項實質規定均不得保留。」（I Any State may, at the time of signature, ratification, acceptance, approval or accession, reserve the right to exclude the application of Article 2 paragraph 1 (d) and (e). No other reservations shall be admissible to the substantive provisions of this Convention.）由此規定可知，「1976 年海事求償責任限制公約」第二條 (d)(e) 二款之規定（即有關沉船或落海物之打

撈移除所生之債務）並無絕對列入之必要。

第五項　船舶所有人責任限制之標的

一、兼採船價主義及金額主義之立法

　　海商法第二十一條規定：「I船舶所有人對下列事項所負之責任，以本次航行之船舶價值、運費及其他附屬費為限：一　在船上、操作船舶或救助工作直接所致人身傷亡或財物毀損滅失之損害賠償。二　船舶操作或救助工作所致權益侵害之損害賠償。但不包括因契約關係所生之損害賠償。三　沉船或落海之打撈移除所生之債務。但不包括依契約之報酬或給付。四　為避免或減輕前二款責任所負之債務。II前項所稱船舶所有人，包括船舶所有權人、船舶承租人、經理人及營運人。III第一項所稱本次航行，指船舶自一港至次一港之航程；所稱運費，不包括依法或依約不能收取之運費及票價；所稱附屬費，指船舶因受損害應得之賠償。但不包括保險金。IV第一項責任限制數額如低於下列標準者，船舶所有人應補足之：一　對財物損害之賠償，以船舶登記總噸，每一總噸為國際貨幣基金，特別提款權五四計算單位，計算其數額。二　對人身傷亡之賠償，以船舶登記總噸，每一總噸特別提款權一六二計算單位計算其數額。三　前二款同時發生者，以船舶登記總噸，每一總噸特別提款權一六二計算單位計算其數額。但人身傷亡應優先以船舶登記總噸，每一總噸特別提款權一〇八計算單位計算之數額內賠償，如此數額不足以全部清償時，其不足額再與財物之毀損滅失，共同在現存之責任限制數額內比例分配之。四　船舶登記總噸不足三百噸者，以三百噸計算。」

　　本條第一項規定：「船舶所有人對下列事項所負之責任，以本次航行之船舶價值、運費及其他附屬費為限：」自本段規定觀之，我國海商法係採「船價主義」之立法，因本段之規定，與 1999 年修法前原有之規定類似，

類似 1935 年 8 月 29 日美國修法前之「船價主義」當無疑義。

　　本條第四項又規定:「第一項責任限制數額如低於下列標準者,船舶所有人應補足之:一　對財物損害之賠償,以船舶登記總噸,每一總噸為國際貨幣基金,特別提款權五四計算單位,計算其數額。二　對人身傷亡之賠償,以船舶登記總噸,每一總噸特別提款權一六二計算單位計算其數額。三　前二款同時發生者,以船舶登記總噸,每一總噸特別提款權一六二計算單位計算其數額。但人身傷亡應優先以船舶登記總噸,每一總噸特別提款權一〇八計算單位計算之數額內賠償,如此數額不足以全部清償時,其不足額再與財物之毀損滅失,共同在現存之責任限制數額內比例分配之。四　船舶登記總噸不足三百噸者,以三百噸計算。」自本段規定觀之,我國海商法又採金額主義之立法,顯然我國現行海商法係兼採船價主義及金額主義之立法。易言之,當本條第一項之船價高於本條第四項之金額時,船舶所有人之責任限額以本條第一項之規定為準,即採「船價主義」。反之,當本條第一項之船價低於本條第四項之金額時,船舶所有人應補足之,而以本條第四項之規定為準,即採「金額主義」。1999 年修法時,兼採「船價制及金額制」之立法理由為,「查 1924 年及 1957 年海船所有人責任限制公約目前已發展為 1976 年海事求償責任限制國際公約 (於 1986 年 12 月 1 日生效)。修正條文第一項係參照 1976 年海事求償責任限制國際公約精神,為更能刺激及鼓勵船舶所有人淘汰質劣之老舊船舶,以積極建造性能優良之新船,特將現行之『船價制及委付制』修正為『船價制及金額制』。❷」(筆者註:應為「船價制與類似委付制之選擇主義」修正為「船價制及金額制之併用主義」)

　　事實上,我國現行海商法第二十一條,係仿照美國現行法規,所為兼採「船價主義及金額主義」之立法,未能順應當前國際多採「金額主義」之立法潮流,實在不無遺憾之處。而且兼採「船價主義及金額主義」立法

---

❷　交通部,《海商法修正草案 (含總說明)》,1995 年 7 月,p. 23。
　　《立法院公報》,第 88 卷第 31 期,pp. 486～489。

結果，顯有下列之缺失：

(一)採用船價主義本有不當

　　如前所述，在船舶所有人選擇「提供船舶價值」時，對於船舶價值之估計，債權人希望估價高以求多額之賠償，船舶所有人則希望估價低以求少額之賠償。因此，在估價時甚易發生爭執之現象，此點可說是船價主義特有之缺點。再者，對於船舶價值之估計，須請鑑定人加以鑑定，然而船舶有時漂流孤島，有時沉沒海底，在此場合往往因為無從發現船體而無法鑑定之。此點亦為船價主義特有之缺點。

(二)現行法金額主義部分之規定，不符實際之船舶造價

　　「美國船舶所有人責任限制條例」(American Shipowners Limitation of Liability Act, 1935) 第一八三條第二項規定：「根據本條第一項所定船舶所有人責任限制之總額，不足以充分賠償全部損失，且該總額用於對有關生命或身體傷亡之損害賠償如低於該船舶噸位每噸 60 美元計算者，該部分應予提高至每噸 60 美元計算之額度，以此專供有關人命身體傷亡損害之賠償。提高後之總額仍不足以賠償此等損失者，各請求權者，應依其應得之數額比例受償。」(In the case of any seagoing vessel, if the amount of the owner's liability as limited under subsection (a) is insufficient to pay all losses in full, and the portion of such amount applicable to the payment of losses in respect of loss of life or bodily injury is less than $60 per ton of such vessel's tonnage, such portion shall be increased to an amount equal to $60 per ton, to be available only for the payment to losses in respect of loss of life or bodily injury. If such portion so increased is insufficient to pay such losses in full, they shall be paid therefrom in proportion to their respective amounts.) [122]當時所以規定「提高至每噸六十美元」，乃因 1935 年修法之時，美國商船之造價，平均每噸大約六十美元之故。因此，於 1984 年 10 月 19 日修法之時，因美

---

[122]　中筋義一，《アメリカ船主責任制限法論》，法律文化社，1961 年 1 月 15 日發行，p. 180。

國物價已上漲七倍，乃將該規定，由「提高至每噸六十美元」修正為「提高至每噸四百二十美元」(such portion shall be increased to an amount equal to $420 per ton)，以符船舶之實際造價❷。惟依我國現行海商法第二十一條第四項之規定，對於人身傷亡之賠償，以船舶登記總噸，每一總噸特別提款權一六二計算單位計算其數額，就以 1993 年 12 月 29 日之匯率換算標準而言，1 計算單位等於 1.38107 美元，則 162 計算單位＝ 1.38107 美元×162 ＝ 223.73334 美元，僅為 420 美元之一半略強而已，實在金額過低，而不符船舶之實際造價❷。

㈢金額主義之適用可能性不高

因金額主義部分之金額過低，因此除非船舶已經破舊不堪，或過度毀損滅失，否則適用金額主義規定之可能性極低，其結果與 1999 年修法前「船價主義」之立法，並無實質差異，其缺點亦與修法前「船價主義」之立法，並無顯著不同。

二、船舶之價值、運費及其他附屬費

我國海商法第二十一條規定：「船舶所有人對下列事項所負之責任，以本次航行之船舶價值、運費及其他附屬費為限：」由此規定，吾人可知，就「船價主義」部分之立法而言，船舶所有人責任限制之標的如下：

㈠船舶價值 (the value of the ship)

船舶，係指本次航行發生責任事由之船舶而言，包括一切航行上及營業上所必須之設備及屬具在內，至於其所有權之所屬，則非所問。惟船舶之給養品及所載之貨物，並不包括在內，縱其係屬船舶所有人所有，亦不包括在船舶範圍之內。此之船舶價值，係指船舶本身之價值，縱然設有抵押權或優先權，亦不得從船舶價值中扣減，例如船舶價值本為一億元，已

---

❷ 重田晴生，《アメリカ船主責任制限制度の研究》，成文堂，1991 年 9 月 20 日第 1 刷發行，p. 70。

❷ 交通部，《海商法修正草案（含總說明）》，1995 年 7 月，p. 28。

設有抵押權 5,000 萬元,並存有優先權 2,000 萬元,事變中受損 1,000 萬元,此時船舶本身之價值應為一億元減去 1,000 萬元,即 9,000 萬元,至於抵押權 5,000 萬元及優先權 2,000 萬元均不得從船舶價值中扣減❿。所謂「本次航行」,係指船舶自一港至次一港之航程而言(§21 III)。

　　海商法第二十三條第一項規定:「船舶所有人,如依第二十一條之規定限制其責任者,對於本次航行之船舶價值應證明之。」(The shipowner who avails himself of the provision of Article 21 to limit his liability shall prove the value of his ship in that particular voyage.) 因船舶之價值往往因時因地而有不同,故本法乃規定船舶所有人如欲依海商法第二十一條之規定主張其限制責任者,對於本次航行之船舶價值,應負舉證責任。若未能舉證,則船舶所有人應以船舶之原有價值負其責任❿。然欲證明船舶之價值,須先有一定之估價標準,故海商法第二十三條第二項規定:「船舶價值之估計,以下列時期之船舶狀態為準:」(The assessment of the value of the ship shall be based on the condition of the ship at the time as set forth below:)

1. **因碰撞或其他事變所生共同海損之債權,及事變後以迄於第一到達港時所生之一切債權 , 其估價依船舶於到達第一港時之狀態** (For claim of obligation in general average arising out of collision or other accident, or any claim of obligation arising after the accident and up to the time of arrival of the ship at the first port reached, the valuation shall be according to the condition of the ship at the time of her arrival at the first port.)(§23 II ①)

　　碰撞 (collision) 者,乃指兩個以上的物體相互間粗暴性的接觸或衝突之行為也。此之碰撞,乃指船舶碰撞而言,船舶碰撞〔英:collision between

---

❿　甘其綬,《海商法論》,自版,文和股份有限公司印刷,1963 年 10 月初版,p. 82。

❿　桂裕,《海商法新論》,國立編譯館主編出版,正中書局印行,1982 年 9 月臺 9 版,p. 149。

vessels；日：船舶衝突（せんぱくしょうとつ）；德：Zusammenstoß Von Schiffen；法：abordage〕者，乃指兩艘以上的船舶，發生損害之相互接觸也。事變 (accident) 者，乃指在航行中所發生，足以使船舶貨載遭受損害之重大而非常之事件也。其他事變 (other accident) 者，乃指碰撞以外之其他事變也。共同海損〔英：general average；日：共同海損（きょうどうかいそん）；德：extraordinäre, große Haverei；法：avaries communes〕者，乃指在船舶航程期間，為求共同危險中全體財產之安全所為故意及合理處分，而直接造成之犧牲及發生之費用也 (§110)。「共同海損之債權」者，乃指貨物所有人，於發生共同海損之場合，對於船舶所有人所得請求分擔共同海損之權利也❿。「共同海損之債權」與「碰撞或其他事變」之間，須存有因果關係始可，否則即無本款之適用，而應依其性質，或依本條第二項第四款之規定而適用之。此之所謂「第一到達港」、「第一港」者，非指全航程中之「第一到達港」或「第一港」，而係指事變後到達之第一港。「事變後以迄於第一到達港時所生之一切債權」，係指船舶所有人於「事變發生處與第一到達港間」，基於任何原因（包括船舶碰撞及共同海損）所發生之一切事故而言，儘管事故多次亦然。顯然我國係採「航段主義」，在同一航程之同一航段上，兩港口間，縱然發生數次之事故，無論各事故間，彼此有否因果關係存在，船舶所有人僅須綜合負擔一次責任即可，無須提出多次之責任基金，此乃我國所採「航段主義」與英國金額（事故）主義之最大不同也。若依英國金額（事故）主義之立法，縱然在同一航段上發生數次事故，船舶所有人仍須提出數次責任基金，顯然比我國之航段主義，責任較為重大。

　　「事變後以迄於第一到達港時所生之一切債權」與原來之「碰撞或其他事變」是否須有因果關係？「1924 年關於海船所有人責任限制法規之國

❿　施智謙，《海商法專題研究》，自版，律廉法學叢書（一），瑞明彩色印刷公司印刷，1986 年 7 月 3 版，p. 235。梁宇賢，《海商法論》，三民書局印行，1992 年 8 月修訂 3 版，p. 235。

際統一公約」 (International Convention for the Unification of Certain Rules relating to the Limitation of the Liability of Owners of Seagoing Vessels, Brussels, August 25, 1924) 第三條第一項第二款規定:「如在到達第一港前,因另一新事變致減低船舶價值者,是項因新事變所致之減損,於估定關於前項事變債權之船舶價值時,不予計入。」(If before that time a fresh accident, distinct from the first accident, has reduced the value of the vessel, any diminution of value so caused shall not be taken into account in considering claims connected with the previous accident.) ❿依此規定,船舶若於第一次事變發生後,於事變發生處與第一到達港間又發生了第二次事變,當此前後二次之事變無相互牽連關係時,其因第一次事變而取得債權之人,其損害賠償請求權,並不因第二次之事變而受到影響。例如船舶價值本為 1 億元,在第一次事變中受損 1,000 萬元, 此時船舶本身之價值應為 1 億元減去 1,000 萬元,即 9,000 萬元,在第二次事變中受損 3,000 萬元,此時船舶本身之價值應為 9,000 萬元減去 3,000 萬元,即 6,000 萬元,但對因第一次事變而取得債權之人,其損害賠償請求權,應以 9,000 萬元為船舶之價值,不因第二次之事變而受到影響 ❿ 。惟我國海商法對於該公約之規定,並未加以採用,一來我國對於該公約並未簽署,二來縱有簽署,該公約生效之年代 (1924) 亦舊於我國現行海商法生效之年代 (1999),因此該公約之規定,無法較我國海商法優先適用。

我國海商法僅規定「因碰撞或其他事變所生共同海損之債權,及事變後以迄於第一到達港時所生之一切債權,其估價依船舶於到達第一港時之狀態」,顯係採用「航段主義」,而非英國法上之「事故主義」。亦即「事變

---

❿ *International Maritime Law Conventions*, by The Magendra Singh, London Stevens & Sons, 1983, p. 2961.

❿ 施智謀,《海商法》,自版,瑞明彩色印刷有限公司印刷,1986 年 7 月再版,p. 326。施智謀,前揭《海商法專題研究》,p. 236。梁宇賢,前揭《海商法論》,p. 208。

後以迄於第一到達港時所生之一切債權」與原來之「碰撞或其他事變」不論有無因果關係，船舶所有人僅須綜合負擔一次責任即可。例如船舶價值本為 1 億元，在第一次事變中受損 1,000 萬元，此時船舶本身之價值應為 1 億元減去 1,000 萬元，即 9,000 萬元，其後在第二次事變中又受損 3,000 萬元，此時船舶本身之價值應為 9,000 萬元減去 3,000 萬元，即 6,000 萬元。在此情況下，依船舶第二次事變後到達第一港之狀態，其估價僅 6,000 萬元，船舶所有人對於第一次事變及第二次事變之賠償，僅綜合負擔一次責任（6,000 萬元）即可。萬一在第二次事變中船舶沉沒，船舶本身之價值已歸於「零」，在此情況下，船舶所有人對於第一次事變及第二次事變之賠償，亦僅綜合負擔一次責任（零）即可。船舶價值部分既已歸於「零」，其因第一次事變而取得債權之人及因第二次事變而取得債權之人，就船舶價值部分，均無法取得任何賠償。

本款僅適用於「因碰撞或其他事變所生共同海損之債權，及事變後以迄於第一到達港時所生之一切債權」，至於進入第一到達港後所生之一切債權，則應適用第二款之規定。

2. 關於船舶在停泊港內發生事變所生之債權，其估價依船舶在停泊港內事變發生後之狀態 (For the obligation arising out of accident occurring while the ship in a port of sojourn, the valuation shall be according to the condition of the ship in the port of sojourn after the accident)（§23 II ②）

「船舶在停泊港內」，乃指船舶到達停泊港港務局所核准停泊之碼頭也。惟何時始謂「到達碼頭」？「1924 年關於海船所有人責任限制法規之國際統一公約」第三條第一項第三款規定：「船舶在停泊港內發生事變者，其估價依船舶在停泊港內事變發生後之狀態。」(For accidents occurring during the sojourn of a vessel in port, the valuation shall be according to the condition of the vessel at that port after the accident.) ⑬⓪鑑於「1924 年關於海船所有人責任

---

⑬⓪ *International Maritime Law Conventions*, by The Magendra Singh, London

限制法規之國際統一公約」第三條第一項第三款與我國海商法第二十三條第二項第二款之規定，均使用「船舶在停泊港內」(occurring during the sojourn of a vessel in port) 之用語，吾人似可將船舶完成停泊所需手續之時解釋為「到達碼頭」之時 **❸**。

若船舶在停泊港內所發生之事故，係先前在港口外所生事故之必然結果，亦即當「船舶在停泊港內所發生之事故」與「先前在港口外所生事故」具有因果關係時，船舶價值之估計，應依前款之規定。只有當「船舶在停泊港內所發生之事故」與「先前在港口外所生事故」沒有因果關係時，船舶價值之估計，始依本款之規定。惟在此場合，船舶所有人是否負有提出兩次船舶價值之義務？亦即當船舶價值之估計，一則須依前款為之，一則須依本款為之時，若船舶所有人欲委棄船舶時，其委棄是否僅能對「船舶在停泊港內所發生之事故」為之？對於「先前在港口外所生事故」，是否負有依海商法第二十三條第一項第一款之規定，另行提供船舶價值之義務？關於此等問題，在 1999 年修法之前，國內學者之間，曾有下列兩種見解：

⑴航段主義

航段主義者，乃指在同一航次之不同航段內，發生數次事故時，船舶所有人即負有數度提出船舶價值之義務，倘不提供船舶價值而欲委棄船舶時，其委棄僅能對該次事變所生之債權為之，對於同一航次其他事變所生之債權則須分別另外提供船舶價值之原則也。例如施智謀教授即謂：「吾國海商法對限制責任的單位係採『航段主義』（短航主義），而非『預定航程主義』（長航主義）。」 **❸** 其理由大致如下：

A. 若採「預定航程主義」，「分配船舶所有人所應負擔之責任金額，實在非常複雜，法律對這根本不做任何的規定」。

Stevens & Sons, 1983, p. 2961.

❸　林行，《船舶所有人責任限制之演進及其在我國法制上之研究》，東吳大學碩士論文，1979 年 12 月，p. 149。

❸　施智謀，《海商法》，自版，宜增文具印刷品行印刷，1999 年 6 月修訂版，p. 342。

B.「按我國海商法第二十三條係依 1924 年船舶所有人限制責任公約第三條之規定而制定。依照此公約之規定，學者間亦曾對於公約上之責任是否為航段主義（短航主義）或事故主義曾有爭論。但其並非德法上所稱之預定航程主義，則為不爭之事實。」

C. 若「吾國立法者在繼受 1924 年船舶所有人限制責任公約時」，「採取『預定航程』為責任之單位，以使船舶所有人不致在預定航程上，負數個責任，則依常理，必須另設一條，以規定不同之船舶估計價值如何分配於不同之團體。由於立法者不設此規定，吾人似乎可解釋，吾國海商法對責任之單位係採『航段主義』（短航主義）」❸ 。

⑵預定航程主義

預定航程主義者，乃指在預定之同一航程內，就各航段所發生之數個事變，分別估計其債權總額，船舶所有人對此數個債權，在僅負一次責任的前提下，將被估計出之船舶價值按其債權比例，分配給各債權人之原則也。在此主義之下，就各航段所發生之債權，船舶之價值，固應依海商法第二十三條各款之規定估計之，若船舶所有人欲委棄船舶時，其委棄對於同一航次所生之各個債權均有效力，對於同一航次其他事變所生之債權無須分別另外提供船舶之價值。

1999 年修法前之舊海商法第二十一條規定：「Ⅰ船舶所有人，對左列事項所負責任，以本次航行之船舶價值、運費及其他附屬費為限，船舶所有人不提供船舶價值而委棄其船舶者，亦同：一　船長、海員、引水人或其他一切服務於船舶之人員，因執行業務所加損害於第三人之賠償。二交付船長運送之貨物或船上其他一切財產物品所受損害之賠償。三　本於載貨證券所生之債務。四　在履行契約中所犯航行過失之賠償。五　船舶所加於港埠、倉庫、航路設備及工作物之損害所應修理之義務。六　關於除去沉船漂流物之義務及其從屬之義務。七　救助及撈救之報酬。八　在共同海損中屬於船舶所有人應分擔之部分。九　船長在船籍港外，以其職

❸　施智謀，前揭《海商法專題研究》，p. 237。施智謀，《海商法》，p. 342。

權因保存船舶或繼續航行之實在需要所為行為，或契約所生之債務，而其
需要非由發航時準備不足、船具缺陋或設備疏忽而生者。II前項運費，對
於依約不能收取之運費及票價，不包括在內。III第一項所稱附屬費，指船
舶因受損害應得之賠償，但保險金不包括在內。IV第一項第一款所稱之損
害，包括身體之傷害及生命之喪失。」顯然1999年修正前之舊海商法，對
於船舶所有人之責任限制，顯然係採船價主義之立法。吾人以為，在舊海
商法之此等立法下，應以「預定航程主義」較為可採。其理由如下：

A. 航段主義之主張有違船價主義之精神

在航段主義下，在同一航次內，發生數次事故時，船舶所有人即負有
數度提出船舶價值之義務，其責任之重，幾與事故主義相同，顯與我國現
行海商法所採船舶所有人責任限制之制度相違。

B. 隨意加重船舶所有人之責任有違現行海商法之立法旨趣

不能因為海商法未明文規定船舶價值應如何分配於不同之債權人團
體，而將我國海商法對責任之單位解釋為採「航段主義」。事實上，海商法
僅為民法之特別法，當海商法無特別規定時，應適用民法及其他有關法律
之規定（§5）。隨便將之解釋為採「航段主義」，加重船舶所有人之責任，
違背船舶所有人責任限制制度之立法旨趣，實非妥當。

C. 依現行法規之用語而言，應採預定航程主義為妥

我國舊海商法第二十一條及第二十三條規定之用語，均為「本次航行
之船舶價值」，所謂「本次航行」者，乃指本航次之航行而言，將之解釋為
「預定航程中之航行」，當較將之解釋為「本航段之航行」妥當❸。亦即所
謂「本次航行」，當指船舶於發航時所預定航程之航行，若預定之航程為去
航及歸航，則去航及歸航應視為一個航程。

D. 依立法之時代背景而言，應以預定航程主義為妥

「關於船舶在停泊港內發生事變所生之債權，其估價依船舶在停泊港
內事變發生後之狀態。」係1929年版海商法（1929年12月30日國民政

---

❸　梁宇賢，前揭《海商法論》，p. 211。

府公布）第二十五條第二項第二款已有之規定；「船舶所有人對左列事項所負責任，以本次航海之船舶價值、運費及其他附屬費為限。」亦係 1929 年版海商法第二十三條第一項已有之規定。1929 年，我國之海商運送，尚未萌芽，鼓勵國人，發展海商事業，尚恐不及，當時之立法者，不可能採用「航段主義」，如此加重船舶所有人之責任也。

E. 航段主義者之主張大多前後矛盾

主張「航段主義」者，對於「我國船舶所有人責任限制之制度」，多先主張屬於 1935 年以前之美國船價主義，或船價主義及類似委付主義之擇一適用。委棄船舶之前，屬於人的有限責任，委棄船舶之後，屬於物的有限責任。人的有限責任者，乃指債務人就其全部債務，僅以一定金額為其負擔最高限度之責任也；物的有限責任者，乃指債務人就其全部債務，僅以特定財產或特定物為其負擔最高限度之責任也。船舶所有人之責任，既以「一定金額」或以「特定財產或特定物」為其責任之最高限度。而對於船舶價值之估計，則又採用「航段主義」，使船舶所有人可能負擔上述「一定金額」或「特定財產或特定物」之數倍責任，如此前寬後嚴，實在甚為矛盾。易言之，其主張「航段主義」者，對於「我國船舶所有人責任限制之制度」，大多承認其為船價主義於先，卻以航段主義（事故主義）說明於後，其見解之前後矛盾，可謂至為顯然。

1999 年修法時，已將船舶所有人責任限制之規定修正為，「I 船舶所有人對下列事項所負之責任，以本次航行之船舶價值、運費及其他附屬費為限：一　在船上、操作船舶或救助工作直接所致人身傷亡或財物毀損滅失之損害賠償。二　船舶操作或救助工作所致權益侵害之損害賠償。但不包括因契約關係所生之損害賠償。三　沉船或落海之打撈移除所生之債務。但不包括依契約之報酬或給付。四　為避免或減輕前二款責任所負之債務。II 前項所稱船舶所有人，包括船舶所有權人、船舶承租人、經理人及營運人。III 第一項所稱本次航行，指船舶自一港至次一港之航程；所稱運費，不包括依法或依約不能收取之運費及票價；所稱附屬費，指船舶因受損害

應得之賠償。但不包括保險金。IV第一項責任限制數額如低於下列標準者，船舶所有人應補足之：一　對財物損害之賠償，以船舶登記總噸，每一總噸為國際貨幣基金，特別提款權五四計算單位，計算其數額。二　對人身傷亡之賠償，以船舶登記總噸，每一總噸特別提款權一六二計算單位計算其數額。三　前二款同時發生者，以船舶登記總噸，每一總噸特別提款權一六二計算單位計算其數額。但人身傷亡應優先以船舶登記總噸，每一總噸特別提款權　〇八計算單位計算之數額內賠償，如此數額不足以全部清償時，其不足額再與財物之毀損滅失，共同在現存之責任限制數額內比例分配之。四　船舶登記總噸不足三百噸者，以三百噸計算。」（§21）吾人以為，在現行海商法之立法下，則應以「航段主義」較為可採。其理由如下：

A. 我國現行海商法，已非單純「船價主義」之立法，而為兼採「船價主義」及「金額主義」之立法。

B. 現行海商法第二十一條第三項明文規定：「第一項所稱本次航行，指船舶自一港至次一港之航程」，顯然我國現行海商法，已採「航段主義」之立法。

3. 關於貨載之債權或本於載貨證券而生之債權，除前二款情形外，其估價依船舶於到達貨物之目的港時，或航行中斷地之狀態，如貨載應送達於數個不同之港埠，而損害係因同一原因而生者，其估價依船舶於到達該數港中之第一港時之狀態 (For claim of obligation relating to the cargo or claim of obligation arising out of bill of lading except those prescribed in the preceding two sub-paragraphs, the valuation shall be according to the condition of the ship at the time of her arrival at the port of destination of the cargo or at the place where the voyage is broken. If the cargo is destined to several different ports and the damage has arisen out of one and the same cause, the valuation shall be according to the condition of the ship at the time of her arrival at the first port of such several ports.)（§23 II ③）

船舶價值之估計，當其債權係因海上事變而發生時，亦即當其債權具有「海上事變」之因素時，不論其屬於運送契約上或侵權行為上之債權，均應依前述海商法第二十三條第二項第一款、第二款之規定估計之。當其債權非因海上事變而發生時，則應就其屬於運送契約上或侵權行為上之債權，分別論之：

⑴當其債權純係基於侵權行為而生時，不適用本法船舶所有人責任之限制，此時，應依民法有關侵權行為之規定處理，而使之負無限責任。

⑵當其債權純係基於運送契約而生時，亦即當其債權純係關於貨載之債權或本於載貨證券而生之債權時，應依本款之規定估計之。亦即：

A. 在原則上，船舶價值之估計，應「依船舶於到達貨物之目的港時，或航行中斷地之狀態」為準（§23 II③前段）。

B. 如貨載應分別送達於數個不同之目的港，而其損害係基於同一原因而生者，則船舶價值之估計，應依「船舶於到達該數港中之第一港時之狀態」為準（§23 II③後段）。

C. 如貨載應分別送達於數個不同之目的港，而其損害係基於個別不同之原因而生者，則船舶價值之估計，應依本款前段之標準為之，亦即應「依船舶於到達貨物之目的港時，或航行中斷地之狀態」為準。

4.關於第二十一條所規定之其他債權，其估價依船舶航行完成時之狀態 (For other claim of obligation provided for in Article 21, the valuation shall be according to the condition of the ship at the time of consummation of her voyage.)（§23 II ④）

此款之規定，係仿照「1924 年關於海船所有人責任限制法規之國際統一公約」(International Convention for the Unification of Certain Rules relating to the Limitation of the Liability of Owners of Seagoing Vessels, Brussels, August 25, 1924) 之規定而來。「第二十一條所規定之其他債權」者，乃指海商法第二十一條所規定，而為海商法第二十三條第二項第一款至第三款以外之其他債權而言。易言之，係指既非因海上事變，亦非因違反運送契約

而生之債權而言。例如因落海打撈所生之債權，既非基於海上事變，又非基於運送契約或侵權行為，在此情況下，船舶價值之估計，應「依船舶航行完成時之狀態」為之。

㈡運　費

運費〔英：freight；日：運送賃（うんそうちん）；德：Fracht；法：fret〕者，乃指運送旅客或貨物所生之報酬也。運費有毛運費與淨運費之別。毛運費 (gross freight) 者，又稱總運費，乃指未扣除營運成本前，船舶該次航行所收運費之總額也。淨運費 (net freight) 者，又稱純運費，乃指自毛運費扣除營運成本後船舶所有人所淨賺之運費也。

「1924 年關於海船所有人責任限制法規之國際統一公約」第四條規定：「第一條所稱之運費，包括旅客票價在內，無論船舶屬何類型，均定為船舶在發航時價值之百分之十。」(The freight referred to in Article 1, including passage money, is deemed, as respects vessels of every description, to be a lump sum fixed at all event at 10 percent of the value of the vessel at the commencement of the voyage.) 此種運費一律以「船舶在發航時價值之百分之十」計算之原則，稱為「運費概數原則」。惟我國海商法並未採納「運費概數原則」，本法第二十一條中所稱之運費，係指發生事由之船舶本次航行所應得之毛運費而言。不論是否已收，均包括在內，惟應以船舶所有人實際上所能收取者為限，不包括依法或依約不能收取之運費或票價(§21 III)。所謂「依法或依約不能收取之運費或票價」，係指實際上無法收取之運費或票價，例如運費折扣，依照契約或法律規定不能收取或必需退還者，即不得算入運費之內。依此原則，下列金額仍得被視為運費，而得成為責任限制之標的：

⑴該船舶出租所得之租金。

⑵旅客運送之票價。

⑶貨載裝卸遲延所生之損害賠償金（延滯費）（§52）。

⑷傭船契約解除時所得請求之部分運費（差額運費）（§43、§44）。

(5)船舶所有人以從事救助或拖帶為業時，因船舶救助或拖帶所得之報酬。

在我國現行船舶所有人責任限制之下，運費僅為計算船舶所有人責任最高限度之單位，並非強制執行之標的，因此運費在實際上是否已經收取，並非重要。其因救助或拖帶所得之報酬，是否得視為運費？我國學界之通說認為，若船舶所有人以救助或拖帶為常業，則其因救助或拖帶所得之報酬，應視為運費之一種；若船舶所有人並非以救助或拖帶為常業，則其因救助、撈救或拖帶所得之報酬，純屬偶然之收入，不得視為運費之一種❶❸❺。

旅客運送之票價，是否得視為運費？有下列二說：

1.否定說

否定說認為，旅客運送之票價不得視為運費。主張此說者，例如俞士英、吳智、何佐治、段紹禋等人❶❸❻。其理由大致如下：

(1)海商法第二十一條第三項規定：「所稱運費，不包括依法或依約不能收取之運費及票價。」本項之規定，依文義解釋，應為①依法或依約不能收取之運費及②票價，應不包括在運費之內。

(2)票價不屬海產範圍，而且船舶所有人又已將票價之大部分用於購置燃料或準備膳食費用（§80），實際上船舶所有人已經盈餘無多，故不論已否收取，票價應不包括在運費之內。

2.肯定說

肯定說認為，旅客運送之票價亦得視為運費。主張此說者，例如施智謀、桂裕、王孝通、甘其綬等人❶❸❼。其理由大致如下：

---

❶❸❺ 梁宇賢，前揭《海商法論》，p. 213。施智謀，前揭《海商法專題研究》，p. 239。

❶❸❻ 俞士英，《海商法要義》，自版，福元印刷廠印刷，1968 年 10 月初版，p. 53。吳智，《海商法論》，自版，三民書局總經銷，1976 年 3 月修訂 4 版，p. 47。何佐治，《最新海商法釋義》，鄧澂濤發行，1962 年 9 月初版，p. 81。段紹禋，〈論船舶所有人之責任〉，《法律評論》，第 33 卷第 4 期，1967 年 4 月出版，p. 11。

(1)前述海商法第二十一條第三項之規定，依文義解釋，應為①依法或依約不能收取之運費及②依法或依約不能收取之票價，應不包括在運費之內。

(2)事實上船舶所有人亦常將運費之大部分用於購置燃料或準備膳食費用（§80），票價與運費在性質上並無特別不同，豈能獨因船舶所有人將票價之大部分用於購置燃料或準備膳食費用，即將票價區別在運費之外。

吾人以為，似應以肯定說為當。其理由如下：

(1)就運費之解釋，1929 年版之海商法（第二十三條第二項）規定：「前項運費，包括旅客票價在內。」顯係繼受「1924 年關於海船所有人責任限制法則之國際統一公約」所為之規定，因此票價當然包括在運費之內。

(2) 1962 年將舊法修正為：「前項運費，對於依約不能收取之運費及票價，不包括在內。」現行海商法第二十一條第三項又將之修正為：「所稱運費，不包括依法或依約不能收取之運費及票價。」其立法旨趣，均在強調「對於依法或依約不能收取」之「運費及票價」，不包括在內，並未將票價完全排除在外，否則豈不與公約精神大相違背[138]。

(三)附屬費

現行海商法第二十一條第三項規定：「所稱附屬費，指船舶因受損害應得之賠償。但不包括保險金。」(The accessories referred to in the preceding first paragraph denotes the indemnity due to the ship by reason of damage inflicted thereupon, provided, that payment on insurance is not included therein.) 由此規定，吾人可知，附屬費 (accessories) 者，乃指船舶因受損害應得之賠償也。例如船舶所有人因船舶碰撞所應得之損害賠償或因共同海

---

[137] 甘其綬，前揭《海商法論》，p. 83。桂裕，前揭《海商法新論》，p. 147。王孝通，《海商法》，商務印書館，1935 年 10 月出版，p. 24。施智謀，前揭《海商法專題研究》，p. 239。美國法院亦採肯定說，The Main v. Williams, Md., 1894, 14 S. ct. 486.

[138] 林行，前揭《船舶所有人責任限制之演進及其在我國法制上之研究》，p. 152。

損船舶被處分之結果，船舶所有人所得向他人請求之共同海損賠償額。

　　船舶保險金，應否包括在附屬費中？在 1962 年修正之前，因無明文規定，曾經一度學派分歧，眾說紛紜。但 1962 年修正後之海商法明文規定：「保險金不包括在內」，現行海商法第二十一條第三項亦明文規定：「但不包括保險金。」。其理由如下：

　　(1)保險金既非運費，亦非賠償金額。

　　(2)船舶保險，乃屬任意契約，法律並無強制船舶所有人保險之規定，船舶所有人參加保險，無非僅為加重保障自己之利益而已。因此貿然將保險金包括在附屬費之內，提高船舶所有人賠償之金額，則船舶所有人之參加保險，將無法達到加重保障自己利益之目的，無法加重保障自己之利益，此後將無人樂意參加船舶保險矣。

　　(3)保險費多由陸產支出，海商法第二十一條第一項之規定，既以海產（以本次航行之船舶價值、運費及其他附屬費為限）為計算船舶所有人最高責任限度之標的，若將保險金包括在附屬費之內，將由陸產支出保險費所得之保險金予以抵充，則船舶所有人將有雙重損失之虞。

　　(4)船舶本身之保險與貨物保險或人身保險，其保險標的各自不同，一旦船舶本身發生危險，卻將基於船舶本身保險所得之保險金，用來賠償人身傷亡或貨物毀損，顯然有違投保船舶保險之目的。

　　(5)經營航運事業，為了融資，往往以船舶抵押借款，而且航行中，更可能發生種種優先權之債務，船舶保險之保險金，原可用以清償抵押權、優先權之債務，若此船舶保險之保險金可以移作他用，則上述抵押權、優先權債權人之利益，勢將無法獲得保障，此後將無人願意借錢予船舶所有人矣！

　　(6) 1962 年修正前之實務界，亦多持否定說之見解。例如最高法院 1952年 1 月 7 日民刑庭會議決議：「海商法第二十三條（即本條）第一項所稱附屬費，依同條第三項之規定，係指船舶因受損害應得之賠償而言。此種賠償不包括保險人所支付之賠償金額在內。」

(7)保險金本無賠償金之性質，我國現行保險法第一條規定:「Ⅰ本法所稱保險，謂當事人約定，一方交付保險費於他方，他方對於因不可預料，或不可抗力之事故所致之損害，負擔賠償財物之行為。Ⅱ根據前項所訂之契約，稱為保險契約。」本條文用語「賠償財物」中的「賠償」，與民法上之用語略有不同，一般在民法上，所謂賠償，乃指「損害賠償」而言，損害 (damage) 者，乃指法益所受之不利益也，亦即因某事實之發生，以致某人身體、財產或其他法益所受之不利益也。賠償 (compensation) 者，乃指填補他人所受損害之謂也。故損害賠償〔英：compensation for damage or injury；日：損害賠償（そんがいばいしょう）；德：Schadensersatz；法：dommages-intérêts, réparation des dommages〕者，乃指填補他人所受之損害，使其如同未受損害之法律上義務也。一般在民商法上，僅在侵權行為或債務不履行等場合，始有「賠償」一詞之使用，當事人依照契約之本旨實現其內容者，其用語應為「給付」，給付〔英；performance；日：給付（きゅうふ）；德：Leistung；法：prestation〕者，乃指債務人依約履行債務所為之行為或不行為也，亦即當事人依照契約之本旨實現其內容之謂也。故此之所謂「賠償」，應指「以填補損害為內容之給付」而言，亦即當要保人因不可預料或不可抗力之事故受到損害時，由保險人履行「以填補要保人損害為內容」之給付也，因此保險金本無賠償金之性質。

因救助或拖帶所得之報酬，是否得視為附屬費？如前所述，通說認為，若船舶所有人以救助或拖帶為常業，則其因救助或拖帶所得之報酬，應視為運費之一種；若船舶所有人並非以救助或拖帶為常業，則其因救助或拖帶所得之報酬，純屬偶然之收入，不得視為運費之一種。惟此種純屬偶然之收入，是否得視為附屬費？約有下列二說：

1.肯定說

主張採肯定說者認為，因救助或拖帶所得之報酬，縱為偶然之收入，亦得視為附屬費。例如甘其綬先生，在其著作《海商法論》中，即如此主張:「因救助撈救船舶所有人所應得之報酬是否包括在附屬費之內併供賠償

之用，應另一問題。如不包括，對船舶所有人自屬有利。惟船舶所有人因救助撈救所應得之報酬原係因運用其船舶所得者，視同運費併供賠償之用，亦屬可解。再者，船舶如因救助撈救而受有損害，則其損害亦為決定報酬金額之一重要因素，船舶雖仍以報酬名義得之，而實寓有賠償損害之意。若是，依海商法第二十一條第三項『第一項所稱附屬費，指船舶因受損害應得之賠償』之規定，將此項報酬包括在附屬費之內併供賠償之用，亦有理由。」⓭⓭

2.否定說

　　主張採否定說者認為，因救助或拖帶所得之報酬，若僅為偶然之收入，則不得視為附屬費。例如何俊魁先生，在其著作《海商法概論》中，即如此主張：「船舶因救助撈救所生之報酬，是否亦包括於附屬費內，海商法無明文規定，蓋救助及撈救所生之報酬，既非因不法行為所得之損害賠償，自不應包括在內。若獎勵海難之救助，其所生之報酬，應用作獎勵實行救助之船員，而不應包括於海產範圍內也」⓮⓪。

　　吾人以為似以否定說較為可採，日本舊海商法規定，船舶所有人若將船舶、運費及其他之損害賠償或報酬請求權委付，即得免除其責⓮⓵。日本舊海商法在委付之標的中，將損害賠償及報酬請求權併而列之，我國於1929年以前之海船法草案中，曾仿日本之立法例，將「報酬」與「賠償」併而列之（海船法草案§13），然而1929年12月30日公布之舊海商法卻將「報酬」二字刪除，而僅於該法之第二十三條第一項規定：「船舶所有人，對左列事項所負責任，以本次航海之船舶價值、運費及其他附屬費為限。」1962年及1999年修法時，亦均沿用舊法，未將「報酬」增列，立法者認為救助及拖帶所生之報酬，既非因不法行為所得之損害賠償，自不應包括

⓭⓭　甘其綬，前揭《海商法論》，p. 86。

⓮⓪　何俊魁，《海商法概論》，自版，臺北監獄印刷廠印刷，1958年4月出版，p. 28。

⓮⓵　松波仁一郎，《日本海商法》，有斐閣書房，大正6年10月20日發行，p. 248。烏賀陽然良，《海商法論》，弘文堂書房，昭和12年4月25日發行，p. 136。

在附屬費之內，其意可謂至為明顯❶❷。

三、船舶所有人有限責任之限制金額

海商法第二十一條第四項規定：「第一項責任限制數額如低於下列標準者，船舶所有人應補足之：一　對財物損害之賠償，以船舶登記總噸，每一總噸為國際貨幣基金，特別提款權五四計算單位，計算其數額。二　對人身傷亡之賠償，以船舶登記總噸，每一總噸特別提款權一六二計算單位計算其數額。三　前二款同時發生者，以船舶登記總噸，每一總噸特別提款權一六二計算單位計算其數額。但人身傷亡應優先以船舶登記總噸，每一總噸特別提款權一〇八計算單位計算之數額內賠償，如此數額不足以全部清償時，其不足額再與財物之毀損滅失，共同在現存之責任限制數額內比例分配之。四　船舶登記總噸不足三百噸者，以三百噸計算。」此係「金額主義」部分之規定，依此規定，吾人簡單析述如下：

(一)責任限制數額之計算單位

就責任限制數額之計算單位，海商法第二十一條第四項採「特別提款權」之制度。「特別提款權」，簡稱為 SDR 或 SDRs (Special Drawing Right)，係國際貨幣基金會 (the International Monetary Fund，簡稱 IMF) 所創造之一種人為通貨單位 (artificial currency units)，其每一單位價值等於 0.888671 公克純金，於 1970 年 1 月 1 日起首次分配給各會員國。1999 年修法之時，參照「1957 年關於海船所有人責任限制法規之國際統一公約」第三條之計算方式及「1976 年海事求償責任限制公約」第六條、第七條、第八條之計算標準，乃新增第二十一條第四項之規定。對於數額之計算單位，因顧及國內幣值劇烈變動而影響其實值，不以新臺幣為計算標準，而以特別提款權為計算單位。例如以擬訂修正草案時之 1993 年 12 月 29 日而言，當時之換算標準為，1 計算單位等於 1.38107 美元，1 美元等於新臺幣 26.70 元，

---

❶❷　王效文，《中國海商法論》，上海會文堂新記書局，1930 年 10 月再版，pp. 71、72。

而今日（2003 年 2 月 15 日）1 美元則等於新臺幣 34 元，足見國內幣值之變動，極為劇烈，改採「特別提款權」為計算單位，再予換算如第四項所列之金額，始不全於影響責任限制金額之實值。

㈡責任限制數額之計算標準

第一項之責任限制金額若未低於第四項之責任限制金額時，以第一項所規定之責任金額為最高責任限度。但第一項「船舶價值」、「運費」及其他附屬費之責任限制數額如低於下列標準者，應依下列標準，由船舶所有人補足之：

(1)對財物損害之賠償，以船舶登記總噸，每一總噸為國際貨幣基金，特別提款權五十四計算單位，計算其數額。例如船舶登記總噸為一萬噸，則發生可主張責任限制之財物損害時，船舶所有人之責任限制數額應為特別提款權五十四萬計算單位（54 × 10,000 ＝ 540,000）。

(2)對人身傷亡之賠償，以船舶登記總噸，每一總噸特別提款權一六二計算單位計算其數額。例如船舶登記總噸為一萬噸，則發生可主張責任限制之人身傷亡時，船舶所有人之責任限制數額應為特別提款權一六二萬計算單位（162 × 10,000 ＝ 1,620,000）。

(3)前二款同時發生者，以船舶登記總噸，每一總噸特別提款權一六二計算單位計算其數額。但人身傷亡應優先以船舶登記總噸，每一總噸特別提款權一○八計算單位計算之數額內賠償，如此數額不足以全部清償時，其不足額再與財物之毀損滅失，共同在現存之責任限制數額內比例分配之。例如船舶登記總噸為一萬噸，則同時發生可主張責任限制之財物損害及人身傷亡時，船舶所有人之責任限制數額應為特別提款權一六二萬計算單位（162 × 10,000 ＝ 1,620,000）。但應分二階段賠償，第一階段，先提出特別提款權一○八萬計算單位（108 × 10,000 ＝ 1,080,000），優先專供人身傷亡部分之賠償。第二階段，再提出特別提款權五十四萬計算單位（54 × 10,000 ＝ 540,000），供貨物損害部分之賠償，但前述人身傷亡部分之賠償，若無法獲得滿足之清償時，其不足額得參與第二階段之賠償，與貨物損害

部分之賠償，共同在現存之責任限制數額內比例分配之，易言之，在第二階段之賠償中，人身傷亡部分之賠償與貨物損害部分之賠償，完全立於平等之地位，並無所謂何者優先何者劣後之問題。

(三)船舶登記總噸不足三百噸者，以三百噸計算

海商法第二十一條第四項第四款規定：「船舶登記總噸不足三百噸者，以三百噸計算。」舊海商法第二十一條第四項第四款之原本規定為：「第一項第一款所稱之損害，包括身體之傷害及生命之喪失。」1999 年修法之時，為配合本法第二十一條第一項第一款及第四項之規定，乃將該原本之規定刪除，而改以本款之規定代之。因依海商法第三條及船舶法第一條之規定，總噸位滿二十噸之動力船舶即有可能適用海商法，而主張責任限制。如此一來，對貨物損害之賠償，責任限制之數額僅有特別提款權一〇八〇計算單位（54 × 20 = 1,080），金額太少，財物損害之被害人，幾乎無法獲得滿足之賠償，為保護被害人起見，乃規定「船舶登記總噸位不足三百噸者，以二百噸計算。」例如今有某動力船舶 X，其登記總噸僅有 30 噸，本來其對貨物損害之最高責任限度應僅 1,620 SDR（54 × 30 = 1,620）而已，如此最高責任限度未免太少，對於船舶債權人權益之保障，太過苛薄，因此須依海商法第二十一條第四項第四款之規定「船舶登記總噸不足三百噸者，以三百噸計算。」應負 16,200 SDR（54 × 300 = 16,200）之最高責任限度。

四、責任限制有關用語之意義

就責任限制有關用語之意義，海商法第二十一條第二項及第三項規定：「II前項所稱船舶所有人，包括船舶所有權人、船舶承租人、經理人及營運人。III第一項所稱本次航行，指船舶自一港至次一港之航程；所稱運費，不包括依法或依約不能收取之運費及票價；所稱附屬費，指船舶因受損害應得之賠償。但不包括保險金。」此係 1999 年修法時，參照「1976 年海事求償責任限制公約」第一條內容，新增之規定。其中所謂「船舶所有權人」，係指航行船舶依船舶登記法所登記之船舶所有權人而言；所謂「船舶

承租人」，係指就航行船舶與船舶所有權人訂有光船租賃契約之傭船人而言❿；所謂「經理人」，係指就航行船舶受委任經營其航運業務之人而言；所謂「營運人」，係指航行船舶之船舶所有權人、船舶承租人、經理人以外有權為船舶營運之人而言；所謂「本次航行」，係指船舶自一港至次一港之航程而言；所謂「運費」，係指已收或可收之運費及票價而言，其依法或依約不能收取之「運費及票價」不包括之；所謂「附屬費」，係指船舶因受損害應得之賠償。但不包括保險金。

第六項　船舶所有人責任限制之事項

一、修正理由

　　就船舶所有人之責任限制，1999 年修正前之海商法第二十一條規定：「Ⅰ船舶所有人，對左列事項所負責任，以本次航行之船舶價值、運費及其他附屬費為限，船舶所有人不提供船舶價值而委棄其船舶者，亦同：一　船長、海員、引水人或其他一切服務於船舶之人員，因執行業務所加損害於第三人之賠償。二　交付船長運送之貨物或船上其他一切財產物品所受損害之賠償。三　本於載貨證券所生之債務。四　在履行契約中所犯航行過失之賠償。五　船舶所加於港埠、倉庫、航路設備及工作物之損害所應修理之義務。六　關於除去沉船漂流物之義務及其從屬之義務。七　救助及撈救之報酬。八　在共同海損中屬於船舶所有人應分擔之部分。九　船長在船籍港外，以其職權因保存船舶或繼續航行之實在需要所為行為，或契約所生之債務，而其需要非由發航時準備不足、船具缺陋或設備疏忽而生者。Ⅱ前項運費，對於依約不能收取之運費及票價，不包括在內。Ⅲ

---

❿　光船租賃契約〔英：bareboat charter, charter by demise；日：裸傭船契約（はだかようせんけいやく）；法：affrétement, coque nue〕者，船舶所有人將未配置船員之空船，交由船舶租賃人管理營運之傭船方式契約也。

第一項所稱附屬費，指船舶因受損害應得之賠償，但保險金不包括在內。IV第一項第一款所稱之損害，包括身體之傷害及生命之喪失。」1999年修正後之海商法第二十一條則規定：「I船舶所有人對下列事項所負之責任，以本次航行之船舶價值、運費及其他附屬費為限：一　在船上、操作船舶或救助工作直接所致人身傷亡或財物毀損滅失之損害賠償。二　船舶操作或救助工作所致權益侵害之損害賠償。但不包括因契約關係所生之損害賠償。三　沉船或落海之打撈移除所生之債務。但不包括依契約之報酬或給付。四　為避免或減輕前二款責任所負之債務。II前項所稱船舶所有人，包括船舶所有權人、船舶承租人、經理人及營運人。III第一項所稱本次航行，指船舶自一港至次一港之航程；所稱運費，不包括依法或依約不能收取之運費及票價；所稱附屬費，指船舶因受損害應得之賠償。但不包括保險金。IV第一項責任限制數額如低於下列標準者，船舶所有人應補足之：一　對財物損害之賠償，以船舶登記總噸，每一總噸為國際貨幣基金，特別提款權五四計算單位，計算其數額。二　對人身傷亡之賠償，以船舶登記總噸，每一總噸特別提款權一六二計算單位計算其數額。三　前二款同時發生者，以船舶登記總噸，每一總噸特別提款權一六二計算單位計算其數額。但人身傷亡應優先以船舶登記總噸，每一總噸特別提款權一〇八計算單位計算之數額內賠償，如此數額不足以全部清償時，其不足額再與財物之毀損滅失，共同在現存之責任限制數額內比例分配之。四　船舶登記總噸不足三百噸者，以三百噸計算。」由此可知，就船舶所有人之責任限制而言，1999年之修正幅度，可謂甚為廣大，不但「船舶所有人責任限制之事項」由舊有之九款縮減為四款，連最基本之「船舶所有人責任限制之立法主義」亦自原有之「船價主義」變更為「船價主義及金額主義之併用主義」。其修正理由為：「一　現行（原有）條文第一項對船舶所有人所得主張責任限制之事項計有九款，除第五款對於港埠設備之損害修理義務亦得限制外，其他八款與1924年海船所有人責任限制公約之規定相仿。二　查1924年及1957年海船所有人責任限制公約目前已發展為1976年海事

求償責任限制國際公約（於 1986 年 12 月 1 日起生效）。修正條文第一項係參照一九七六年海事求償責任限制國際公約精神，為更能刺激及鼓勵船舶所有人淘汰質劣之老舊船舶，以積極建造性能優良之新船，特將現行之『船價制與委付制』（筆者註：修正前之立法主義應為『船價主義』或『船價主義與類似委付主義之選擇主義』❹）修正為『船價制與金額制』（筆者註：修正後之立法主義應為『船價主義與金額主義之併用主義』❺）。三　第一項就船舶所有人得主張限制責任項目各款之規定，係參照 1957 年海船所有人責任限制國際公約第一條第一項與 1976 年海事求償權責任限制國際公約第二條第一項之規定，及我國國情及政策，爰修正如上。四　增訂第二項：係參酌 1976 年公約第一條內容對享有責任限制權之船舶所有人之含括範圍。其中『船舶所有權人』係指航行船舶依船舶登記法所登記之船舶所有權人；『船舶承租人』係指就航行船舶與船舶所有權人訂有光船租賃契約之傭船人；『經理人』係指就航行船舶受委任經營其航運業務之人；『營運人』係指航行船舶之船舶所有權人、船舶承租人、經理人以外有權為船舶營運之人。五　增訂第三項：明定所稱本次航行，係指船舶自一港至次一港之航程，並納入現行條文第二項及第三項對運費及附屬費之定義。六　將現行條文第四項刪除，以配合第一項第一款及第四項之規定。七　增訂第四項：係參酌 1957 年海船所有人責任限制國際公約第三條及 1976 年海事求償責任限制國際公約第六、第七、第八條對於責任限制數額之計算標準，復參酌世界主要國家計算標準擬定以新臺幣為計算單位之責任限制數額計算標準為 ：㈠對財物損害之賠償以船舶登記總噸 ， 每一總噸新臺幣 2,000 元計算其數額。㈡對人身傷亡之賠償以船舶登記總噸，每一總噸新臺幣 6,000 元計算其數額。㈢前二款同時發生者，以船舶登記總噸，每一總噸新臺幣 6,000 元計算其數額，但人身傷亡應優先以船舶登記總噸，每一

❹　林群弼，《海商法》，高雄市立空中大學印行，2000 年 8 月初版，B020402-21。
❺　鄭玉波（林群弼修訂），《海商法》，三民書局印行，1999 年 11 月修訂 12 版，p. 57。

總噸 4,000 元計算之數額內賠償，如此數額不足以全數賠償，其不足額再與財物之毀損滅失，共同在現存之責任限制數額內比例分配之。八　惟為慮及經此計算標準所計算之責任限制數額，不因未來國內幣值劇烈變動而影響其實質，擬參照 1976 年公約所採國際貨幣基金特別提款權 (SDR) 為計算單位，並以 82.12.29 之匯率換算標準 (1 計算單位等於 1.38107 美元；1 美元等於新臺幣 26.70 元) 予以換算如第四項所列數額。」 ⑭⑥

二、船舶所有人責任限制之事項

如上所述，船舶所有人的有限責任，並非對於一切債務都得如此，乃以法律上所特別規定的債務為限。就船舶所有人限制責任之標的、項目及範圍，我國現行海商法第二十一條第一項規定：「船舶所有人對下列事項所負之責任，以本次航行之船舶價值、運費及其他附屬費為限：一　在船上、操作船舶或救助工作直接所致人身傷亡或財物毀損滅失之損害賠償。二　船舶操作或救助工作所致權益侵害之損害賠償。但不包括因契約關係所生之損害賠償。三　沉船或落海之打撈移除所生之債務。但不包括依契約之報酬或給付。四　為避免或減輕前二款責任所負之債務。」因前述海商法第二十一條之修正理由，尚稱說明詳細。就海商法第二十一條第一項之解釋，應該不難掌握其真正之意義。惜乎第一項之規定，或因標點符號或用語曖昧之故，就其真正意義，國內竟然出現各種不同之解釋。在此，吾人願就現行海商法第二十一條第一項之規定，亦即有關船舶所有人責任限制之事項，略加探討，以供研習海商法者，多一種參考之資料。

㈠在船上、　操作船舶或救助工作直接所致人身傷亡或財物毀損滅失之損害賠償

就船舶所有人責任限制之事項，我國海商法第二十一條第一項第一款之規定為「在船上、操作船舶或救助工作直接所致人身傷亡或財物毀損滅失之損害賠償」。依此規定，對於「在船上、操作船舶或救助工作直接所致

---

⑭⑥　交通部，《海商法修正草案（含總說明）》，1995 年 7 月，pp. 22～28。

人身傷亡或財物毀損滅失之損害賠償」，船舶所有人得主張責任限制。惟何謂「在船上、操作船舶或救助工作直接所致人身傷亡或財物毀損滅失之損害賠償」？國內一般書籍多將之解釋為「1.在船上直接所致人身傷亡或財物毀損滅失之損害賠償。……。2.操作船舶直接所致人身傷亡或財物毀損滅失之損害賠償。……。3.救助工作直接所致人身傷亡或財物毀損滅失之損害賠償。……。」

吾人以為，本款係參照「1976 年海事求償責任限制公約」(Convention on Limitation of Liability for Maritime Claims, 1976) 第二條第一項 (a) 款所為之規定。依「1976 年海事求償責任限制公約」第二條第一項 (a) 款之規定，「有關在船上發生或與船舶操作或救助作業直接相關之人身傷亡或財產之滅失或毀損（包括對港埠工程、港灣、水道及輔助航海設備之損害），以及因此所致間接從屬損害之賠償。」〔claims in respect of loss or life or personal injury or loss or damage to property (including damage to harbour works, basins and waterways and aids to navigation), occurring on board or in direct connexion with the operation of the ship or with salvage operation, and consequential loss resulting therefrom.〕可主張限制責任。參照上述「1976 年海事求償責任限制公約」第二條第一項 (a) 款之規定，吾人可知，海商法第二十一條第一項第一款之真正意義似指，對於下列債務，船舶所有人得以主張責任限制而言：

1.在船上所致人身傷亡或財物毀損滅失之損害賠償

我國海商法第二十一條第一項第一款之規定為：「在船上、操作船舶或救助工作直接所致人身傷亡或財物毀損滅失之損害賠償。」其中「在船上」之部分，究指「在船上直接所致人身傷亡或財物毀損滅失之損害賠償」或「在船上所致人身傷亡或財物毀損滅失之損害賠償」，並未十分清楚，但參照前述「1976 年海事求償責任限制公約」第二條第一項 (a) 款之規定，似應指「在船上所致人身傷亡或財物毀損滅失之損害賠償」而言。所謂「在船上所致人身傷亡」，係指在船上所致之人的損害而言。例如船上旅客、船

上服務人員，乃至送行人、參觀訪問人員等，因貨物裝卸操作而發生之死亡或受傷即是，即令偷渡客之死亡或傷害，亦應包括之。所謂「在船上所致財物毀損滅失」，係指在船上所致之物的損害而言。例如船上貨載、行李及其他機械物件等，因裝卸貨物所發生之毀損滅失即是。本款之規定，旨在強調，只要損害係「在船上發生」，不論其發生係因侵權行為或債務不履行，亦不問其發生是否與操作船舶或救助工作有無「直接」關係，船舶所有人均得主張責任限制。在侵權行為之場合，其侵權行為之實際行為人，亦不以海上從業人員為限（例如船長、海員或其他服務船舶之人員），其因陸上業務使用人之侵權行為所致之損害，只要其損害係「在船上發生」，船舶所有人即得主張責任限制 **❼** 。

2.操作船舶直接所致人身傷亡或財物毀損滅失之損害賠償

「操作船舶直接所致人身傷亡或財物毀損滅失之損害賠償」，係指因操作船舶直接發生之「船舶外之損害」而言，與前段之「在船上」，係屬相對之規定。所謂「操作船舶直接所致人身傷亡」，係指因操作船舶所直接發生船舶外之人的損害而言。例如因操作船舶發生船舶碰撞，以致被害船舶（他船）上之乘客、船員發生死亡或受傷即是。在此所謂之「操作船舶」，國際公約之用語本為 "operation of the ship"，若係指一切有關船舶之運作及作業活動，則船舶補充燃料、供給之活動亦應包括之 **❽** 。所謂「操作船舶直接所致財物毀損滅失」，係指因操作船舶所直接發生船舶外之物的損害而言。例如因操作船舶發生船舶碰撞，被害船舶（他船）之船體、貨載之毀損滅失，或港灣設施，如棧橋、浮筒、岸堤、防波堤、碼頭等，及漁業設施所發生之毀損滅失即是。惟此等因「操作船舶」所發生之損害，無論是人的

❼　施智謀，《海商法》，自版，宜增文具印刷品行印刷，1999 年 6 月修訂版，p. 328。

❽　Patrick Griggs and Richard Williams, *Limitation of Liability for Maritime Claims*, Lloyd's of Press, London, 1986, p. 15. 王淑芬，《論船舶所有人責任限制——我國立法之建議》，國立中興大學碩士論文，指導教授施智謀博士，1997 年 12 月，p. 39。

損害或物的損害，均須該損害與加害船舶之「操作船舶」具有「直接關係」，始得主張責任限制，若僅具有「間接」之關連性者，則不得主張責任限制。此與前述之「在船上所致人身傷亡或財物毀損滅失之損害賠償」有所不同，「在船上所致人身傷亡或財物毀損滅失之損害賠償」，無論係直接所致或間接所致，均得主張責任限制。參照前述「1976 年海事求償責任限制公約」第二條第一項 (a) 款之規定，如此解釋，較為合理，亦較符國際立法之潮流。

3.救助工作直接所致人身傷亡或財物毀損滅失之損害賠償

所謂「救助工作直接所致人身傷亡」，係指救助者從事救助活動時，因救助作業之疏失，所直接發生之人的損害而言。例如救助者從事救助活動時，因救助作業之疏失，直接造成被救船舶上旅客或船員之死亡或傷害即是。所謂「救助工作直接所致財物毀損滅失」，係指救助者從事救助活動時，因救助作業之疏失，所直接發生之物的損害而言。例如救助者從事救助活動時，因救助作業之疏失，直接造成被救船舶船體、貨物，或港埠、漁業設施之毀損滅失即是。惟此等因「救助工作」所發生之損害，無論是人的損害或物的損害，均須該損害與救助者之「救助工作」具有「直接關係」，始得主張責任限制，若僅具有「間接」之關連性者，則不得主張責任限制。

綜觀上述可知，損害可分為船舶上之損害及船舶外之損害。船舶上所生之損害，包括人的損害及物的損害，無論直接或間接所致，均得主張責任限制。船舶外之損害，亦包括人的損害及物的損害。船舶上之損害，無論直接所致或間接所致，固得依據本款主張責任限制；但船舶外之損害，須為「操作船舶或救助工作直接所致人身傷亡或財物毀損滅失之損害賠償」，始得主張責任限制。易言之，船舶外之損害，其得主張責任限制者，以與「操作船舶或救助工作」具有「直接關係」之損害為限。例如船舶所加陸上設施之損害，若與「操作船舶或救助工作」未具直接關係，則不得主張責任限制[149]。

---

[149] 長谷川雄一，《基本商法講義（海商法）》，成文堂，昭和 63 年 9 月 10 日初版第 1 刷發行，p. 68。重田晴生、中元啓司，《海商法》，青林書院，1994 年 11 月

　　第一項所謂人身傷亡之損害賠償，應包括對於被害人親屬非財產損害之賠償（民 §194）及其他債權。再者，第一款所列之損害賠償，無論係「在船上所致人身傷亡或財物毀損滅失之損害賠償」、「操作船舶直接所致人身傷亡或財物毀損滅失之損害賠償」或「救助工作直接所致人身傷亡或財物毀損滅失之損害賠償」，應不問其係基於侵權行為或債務不履行而發生，船舶所有人均得主張責任限制❿。就一般海運實務而言，由操作船舶所發生對於貨方之責任，多屬因契約而生之責任；反之，由操作船舶或救助工作直接引起對於第三人之責任，則多屬因侵權行為而生之責任。

㈡船舶操作或救助工作所致權益侵害之損害賠償。但不包括因契約關係所生之損害賠償

　　就船舶所有人責任限制之事項，我國海商法第二十一條第一項第二款之規定為「船舶操作或救助工作所致權益侵害之損害賠償。但不包括因契約關係所生之損害賠償」。依此規定，對於「船舶操作或救助工作所致權益侵害之損害賠償」，船舶所有人得主張責任限制。但此等損害若係基於「因契約關係所生之損害賠償」，則不得主張責任限制。

　　本款係參照「1976 年海事求償責任限制公約」第二條第一項 (c) 款所為之規定。依「1976 年海事求償責任限制公約」第二條第一項 (c) 款之規定，「有關與船舶操作或救助作業直接有關所發生契約權利以外，侵害權利所致其他損害之賠償」 (claims in respect of other loss resulting from infringement of rights other than contractual rights, occurring in direct connexion with the operation of the ship or salvage operation) 可主張限制責任。

　　本款僅規定為「船舶操作或救助工作所致權益侵害之損害賠償」，所謂「權益侵害」，事實上第一款所規定之「人身傷亡」或「財物毀損滅失」亦

　　26 日初版第 1 刷發行，p. 60。

❿　稻葉威雄、寺田逸郎，《船舶の所有者等の責任の制限に関する法律の解釈》，發行所財団法人法曹会，平成元年 8 月 30 日第 1 版第 1 刷發行，p. 98。

屬「權益侵害」之範圍。因此僅就法條用語觀之，本款之範圍與第一款之範圍並未清楚，且因本款後段附有「但不包括因契約關係所生之損害賠償」之規定，甚易令人解釋為，本款係針對侵權行為所生之損害賠償，而第一款係針對契約行為所生損害賠償所為之規定（參照後述）。

吾人以為，本款既係參照「1976 年海事求償責任限制公約」第二條第一項 (c) 款所為之規定，發生疑義時自宜參照該國際公約之規定解釋之。「1976 年海事求償責任限制公約」第二條第一項 (c) 款既然明白規定「有關與船舶操作或救助作業直接有關所發生契約權利以外，侵害權利所致其他損害之賠償」，則本款自應解釋為，本款係就船舶操作或救助工作所致「抽象之損失」所作之規定。易言之，本款係就前款「人身傷亡或財物毀損滅失」以外之「權益侵害」所作之規定。本款所謂之「權益侵害」，例如因船舶操作或救助工作所致之漁業權之侵害或船舶上商店營業權之侵害即是。對於此等基於「船舶操作或救助工作所致」侵權行為之損害賠償，船舶所有人得主張責任限制。惟得依本款主張責任限制之損害賠償，僅限於非因契約關係所生之損害賠償 (other than contractual rights)，若原有契約關係存在，因故意或過失不法侵害他人權利或利益時，就其損害賠償不得依本款主張責任限制。例如救助工作，有基於契約而生者，亦有基於自願而生者。前者之性質，屬於民法上之承攬契約；後者之性質，屬於無因管理。得依本款主張責任限制之損害賠償，僅限於基於無因管理救助工作所致權益侵害之損害賠償，其基於承攬契約救助工作所致權益侵害之損害賠償，則不得主張責任限制。再如，在本船上商店營業權被侵害之場合，因在本船上之商店營業權係基於契約關係而發生，在此情況應無本款之適用。

綜觀上述，第二款與第一款在適用上之區別，因第二款後段有「但不包括因契約關係所生之損害賠償」但書之規定，因此國內之學者多主張，第一款係指基於契約關係所致之損害賠償，而第二款係指基於侵權行為所致之損害賠償而言。惟吾人則認為，第一款係指有關「具體損害」之損害賠償而言，例如人身傷亡之人的損害或貨物毀損滅失之物的損害賠償 (loss or life or personal injury or loss or damage to property) 即是；反之，第二款則係指有關「抽象損害」之損害賠償而言，例如因船舶操作或救助工作所致漁業權、營業權等有關權益之損害賠償 (other loss resulting from infringement of rights) 即是。在此姑舉一例，藉以區別其實益。例如今有某A以其所有之X輪承運B價值新臺幣 1,000 萬元之貨物，及C價值新臺幣 700 萬之桶裝原油，自基隆港前往高雄港，抵高雄港時，因X輪機械故障，撞損高雄之港埠設施，港埠設施之損害為新臺幣 100 萬元，B之貨物全毀，油桶亦破裂，滾落港中，對高雄港造成嚴重之污染，經高雄港務局僱工清除，共付新臺幣 300 萬元。在此情況之下，A對於B、C及高雄港務局所負之責任得否主張責任限制？當然，根據海商法第二十二條第四款之規定，對於「船舶運送毒性化學物質或油污所生損害之賠償」，船舶所有人不得主張責任限制。因船舶運送毒性化學物質或油污所生之損害，不發生則已，一旦發生，則危害相當嚴重，而且其賠償數額亦極為巨大，為嚴防其事故之發生，在國際間另立之國際公約，或在國內法中另訂之特別法中，多採嚴格責任（危險）主義之立法，而不採過失責任主義。在此情況，若允許船舶所有人得依一般海商法之規定，主張責任限制，船舶所有人豈不得以藉此逃避責任？國際公約或其他特別法所採嚴格責任（危險）主義之立法，豈非失其意義？因此，A對於高雄港清除油污費用之 300 萬元則不得主張責任限制。對於此點，國內之學說，應無爭議。惟在「A對於B、C及高雄港務局所負之責任得否主張責任限制」之場合則有所不同。若依前述多數學者之見解，A對於B、C之損失及高雄港務局 100 萬元之損失，可以主張責任限制。依題意所示，「因X輪機械故障，撞損高雄之港埠設施，港埠設施之損害為新臺幣 100 萬元，B之貨物全毀，油桶亦破裂，滾落港中」，B、C及高雄港務局 100 萬元之損失，顯係因侵權行為而發生，依據現行海商法第二十一條第一項第二款之規定，船舶所有人A應可主張責任限制。若依本文前述之見解，A對於B、C之損失及高雄港務局 100 萬元之損失固然亦可主張責任限制，但其法律依據應為現行海商法第二十一條第一項

第一款之規定。亦即 B、C 之損失係屬「在船上所致財物毀損滅失」，而高雄港務局 100 萬元之損失係屬「操作船舶直接所致財物毀損滅失」，其責任限制之法條根據應為海商法第二十一條第一項第一款而非第二款也。

㈢沉船或落海之打撈移除所生之債務。但不包括依契約之報酬或給付

就船舶所有人責任限制之事項，我國海商法第二十一條第一項第三款之規定為「沉船或落海之打撈移除所生之債務。但不包括依契約之報酬或給付」。依此規定，對於「沉船或落海之打撈移除所生之債務」，船舶所有人得主張責任限制。但此等債務若係「依契約之報酬或給付」，則不得主張責任限制。

本款係參照「1976 年海事求償責任限制公約」第二條第一項 (d) 款及 (e) 款所為之規定。依「1976 年海事求償責任限制公約」第二條第一項 (d) 款及 (e) 款之規定，「(d) 有關沉沒、破毀、攔淺或委棄船舶，包括此等船上之任何物件在內，使其浮起、移除、摧毀或使其無害所致之賠償；(e) 有關船上貨物之移除、拆毀或使其無害所致之賠償」 ((d) claims in respect of raising, removal, destruction or the rendering harmless of a ship which is sunk, wrecked, stranded or abandoned, including anything that is or had been on board such ship; (e) claims in respect of the removal, destruction or the rendering harmless of the cargo of the ship.) 得主張責任限制。

本款所謂之「沉船」，係指沉沒之船舶及其航行上、營業上必要之設備及屬具而言。本款所謂之「落海」，應為「落海物」之意，係指掉落海中之貨載及船上之任何物件而言。本款所謂之「打撈移除」，係指使沉船、落海物再行浮升 (raising)、移動 (removal)、拆毀 (destruction) 或使其無害之行為 (the rendering harmless of the cargo of the ship)。

「沉船或落海之打撈、移除」本為船舶所有人公法上之義務，港務機關為維持航道之暢通及防止危險，原可基於公權力命令船舶所有人將沉船或落海物打撈、移除。若船舶所有人未如期打撈、移除，港務機關亦得代

為執行，然後就其代墊之費用，向船舶所有人強制執行。對於此等代墊之費用，船舶所有人得以主張責任限制，以免受害船舶所有人遭受過大之傷害⓿。惟得依本款主張責任限制者，以非依契約之報酬或給付為限。因若「依契約之報酬或給付」亦能主張責任限制，將使有能力打撈、移除之人，裹足不前，不敢與船舶所有人訂立打撈、移除契約也（如前所述，此等契約屬於民法上承攬契約之性質）⓿。

　　本款所規定者，屬於船舶所有人對港務局之義務，此等義務之規定，旨在謀求航路之安全，而保護公共之利益也。因沉船或落海物漂流於港口或航路，阻礙航行，如不打撈或移除，勢必有害航海之安全。故不問沉船或落海之原因，船舶所有人均負有打撈或移除之義務。本款鑑於船舶所有人本身遭遇沉船之痛，損失甚為慘重，乃規定船舶所有人得主張有限責任，以免擴大其災難。

　　在船舶碰撞之場合，本款之規定，不但可適用於有過失之船舶，對於無過失之船舶，亦得適用之。若船舶所有人不以自己之費用打撈或移除時，港務局得以船舶所有人之費用代為打撈移除，然後再依本款之規定，向被碰撞船舶之所有人請求返還其所支出之費用。在此情況下，被碰撞船舶之所有人，縱無過失亦不能主張免責，僅得依本款之規定主張責任限制。此時被碰撞船舶之所有人向港務局支付費用之後，自得依海商法有關船舶碰撞之規定 (§94～§101)，向有過失之碰撞船舶所有人請求損害賠償及返還該項費用。惟該有過失之碰撞船舶所有人於被請求時，亦得依海商法第二十一條第一項第一款之規定，主張限制責任。被碰撞沉沒船舶之所有人，若為避免港務局代為打撈移除發生過大費用時，亦得先以自己之費用，打撈

⓿　梁宇賢，《海商法精義》，自版，瑞興圖書股份有限公司總經銷，1999 年 9 月修訂新版，p. 63。尹章華，《海商法》，元照出版公司，月旦法學入門系列，2000 年 2 月初版第 1 刷，p. 95。

⓿　楊仁壽，《海商法修正評釋》，自版，文太印刷企業有限公司印刷，三民書局總經銷，1997 年 12 月初版印刷，p. 58。

移除被撞沉之船舶或其落海物，然後再依海商法第二十一條第一項第一款或有關船舶碰撞之規定，向有過失之碰撞船舶所有人請求返還該項費用。當然該有過失之碰撞船舶所有人於被請求時，仍得依海商法第二十一條第一項第一款之規定，主張限制責任。

(四)為避免或減輕前二款責任所負之債務

就船舶所有人責任限制之事項，我國海商法第二十一條第一項第四款之規定為「為避免或減輕前二款責任所負之債務」。依此規定，對於「為避免或減輕前二款責任所負之債務」，船舶所有人得主張責任限制。

本款係參照「1976 年海事求償責任限制公約」第二條第一項 (f) 款所為之規定。依「1976 年海事求償責任限制公約」第二條第一項 (f) 款之規定，「有關應負責任者以外之人，為避免或減輕應負責任者可依本公約限制責任之損害所採取之措施，及由此措施所致進一步損害之賠償」(claims of a person other than the person liable in respect of measures taken in order to avert or minimize loss for which the person liable may limit his liability in accordance with this Convention, and further loss caused by such measures.)，得主張責任限制。

所謂「為避免或減輕前二款責任所負之債務」，例如為避免或減輕第三款「沉船或落海之打撈移除所生之債務」（或第二款「船舶操作或救助工作所致權益侵害之損害賠償」），於船舶碰撞後，將受害船舶拖帶至附近港口所發生之「拖帶費用債務」即是。解釋上應包括為避免或減輕前二款責任所採措施之費用及因此措施所引起之損害。惟觀諸第二款及第三款之立法精神，此等「為避免或減輕前二款責任所負之債務」，仍須非因契約而發生者為限。易言之，其因無因管理而發生之債務，或以不當得利為原因之費用返還請求權，固得主張責任限制，但對於依契約所發生報酬或給付，即不得主張責任限制。

本款之規定與「1976 年海事求償責任限制公約」第二條第一項 (f) 款所為之規定，約有下列幾點不同：

1. 就主張限制責任之主體而言

「1976 年海事求償責任限制公約」規定為「應負責任者以外之人」(a person other than the person liable)；而我國海商法之規定則為「船舶所有人」（§21 I），而所稱船舶所有人，包括船舶所有權人、船舶承租人、經理人及營運人（§21 II）。

2. 就責任限制之範圍而言

「1976 年海事求償責任限制公約」規定為「為避免或減輕應負責任者可依本公約限制責任之損害所採取之措施，及由此措施所致進一步損害之賠償」；而我國海商法之規定則為「為避免或減輕前二款責任所負之債務」。易言之，得依本款主張責任限制之債務，僅限於為避免或減輕海商法第二十一條第一項第二款、第三款責任所負之債務，若為避免或減輕海商法第二十一條第一項第一款責任所負之債務，則不得依本款主張責任限制。

二、海商法第二十一條第一項規定之探討

(一)我國現行規定之缺失

未將「遲延損害」列為主張責任限制之事項，十分不妥。

如前所述，我國現行海商法有關船舶所有人責任限制之立法，採「船價主義及金額主義」併用主義立法之結果，顯有下列之缺失：

1. 採用船價主義本有不當

在船舶所有人選擇「提供船舶價值」時，對於船舶價值之估計，債權人希望估價高以求多額之賠償，船舶所有人則希望估價低以求少額之賠償。因此，在估價時甚易發生爭執之現象，此點可說是船價主義特有之缺點。再者，對於船舶價值之估計，須請鑑定人加以鑑定，然而船舶有時漂流孤島，有時沉沒海底，在此場合往往因為無從發現船體而無法鑑定之。此點亦為船價主義特有之缺點。

2. 未將「遲延損害」列入責任限制之事項，十分不妥

我國現行海商法第一項第一款至第四款之內容亦大致仿自「1976 年海

事求償責任限制公約」第二條第一項之規定。遽然觀之，似乎頗能符合國際公約之精神及世界各國立法之潮流，其實不然。例如就「關於貨物、乘客或其行李由於海上運送之遲延所致損失之賠償」，船舶所有人得否主張責任限制？運送遲延之損害，既非「人身傷亡」亦非「財物毀損滅失」，應無第一款之適用。筆者於《海商法》（林群弼修訂、鄭玉波原著，三民書局印行）及拙著《海商法》（高雄市立空中大學印行）中，曾將「運送遲延」列入「權益損害」之中，企圖使船舶所有人有機會適用第二款之規定，就「運送遲延」之損害賠償得以主張責任限制，以符國際公約之精神。惟如此解釋，就「未有契約關係之第三人或其行李」之遲延損害，船舶所有人或許尚能主張責任限制；但就「具有契約關係之貨物或乘客或其行李」之遲延損害，船舶所有人仍然無法主張責任限制，因第二款後段有「但不包括因契約關係所生之損害賠償」之但書規定也。因此勉強將「運送遲延」列入「權益損害」使之適用第二款之規定，縱能稍減遲延損害解釋上之困難，亦無法免除遲延損害解釋上之矛盾也。試想同樣屬於物的損害，對於程度較為輕微之「遲延損害」無法主張限制，對於程度較為嚴重之「毀損滅失」反能主張責任限制；同樣屬於人的損害，對於程度較為輕微之「遲延損害」無法主張限制，對於程度較為嚴重之「人身傷亡」反能主張責任限制，此不但在法理上無法自圓其說，在海運實務上更與國際公約及各國之立法格格不入。

就船舶所有人責任限制之事項，「1976 年海事求償責任限制公約」(Convention on Limitation of Liability for Maritime Claims, 1976) 第二條規定：「（可限制責任之債權）Ⅰ除第三條及第四條另有規定外，對下列各項賠償，無論其責任之根據如何，均可限制責任：(a) 有關在船上發生或與船舶操作或救助作業直接相關之人身傷亡或財產之滅失或毀損（包括對港埠工程、港灣、水道及輔助航海設備之損害），以及因此所致間接從屬損害之賠償；(b) 有關貨物、乘客或其行李，因海上運送遲延所致損害之賠償；(c) 有關與船舶操作或救助作業直接有關所發生契約權利以外，侵害權利所致

其他損害之賠償；(d) 有關沉沒、破毀、擱淺或委棄船舶，包括此等船上之任何物件在內，使其浮升、移除、拆毀或使其無害所致之賠償；(e) 有關船上貨物之移除、拆毀或使其無害所致之索賠；(f) 有關應負責任者以外之人，為避免或減輕應負責任者可依本公約限制責任之損害所採取之措施，及由此措施所致進一步損害之賠償。II本條第一款之賠償，即使訴諸追索權，或以契約或其他情況要求補償，亦可限制責任。但第一項 (d)、(e)、(f) 各款之賠償，於負有責任者之契約有關酬勞範圍之內者，不得限制責任。」

〔(Claims subject to Limitation) I Subject to Article 3 and 4 the following claims, whatever the basis of liability may be, shall be subject to limitation of liability: (a) claims in respect of loss or life or personal injury or loss or damage to property(including damage to harbour works, basins and waterways and aids to navigation), occurring on board or in direct connexion with the operation of the ship or with salvage operation, and consequential loss resulting therefrom; (b) claims in respect of loss resulting from delay in the carriage by sea cargo, passengers or their luggage; (c) claims in respect of other loss resulting from infringement of rights other than contractual rights, occurring in direct connexion with the operation of the ship or salvage operation; (d) claims in respect of raising, removal, destruction or the rendering harmless of a ship which is sunk, wrecked, stranded or abandoned, including anything that is or had been on board such ship; (e) claims in respect of the removal, destruction or the rendering harmless of the cargo of the ship; (f) claims of a person other than the person liable in respect of measures taken in order to avert or minimize loss for which the person liable may limit his liability in accordance with this Convention, and further loss caused by such measures. II Claims set out in paragraph 1 shall be subject to limitation of liability even if brought by way of recourse or for indemnity under a contract or otherwise. However, claims set out under paragraph 1 (d), (e) and (f) shall not be subject to limitation of liability to the extent that they relate to remuneration under a contract with the person liable.〕就本公約規定之保留權利,「1976 年海事求償責任限制公約」第十八條第一項又規定:「任何國家在簽字、批准、接受、核准或加入本公約時,得以保留其不適用本公約第二條 (d)(e) 款之權利。但本公約其他各項實質規定均不得保留 。」 (Any State may, at the time of signature, ratification, acceptance, approval or accession, reserve the right to exclude the application of Article 2 paragraph 1 (d) and (e). No other reservations shall be admissible to the substantive provisions of this Convention.) 根據公約第二條及第十八條第一項之規定,日本「關於船舶所有人責任限制之法律」(船舶の所有者等の責任の制限に関する法律) 第三條規定:「Ⅰ船舶所有人或其使用人,對於下列債權,依本法律之規定,得主張責任限制:一　在船上或船舶運航直接所致基於人命身體之損害或本船以外物之毀損滅失所生之債權。二　基於託運物、旅客或其行李運送遲延所生之債權。三　基於前二款所揭債權之外,船舶運航直接所致權益侵害之損害所生之債權 (但不包括基於本船之毀損滅失所生之債權及基於因契約關係債務不履行之損害所生之債權)。四　基於因前條第二項第三款所揭措置所致損害所生之債權 (但不包括本船所有人及其使用人所有之債權)。五　與前條第二項第三款所揭措置有關之債權 (但不包括本船所有人及其使用人所有之債權及基於與此等人所定契約之報酬及費用有關之債權)。Ⅱ救助者或其使用人,對於下列債權,依本法律之規定,得主張責任限制:一　救助活動直接所致基於人命身體之損害或與該救助者有關救助船舶以外之物之毀損滅失所生之債權。二　……」〔Ⅰ船舶所有者等又はその被用者等は、次に掲げる債権について、この法律で定めるところにより、その責任を制限することができる。一　船舶上で又は船舶の運航に直接関連して生ずる人の生命若しくは身体が害されることによる損害又は当該船舶以外の物の滅失若しくは損傷による損害に基づく債権　二　運送品、旅客又は手荷物の運送の遅延による損害に基づく債権　三　前二号に掲げる債権のほか、船舶の運航に直

接関連して生ずる権利侵害による損害に基づく債権（当該船舶の滅失又は損傷によるに損害に基づく債権及び契約による債務の不履行による損害に基づく債権を除く。）　四　前条第二項第三号に掲げる措置により生ずる損害に基づく債権（当該船舶所有者等及びその被用者等が有する債権を除く。）　五　前条第二項第三号に掲げる措置に関する債権（当該船舶所有者等及びその被用者等が有する債権並びにこれらの者との契約に基づく報酬及び費用に関する債権を除く。II救助者又はその被用者等は、次に掲げる債権について、この法律で定めるところにより、その責任を制限することができる。一　救助活動に直接関連して生ずる人の生命若しくは身体が害されることによる損害又は当該救助者に係る救助船舶以外の物の滅失若しくは損傷による損害に基づく債権。　二　……）。根據本公約之前述規定，大韓民國（南韓）於 1991 年 12 月 31 日修法之後，亦以商法第七四六條第二款（號）明文規定，就「有關貨物、乘客或其行李，因海上運送遲延所致損害之賠償」，船舶所有人得主張責任限制 ❿。中華人民共和國海商法第二〇七條亦規定：「Ⅰ下列海事賠償請求，除本法第二〇八條和第二〇九條另有規定外，無論賠償責任的基礎有何不同，責任人均可以依照本章規定限制賠償責任：㈠在船上發生的或者與船舶營運、救助作業直接相關的人身傷亡或者財產的滅失、損壞，包括對港口工程、港池、航道和助航設施造成的損壞，以及由此引起的相應損失的賠償請求；㈡海上貨物運輸因遲延交付或者旅客及其行李運輸因遲延到達造成損失的賠償請求；㈢與船舶營運或者救助作業直接相關的，侵犯非合同權利的行為造成其他損失的賠償請求；㈣責任人以外的其他人，為避免或者減少責任人依照本章規定可以限制賠償責任的損失而採取措施的賠償請求，以及因此項措施造成進一步損失的賠償請求。Ⅱ前款所列賠償請求，無論提出的方式有何不同，均可以限制賠償責任。但是，第㈣項涉及責任人以合同約定支付的報酬，責任人的支付責任不得援用本條賠償責任限制的規定。」

❿　韓國法律部分，係託在臺大法律系留學之韓國學生金鎮郁同學翻譯而來。

如上所述，依「1976 年海事求償責任限制公約」第十八條第一項之規定，除「1976 年海事求償責任限制公約」第二條之規定中除 (d)(e) 款外，不得保留，因此日本「關於船舶所有人責任限制之法律」第三條、韓國商法第七四六條及中華人民共和國海商法第二〇七條之規定，均將「運送遲延」所致損失之賠償列入第二款，明文規定就「運送遲延」所致損失之賠償，船舶所有人得主張責任限制。反之，1999 年就海商法第二十一條第一項之修正理由明明為，「修正條文第一項係參照 1976 年海事求償責任限制國際公約之精神」，但「1976 年海事求償責任限制公約」第十八條第一項規定得以保留（排除）之第二條 (d)(e) 二款，我國海商法未加保留，「1976 年海事求償責任限制公約」第十八條第一項規定不得保留（排除）之第二條 (b) 款，我國海商法卻反而保留之，實在令人感到十分納悶。

我國海商法不排除（保留）「1976 年海事求償責任限制公約」第二條 (d)(e) 二款之規定，其立法理由本為如前所述，「鑑於船舶所有人本身遭遇沉船之痛，損失甚為慘重，乃規定船舶所有人得主張有限責任，以免擴大其災難」，如此加強對受害船舶所有人之體恤關懷，原本不違船舶所有人責任限制立法之旨趣。然而將第二條 (d)(e) 二款正式列為責任限制事項之結果，亦有發生負面作用之可能。例如我國現行海商法第二十一條第一項第三款，即係參照「1976 年海事求償責任限制公約」第二條 (d)(e) 二款所為之規定。對於「沉船或落海之打撈移除所生之債務」船舶所有人得主張責任限制。對於沉船或落海物，港務機關本得基於公權力命令船舶所有人打撈或移除。船舶所有人不服從命令將之打撈或移除時，港務機關亦得以船舶所有人之費用代為打撈移除。打撈移除之後，向船舶所有人求償之時，船舶所有人即得依據海商法第二十一條第一項第三款之規定，向港務局主張責任限制（參照前述「四、第三款之意義」之說明）。此等規定對於船舶所有人極為有利，例如打撈或移除費用極為龐大，須要新臺幣一千萬元，而根據海商法第二十一條第一項及第四項計算之結果，船舶所有人之責任限制額僅為 500 萬元。在此情況之下，若船舶所有人故意不予如期打撈移

除，先由港務機關代為執行，執行費用果為新臺幣 1,000 萬元。然後就此代墊費用（1,000 萬元），向船舶所有人強制執行。就此代墊費用，船舶所有人得以主張責任限制，僅付責任限制額之 500 萬元即可了事。如此一來，「故意不自動打撈、移除」，船舶所有人豈不可以「淨賺」500 萬元？如此立法，豈不變相鼓勵船舶所有人切勿自動如期打撈移除？此乃日本不將「1976 年海事求償責任限制公約」第二條 (d)(e) 二款列為責任限制事項之最大原因。就日本「關於船舶所有人責任限制之法律」排除「1976 年海事求償責任限制公約」第二條 (d)(e) 二款之理由，稻葉威雄法官（前法務大臣官房審議官），在其名著《關於船舶所有人責任限制法律之解說》中，即有如此一段說明，「在我國，向來可依港則法第二十六條、海上交通安全法第三十三條第二項，由港務局長或海上保安廳長官發佈遭難船之移除命令。為求船舶交通之暢順或防止危險之發生，得對船舶所有人或占有人（港則法）或船舶所有人（船舶管理人）或船舶承租人（海上交通安全法）科以移除之義務。……。但所有人等若無回應（如期移除），即可代為執行（行政代執行法第二條），若其費用可為責任限制之債權，則對船舶所有人而言，不自動移除反較有利，將構成制度上之問題也。」〔わが国では、従来から港則法二六条、海上交通安全法三三条二項において、港長または海上保安庁長官は、難破船等の除去命令を発することができるとされている。船舶交通の円滑化をはかり、またはその危険を防止する見地から船舶所有者もしくは占有者（港則法）または船舶所有者（船舶管理人）もしくは船舶借入人（海上交通安全法）に除去義務を課したものである。……。しかし、所有者等がこれに応じなければ、代執行をすることになるが（行政代執行法二条）、その費用が制限債権になるのであれば、船舶所有者等にとっては自発的に除去しない方が有利となり、制度上問題である。〕❺中華人民共和國海商法排除（保留）「1976 年海事求償責任限制公約」第二條 (d)(e) 二

---

❺　稻葉威雄、寺田逸郎，《船舶の所有者等の責任の制限に関する法律の解釈》，行所財団法人法曹会，平成元年 8 月 30 日第 1 版第 1 刷発行，p. 103。

款之立法理由則為,「考慮到沉船沉物的打撈清除工作關係到社會公眾之利益,且「1976 年責任限制公約」又允許締約國對此提出保留,故本法基於我國國情,未把對沉船沉物的清除打撈費用之賠償請求列入責任限制的範圍,責任人對此費用不能限制其賠償責任。」 ⑮

3.現行法金額主義部分之規定,不符實際之船舶造價

「美國船舶所有人責任限制條例」(American Shipowners Limitation of Liability Act, 1935) 第一八三條第二項規定:「根據本條第一項所定船舶所有人責任限制之總額,不足以充分賠償全部損失,且該總額用於對有關生命或身體傷亡之損害賠償如低於該船舶噸位每噸 60 美元計算者,該部分應予提高至每噸 60 美元計算之額度,以此專供有關人命身體傷亡損害之賠償。提高後之總額仍不足以賠償此等損失者,各請求權者,應依其應得之數額比例受償。」((b) In the case of any seagoing vessel, if the amount of the owner's liability as limited under subsection (a) is insufficient to pay all losses in full, and the portion of such amount applicable to the payment of losses in respect of loss of life or bodily injury is less than $60 per ton of such vessel's tonnage, such portion shall be increased to an amount equal to $60 per ton, to be available only for the payment to losses in respect of loss of life or bodily injury. If such portion so increased is insufficient to pay such losses in full, they shall be paid therefrom in proportion to their respective amounts.)⑯當時所以規定「提高至每噸 60 美元」,乃因 1935 年修法之時,美國商船之造價,平均每噸大約 60 美元之故。因此,於 1984 年 10 月 19 日修法之時,因美國物價已上漲七倍,乃將該規定,由「提高至每噸 60 美元」修正為「提高至每噸 420 美元」(such portion shall be increased to an amount equal to$ 420 per

⑮ 傅旭梅、王茂深編,《中華人民共和國海商法詮釋》,人民法院出版社發行,新華書店經銷,1995 年 9 月第 1 版,1996 年 4 月第 2 次印刷,p. 382。

⑯ 中筋義一,《アメリカ船主責任制限法論》,法律文化社,1961 年 1 月 15 日行,p. 180。

ton)，以符船舶之實際造價❶。惟依我國現行海商法第二十一條第四項之規定，對於人身傷亡之賠償，以船舶登記總噸，每一總噸特別提款權一六二計算單位計算其數額，就以 1993 年 12 月 29 日之匯率換算標準而言，一計算單位等於一・三八一〇七美元，則一六二計算單位＝ 1.38107 美元× 162 ＝ 223.73334 美元，僅為四百二十美元之一半略強而已，實在金額過低，而不符船舶之實際造價❶。

4.與修法前之「船價主義」之立法，並無實質差異

因金額主義部分之金額過低，因此除非船舶已經破舊不堪，或過度毀損滅失，否則適用金額主義規定之可能性極低，其結果與 1999 年修法前「船價主義」之立法，並無實質差異，其缺點亦與修法前「船價主義」之立法，並無顯著不同。

基於上述，吾人以為將來修法之時，最好能改採「金額主義」，以符世界各國立法之潮流。若欲固執美國之立法主義，續採「船價主義與金額主義之併用主義」，亦應將現行海商法第二十一條第四項之金額（特別提款權）調高一倍（以現時之造價而言），以求落實「併用主義」之立法旨趣。

㈡修法之建議

綜觀上述，吾人可知，「1976 年海事求償責任限制公約」第二條 (d)(e) 二款之規定並無絕對列入之必要，不但公約明文規定允許保留，列入之後亦可能發生變相鼓勵船舶所有人切勿自動打撈移除之副作用，因此我國現行海商法第二十一條第一項第三款之規定，似應刪除。反之，運送遲延之損害，經常發生，理應可以主張責任限制，但因我國現行海商法排除「1976 年海事求償責任限制公約」第二條 (b) 款規定之結果，運送遲延之損害，經常發生，明明理應可以責任限制卻苦無法條可作根據，此乃臺語所謂「有棺材無靈位」之現象，不但在法理上難以自圓其說，在海運實務上亦與國

---

❶　重田晴生，《アメリカ船主責任制限制度の研究》，成文堂，1991 年 9 月 20 日第一刷行，p. 70。

❶　交通部，《海商法修正草案（含總說明）》，1995 年 7 月，p. 28。

際公約精神及各國立法潮流格格不入。我國雖非「1976 年海事求償責任限制公約」之締約國，但海商法本具有強烈之國際性，隨便違反國際公約精神及各國立法潮流，本非明智之舉。因此吾人以為「1976 年海事求償責任限制公約」第二條 (b) 款之規定，似應列入船舶所有人責任限制之事項。

基於前述之理由，本文以為，現行海商法第二十一條第一項似應修正為：「船舶所有人對下列事項所負之責任，以本次航行之船舶價值、運費及其他附屬費為限：一 在船上、操作船舶或救助工作直接所致人身傷亡或財物毀損滅失之損害賠償。二 有關貨物、乘客或其行李，因海上運送遲延所致之損害賠償。三 船舶操作或救助工作所致權益侵害之損害賠償。但不包括因契約關係所生之損害賠償。四 為避免或減輕前三款責任所負之債務。」

第七項　船舶所有人責任限制之例外

依民法之一般責任原則，行為人對於自己行為所生之債務，應負無限責任。無限責任〔英：unlimited liability；日：無限責任（むげんせきにん）；德：unbeschränkte Haftung；法：responsabilité illimitée〕者，乃指債務人就其全部債務，須以其全部財產為其最高負擔限度之責任也，亦稱為人的責任。惟海商法基於前述「責任限制之理由」，乃以海商法第二十一條之規定，就船舶所有人之責任，做了優厚之保護規定，使之僅負有限責任。因此船舶所有人責任之限制，對於民法之一般責任原則而言，實係一種例外之特別規定。不過此種例外之特別規定，在某種情況之下，有時會發生極不合理之結果，這種結果，不但在法理上難以自圓其說，而且在實務上亦往往會造成公平法則或社會政策之重大傷害。本法有鑑於此，乃規定在某些情況之下，船舶所有人不得主張責任限制，而應負擔無限責任。

海商法第二十二條規定：「前條責任限制之規定，於下列情形不適用之：一 本於船舶所有人本人之故意或過失所生之債務。二 本於船長、海員

及其他服務船舶之人員之僱用契約所生之債務。三　救助報酬及共同海損分擔額。四　船舶運送毒性化學物質或油污所生損害之賠償。五　船舶運送核子物質或廢料發生核子事故所生損害之賠償。六　核能動力船舶所生核子損害之賠償。」依此規定，吾人可知，於下列情形，船舶所有人不得主張責任限制，而應負擔無限責任。

一、本於船舶所有人本人之故意或過失所生之債務

本款修正前之規定為「本於船舶所有人之行為或過失所生之債務」，修正前之規定，係繼受「1924 年關於海船所有人責任限制法規之國際統一公約」(International Convention for the Unification of Certain Rules relating to the Limitation of the Liability of Owners of Seagoing Vessels, Brussels, August 25, 1924) 第二條所為之規定。「1924 年關於海船所有人責任限制之國際統一公約」第二條第一項第一款規定：「前條責任限制之規定，於下列情形不適用之：一　本於船舶所有人之行為或過失所生之債務。」(The limitation of liability laid down in the foregoing article does not apply; (1) To obligations arising out of acts or faults of the owner of the vessel;....) 因此修正前之規定「本於船舶所有人之行為或過失所生之債務」，與「1924 年關於海船所有人責任限制法規之國際統一公約」第二條第一項第一款之規定完全相同。惟此等國際公約之規定，於 1957 年時已略作修正。「1957 年關於海船所有人責任限制之國際公約」(International Convention relating to the Limitation of the Liability of Owners of Sea-going Ships, 1957)，第一條規定：「海船所有人對於下列事項所發生之賠償，除非其事故係因所有人之實際過失或知情所致者外，得依本公約第三條限制其責任：(a) ……」(The owner of a Sea-going ship may limit his liability in accordance with Article 3 of this Convention in respect of claims arising from any of the following occurrences, unless the occurrence giving rise to the claim resulted from the actual fault or privity of the owner: (a)...)。1957 年之國際公約以 "unless the occurrence giving rise to the claim resulted from the actual fault or privity of the owner" 為責任限制之阻卻事由。"privity" 即「知情」、「故意」之意；"actual fault" 即「實際過失」、「自己過失」之意。「自己之過失或知情」，在英美法上，其專門之法律用語即為 "the actual fault or privity"，本公約所謂「因所有人之實際過失或知情所致者外」，實為我國法「本於所有人本人之故意或過失所致者外」之意。因此我國現行海商法之規定「本於船舶所有人本人之故意或過失所生之債務」，實係參照「1957 年關於海船所有人責任限制之國際公約」第一條所為之規定。

故意〔英：intention；日：故意（こい）；德：Vorsatz；法：intention；羅：dolus〕者，乃指行為人對於構成侵權行為之事實，明知並有意使其發生，或預見其發生，而其發生並不違背其本意之心理狀態也（刑 §13）。行為人對於構成侵權行為之事實，明知並有意使其發生者，例如故意打破他人之車燈，此謂之直接故意。行為人對於構成侵權行為之事實，預見其發生，而其發生並不違背其本意者，例如有人闖快車道，且不減速，撞到本車，算你倒霉即是，此謂之間接故意。過失〔英：negligence；日：過失（かしつ）；德：Fahrlässigkeit；法：faute；羅：culpa〕者，乃指行為人對於構成侵權行為之事實，雖非故意，但按其情節應注意並能注意而不注意；或雖預見其能發生而確信其不發生之心理狀態也（刑 §14）。行為人對於構成侵權行為之事實，雖非故意，但按其情節應注意並能注意而不注意者，例如開車聊天、聽音樂即是，此謂之無認識之過失。行為人對於構成侵權行為之事實，雖預見其能發生而確信其不發生者，例如行車過窄橋，雖預見其可能落橋，卻認為自己技術高超，結果掉落橋下即是，此謂之有認識之過失。

本款所謂「本人之過失」，應相當於英美法上之 "actual fault"（自己之過失）。在英美法上，責任 (liability) 之體系，大致可分為下列兩種：

1. 自己責任

自己責任 (personal liability) 者，乃指因自己之有責行為而應負之責任也。

2.代位責任

代位責任 (vicarious liability) 者，乃指因他人之有責行為而應負之責任也。例如，被使用人之有責行為，使用人即須負責之情形，即為代位責任。

自己責任者，乃指因自己之有責行為而應負之責任也，亦即因自己之過失或知情所應負擔之責任也。「自己之過失或知情」，在英美法上，其專門之法律用語即為 "the actual fault or privity"。在英美法上，"actual" 之語，本為自己本身行為或非他人行為之意思。

本款所謂之「本於船舶所有人本人之故意或過失所生之債務」，例如船舶所有人，對船長之監督有所懈怠，或選任不適任之船長或海員，或對船長為不當之指揮，或未盡船舶適航能力義務即貿然發航，以致侵害第三人，此時其損害賠償，就不能依本法第二十一條第一項第一款之規定，主張限制責任，而應負無限責任。所謂「船舶所有人本人之故意或過失」，當船舶所有人為自然人時，當然應僅限於船舶所有人本人自己之故意或過失，至於船舶所有人之代理人、受僱人或使用人之過失應無本款之適用。當船舶所有人為法人時（例如目前世界最大之海運公司，我國之長榮海運公司，即為一社團法人），則本款所謂之船舶所有人之故意或過失，應包括具有代表權限高級職員之故意或過失。例如海運公司之代表人、經理人或代理人，在其職務內，因其故意或過失所生之債務，亦屬船舶所有人本人之故意或過失所生之債務，不得主張責任限制 **⑮⑨** 。

二、本於船長、海員及其他服務船舶之人員之僱用契約所生之債務

本款係參照「1924 年關於海船所有人責任限制法規之國際統一公約」(International Convention for the Unification of Certain Rules relating to the Limitation of the Liability of Owners of Seagoing Vessels, Brussels, August 25,

---

⑮⑨　楊仁壽，《海商法論》，自版，文太印刷有限公司印刷，三民書局總經銷，1993 年 3 月印刷，p. 145。

1924) 第二條第一項第三款所作之規定。「1924 年關於海船所有人責任限制法規之國際統一公約」第二條第一項規定：「前條責任限制之規定，於下列情形不適用之：……三　本於海員及其他船上服務人員之僱用契約所生之債務。」(The limitation of liability laid down in the foregoing article does not apply: ...(3) To obligation on the owner arising out of the engagement of the crew and other persons in the service of the vessel.)

1929 年公布之海商法第五十二條第一項規定：「船長得代表船舶所有人僱用服務於船舶之人員，並得訂立航海所必要之契約。」依此規定，船長應有僱用海員之權利。惟此項規定，於 1962 年修正時，已遭刪除。依刪除之旨趣觀之，在現行海商法下，僱用船長、海員及其他服務船舶之人員之權利，應專屬於船舶所有人。因此船長非經船舶所有人之特別授權，不得僱用海員。

「本於船長、海員及其他服務船舶之人員之僱用契約所生之債務」，船舶所有人不得主張責任限制，其理由如下：

⑴本款之債務，本為海員生活之所需，養家之所賴，若不予以特別保護，使其免於後顧之憂，海員恐將無法安心工作，航行之安全，亦將因之而失卻保障也❿。

⑵本款之僱用契約，無論係船舶所有人自己訂立，或經由經理人或船長代訂，均屬船舶所有人與受僱人間直接之契約。基此僱用契約所生之債權，純係普通之債權，回歸一般民法之規定，使船舶所有人負擔無限責任，在理論上並無不妥⓫。

⑶本款船長、海員與船舶所有人之法律關係，僅係基於僱用契約之關係。身為僱用人之船舶所有人，多為經濟上之強者，而身為受僱人之船長、

---

❿　梁宇賢，《海商法論》，三民書局印行，1992 年 8 月修訂 3 版，p. 224。

⓫　桂裕，《海商法新論》，國立編譯館主編出版，正中書局印行，1982 年 9 月臺 9 版，p. 142。吳智，《海商法論》，自版，三民書局總經銷，1976 年 3 月修訂 4 版，p. 48。

海員，則多為經濟上之弱者。當航海順利，船舶所有人獲得利潤、盈餘時，船長、海員毫無參與分配利益之權利，當航海不順，船舶所有人遭受損失、虧本時，船長、海員卻須負擔損失虧本之義務，如此不但在法理上有違衡平之原理❶，在實務上亦難免遭人保護強者，欺壓弱者之議❶。

　　本款所謂之「服務船舶之人員」，指與船舶所有人訂有僱用契約，而其職務與船舶業務有關之所有人員而言。船長、海員及其他與船舶所有人訂有僱用契約之船上服務人員固屬之，其他諸如引水人等臨時僱用人員，只要有僱用契約存在，亦屬此之所謂「服務船舶之人員」。所謂「僱用契約所生之債務」，在解釋上除民法上之「報酬」及海商法上之「薪資、津貼請求權」外，同時亦包括船員法所規定之各種請求權，例如送回原港之請求權（船員 §40）、海員被辭退時之薪金請求權（船員 §39）、治療費用請求權（船員 §41）、傷病支薪請求權（船員 §43）、殘廢補助金請求權（船員 §44）、死亡撫卹金請求權（船員 §45、§46）、喪葬費用請求權（船員 §48）、海員退休金請求權（船員 §51）等等。

　　目前世界各國，多有海事勞動法之規定，當海商法（公約）之規定與此等海事勞動法之規定競合時，應優先適用何者之規定乎？「1957 年關於海船所有人責任限制之國際公約」（International Convention relating to the Limitation of the Liability of Owners of Sea-going Ships, 1957），第一條第四

❶　衡平〔英：equity；日：衡平（こうへい）；德：Billigkeit；法：équité；羅：aequum, aequitas〕者，乃指公平而合於正誼之謂也。法律本為就個別類型之人、事、社會關係所為之一般規範，在本質上雖然符合法律安定性之要求，但將這些法律規範嚴格地適用在現實社會生活所發生之個別的、具體的事件中，往往會發生處理不當之現象，修補此等處理不當之缺陷，俾使法律之解釋、適用得以獲得個別的、具體的妥當性之原理，謂之衡平。（この欠を補って法の解適用に具体的妥当性を得せしめる原理を衡平という）（末川博，《法学辞典》，日本評論社，昭和 58 年 5 月 30 日第 1 版第 9 刷發行，p. 310）

❶　王洸，《海商法釋論》，海運出版社發行，文和印刷公司印刷，1962 年 7 月出版，p. 27。

項規定：「本條規定不適用於：(a) 因救助報酬所發生之債權及共同海損分擔所發生之債權；(b) 船長、船員、在船上任何船舶所有人之僱用人員，或其職務與船舶有關船舶所有人之僱用人員，包括其繼承人、遺產管理人或受扶養人之債權，如依其規範船舶所有人與此等受僱人員僱用契約之法律，船舶所有人就此等債權無主張限制責任之權利者，或如依該法之規定，船舶所有人得限制其責任之數額，多於本公約第三條之規定者。」(Nothing in this Article shall apply: (a) to claims for salvage or to claims for contribution in general average; (b) to claims by the Master, by members of the crew, by any servants of the owner on the board the ship or by servants whose duties are connected with the ship, including the claims of their heirs, personal representatives or dependants, if under the law governing the contract of service between the owner and such servants the owner is not entitled to limit his liability in respect of such claims or if he is by such law only permitted to limit his liability to an amount greater than that provided for in Article 3 of this Convention.) 所謂「依其規範船舶所有人與此等受僱人員僱用契約之法律」(under the law governing the contract of service between the owner and such servants)，即指各國之海事勞動法而言。依前述「1957 年關於海船所有人責任限制之國際公約」第一條第四項之規定，吾人可知：

⑴若依海事勞動法之規定，船舶所有人就此等海事勞動債務，不得主張責任限制時，應優先適用海事勞動法之規定，而不適用海商法（公約）之規定。

⑵若依海事勞動法之規定，雖承認船舶所有人就此等海事勞動債務，得以主張責任限制，但海事勞動法之數額較海商法（公約）為多時，仍應優先適用海事勞動法之規定。

⑶若依海事勞動法之規定，既承認船舶所有人就此等海事勞動債務，得以主張責任限制，且該海事勞動法之數額較海商法（公約）為少時，始

應優先適用海商法（公約）之規定，藉以使海事勞工獲得充分之保護也❸。

三、救助報酬及共同海損分擔額

本款係參照「1957 年關於海船所有人責任限制之國際公約」第一條第四項第一款及「1976 年海事求償責任限制公約」第三條第一款之規定而來。「1957 年關於海船所有人責任限制之國際公約」第一條第四項第一款規定： 「本條規定不適用於：(a) 因救助報酬所發生之債權及共同海損分擔所發生之債權」 (Nothing in this Article shall apply: (a) to claims for salvage or to claims for contribution in general average)。「1976 年海事求償責任限制公約」(Convention on Limitation of Liability for Maritime Claims, 1976) 第三條第一款規定：「(可限制責任之債權) 本公約之規定，於下列債權不適用之：(a) 救助或共同海損分擔之債權；……」〔(Claims excepted from Limitation) The rules of this Convention shall not apply to: (a) claims for salvage or contribution in general average; ...〕。

因救助之報酬係因救助行為而發生，若受救助之人得主張責任限制，將無法鼓勵第三人冒險救助，發揮見義勇為之精神。何況我國現行海商法第一〇三條第一項已規定：「對於船舶或船舶上財物施以救助而有效果者，得按其效果請求相當之報酬。」共同海損者，乃指在船舶航程期間，為求共同危險中全體財產之安全所為故意及合理處分，而直接造成之犧牲及發生之費用也（§110）。若允許船舶所有人主張責任限制，則其他利害關係人勢將增加分擔，殊不公平，因此就共同海損之分擔額，船舶所有人不得主張責任限制。何況我國現行海商法第一二四條已規定：「應負分擔義務之人，得委棄其存留物而免分擔海損之責。」船舶所有人自無再主張責任限制之必要。

---

❸ 楊仁壽，《最新海商法論》，自版，文太印刷企業有限公司印刷，三民書局總經銷，1999 年 10 月印刷，p. 70。

四、船舶運送毒性化學物質或油污所生損害之賠償

本款係參照「1976 年海事求償責任限制公約」第三條 (b) 款所為之規定。「1976 年海事求償責任限制公約」第三條 (b) 款規定：「1969 年 11 月 29 日所訂國際油污損害民事責任公約或該公約有效修正案、議定書所規定油污損害之賠償。」(claims for oil pollution damage within the meaning of the International Convention on Civil Liability for Oil Pollution Damage, dated November 29, 1969 or of any amendment or Protocol thereto which is in force.) 不得主張限制責任。本款之立法理由，與第五款、第六款類似，乃因船舶運送毒性化學物質或油污所生之損害，不發生則已，一旦發生，則危害相當嚴重，而且其賠償數額亦極為巨大，為嚴防其事故之發生，在國際間另立之國際公約，或在國內法中另訂之特別法中，乃採嚴格責任（危險）主義之立法，而不採過失責任主義。若允許船舶所有人得依一般海商法之規定，主張責任限制，船舶所有人豈不得以藉此逃避責任？國際公約或其他特別法所採嚴格責任（危險）主義之立法，豈非失其意義？目前國際間訂有「1969 年國際油污損害民事責任公約」(International Convention on Civil Liability for Oil Pollution Damage, 1969)，可惜我國並未加入。

五、船舶運送核子物質或廢料發生核子事故所生損害之賠償

本款係參照「1976 年海事求償責任限制公約」第三條 (c) 款所為之規定。「1976 年海事求償責任限制公約」第三條 (c) 款規定：「適用任何規範或禁止核子損害責任限制國際公約或國內法規之賠償。」(claims subject to any international convention or national legislation governing or prohibiting limitation of liability for nuclear damage.) 不得主張限制責任。本款之立法理由，與第四款、第六款同。

六、核能動力船舶所生核子損害之賠償

　　本款係參照「1976 年海事求償責任限制公約」第三條 (d) 款所為之規定。「1976 年海事求償責任限制公約」第三條 (d) 款規定：「對核子船舶所有人核子損害之賠償」 (claims against the shipowner of a nuclear ship for nuclear damage) 不得主張限制責任。本條第三款至第六款，係 1999 年修法時，參照「1976 年海事求償責任限制公約」第三條之內容，新增之規定。本款之立法理由，與第四款、第五款相同，乃因船舶運送毒性化學物質或油污所生之損害，不發生則已，一旦發生，則危害相當嚴重，而且其賠償數額亦極為巨大，為嚴防其事故之發生，在國際間另立之國際公約，或在國內法中另訂之特別法中，乃採嚴格責任（危險）主義之立法，而不採過失責任主義。若允許船舶所有人得依一般海商法之規定，主張責任限制，船舶所有人豈不得以藉此逃避責任？國際公約或其他特別法所採嚴格責任（危險）主義之立法，豈非失其意義？目前國際間訂有「1962 年有關核子船舶營運人責任公約」 (Convention on the Liability of Operators of Nuclear Ships, 1962)、「1971 年海上核子材料運輸民事責任公約」 (Convention relating to Civil Liability in the Field of Maritime Carriage of Nuclear Material, 1971) 等，可惜我國均未加入，惟我國特別訂有「核子損害賠償法」（1971 年 7 月 26 日公布，1977 年 5 月 6 日、1997 年 5 月 14 日修正公布），以資因應。

 實例演習

今設某 A 以其所有之 X 輪租子 B，B 以該輪承運 C 價值新臺幣 1,000 萬元之貨物，及 D 價值新臺幣 700 萬元之桶裝原油，自基隆港前往高雄港，抵高雄港時，因 X 輪機械故障，撞損高雄之港埠設施，港埠設施之損害為新臺幣 100 萬元，C 之貨物全毀，油桶亦破裂，滾落港中，對高雄港造成嚴重之污染，經高雄港務局僱工清除，共付新臺幣 300 萬元。試具理由回答

下列各問：

㈠ B 得否主張船舶所有人責任限制？

㈡ B 對 C、D 及高雄港務局應負如何之賠償責任？

㈢ 船舶所有人責任限制之立法理由為何？

㈣ 就船舶所有人之責任限制，各國傳統之立法主義有那幾種？我國現行海商法採何種主義之立法？

㈤ 現行海商法就船舶所有人責任限制之規定，有何缺失？

就此設問，吾人以為：

㈠ B 得否主張船舶所有人責任限制？

船舶所有人責任限制中之所謂船舶所有人，依我國現行海商法第二十一條第二項之規定，包括船舶所有權人、船舶承租人、經理人及營運人。亦即除對船舶享有所有權之人外，尚包括利用他人船舶從事海上業務活動，而對船舶享有指揮營運權之人。例如船舶承租人、經理人及營運人，對於船舶雖無物權法上之靜態所有權，但係利用他人之船舶從事海上業務活動，而對船舶享有指揮營運權之人，故本案例中之船舶承租人 B，仍屬責任限制中之「船舶所有人」，得主張船舶所有人責任限制。

㈡ B 對 C、D 及高雄港務局應負如何之賠償責任？

1. B 對 C、D 得主張責任限制

依海商法第二十一條第一項第一款之規定，「在船上、操作船舶或救助工作直接所致人身傷亡或財物毀損滅失之損害賠償」，船舶所有人得主張責任限制。所謂「在船上所致財物毀損滅失」，係指在船上所致之物的損害而言。例如船上貨載、行李及其他機械物件等，因裝卸貨物所發生之毀損滅失即是。依此規定，本案例 B 就 C 1,000 萬元之損失、D 700 萬元之損失，係屬「在船上所致財物毀損滅失之損害賠償」，應得主張責任限制。

2. B 對高雄港務局 100 萬元之損失得主張責任限制

依海商法第二十一條第一項第一款之規定，「在船上、操作船舶或救助工作直接所致人身傷亡或財物毀損滅失之損害賠償」，船舶所有人得主張責

任限制。所謂「操作船舶直接所致財物毀損滅失」，係指因操作船舶所直接發生船舶外之物的損害而言。例如因操作船舶發生船舶碰撞，被害船舶（他船）之船體、貨載之毀損滅失，或港灣設施，如棧橋、浮筒、岸堤、防波堤、碼頭等，及漁業設施所發生之毀損滅失即是。依此規定，本案例 B 就高雄港埠一百萬元之損失，係屬「操作船舶直接所致財物毀損滅失」，應得主張責任限制。

如上所述，B 對 C、D 及高雄港務局應負如何之賠償責任，得主張責任限制，而應以「以本次航行之船舶價值、運費及其他附屬費為限」，係採「船價主義」。惟海商法第二十一條第四項又規定：「第一項責任限制數額如低於下列標準者，船舶所有人應補足之：一　對財物損害之賠償，以船舶登記總噸，每一總噸為國際貨幣基金，特別提款權五四計算單位，計算其數額。二　對人身傷亡之賠償，以船舶登記總噸，每一總噸特別提款權一六二計算單位計算其數額。三　前二款同時發生者，以船舶登記總噸，每一總噸特別提款權一六二計算單位計算其數額。但人身傷亡應優先以船舶登記總噸，每一總噸特別提款權一〇八計算單位計算之數額內賠償，如此數額不足以全部清償時，其不足額再與財物之毀損滅失，共同在現存之責任限制數額內比例分配之。四　船舶登記總噸不足三百噸者，以三百噸計算。」依此規定，我國就船舶所有人責任限制又兼採「金額主義」。亦即若海商法第二十一條第一項之「船價」高於第四項之「金額」時，船舶所有人之責任限額以第一項之船價為準，即採船價主義；反之，若海商法第二十一條第一項之「船價」低於第四項之「金額」時，船舶所有人之責任限額以第四項之金額為準，即採金額主義。

3. B 對高雄港務局清除油污之三百萬元債務不得主張責任限制

依海商法第二十二條規定：「前條責任限制之規定，於下列情形不適用之：……。四　船舶運送毒性化學物質或油污所生損害之賠償。」本款之立法理由，與第五款、第六款類似，乃因船舶運送毒性化學物質或油污所生之損害，不發生則已，一旦發生，則危害相當嚴重，而且其賠償數額亦

極為巨大，為嚴防其事故之發生，在國際間另立之國際公約，或在國內法中另訂之特別法中，乃採嚴格責任（危險）主義之立法，而不採過失責任主義。若允許船舶所有人得依一般海商法之規定，主張責任限制，船舶所有人豈不得以藉此逃避責任？國際公約或其他特別法所採嚴格責任（危險）主義之立法，豈非失其意義？依此規定，B 對於高雄港清除油污費用之三百萬元則不得主張責任限制。

㈢船舶所有人責任限制之立法理由

參前說明。

㈣就船舶所有人之責任限制，各國傳統之立法主義有那幾種？我國現行海商法採何種主義之立法？

參前說明。

㈤現行海商法就船舶所有人責任限制規定之缺失

事實上，我國現行海商法第二十一條，係仿照美國現行法規，所為兼採「船價主義及金額主義」之立法，未能順應當前國際多採「金額主義」之立法潮流，實在不無遺憾之處。而且兼採「船價主義及金額主義」立法結果，顯有下列之缺失：

1.採用船價主義本有不當

如前所述，在船舶所有人選擇「提供船舶價值」時，對於船舶價值之估計，債權人希望估價高以求多額之賠償，船舶所有人則希望估價低以求少額之賠償。因此，在估價時甚易發生爭執之現象，此點可說是船價主義特有之缺點。再者，對於船舶價值之估計，須請鑑定人加以鑑定，然而船舶有時漂流孤島，有時沉沒海底，在此場合往往因為無從發現船體而無法鑑定之。此點亦為船價主義特有之缺點。

2.現行法金額主義部分之規定，不符實際之船舶造價

「美國船舶所有人責任限制條例」(American Shipowners Limitation of Liability Act, 1935) 第一八三條第二項規定：「根據本條第一項所定船舶所有人責任限制之總額，不足以充分賠償全部損失，且該總額用於對有關生

命或身體傷亡之損害賠償如低於該船舶噸位每噸六十美元計算者，該部分應予提高至每噸六十美元計算之額度，以此專供有關人命身體傷亡損害之賠償。提高後之總額仍不足以賠償此等損失者，各請求權者，應依其應得之數額比例受償。」(In the case of any seagoing vessel, if the amount of the owner's liability as limited under subsection (a) is insufficient to pay all losses in full, and the portion of such amount applicable to the payment of losses in respect of loss of life or bodily injury is less than $60 per ton of such vessel's tonnage, such portion shall be increased to an amount equal to $60 per ton, to be available only for the payment to losses in respect of loss of life or bodily injury. If such portion so increased is insufficient to pay such losses in full, they shall be paid therefrom in proportion to their respective amounts.)[165]當時所以規定「提高至每噸 60 美元」，乃因 1935 年修法之時，美國商船之造價，平均每噸大約 60 美元之故。因此，於 1984 年 10 月 19 日修法之時，因美國物價已上漲七倍，乃將該規定，由「提高至每噸 60 美元」修正為「提高至每噸 420 美元」(such portion shall be increased to an amount equal to $420 per ton)，以符船舶之實際造價[166]。惟依我國現行海商法第二十一條第四項之規定，對於人身傷亡之賠償，以船舶登記總噸，每一總噸特別提款權一六二計算單位計算其數額，就以 1993 年 12 月 29 日之匯率換算標準而言，一計算單位等於 1.38107 美元，則一六二計算單位＝ 1.38107 美元×162 ＝ 223.73334 美元，僅為 420 美元之一半略強而已，實在金額過低，而不符船舶之實際造價[167]。

---

[165]　中筋義一，《アメリカ船主責任制限法論》，法律文化社，1961 年 1 月 15 日發行，p. 180。

[166]　重田晴生，《アメリカ船主責任制限制度の研究》，成文堂，1991 年 9 月 20 日第 1 刷發行，p. 70。

[167]　交通部，《海商法修正草案（含總說明)》，1995 年 7 月，p. 28。

3.金額主義適用之可能性不高

因金額主義部分之金額過低,因此除非船舶已經破舊不堪,或過度毀損滅失,否則適用金額主義規定之可能性極低,其結果與 1999 年修法前「船價主義」之立法,並無實質差異,其缺點亦與修法前「船價主義」之立法,並無顯著不同。

 問題與思考

一、何謂責任?其種類為何?試簡單說明之。

二、各國海商法中,對於船舶所有人之損害賠償責任,往往加以限制,其理由為何?試具理由以說明之。

三、關於船舶所有人責任之限制,各國立法所採主義,約有幾種?試簡略說明之。

四、何謂執行主義?其優缺點如何?試具理由以說明之。

五、何謂委付主義?其優缺點如何?與執行主義有何不同?試具理由以說明之。

六、何謂金額主義?其優缺點如何?試具理由以說明之。

七、何謂船價主義?其優缺點如何?試具理由以說明之。

八、何謂選擇主義?其優缺點如何?試具理由以說明之。

九、何謂併用主義?其優缺點如何?試具理由以說明之。

十、關於船舶所有人責任之限制,各國立法所採主義,事實上各有缺失,有何補救之道?試具理由以說明之。

十一、關於船舶所有人責任之限制,我國現行海商法採何主義?試具條文以說明之。

十二、船舶所有人責任限制之標的為何?試就我國現行海商法之規定說明之。

十三、在船舶所有人責任限制之中,船舶價值之估計標準為何?試就我國現行海商法之規定說明之。

十四、海商法第二十三條第二項第一款所謂之「事變後以迄於第一到達港時所生之一切債權」，其意為何？其與原來之「碰撞或其他事變」是否須有因果關係？試具理由以說明之。

十五、海商法第二十三條第二項第二款規定：「關於船舶在停泊港內發生事變所生之債權，其估價依船舶在停泊港內事變發生後之狀態」，其中所謂之「船舶在停泊港內」，其意為何？對於「先前在港口外所生事故」，是否負有依海商法第二十三條第一項第一款之規定，另行提供船舶價值之義務？試具理由以說明之。

十六、在船舶所有人責任限制之中，因救助、撈救或拖帶所得之報酬，是否得視為運費？旅客運送之票價，是否得視為運費？試具理由以說明之。

十七、在船舶所有人責任限制之中，我國現行海商法明文規定：「但不包括保險金。」其立法理由為何？

十八、對於船舶所有人責任限制之事項，我國現行海商法有何規定？試具條文以說明之。

十九、海商法第二十一條第一項第一款規定：「在船上、操作船舶或救助工作直接所致人身傷亡或財物毀損滅失之損害賠償。」試問本款之適用，必須具備如何要件？

二十、海商法第二十一條第一項第二款規定：「船舶操作或救助工作所致權益侵害之損害賠償。但不包括因契約關係所生之損害賠償。」試問本款之適用，必須具備如何要件？

二十一、對於船舶所有人責任限制之例外，我國海商法有何規定？試具條文以說明之。

二十二、何謂故意？何謂過失？海商法第二十二條第一款規定：「本於船舶所有人本人之故意或過失所生之債務」，不適用責任限制之規定，本款所謂之「故意或過失」，其意為何？試就英美法上責任之概念以說明之。

二十三、海商法第二十二條第二款規定:「本於船長、海員及其他服務船舶之人員之僱用契約所生之債務」,不適用責任限制之規定,其立法理由為何?試具理由以說明之。

二十四、船舶所有人責任之限制,各國立法主義不同,試就法、德、英、美四國,分別論述,並加以比較。又我國海商法係採何種主義?

二十五、英、德、法、美各國,對於船舶所有人責任之限制,立法主義互異,試分別述之。又我國海商法,係採何主義?

二十六、高雄市某甲木材商,與乙輪船公司訂定傭船契約,約定輪船運送途中所生之損害乙公司不負賠償責任並應於 1981 年 7 月 2 日派該公司輪船「幸福號」至花蓮港第二碼頭載運甲所有之檜木五百枝至高雄港,嗣該船於 7 月 4 日航行至高雄外港時,因船員抽煙不慎失火,木材全部燒燬,船員紛紛棄船而逃,該船失去控制,致觸礁沉沒,甲乃於 1982 年 10 月 5 日起訴請求乙輪船公司賠償損害,乙則分別提出下列數項主張,有無理由?理由安在?試說明之:

㈠就甲之損害,乙主張限制責任。

㈡乙公司主張甲之賠償請求權已罹於時效消滅。

二十七、甲船裝載某 A 託運之貨物,於航海中因船長之過失,與乙船碰撞(乙船無過失),致甲、乙兩船及 A 之貨物均發生損害:

㈠A 向甲船請求損害賠償,應依據運送契約?抑應依據船舶碰撞之規定?

㈡乙船對甲船之損害賠償請求權有無優先權?甲船得否主張限制責任?

㈢甲船之損害,得否請求乙船賠償?

二十八、試扼要解答下題:

我國海商法就何事項有「委棄」及「委付」之規定?

二十九、最高法院判決:「船舶承租與傭船契約不同,其占有船舶而為使用

收益，對於第三人，與船舶所有人有同一權益」係何義？試批判
說明之。

三十、甲將貨物一批，託乙輪船公司運送出口，甲自己並在丙保險公司為
該批貨物投有海上保險，結果因乙公司應負責之事由，致貨物全部
滅失。問：

　　㈠甲向乙公司請求該批貨物之損害賠償時，有無優先受償權？乙公
司得否主張限制責任？

　　㈡如丙公司先向甲給付賠償金額後，甲仍得向乙公司請求賠償否？

三十一、甲將其所有之A船出租與乙，乙以自己名義經營海上運送業務，
船長丙因航行之過失，致與丁所有之B船碰撞，B船受損二億元。
問：丁得否向甲、乙或丙請求損害賠償？

三十二、試述委付主義之優劣。

三十三、海商法對於船舶所有人責任之限制，有無例外規定？即船舶所有
人就何項債務應負無限責任？

三十四、海商法對於船舶所有人之責任，設有限制，其立法理由何在？有
無例外規定？試述之。

第三章　運　送

綱 要 導 讀

第一節　貨物運送

一、海上貨物運送契約之意義及性質
- ㈠海上貨物運送契約之意義
- ㈡海上貨物運送契約之性質
  - 海上貨物運送契約，係承攬契約
  - 海上貨物運送契約，係雙務契約
  - 海上貨物運送契約，係有償契約
  - 傭船契約係屬要式契約，而件貨運送契約係屬不要式契約（§39）
  - 海上運送契約可能為第三人利益契約

二、海上貨物運送契約之種類
- ㈠依海商法規定之分類（§38）
  - 件貨運送契約
  - 傭船契約（§43～§47）
- ㈡依數運送人之參與運送而分類
  - 再運送契約
  - 聯營運送契約（§74）
  - 共同運送契約
  - 複合運送契約（§70、§75）
- ㈢依航行之船期及航線是否固定而分類
  - 定期船舶運送契約
  - 不定期船舶運送契約
- ㈣依是否以貨櫃為運送方法而分類
  - 貨櫃運送契約
  - 非貨櫃運送契約

㈤備船契約與其他類似名稱之區別

　　┌ 備船契約與件貨運送契約之區別（§40、§41、§61）
　　└ 備船契約與船舶租賃契約之區別（§38、§41；民 §421、§425）

㈥國際貨物買賣之方式

　　┌ C.I.F.
　　├ C. & F.
　　└ F.O.B.

三、海上貨物運送之適用範圍

㈠關於人的適用範圍（§76）
㈡關於物的適用範圍
㈢關於時的適用範圍（§63、§70、§75、§76）

　　┌ 貨物之待運期間
　　├ 貨物之在船期間
　　└ 貨物之待交期間

四、貨物運送契約對運送人之效力

㈠運送人之義務

　　┌ 提供適當船舶之義務（§42）
　　├ 使船舶具有適航能力之義務（§62）
　　├ 商業照管義務（§63、§64、§69）
　　├ 通知及指示裝卸貨物之義務（§50、§52）
　　├ 發給載貨證券之義務（§53、§74）
　　├ 直航之義務（§71）
　　├ 違禁物不實申報物之拒絕載運義務（§64）
　　├ 完成航行之義務（§65、§66、§68）
　　├ 交付貨物之義務（§58）
　　└ 寄存貨物之義務（§51、§58）

第二節　法定免責之事由

一、符合海商法第六十九條規定之免責事由者

㈠主張法定免責之主體為運送人或船舶所有人
㈡法定免責之客體（對象）限於訂有運送契約之本船貨物

(五)依託運物之是否能分批提取為區分標準
- 原載貨證券（§53）
- 分割載貨證券

─ 三、載貨證券之性質

(一)載貨證券為有價證券（異）
- 完全有價證券
- 不完全有價證券

(二)載貨證券為要式證券（同）

(三)載貨證券為流通證券（同）

(四)載貨證券為證權證券（異）

(五)載貨證券為物權證券（異）

(六)載貨證券為文義證券（同）（§54、§55、§58、§61～§63、§69、§77）

(七)載貨證券為要因證券（異）

(八)載貨證券為提示證券（同）

(九)載貨證券為繳回證券（同）（§58～§60）

(十)載貨證券為物品證券（異）

─ 四、載貨證券之發給

(一)請求發給人及發給人（§53）
- 請求發給人
- 發給人

(二)發給時期

─ 五、載貨證券之形式（§54）

(一)船舶名稱

(二)託運人之姓名或名稱

(三)依照託運人書面通知之貨物名稱、件數或重量，或其包裝之種類、個數及標誌（§60、§69）

(四)裝載港及卸貨港（§58）

(五)運費交付

(六)載貨證券之份數（§58）

(七)填發之年、月、日

(八)載貨證券之簽名

六、載貨證券之效力

　（一）物權之效力

　　　載貨證券僅有一份時（§60）

　　　載貨證券有數份時（§58、§59）

　　　　1.在目的港交付之場合

　　　　2.不在貨物目的港交付之場合

　（二）債權效力

　　　運送事項，悉依載貨證券之記載（§55）

　　　任何減免法定責任之約定，不生效力（§61、§63）

　　　載貨證券上記載之事項，發給人均應負責（§59、§74）

七、載貨證券上約款之效力

　（一）載貨證券上所載「仲裁條款」之效力（§53、§78）

　　　託運人如無異議，即應認為已同意載貨證券上所記載之條款

　　　單方簽名僅為海運商務演進之偶然結果

　　　「單方作成」與「載貨證券基本功能」不得相互混淆

　（二）載貨證券所載「裁判管轄條款」之效力（§77、§78）

　（三）載貨證券所載「不知約款」之效力（§54、§55、§60）

　　　就運送人與託運人間之法律關係而言

　　　就運送人與善意載貨證券持有人間之法律關係而言

八、載貨證券認賠書（§60）

　（一）載貨證券認賠書之意義

　（二）載貨證券認賠書之性質

　　　保證契約說

　　　不當得利說

　　　和解契約說

　　　損害擔保契約說

　（三）載貨證券認賠書之效力⇨（折衷說）

九、喜馬拉雅條款（§76）

　（一）喜馬拉雅條款之意義

　（二）「喜馬拉雅條款」（**Himalaya Clause**）所欲解決之問題

㈢有關「喜馬拉雅條款」之相關規定及擴大之規定

    ┌ 我國海商法有關「喜馬拉雅條款」之相關規定
    └ 我國海商法有關「喜馬拉雅條款」之擴大規定

第四節　船舶之適航能力（§62）

─ 一、船舶適航能力之意義

    ㈠船體之航行能力
    ㈡船舶之運行能力
    ㈢船舶之載貨能力（§61）

─ 二、適航能力義務之性質

    ⇨採「過失責任主義」，理由有三：
    ㈠即使採用無過失責任主義，亦無法防止船舶不適航現象之發生
    ㈡即使採用過失責任主義，託運人亦不致於遭受重大損害
    ㈢強求運送人負擔無過失責任，無助於國家航運之發展

─ 三、適航能力義務存在之時期

─ 四、舉證責任

└ 五、適航能力規定之探討

第一節　貨物運送

第一項　海上貨物運送契約之意義及性質

一、海上貨物運送契約之意義

海上貨物運送契約〔英：contract of carriage of goods by sea；日：海上物品運送契約（かいじょうぶっぴんうんそうけいやく）〕者，乃指當事人間約定，一方 (carrier) 利用船舶為他方，將貨物由某一特定場所運至另一特定場所，而他方 (consignor) 俟運送完成時，給付相當報酬 (freight) 之契約也。此之所謂貨物，無論其為商品或非商品、無論其於客觀上是否具有財產價值，凡屬可資運送之動產，均足以當之。

二、海上貨物運送契約之性質

茲將海上貨物運送契約之性質，簡述如下：

㈠海上貨物運送契約，係承攬契約

承攬契約〔羅：locatio conductio operis；英：hire of work or contract for work；日：請負（うけおい）；德：Werkvertrag；法：entreprise, louage d'industrie〕者，乃指當事人約定，一方為他方完成一定之工作，他方俟工作完成，給付報酬之契約也（民 §490）。

海上貨物運送契約，其於運送之前，運送人須自託運人處收受貨物，其於運送之時，運送人須將貨物置於自己之管理監督之下，其於運送之後，運送人須將貨物交付於受貨人，因此在整個海上貨物運送之過程中，「貨物之收受」、「貨物之管理監督」、「貨物之交付」固為海上貨物運送行為之構

成必要因素。惟當事人訂立海上貨物運送契約之目的，係在於一定運送業務之完成，而非在於一定勞務之供給，因此海上貨物運送契約之性質，應屬民法上承攬契約之一種，而非僱傭契約、委任契約或寄託契約。

(二)海上貨物運送契約，係雙務契約

雙務契約〔英：bilateral contract；日：双務契約（そうむけいやく）；德：zweiseitiger Vertrag；法：contrat synallagmatique〕者，乃指雙方當事人互負對價關係債務之契約也。海上貨物運送契約之當事人，雙方互負對價關係之債務，即一方（運送人）負有「完成貨物運送」之債務，他方（託運人）負有「給付運費」之債務，雙方所負之債務具有對價關係，故海上貨物運送契約，係雙務契約。

(三)海上貨物運送契約，係有償契約

有償契約〔英：contract with consideration；日：有償契約（ゆうしょうけいやく）；德：entgeltlicher Vertrag；法：contrat à titre onéreux〕者，乃指當事人互為對價關係給付之契約也，亦即雙方當事人各須由給付而取得利益之契約也。海上貨物運送契約之當事人，雙方互負對價關係給付之義務，即一方（運送人）負有「完成貨物運送」之給付義務，他方（託運人）負有「給付運費」之給付義務，雙方所負之給付義務具有對價關係，故海上貨物運送契約，係有償契約。有償契約與雙務契約，往往相互重疊，但有償契約係就「給付」之觀點言之，而雙務契約係就「債務」之觀點言之，兩者之觀點，並非相同也。

(四)傭船契約係屬要式契約，而件貨運送契約係屬不要式契約

要式契約〔英：formal contract；日：要式契約（ようしきけいやく）；德：formelles Vertrag；法：Contrat formel〕者，乃指其成立須履行一定方式之契約也。亦即乃指依法律之規定或當事人之約定以一定方式之履行為其成立要件之契約也。例如期限逾一年之不動產租賃契約（民 §422）、終身定期金契約（民 §730），均須以書面為之。不要式契約〔英：formless contract, informal contract；日：不要式契約（ふようしきけいやく）；德：

formfreies Vertrag；法：Contrat informel〕者，乃指其成立無須履行一定方式之契約也。亦即乃指不以一定方式之履行為其成立要件之契約也。近世因盛行契約自由原則之關係，一般契約多為不要式契約，要式者極少，在民法債編所列之有名契約中，屬於要式契約者，僅上述兩種而已，餘者皆為不要式契約。

　　海商法第三十九條規定：「以船舶之全部或一部供運送為目的之運送契約，應以書面為之。」海商法第四十條規定：「前條運送契約應載明下列事項：一　當事人姓名或名稱，及其住所、事務所或營業所。二　船名及對船舶之說明。三　貨物之種類及數量。四　契約期限或航程事項。五　運費。」傭船契約既須書面，又須記載法定事項，傭船契約應屬要式契約。至於件貨運送契約或船舶租貸契約，海商法並無特別之規定，解釋上應回歸民法之規定，而為不要式契約。最高法院 67 年臺上字第 3486 號判例亦認為：「依海商法第八十一條（現海 §38）、第八十二條（現海 §39）規定，以件貨之運送為目的者，其運送契約不須以書面為之，故為不要式契約，如上訴人確將上項貨物託交被上訴人運送，而被上訴人受有運費，即可成立貨物運送契約。」

(五)海上運送契約可能為第三人利益契約

　　第三人利益契約〔羅：pactum in favorem tertii；日：第三者のためにする契約（だいさんしゃのためにするけいやく）；德：Vertrag zu Gunsten Dritter；法：stipulation pour autrui〕者，亦稱為第三人契約，或利他契約，乃指當事人之一方與他方約定，由他方向第三人為一定之給付，而第三人因此直接取得請求其給付權利之契約也。

　　海上貨物運送契約，可能為利他運送。因如前所述，海上貨物運送契約者，乃指當事人間約定，一方 (carrier) 利用船舶為他方，將貨物由某一特定場所運至另一特定場所，而他方 (consignor) 俟運送完成時，給付相當報酬 (freight) 之契約也。當貨物運送至目的地時，運送人須將貨物交付於受貨人，而此受貨人可能為託運人，亦可能為託運人以外之第三人，當受

貨人為託運人以外之第三人時，該海上貨物運送契約即為利他契約，因此吾人謂「海上貨物運送契約，亦可能為利他運送」，亦即海上貨物運送契約，亦可能為第三人利益契約。

第二項　海上貨物運送契約之種類

一、依海商法規定之分類

海商法第三十八條規定：「貨物運送契約為下列二種：一　以件貨之運送為目的者。二　以船舶之全部或一部供運送為目的者。」依此規定，海上貨物運送契約可分為下列兩種：

㈠件貨運送契約

件貨運送契約〔英：contract of carriage in a general ship；日：個品運送契約（こひんうんそうけいやく）；德：Stückgütervertrag；法：transport sur les ligner régulières〕者，亦稱搭載契約，或個別貨物搭載運送契約，乃指以貨物之件數或數量運送為目的，並以此運費計算標準之運送契約也。此種契約，託運人不預定船艙之全部或一部，艙位裝載全由運送人自由支配之。易言之，託運人對於船艙裝貨情形，無權過問，託運人僅須將貨物交予運送人，而運送人僅須將貨物運抵目的港並交付於受貨人即可，至於貨物裝載於何艙位，運送人得自由支配之。

㈡傭船契約

傭船契約〔英：charter party；日：傭船契約（ようせんけいやく）；德：Chartevertrag；法：charte-partie〕者，亦稱包船契約，乃指以船舶之全部或一部供運送為目的之運送契約也（§38）。

1.傭船契約依其使用空間之不同，又可分為下列兩種：

⑴全部傭船契約

全部傭船契約者，乃指以船舶之全部供運送為目的之契約也。在此契

約中，託運人指示以外之貨物，運送人不得裝載、運送之。

⑵一部傭船契約

一部傭船契約者，乃指以船舶之一部供運送為目的之契約也。此之所謂一部，或指以船艙之一部分空間供載運貨物，或指以船舶一定數量之船艙供載運貨物，或指以船舶載重量之幾分之幾供載運貨物。在此契約中，傭船人通常為多數。

2.傭船契約依其使用方式之不同，又可分為下列兩種：

⑴期間傭船契約

期間傭船契約〔英：time charter party, charter by time，簡稱 T/C；日：定期傭船契約（ていきようせんけいやく）；德：Zeitcharter；法：affrètement à temps〕者，亦稱「論時傭船契約」、「計時傭船契約」或「定期出租契約」，乃指船舶所有人於一定之期間內，將船舶全部出租於傭船人，由其於約定範圍內抉擇航線自行營運使用，而依其使用時間收取傭船費 (charterage) 之傭船契約型態也。

定期傭船，多以一年或半年為期，甚或長達三年或五年以上，在其出租期間，船長及船員由船舶所有人派用，船員之人數須充足且符合規定，傭船人有權要求更換不合作之船長或船員。在傭船期間，船舶之管理費用，例如船員薪資、保險費、折舊，廚房、燃料及其他費用，均由船舶所有人負擔；至於營運費用，例如港務費用、鍋爐用水、廚房用除外之燃料費、船長船員除外之領事簽證等費用，則由傭船人負擔。以期間傭船契約方式使用船舶者，不限於船舶營運人 (operator)，大宗貨物之進口商或出口商，亦常以期間傭船契約方式運送貨物，藉以減輕運費之負擔。例如中國石油公司即常以期間傭船契約之方式，運輸石油❶。

海商法第四十五條規定：「前二條之規定，對船舶於一定時期內供運送

❶　林柏生，《國際貿易金融大辭典》，中華徵信所企業股份有限公司發行，1991 年 10 月出版，p. 1014。我妻榮，《新法律學辞典》，有斐閣，昭和 51 年 5 月 30 日新版初版第 16 刷發行，p. 858。

或為數次繼續航行所訂立之契約，不適用之。」海商法第四十六條規定：
「以船舶之全部於一定時期內供運送者，託運人僅得以約定或以船舶之性
質而定之方法，使為運送。」第四十五條所謂「於一定時期內供運送所訂
立之契約」及第四十六條所謂「以船舶之全部於一定時期內供運送者」，即
為期間傭船契約。再者，海商法第四十七條又規定：「Ⅰ前條託運人，僅就
船舶可使用之期間，負擔運費。但因航行事變所生之停止，仍應繼續負擔
運費。Ⅱ前項船舶之停止，係因運送人或其代理人之行為或因船舶之狀態
所致者，託運人不負擔運費，如有損害，並得請求賠償。Ⅲ船舶行蹤不明
時，託運人以得最後消息之日為止，負擔運費之全部，並自最後消息後，
以迄於該次航行通常所需之期間應完成之日，負擔運費之半數。」依此規
定，在期間傭船契約中，航行遲延之危險，由託運人負擔之。

⑵航程傭船契約

航程傭船契約〔英：voyage charter party, trip charter party，簡稱 V/C；
日：航海傭船契約（こうかいようせんけいやく）；德：Reisecharter；法：
affrètement au voyage〕者，亦稱「定程傭船契約」或「計程出租契約」，乃
指船舶所有人以收取運費為目的，依照事先協定之運費率及條件 (rates and
conditions)，將其船舶艙位之全部或一部交由傭船人使用，以一次或多次之
一定船程為範圍，自某一指定港口或數港口運至另一指定港口或數港口之
傭船契約也。

在航程傭船契約之方式下，船舶所有人保留船舶之占有及管理，並自
行僱用船長船員，傭船人僅居於託運人之地位，而按貨物噸量或包船運費
(lump sum freight) 支付運費。此種傭船運送方式，本為帆船時代盛行之運
送制度，至今仍然甚有存在之價值，尤其在貿易上大宗物資 (lot cargo) 或散
裝貨物 (bulk cargo) 之裝運，更為不可或缺之貨物運送制度。例如穀物、原
油、石材等大宗物資之國際貿易，常須特別性能之船舶，因此託運人往往
甚為注重載運船舶船型、船級、船速及船齡等事項，而一般定期貨輪往往
無法滿足此等需求，在此情況，以航程傭船契約之方式裝運貨物，即可解

決上述之困難。

　　海商法第四十三條第一項規定：「以船舶之全部供運送時，託運人於發航前得解除契約。但應支付運費三分之一，其已裝載貨物之全部或一部者，並應負擔因裝卸所增加之費用。」（In the event that the whole of a ship is provided for carriage, the consignor may, prior to the commencement of the voyage, rescind the contract, provided that he shall pay one third of the freight. If the consignor has loaded the whole or a part of his goods, he shall also bear the loading and unloading expenses.）海商法第四十四條規定：「Ⅰ以船舶之一部供運送時，託運人於發航前，非支付其運費之全部，不得解除契約。如託運人已裝載貨物之全部或一部者，並應負擔因裝卸所增加之費用及賠償加於其他貨載之損害。Ⅱ前項情形，託運人皆為契約之解除者，各託運人僅負前條所規定之責任。」此係有關一次航次航程傭船契約之規定。海商法第四十五條規定：「前二條之規定，對船舶於一定時期內供運送或為數次繼續航行所訂立之契約，不適用之。」此之所謂「為數次繼續航行所訂立之契約」，係指數次航次之航程傭船契約而言。航程傭船契約，既屬論航傭船，船舶所有人保留船舶之占有及管理，並自行僱用船長船員，傭船人僅居於託運人之地位，因此航行運送之危險，自應由船舶所有人（運送人）負擔之。

二、依數運送人之參與運送而分類

(一)再運送契約

　　再運送契約〔英：subcharter；日：再運送契約（さいうんそうけいやく）；德：Unterfrachtvertrag；法：sous-affrètement〕者，乃指原運送人，以其承運之貨物為運送標的，而與其他運送人所訂立之運送契約也。亦即原運送人利用其與他運送人所訂立之運送契約，將其原所應負之運送責任，轉嫁予他運送人，而本人賺取運費差額之運送契約也。再運送契約，係與原運送契約相對之契約，原運送契約與再運送契約，雖然在其成立基礎上相互

依存，無原運送契約即無再運送契約，但其法律關係則個別獨立，並無主從關係，而且各有不同之當事人。原運送契約之當事人為原運送人及託運人（往往是託運物之所有人，但未必限於託運物之所有人）；反之，再運送契約之當事人則為再運送人及原運送人（事實上原運送人僅為再運送契約之託運人而已）。

　　海商法對於再運送契約，並無明文規定。解釋上，再運送契約，可為件貨運送契約，亦可為傭船契約，即使原運送契約為傭船契約，再運送契約固然得為件貨運送契約，亦得改為傭船契約。反之，亦然。在運送實務上，再運送契約之運送方式，多發生於「無船運送人」與「有船運送人」之間。目前臺北街頭所見之運送人（運送公司），多為無船運送人，此等無船運送人分別與各託運人訂立貨物運送契約後，將其承攬運送之各種貨物，聚集統籌之後，再與有船運送人〔例如長榮股份有限公司 (Ever Green) 或陽明股份有限公司 (Y. M.)〕訂立海上貨物運送契約，原運送人之利潤，即在賺取其中運費之差額。

　　因原運送契約與再運送契約無主從關係，各契約當事人間之權利義務關係，應分別各依原運送契約或再運送契約之約定。因原運送人既非船舶所有人亦非對於船舶享有指揮營運權之人（廣義之船舶所有人），故不適用船舶所有人責任限制之規定（§21），而須負人的無限責任。惟於原運送契約之託運人已向原運送人支付運費，而原運送人未向再運送人支付運費時，再運送人仍得依民法第九二八條之規定，對船內屬於該託運人之貨物行使留置權。因只要具備「債權之發生，與該動產有牽連之關係者」之要件，債權人即得留置債務人之動產，此之債務人即為該未支付運費之原運送人也❷。同理，託運人（原運送契約之託運人）對於再運送人（再運送契約之運送人）所有之船舶，亦得基於利用船舶之事實，主張海事優先權（§24），

---

❷　民法第九二八條規定：「債權人占有屬於其債務人之動產，而具有左列各款之要件者，於未受清償前，得留置之：一　債權已至清償期者。二　債權之發生，與該動產有牽連之關係者。三　其動產非因侵權行為而占有者。」

再運送人負有忍受之義務。因海事優先權之發生，純係基於利用船舶之事實，與該貨載所有人之是否為運送契約之所有人，並無必要之關聯也，此從海商法第二十四條各款之規定亦可推論得之❸。

(二)聯營運送契約

聯營運送契約者，亦稱連續運送契約、共同聯營運送契約，乃指數運送人共同約定，由第一運送人代理全體運送人發行載貨證券，而由各運送人利用船舶，相繼分段負擔運送工作，將貨物運送至目的地，交付予受貨人之運送契約也。聯營（連續）運送契約之性質，屬於單一方式之運送契約。以「聯營運送契約」方式訂立海上貨物運送契約之目的，乃在避免非連續性運送契約之缺點。因在非連續運送契約之場合，託運人必須輾轉分別託運，運送費用必然增加，運送糾紛必然更趨複雜，載貨證券之押匯功能，必受衝擊也。

海商法第七十四條規定：「Ⅰ載貨證券之發給人，對於依載貨證券所記載應為之行為，均應負責。Ⅱ前項發給人，對於貨物之各連續運送人之行為，應負保證之責。但各連續運送人，僅對於自己航程中所生之毀損滅失及遲到負其責任。」（Ⅰ Issuer of bill of lading shall be responsible for all acts which should be done according to the statement of the bill of lading. Ⅱ The issuer referred to in the preceding paragraph shall be liable as guarantor in respect of the acts of each consecutive carrier of the goods; provided, however, that each consecutive carrier is only liable for damage, loss and delay arising during his own voyage.) 依本條第一項之規定，簽發載貨證券之第一運送人，除須對自己航程內之運送行為負責外，對於各連續運送人之運送行為，應負保證責任。民法上之保證，係因當事人之約定而發生，惟此之所謂「第一運送人之保證責任」，係依海商法第七十四條第一項之規定而發生，屬於法定之保證責任，係屬法定擔保之一種。因此當事人間不得以任何特約減

---

❸　施智謀，《海商法》，自版，瑞明彩色印刷有限公司印刷，1986年7月再版，p. 143。梁宇賢，《海商法論》，三民書局印行，1992年8月修訂3版，p. 408。

輕或免除其保證責任，否則將因違反海商法第六十一條之規定，而不生效力。依本條第二項之規定，各連續運送人，僅對於自己航程中所生之滅失、毀損及遲到，負其責任。亦即海上運送之各連續運送人，各別負其責任，與陸上運送不同。民法第六三七條規定：「運送物由數運送人相繼運送者，除其中有能證明無第六百三十五條所規定之責任者外，對於運送物之喪失、毀損或遲到，應連帶負責。」但因海上運送，數量龐大、危險性高，海商法為減輕海上運送人之責任，乃規定各連續運送人，僅對於自己航程中所生之滅失、毀損及遲到，負其責任。此之所謂「連續運送人」，係指非簽發載貨證券之第一運送人，而在全部航程中，利用船舶，相繼分段負擔運送工作之各運送人而言，若在同一區域內輾轉委託運送，而非各就不同區域分段相繼為運送者，則非此之所謂「連續運送人」。實務界亦採此等見解，例如最高法院 1975 年臺上字第 252 號之判決即謂：「海商法第一百十八條（現海 §74）第二項但書固有各連續運送人，僅對於自己航程中所生之毀損、滅失及遲到負其責任之規定，惟此所謂各連續運送人，乃指次運送人以下之運送人而言，不包括發給載貨證券之第一運送人在內，第一運送人依同條前段規定，本負保證之責，不因海商法第九十三條第三項（現行海商法已無此規定）之規定而免除其責任。」❹

海上運送人甲與乙分段聯營運送，由甲發行聯營載貨證券，設貨物在乙運送過程中受損，聯營載貨證券持有人向甲請求賠償，甲提出先訴抗辯，有無理由？請依照海商法有關規定述之。

就此設問，吾人以為：

1.連續運送載貨證券之發行人應負保證責任

就連續運送人之責任，海商法第七十四條規定：「Ⅰ載貨證券之發給人，對於依載貨證券所記載應為之行為，均應負責。Ⅱ前項發給人，對於貨物之各連續運送人之行為，應負保證之責。但各連續運送人，僅對於自己航

---

❹ 楊仁壽，《海商法論》，自版，文太印刷有限公司印刷，三民書局總經銷，1993 年 3 月印刷，p. 184。

程中所生之毀損滅失及遲到負其責任。」由此規定可知，貨物在乙運送過程中受損，連續（聯營）運送載貨證券持有人向甲請求賠償時，甲應負保證責任。

2.連續運送載貨證券之發行人不得主張先訴抗辯權

保證為民法上習用之名詞。（民法上之）保證〔英：suretyship, guaranty；日：保証（ほしょう）；德：Bürgschaft；法：cautionnement〕者，乃指當事人約定，一方於他方之債務人不履行債務時，由其代負履行責任之契約也（民 §739）。依民法第七四五條之規定，保證人於債權人未就主債務人之財產強制執行而無效果前，對債權人得拒絕清償，此即所謂保證人之先訴抗辯權。依民法第七四六條之規定，先訴抗辯權得事先拋棄之。

海商法第七十四條第二項所稱之保證，得否與民法所稱之保證一樣，主張先訴抗辯權？吾人以為不可，其理由約有如下幾點：

⑴就其法律性質而言

民法上所稱之保證，係屬「契約之保證」；反之，海商法第十四條第二項所稱之保證，則屬「法定之保證」。兩者法律性質不同，不得同日而語。

⑵就立法理由而言

依海商法第七十四條第二項之規定，海上連續（聯營）運送人之責任與民法上陸上連續運送人之責任不同。在民法上，陸上之連續運送人，無論其是否為第一運送人，其所負之責任，均為連帶責任；反之，在海商法上，海上連續運送人，一般運送人之責任，僅為分割責任，一般連續運送人均僅對自己航程中所生之損害負責，對於其他連續運送人航程中所生之損害無須負責。惟載貨證券之發給人，對於其他連續運送人航程中所生之損害，則仍須負擔「單方面之連帶責任」。亦即，現行海商法第七十四條第二項之立法原意，應僅在減輕一般連續運送人之運送責任，對於載貨證券發給人之責任並無同時減輕之意。若載貨證券之發給人得以主張先訴抗辯，則將無法貫徹載貨證券之發給人「單方面之連帶責任」，與海商法第七十四條之立法旨趣不符。

⑶就保護載貨證券持有人之利益而言

若載貨證券之持有人，必先對一般運送人強制執行而無效果後，始得對載貨證券之發給人主張保證責任，則因載貨證券具有強烈之國際性，一般運送人可能遠在國外，對其強制執行，本為困難，而且損害發生於何人之航程亦難以確知，以致無法向載貨證券發給人行使權利。此等現象，顯然對於載貨證券持有人十分不利，亦非海商法第七十四條之立法原意。

⑷就載貨證券之經濟機能而言

若載貨證券之發給人，得依民法之規定，主張先訴抗辯權，則載貨證券之經濟效益即將大受減損，銀行界將不願接受此類載貨證券辦理押匯。

⑸就載貨證券之文義性而言

載貨證券之發給人與載貨證券之持有人間，本甚強調載貨證券之文義性。若載貨證券之發給人，得依民法之規定，主張先訴抗辯權，則載貨證券之文義性將失其意義矣！

⑹就國際載貨證券之流通性而言

就國際貿易法之觀點而言，國際載貨證券之流通性，極為重要。若載貨證券之發給人，得依民法之規定，主張先訴抗辯權，則載貨證券持有人之權益將大受損害，載貨證券持有人之權益大受損害之結果，勢將導致人人不樂意接受載貨證券，則國際載貨證券之流通性將大受減損矣！

㈢共同運送契約

共同運送契約者，數運送人基於共同負責全程運送之意思，共同與託運人簽訂運送契約，並共同簽發一份包括全程運送載貨證券之運送契約也。在共同運送契約中，數運送人共同承擔運送全程之責任，共同簽發一份載貨證券，共同負責全程運送之責任。其內部關係，或依各運送人之自由約定，但其對外關係，全體運送人須對託運人負連帶責任，而不適用海商法第七十四條第二項之規定。

例如今有某託運人 K 將貨一批交海運公司 A、B、C 連續運送，由 A 公司簽發一份包括運送全程之載貨證券，由 A、B、C 三公司相繼運送，將

貨物運至目的地。但該載貨證券載明 A、B、C 三公司僅各就自己運送階段
負責。貨物在 B 運送途中，因 B 之海員保管不善而生損害，載貨證券之持
有人 X 向 A 請求賠償。在此情況，A 得否主張貨物之毀損非發生在其運送
階段，渠不負賠償責任？吾人以為不可，海商法第七十四條規定：「Ⅰ載貨
證券之發給人，對於依載貨證券所記載應為之行為，均應負責。Ⅱ前項發
給人，對於貨物之各連續運送人之行為，應負保證之責。但各連續運送人，
僅對於自己航程中所生之毀損滅失及遲到負其責任。」本件連續運送載貨
證券之發給人 A，對於貨物之各連續運送人之行為，應付保證之責，A 在
載貨證券中記載僅就自己運送階段之貨物毀損負責，有違海商法第六十一
條之規定，該項記載應無效力，故 A 之主張為無理由。

　　若 A、B、C 係共同與 K 簽訂運送契約，分段運送，但共同簽發一份
包括全程之載貨證券，其結果有無不同？吾人以為，在此情形已非連續運
送，因 A、B、C 係共同與 K 簽訂運送契約，並共同簽發一份包括全程運
送之載貨證券，即有共同負責全程運送之意思，屬於共同運送，其內部關
係，各依各運送人之約定，例如本件即約定 A、B、C 分階段運送，惟其外
部關係，對於託運人或受貨人應負連帶責任，不得適用海商法第七十四條
第二項之規定，主張各運送人，僅對於自己航程中所生之滅失、毀損及遲
到，負其責任，因此時之各運送人已非連續運送人而為共同運送人也。因
此本件之設例，雖與前述連續運送之設例效果不同，但 A 仍須負擔連帶損
害賠償責任，而不得主張僅對於自己航程中所生之滅失、毀損及遲到，負
其責任。

㈣複合運送契約

　　複合運送契約〔英：contract of combined transport, contract of multimodal
transport, intermodal transport；日：複合運送契約（ふくごううんそうけいや
く）〕者，亦稱多式聯營運送契約，或多式聯運契約，乃指在海上貨物運送
契約中，數運送人利用至少二種以上之交通工具，分段實施全程之運送，
而其中至少一段係利用船舶運送之運送方式也。例如今有某一貨物，自新

竹科學園區運至美國紐約，而由 A、B、C 三家運送公司負責運送。其中，新竹至基隆陸運階段，由 A 以其貨車為之；基隆至舊金山海運階段，由 B 以其船舶為之；由舊金山至紐約空運階段，由 C 以其飛機為之。在複合運送契約中，交通工具至少有二種以上，但其中至少有一段係利用船舶為之。

近來，由於貨櫃運送極為發達，為實施「門對門」、「戶對戶」(from door to door) 之一貫運輸，託運人常在貨物之出產地將貨物裝置於貨櫃後，再由運送人利用陸空聯營、海空聯營、海陸聯營、或海陸空聯營之方式，將貨櫃運至特定之目的地。因此，就未來國際貨運之主流而言，利用貨櫃之「複合運送方式」，已有取代傳統「單一運輸方式」(single mode of transport) 之趨勢。

海上貨物「連續運送」與「多式聯運」法制在下列三者具有相同及差異之處： 1. 運送契約之性質。 2. 運送人責任制度。 3. 損害賠償單位責任限制及件數之計算。

1.運送契約之性質

連續運送契約者，亦稱聯營運送契約、共同聯營運送契約，乃指數運送人共同約定，由第一運送人代理全體運送人發行載貨證券，而由各運送人利用船舶，相繼分段負擔運送工作，將貨物運送至目的地，交付予受貨人之運送契約也。連續運送契約，其間各段之運送契約均為海上運送契約。由第一運送人簽發載貨證券交託運人收執，各段運送人以接力之方式，共同完成海上運送，屬於單一方式之運送契約。

多式聯運契約〔英：contract of combined transport, contract of multimodal transport, intermodal transport；日：複合運送契約（ふくごううんそうけいやく）〕者，亦稱多式聯營運送契約，或複合運送契約，乃指在海上貨物運送契約中，數運送人利用至少二種以上之交通工具，分段實施全程之運送，而其中至少一段係利用船舶運送之運送方式也。多式聯運契約，固然亦由運送人與託運人訂立，但除其中一段必為海上運送之方式外，尚有其他運送方式，例如空運、陸運等方式，故屬於一種多種方式之運送契約。一般

而言，多式聯運多由眾多之運送人組成多式聯運團體（或為公司，或為合夥），而設有經營人，其契約內容，多由多式聯運之經營人與託運人簽訂一個「單一契約」，而由多式聯運之運送人簽發一張「多式聯運載貨證券」，交予託運人。其海上運送方式之運送部分，固然適用海商法之規定，然其涉及其他方式之運送部分，則有適用不同法規之可能，其中尚有單一說及分割說之爭論。

2.運送人責任制度

連續運送人之責任，適用海商法第七十四條之規定，海商法第七十四條規定：「Ⅰ載貨證券之發給人，對於依載貨證券所記載應為之行為，均應負責。Ⅱ前項發給人，對於貨物之各連續運送人之行為，應負保證之責。但各連續運送人，僅對於自己航程中所生之毀損滅失及遲到負其責任。」各段運送人均有海商法責任限制之適用，採單一責任制。

多式聯運之運送人責任制度，大致可分為下列五種：

⑴分割賠償責任制

分割賠償責任制者，乃指僅由各階段運送人直接向託運人負責，多式聯運經營人之責任亦僅限於自己實際承運區段之制度也。易言之，在分割賠償責任制之下，各運送人之間，彼此僅負分割責任。本制度之缺點在於，因各運送人僅各負分割責任，已失「運送契約單一」及「載貨證券單一」之實質意義。

⑵網狀賠償制度

網狀賠償制度者，乃指多式聯運經營人應就運送之全程負責，而其責任內容則依損害發生時之運送方式所依據之現行單式公約（例如海運階段依海牙規則，空運階段依華沙公約）或國內法予以決定，但無法判斷貨物損害發生區段時，則依海運法規負責之制度也。

⑶統一賠償責任制

統一賠償責任制者，乃指由多式聯運經營人就運送全程負責，且其責任型態統一，一概適用聯合國多式運送聯運公約之制度也。在統一賠償責

任制之下，多式聯運經營人之責任，不因貨物發生損害區段之不同而有所不同，一律適用聯合國多式運送聯運公約之規定。

(4)修正之統一賠償責任制

修正之統一賠償責任制者，乃指多式聯運經營人之責任，原則上僅依聯合國多式運送聯運公約決定，負統一賠償責任制之責任，但貨物損害發生之區段可依單式公約獲得賠償而其賠償金額較高時，則不依聯合國多式運送聯運公約，而應依單式公約決定之制度也。易言之，當貨物損害發生之區段，無法依單式公約獲得賠償，或雖可依單式公約獲得賠償而其賠償金額較「聯合國多式運送聯運公約」為低時，多式聯運經營人之責任，應依「聯合國多式運送聯運公約」決定其責任，但當貨物損害發生之區段，可依單式公約獲得賠償，且其賠償金額較「聯合國多式運送公約」為高時，多式聯運經營人之責任，應依「單式公約」決定其責任，藉以加強保護被害人之權益。

(5)綜合網狀賠償責任制

綜合網狀賠償責任制者，乃指多式聯運經營人之責任，當貨物損害發生之區段無法確定時，依「聯合國多式運送聯運公約」決定，負統一賠償責任制之責任，但當貨物損害發生之區段可以確定時，應依各該區段應適用之法規決定其責任之制度也。易言之，多式聯運經營人之責任，貨損發生之區段若能確定，應依各該區段之「單式公約」或國內法決定之，貨損發生之區段若無法確定，則應依「聯合國多式運送公約」決定，負統一賠償責任制之責任。

目前國際間之複合運送（多式聯運），多採「綜合網狀賠償責任制」。我國現行海商法第七十五條規定：「Ⅰ連續運送同時涉及海上運送及其他方法之運送者，其海上運送部分適用本法之規定。Ⅱ貨物毀損滅失發生時間不明者，推定其發生於海上運送階段。」足見對於多式聯運經營人之責任，我國現行海商法亦採「綜合網狀賠償責任制」。本條之立法理由，乃因現代運輸提倡所謂「戶到戶」(from door to door) 之運輸服務，故多種運輸工具

連續運送之情形，屢見不鮮。然依海牙規則或海牙威士比規則規定，其適用範圍僅限海上運送部分，因此於 1999 年修法時，乃增訂本條，以明確界定本法之適用範圍。

3.損害賠償單位責任限制及件數之計算

⑴連續運送之場合

適用海商法第七十條之規定，海商法第七十條規定：「Ⅰ託運人於託運時故意虛報貨物之性質或價值，運送人或船舶所有人對於其貨物之毀損或滅失，不負賠償責任。Ⅱ除貨物之性質及價值於裝載前，已經託運人聲明並註明於載貨證券者外，運送人或船舶所有人對於貨物之毀損滅失，其賠償責任，以每件特別提款權六六六‧六七單位或每公斤特別提款權二單位計算所得之金額，兩者較高者為限。Ⅲ前項所稱件數，係指貨物託運之包裝單位。其以貨櫃、墊板或其他方式併裝運送者，應以載貨證券所載其內之包裝單位為件數。但載貨證券未經載明者，以併裝單位為件數。其使用之貨櫃係由託運人提供者，貨櫃本身得作為一件計算。Ⅳ由於運送人或船舶所有人之故意或重大過失所發生之毀損或滅失，運送人或船舶所有人不得主張第二項單位限制責任之利益。」

⑵多式聯運之場合

依前述海商法第七十五條之規定，其海上運送之部分，適用海商法之規定；其非海上運送之部分，適用各有關法規之規定。參照前述海商法第七十條之規定，有關件數之計算，關於現行貨櫃之海運，貨物之件數，以貨櫃件數計算為原則，並輔以載貨證券之記載。

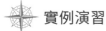 實例演習

試述海上貨物「連續運送」與「多式聯運」法制在下列三者有那些相同及差異：

㈠運送契約之性質

㈡運送人責任制度

(三)損害賠償單位責任限制及件數之計算

就此設例，吾人以為：

(一)運送契約之性質

連續運送契約者，亦稱聯營運送契約、共同聯營運送契約或轉託運送契約，乃指數運送人共同約定，由第一運送人代理全體運送人發行載貨證券，而由各運送人利用船舶，相繼分段負擔運送工作，將貨物運送至目的地，交付予受貨人之運送契約也。連續運送契約，其間各段之運送契約均為海上運送契約。由第一運送人簽發載貨證券交託運人收執，各段運送人以接力之方式，共同完成海上運送，屬於單一方式之運送契約。

多式聯運契約〔英：contract of combined transport, contract of multimodal transport, intermodal transport；日：複合運送契約（ふくごううんそうけいやく）〕者，亦稱多式聯營運送契約，或複合運送契約，乃指在海上貨物運送契約中，數運送人利用至少二種以上之交通工具，分段實施全程之運送，而其中至少一段係利用船舶運送之運送方式也。多式聯運契約，固然亦由運送人與託運人訂立，但除其中一段必為海上運送之方式外，尚有其他運送方式，例如空運、陸運等方式，故屬於一種多種方式之運送契約。一般而言，多式聯運多由眾多之運送人組成多式聯運團體（或為公司，或為合夥），而設有經營人，其契約內容，多由多式聯運之經營人與託運人簽訂一個「單一契約」，而由多式聯運之運送人簽發一張「多式聯運載貨證券」，交予託運人。其海上運送方式之運送部分，固然適用海商法之規定，然其涉及其他方式之運送部分，則有適用不同法規之可能，其中尚有單一說及分割說之爭論。

(二)運送人責任制度

連續運送運送人之責任，適用海商法第七十四條之規定，海商法第七十四條規定：「Ⅰ載貨證券之發給人，對於依載貨證券所記載應為之行為，均應負責。Ⅱ前項發給人，對於貨物之各連續運送人之行為，應負保證之責。但各連續運送人，僅對於自己航程中所生之毀損滅失及遲到負其責任。」

各段運送人均有海商法責任限制之適用，採單一責任制。

多式聯運之運送人責任制度，參照國際公約之規定，大致可分為下列五種：

1.分割賠償責任制

分割賠償責任制者，乃指僅由各階段運送人直接向託運人負責，多式聯運經營人之責任亦僅限於自己實際承運區段之制度也。易言之，在分割賠償責任制之下，各運送人之間，彼此僅負分割責任。本制度之缺點在於，因各運送人僅各負分割責任，已失「運送契約單一」及「載貨證券單一」之實質意義。

2.網狀賠償制度

網狀賠償制度者，乃指多式聯運經營人應就運送之全程負責，而其責任內容則依損害發生時之運送方式所依據之現行單式公約（例如海運階段依海牙規則，空運階段依華沙公約）或國內法予以決定，但無法判斷貨物損害發生區段時，則依海運法規負責之制度也。

3.統一賠償責任制

統一賠償責任制者，乃指由多式聯運經營人就運送全程負責，且其責任型態統一，一概適用聯合國多式運送聯運公約之制度也。在統一賠償責任制之下，多式聯運經營人之責任，不因貨物發生損害區段之不同而有所不同，一律適用聯合國多式運送聯運公約之規定。

4.修正之統一賠償責任制

修正之統一賠償責任制者，乃指多式聯運經營人之責任，原則上僅依聯合國多式運送聯運公約決定，負統一賠償責任制之責任，但貨物損害發生之區段可依單式公約獲得賠償而其賠償金額較高時，則不依聯合國多式運送聯運公約，而應依單式公約決定之制度也。易言之，當貨物損害發生之區段，無法依單式公約獲得賠償，或雖可依單式公約獲得賠償而其賠償金額較「聯合國多式運送聯運公約」為低時，多式聯運經營人之責任，應依「聯合國多式運送聯運公約」決定其責任，但當貨物損害發生之區段，

可依單式公約獲得賠償，且其賠償金額較「聯合國多式運送聯運公約」為高時，多式聯運經營人之責任，應依「單式公約」決定其責任，藉以加強保護被害人之權益。

5.綜合網狀賠償責任制

綜合網狀賠償責任制者，乃指多式聯運經營人之責任，當貨物損害發生之區段無法確定時，依「聯合國多式運送聯運公約」決定，負統一賠償責任制之責任，但當貨物損害發生之區段可以確定時，應依各該區段應適用之法規決定其責任之制度也。易言之，多式聯運經營人之責任，貨損發生之區段若能確定，應依各該區段之「單式公約」或國內法決定之，貨損發生之區段若無法確定，則應依「聯合國多式運送聯運公約」決定，負統一賠償責任制之責任。

目前國際間之複合運送（多式聯運），多採「綜合網狀賠償責任制」。我國現行海商法第七十五條規定:「I連續運送同時涉及海上運送及其他方法之運送者，其海上運送部分適用本法之規定。II貨物毀損滅失發生時間不明者，推定其發生於海上運送階段。」足見對於多式聯運經營人之責任，我國現行海商法亦採「綜合網狀賠償責任制」（將海商法比作「聯合國多式運送聯運契約公約」，我國多式聯運之責任制度，顯然較接近「綜合網狀賠償責任制」）。本條之立法理由，乃因現代運輸提倡所謂「戶到戶」(from door to door) 之運輸服務，故多種運輸工具連續運送之情形，屢見不鮮。然依海牙規則或海牙威士比規則規定，其適用範圍僅限海上運送部分，因此於1999年修法時，乃增訂本條，以明確界定本法之適用範圍。

(三)損害賠償單位責任限制及件數之計算

1.連續運送之場合，適用海商法第七十條之規定，海商法第七十條規定:「I託運人於託運時故意虛報貨物之性質或價值，運送人或船舶所有人對於其貨物之毀損或滅失，不負賠償責任。II除貨物之性質及價值於裝載前，已經託運人聲明並註明於載貨證券者外，運送人或船舶所有人對於貨物之毀損滅失，其賠償責任，以每件特別提款權六六六‧六七單位或每公

斤特別提款權二單位計算所得之金額,兩者較高者為限。III前項所稱件數,係指貨物託運之包裝單位。其以貨櫃、墊板或其他方式併裝運送者,應以載貨證券所載其內之包裝單位為件數。但載貨證券未經載明者,以併裝單位為件數。其使用之貨櫃係由託運人提供者,貨櫃本身得作為一件計算。IV由於運送人或船舶所有人之故意或重大過失所發生之毀損或滅失,運送人或船舶所有人不得主張第二項單位限制責任之利益。」

　　2.在多式聯運之場合,依前述海商法第七十五條之規定,其海上運送之部分,適用海商法之規定;其非海上運送之部分,適用各有關法規之規定。參照前述海商法第七十條之規定,有關件數之計算,關於現行貨櫃之海運,貨物之件數,以貨櫃件數計算為原則,並輔以載貨證券之記載。】

三、依航行之船期及航線是否固定而分類

(一)定期船舶運送契約

　　定期船舶運送契約者,乃指船舶之航次及航線固定,託運人向運送人支付依運送貨客固定運費表計算之運費,而運送人將貨客運送至目的地之海上運送契約也。為免惡性競爭,定期船舶運送之公司,彼此之間,多訂有運費同盟契約。

(二)不定期船舶運送契約

　　不定期船舶運送契約者,乃指船舶之航次及航線並無固定,運費及運送內容全由託運人及運送人約定而為運送之海上運送契約也。

四、依是否以貨櫃為運送方法而分類

(一)貨櫃運送契約

　　貨櫃運送契約者,乃指使用貨櫃於指定之貨櫃集散站 (container terminal) 或直接於貨物工廠裝載貨物,經運送人藉由陸運、空運、海運等交通工具,直駛至受貨人門口,成為「戶對戶」(from door to door) 一貫運輸 (intermodal transport) 之海上運送契約也。貨櫃運送,由美國之「海陸公

司」(Sea-Land Service) 首創，其後海運先進國家先後跟進，我國亦於 1968 年首次以貨櫃運送之形式出口貨物。

㈡非貨櫃運送契約

非貨櫃運送契約者，乃指託運人託運貨物時，直接將貨物交付運送人，而未使用貨櫃裝納貨物之海上運送契約也。

五、傭船契約與其他類似名稱之區別

㈠傭船契約與件貨運送契約之區別

1.意義不同

傭船契約〔英：charter party；日：傭船契約（ようせんけやく）；德：Chartevertrag；法：charte-partie〕者，亦稱包船契約，乃指以船舶之全部或一部供運送為目的之運送契約也（§38）。件貨運送契約 (contract of carriage in a general ship) 者，亦稱搭載契約，或個別貨物搭載運送契約，乃指以貨物之件數或數量運送為目的，並以此作為運費計算標準之運送契約也。

2.就訂立之方式而言

海商法第四十條規定：「前條運送契約應載明下列事項：一　當事人姓名或名稱，及其住所、事務所或營業所。二　船名及對船舶之說明。三　貨物之種類及數量。四　契約期限或航程事項。五　運費。」依此規定，傭船契約之訂立，應以書面為之，並應載明法定事項，故為要式契約；反之，件貨運送契約，海商法並無特別規定，得以口頭訂立，亦得以書面訂立，故為不要式契約。

3.就貨物之裝載而言

在傭船契約之場合，傭船人所包定之艙位，縱然尚有空位可裝其他貨物時，運送人非經傭船人之同意，不得與他人訂約，任意裝載其他貨物；反之，在件貨運送契約之場合，若船艙尚有空位可裝其他貨物，運送人得自由再與他人訂約，裝載其他貨物。

4.就運費之計算而言

在傭船契約之場合，其運費之計算，多以艙位之大小，期間之長短定
之；反之，在件貨運送契約之場合，其運費之計算，多以貨物之件數、重
量或容量定之。

5.就航海之期間而言

傭船契約多為不定期航海；反之，件貨運送契約多屬定期航海。

6.就航海之路線而言

在傭船契約之場合，其航海路線多屬不特定之航路；反之，在件貨運
送契約之場合，其航海路線多屬特定之航路。

7.就雙方之地位而言

在傭船契約之場合，運送人與傭船人之間，雙方資力之差距較為接近，
雙方未必立於經濟強者與經濟弱者之關係，傭船人亦較有登船觀察之機會，
對於船舶狀況較為瞭解，因此無須受海商法第六十一條之保護；反之，在
件貨運送契約之場合，運送人與託運人之間，雙方資力之差距較為懸殊，
雙方往往立於經濟強者與經濟弱者之關係，一般託運人亦無登船觀察之機
會，託運人對於船舶構造多為門外漢，因此須受海商法第六十一條之保護。

8.就船舶所有權之移轉而言

在傭船契約之場合，不因船舶所有權之移轉而受影響。海商法第四十
一條規定：「以船舶之全部或一部供運送之契約，不因船舶所有權之移轉而
受影響。」反之，在件貨運送契約之場合，則無此特別之規定與適用。因
件貨運送契約較重視貨物之個性，而較不重視船舶之個性。運送人只要能
將貨物安全運送至目的地，運送人以誰屬之船舶、何等級之船舶運送，並
非託運人所重視。因此，只要能將貨物安全運送至目的地，原則上運送人
有代船或轉船之權利，不因運送中船舶之轉讓而受任何影響也。

9.就契約之著重點而言

在傭船契約之場合，傭船契約自始即以船舶一定艙位之裝貨為目的，
著重於船舶一定艙位之利用，與貨物之多寡並無必然之關係；反之，在件

貨運送契約之場合，件貨運送契約自始即以一定貨物之運送為目的，著重於一定貨物之裝載，並不著重一定艙位之利用。因此，縱因貨物過多，裝滿全船，縱然在事實上與全部傭船契約並無不同，但在法律上仍為件貨運送契約。因件貨運送契約，著重在一定貨物之裝載，與船艙之占用多少並無必然之關係也❺。

㈡傭船契約與船舶租賃契約之區別

1.就意義之不同而言

　　傭船契約者，亦稱包船契約，乃指以船舶之全部或一部供運送為目的之契約也（§38）。船舶租賃契約者，乃指船舶所有人自己不使用船舶，而將船舶出租供承租人使用而收取租金之契約也（民 §421）。

2.就當事人之不同而言

　　傭船契約之當事人，為運送人與傭船人❻；船舶租賃契約之當事人，則為船舶所有人與承租人。

3.就其性質之不同而言

　　傭船契約為運送契約之一種；船舶租賃契約則為租賃契約之一種。運送契約〔英：contract of carriage；日：運送契約（うんそうけいやく）；德：Frachtvertrag；法：contrat de transport〕者，乃指當事人約定，一方（運送人）為他方（託運人）運送物品或旅客，他方給付運費之契約也。租賃契約〔羅：locatio conductio rei；英：lease, hiring of things；日：賃貸借（ちんたいしゃく）；德：Miete und Pacht；法：louage des choses〕者，乃指當事人約定，一方以物租與他方使用收益，他方支付租金之契約也。

4.就契約之目的而言

　　傭船契約為承攬契約，以完成運送為目的；而船舶租賃契約屬於一種租賃契約，以船舶之使用與收益為目的。

---

❺　鄭玉波，《海商法》，三民書局印行，1976 年 5 月 7 版，p. 58。

❻　楊仁壽，《海商法論》，自版，文太印刷有限公司印刷，三民書局總經銷，1993年 3 月印刷，p. 171。

5.就船舶之支配而言

傭船契約，傭船人不占有船舶，縱全部傭船契約亦然；而船舶租賃契約，承租人占有船舶，且須登記，但外籍船舶，在國外訂立租約，則不須依我國法律向我國登記。

6.就費用之負擔而言

傭船契約，傭船人僅支付運費，無須負擔航行之費用；而船舶租賃契約，除支付租金外，航行費用亦由承租人負擔。

7.就船舶之艤裝而言

傭船契約，船舶由運送人艤裝；而船舶租賃契約，船舶之艤裝則由承租人為之。

8.就船舶之利用而言

傭船契約，可能為全部傭船，亦可能為一部傭船，縱屬全部傭船契約，亦僅能利用其船艙；而船舶租賃契約，承租人則得利用船舶之全部，不限於船艙而已。

9.就對第三人之關係而言

傭船契約，傭船人對於第三人無任何法律關係，故發生船舶碰撞或其他損害時，應由運送人負其責任；而船舶租賃契約，關於船舶之利用，承租人對於第三人，與運送人有同一之權利義務，故發生船舶碰撞或其他損害時，應由承租人負其責任。

10.就海員之僱用而言

傭船契約，傭船人對於海員無任何關係，縱屬全部傭船契約，船長、海員亦由運送人僱用；而船舶租賃契約，則海員原則上由承租人僱用。

是否因船舶所有權之移轉，而適用買賣不破租賃原則？

1.船舶租賃契約

民法第四二五條第一項規定：「出租人於租賃物交付後，承租人占有中，縱將其所有權讓與第三人，其租賃契約，對於受讓人仍繼續存在。」此原則謂之買賣不破租賃原則。船舶租賃契約，在我國海商法並無特別規定，

故屬於民法租賃之一種，除當事人有特別約定外，應適用民法租賃之規定（§5）。再者，就其性質而言，船舶租賃契約，除其標的為船舶之外，與民法上之租賃並無不同，其所重視者，在於契約之繼續性，而非運送之完成。因此，船舶租賃契約當有買賣不破租賃原則之適用。準此以解，當出租人將船舶所有權移轉於第三人時，該船舶租賃契約對承租人仍繼續存在，此時該受讓之第三人已成新出租人矣。

2.傭船契約

海商法第四十一條規定：「以船舶之全部或一部供運送之契約，不因船舶所有權之移轉而受影響。」此條規定之意義，有下列兩種見解：

⑴買賣不破租賃說

主張此說者認為，海商法第四十一條之規定，與民法第四二五條之規定，有異曲同工之妙，應為相同解釋，故傭船契約應有買賣不破租賃原則之適用，以保護運送契約之託運人。依此而解，若於運送中船舶所有權移轉於第三人，該受讓之第三人將成為新運送人（法定債權之移轉）。

⑵注意規定說

主張此說者認為，海商法第四十一條，並非買賣不破租賃原則之規定，而係運送契約不因船舶所有權移轉而受影響之注意規定，只有訓示之作用。易言之，此規定之目的，旨在說明在傭船契約下，船舶所有人（運送人）將船舶所有權移轉於第三人時，對於傭船契約不生影響，與買賣不破租賃原則之規定無關。其理由如下：

A. 就契約之性質而言

傭船契約為運送契約之一種，屬於債權契約（承攬契約），而債權契約之效力僅於當事人之間，不因船舶所有權之移轉而使第三人成為運送契約之新當事人，故海商法第四十一條規定，傭船契約不因船舶所有權之移轉而受影響，使運送人仍有繼續完成運送之義務，藉以保護傭船契約之託運人，故本規定雖非買賣不破租賃原則之規定，但亦絕非贅文之規定。

B. 就法規之文義言之

海商法第四十一條之用語為「不因船舶所有權之移轉而受影響」，與民法第四二五條「對於受讓人，仍繼續存在」之規定方式不同，自不能作相同之解釋。所謂「不因船舶所有權之移轉而受影響」，係指傭船契約仍存在於原當事人（原運送人與傭船人）之間，不因船舶所有權之移轉而受影響，而非謂對於受讓人仍繼續存在，故海商法第四十一條之規定，僅為訓示規定，而非為買賣不破租賃原則之規定。

C. 就契約之目的言之

船舶租賃契約之目的，在於船舶之使用、收益，對於船舶之歸屬何人甚為重視，故應有買賣不破租賃原則之適用；而傭船契約之目的，則在於運送之完成，對於船舶之歸屬何人並不重要，故船舶所有權縱然移轉，原來之傭船契約亦不受影響，應無買賣不破租賃原則之適用。

D. 就一般之法理言之

傭船契約之當事人為運送人與傭船人。運送人可能兼為船舶所有人，當船舶所有人自己占有船舶，自己從事海上運送業務時，此時「船舶所有人」之概念已被「運送人」吸收，亦即此時「船舶所有人」已成「運送人」，當船舶所有人自己未占有船舶，自己未從事海上運送業務時，此時船舶所有人與傭船契約可謂毫無關係。所以傭船契約之當事人本為運送人與傭船人，與船舶之真正所有人，並無關係，因此當船舶所有權移轉時，傭船契約之當事人並未變更，無所謂當事人地位繼受之問題。反之，船舶租賃契約之當事人為船舶所有人與承租人，船舶所有權移轉將導致當事人之變更，在此情形，有當事人地位繼受之問題，較有適用買賣不破租賃原則藉以保護託運人之必要。

吾人以為，就保護託運人之利益而言，應以買賣不破租賃說為妥，因傭船契約所運送之物多為國際貿易之貨品，若不承認買賣不破租賃之原則，則勢必導致託運物必須重新裝卸，不僅託運人之貨品易遭損害，而且事實上，因船舶所有權移轉，運送人將大量之貨載再次另裝他船運送，耗時費

力，殊不符經濟之法則。

惟就法規之文義、契約之目的、契約之性質而言，應以注意規定說為佳。因傭船契約之本質，係屬運送契約而非租賃契約，當無買賣不破租賃原則之適用。因此就現行海商法之規定而言，應以注意規定說為佳。準此以解，船舶所有權移轉時，傭船契約仍存在於原運送人與託運人（傭船人）之間，船舶之受讓人（第三人），仍為傭船運送契約之局外人，並不因之而成為傭船契約之新運送人，故與民法買賣不破租賃之規定有別，海商法第四十一條之規定，即在於對「兼為船舶所有人之運送人」加以限制，使其不因船舶所有權之移轉而推卸傭船契約之責任也。

吾人以為，因海上運送規模龐大，而且往往具有國際性，牽涉頗廣，陸上船舶所有權「靜態」之移轉，實在不宜影響海上運送「動態」之交易活動，故將來似有必要修法，課以船舶受讓人忍受之義務，於該次運送完成之前不得要求移轉船舶之占有，藉以保護廣大託運人之利益也。

 實例演習

今設有某出口商 A 與 B 海運公司訂立傭船契約，將貨物一批，託 B 公司以 B 所屬 K 輪運往 X 國。B 公司於運送途中將 K 輪所有權移轉於 C 公司，因而發生下列問題，試分別做答：

㈠ A 可否依買賣不破租賃法則，向 C 公司請求履行運送契約，完成運送？

㈡ A 對 B 公司可主張如何之權利？

㈢ A 與 B 公司所訂契約如為件貨運送契約，前二問題之答案有無不同？

就此設例，吾人以為：

㈠ A 可否依買賣不破租賃法則，向 C 公司請求履行運送契約，完成運送？

海商法第四十一條規定：「以船舶之全部或一部供運送之契約，不因船舶所有權之移轉而受影響。」此條規定之意義，有下列兩種見解：

1.買賣不破租賃說

主張此說者認為，海商法第四十一條之規定，與民法第四二五條之規定，有異曲同工之妙，應為相同解釋，故傭船契約應有買賣不破租賃原則之適用，以保護運送契約之託運人。依此而解，若於運送中船舶所有權移轉於第三人，該第三人將成為新運送人（法定債權之移轉）。

若依此說，運送人將其船舶轉讓於他人之後，該傭船契約之效力及於受讓人，該船舶受讓人成為新運送人，應承受運送契約之權利義務。因此 A 可依買賣不破租賃之原則，向 C 公司請求履行運送契約。

2.注意規定說

主張此說者認為，海商法第四十一條，並非買賣不破租賃原則之規定，而係運送契約不因船舶所有權移轉而受影響之注意規定，只有訓示之作用。易言之，此規定之目的，旨在說明在傭船契約下，船舶所有人（運送人）將船舶所有權移轉於第三人時，對於傭船契約不生影響，與買賣不破租賃原則之規定無關。

若依此說，運送人將其所有之船舶轉讓於他人後，仍為原傭船契約之當事人，此時原運送人應以「非船舶所有人之運送人」之身分，繼續完成運送，非謂船舶受讓人於受讓船舶之後，應以船舶運送人之身分參與原來之運送關係。因此 A 不可依買賣不破租賃之原則，向 C 公司請求履行運送契約。

目前國內學界以「注意規定說」為通說。吾人亦以「注意規定說」為妥。其理由如下：

1.就契約之性質而言

傭船契約為運送契約之一種，屬於債權契約（承攬契約），而債權契約之效力僅及於當事人之間，不因船舶所有權之移轉而使第三人成為運送契約之新當事人，故海商法第四十一條規定，傭船契約不因船舶所有權之移轉而受影響，使運送人仍有繼續完成運送之義務，藉以保護傭船契約之託運人，故本規定雖非買賣不破租賃原則之規定，但亦絕非贅文之規定。

2.就法規之文義言之

海商法第四十一條之用語為「不因船舶所有權之移轉而受影響」,與民法第四二五條「對於受讓人,仍繼續存在」之規定方式不同,自不能作相同之解釋。所謂「不因船舶所有權之移轉而受影響」,係指傭船契約仍存在於原當事人(原運送人與傭船人)之間,不因船舶所有權之移轉而受影響,而非謂對於受讓人仍繼續存在,故海商法第四十一條之規定,僅為訓示規定,而非為買賣不破租賃原則之規定。

3.就契約之目的言之

船舶租賃契約之目的,在於船舶之使用、收益,對於船舶之歸屬何人甚為重視,故應有買賣不破租賃原則之適用;而傭船契約之目的,則在於運送之完成,對於船舶之歸屬何人並不重要,故船舶所有權縱然移轉,原來之傭船契約亦不受影響,應無買賣不破租賃原則之適用。

4.就一般之法理言之

傭船契約之當事人為運送人與傭船人。運送人可能兼為船舶所有人,亦可能非為船舶所有人,當船舶所有人自己占有船舶,自己從事海上運送業務時,此時「船舶所有人」之概念已被「運送人」吸收,亦即此時「船舶所有人」已成「運送人」,當船舶所有人自己未占有船舶,自己未從事海上運送業務時,此時船舶所有人與傭船契約可謂毫無關係。所以傭船契約之當事人本為運送人與傭船人,與船舶之真正所有人,並無關係,因此當船舶所有權移轉時,傭船契約之當事人並未變更,無所謂當事人地位繼受之問題。反之,船舶租賃契約之當事人為船舶所有人與承租人,船舶所有權移轉將導致當事人之變更,在此情形,有當事人地位繼受之問題,較有適用買賣不破租賃原則藉以保護託運人之必要。

5.將來最好修法明確保護廣大託運人之利益

因海上運送規模龐大,而且往往具有國際性,牽涉頗廣,陸上船舶所有權「靜態」之移轉,實在不宜影響海上運送「動態」之交易活動,故將來似有必要修法,課以船舶受讓人忍受之義務,於該次運送完成之前不得

要求移轉船舶之占有，藉以保護廣大託運人之利益也。

(二) A 對 B 公司可主張如何之權利？

　　依通說（注意規定說）之見解，運送人將船舶轉讓於他人之後，運送契約之當事人，仍為原運送人及原託運人，船舶受讓人僅為運送契約之第三人。原託運人 A 不得向船舶受讓人（第三人）主張履行契約，而僅得請求原運送人 B 要求船舶受讓人 C 完成運送。若船舶受讓人 C 拒絕完成運送時，則原運送人 B 對於原託運人 A 應負債務不履行責任，A 得向 B 請求損害賠償。

(三) A 與 B 公司所訂契約如為件貨運送契約，前二問題之答案有無不同？

　　件貨運送契約與傭船契約，雖然均以「運送之完成」為目的，但件貨運送契約與傭船契約不同。件貨運送契約較重視貨物之個性，而較不重視船舶之個性。運送人只要能將貨物安全運送至目的地，運送人以誰屬之船舶、何等級之船舶運送，並非託運人所重視，因此只要能將貨物安全運送全目的地，原則上運送人有代船或轉船之權利，不因運送中船舶之轉讓而受任何影響也。就前述海商法第四十一條之規定，無須再予討論「買賣不破租賃說」、「注意規定說」之問題，「不因船舶所有權之移轉而受影響」乃極其自然之事耳。因此前述海商法第四十一條，應係針對傭船契約所為之規定。

 問題與思考

一、傭船契約與船舶租賃契約有何不同？

二、傭船契約與件貨運送契約有何不同？

六、國際貨物買賣之方式

(一) C.I.F.

　　C.I.F.〔英：C.I.F., cost, insurance and freight；日：シー・アイ・エフ；德：Cif-Klausel；法：clause caf〕者，乃指在買賣價金中包含貨物之裝船費

(cost)、保險費 (insurance)、運費 (freight) 之一種貿易條件 (trade terms) 也。在 C.I.F. 之貿易條件下，出口商（賣方）須以自己之費用及風險將約定之貨物裝載於船上，並辦理海上貨物保險，於備齊載貨證券 (B/L) 及保險單 (insurance policy) 等貨運單據交給進口商（買方）後，才算履行交貨義務。進口商（買方）承擔貨物裝船後之風險，並憑出口商（賣方）提供之貨運單據支付貨款。

賣方以自己之費用，負責裝貨手續，並購買保險，取得載貨證券及保險單，並將此等貨運單據交付買方，買方於取得此等單據時即取得貨物之所有權（載貨證券為物權證券之故），如貨物在運送途中發生毀損滅失，向有關方面請求賠償。

就法律觀點言之，C.I.F. 條件下之貿易，基本上係由買賣契約、運送契約及保險契約三個契約所構成。在此單就運送契約之關係而言之，在 C.I.F. 條件下之運送契約，其運送契約之當事人應為運送人及託運人（出口商、賣方），發生糾紛時，運送人與託運人間之法律關係，應依運送契約之內容決定之，而運送人與受貨人（買方、進口商）之法律關係，則應依載貨證券之記載決定之。

㈡ C. & F.

C. & F.〔英：C. & F.；日：シー・アンド・エフ，運賃込み〕者，乃指在買賣價金中包含貨物之裝船費 (cost)、運費 (freight) 之一種貿易條件 (trade terms) 也。在 C. & F. 條件下之貿易，賣方須負責洽訂適當船隻，並須預付運費，取得可以轉讓之清潔載貨證券 (clean B/L)，載明貨物業已裝船，所有貨物出口之許可證，課徵之出口稅捐及費用均由賣方（出口商）負擔。買方必須自行辦理保險，並應負擔貨物在裝載港越過船舷欄杆 (ship's rail) 後之一切風險。因此，在 C. & F. 條件下之交易，除投保手續及投保費用由買方（進口商）自行負擔外，其餘各條件與 C.I.F. 條件下之交易，並無不同。

在 C. & F. 條件下之運送契約，其運送契約之當事人，應為運送人與託

運人（出口商、賣方），發生糾紛時，運送人與託運人間之法律關係，應依運送契約之內容決定之，而運送人與受貨人（買方、進口商）之法律關係，則應依載貨證券之記載決定之。

㈢ F.O.B.

F.O.B.〔英：F.O.B., f.o.b. clause, free on board；日：エフ・オー・ビー約款；德：Fob-Klausel；法：clause fob〕者，乃指賣方僅負責將貨物裝上約定之船舶，至於運費、保險費則概由買方負擔之一種貿易條件 (trade terms) 也。在 F.O.B. 貿易條件下，賣方（出口商）僅負責將約定之貨物裝載於指定之船舶上，裝船之費用雖由賣方負擔，但貨物越過船舷欄杆 (ship's rail) 之後，一切風險費用，包括保險費、運費一概由買方（進口商）負責。F.O.B. 係目前國際貿易上運用最多之貿易條件，尤其在美國，應用更廣，不但海上運送，火車、卡車、駁船、內河運送等，均有 F.O.B. 條件之應用。

在 F.O.B. 條件下之運送契約，其運送契約之當事人，應為運送人與買方（進口商），發生糾紛時，運送人與買方（進口商）間之法律關係，應依運送契約之內容決定之；反之，運送人與賣方（出口商）間之法律關係，則應依載貨證券之記載。此與 C.I.F. 條件下之運送契約正好相反。因此 F.O.B. 應為 C.I.F. 相對之用語。

第三項　海上貨物運送之適用範圍

一、關於人的適用範圍

運送人與託運人，乃海上貨物運送契約之當事人，當然有海上貨物運送規定之適用。運送人〔英：common carrier；日：運送人（うんそうにん）；德：Frachtführer；法：voiturier, fréteur〕者，乃指以運送物品或旅客為營業，而受運費之人也。海上貨物運送之運送人，無論為自然人或法人均可為之，惟在目前之海運實務上，運送人多為法人（例如長榮、陽明均為股份有限

公司)。海上貨物運送人，無須同時為船舶所有人，其他例如船舶承租人、定期傭船人等亦得為海上貨物運送人。

託運人〔英：consignor；日：荷送人（におくりにん）；德：Absender；法：expéditeur〕者，乃指在運送契約中，以物品託運送人運送而負支付運費義務之人也。海上貨物運送之託運人，無論為自然人或法人均可為之，而且託運人無須同時為貨物之所有人。在以 C.I.F. 或 C. & F. 為交易條件之場合，出口商（賣方）為海上貨物運送之託運人；反之，在以 F.O.B. 為交易條件之場合，進口商（買方）即為海上貨物運送之託運人。在件貨運送契約之場合，委託運送貨物之人，固稱為託運人，但在傭船契約之場合，其託運人即為傭船人 (charterer)。

海商法第七十六條規定：「I 本節有關運送人因貨物滅失、毀損或遲到對託運人或其他第三人所得主張之抗辯及責任限制之規定，對運送人之代理人或受僱人亦得主張之。但經證明貨物之滅失、毀損或遲到，係因代理人或受僱人故意或重大過失所致者，不在此限。II 前項之規定，對從事商港區域內之裝卸、搬運、保管、看守、儲存、理貨、穩固、墊艙者，亦適用之。」依此規定，在無故意或重大過失之條件下，下列運送人之契約履行輔助人，亦得主張第三章第一節有關運送人因貨物滅失、毀損或遲到對託運人或其他第三人所得主張之抗辯及責任限制：

(1)運送人之代理人或受僱人

(2)在商港區域內工作之契約履行輔助者，無論其為從屬履行輔助人或獨立履行輔助人均屬之。從屬履行輔助人者，乃指運送人對之有指揮、監督關係之履行輔助人也。例如運送人之代理人、受僱人、使用人即是。獨立履行輔助人者，乃指運送人對之無指揮、監督關係之履行輔助人也。獨立履行輔助人多屬不受運送人指揮或監督而提供勞務，替運送人完成特定工作之獨立承攬人 (independent contractor)，例如在商港區域內，從事裝卸、搬運、保管、看守、儲存、理貨、穩固、墊艙等業務之獨立承攬人即是。商港區域者，依商港法第二條第四款之規定，乃「指劃定商港界限以內之

水域與為商港建設、開發及營運所必需之陸上地區」也。

　　本條所謂運送人所得主張之抗辯，係指第三章第一節所規定運送人所得主張之抗辯而言。例如海商法第六十二條第二項、第六十四條第二項、第六十九條、第七十條第一項、第七十一條、第七十二條等之免責抗辯，及第五十六條損害通知及短期起訴期間之規定即是。所謂運送人所得主張責任限制之規定，係指第三章第一節所規定運送人所得主張責任限制之規定而言。在第三章第一節所規定運送人所得主張責任限制之規定，僅海商法第七十條第二項單位責任限制之規定而已。至於海商法第二十一條所規定之「船舶所有人之責任限制」，因非屬海商法第三章第一節之規定，此等履行輔助者應不得主張之。

　　海商法第七十六條係 1999 年修法時新增之規定，其立法理由為，「海上運送責任限制規定，不惟運送人當然適用，其代理人及受僱人亦得主張。爰依照 1968 年海牙威士比規則第四條之一增訂本條規定。」❼吾人以為，本條新增之目的，旨在將航運實務上所謂之「喜馬拉雅條款」合法化，使運送人之履行輔助人，無論其為從屬履行輔助人或獨立履行輔助人，於執行職務之範圍內，不法侵害託運人、受貨人或載貨證券持有人時，亦得適度援用運送人法定免責、單位責任限制、短期消滅時效等利益之規定。按此等履行輔助人，本非海上貨物運送契約之當事人，與託運人或載貨證券持有人並無運送契約之關係，因此託運人或載貨證券持有人僅能依侵權行為向此等履行輔助人請求賠償。修法之前，因此等履行輔助人無法適度援用運送人所得主張「法定免責」、「責任限制」、「短期時效」等利益，須負較重之責任，而此等較重之責任最後仍回歸至運送人負擔。其結果，海牙規則所賦予運送人之種種利益，乃遭慘重剝奪。為使海牙規則所賦予運送人之利益，免遭慘重剝奪，1999 年修法時乃將航運實務上所謂之「喜馬拉雅條款」合法化也。惟此等履行輔助人究非海上貨物運送契約之當事人，1999 年修法時，遂將舊法第五章「運送契約」之章名，修正為「運送」，

---

❼　交通部，《海商法修正草案（含總說明）》，1995 年 7 月，p. 115。

並變更章次為第三章,使非運送契約之履行輔助人,亦得「名正言順」「符合法理」地援用第三章第一節之規定也。

順值一提者,1999 年修正公布之海商法第七十六條規定為,「Ⅰ本節有關運送人因貨物滅失、毀損或遲到對託運人或其他第三人之代理人或受僱人亦得主張之。但經證明貨物之滅失、毀損或遲到,係因代理人或受僱人故意或重大過失所致者,不在此限。Ⅱ前項之規定,對從事商港區域內之裝卸、搬運、保管、看守、儲存、理貨、穩固、墊艙者,亦適用之。」可能因繕打錯誤之故,於「其他第三人」與「之代理人」間,竟然遺漏「所得主張之抗辯及責任限制之規定,對運送人」等字,令人滿頭霧水,不知所云。現行法第七十六條之規定,係 2000 年 1 月 26 日公布修正之條文。

二、關於物的適用範圍

海牙規則第一條第三款規定:「(c) 所謂貨物,包括一切之財產、物品、及商品,但活的動物及依運送契約裝載於甲板上且實際裝於甲板之貨品不在此限。」((c) "Goods" includes goods, wares, merchandise, and articles of every kind whatsoever except live animals and cargo which by the contract of carriage is stated as being on deck and is so carried.) 依此規定,海牙規則並不適用於「活的動物及依運送契約裝載於甲板上且實際裝於甲板之貨品」,因「活的動物」及「依運送契約裝載於甲板上且實際裝於甲板之貨品」,其風險均較一般貨物為大之故。反之,我國海商法並無此等規定,因此在解釋上,只要可用船舶運送之貨物,均可包括在內。惟對於甲板運送,海商法第七十三條規定:「運送人或船長如將貨物裝載於甲板上,致生毀損或滅失時,應負賠償責任。但經託運人之同意並載明於運送契約或航運種類或商業習慣所許者,不在此限。」對於未經報明之貨物,海商法第六十五條規定:「Ⅰ運送人或船長發現未經報明之貨物,得在裝載港將其起岸,或使支付同一航程同種貨物應付最高額之運費,如有損害並得請求賠償。Ⅱ前項貨物在航行中發見時,如係違禁物或其性質足以發生損害者,船長得投棄之。」

三、關於時的適用範圍

海商法第六十三條規定：「運送人對於承運貨物之裝載、卸載、搬移、堆存、保管、運送及看守，應為必要之注意及處置。」依此規定，我國現行海商法，未採「鉤至鉤之原則」(principle of from tackle to tackle) 或「舷至舷原則」(principle of rail to rail)，運送人之責任期間，應自貨物之「收受」，以迄貨物之「交付」為止。其中包括下列三段期間：

(一)貨物之待運期間

貨物之待運期間，乃指自運送人收受貨物時起至貨物裝船時為止之期間。在此期間中，運送人依海商法第六十三條之規定，對貨物應盡「商業照管義務」。惟在此期間中，除在商港區域之外，其他陸上階段，因非海商法之強制適用階段，運送人得以免責約款之方式，減免其責任（§61）。

(二)貨物之在船期間

貨物之在船期間，乃指自貨物裝載入船時起至貨物卸載離船時為止之期間。在此期間中，運送人依海商法第六十三條之規定，對貨物應盡「商業照管義務」。而且因此段期間，係屬「固有之海上部分」期間，屬於海商法之強制適用階段，運送人不得以免責約款之方式，減免其責任（§61）。海商法第七十五條規定：「I 連續運送同時涉及海上運送及其他方法之運送者，其海上運送部分適用本法之規定。II 貨物毀損滅失發生時間不明者，推定其發生於海上運送階段。」依此規定，貨物毀損之發生期間，不知在陸上或海上時，推定其發生於海上運送階段，而適用海商法之規定。惟此僅為「推定」而已，當事人自可提出反證加以推翻之。

(三)貨物之待交期間

貨物之待交期間，乃指自貨物卸載離船時起至貨物交付於受貨人時為止之期間。在此期間中，運送人依海商法第六十三條之規定，對貨物應盡「商業照管義務」。惟在此期間中，除在商港區域之外，其他陸上階段，因非海商法之強制適用階段，運送人得以免責約款之方式，減免其責任（§61）。

貨物之在船期間，因屬海上運送之「固有海上部分」，強制適用海商法之規定，尚無爭議。但至於「貨物之待運期間」及「貨物之待交期間」，並非海上運送之「固有海上部分」，是否亦應適用海商法之規定？學界有下列二種見解：

1.海上運送分割說

主張此說者認為，海商法應僅適用於「固有之海上部分」，至於「待運期間」及「待交期間」之部分（「收受貨物後至裝載前」及「卸載後至交付貨物前」），則應適用有關陸上運送及倉庫之規定。主張海上運送分割說之學者，例如柯澤東教授即是❽。其理由約有下列幾點：

⑴就現行海商法之規定而言

海商法第七十五條規定：「I 連續運送同時涉及海上運送及其他方法之運送者，其海上運送部分適用本法之規定。II 貨物毀損滅失發生時間不明者，推定其發生於海上運送階段。」由此規定可知，僅於海上運送之部分，始適用海商法之規定，足見我國現行海商法係採分割說之見解。

⑵就保護契約當事人之公平性而言

海商法上採「法定免責」、「責任限制」等制度，均係在政策上為減輕海上運送人責任，所為之特別規定。陸上運送階段欠缺海上運送之特殊風險，使之適用海商法，減輕運送人責任，實欠公平且無必要。

⑶就運送契約之性質而言

貨櫃運送之陸上拖運過程，應屬另一陸上運送之約定，雖屬「為完成整個海上運送契約之一部分」，但究缺海上運送之性質，不能將之視為原本海上運送契約履行之問題，因此應無海商法之適用。

⑷就法制上之分段而言

在法制上，海商法主要規定為「裝船」及「卸貨」，而分三個階段，裝船前為第一階段、海上運送為第二階段、卸貨後為第三階段。在法制上既

---

❽ 柯澤東，《海商法論》，國立臺灣大學法學叢書（四十六），1992 年 10 月 2 版，pp. 180、181。

然如此明顯分段，則海上運送階段固然適用海商法，而陸上運送階段則自應適用陸法上有關碼頭、搬運、寄託等相關法律之規定。(註：分割說之另一理由為，舊海商法第九十三條第三項規定：「Ⅲ卸載之貨物離船時，運送人或船長解除其運送責任。」足見，海商法上減輕運送人責任之規定，應僅適用於海上運送階段及卸載過程中所發生之事故。因本規定於 1999 年修法時，已遭刪除，因此本理由已無存在之空間。)

2.海上運送單一說

主張此說者認為，自收受至交付，整個運送過程均可適用海商法之規定。易言之，除「固有之海上部分」外，「待運期間」及「待交期間」之部分，亦可適用海商法之規定。主張「海上運送單一說」之學者，例如施智謀❾、楊仁壽❿即是。其主要理由，約有下列幾點：

⑴就海上運送契約之本質而言

託運人與運送人間所訂立之契約，在本質上僅係單純一個海上運送契約，其中別無陸上運送之契約約定，因此其於海商法之外，另外其他陸上法規之適用，應非當事人之本意。

⑵就法規適用之實益而言

若採「海上運送分割說」之見解，必須證明損害之發生地，徒增舉證之困擾。再者，若採「海上運送分割說」之見解，運送人徒因發生地之不同而異其責任，其責任範圍往往難以估計，不若「海上運送單一說」之確定。

---

❾　施智謀，《海商法》，自版，宜增文具印刷品行印刷，1999 年 6 月修訂版，p. 208。

❿　楊仁壽，《海商法論》，自版，文太印刷有限公司印刷，三民書局總經銷，1993 年 3 月印刷，p. 194。交通部，《海商法修正草案 (含總說明)》，1995 年 7 月，p. 115。蔡建賢，《載貨證券上喜馬拉雅條款之研究》，臺大碩士論文，指導教授柯澤東博士，1988 年 6 月出版，pp. 40 ～ 45。柯澤東，《海商法論》，國立臺灣大學法學叢書 (46)，1992 年 10 月 2 版，pp. 180、181。施智謀，《海商法》，自版，宜增文具印刷品行印刷，1999 年 6 月修訂版，p. 208。楊仁壽，前揭《海商法論》，p. 194。

⑶就現行海商法之規定而言

海商法第六十三條規定:「運送人對於承運貨物之裝載、卸載、搬移、堆存、保管、運送及看守,應為必要之注意及處置。」依此規定,運送人對於承運貨物「應為必要之注意及處置」之義務,並未限於裝載與卸載間之「在船期間」,其「待運期間」及「待交期間」亦有適用。唯有如此解釋,對託運人及受貨人之保護,始稱完備。再者,現行海商法第六十九條「法定免責」之適用範圍,應依各款規定之性質定之。某些條款適用於「海上航行」(例如第一款、第二款),某些條款則與「海上航行」未必有關(例如第五款至第八款),足見現行海商法第六十九條「法定免責」之適用,亦不限於「在船期間」。因此,由海商法第六十三條及第六十九條之規定觀之,我國海商法係採「海上運送單一說」之見解,其於「待運期間」及「待交期間」亦有適用。

⑷就國際立法之趨勢言之

法國「1966年海上物品運送法」(1966年6月18日第420號法律)第二十七條、德國商法第六六〇條及日本「国際海上物品運送法」第三條第一項,均以「收受至交付」為其適用範圍。「1978年漢堡規則」(The Hamburg Rules)第四條第一項亦採此原則。足見採「海上運送單一說」之見解,係目前世界各國立法之趨勢。

⑸就鼓勵航運之觀點而言

海商法有關「責任限制」、「法定免責」等之規定,本在減輕運送人之責任,鼓勵航運之發展。基此觀點,海商法之規定實有擴張適用於陸上附從業務之必要,否則海上運送人之責任過重,影響航運之發展,有違海商法立法之旨趣。

前述單一說及分割說,各有其理,亦各有所偏。單一說似較重視責任單一化之實益,卻忽略契約當事人保護之公平性;反之,分割說似較重視契約當事人保護之公平性,卻忽略責任單一化之實益。吾人以為,就目前海運之實況言之,受貨人不可能直接前往裝貨之碼頭託運貨物,亦不可能

直接前往卸貨之碼頭受領貨物。尤其於貨櫃運送之場合，裝船時必須另以拖車拖至「貨櫃集散站」堆存，等待驗關及裝船；卸船後必須另以拖車拖至「貨櫃集散站」堆存，等待驗關及交貨。此等陸上拖運過程，係屬海上運送「共同」且「必經」之過程，亦為海上運送人及託運人所共識，且為眾所週知之事實，而且「貨櫃集散站」（貨物驗關所）至裝船之碼頭，距離不至太遠。此等「短程陸上運送」顯然具有「海上運送」之附從性，因此吾人以為若將此等「共同」且「必經」之「短程陸上運送」或「陸上作業」，視為「港口區域」，使之附屬於「海上運送」，成為海上運送之一部，而同樣適用海商法之規定，如此解釋似可稍緩「單一說」與「分割說」之激烈衝突。此等見解，無以名之，暫可稱之為「折衷說」。

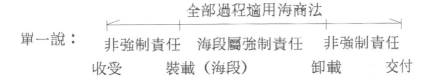

海商法第七十五條規定:「Ⅰ連續運送同時涉及海上運送及其他方法之運送者，其海上運送部分適用本法之規定。Ⅱ貨物毀損滅失發生時間不明者，推定其發生於海上運送階段。」依此規定，我國海商法似採分割說之立法。惟海商法第七十六條第二項規定:「前項之規定，對從事商港區域內之裝卸、搬運、保管、看守、儲存、理貨、穩固、墊艙者，亦適用之。」

海商法之規定，對於商港區域內之「陸上作業」，亦有適用之餘地，則我國現行海商法並未僅適用於「海上階段」，似乎較符「折衷說」之見解。

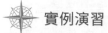 **實例演習** ——◼

今設有美商將出售於臺灣進口商 A 公司之一百箱機器，以租得之五個貨櫃，交 B 海運公司運送，從美國內陸運至紐約港，裝船運至基隆港。載貨證券上記載：「五貨櫃各裝有二十箱機器」。運至基隆港卸貨後，交予裝卸業 C 公司處理。C 公司不慎將其中三貨櫃於碼頭上遺失。其餘二貨櫃於開櫃後發現其中一貨櫃內之機器全部毀損，應歸由 B 海運公司負責。試問，就 A 公司之損失，依我國海商法規定：㈠B 海運公司應負何責任？賠償幾件？金額如何計算？㈡C 裝卸公司應負何責任？如何賠償？金額多少？對此設問，吾人以為：

㈠B 海運公司應負何責任？賠償幾件？金額如何計算？

1. B 海運公司應負如何之責任

　　本件貨物之遺失，係發生於貨物離船之後，對於此等「在陸期間」之責任，在當事人未有特別約定時，運送人究竟應負海商法上之責任，抑為民法上之責任？對於此等問題，海牙規則僅於第一條第五款規定：「『貨物運送』 包括自貨物裝載上船至貨物自船舶卸載之期間。」 (“Carriage of goods” covers the period from the time when the goods are loaded on to the time they are discharged from the ship.)，亦即海牙規則採「鉤至鉤之原則」 (principle of from tackle to tackle)。所謂「鉤至鉤之原則」者，船舶對於貨物實際上具有支配力時，始有海牙規則適用之原則也。因此當吊鉤為「船上吊鉤」 (ship's tackle) 時，一旦吊鉤鉤住 (hooked on) 岸上貨物時，即為海牙規則適用之開始。反之，當吊鉤為「岸上吊鉤」 (shore's tackle) 時，須將岸上貨物吊起，越過船欄 (ship's side)，而且接觸到船體時，始為海牙規則適用之開始。對此問題，我國海商法並無明文規定，學界有下列二種見解：

⑴海上運送分割說

主張此說者認為，海商法應僅適用於「固有之海上部分」，至於「待運期間」及「待交期間」之部分（「收受貨物後至裝載前」及「卸載後至交付貨物前」），則應適用有關陸上運送及倉庫之規定。主張海上運送分割說之學者，例如柯澤東教授即是。其理由約有下列幾點：

A. 就現行海商法之規定而言

海商法第七十五條規定：「Ⅰ連續運送同時涉及海上運送及其他方法之運送者，其海上運送部分適用本法之規定。Ⅱ貨物毀損滅失發生時間不明者，推定其發生於海上運送階段。」由此規定可知，僅於海上運送之部分，始適用海商法之規定，足見我國現行海商法係採分割說之見解。

B. 就保護契約當事人之公平性而言

海商法上採「法定免責」、「責任限制」等制度，均係在政策上為減輕海上運送人責任，所為之特別規定。陸上運送階段欠缺海上運送之特殊風險，使之適用海商法，減輕運送人責任，實欠公平。

C. 就運送契約之性質而言

貨櫃運送之陸上拖運過程，應屬另一陸上運送之約定，雖屬「為完成整個海上運送契約之一部分」，但究缺海上運送之性質，不能將之視為原本海上運送契約履行之問題，因此應無海商法之適用。

D. 就法制上之分段而言

在法制上，海商法主要規定為「裝船」及「卸貨」，而分三個階段，裝船前為第一階段、海上運送為第二階段、卸貨後為第三階段。在法制上既然如此明顯分段，則海上運送階段固然適用海商法，而陸上運送階段則自應適用陸法上有關碼頭、搬運、寄託等相關法律之規定。（註：分割說之另一理由為，舊海商法第九十三條第三項規定：「卸載之貨物離船時，運送人或船長解除其運送責任。」足見，海商法上減輕運送人責任之規定，應僅適用於海上運送階段及卸載過程中所發生之事故。因本規定於 1999 年修法時，已遭刪除，因此本理由已無存在之空間。）

(2)海上運送單一說

主張此說者認為，自收受至交付，整個運送過程均可適用海商法之規定。易言之，除「固有之海上部分」外，「待運期間」及「待交期間」之部分亦可適用海商法之規定。主張「海上運送單一說」之學者，例如施智謀、楊仁壽即是。其主要理由，約有下列幾點：

A. 就海上運送契約之本質而言

託運人與運送人間所訂立之契約，在本質上僅係單純一個海上運送契約，其中別無陸上運送之契約約定，因此其於海商法之外，另外其他陸上法規之適用，應非當事人之本意。

B. 就法規適用之實益而言

若採「海上運送分割說」之見解，必須證明損害之發生地，徒增舉證之困擾。再者，若採「海上運送分割說」之見解，運送人徒因發生地之不同而異其責任，其責任範圍往往難以估計，不若「海上運送單一說」之確定。

C. 就現行海商法之規定而言

海商法第六十三條規定：「運送人對於承運貨物之裝載、卸載、搬移、堆存、保管、運送及看守，應為必要之注意及處置。」依此規定，運送人對於承運貨物「應為必要之注意及處置」之義務，並未限於裝載與卸載間之「在船期間」，其「待運期間」及「待交期間」亦有適用。唯有如此解釋，對託運人及受貨人之保護，始稱完備。再者，現行海商法第六十九條「法定免責」之適用範圍，應依各款規定之性質定之。某些條款適用於「海上航行」（例如第一款、第二款），某些條款則與「海上航行」未必有關（例如第五款至第八款），足見現行海商法第六十九條「法定免責」之適用，亦不限於「在船期間」。因此，由海商法第六十三條及第六十九條之規定觀之，我國海商法係採「海上運送單一說」之見解，其於「待運期間」及「待交期間」亦有適用。

D. 就國際立法之趨勢言之

法國「1966 年海上物品運送法」(1966 年 6 月 18 日第 420 號法律) 第二十七條、德國商法第六六〇條及日本「国際海上物品運送法」第三條第一項，均以「收受至交付」為其適用範圍。「1978 年漢堡規則」(The Hamburg Rules) 第四條第一項亦採此原則。足見採「海上運送單一說」之見解，係目前世界各國立法之趨勢。

E. 就鼓勵航運之觀點而言

海商法有關「責任限制」、「法定免責」等之規定，本在減輕運送人之責任，鼓勵航運之發展。基此觀點，海商法之規定實有擴張適用於陸上附從業務之必要，否則海上運送人之責任過重，影響航運之發展，有違海商法立法之旨趣。

前述單一說及分割說，各有其理，亦各有所偏。單一說似較重視責任單一化之實益，卻忽略契約當事人保護之公平性；反之，分割說似較重視契約當事人保護之公平性，卻忽略責任單一化之實益。吾人向來認為，就目前海運之實況言之，受貨人不可能直接前往裝貨之碼頭託運貨物，亦不可能直接前往卸貨之碼頭受領貨物。尤其於貨櫃運送之場合，裝船時必須另以拖車拖至「貨櫃集散站」堆存，等待驗關及裝船；卸船後必須另以拖車拖至「貨櫃集散站」堆存，等待驗關及交貨。此等陸上拖運過程，係屬海上運送「共同」且「必經」之過程，亦為海上運送人及託運人所共識，且為眾所週知之事實，而且「貨櫃集散站」(貨物驗關所) 至裝船之碼頭，距離不至太遠。此等「短程陸上運送」顯然具有「海上運送」之附從性，因此吾人以為若將此等「共同」且「必經」之「短程陸上運送」或「陸上作業」，視為「港口區域」，使之附屬於「海上運送」，成為海上運送之一部，而同樣適用海商法之規定，如此解釋似可稍緩「單一說」與「分割說」之激烈衝突。此等見解，無以名之，暫可稱之為「折衷說」。

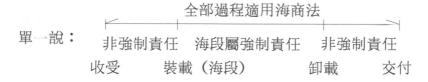

折衷說：

| 民法 | | 海商法 | | 民法 | |
| 收受 | 驗關所 | 裝載（海段） | 卸載 | 驗關所 | 交付 |

　　海商法第七十五條規定：「Ⅰ連續運送同時涉及海上運送及其他方法之運送者，其海上運送部分適用本法之規定。Ⅱ貨物毀損滅失發生時間不明者，推定其發生於海上運送階段。」依此規定，我國海商法似採分割說之立法。惟海商法第七十六條規定：「Ⅰ本節有關運送人因貨物滅失、毀損或遲到對託運人或其他第三人所得主張之抗辯及責任限制之規定，對運送人之代理人或受僱人亦得主張之。但經證明貨物之滅失、毀損或遲到，係因代理人或受僱人故意或重大過失所致者，不在此限。Ⅱ前項之規定，對從事商港區域內之裝卸、搬運、保管、看守、儲存、理貨、穩固、墊艙者，亦適用之。」依此規定，我國現行海商法似較偏向「港至港之原則」(the principle of from harbor to harbor)，而有點類似前述之折衷說之見解。易言之，依現行海商法第七十六條第二項之規定，對於商港區域內之「陸上作業」，亦有適用之餘地，則我國現行海商法並未僅適用於「海上階段」，因此本件 B 海運公司對於「一貨櫃內之機器全損」及「於碼頭喪失之三貨櫃」，僅負海商法上之責任。依海商法負責之結果，因載貨證券在運送人與託運人以外之載貨證券持有人間，具有「文義性」，運送人 B 應依載貨證券之記

載，交付貨物予載貨證券之持有人 A，若無法交付與載貨證券記載相同之貨物，即應負債務不履行責任。

2.賠償件數

海商法第七十條第三項規定：「前項所稱件數，係指貨物託運之包裝單位。其以貨櫃、墊板或其他方式併裝運送者，應以載貨證券所載其內之包裝單位為件數。但載貨證券未經載明者，以併裝單位為件數。其使用之貨櫃係由託運人提供者，貨櫃本身得作為一件計算。」本案例之載貨證券載明：「五貨櫃各裝有二十箱機器」，而今五貨櫃中之三貨櫃係於卸貨後，交予裝卸業 C 公司後，因 C 之疏忽，以致貨櫃遺失，此部分之賠償件數，應為 20 × 3（每個貨櫃各裝二十件）＋ 3（貨櫃因係託運人提供，貨櫃本身作為一件計算）＝ 63 件。再者，其餘二貨櫃於開櫃後發現其中一貨櫃內之機器全損，就此部分之賠償件數，應為 20 × 1 ＝ 20（因依題示，貨櫃本身並無損害）。所以 B 之賠償件數，應為 63 ＋ 20 ＝ 83 件。

3.金額之計算

海商法第七十條第二項規定：「除貨物之性質及價值於裝載前，已經託運人聲明並註明於載貨證券者外，運送人或船舶所有人對於貨物之毀損滅失，其賠償責任，以每件特別提款權六六六‧六七單位或每公斤特別提款權二單位計算所得之金額，兩者較高者為限。」本案例並未提示載貨證券載有貨物之性質或價值，據此依前述海商法第七十條第二項之規定，B 海運公司之最高責任限度應為 666.67 SDR × 83 或 2 SDR × 損害貨物之公斤數，以兩者之較高者，為責任之最高限度。

㈡ C 裝卸公司應負之責任

1. C 裝卸公司應負民法上侵權行為之責任

本案例中，C 裝卸業者與託運人美商及受貨人 A 之間並無運送契約關係或載貨證券關係存在，因此對於因不慎而在港口遺失之三個貨櫃，A 無法依債務不履行向 C 請求負責，而僅能依侵權行為向 C 請求損害賠償（民§188）。

2.如何賠償？

A 應依民法有關侵權行為之規定，就其損害事實及損害金額負「舉證責任」之後，向 C 請求損害賠償。

C 僅為裝卸業者，而非運送人。依舊海商法（1999 年修正前）之規定，C 不得主張責任限制，惟依前述現行海商法第七十六條第一項及第二項之規定，運送人 B 公司所得主張之抗辯及責任限制之事項，其獨立履行輔助人 C 亦得主張之。易言之，依現行海商法之規定，C 雖非運送人，但 C 仍得主張海商法上之「責任限制」。惟若貨物之遺失，係由 C 之故意或重大過失所致者，則不在此限。

3.賠償金額

依據前述海商法第七十條第二項之規定，除貨物之性質及價值於裝載前，已經託運人聲明並註明於載貨證券者外，運送人或船舶所有人對於貨物之毀損滅失，其賠償責任，以每件特別提款權六六六‧六七單位或每公斤特別提款權二單位計算所得之金額，兩者較高者為限。本案例中 C 之最高責任限度應為 666.67 SDR×63 或 2 SDR×損害貨物之公斤數，以兩者之較高者，為責任之最高限度。

第四項　貨物運送契約對運送人之效力

一、運送人之義務

㈠提供適當船舶之義務

海商法第四十二條規定：「運送人所供給之船舶有瑕疵，不能達運送契約之目的時，託運人得解除契約。」海上貨物運送之完成，有賴運送人提供適當之船舶。因此運送人不但有依約提供船舶之義務，而且依約提供之船舶，必須沒有瑕疵，可達運送契約之目的，否則運送人須負「債務不履行」之責任，託運人自得解除契約，並得請求損害賠償（民 §260）。

本條所謂之「船舶有瑕疵」，除船舶構造上之瑕疵外，尚包括船舶約定性質之欠缺。例如所提出船舶之船旗、船級、船齡、裝艙容量、載重量、船積與吃水深、船速、裝卸設備等，與原約定者有所不同而言。所謂「不能達運送契約之目的」，除指不能完成運送之情形外，尚包括其他一切不利於託運人之情形而言。例如使託運人違反國貨國輪運送之原則，增加託運人保險費、裝卸費、港工捐、或增加貨物危險等情形❶。

(二)使船舶具有適航能力之義務

海商法第六十二條規定：「Ⅰ運送人或船舶所有人於發航前及發航時，對於下列事項，應為必要之注意及措置：一　使船舶有安全航行之能力。二　配置船舶相當船員、設備及供應。三　使貨艙、冷藏室及其他供載運貨物部分適合於受載、運送與保存。Ⅱ船舶於發航後因突失航行能力所致之毀損或滅失，運送人不負賠償責任。Ⅲ運送人或船舶所有人為免除前項責任之主張，應負舉證之責。」（本條之解釋，請參照本文「船舶之適航能力」之說明）

(三)商業照管義務

海商法第六十三條規定：「運送人對於承運貨物之裝載、卸載、搬移、堆存、保管、運送及看守，應為必要之注意及處置。」本條所規定之貨物處理行為，係屬運送人據以賺取運費所應提供之「商業行為」，因此海商法第六十三條所規定之義務，國內學界常將之稱為「商業照管義務」或「貨物之安全運送義務」，與第六十二條所規定之「船舶適航能力義務」一樣，均為運送人最基本之義務，運送人不得以特約減免是項義務（最高法院1983年臺上字第290號、1994年臺上字第586號）。運送人對於此等「商業照管義務」有過失者，稱之為「商業過失」，應負損害賠償責任（參照本文「符合海商法第六十九條規定之免責事由者」之說明）。

本條所要求之注意程度，與第六十二條同，均為「必要之注意及措置」，

---

❶　黃宗樂，《六法全書（商事法）》，保成文化事業出版公司印行，1998 年 8 月 25 日修訂 3 版，p. 682。

因此貨物照管義務之性質，與船舶適航能力相同，均屬「過失責任」。依民事訴訟法舉證責任之分配原則（民訴 §277），要求運送人負本條之責任，其舉證責任原在「要求賠償之人」，惟運送人較易提供證據，因此只要「要求賠償之人」提出「表面證據」（參本文「船舶之適航能力」中「舉證責任」之說明），其舉證責任即瞬間移轉至運送人身上 (the burden of proof soon swings to the carrier)，運送人必須舉證證明對於承運貨物之裝載、卸載、搬移、堆存、保管、運送及看守，「已為」必要之注意及處置，始得免除本條之責任。因此嚴格說來，本條義務之性質，與第六十二條同，解釋上應為「過失責任」中之「推定過失責任」。

海商法第六十三條，係以貨物之安全為目的，屬於有關貨物照管義務之規定；反之，海商法第六十九條第一款，係以船舶之安全為目的，係屬有關船舶管理之規定，故兩者規定之意義不同。再者，本條於修正草案之原文為：「運送人對於承運貨物之裝載、搬移、堆存、保管、運送、看守及卸載，應為必要之注意及處置。」修正草案之修正理由為：「參照海牙威士比規則第六條作文字修正，使符現行作業程序，即將『裝卸』修正為『裝載』、『卸載』並分別依其順序排列之。」❷ 修正草案之原有規定，將裝載、搬移、堆存、保管、運送、看守及卸載等現行作業程序依其順序排列，海上運送人之強制責任亦僅限於至卸載為止。惜乎此等修正草案，於立法院未獲通過。依現行法之如此規定，不但不符現行海運之作業程序，而且於貨物卸船後，在陸上部分之貨物運送、保管及看守，海上運送人是否仍須負責？海上運送人之責任是否仍為強制責任？變得模糊不清（參照本文「海上貨物運送之適用範圍」之說明）。

本條所謂之「裝載」(loading)，乃指將託運物搬進或吊至船舶之行為也。所謂「卸載」(unloading, discharge)，係指將託運物搬出或吊離船舶之行為也。惟運送人卸載時，須將託運物「適當地且完全地」(properly and completely) 搬進或吊至岸上或駁船之上，始能解除卸載之注意義務。若運

送人未「適當地且完全地」將託運物卸載，則託運物縱於卸載後發生毀損，因卸載時「未盡必要之注意及處置」，運送人仍須負本條之損害賠償責任。所謂「搬移」(handling)，乃指就託運物所作搬運、移動、處理、安置之行為也。搬運、移動，固為本條之搬移行為，託運物之過磅、變賣等處置行為，亦屬本條之搬移行為，對於此等搬運、移動、處理、安置之行為，「未盡必要之注意及處置」，運送人仍須負本條之損害賠償責任。

　　所謂「堆存」(storage)，乃指為使託運物得以安全運送，於船舶上就託運物所為之妥善配置行為也。海商法第七十三條規定：「運送人或船長如將貨物裝載於甲板上，致生毀損或滅失時，應負賠償責任。但經託運人之同意並載明於運送契約或航運種類或商業習慣所許者，不在此限。」因在甲板上堆存貨物，易使貨物發生毀損，因此未經託運人之同意並載明於運送契約或航運種類或商業習慣所許者，不得為之。惟運送人縱經託運人之同意並載明於運送契約或航運種類或商業習慣所許，得將貨物裝載於甲板，亦不得免除第六十三條之商業照管義務。最高法院 1993 年臺上字第 1076 號判決亦謂：「按貨物運送，運送人縱令依航運習慣，有權將承運之貨櫃裝載於甲板上，但對於該承運貨櫃之裝卸、搬移、堆存、保管、運送及看守，仍應為必要之注意及處置，否則對於貨櫃內貨物之毀損、滅失，仍應負賠償責任。」

　　所謂「保管」(custody)，係指就託運物所為之保持及管理行為也。例如就特定之託運物未保持特定之通風、除濕或冷藏、貨物之裝載不當、未隔離裝載而將乾貨與濕貨混裝、未具特殊裝備而貿然接運需要特殊裝備之貨物、未將損害擴大之貨物出售或拋棄而導致其他貨物受損，均屬本條所謂保管義務之違反。惟對於託運物之自然耗損即不得列入本條保管之過失。最高法院 1980 年臺上字第 283 號判決即謂：「本件短少之小麥，依上訴人之公證報告書記載 189,399 公噸，扣除倉溢額 11,400 公噸為 177,999 公噸，為載貨證券所載重量 28,119,498 公噸之百分之 0.63330，尚屬正常之自然耗損範圍。上訴人既不能證明其短少係由於被上訴人或其代理人、受僱人，

對於裝卸、搬移、堆存、保管、運送及看守,即依海商法第一〇條(現海§63)應為之注意及處置有所欠缺所致,自難令被上訴人負損害賠償責任。」最高法院 1980 年臺上字第 1263 號判決亦謂:「散裝貨物運送,在某種範圍之短少,可認為非運送人或其代理人受僱人欠缺海商法第一〇七條(現海§63)應為必要之注意及處置,就上開範圍之認定,為事實審法院之職權,原審以本件散裝黃豆數量短少,其耗損率在百分之三以下,認屬於上開非運送人過失之範圍,核與一般慣例尚無出入。」

所謂「運送」(carriage),乃指將託運物運至目的港之行為也。海商法第六十四條規定:「I 運送人知悉貨物為違禁物或不實申報物者,應拒絕載運。其貨物之性質足以毀損船舶或危害船舶上人員健康者亦同。但為航運或商業習慣所許者,不在此限。II 運送人知悉貨物之性質具易燃性、易爆性或危險性並同意裝運後,若此貨物對於船舶或貨載有危險之虞時,運送人得隨時將其起岸、毀棄或使之無害、運送人除由於共同海損者外,不負賠償責任。」

所謂「看守」(care and keeping),乃指就託運物所為之看管照料行為也。例如適當照料託運物以免被偷竊、艙口應加封蓋以防海水滲入而損及貨物即是。

(四)通知及指示裝卸貨物之義務

海商法第五十條規定:「貨物運達後,運送人或船長應即通知託運人指定之應受通知人或受貨人。」海商法第五十二條規定:「I 以船舶之全部或一部供運送者,運送人非於船舶完成裝貨或卸貨準備時,不得簽發裝貨或卸貨準備完成通知書。II 裝卸期間自前項通知送達之翌日起算,期間內不工作休假日及裝卸不可能之日不算入。但超過合理裝卸期間者,船舶所有人得按超過之日期,請求合理之補償。III 前項超過裝卸期間,休假日及裝卸不可能之日亦算入之。」

(五)發給載貨證券之義務

海商法第五十三條規定:「運送人或船長於貨物裝載後,因託運人之請

求，應發給載貨證券。」海商法第七十四條規定：「Ⅰ載貨證券之發給人，對於依載貨證券所記載應為之行為，均應負責。Ⅱ前項發給人，對於貨物之各連續運送人之行為，應負保證之責。但各連續運送人，僅對於自己航程中所生之毀損滅失及遲到負其責任。」

㈥直航之義務

海商法第七十一條規定：「為救助或意圖救助海上人命、財產，或因其他正當理由偏航者，不得認為違反運送契約，其因而發生毀損或滅失時，船舶所有人或運送人不負賠償責任。」依此規定之反面解釋，無正當理由，運送人不得偏航，且應以正當之速度航行至目的港，此即運送人直航之義務。

㈦違禁物不實申報物之拒絕載運義務

海商法第六十四條規定：「Ⅰ運送人知悉貨物為違禁物或不實申報物者，應拒絕載運。其貨物之性質足以毀損船舶或危害船舶上人員健康者亦同。但為航運或商業習慣所許者，不在此限。Ⅱ運送人知悉貨物之性質具易燃性、易爆性或危險性並同意裝運後，若此貨物對於船舶或貨載有危險之虞時，運送人得隨時將其起岸、毀棄或使之無害、運送人除由於共同海損者外，不負賠償責任。」

㈧完成航行之義務

運送人亦應依運送契約或載貨證券之記載，將貨物運送至目的港，但有下列情形時，得依法為特別之處置：

1.未經報明貨物之處置方式

海商法第六十五條規定：「Ⅰ運送人或船長發見未經報明之貨物，得在裝載港將其起岸，或使支付同一航程同種貨物應付最高額之運費，如有損害並得請求賠償。Ⅱ前項貨物在航行中發見時，如係違禁物或其性質足以發生損害者，船長得投棄之。」

2.不可抗力時之處置方式

海商法第六十六條規定：「船舶發航後，因不可抗力不能到達目的港而

將原裝貨物運回時，縱其船舶約定為去航及歸航之運送，託運人僅負擔去航運費。」依此規定，船舶發航後，因不可抗力不能到達目的港時，運送人得將貨物運回裝載港。

3.遭難或不能航行時之處置方式

海商法第六十八條規定：「I船舶在航行中遭難或不能航行，而貨物仍由船長設法運到目地港時，如其運費較低於約定之運費者，託運人減支兩運費差額之半數。II如新運費等於約定之運費，託運人不負擔任何費用，如新運費較高於約定之運費，其增高額由託運人負擔之。」依此規定，船舶在航行中遭難或不能航行時，船長仍應設法將貨物運至目的港，以盡完成航行之義務。

㈨交付貨物之義務

海上運送人於運送終了時，應依運送契約或載貨證券之記載，將託運貨物之直接占有移轉於有受領權利之人。在未發行載貨證券之場合，運送人應將貨物交付於託運人指定之人；在發行載貨證券之場合，海商法第五十八條規定：「I載貨證券有數份者，在貨物目的港請求交付貨物之人，縱僅持有載貨證券一份，運送人或船長不得拒絕交付。不在貨物目的港時，運送人或船長非接受載貨證券之全數，不得為貨物之交付。II二人以上之載貨證券持有人請求交付貨物時，運送人或船長應即將貨物按照第五十一條之規定寄存，並通知曾為請求之各持有人，運送人或船長，已依第一項之規定，交付貨物之一部後，他持有人請求交付貨物者，對於其賸餘之部分亦同。III載貨證券之持有人有二人以上者，其中一人先於他持有人受貨物之交付時，他持有人之載貨證券對運送人失其效力。」

㈩寄存貨物之義務

海商法第五十一條規定：「I受貨人怠於受領貨物時，運送人或船長得以受貨人之費用，將貨物寄存於港埠管理機關或合法經營之倉庫，並通知受貨人。II受貨人不明或受貨人拒絕受領貨物時，運送人或船長得依前項之規定辦理，並通知託運人及受貨人。III運送人對於前二項貨物有下列情

形之一者，得聲請法院裁定准予拍賣，於扣除運費或其他相關之必要費用後提存其價金之餘額：一　不能寄存於倉庫。二　有腐壞之虞。三　顯見其價值不足抵償運費及其他相關之必要費用。」再者，海商法第五十八條第二項又規定：「二人以上之載貨證券持有人請求交付貨物時，運送人或船長應即將貨物按照第五十一條之規定寄存，並通知曾為請求之各持有人，運送人或船長，已依第一項之規定，交付貨物之一部後，他持有人請求交付貨物者，對於其賸餘之部分亦同。」

 實例演習

甲海運公司承運乙之貨物一批，試問貨物裝船後，甲就其船舶及就乙之貨物應履行如何之強制義務？

就此設例，簡答如下：

一、海上運送人之最低強制責任者，係指海上運送人於運送階段所負之最基本責任也，亦即海上運送人於強制期間中，就貨物所生之毀損滅失不得以特約之方式，減輕或免除之責任也。

海商法第六十一條規定：「以件貨運送為目的之運送契約或載貨證券記載條款、條件或約定，以減輕或免除運送人或船舶所有人，對於因過失或本章規定應履行之義務而不履行，致有貨物毀損、滅失或遲到之責任者，其條款、條件或約定不生效力。」本條即為海上運送人最低強制責任不得以特約方式加以減輕或免除之規定。依此規定，吾人可知，海上運送人最低強制責任規定之適用如下：

㈠適用對象

海商法第六十一條之適用對象，約有下列二說：

1.不及於傭船契約說

主張此說者認為，海上運送人最低強制責任之規定，依海商法第六十一條之文義解釋，應僅適用於「以件貨運送為目的之運送契約或載貨證券」。至於傭船運送契約，若於運送契約或載貨證券載明減輕或免除運送人或船

舶所有人之事由,即應尊重運送契約兩造當事人之約定而認為有效。因此,在傭船契約之場合,既無所謂海上運送人強制責任期間之規定,亦無所謂運送人強制責任不得以特約方式加以減免之規定。

2. 及於傭船契約說

現行海商法第六十一條,係源自於海牙規則第三條第八項之規定,因此有關海上運送人強制責任之期間,自應參酌海牙規則之規定。海牙規則(The Hague Rules, 1924) 第七條規定:「本公約之規定並不阻止運送人或託運人,就海上運送之貨物於裝載上船以前及自船上卸載以後,對於貨物或與之有關之保管、看守及搬運上之滅失或毀損,運送人或船舶所負之責任及義務,訂立任何協議、條款、條件、保留或免除。」(Nothing herein contained shall prevent a carrier or a shipper from entering into any agreement, stipulation, condition, preservation or exemption as to the responsibility and liability of the carrier or the ship for the loss or damage to, or in connection with, the custody and care and handling of goods prior to the loading on, and subsequent to, the discharge from the ship on which the goods are carried by sea.). 依此規定可知,海牙規則,有關強制責任之期間,係採「鉤至鉤之原則」(principle of from tackle to tackle)。海上運送人之強制責任,始於船舶對貨物支配力之發生,終於船舶對貨物支配力之消滅。因此,無論傭船契約或件貨運送契約,於船舶對貨物具有支配力之期間,海上運送人強制責任不得以特約減免之規定,均有其適用。

吾人以為,應以「不及於傭船契約說」為妥。因傭船契約之傭船人,非如一般件貨運送契約之託運人,對於海上運送並非完全之門外漢,較有登船瞭解船舶實際業務之機會,而且大多具有與運送人對等談判之實力,較無強力保護之必要。易言之,在實際上,於訂立傭船契約之時,「海上運送人」與「傭船人」雙方係處於「平等地位」,因此應依契約自由之原則,而無依海商法第六十一條特加保護之必要。

㈡適用期間

　　海商法第六十一條仍未似海牙規則將法定強制責任期間明定為「裝載至卸載」，然而一般學者多認為，應採與海牙規則同一規定之解釋，將強制責任期間解釋為「裝載至卸載」。

　　二、貨物裝船後，就其船舶及貨物，海上運送人應履行之強制義務如下：

㈠海上運送人於發航前及發航時，應盡相當之注意及措置，使船舶具有適航能力

　　海商法第六十二條規定：「Ⅰ運送人或船舶所有人於發航前及發航時，對於下列事項，應為必要之注意及措置：一　使船舶有安全航行之能力。二　配置船舶相當船員、設備及供應。三　使貨艙、冷藏室及其他供載運貨物部分適合於受載、運送與保存。Ⅱ船舶於發航後因突失航行能力所致之毀損或滅失，運送人不負賠償責任。Ⅲ運送人或船舶所有人為免除前項責任之主張，應負舉證之責。」

　　海上運送人就船舶適航能力所負之注意義務，應為善良管理人之義務。

㈡貨物裝船後，海上運送人應負貨物之照管義務

　　海商法第六十三條規定：「運送人對於承運貨物之裝載、卸載、搬移、堆存、保管、運送及看守，應為必要之注意及處置。」貨物之照管義務者，乃指運送人對於承運貨物之裝載、卸載、搬移、堆存、保管、運送及看守，所應為必要之注意及處置義務也。

　　因運送契約係屬有償契約，當事人履行義務之注意標準為「善良管理人之注意義務」，故此之所謂「必要之注意及處置」，應指善良管理人之注意義務而言。

第二節　法定免責之事由

第一項　符合海商法第六十九條規定之免責事由者

海商法第六十九條規定：「因下列事由所發生之毀損或滅失，運送人或船舶所有人不負賠償責任：一　船長、海員、引水人或運送人之受僱人，於航行或管理船舶之行為而有過失。二　海上或航路上之危險、災難或意外事故。三　非由於運送人本人之故意或過失所生之火災。四　天災。五　戰爭行為。六　暴動。七　公共敵人之行為。八　有權力者之拘捕、限制或依司法程序之扣押。九　檢疫限制。十　罷工或其他勞動事故。十一　救助或意圖救助海上人命或財產。十二　包裝不固。十三　標誌不足或不符。十四　因貨物之固有瑕疵、品質或特性所致之耗損或其他毀損滅失。十五　貨物所有人、託運人或其代理人、代表人之行為或不行為。十六　船舶雖經注意仍不能發現之隱有瑕疵。十七　其他非因運送人或船舶所有人本人之故意或過失及非因其代理人、受僱人之過失所致者。」此乃我國現行海商法有關法定免責之規定，亦即主張法定免責之規定，茲簡述如下：

一、主張法定免責之主體為運送人或船舶所有人

㈠運送人

運送人〔英：common carrier；日：運送人（うんそうにん）；德：Frachtführer；法：voiturier, fréteur〕者，乃指以運送物品或旅客為營業，而受運費之人也（民 §622）。惟此之所謂運送人，係指海上運送人而言。海上運送人〔日：海上運送人（かいじょううんそうにん）；德：Verfrachter；

法：fréteur〕者，乃指以海上運送為業之人也。亦即利用船舶從事海上業務活動，而對於船舶享有指揮營運權之人也。

　　海上運送人，未必限於船舶所有人。例如船舶租賃人，對於船舶雖無物權法上之所有權，但卻實際利用（他人之）船舶從事海上業務活動，而且對於該船舶享有指揮營運之權，故船舶租賃人仍為此之海上運送人。船舶租賃人〔英：demise charterer, temporary owner；日：船舶賃借人（せんぱくちんしゃくにん）；德：Mieter eines Schiffes；法：armateur affréteur〕者，乃指租用他人之船舶，從事海上業務活動，而且對於該船舶享有指揮營運權之人也。

　　海上運送人，未必限於自然人。事實上，海上運送人多為「××公司」，例如長榮股份有限公司、陽明股份有限公司。當海上運送人為公司（法人）時，其具有代表權之高級職員，在其職務內所為之行為，應視為海上運送人之行為，在其職務內所犯之過失，應視為海上運送人之過失。

(二)船舶所有人

　　此之所謂船舶所有人，與「船舶所有人之責任限制」之船舶所有人不同，係指在物權法上對於船舶擁有所有權之人而言。當船舶所有人占有船舶自為運送之時，此時船舶所有人即為運送人，自可以運送人之身分主張法定免責，當船舶所有人不占有船舶不自為運送之時，此時船舶所有人即非運送人，無法以運送人之身分主張法定免責，而其所有之船舶卻屬海事優先權之標的物之一（§27）、而且海事優先權具有追及性（§31），船舶所有人所有之船舶，隨時有被拍賣之危險，因此為保護船舶所有人之利益，本法乃將船舶所有人與運送人並列，使其具有主張法定免責之權利。

　　對此規定，海牙規則第四條第二項之原本規定為，「因左列事由所生或所致之滅失或毀損，運送人或船舶均不負責任——」(Neither the carrier nor the ship shall be responsible for loss or damage arising or resulting from一)。海牙規則本為百分之百充滿英美法系色彩之規定，在英美法上本有「對人訴訟」與「對物訴訟」之區別。對人訴訟〔英：actio in personam, action in personam, personal action；日：対人訴訟（たいじんそしょう）〕者，乃指以使債務人完全履行債務為目的，對債務人所提起之訴訟也。對物訴訟〔英：action in rem, actio in rem；日：対物訴訟（たいぶつそしょう）〕者，乃指以物權為基礎之訴訟也。亦即以物本身為訴訟相對人之訴訟也。對物訴訟中，必要時亦得以否定或妨礙之人為訴訟相對人。英美法上之對物訴訟，目前主要使用於海事訴訟程序之中，例如在美國法上，基於優先權之對物訴訟，船舶本身即具有人格，得為被告而為犯罪之主體 (the offending thing)，故船舶本身對於具有優先權之債權，負有清償之責，而船舶所有人之其他財產，則毋庸負擔清償責任也 ❸ 。

惟我國係大陸法系之國家，並無對物訴訟之制度，在我國法上，船舶僅為一種物（結合物），既非自然人，亦非法人，不可能具有人格，不可能成為訴訟之相對人。因此引進海牙規則之規定時，乃將「船舶」改為「船舶所有人」，使船舶所有人與運送人並列，得以主張法定免責，藉以保護船舶所有人之利益，使其所有之船舶，免因船舶優先權之行使而被拍賣也。

二、法定免責之客體（對象）限於訂有運送契約之本船貨物

海商法第六十九條所規定之法定免責，其適用對象應僅限於與運送人訂有運送契約之本船貨物。因此其適用對象須為，①本船之貨物；②與運送人訂有運送契約之貨物 ❹ 。其理由如下：

㈠就法條用語而言

就法條用語言之，海商法第六十九條之用語為「因下列事由所發生之毀損或滅失」，一般而言，局部之損害缺失謂之「毀損」(damage)，全部之損害缺失謂之「滅失」(loss)，「毀損」與「滅失」，均為物損之用語，海商

---

❸　鴻常夫、北沢正啓，《英米商事法辞典》，商事法務研究会，昭和 61 年 3 月 25 日初版第 1 刷發行，p. 13。

❹　田中誠二，《海商法詳論》，勁草書房，昭和 51 年 8 月 20 日第 1 版第 1 刷第 2 回發行，p. 523。

法第六十九條不用人損之用語「傷害」(injury) 或「死亡」(death)，而用物損之用語「毀損」或「滅失」，足見法定免責之對象，應僅限於貨物。

㈡就法律之編制而言

就法律之編制言之，海商法第六十九條所規定之法定免責，列於第三章「運送」之第一節「貨物運送」中，足見法定免責之適用對象，應指與運送人訂有運送契約之本船貨物。

㈢就法定免責之法理而言

就法定免責之法理而言，運送人或船舶所有人若能主張法定免責，即可不負任何責任，對於受害人之權益可謂影響甚大，因此不宜擴張範圍，而應採限縮解釋。因此法定免責之對象，應限於訂有運送契約之本船貨物。

三、適航能力義務之違反構成法定免責之阻卻事由

海商法第六十二條所規定之船舶適航能力義務，係海上運送人最基本之義務，因此當免責事由與適航能力有關者，例如海商法第六十九條第一款之航海過失、第二款之海之危險，第四款之天災等，須以運送人於發航前及發航時已盡船舶適航能力義務為前提，始得主張法定免責；惟免責事由與適航能力無關者，例如海商法第六十九條第八款之「有權力者之拘捕、限制或依司法程序之扣押」、第九款之「檢疫限制」等，則無須以運送人於發航前及發航時已盡船舶適航能力義務為前提。

哈德條例第三條明文規定，「已盡船舶適航能力義務」為主張法定免責之先決要件。本法雖無直接之明文規定，但依現行海商法第二十二條之規定，「本於船舶所有人本人之故意或過失所生之債務」，船舶所有人不得主張責任限制。未盡相當注意使船舶具有適航能力，既屬「本於船舶所有人本人之過失所生之債務」，船舶所有人不得主張責任限制，既然不得主張責任限制，又焉能主張法定免責？因此吾人以為，當貨物之毀損、滅失與未盡船舶適航能力義務具有相當因果關係時，運送人或船舶所有人一概不得主張法定免責。船舶適航能力之注意義務，本屬運送人最基本之義務，應

為優先義務 (over-riding obligation)，因此當適航能力義務與法定免責事由競合時，適航能力義務之違反，應構成法定免責之阻卻事由**⑮**。

四、海商法第六十九條之逐款解釋

海商法第六十九條規定：「因下列事由所發生之毀損或滅失，運送人或船舶所有人不負賠償責任：」(A carrier or shipowner is not liable for indemnity of damage or loss caused by any of the following events:)。

㈠船長、海員、引水人或運送人之受僱人，於航行或管理船舶之行為而有過失

本款係參照「1924 年海牙規則」(The Hague Rules, 1924) 第四條第二項第 (a) 款及「1968 年海牙威士比規則」(The Hagues-Visby Rules, 1968) 第四條第二項第 (a) 款所為之規定，此乃有關航海過失之規定。「1924 年海牙規則」第四條第二項第 (a) 款規定：「因左列事由所生或所致之滅失或毀損，運送人或船舶不負責任：一　船長、海員、引水人或運送人之受僱人，於航行或管理船舶上之行為疏忽或過失。」(Neither the carrier nor the ship shall be responsible for loss or damage arising or resulting from—(a) Act, neglect, or default of the master, mariner, pilot, or the servants of the carrier in the navigation or in the management of the ship.) 依此規定，就船長、海員、引水人或運送人受僱人之「航海過失」所發生之毀損或滅失，運送人或船舶所有人不負賠償責任。

本款之立法理由，約有下列幾點：

⑴在運送途中，運送人或船舶所有人對於船長、海員、引水人或運送人之受僱人之行為，無法充分監督。

⑵船長、海員、引水人等人，多經國家考試及格，應屬專門技術人員。此與民法第一八八條僱用人應與受僱人負連帶責任之法理，不可相提並論。

---

⑮　武知政芳，〈海上物品運送人責任法の基本原理──海上物品運送人責任法の研究序釈〉，《名城法学》，第 27 卷第 3、4 号（1978 年），p. 60。

航海過失〔英：navigational risk；日：航海上の過失（こうかいじょうのかしつ）；德：nautisches Verschulden；法：fautes nautiques〕者，亦稱航技過失，乃指就航行或船舶本身之處理上，船長或其他海員所犯之過失也。航海過失，可分為下列兩種：

1.航行上過失

航行上過失 (error in the navigation) 者，乃指就通常航運中之航行，船長或其他海員所犯之過失也。亦即就通常航運中船舶之移動，船長或其他海員所犯之過失也。一般多指有關船舶指揮操作、航路選擇、停泊拋錨、避免海上危險等純粹航海技術上之過失而言，例如因船長駕駛上判斷或操作之錯誤，導致船舶碰撞或船舶擱淺，貨物遭受毀損、滅失即是。

2.船舶管理上之過失

船舶管理上之過失 (error in the management of the ship) 者，乃指就船舶之管理欠缺應有之注意，船長或其他船員所犯之過失也。亦即在「以使船舶安全航海為目的」所直接施行於船舶之行為中，船長或其他海員所犯之過失也。一般多指以使船舶安全航海為目的，對於構成船舶裝備之一切物件，在維持上、檢查上、操作上乃至作業上，船長或其他海員所犯之過失而言。例如以使船舶得以順利推進為目的，檢查機械、鍋爐、或其他機件時船長或其他海員所犯之過失；以使船舶安定為目的，處理幫浦 (pump)、甲板排水、通風器、水門，乃至索具之修繕補充、避難港中航海上必要之修繕、進出中途港僱用領航人員時船長或其他海員所犯之過失均屬之。在 Orient Insurance Co. v. Det Forenede (1961) 一案中，船舶開始航行時，在運用壓艙水之過程中，因欠缺注意，水滿溢流，進入貨艙，一批椅子蒙受損害。法院認為開始航行之時，運用壓艙水，係屬以船舶安全為目的之行為，對其行為所犯之過失，應屬船舶管理上之過失❶❻。

船舶管理上之過失，一般多於船舶航行中發生，但亦可能於船舶停泊中發生，例如以使船舶安定為目的，吸入海水時，怠於檢查水管破裂與否，

---

❶❻　Orient Insurance Co. v. Det Forenede, 1961, AMC. 1228.

以致毀損貨物之情況即是。

航海過失，係 1924 年海牙規則就海上運送人責任所採用之概念，海牙規則有關航海過失之規定，係繼受美國 1893 年哈德條例 (Harter Act) 之規定而來，美國 1893 年哈德條例第三條規定：「任何以美國港口為目的港或發航港運送商品或財產之船舶，若其船舶之所有人已盡相當之注意，使其船舶在各方面適於航海，並配置相當海員設備及船舶供應，該船舶、船舶所有人、代理人及傭船人，就航行或船舶本身處理過失所生之毀損、滅失，不負責任，該船舶、船舶所有人、傭船人、代理人或船長，就海上或其他可航水域之危險、天災、公敵、承載貨物之隱有瑕疵、特殊性質或固有缺陷、包裝之不足、裁判上之扣押、託運人、貨主及其代理人或代表人之作為或不作為、海上人命、財產之救助或救助之企圖、或因救助離開航路所生之損害，亦不負責任。」(If the owner of any vessel transporting merchandise or property to or from any port in the United States of America shall exercise due diligence to make the said vessel in all respects seaworthy and properly manned, equipped, and supplied, neither the vessel, her owner, or owners, agent, or charterers shall become or be held responsible for damage or loss resulting from faults or errors in navigation or in the management of said vessel, nor shall the vessel, her owner or owners, charterers, agent or master, be held liable for losses arising from dangers of the sea or other navigable waters, acts of God, or public enemies, or the inherent defect, quality, or vice of the thing carried, or from insufficiency of package, or seizures under legal process, or for loss resulting from any act or omission of the shipper or owner of the goods, his agent or representative, or from saving or attempting to save life or property at sea, or from any deviation in rendering such service.) 依此規定，哈德條例係以已盡船舶適航能力義務為法定免責之先決要件。

航海過失之相對概念，為商業過失。商業過失〔英：carrier's risk；日：商業上の過失（しょうぎょうじょうのかしつ）；德：kommerziales

Verschulden；法：fautes commerciales〕者，乃指就承運貨物之裝載、卸載、搬移、堆存、保管、運送及看守等，運送人所犯之過失也。

　　商業過失，係海牙規則就海上運送人免責約款限制，所採用之概念。就商業過失所生之損害，縱然訂有免責約款，其免責約款亦歸無效。我國現行海商法第六十三條規定：「運送人對於承運貨物之裝載、卸載、搬移、堆存、保管、運送及看守，應為必要之注意及處置。」違反本條必要之注意所犯之過失，即為商業過失。

　　航海過失固為與商業過失相對之概念，但航海過失與商業過失之界限，有時甚為微妙，而極難區別。一般而言，航海過失與商業過失之重大不同，約有下列幾點：

(1)影響貨物安全之不同

　　航海過失，係指就航行或船舶本身之處理上，船長或其他海員所犯之過失，航海過失必須以該過失「非直接」且「非必然」影響貨物安全為要件。反之，商業過失者，乃指就承運貨物之裝載、卸載、搬移、堆存、保管、運送及看守等，運送人所犯之過失也。商業過失將「直接」且「必然」影響貨物之安全。

(2)能否主張法定免責之不同

　　當貨物之毀損、滅失，係因航海過失而發生時，運送人或船舶所有人得以主張法定免責（§69 ①）；反之，當貨物之毀損、滅失，係因商業過失而發生時，運送人或船舶所有人則不得主張法定免責，而且縱然訂有免責約款，該免責約款亦歸無效（§61）**❶**。

 實例演習

例如 A 所屬之 X 輪裝載某 K 價值 1,000 萬元之貨物，自基隆港前往高雄港。於航海途中，因船長之過失，與 B 所屬之 Y 輪相撞。X 輪上 K 之貨物

---

❶　我妻栄，《新法律学辞典》，有斐閣，昭和 51 年 5 月 30 日新版初版第 16 刷發行，pp. 333、603。

全毀但人員並無傷亡；Y輪上之貨物損失為一億元且Y輪上之船員M因此落海身亡。協議之結果，就M之死亡，其賠償金額為1,000萬元。經高雄港務局海事評議會判斷結果，X輪確為航海技術上之過失，而Y輪亦有40%之過失。設X輪發航時，其價值為一億五千萬元，事故後到達港口時僅為1,000萬元（此數額未低於§21①所列之標準），而且事故後A破產。試問：

1. A向K得否主張免責？K向A得請求如何之損害賠償？
2. B向K得否主張免責？K向B得請求如何之損害賠償？
3. 若X輪抵高雄港後，另發現X輪送冷系統故障，以致溫度太高，貨物腐敗，則X輪之運送人就貨物之腐敗得否主張免責？

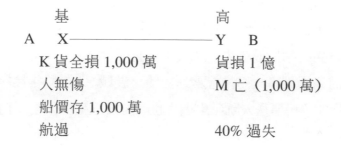

就此案例，吾人以為：

1. 擬答如下

⑴ A向K得主張法定免責

本案係於航海途中，因X輪船長之過失，與B所屬之Y輪相撞，經高雄港務局海事評議會判斷結果，X輪確為航海技術上之過失，故應屬海商法第六十九條第一款因航海過失適用法定免責之問題。主張法定免責之基本要件為：①主張法定免責之主體須為運送人或船舶所有人；②適用法定免責之客體限於訂有運送契約之本船貨物；③運送人必須於發航前及發航時已盡船舶適航能力之義務。本件A為船舶所有人，符合「主張法定免責之主體須為運送人或船舶所有人」之要件，且K與A間訂有運送契約，K

之貨物，亦符合「適用法定免責之客體限於訂有運送契約之本船貨物」之要件，故除非能證明運送人 A 於發航前及發航時未盡船舶適航能力之義務，否則 A 得依海商法第六十九條第一款之規定，向 K 主張法定免責，不受 A 破產之影響。

⑵既得主張法定免責，即無所謂「K 向 A 得請求如何之損害賠償」之問題

2.擬答如下

⑴B 向 K 不得主張法定免責

如前所述，本件固屬海商法第六十九條第一款因航海過失適用法定免責之問題。惟主張因航海過失之法定免責，尚須符合下列基本要件：即①主張法定免責主體須為運送人或船舶所有人；②適用法定免責之客體須為訂有運送契約之本船貨物；③運送人須於發航前及發航時已盡船舶適航能力之義務。因 BK 間並未訂有運送契約，K 之貨物對 B 而言，亦非 B 所屬 Y 輪之本船貨物，不符①及②之要件，故 B 不得依海商法第六十九條第一款之規定，向 K 主張法定免責。

⑵K 得依船舶碰撞（侵權行為）之規定，向 B 要求損害賠償

海商法第九十七條規定：「I 碰撞之各船舶有共同過失時，各依其過失程度之比例負其責任，不能判定其過失之輕重時，各方平均負其責任。II 有過失之各船舶，對於因死亡或傷害所生之損害，應負連帶責任。」K 之損害額為 1,000 萬元，依交叉責任法之計算，K 所得向 B 要求之損害賠償數額應為 1,000 萬元×40% ＝ 400 萬元，其餘 600 萬元之損害，如前所述，因 A 得主張法定免責，K 不得向 A 要求賠償。此時 K 若有投保貨物保險，自可向該保險人求償，若無投保貨物保險，K 應自負其不利之結果（參照本書「船舶碰撞」之說明）。

依我國海商法第二十四條第一項第四款之規定，「因船舶操作直接所致陸上或水上財物毀損滅失，對船舶所有人基於侵權行為之賠償請求。」有優先受償之權。因本案例中 B 所屬之 Y 具有 40% 之過失，K 之損害賠償請

求權係屬基於侵權行為而生之債權,因此 K 就其 400 萬元之損害賠償請求權,得依海商法第二十四條第一項第四款之規定,以第四優先之順序向 B 主張船舶優先權。

3. X 輪之運送人就貨物之腐敗不得主張免責

依海商法第六十二條之規定,「使貨艙、冷藏室及其他供載運貨物部分適合於受載、運送與保存」,係屬船舶適航能力之一部分,此謂之載貨能力。本件「輸送冷凍空氣之風扇故障」,雖與「船體之航行能力」〔日:船体能力(せんたいのうりょく);德:Seetüchtigkeit des Schiffskörpers〕、「船舶之運行能力」〔日:運航能力(うんこうのうりょく);德:Reisetüchtigkeit des Schiffes〕無關,但卻屬「船舶之載貨能力」〔英:cargoworthiness;日:堪貨能力(たんかのうりょく);德:Ladungstüchtigkeit des Schiffes〕之一部分,故亦屬「船舶適航能力」之問題。因此「輸送冷凍空氣之風扇故障」若發生於「發航前及發航時」,而運送人未盡必要之注意及措置即貿然發航時,運送人應負船舶不適航之責任(§62)。反之,「輸送冷凍空氣之風扇故障」若發生於船舶發航之後,則運送人無須負船舶不適航之責任,但因其「輸送冷凍空氣之風扇故障」係屬「直接」「必然」影響貨物安全之過失,運送人仍應負商業上過失之責任,即貨品處理過失之責任,此乃我國海商法第六十三條所規定之責任。在此情況,X 輪之運送人縱然已盡船舶適航能力義務,亦絕對不得主張基於「航海過失」之法定免責。航海過失,係指就航行或船舶本身之處理上,船長或其他船員所犯之過失,航海過失必須以該過失「非直接」且「非必然」影響貨物安全為要件。因本件「輸送冷凍空氣之風扇故障」與「貨物之毀損滅失」並非「非直接」且「非必然」之關係,故不得主張基於航海過失之法定免責。

綜觀上述,可得下列判斷:

(1)本件「輸送冷凍空氣之風扇故障」,若係發生於「發航前及發航時」,而運送人未盡相當注意即貿然發航時,運送人應負海商法第六十二條船舶不適航之責任,當然無法主張法定免責(§69)。

(2)若本件「輸送冷凍空氣之風扇故障」，係屬「發航前及發航時」縱盡相當注意仍無法發現之隱有瑕疵時，或「輸送冷凍空氣之風扇故障」係發生於發航之後時，運送人無須負船舶不適航之責任，但仍應依海商法第六十三條之規定，負損害賠償之責任。此係基於商業過失所發生之損害賠償責任，縱有免責條款之約定，亦不得免除其責。

因此本件「輸送冷凍空氣之風扇故障」，無論發生於「發航前及發航時」，或發生於發航之後，船運送人 A 就海鮮之腐敗均不得主張免責。

(二)海上或航路上之危險、災難或意外事故

本款係參照「1924 年海牙規則」第四條第二項第 (c) 款及「1968 年海牙威士比規則」第四條第二項第 (c) 款所為之規定。依「1924 年海牙規則」及「1968 年海牙威士比規則」之規定，就「海上或其他可供航行水面上之危險、危難或意外事故」(Perils, dangers and accidents of the sea or other navigable waters) 所生或所致之滅失或毀損，運送人 (carrier) 或船舶 (ship) 不負責任。

本款所規定之「海上或航路上之危險、災難或意外事故」，即為英美法上所謂之「海之危險」(perils of the sea)。海之危險〔英：perils of the sea；日：海の危険（うみのきけん）〕者，乃指海浪、海嘯、碰撞、觸礁等海洋或航海所特有（固有）之危險或意外事故也。此等海之危險，係基於海上之自然力而發生，既非人力所能參與，亦非人力所能避免或防止，因此不得歸責於運送人或船舶所有人，運送人或船舶所有人自得不負責任。易言之，若能證明船舶本具適航能力（§62）或發航前及發航時已盡船舶適航能力之注意義務，僅因遭遇「海上或航路上之危險、災難或意外事故」（海之危險），以致貨物發生毀損滅失時，運送人或船舶所有人即得依據本款主張法定免責。

(三)非由於運送人本人之故意或過失所生之火災

本款係參照「1924 年海牙規則」第四條第二項第 (b) 款及「海 1968 年牙威士比規則」第四條第二項第 (b) 款所為之規定。依「1924 年海牙規則」

及「1968 年海牙威士比規則」之規定，就「失火。但係由運送人之實際過失或知情者，不在此限。」(Fire, unless caused by the actual fault or privity of the carrier.) 所生或所致之滅失或毀損，運送人 (carrier) 或船舶 (ship) 不負責任。

在英美法上，過失有實際過失及擬制過失之別。實際過失 (actual fault) 者，乃指本人之過失也。在英美法上，actual fault 常與 or privity 連用，actual fault or privity 者，乃指本人之故意（知情）或過失也。因本人之故意或過失所發生之責任，亦即因自己之有責行為所發生之責任，謂之自己責任 (personal liability)[18]。擬制過失 (constructive fault) 者，乃指履行輔助人之過失也。因擬制過失所發生之責任，亦即因他人之有責行為所發生之責任，謂之代位責任 (vicarious liability)[19]。

依本款之規定，除天然之火外，就火災之發生，若運送人本人未有故意或過失，亦即若運送人本人未有過失、參與（故意）或知情（明知）者，對於因火災所發生之毀損或滅失，運送人或船舶所有人不負賠償責任。

至於火災應於何時發生始能主張本款之法定免責？吾人以為，應於貨物離船前之火災始能主張本款之法定免責。因本條之所以規定運送人或船舶所有人不負責任，乃因在運送途中，運送人或船舶所有人對於船長、海員、引水人或運送人之受僱人之行為，無法充分監督之故。貨物離船之後，此等理由已不復存在，自不應再使運送人或船舶所有人不負責任也。再者，就一般法規之解釋原則而言，本條法定免責規定之結果，對於第三人（貨物所有人）之權益影響甚大，理應採取限縮解釋，自不宜將之擴張至「離船後」之火災也。因此雖然最高法院曾有判決（例如 1978 臺上字 233），認為貨物離船後交付前所發生之火災，仍有本款法定免責之適用。然而基

---

[18] 鴻常夫、北沢正啓，《英米商事法辞典》，商事法務研究会，昭和 61 年 3 月 25 日初版第 1 刷發行，p. 18。

[19] 甘其綬，〈最高法院 68 年臺上字第 196 號判例要旨之商榷〉，《保險季刊》，第 51 期，p. 83。

於上述之理由，本人仍認為本款所謂之火災，應僅限於貨物離船前之火災，對於貨物所有人之權益始不至於傷害過大。

本款於 1999 年修正前，舊法僅以第一一三條之第三款規定為「失火」。修法前對於「失火」之解釋，頗有爭議。學界與實務界，見解不一，而學界之中又眾說紛紜，莫衷一是。茲簡述於下：

1.實務界之見解

依實務界之見解，本款所謂之「失火」，係指非由於運送人或其履行輔助人之過失所引起之火災而言，易言之，運送人或船舶所有人得主張法定免責之「失火」，僅限於「天然之火」，其因運送人或其履行輔助人之過失行為，所引起之火災，均不得主張法定免責。例如最高法院 1979 年臺上字第 196 號判例即認為：「海商法第一一三條（現海§69）第三款以失火為運送人之免責事由，係指非由於運送人或其履行輔助人之過失所引起之火災而言。海牙規則（西元一九二四年載貨證券國際統一公約）就此明定為不可歸責於運送人事由所引起之火災，復明文排斥運送人知情或有實際過失所引起火災之適用，且不僅在於火災之引起更及於火災之防止。我國海商法雖未具體規定，然參酌第一一三條第十七款就運送人對自己或其履行輔助人之過失行為，不包括在免責事由之內，亦即運送人對此仍負其責任，相互比照，自可明瞭。是運送人未盡同法第一〇六條及第一〇七條之注意義務而引起之火災，尚難依失火之免責條款而主張免其責任。」最高法院1979 年臺上字第 853 號判例亦認為：「海商法第一〇六條第一項各款及第一〇七條，既對於運送人或船舶所有人課以各種必要之注意、措置及處置義務，同法第一一三條第十七款亦明定，非由於運送人或船舶所有人之故意或重大過失，或其代理人、受僱人之過失所發生之毀損或滅失，運送人或船舶所有人，始不負賠償責任。則同條第三款所謂失火，自難謂包括因運送人等違反上述注意、措置及處置義務所致之失火在內。」

2.學術界之見解

學術界之見解，又可分為下列三說：

⑴甲 說

主張甲說者認為，失火係因運送人履行輔助人之故意或過失所致者，亦有海商法第一一三條第三款之適用，運送人或船舶所有人亦得主張法定免責。例如施智謀教授即謂：「所謂火災免責的規定，係指運送人對他人的故意或過失所致的火災無須負責，其對於自己的故意或過失所致的火災，仍須按一般的規定，負其責任。所謂運送人自己的過失，並非自運送人以極積（註：應為「積極」之誤）的行為，親自點火，運送人因過失而不防止火災的發生時，亦屬運送人的過失。使用人的過失並非運送人自己的過失，所以運送人就其船長、海員或其他使用人的故意過失所致的火災，對貨物所有人，並無須負責。」❷⓿

楊仁壽先生亦認為：「海商法第一一三條第三款規定，因『失火』所發生之毀損或滅失，運送人不負賠償責任。所謂失火，參酌海牙規則之精神，應指運送人之履行輔助者故意或過失所致，或因自然之火引起之火災而發生之毀損或滅失而言；並不包括運送人自己之故意或過失在內。此觀該條之立法說明稱：『本條根據舊法第九十七條及美國海上貨物運送條例第一章第四條第二項修訂，因原條文對於船舶所有人運送人不負賠償責任之事故，僅以『因不可歸責……之事由』等字為一總括之規定，不若美國海上貨物運送條例第一章第四條第二項採列舉式之詳盡，故予參酌修正如上。』（按美國海上貨物運送條例第一章有關規定，與海牙規則之內容如出一轍）云云，可以明瞭。」❷①

⑵乙 說

主張乙說者認為，無論運送人本人或其履行輔助人對於失火有無過失，運送人對於失火所致貨物之毀損滅失，均可不負賠償責任。例如甘其綏先

---

❷⓿　施智謀，《海商法專題研究》，自版，瑞明彩色印刷有限公司印刷，1986 年 7 月 3 版，p. 64。

❷①　楊仁壽，《海商法論》，自版，文太印刷有限公司印刷，三民書局總經銷，1993 年 3 月印刷，p. 258。

生即謂:「我國現行海商法第一一三條免責規定係參照美國海上貨物運送條例第四節第二條修訂，該第二條與1924年統一載貨證券規則國際公約（簡稱海牙規則）第四條第二項規定完全相同，即運送人對於火燒所致貨物毀損滅失不負責任，但係由於運送人之實際過失或知情者不在此限 (Fire, unless caused by the actual fault or privity of the carrier)。過失有實際過失 (actual fault) 及擬制過失 (constructive fault) 之別；實際過失指本人之過失，擬制過失指履行輔助人之過失，依普通法規定本人亦應負責任者。上述但書指運送人本人之過失，並不包括其履行輔助人之過失。又『失火』乃過失所致之火。海商法第一一三條第三款故意排除上述但書限制，並明文規定為『失火』，而不用上述公約所稱之『火燒』，則不論運送人或其履行輔助人對於失火有無過失，運送人對於失火所致之貨物毀損滅失應均可不負賠償責任。」❷

⑶丙　說

主張丙說者認為，海商法第一一三條第三款所謂之火災，僅於運送人對於火災之發生，無實際之參與、過失時，始有免責之適用。例如梁宇賢教授即謂:「此項因火災所造成之損害，須非由於運送人之故意或過失，所引起之火災而言。換言之，須運送人對於火災之發生，未有實際之參與（即故意）、過失或未有明知之情事，始有免責之適用。」❸

目前國內學界，以甲說為通說。惟本人認為，海商法第一一三條第三款所謂之「失火」，除天然之火外，尚包括「因履行輔助人過失所致之火災」，至於學界通說所謂之「因履行輔助人故意所致之火災」應不包括在內。茲將本人之理由簡述如下：

⑴實務界之見解，不符國際立法之潮流

海牙規則之原文為 "Fire, unless caused by the actual fault or privity of

❷ 甘其綬，〈最高法院68年臺上字第196號判例要旨之商榷〉，《保險季刊》，第51期，p. 83。

❸ 梁宇賢，《海商法論》，三民書局印行，1992年8月修訂3版，p. 455。

the carrier"（非因運送人自己之過失或知情所引起之火災），依此規定之反面解釋，因「履行輔助人過失所致之火災」，應可主張法定免責。實務界之見解，將海商法第一一三條第三款之失火解釋為，「非由於運送人或其履行輔助人之過失所引起之火災」，將其僅限於「天然之火」，顯然不符海牙規則之精神，不符國際立法之潮流。

⑵若採實務界之見解，依海商法第一○七條之規定亦能導出相同之結果

若採實務界之見解，將「失火」解釋為非由於運送人或其履行輔助人之過失所引起之火災，除非天然之火，否則無論運送人或其履行輔助人，一有過失，即須負責。如此解釋，若依海商法第一○七條之規定「運送人對於承運貨物之裝卸、搬移、堆存、保管、運送及看守，應為必要之注意及處置」，亦能導出相同之結果，海商法第一一三條第三款「失火」之規定，勢將變成多此一舉之規定。

⑶就法條之用語而言，學界通說之見解仍有未妥之處

學界通說之見解認為，失火係因運送人或其履行輔助人之故意或過失所致者，亦有海商法第一一三條第三款之適用。然則吾人以為，「失火」者，乃指因過失或不小心而發生之火災也，其因故意引起之火災應為「放火」而非「失火」。本款規定之用語，既云「失火」而不曰「火災」，足見本款所謂之「失火」，應僅限於「因履行輔助人之過失所致之火災」，其「因履行輔助人之故意所致之火災」，應不在本款免責之範圍也。

⑷就法定免責之法理言之，法定免責之範圍不宜過度擴大

依一般法規解釋之原則，對於民商法上之「強制規定」、「例外規定」、「易於損及第三人利益之規定」等，吾人於解釋之時，宜採限縮解釋，不可過度擴大其範圍。就法定免責之法理言之，法定免責之適用，其損及第三人（債權人）之利益，遠甚於責任限制之制度，若將法定免責之範圍貿然擴張至「因履行輔助人之故意所致之火災」，其對債權人利益之保護而言，豈非過苛？

◈ **實例演習** ─────────────────────────────■

今設有某 A 將貨物一批託 B 海運公司以 X 輪運送至美國，因 X 輪海員抽煙不慎引起火災，致貨物毀損，在此情況，B 公司對 A 貨物之毀損，應否負賠償責任？就本案例，吾人以為：

(1)依實務界之見解，海商法第一一三條第三款之所謂「失火」，係指非由於運送人或其履行輔助人之過失所引起之火災。易言之，所謂「失火」，僅限於天然之火，運送人或船舶所有人始得主張法定免責。例如最高法院 68 年臺上字第 196 號判例即認為：「海商法第一百一十三條第三款以失火為運送人之免責事由，係指非由於運送人或其履行輔助人之過失所引起之火災而言。」

(2)依學界通說之見解，參酌海牙規則之精神，海商法第一一三條第三款之所謂「失火」，除自然之火外，尚應包括「非由於運送人自己之故意或過失」所引起之火災。其因運送履行輔助人故意過失所引起之火災，應在免責之範圍。

本件因海員抽煙不慎所引起火災，係屬因運送履行輔助人之過失所引起之火災，若依上述學界通說之見解，應在免責之範圍，B 公司對於 A 貨物之毀損，不必負擔賠償責任。反之，若依上述實務界之見解，其因運送履行輔助人過失所引起之火災，不得主張法定免責，B 公司對於 A 貨物之毀損，必須負擔賠償責任。

吾人以為，學界通說之見解，固較實務界之見解，符合海牙規則規定之原意，但吾人以為，學界通說之見解，仍有未妥之處，海商法第一一三條第三款所謂之「失火」，除天然之火外，尚包括「因履行輔助人過失所致之火災」，至於學界通說所謂之「因履行輔助人故意所致之火災」應不包括在內。理由如下：……（參前說明）

綜觀上述，若依吾人淺見，本件係屬運送履行輔助人過失所引起之火災，B 公司對於 A 貨物之毀損，無須負擔賠償責任。

㈣天　災

本款係參照「1924 年海牙規則」第四條第二項第 (d) 款及「1968 年海牙威士比規則」第四條第二項第 (d) 款所為之規定。依 1924 年海牙規則及「1968 年海牙威士比規則」第四條第二項第 (d) 款之規定，就「天災」(Act of God) 所生或所致之滅失或毀損，運送人 (carrier) 或船舶 (ship) 不負責任。

本款之立法理由，乃因天災並無人為 (acts of man) 之過失，不得歸責於運送人或船舶所有人，故運送人或船舶所有人不負賠償責任。天災 (Act of God) 者，乃指由於外界之力量，而非人力所能抗拒或避免之事故也，亦即，來自於外部之力量，縱然已盡交易觀念上通常所要求之注意或預防方法，亦無法防止損害之事實也。例如狂風、暴雨、海嘯、巨浪、雷電即是。

本款所謂之「天災」，相當於英美法上所謂之「海上危險」，海上危險〔英：perils on the sea；日：海上における危險 (かいじょうにおけるきけん)〕者，乃指可能引起海難之危險或意外事故也。海上危險固係海上所可能遭遇，而非人力所能抗拒或避免之事故，但非海上所特有。例如狂風、暴雨、雷電，固為海上所可能遭遇，而非人力所能抗拒或避免之事故，但陸上或空中亦可能發生，因此僅能算是本款之「天災」，而非本條第二款之「海之危險」(perils of the sea)，此即本款與第二款之區別也 ❷❹ 。

㈤戰　爭　行　為

本款係參照「1924 年海牙規則」第四條第二項第 (e) 款及「1968 年海牙威士比規則」(The Hagues-Visby Rules) 第四條第二項第 (e) 款所為之規定。依「1924 年海牙規則」及「1968 年海牙威士比規則」第四條第二項第 (e) 款之規定，就「戰爭行為」(Act of war) 所生或所致之滅失或毀損，運送人 (carrier) 或船舶 (ship) 不負責任。

本款之立法理由，乃因戰爭行為並非運送人或船舶所有人所能控制，不得歸責於運送人或船舶所有人，故運送人或船舶所有人不負賠償責任。

---

❷❹　鴻常夫、北沢正啓，《英米商事法辞典》，商事法務研究会，昭和 61 年 3 月 25 日初版第 1 刷發行，p. 582。

本款所謂之戰爭行為，有別於國際法上之戰爭行為，而應以商事之通念解釋之。易言之，此之所謂戰爭行為，不以國際法所定經由宣戰為要件，既不以外交關係之斷絕為必要，亦不以運送人或託運人所屬國家為限，不論國際戰爭或本國內戰，舉凡國家與國家間、政府與政府間、政治實體與政治實體間，以軍事武力為對抗之敵對行為均包括之。其損害之發生，不以戰爭行為直接所致者為限，只要其損害係因戰爭行為而發生或所導致 (arising or resulting from an act of war)，縱屬戰爭行為間接發生或所致之損害，亦得根據本款主張法定免責。例如在戰爭中，為躲避潛水艇之襲擊，貨輪高速行駛或彎曲蛇行，導致貨物毀損滅失，雖屬戰爭行為間接發生或所致之損害，亦得根據本款主張法定免責。

㈥暴　動

　　本款係參照「1924 年海牙規則」第四條第二項第 (k) 款及「1968 年海牙威士比規則」第四條第二項第 (k) 款所為之規定。依「1924 年海牙規則」及「1968 年海牙威士比規則」第四條第二項第 (k) 款之規定，就「暴動及民變」(Riot and civil commotion) 所生或所致之滅失或毀損，運送人 (carrier) 或船舶 (ship) 不負責任。

　　本款之立法理由，乃因暴動、民變及叛亂均非運送人或船舶所有人之故意或過失所引起，故運送人或船舶所有人得主張不負賠償責任。在英美之普通法 (common law) 上，暴動 (riot) 者，乃指三人以上之多數人 (three or more person)，從事缺乏法律根據之集合，以暴力騷亂之方式 (in a violent and turbulent manner) 妨害公共安全之行為也 ❷❺。民變 (civil commotion) 者，乃指以暴力之方式妨礙政府公權力 (interference with the powers of government by violent action)，介於無組織之暴動 (riot) 與有組織之內戰 (civil war) 間，具有共通目的之人民反亂行為 (an uprising of citizens) 也。民

---

❷❺　*Ballentine's Law Dictionary*, with pronunciations James A. Ballentine, Third Edition, Edited by William S. Anderson, Bancroft-Whitney Co., San Francisco, Calif, 1969, p. 1121.

變係較嚴重之暴動，但尚未達到叛亂 (rebellion) 或內戰 (civil war) 之程度。本款雖僅規定為「暴動」，但因暴動、民變及叛亂所發生之毀損滅失，運送人或船舶所有人均得根據本款主張不負賠償責任。此無論根據中文廣義「暴動」之文義解釋，或「舉輕明重」之立法原則，均可獲得同樣之結果。

㈦公共敵人之行為

本款係參照「1924 年海牙規則」第四條第二項第 (f) 款及「1968 年海牙威士比規則」第四條第二項第 (f) 款所為之規定。依「1924 年海牙規則」及「1968 年海牙威士比規則」第四條第二項第 (f) 款之規定，就「公共敵人之行為」(Act of public enemies) 所生或所致之滅失或毀損，運送人 (carrier) 或船舶 (ship) 不負責任。

本款之立法理由，乃因公共敵人之行為，非關運送人或船舶所有人之故意過失，不得歸責於運送人或船舶所有人，因此本款規定運送人或船舶所有人不負賠償責任。例如交戰中，為避免敵對國之捕獲，將船舶駛入中立國之港口避難，以致託運貨物發生毀損滅失者，運送人應可根據本款之規定，主張法定免責。

公共敵人 (public enemies) 者，乃指與本國交戰之國家及其國民，或援助交戰國之國家及其國民也。公共敵人之概念，源自於早期英國之「君王敵人」及「國敵行為」(act of the Queen's enemies)，而其範圍則較「君王敵人」及「國敵行為」更為廣泛，部分學者更認為，公海上之海盜，係人類之公敵，因此「公海上之海盜」(a pirate on the high seas)，亦屬此之所謂公共敵人 (to include pirates or robbers on the high seas)❷⑥。

㈧有權力者之拘捕、限制或依司法程序之扣押

本款係參照「1924 年海牙規則」第四條第二項第 (g) 款及「1968 年海牙威士比規則」第四條第二項第 (g) 款所為之規定。依「1924 年海牙規則」及「1968 年海牙威士比規則」第四條第二項第 (g) 款之規定，就「君主、

---

❷⑥ *Carver's Carriage by Sea*, Thirteenth Edition, by Raoul Colinvaux, London, Stevens & Sons, 1982, Volume 1, p. 14.

統治者或人民之拘捕或管制，或依法律程序之扣押」(Arrest or restraint of princes, rulers or people, or seizure under legal process) 所生或所致之滅失或毀損，運送人 (carrier) 或船舶 (ship) 不負責任。

　　本款之立法理由，乃因拘捕、限制（管制）或扣押，均基於國家統治權之行使而發生，與運送人或船舶所有人之故意過失無關，不得歸責於運送人或船舶所有人，因此基於此等事由所發生之毀損滅失，無論直接或間接，運送人或船舶所有人均不負賠償責任。惟運送人或船舶所有人明知有此禁令而故意違反者，不得主張免責。例如明知政府設有禁運、封港之命令，卻故意違反之，在此情況，運送人或船舶所有人不得主張本款之法定免責❷。

　　本款之所謂有權力者，係指政府而言，而非個人。拘捕 (arrest) 者，乃指依法拘束他人身體自由，使其出庭應訊之行為也。限制（管制，restraint）者，乃指基於公權力所為之禁制行為也。扣押 (seizure) 者，乃指依法對於得為犯罪證據或可供沒收之物暫行留置之處分行為也。易言之，將得為犯罪證據或可供沒收之物，依法由檢察官或法院，自持有人之手，移轉歸其持有，且代行保管之強制處分也。所謂「依司法程序之扣押」(seizure under legal process) 者，係指依確定判決之強制執行或清償程序中所為船舶或貨物之查封而言。本款所謂之「有權力者之拘捕、限制或依司法程序之扣押」，不限於對船舶、對貨物之限制、扣押，對於船員之拘捕、限制亦包括在內，而且無論為戰爭時期之處分或平常時期之處分，均屬之，即使被強制出入港亦包括在內❷。

(九)檢疫限制

　　本款係參照「1924 年海牙規則」第四條第二項第 (h) 款及「1968 年海牙威士比規則」第四條第二項第 (h) 款所為之規定。依「1924 年海牙規則」

❷　梁宇賢，《海商法論》，三民書局印行，1992 年 8 月修訂 3 版，p. 456。

❷　楊仁壽，《海商法修正評釋》，自版，文太印刷有限公司印刷，三民書局總經銷，1997 年 12 月印刷，p. 239。

及「1968 年海牙威士比規則」第四條第二項第 (h) 款之規定，就「檢疫限制」(Quarantine restrictions) 所生或所致之滅失或毀損，運送人 (carrier) 或船舶 (ship) 不負責任。

本款之立法理由，乃因檢疫限制係屬政府依法令之行為，與運送人或船舶所有人之故意過失無關，不得歸責於運送人或船舶所有人，因此本款規定運送人或船舶所有人不負賠償責任。例如船上牲口患有口蹄疫之傳染病，港務機關禁止該船舶上岸，就其貨物之毀損或滅失，運送人或船舶所有人不負賠償責任。雖然同屬政府依法令之行為，但既有本款之特別規定，其因「檢疫限制」所發生之毀損滅失，自不得再依前述第八款主張法定免責。

檢疫限制 (Quarantine restrictions) 者，乃指為防止傳染病或瘟疫之蔓延擴大，對於來自疫區或發生傳染病之船舶，使其與岸上隔絕往來之限制也。其限制方法，或將該船留置於特定地點，或命該船停泊於特定地區，非經許可，該船之船員或貨物不得上岸。

㈩罷工或其他勞動事故

本款係參照「1924 年海牙規則」第四條第二項第 (j) 款及「1968 年海牙威士比規則」第四條第二項第 (j) 款所為之規定。依「1924 年海牙規則」及「1968 年海牙威士比規則」第四條第二項第 (j) 款之規定，就「罷工、封閉、停工、強制休工，不問原因為何，亦不問其為全部性或局部性」(Strikes or lockouts or stoppage or restraint of labour from whatever cause, whether partial or general.) 所生或所致之滅失或毀損，運送人 (carrier) 或船舶 (ship) 不負責任。

本款之立法理由，乃因罷工或此等勞動事故，無關運送人或船舶所有人之故意過失，不得歸責於運送人或船舶所有人，因此本款明文規定，運送人或船舶所有人不負賠償責任。

罷工 (strike) 者，乃指工人或勞工團體，或為提高工資，或為改善工作條件，或為表示苦情，或為其他原因，所為一致拒絕工作之行為也。所謂

其他原因,例如為支持或同情其他工人即是。本款所謂之「其他勞動事故」,係指海牙規則第四條第二項第 (j) 款所謂之封閉、停工、強制休工等事故而言。封閉 (lockouts) 者,乃指以對付勞工為目的,雇主所為封鎖工作場所,以停止提供工作機會之行為也。所謂以對付勞工為目的,例如為迫使勞工停止罷工、為迫使勞工接受其所提條件即是。「封閉」係與「罷工」相對之用語。停工 (stoppage) 者,乃指因雇主怠於相當報酬之給付,勞工所為停止勞務給付之行為也。強制休工 (restraint of labour) 者,乃指因外在因素之限制,使勞工之勞務給付成為給付不能之事實也。例如因戰爭之爆發或瘟疫之流行,勞工無法前往工作場所,以致勞務給付成為給付不可能即是。本款所謂之「其他勞動事故」,係指前述封閉、停工、強制休工等事故而言。

㈡救助或意圖救助海上人命或財產

本款係參照「1924 年海牙規則」第四條第二項第 (l) 款及「1968 年海牙威士比規則」第四條第二項第 (l) 款所為之規定。依「1924 年海牙規則」及「1968 年海牙威士比規則」第四條第二項第 (l) 款之規定,就「救助或意圖救助海上人命或財產」(Saving or attempting to save life or property at sea) 所生或所致之滅失或毀損,運送人 (carrier) 或船舶 (ship) 不負責任。

本款之立法理由,旨在與本法第七十一條規定相互呼應。海商法第七十一條規定:「為救助或意圖救助海上人命、財產,或因其他正當理由偏航者,不得認為違反運送契約,其因而發生毀損或滅失時,船舶所有人或運送人不負賠償責任。」足見,為救助或意圖救助海上人命、財產,因而發生毀損或滅失時,船舶所有人或運送人不負賠償責任。本款之如此規定,正可與本法第七十一條規定相互呼應。惟本款與本法第七十一條,並非重複之規定。雖然兩者均以「為救助或意圖救助海上人命、財產」為要件,但本法第七十一條係屬有關偏航之規定,旨在規定偏航之正當理由,對於此等偏航所生之毀損滅失,運送人或船舶所有人不負賠償責任;反之,本款則屬有關法定免責之規定,旨在規定對於因海難救助所生之毀損滅失,運送人或船舶所有人不負賠償責任,兩者之立法旨趣及規定內容,雖然表

面類似,然而實質不同。

㈢包裝不固

本款係參照「1924 年海牙規則」第四條第二項第 (n) 款及「1968 年海牙威士比規則」第四條第二項第 (n) 款所為之規定。依「1924 年海牙規則」及「1968 年海牙威士比規則」第四條第二項第 (n) 款之規定,就「包裝不固」(Insufficiency of packing) 所生或所致之滅失或毀損,運送人 (carrier) 或船舶 (ship) 不負責任。

本款之立法理由,乃因包裝不固,本屬託運人之過失,事實上運送人或船舶所有人以一對眾,無法件件加以檢查,不得歸責於運送人或船舶所有人,因此本款明文規定,運送人或船舶所有人不負賠償責任。

包裝不固 (Insufficiency of packing) 者,乃指託運人對於託運貨物之包裝,未符一般航運慣例上之要求,以致在通常之注意及搬運下,無法防止一般損害發生之事實也。例如對於易碎之玻璃製品,未依一般航運慣例以保麗龍作防碎包裝即是。包裝是否不固,屬事實認定問題,一般而言,應就該託運貨物之種類、航運之性質、裝載之場所等情況,依一般航運之慣例,綜合地、客觀地、具體地判斷之。若其包裝,依一般航運之慣例,以通常之注意及在通常之搬運狀況下,足以防止一般損害之發生者,即非本款所謂之「包裝不固」。運送人或船舶所有人,就「包裝不固」之事實應負舉證責任,始得主張本款之法定免責。尤其於清潔載貨證券之場合,運送人或船舶所有人更不得動輒以包裝不固作為法定免責之藉口。

㈢標誌不足或不符

本款係參照「1924 年海牙規則」第四條第二項第 (o) 款及「1968 年海牙威士比規則」第四條第二項第 (o) 款所為之規定。依「1924 年海牙規則」及「1968 年海牙威士比規則」第四條第二項第 (o) 款之規定,就「標誌不充足或不適當」(Insufficiency or inadequacy of marks) 所生或所致之滅失或毀損,運送人 (carrier) 或船舶 (ship) 不負責任。

本款之立法理由,乃因標誌不足或不符,本易造成誤卸或誤交,不得

歸責於運送人或船舶所有人，何況依海商法第五十五條第一項之規定，「託運人對於交運貨物之名稱、數量，或其包裝之種類、個數及標誌之通知，應向運送人保證其正確無訛，其因通知不正確所發生或所致之一切毀損、滅失及費用，由託運人負賠償責任。」因此因標誌不足或不符，運送人不但無須負責，倘若運送人因此而受損害時，運送人尚得向託運人請求損害賠償。

　　本款所謂之「標誌不足」(Insufficiency of marks)，相當於海牙規則所謂之「標誌不充足」，乃指標誌之清晰度不夠充足，以致難以識別之事實也。例如標誌模糊不清，難以識別即是。本款所謂之「標誌不符」，相當於海牙規則所謂之「標誌不適當」(Inadequacy of marks)，乃指標誌之表示，未恰其分，以致難以識別之事實也。例如明明為嬰兒奶粉，卻以豬狗為標誌即是。

㈥因貨物之固有瑕疵、品質或特性所致之耗損或其他毀損滅失

　　本款係參照「1924 年海牙規則」第四條第二項第 (m) 款及「1968 年海牙威士比規則」第四條第二項第 (m) 款所為之規定。依「1924 年海牙規則」及「1968 年海牙威士比規則」第四條第二項第 (m) 款之規定，就「因貨物之固有瑕疵、性質或缺陷所生之體積或重量之消耗或其他滅失或毀損」(Wastage in bulk or weight or any other loss or damage arising from inherent defect, quality or vice of the goods) 所生或所致之滅失或毀損，運送人 (carrier) 或船舶 (ship) 不負責任。此等免責，學術界稱為「貨物固有瑕疵之免責」。

　　本款之立法理由，乃因本款所列損害之發生，無關運送人或船舶所有人之故意過失，不得歸責於運送人或船舶所有人，因此本款明文規定，運送人或船舶所有人不負賠償責任。本款所謂之「貨物之固有瑕疵」，乃指與貨物之使用等外在因素無關，存在於貨物本身而不易被發現之隱有瑕疵也。

　　本款所謂之「貨物之品質」，相當於海牙規則之「貨物之性質」(Quality of the goods)，乃指基於貨物之品類，在運送途中難免發生物理變化或化學

變化之本質也。本款所謂之「貨物之特性」，相當於海牙規則之「貨物之缺陷」(vice of the goods)，乃指基於貨物之特殊性質，在運送途中難免發生物理變化或化學變化之事實也。本款所規定「貨物固有瑕疵之免責」，通常以水果、蔬菜、穀類、豆類之運送最易發生，例如蔬菜果類之運送，因期間之長久，鮮度難免減弱；大量穀物之運送，因水分之蒸發，重量難免略有短缺，而此等損害之發生，無關運送人或船舶所有人之故意過失，不得歸責於運送人或船舶所有人，因此本款明文規定，運送人或船舶所有人不負賠償責任。

(主)貨物所有人、託運人或其代理人、代表人之行為或不行為

本款係參照「1924 年海牙規則」第四條第二項第 (i) 款及「1968 年海牙威士比規則」第四條第二項第 (i) 款所為之規定。依「1924 年海牙規則」及「1968 年海牙威士比規則」第四條第二項第 (i) 款之規定，就「託運人或貨物所有人或其代理人或代表人之行為或不行為」(Act or omission of the shipper or owner of the goods, his agent or representative) 所生或所致之滅失或毀損，運送人 (carrier) 或船舶 (ship) 不負責任。

本款之立法理由，乃因毀損滅失既由貨物所有人、託運人或其代理人、代表人之行為或不行為所引起，無關運送人或船舶所有人之故意過失，不得歸責於運送人或船舶所有人，因此本款規定，運送人或船舶所有人不負賠償責任。

本款所謂之代理人，應包括貨運承攬業者。而且本款所謂之「行為或不行為」，似應改為「作為或不作為」。行為者，乃指發端於人類意思之身體動靜也，亦即人類基於自發的意思所表現出來身體之動作或靜止狀態也，其動作狀態謂之作為，其靜止狀態謂之不作為。在法律用語上，有所謂「作為或不作為」，卻無所謂「行為或不行為」之用語，因此本款所謂之「行為或不行為」，似應修正為「作為或不作為」❷❾。所謂行為（作為），係指故意為不實之作為而言。例如，故意為不實之陳述、故意虛報數量即是。所

---

❷❾ 劉宗榮，《海商法》，自版，金華打字行印刷，1996 年 4 月初版 1 刷，p. 312。

謂不行為（不作為），係指故意不為事實之不作為而言。例如，明知其為易碎品卻故意不標示即是。再者，本款所謂之「代表人」，當貨物所有人或託運人為法人時，係指其董事長 (board of director) 或具有代表權限之高級職員 (managing officers) 而言，例如總經理、經理即是。

㈯船舶雖經注意仍不能發現之隱有瑕疵

本款係參照「1924 年海牙規則」第四條第二項第 (p) 款及「1968 年海牙威士比規則」第四條第二項第 (p) 款所為之規定。依「1924 年海牙規則」及「1968 年海牙威士比規則」第四條第二項第 (p) 款之規定，就「以相當注意所不能發現之隱有瑕疵」(Latent defect not discovered by diligence) 所生或所致之滅失或毀損，運送人 (carrier) 或船舶 (ship) 不負責任。此等免責，在學理上稱為「隱有瑕疵之免責」。

本款之立法理由，旨在與本法第六十二條之規定相互呼應，而且隱有瑕疵既為以通常之注意仍無法發現之缺陷，無關運送人或船舶所有人之故意過失，不得歸責於運送人或船舶所有人，故本款規定，運送人或船舶所有人不負賠償責任。

前述國際公約所謂之「隱有瑕疵」本指船舶之隱有瑕疵而言，故本法於承襲前述國際公約時，特將之規定為「船舶雖經注意仍不能發現之隱有瑕疵」。隱有瑕疵〔英：latent defect；日：隠れた瑕疵，固有の瑕疵（かくれたかし，こゆうのかし）〕者，乃指以通常之注意仍無法發現之缺陷也。既為以通常之注意仍無法發現之缺陷，無關運送人或船舶所有人之故意過失，不得歸責於運送人或船舶所有人，故本款規定，運送人或船舶所有人不負賠償責任。

本款與本法第六十二條相互呼應之規定，但並非重疊之規定。依本法第六十二條之規定，運送人或船舶所有人，若於發航前及發航時，對於船舶適航能力之事項，已為必要之注意及措置，則對於船舶之隱有瑕疵，免負船舶不適航之責任，即不負海商法第六十二條之責任。但不負海商法第六十二條之責任，尚有可能負擔海商法第六十三條之責任（違反「貨物照

管義務」之責任);反之,依本款之規定,運送人或船舶所有人若能證明,貨物之毀損或滅失,係基於「船舶雖經注意仍不能發現之隱有瑕疵」而發生,則運送人或船舶所有人不負賠償責任,不再考慮是否負擔海商法第六十三條責任之問題。

㈗**其他非因運送人或船舶所有人本人之故意或過失及非因其代理人、受僱人之過失所致者**

本款係參照「1924 年海牙規則」第四條第二項第 (q) 款及「1968 年海牙威士比規則」第四條第二項第 (q) 款所為之規定。依「1924 年海牙規則」及「1968 年海牙威士比規則」第四條第二項第 (q) 款之規定,就「其他非因運送人之實際過失或知情,或非因其代理人、受僱人之過失或疏忽所生之其他事由」(Any other cause arising without the actual fault or privity of the carrier, or without the fault or neglect of the agents or servants of the carrier) 所生或所致之滅失或毀損,運送人 (carrier) 或船舶 (ship) 不負責任,「但主張免責者,對於運送人無實際過失或不知情,並其代理人亦無過失或疏忽,應負舉證責任。」(But the burden of proof shall be on the person claiming the benefit of this exception to show that neither the actual fault or privity of the carrier nor the fault or neglect of the agents or servants of the carrier contributed to the loss or damage) 本款所謂之「本人之故意或過失」相當於海牙規則之「實際過失或知情」(the actual fault or privity)。本文所謂之「過失」,相當於本法第六十三條之未為「必要之注意及處置」而言。本款因有「其他」(Any other cause) 二字之用語,國內論者多謂本款係本條第一款至第十六款之概括規定 ❸。惟依一般法律之解釋原則,若前述各款為列舉規定,而最後一款為概括規定時,該最後一款之概括規定,須於前述各款所未規定,但性質上類似之事由,始有適用。例如民法第一二六條規定:「利息、紅利、租金、贍養費、退職金及其他一年或不及一年之定期給付債權,其各期給付請求權,因五年間不行使而消滅。」其中「利息、紅利、租金、贍養費、

---

❸ 梁宇賢,《海商法論》,三民書局印行,1992 年 8 月修訂 3 版,p. 459。

退職金」係屬例示規定，而「其他 (any other) 一年或不及一年之定期給付債權」，係屬概括規定，因此等債權均屬容易累積之債權，且其受領證據亦多保存不易，因具有類似之性質，故民法予以概括之規定，一律定以較短之消滅時效期間。反觀海商法第六十九條第一款至第十六款之規定，其間各款之規定，既無類似之性質，亦無共通之要件，因此吾人以為，本款與前十六款之規定，並無「列舉」與「概括」之關係。對於此點，甚多英美之海商學者，亦持否定之態度，例如 Sir John F. Wilson 即謂：「有鑑於前述十六款免責事項之不同性質，"any other cause" 一詞，在此情況，似乎少有『同種（同類）解釋法則』(ejusdem generis rule, eiusdem generis) 適用之可能，因此第 (q) 款之規定，應非前述十六款之概括規定。」(In view of the disparity of the preceding sixteen specified exceptions there seems little possibility of applying the traditional eiusdem gencris interpretation to the phrase"any other cause" in this context, and the words must accordingly be taken on their face value.) [31]其他例如 Sir Alan Abrahama Mocatta [32], Sir Willian Tetley [33], Sir Wharton Poor [34] 等位海商大師亦均持否定見解，認為第 (q) 款之規定，與前十六款之規定，在性質上缺乏類似之處，在此情況之下，應無「同種（同類）解釋法則」(ejusdem generis rule, eiusdem generis) 適用之可能，因此第 (q) 款並非前十六款之概括規定。

前十六款係針對「航海過失」所為之規定，而本款係針對「商業過失」所為之規定。易言之，運送人或船舶所有人須盡船舶適航能力義務（本法

---

[31] John F. Wilson, *Carriage of Goods by Sea*, Pitman Publishing, 1st ed., 1988, p. 255.

[32] Alan Abraham Mocatta, *Scrutton on Charterparties and Bills of Lading*, London, Sweet & Maxwell, 19th ed., 1984, p. 450.

[33] Willian Tetley, *Marine Cargo Claims*, 3rd ed., 1988, p. 515.

[34] Wharton Poor, *American Law of Charter Parties and Ocean Bills of Lading*, 4th ed., 1968, p. 186.

§62）之後，始能主張本條第一款至第十六款之法定免責。本來運送人或船舶所有人違反「貨物照管義務」（本法 §63）時，即應負賠償責任，縱有免責約款亦無法免除此等基於商業過失之賠償責任，為減輕運送人或船舶所有人之責任，乃於法定免責中再設本款之規定，作為本法第六十三條之反面概括規定，若運送人或船舶所有人能證明該貨物之毀損滅失係「非因運送人或船舶所有人本人之故意或過失及非因其代理人、受僱人之過失所致」時，即可獲得免責。依據本款主張法定免責時，應由何人負舉證責任？此點海商法雖無明文之規定，但根據前述海牙規則之規定，「但主張免責者，對於運送人無實際過失或不知情，並其代理人亦無過失或疏忽，應負舉證責任。」根據民事訴訟法第二七七條之規定，「當事人主張有利於己之事實者，就其事實有舉證之責任。」及民法第六三四條之規定，「運送人對於運送物之喪失、毀損或遲到，應負責任。但運送人能證明其喪失、毀損或遲到，係因不可抗力，或因運送物之性質，或因託運人或受貨人之過失而致者，不在此限。」其舉證責任應由運送人或船舶所有人負擔之。易言之，運送人或船舶所有人若欲根據本款主張免責，必須舉證證明，貨物之毀損滅失「非因運送人或船舶所有人本人之故意或過失及非因其代理人、受僱人之過失所致者」始可。

1999 年修法前，對於本款之規定，舊海商法僅以第一一三條第十七款規定「非由於運送人或船舶所有人之故意或重大過失，或其代理人、受僱人之過失所發生之毀損或滅失」。舊法對於本款之立法技術，頗受爭議，而且對於本款舊法規定之解釋，學術界與實務界之見解又頗不一致。茲簡述如下：

1. 實務界之見解

實務界之見解認為，海商法第一一三條第一款至第十六款之規定為「例示規定」，第十七款之規定為「概括規定」 (catch-all clause, catch all exceptions)，因此解釋海商法第一一三條第一款至第十六款時，得以第十七款為詮釋之參考。例如最高法院 1979 年臺上字第 196 號判例即認為：「海

商法第一一三條（註：現海 §69）第三款以失火為運送人之免責事由，係指非由於運送人或其履行輔助人之過失所引起之火災而言。海牙規則（西元 1924 年載貨證券國際統一公約）就此明定為不可歸責於運送人事由所引起之火災，復明文排斥運送人知情或有實際過失所引起火災之適用，且不僅在於火災之引起更及於火災之防止。我國海商法雖未具體規定，然參酌第一一三條第十七款就運送人對自己或其履行輔助人之過失行為，不包括在免責事由之內，亦即運送人對此仍負其責任，相互比照，自可明瞭。」

2.學術界之見解

學術界之見解，又分為下列兩種：

(1)甲　說

主張甲說者認為，海商法第一一三條第一款至第十六款之規定為「例示規定」，第十七款之規定為「概括規定」。其理由為，第十七款之規定漏列「其他」二字，第十七款之規定本係直接仿自「1936 年美國海上物品運送法」第四條第二項第 (q) 款，間接仿自「1924 年海牙規則」第四條第二項第 (q) 款之規定；「1936 年美國海上物品運送法」第四條第二項第 (q) 款之規定，與「1924 年海牙規則」第四條第二項第 (q) 款之規定相同，其原文為「其他非因運送人之實際過失或知情，或非因其代理人、受僱人之過失或疏忽，所生之其他事由……」(Any other cause arising without the actual fault or privity of the carrier or without the fault or neglect of the agents or servants of the carrier, ...)。「其他」二字，顯係立法者過失之漏列，因此解釋之時，必須參酌原文之規定，以便正本清源。例如桂裕教授即謂：「外國法律及公約之文字宜斟酌推敲，尤以海牙規則原文為然，以明其真意之所在，例如，我國海商法第一一三條第十七款，文字上實漏列『其他』一語，以致文義含糊；於此情形，應以國際公約之文字予以補充。」 ❸❺ 張東亮教授亦認為：「第十七款卻不同，本款有概括作用。此一『概括』性負責規定，

---

❸❺　桂裕，《海商法新論》，國立編譯館出版，正中書局發行印刷，1982 年 9 月臺 9 版，p. 325。

毫無疑問的,『規則創建的意圖為保護運送人,使貨物受損害時,無論其毀損原因是否已經由規則之特別免責條款訂明,除非是運送人的過失或明知,或是其代理人或受僱人的錯誤或過失,始負責任。』本款在前十六款列舉規定之外,更予以概括性地免責規定。」 ㊱

(2)乙　說

主張乙說者認為,海商法第一一三條第十七款並非該條第一款至第十六款之「概括規定」,而係專就運送人對於商業上應為必要注意及處置,所為反面總括之規定。其理由為,海商法第一一三條各款之規定,本皆為「在過失責任主義下」之各自列舉規定,各款之間,並無相互統攝之關係,因此海商法第一一三條第十七款並非該條第一款至第十六款之「概括規定」。吾人解釋海商法第一一三條第一款至第十六款時,不得以第十七款為詮釋之參考。例如楊仁壽先生即謂:「海商法第一一三條各款之間,並無一定之關係,而係各款『併舉』,不相統攝。換言之,各款所規定之『不負賠償責任』,係一列舉規定。就第十七款而言,其固係一『過失責任主義』下之概括規定,但對第一款至第十六款而言,該第十七款則非為『例示規定』,第十七款亦非其餘十六款之『概括規定』。因之,詮釋第一款至第十六款之法意時,絕不能以第十七款之規定為其註腳,否則必失原意。」 ㊲

目前國內之實務界採甲說,學術界亦以甲說為通說,認為海商法第一一三條第一款至第十六款之規定為「例示規定」,第十七款之規定為「概括規定」。惟本人認為,就我國海商法之現行規定而言,似應以乙說為當。其理由如下:

A. 海商法第一一三條第十七款並非該條第一款至第十六款之概括規定

海商法第一一三條第十七款之規定與該條第一款至第十六款之規定,

㊱　張東亮,《海商法新論》,五南圖書出版公司,1989 年 1 月修訂初版,p. 344。

㊲　楊仁壽,《海上貨損索賠》,自版,文太印刷有限公司印刷,三民書局總經銷,1988 年 4 月再版,p. 198。

並無例示（列舉）規定與概括規定之關係。例如第十七款與第三款之間，並無關連，海商法第一一三條第三款之規定係就航海過失所為之規定，運送人須已盡海商法第一〇六條（現海§62）船舶適航能力義務，始能主張海商法第一一三條第三款「失火」之法定免責；若船舶之「失火」係由發航前及發航時船舶缺乏適航能力而引起者，運送人則不得主張海商法第一一三條第三款「失火」之法定免責。反之，海商法第一一三條第十七款之規定係就商業過失所為之規定，亦即係就海商法第一〇七條（現海§63）之規定（如上述）所為之反面概括規定。運送人若違反第一〇七條之規定時，即應負損害賠償責任，縱有免責約款，運送人亦無法免除基於商業過失之損害賠償責任。惟本法為減輕運送人之責任，乃再給予運送人一種免責之機會，亦即當運送人能證明貨物之毀損或滅失係「非由於運送人或船舶所有人之故意或重大過失，或其代理人、受僱人之過失所發生之毀損或滅失」時，即可獲得免責。

B. 縱未漏列「其他事由」一詞，亦未必能將第十七款解釋為概括規定

主張甲說者一口咬定，我國現行海商法第一一三條第十七款之規定，漏列「其他事由」(Any other cause) 一詞，故於解釋之時，忽視現行法規之文字，而改採「1936 年美國海上物品運送法」第四條第二項第 (q) 款及「1924 年海牙規則」第四條第二項第 (q) 款之規定，如此學問態度，似乎尚有商榷之餘地。因「仿自或參照某國或某公約之規定」，並不等同於「翻譯或抄襲某國或某公約之規定」，我國並非美國之殖民地，亦非美國之一州，無受美國法律拘束之必要。再者，我國並未簽署海牙規則，對我國而言，海牙規則僅具法理之效力；縱有簽署，亦因海牙規則成立於我國海商法修訂之前，亦無法依「新法優於舊法」之原則，優先我國現行海商法而適用。動輒藉口漏列某某文字，而否定其現有法條之規定，焉能維持法條規定之尊嚴乎？焉能維持法律適用之安定乎？

再者，縱未漏列「其他事由」(Any other cause) 一詞，將「1924 年海牙規則」第四條第二項第 (q) 款之規定原本照抄，亦未必能將第十七款解釋為

概括規定。事實上，對於「1924 年海牙規則」第四條第二項第 (q) 款之規定是否為該條第 (a) 款至第 (p) 款之概括規定，英美之海商學者，亦多持否定之態度，例如 Sir John F. Wilson 即謂：「有鑑於前述十六款免責事項之不同性質，"any other cause" 一詞，在此情況，似乎少有『同種（同類）解釋法則』(ejusdem generis rule, eiusdem generis) 適用之可能，因此第 (q) 款之規定，應非前述十六款之概括規定。」(In view of the disparity of the preceding sixteen specified exceptions there seems little possibility of applying the traditional eiusdem generis interpretation to the phrase "any other cause" in this context, and the words must accordingly be taken on their face value.)[38] 其他例如 Sir Alan Abrahama Mocatta[39], Sir Willian Tetley[40], Sir Wharton Poor[41]（註 16）等位海商大師亦均持否定見解，認為第 (q) 款之規定，與前十六款之規定，在性質上缺乏類似之處，在此情況之下，應無「同種（同類）解釋法則」(ejusdem generis rule, eiusdem generis) 適用之可能，第 (q) 款並非前十六款之概括規定。

吾人以為，一般而言，概括規定之適用，多於性質類似之事由，始有適用。例如民法第一二六條規定：「利息、紅利、租金、贍養費、退職金及其他一年或不及一年之定期給付債權，其各期給付請求權，因五年間不行使而消滅。」本條係規定定期給付請求債權之特別消滅時效，其期間為五年。其中「利息、紅利、租金、贍養費、退職金」係屬例示規定，而「其他 (any other) 一年或不及一年之定期給付債權」，係屬概括規定，因此等債

---

[38] John F. Wilson, *Carriage of Goods by Sea*, Pitman Publishing, 1st ed., 1988, p. 255.

[39] Alan Abraham Mocatta, *Scrutton on Charterparties and Bills of Lading,* London, Sweet & Maxwell, 19th ed., 1984, p. 450.

[40] Willian Tetley, *Marine Cargo Claims*, 3rd ed., 1988, p. 515.

[41] Wharton Poor, *American Law of Charter Parties and Ocean Bills of Lading*, 4th ed., 1968. p. 186.

權均屬容易累積之債權，且其受領證據亦多保存不易，因具有類似之性質，故民法予以概括之規定，一律定以較短之消滅時效期間。反觀海商法第一一三條第一款至第十七款之規定，其中某些事由係基於不可抗力（如天災），某些事由係基於政府公權力（如依法之拘捕、扣押、管制、徵用或沒收），某些事由係基於戰爭暴動之危險（如戰爭、暴動），各款之事由，並無類似之性質，各款之間，並無相互統攝之關係，因此縱未漏列「其他事由」一詞，亦未必能將第十七款解釋為第一款至第十六款之概括規定。

C. 概括規定之解釋，將使第十七款與第一款發生矛盾

第一款規定，「船長、海員、引水人或運送人之受僱人，因航行或管理船舶之行為而有過失者」，就本船承載貨物之毀損或滅失，運送人或船舶所有人不負賠償責任。第十七款規定，「非由於運送人或船舶所有人之故意或重大過失，或其代理人、受僱人之過失所發生之毀損或滅失」，運送人或船舶所有人始能不負賠償責任。第一款明明規定，因受僱人等人之航海過失所致貨物之毀損滅失，運送人或船舶所有人可以不負賠償責任，第十七款卻又規定，受僱人等人 ·有過失，運送人或船舶所有人必須負擔賠償責任，一方面規定「航海過失」得以免責，另一方面卻又規定「任何過失」皆不得免責，豈不矛盾乎？

為避免此等矛盾，吾人似應將第一款至第十七款解釋為併舉之規定，彼此之間，互無例示概括關係。例如本條之第一款係就航海過失所為之規定，運送人須已盡海商法第一〇六條（現行法 §62）船舶適航能力義務，始能主張海商法第一一三條第一款之法定免責，若貨物之毀損滅失係由發航前及發航時船舶缺乏適航能力而引起者，運送人則不得主張海商法第一一三條第一款之法定免責。反之，本條之第十七款係就商業過失所為之規定，亦即係就海商法第一〇七條（現行法 §63）之規定（如上述）所為之反面概括規定。運送人若違反第一〇七條（現行法 §63）之規定時，即應負賠償責任，縱有免責約款，運送人亦無法免除基於商業過失之損害賠償責任。惟本法為減輕運送人之責任，乃再給予運送人一次免責之機會，亦

即當運送人能證明貨物之毀損或滅失係「非由於運送人或船舶所有人之故意或重大過失,或其代理人、受僱人之過失所發生之毀損或滅失」時,即可獲得免責。

D. 「故意或重大過失」,應為 "the actual fault or privity" 之誤譯

第十七款之立法,極不合理。因依第十七款之規定,運送人或船舶所有人對於自己之行為,僅於「故意或重大過失」時,始應負責,而對於其代理人、受僱人之行為,只要稍有「通常之過失」(抽象之輕過失或具體之輕過失) 即應負責。對於自己之行為所負之責任較輕,對於他人之行為所負之責任反而較重,如此規定,不但不符立法之常理,而且有違海牙規則之原意❷。究其原因,海商法第一一三條第十七款之「故意或重大過失」,實係海牙規則原文 "the actual fault or privity" 之誤譯。

在英美法中,"privity" 本為「知情」、「認識」之意,將之譯成「故意」,或可差強人意。惟在英美法上,責任 (liability) 之體系則大致可分為下列兩種:

(1)自己責任:自己責任 (personal liability) 者,乃指因自己之有責行為所應負擔之責任也。

(2)代位責任:代位責任 (vicarious liability) 者,乃指因他人之有責行為所應負擔之責任也,例如,被使用人之有責行為,使用人即須負責之情形,即為代位責任。

自己責任者,乃指因自己之有責行為所應負擔之責任也,亦即因自己之過失或知情所應負擔之責任也。「自己之過失或知情」,在英美法上,其專門之法律用語即為 "the actual fault or privity"。在英美法上,"actual" 之語,本為自己本身行為或非他人行為之意思。反之,在大陸法上則無此觀念,在大陸法上,過失、責任 (culpa) 之體系則大致可分為下列兩種:

(1)重過失:重過失〔羅:culpa lata;英:gross negligence;日:重過失

---

❷ 施智謀,《海商法》,自版,瑞明彩色印刷有限公司印刷,1986 年 7 月再版,p. 204。

（じゅうかしつ）；德：grobe Fahrlässigkeit；法：faute lourde, faute grave〕者，乃指欠缺一般人之注意所犯之過失也。例如人壽保險之被保險人 A 自己開車，因闖越平交道，被火車撞斃，則係對於保險事故之發生，犯有重過失。

(2)輕過失：輕過失〔羅：culpa levis；英：slight negligence；日：輕過失（けいかしつ）；法：faute légère〕者，乃指重過失以外之過失也。輕過失又可分為下列兩種：

a. 抽象之輕過失

抽象之輕過失〔羅：culpa levis in abstracto；日：抽象的過失（ちゅうしょうてきかしつ）〕者，乃指欠缺善良管理人之注意所犯之過失也。亦即欠缺社會通念上對於具有某種職業或地位之人當然要求之客觀注意，所犯之過失也。在民法上，若單講過失，原則上係指抽象之輕過失而言。

b. 具體之輕過失

具體之輕過失〔羅：culpa levis in concreto；日：具体的過失（ぐたいてきかしつ）〕者，乃指欠缺處理自己事務同樣之注意所犯之過失也。

由上可知，在大陸法上，並無 "the actual fault or privity" 之觀念，因此當初導入海牙規則時，將之誤譯為「故意或重大過失」，其實英美法上之 "the actual fault or privity"，其真正之意思應為「非由於運送人或船舶所有人本身之過失或故意（知情）」也 ❹。

第二項　發航後突失適航能力者

海商法第六十二條規定：「I 運送人或船舶所有人於發航前及發航時，對於下列事項，應為必要之注意及措置：一　使船舶有安全航行之能力。二　配置船舶相當船員、設備及供應。三　使貨艙、冷藏室及其他供載運

---

❹　落合誠一，《運送責任の基礎理論》（商法研究第一），弘文堂，昭和 54 年 9 月 10 日初版第 1 刷發行，p. 370。

貨物部分適合於受載、運送與保存。II船舶於發航後因突失航行能力所致之毀損或滅失，運送人不負賠償責任。III運送人或船舶所有人為免除前項責任之主張，應負舉證之責。」依此規定，運送人或船舶所有人僅須於「發航前及發航時」，為必要之注意及措置，使船舶具有適航能力即可，因此船舶於發航後因突失航行能力所致之毀損或滅失，運送人不負賠償責任。

第三項　託運人於託運時故意虛報貨物之性質或價值者

海商法第七十條第一項規定：「託運人於託運時故意虛報貨物之性質或價值，運送人或船舶所有人對於其貨物之毀損或滅失，不負賠償責任。」本條所謂之虛報，兼指將貨物之價值「以少報多」及「以多報少」而言。因託運人之虛報，以致貨物毀損滅失，其責全在託運人，與運送人或船舶所有人無關，故運送人或船舶所有人不負賠償責任。再者，海商法第七十條第二項、第三項、第四項又規定：「II除貨物之性質及價值於裝載前，已經託運人聲明並註明於載貨證券者外，運送人或船舶所有人對於貨物之毀損滅失，其賠償責任，以每件特別提款權六六六・六七單位或每公斤特別提款權二單位計算所得之金額，兩者較高者為限。III前項所稱件數，係指貨物託運之包裝單位。其以貨櫃、墊板或其他方式併裝運送者，應以載貨證券所載其內之包裝單位為件數。但載貨證券未經載明者，以併裝單位為件數。其使用之貨櫃係由託運人提供者，貨櫃本身得作為一件計算。IV由於運送人或船舶所有人之故意或重大過失所發生之毀損或滅失，運送人或船舶所有人不得主張第二項單位限制責任之利益。」我國現行海商法有關單位限制責任，已改採特別提款權作為計算標準，其說明請參照本書「船舶所有人責任限制」之說明。

第四項　貨物未經船長或運送人同意而裝載者

海商法第七十二條規定：「貨物未經船長或運送人之同意而裝載者，運送人或船舶所有人，對於其貨物之毀損或滅失，不負責任。」本條係與本法第六十四條前後呼應之規定。

第五項　為救助或意圖救助海上人命、財產，或因其他正當理由偏航者

海商法第七十一條規定：「為救助或意圖救助海上人命、財產，或因其他正當理由偏航者，不得認為違反運送契約，其因而發生毀損或滅失時，船舶所有人或運送人不負賠償責任。」本條係與本法第六十九條第十一款相互呼應之規定，但其立法目的及內容，並未重疊，請參照本書「符合海商法第六十九條規定之免責事由者」之說明。

第六項　甲板運送而合乎海商法之規定者

海商法第七十三條規定：「運送人或船長如將貨物裝載於甲板上，致生毀損或滅失時，應負賠償責任。但經託運人之同意並載明於運送契約或航運種類或商業習慣所許者，不在此限。」

第三節　載貨證券

第一項　載貨證券之意義

一、概　說

載貨證券〔英：bill of lading；日：船荷証券（ふなにしょうけん）；德：Konnossement；法：connaisement〕者，乃指運送人或船長，於貨物裝載後，因託運人之請求，所發給載明運送物之裝載港、目的港及其他運送條款，由持有人得憑以受領或處分貨物之有價證券也。亦即，在海上物品運送契約中，由運送人或船長所填發給託運人，用以處分及受領運送物之一種有價證券也（§53）。載貨證券之英文，一般被簡寫為 B/L。

二、載貨證券與貨物運送之關係

一般而言，國際貿易之貨物運送，其流程大致如下：

1. 出口商 (seller) 與進口商 (buyer) 訂立貨物買賣契約
2. 進口商 (buyer) 向開狀銀行 (issuing bank) 申請信用狀 (L/C)

通常進口商於買賣契約成立後，即依買賣契約所定之付款條件，向與其素有來往之銀行，申請開發信用狀。

⑴**信用狀**

信用狀〔英：letter of credit, L/C；日：信用狀（しんようじょう）；德：Kreditbrief；法：lettre de crédit〕者，乃指銀行（開狀銀行）因顧客（通常為買方）之請求或指示，向第三人（通常為賣方）所簽發之一種書據 (instruments) 或函件 (letter) 也。易言之，乃指銀行（開狀銀行）因顧客（通

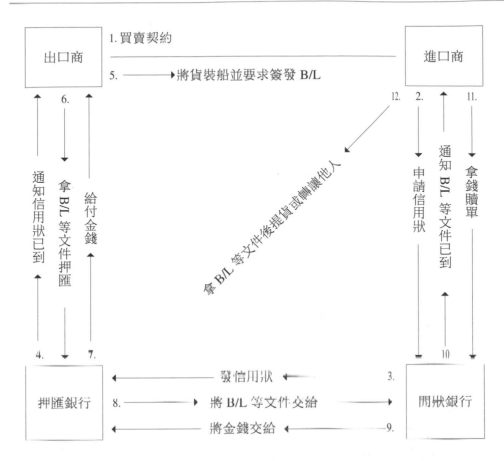

常為買方）之請求或指示，向第三人（通常為賣方）所簽發，委託在他地
之本行支行或其他銀行，在一定條件下向該第三人（通常為賣方）支付一
定金額，或向該第三人承諾，若能履行狀上所規定之條件，則該第三人得
按狀上所載條件簽發以該銀行（開狀銀行）或其所指定之他銀行為付款人
之匯票，並由其負擔承兌責任之一種書面也。

⑵開狀銀行

開狀銀行〔英：opening bank, issuing bank, credit writing bank；日：発
行銀行（はっこうぎんこう）、開設銀行（かいせつぎんこう）〕者，乃指因
開狀申請人 (applicant for the credit) 之要求，為其開發信用狀之銀行也。因
開狀銀行係對受益人（beneficiary，通常為賣方）所簽發之匯票或所提示之

單證 (documents) 擔保付款之銀行，故通常進口商所選擇之開狀銀行，多為與其有來往，且為國際貿易界所熟悉而對信用狀業務頗具經驗之銀行。出口商亦多指定開狀銀行須為信用卓著之銀行，因開狀銀行若在國際金融界毫無地位，則其所開之信用狀，將無足夠之信用，難以完成其任務也。

以信用狀作為付款方式，約有下列幾種優點：

A. 就開狀銀行而言，可以賺取手續費，亦即開狀銀行於開發信用狀時，可以向開狀申請人 (opener, applicant for the credit) 收取「開發信用狀手續費」(opening charge)，而且不用擔心進口商不願交錢贖單，因於開狀之前，進口商通常會設定最高限額之抵押，對開狀銀行將來可能發生之損害，提供擔保；開狀之時，多於「信用狀往來契約書」中授予開狀銀行提領貨物或處分貨物之權利，將來進口商不願交錢贖單時，開狀銀行即可提領貨物或處分貨物，就其拍賣金額求償。

B. 就出口商而言，只要將貨物交運，並向開狀銀行提供載貨證券等文件，即可獲得開狀銀行之付款擔保，不必再擔心進口商之失信或破產。

C. 就進口商而言，因出口商必須履行信用狀所載之條件，並交付信用狀所載之文件單據，始能押匯領款，開狀銀行審核文件單據完全符合信用狀所載之條件時，始予付款，故可防止出口商以劣貨或假貨裝船，或以假文件單據詐領貨款。

3.開狀銀行所簽發之信用狀，其交付之對象，可能為進口商、出口商、押匯銀行。惟以交付予押匯銀行，最為安全，故通常多交予押匯銀行。

押匯 (negotiation) 者，乃指依法定方式將流通證券 (negotiable instrument) 轉讓於他人之行為也。就押匯銀行之立場而言，係指押匯銀行接受信用狀受益人之申請，經審查其文件單據完全符合信用狀所載之條件時，就受益人所簽發以開狀銀行、開狀申請人或信用狀所指定之第三銀行為付款人之匯票（無匯票僅憑該文件單據），予以讓購之行為也。就受益人之立場而言，係指受益人就其為收取貨款所簽發之匯票（無匯票僅憑該文

件單據），讓售於押匯銀行之行為也。因此，所謂「押匯」，就押匯銀行而言，為「讓購」之意，就受益人而言，則為「讓售」之意。

押匯銀行 (negotiating bank)，亦稱讓購銀行，乃指因信用狀受益人（出口商）之請求，承購或貼現受益人就其為收取貨款所簽發匯票之銀行也。如果通知銀行 (advising bank) 與受益人素有往來，則通常以通知銀行為押匯銀行。若信用狀中並未特別指定押匯銀行，則受益人可以選擇適當之銀行為押匯銀行，在此情況，押匯銀行未必為通知銀行。押匯銀行讓購或貼現匯票之後，即成為匯票之執票人，對於開狀銀行享有付款請求權，對於受益人則享有追索權。

4. 通知銀行 (advising bank, notifying bank, transmitting bank) 者，乃指受開狀銀行之委託，將信用狀轉交予受益人，或將以電報開發信用狀之內容轉達予受益人之銀行也。通知銀行不涉及信用狀上之任何約定，但對於信用狀之真偽則負有辨認之責任，通常通知銀行與開狀銀行多具有總行分行或往來銀行 (correspondent bank) 之關係。

5. 出口商受押匯銀行（通知銀行）通知出口商信用狀已到之後，即可將貨物裝船，而請求發行載貨證券。依我國現行海商法第五十三條之規定，於貨物裝船後，運送人或船長始能發給載貨證券。

6. 出口商拿載貨證券等文件單據，向押匯銀行押匯。

7. 押匯銀行收取載貨證券等文件單據，將貨款交付於出口商。

8. 押匯銀行將載貨證券等文件單據交付於開狀銀行。

9. 開狀銀行收取載貨證券等文件單據，將貨款交付於押匯銀行。

10. 開狀銀行向進口商通知，載貨證券等文件單據已到。

11. 進口商接獲通知之後，即向開狀銀行交錢贖單。

12. 進口商取得載貨證券後，即可憑載貨證券前往提貨，亦得將載貨證券以背書（記名時）或交付（不記名時）之方式，將載貨證券轉讓他人。

第二項　載貨證券之種類

一、依裝船之已否為區分標準

㈠裝船載貨證券

　　裝船載貨證券〔英：bill of lading shipped；日：船積船荷証券（ふなづみふなにしょうけん）；德：Abladekonnossement；法：connaissement embarqué〕者，乃指託運物確已裝船後所填發之載貨證券也。裝船載貨證券只要在裝船後發給即可，至於裝船後之如何時間，則無特別限制。外國立法例中，有些國家承認「備運載貨證券」。

㈡備運載貨證券

　　備運載貨證券〔英：bill of lading received；日：受取船荷証券（うけとりふなにしょうけん）；德：Ubernahmekonnossement；法：connaissement reçu pour embarquement〕者，亦稱候裝載貨證券，乃指運送人雖已收到託運物而該託運物尚未裝入船上時所填發之載貨證券也。

　　海商法第五十三條規定：「運送人或船長於貨物裝載後，因託運人之請求，應發給載貨證券。」依此規定，在我國應在貨物裝船之後才能發行載貨證券，其於裝載前所發行之備運載貨證券，在性質上僅屬收據或倉單而已，並非有價證券，故不得依背書而轉讓。

二、依記名之有無為區分標準

㈠記名載貨證券

　　記名載貨證券〔英：straight B/L；日：記名式船荷証券（きめいしきふなにしょうけん）〕者，乃指於受貨人欄中記載特定人姓名或名稱之載貨證券也。

(二)指示式載貨證券

指示式載貨證券〔日：指示式船荷証券（さしずしきふなにしょうけん）〕者，乃指在證券上記載受貨人姓名、名稱外，並記載「或其指定之人」(to order, to ××× or order) 之載貨證券也。

(三)無記名載貨證券

無記名載貨證券〔日：無記名式船荷証券（むきめいしきふなにしょうけん）〕者，乃指在證券上未記載受貨人姓名、名稱或僅記載「持有人」(to bearer) 之載貨證券也。

三、依託運物之記載為區分標準

(一)清潔載貨證券

清潔載貨證券〔英：clean bill of lading；日：無故障船荷証券（むこしょうふなにしょうけん），無留保船荷証券（むりゅうほふなにしょうけん）；德：reines Konnossement；法：connaisscment net〕者，亦稱無保留或無故障載貨證券，乃指就託運貨物或其包裝之情狀，未為任何保留文句記載之載貨證券也。清潔載貨證券，一般僅於載貨證券上記載「貨物外表情況良好」(Shipped in good order and condition)，對於貨物之包裝或內容並無特別之批註。因載貨證券具有物權證券及證權證券之性質，在使用信用狀作為付款條件之場合，託運人（出口商）持清潔載貨證券前往押匯銀行押匯時，押匯銀行較樂於押匯。

(二)不清潔載貨證券

不清潔載貨證券〔英：unclean bill of lading；日：故障付船荷証券（こしょうづけふなにしょうけん）〕者，亦稱不潔載貨證券 (dirty bill of lading)、有瑕疵載貨證券 (foul bill of lading, foul claused B/L)，乃指於證券上，運送人或船長對於貨物之包裝或內容載有特別批註 (remark) 之有價證券也。例如船長或運送人在證券上記載「裝箱破損」(case broken)、「數量短缺」、「生鏽毀損」、「包裝脫落」等批註之載貨證券即是。

一般而言,裝船之際,若託運貨物及其包裝毫無異狀,運送人或船長於貨物裝船後,因託運人之請求所發給之載貨證券（§53）,應為無特殊批註之載貨證券,此即清潔載貨證券;反之,若發現託運貨物及其包裝有所異常,例如貨物有所短缺、毀損或包裝有所破裂、不固、潰濕等情況即是。此時運送人或船長於貨物裝船後,因託運人之請求所發給之載貨證券,應記載此等特殊異狀,而為有特殊批註之載貨證券,此即不清潔之載貨證券。然而在以信用狀為付款條件之場合,押匯銀行僅樂於接受清潔載貨證券,對於以不清潔載貨證券之押匯,往往拒絕付款。因此於貨物或其包裝有所異狀時,為迅速取得押匯銀行之付款,託運人往往出具載貨證券認賠書或免責函 (letter of indemnity),以換取運送人或船長發給清潔載貨證券。

載貨證券認賠書〔英：letter of indemnity；日：補償狀（ほしょうじょう）；德：Revers；法：lettre d'indemité, lettre de garantie〕者,亦稱免責函,乃指為換取運送人或船長發給清潔載貨證券,由託運人出具,其中擔保運送人或船長因發給清潔載貨證券所生之一切損害,託運人願負賠償責任之文書也。

四、依託運物之是否轉船為區分標準

㈠聯運載貨證券

聯運載貨證券〔英：through clean bill of lading；日：通し船荷証券（とおしふなにしょうけん）；德：Durchkonnossement；法：connaissement direct〕者,亦稱聯營載貨證券、通運載貨證券或一貫運送載貨證券,乃指由一個以上之海上運送人,將託運物自裝載港經轉載運送至目的港,而就全程所發給之載貨證券也。聯運載貨證券之中,其僅由最初之海上運送人簽名者,謂之「單獨聯運載貨證券」;其由各區段運送人全體簽名者,謂之「共同聯運載貨證券」。在「單獨聯運載貨證券」之場合,通常發行「中間載貨證券」或「接續載貨證券」❹。中間載貨證券〔英：local clean bill of lading；日：

❹ 我妻栄,《新法律学辞典》,有斐閣,昭和 51 年 5 月 30 日新版初版第 16 刷發

中間船荷証券 （ちゅうかんふなにしょうけん）；德：Lokalkonnossement, Zwischenkonnossement, Teilkonnossement〕者，亦稱區間載貨證券，乃指在發行單獨聯運載貨證券之場合，各區段運送人僅就其運送區段所發行之載貨證券也 ❹ 。接續載貨證券〔日：接続船荷証券（せつぞくふなにしょうけん）；德：Anschlußkonnossement〕者，乃指在發行單獨聯運載貨證券之場合，各區段運送人以替代中間載貨證券為目的，由第二區段以下之區段運送人，援用聯運載貨證券之內容所發行之一種指示證券也。接續載貨證券，雖然具有聯運載貨證券附箋之性質，但並非獨立之載貨證券，而僅為一種指示證券 ❹ 。

就聯運載貨證券之效力，我國海商法第七十四條規定：「Ⅰ載貨證券之發給人，對於依載貨證券所記載應為之行為，均應負責。Ⅱ前項發給人，對於貨物之各連續運送人之行為，應負保證之責。但各連續運送人，僅對於自己航程中所生之毀損滅失及遲到負其責任。」

㈡直達載貨證券

直達載貨證券〔英：direct clean bill of lading；日：直接船荷証券（ちょくせつふなにしょうけん）；德：Durchkonnossement；法：connaissement direct〕者，乃指指定同一船舶，將託運物直接自裝載港運至目的港，無須轉船之載貨證券也。亦即，指定同一船舶，將託運物直接自裝載港運至目的港，而無特別註明將在其他港口轉船之載貨證券也 ❹ 。

行，p. 903。

❹ 我妻栄，前揭《新法律学辞典》，p. 827。

❹ 末川博，《法学辞典》，日本評論社，昭和 58 年 5 月 30 日第 1 版第 9 刷發行，p. 599。

❹ 小川武，《海運傭船事典》（原著 *Chartering and Shipping Terms*, by J. Bes., 3rd edition），岩崎書店，1963 年 3 月 31 日第 4 版發行，p. 132。

林柏生、張錦源，《國際貿易金融大辭典》，中華徵信所企業股份有限公司發行，1991 年 10 月出版，p. 296。

五、依託運物之是否能分批提取為區分標準

㈠原載貨證券

原載貨證券者，即一般之載貨證券，乃指運送人或船長，於貨物裝載後，因託運人之請求，所發給載明運送物之裝載港、目的港及其他運送條款，由持有人得憑以受領或處分貨物之有價證券也。亦即，在海上物品運送契約中，由運送人或船長所填發給託運人，用以處分及受領運送物之一種有價證券也（§53）。

㈡分割載貨證券

分割載貨證券者，又稱小提單、分提單或交貨指示單，乃指為方便分批販售或分批交付數買受人起見，於貨物進港前或受領之前，由原載貨證券持有人交付於數買受人，用以分批向運送人或倉庫提領貨物之憑證也。

大宗貨物之進口商（例如穀類或原料），為方便分批販售或分批交付數買受人起見，於貨物進港前或受領之前，常以分割載貨證券之方式，交付於數買受人，使之得以分批向運送人領取貨物，惟我國現行海商法對於分割載貨證券，並無明文規定❹❽。

一般所謂小提單之意義，並非如此。小提單〔英：delivery order, D/O；日：荷渡指示書、荷渡指示証（にわたしさしずしょ、にわたしさしずしょう）；德：Konnossementsteilschein〕者，亦稱分提單、提貨單、或交貨指示單，乃指就載貨證券所記載之貨物，指示交付之書面也。小提單之發行，有時為原載貨證券之持有人，有時為船舶所有人（船公司）。前述之分割載貨證券，多指由原載貨證券持有人發行者而言。通常所謂小提單，多指船公司交給受貨人 (consignee)，使之用以向運送人或倉庫提領貨物之憑證而言。受貨人僅持有載貨證券時，尚無法辦理提貨，須向船公司換取小提單，至海關辦理海關納稅手續後方可提取貨物。若貨物已運達而尚未收到提單，

---

❹❽ 梁宇賢，《海商法精義》，自版，瑞興圖書股份有限公司總經銷，1999 年 9 月修訂新版，p. 172。

則受貨人可請銀行簽發擔保提貨書，憑以向船公司換取小提單。船公司在發行小提單時，必先確認載貨證券是否偽造或是否確有該批貨物之裝載。除記載貨物到達目的港之日期及其存放地點之外，小提單之內容與載貨證券之記載，大致相同。小提單僅是航運界用以區別載貨證券之一種慣用語，其記載，未必比載貨證券簡單，其之大小，未必比載貨證券小。在運費到收 (freight collect) 之場合，受貨人須先付清運費，始能換取小提單，再憑以提取貨物，因此就船公司而言，小提單具有控制運費交付之作用。惟因小提單，並非表彰託運物債權之有價證券，故其法律性質，僅為指示證券，而非載貨證券 ❹ 。

第三項　載貨證券之性質

載貨證券之性質如下：(「同」及「異」，係指載貨證券與票據之比較而言)

一、載貨證券為有價證券（異）

有價證券〔英：valuable instrument；日：有価証券（ゆうかしょうけん）；德：Wertpapier；法：titre, valeurs〕者，乃指表彰財產權價值於其上，原則上須依其占有方能處分或行使其全部或一部權利之私權證券也。依其性質又可分為：

㈠完全有價證券

完全有價證券 (complete, perfect valuable instrument) 者，乃指證券與權利不可分離，不占有證券即不得主張權利之有價證券也。例如鈔票、票據。

---

❹　我妻栄，《新法律学辞典》，有斐閣，昭和 51 年 5 月 30 日新版初版第 16 刷發行，p. 955。

林柏生、張錦源，《國際貿易金融大辭典》，中華徵信所企業股份有限公司發行，1991 年 10 月出版，p. 285。

㈡不完全有價證券

不完全有價證券 (imcomplete, imperfect valuable instrument) 者,乃指原則上以證券之占有為權利移轉或行使之要件,但雖離開證券仍可依其他方法主張權利之有價證券也。例如股票、提單。

票據為表彰一定金額給付之證券,其權利之行使,以票據之占有為必要,若不占有票據,執票人即無由行使票據債權,故票據為完全的有價證券。載貨證券所表彰者為運送物之所有權,故為表彰財產權價值之私權證券。又載貨證券上權利之移轉必須移轉載貨證券,亦即其權利之處分或行使必須占有證券,故載貨證券為有價證券。但載貨證券上權利之處分或行使,雖以證券之占有為要件,但雖離開載貨證券之占有,仍可依其他方法主張載貨證券上貨物之權利,故載貨證券為不完全有價證券。

二、載貨證券為要式證券(同)

要式證券〔英:formal instrument;日:要式証券(ようしきしょうけん);德:formelles Papier〕者,乃指其作成必須具備法定之形式,始能發生效力之證券也。

為維護票據之信用及交易之安全,票據法明文規定,票據之作成須依法定方式為之始生票據之效力(票 §24、§120、§125),故票據為要式證券。依海商法第五十四條第一項之規定,載貨證券必須載明船舶名稱、託運人之姓名或名稱等一定之事項並由運送人或船長簽名,亦即載貨證券之作成必須具備法定之形式,始能發生效力,故載貨證券為要式證券。

三、載貨證券為流通證券(同)

流通證券〔英:negotiable instrument;日:流通証券(りゅうつうしょうけん);德:Umlaufspapier, Zirkulationspapier〕者,乃指證券上之權利得依背書或交付之方法而自由轉讓之有價證券也。

依票據法之規定(票 §30、§32),除了發票人有禁止轉讓之記載外,

票據得依背書或交付之方式自由轉讓之，故票據為流通證券。

依海商法第六十條準用民法第六二八條之結果，當載貨證券為記名式（full endorsement, special endorsement，證券上記載特定權利人之姓名者，稱為記名式）時，除有禁止轉讓之記載外，得依背書及交付之方式自由轉讓；當載貨證券為無記名式（blank endorsement，證券上未記載特定權利人之姓名者，稱為無記名式）時，得依交付之方式而為轉讓，故載貨證券為流通證券。

四、載貨證券為證權證券（異）

證權證券者，乃指非創設權利而僅能證明權利存在之證券也。設權證券〔英：constitutive or dispositive urkunde；日：設権証券（せっけんしょうけん）；德：konstitutives Wertpapier〕者，乃指證券上所表彰權利之發生以作成證券為必要之有價證券也。票據為典型之設權證券，票據上所表彰之權利完全由票據行為而創設。故票據之作成乃在創設一種權利，而非在證明已經存在之權利。而海商法上之載貨證券及民法上之提單（民 §615、§625），並非在創設權利而僅在表彰運送契約所生之物品返還請求權，旨在證明已經存在之權利，故為證權證券。

公司之股票，乃表彰已發生股東權之證券也，與票據之為設權證券者大不相同。股東之權利義務關係確定後，公司才將股票發給股東，股東之權利，並不是因為股票而發生，故股票僅在證明一種已經存在之權利，而非在創設一種權利，故股票應為證權證券。

五、載貨證券為物權證券（異）

有價證券依其表彰權利之不同，分為債權證券、物權證券及社員權證券（團體證券）三種。物權證券〔日：物権証券（ぶっけんしょうけん）；德：Traditionspapier〕者，亦稱為物權的有價證券，乃指證券與物權化為一體之有價證券也。物權證券之轉讓交付，視同記載於證券上物品之轉讓交

付。債權證券〔日：債権証券（さいけんしょうけん）；德：obligationsrechtliches wertpapier〕者，乃指表彰債權之有價證券也。社員權證券〔日：社員権証券（しゃいんけんしょうけん）；德：Mitgliedschaftspapier〕者，亦稱團體證券，乃指表彰某團體之成員、社員之地位，亦即表彰社員權之有價證券也。

載貨證券與民法上之提單同，不僅為債權證券，可憑之請求託運物之交付，且為物權證券。依海商法第六十條準用民法第六二九條關於提單規定之結果，交付載貨證券於有受領貨物權利之人時，其交付就貨物所有權移轉之關係，與貨物之交付有同一之效力。易言之，載貨證券之轉讓交付視同記載於載貨證券上物品之轉讓交付，故載貨證券與提單均為物權證券。公司之股票，股東持有股票雖得享有股東權，但股東權在法律上之性質既非物權亦非債權，而係一種特殊之權利。股票僅為表彰股東之社員權（股東權）之有價證券，故為社員權證券。

至於票據，票據債權人持有票據，得就票據上所載一定之金額向特定之票據債務人行使其請求權，故票據為債權證券。但嚴格言之，匯票須經過承兌後才能算是純粹的債權證券。承兌 (acceptance) 者，乃指匯票之付款人承諾其付款之委託，負擔票面金額支付之義務，將其意思表示於票上所為之附屬票據行為也。匯票未經承兌，付款人尚未承諾負擔票面金額支付之債務，付款人尚非債務人，而執票人亦尚未取得票載金額之給付請求權，此時該票據僅有表彰一定金額受領權之性質，尚不得謂為債權證券，故日本學者往往稱之為「以期待票款支付為標的之一種期待權」（例如田中誠二，《手形法、小切手法》，p. 44）。

六、載貨證券為文義證券（同）

文義證券〔日：文言証券（もんごんしょうけん）；德：skripturrechtliches Papier〕者，乃指證券上權利義務須依其所載之文義，而決定其效力之證券也。票據法第五條第一項規定：「在票據上簽名者，依票上所載文義負責。」由此可知票據上之權利義務，乃依票據上所記載之文義而決定其效力，故

票據為文義證券。海商法第六十條第一項規定：「民法第六百二十七條至第六百三十條關於提單之規定，於載貨證券準用之。」而民法第六二七條規定：「提單填發後，運送人與提單持有人間，關於運送事項，依其提單之記載。」(When a bill of lading has been supplied to the sender, the facts concerning the carriage as between the carrier and the holder of the bill are determinated by the tenor of the bill of lading.) 因準用民法第六二七條規定之結果，運送人與載貨證券持有人間，關於運送事項，應依其載貨證券之記載，故載貨證券為文義證券。

因載貨證券為有價證券，需要輾轉流通，法律為保障善意持有人起見，不得不使其為文義證券，使善意持有人與運送人間之權利義務，悉依載貨證券之記載。如載貨證券之記載與運送人及託運人間之運送契約縱有不符，運送人與載貨證券持有人間之權利義務關係，仍以載貨證券之記載為準，此謂之載貨證券之文義性。惟主張載貨證券之文義性，必須具備下列之要件：

(一)持有人須為託運人以外之第三人

持有人若為託運人本人，因託運人與運送人本為運送契約之當事人，運送人與託運人之債權關係自應以運送契約為準，易言之，在運送人與託運人間，載貨證券不過是貨物收受之收據以及運送契約之證明文件而已，對於運送人與託運人雙方並無絕對之拘束力。

(二)持有人須為善意之第三人

因使載貨證券具有文義性，旨在促進載貨證券之流通，保護善意之第三人，該第三人若非善意，則無特加保護之必要也。

因載貨證券具有文義性，當運送人或船長未受領貨物而簽發載貨證券或載貨證券所記載貨物之名稱、件數或重量等與實際所受領者不符時，運送人或船長對於善意之載貨證券持有人，仍依所簽發載貨證券之記載負履行之債務；如履行不能，則應負債務不履行 (default) 之賠償責任。海商法第五十五條規定：「Ⅰ託運人對於交運貨物之名稱、數量，或其包裝之種類、

個數及標誌之通知,應向運送人保證其正確無訛,其因通知不正確所發生或所致之一切毀損、滅失及費用,由託運人負賠償責任。II運送人不得以前項託運人應負賠償責任之事由,對抗託運人以外之載貨證券持有人。」

✤ 實例演習

今設有美國出口商 A,以 CIF 高雄港價格條件售與臺灣高雄之進口商 B 一千臺監視器,由海運公司 C 運送。A 與 C 於運送契約中約定:「運送途中,因運送人之過失所生火災致該批監視器之毀損滅失,C 公司不負賠償責任。」C 依 A 之請求,簽發載貨證券一式三份,載貨證券載明:「運費已由 A 所簽發之支票美金一萬元繳付 C。」A 將該載貨證券背書寄交予 B。嗣後 C 依該支票所載日期向銀行提示付款被拒。數日後,船舶抵達高雄港。試附理由回答下列問題:

(一) A 與 C 就上述運送契約不負賠償責任之約定,其效力如何?

(二) B 於高雄港持載貨證券一份,請求交付該批監視器,C 得否以尚缺載貨證券二份及繳付運費支票未兌現為由,拒絕交貨?

(三) 何謂貨物運送人之最低強制責任?

(四) 試就我國現行海商法之規定說明下例:C 海運公司承運 A 之貨物一批,試問貨物裝船後,C 就其船舶及就 A 之貨物應履行如何之強制義務?

就此設例,吾人以為:

(一) A 與 C 就不負賠償責任約定之效力

海商法第七十七條規定:「載貨證券所載之裝載港或卸貨港為中華民國港口者,其載貨證券所生之法律關係依涉外民事法律適用法所定應適用法律。但依本法中華民國受貨人或託運人保護較優者,應適用本法之規定。」因本案例之卸貨港高雄港為「中華民國港口」,而受貨人 B 又為「中華民國受貨人」,故除依我國涉外民事法律適用法第六條所得適用之準據法,對受貨人 B 之保護優於或同於我國海商法外,應適用我國海商法之規定。

依我國現行海商法第六十九條第三款之規定,因「非由於運送人本人

之故意或過失所生之火災」所發生之毀損或滅失，運送人或船舶所有人不負賠償責任。依此規定之反面解釋，本題所示之「因運送人之過失所生火災致該批監視器之毀損滅失」，運送人必須負擔賠償責任。

再者，海商法第六十一條規定：「以件貨運送為目的之運送契約或載貨證券記載條款、條件或約定，以減輕或免除運送人或船舶所有人，對於因過失或本章規定應履行之義務而不履行，致有貨物毀損、滅失或遲到之責任者，其條款、條件或約定不生效力。」本條係屬強制規定，違反本規定之任何條款、條件或約定，無法發生效力。惟本條之適用僅限於件貨運送契約之場合，因件貨運送之託運人，並無登船察看之機會，缺乏平等談判之實力，特別需要保護。反之，在傭船運送契約之場合，因傭船人常有登船察看之機會，而且具有與運送人對等談判之實力，應充分尊重其契約之合意。因此本題應分下列兩種情況，分別異其效力：

1.在件貨運送契約之場合

若本案例之運送契約屬於件貨運送契約，依前述海商法第六十一條之規定，A、C 於運送契約中約定：「運送途中，因運送人之過失所生火災致該批監視器之毀損滅失，C 公司不負賠償責任」，其約定應不生效力。海運公司 C 仍須負擔賠償責任。

2.在傭船運送契約之場合

若本案例之運送契約屬於傭船運送契約，前述之海商法第六十一條並無適用之餘地，A、C 於運送契約中約定：「運送途中，因運送人之過失所生火災致該批監視器之毀損滅失，C 公司不負賠償責任」，其約定應該有效。海運公司 C 無須負擔賠償責任。

(二)C 得否以尚缺載貨證券二份及繳付運費支票未兌現為由而拒絕交貨？

(1)海商法第五十八條第一項規定：「載貨證券有數份者，在貨物目的港請求交付貨物之人，縱僅持有載貨證券一份，運送人或船長不得拒絕交付。不在貨物目的港時，運送人或船長非接受載貨證券之全數，不得為貨物之

交付。」依此規定，C 得否以尚缺載貨證券二份為由拒絕交貨，應視高雄港是否為目的港而定。若是，則不得拒絕交貨，若否，則可拒絕交貨。依題示，高雄港既為目的港，則 B 於高雄港持載貨證券一份，請求交付該批監視器時，C 應不得以尚缺載貨證券二份為由拒絕交貨。

(2)按運送契約具有承攬之性質，原則上須工作完成之後，承攬人始有給付報酬之義務，惟若當事人約定事先給付報酬，亦屬無妨。依海商法第五十四條之規定，「運費交付」亦屬載貨證券之應記載事項之一。

再者，海商法第五十五條規定：「I 託運人對於交運貨物之名稱、數量，或其包裝之種類、個數及標誌之通知，應向運送人保證其正確無訛，其因通知不正確所發生或所致之一切毀損、滅失及費用，由託運人負賠償責任。II 運送人不得以前項託運人應負賠償責任之事由，對抗託運人以外之載貨證券持有人。」依此規定，吾人可知，在運送人與託運人之間，雖然重視載貨證券之要因性，但運送人與託運人以外之載貨證券持有人間，則強調載貨證券之文義性。因此本案例中，受貨人 B 為「託運人以外之載貨證券持有人」，而載貨證券既已載明：「運費已由 A 所簽發之支票美金壹萬元繳付 C」，則「繳付運費支票未兌現」之事由，應僅存在於運送人 C 與託運人 A 之間，運送人 C 自不得再以「繳付運費支票未兌現」為由，對抗「託運人以外之載貨證券持有人 B」也。

㈢何謂貨物運送人之最低強制責任？

海上運送人之最低強制責任者，係指海上運送人於運送階段所負之最基本責任也，亦即海上運送人於強制期間中，就貨物所生之毀損滅失不得以特約之方式，減輕或免除之責任也。

海商法第六十一條規定：「以件貨運送為目的之運送契約或載貨證券記載條款、條件或約定，以減輕或免除運送人或船舶所有人，對於因過失或本章規定應履行之義務而不履行，致有貨物毀損、滅失或遲到之責任者，其條款、條件或約定不生效力。」本條即為海上運送人最低強制責任不得以特約方式加以減輕或免除之規定。依此規定，吾人可知，海上運送人最

低強制責任規定之適用如下：

1.適用對象

海商法第六十一條之適用對象，約有下列二說：

(1)不及於傭船契約說

主張此說者認為，海上運送人最低強制責任之規定，依海商法第六十一條之文義解釋，應僅適用於「以件貨運送為目的之運送契約或載貨證券」。至於傭船運送契約，若於運送契約或載貨證券載明減輕或免除運送人或船舶所有人之事由，即應尊重運送契約兩造當事人之約定而認為有效。因此，在傭船契約之場合，既無所謂海上運送人強制責任期間之規定，亦無所謂運送人強制責任不得以特約方式加以減免之規定。

(2)及於傭船契約說

現行海商法第六十一條，係源自於海牙規則第三條第八項之規定，因此有關海上運送人強制責任之期間，自應參酌海牙規則之規定。海牙規則 (The Hague Rules, 1924) 第七條規定：「本公約之規定並不阻止運送人或託運人，就海上運送之貨物於裝載上船以前及自船上卸載以後，對於貨物或與之有關之保管、看守及搬運上之滅失或毀損，運送人或船舶所負之責任及義務，訂立任何協議、條款、條件、保留或免除。」(Nothing herein contained shall prevent a carrier or a shipper from entering into any agreement, stipulation, condition, preservation or exemption as to the responsibility and liability of the carrier or the ship for the loss or damage to, or in connection with, the custody and care and handling of goods prior to the loading on, and subsequent to, the discharge from the ship on which the goods are carried by sea.) 依此規定可知，海牙規則，有關強制責任之期間，係採「鉤至鉤原則」(principle of tackle to tackle)。海上運送人之強制責任，始於船舶對貨物支配力之發生，終於船舶對貨物支配力之消滅。因此，無論傭船契約或件貨運送契約，於船舶對貨物具有支配力之期間，海上運送人強制責任不得以特約減免之規定，均有其適用。

　　吾人以為，應以「不及於傭船契約說」為妥。因傭船契約之傭船人，非如一般件貨運送契約之託運人，對於海上運送並非完全之門外漢，較有登船瞭解船舶實際業務之機會，而且大多具有與運送人對等談判之實力，較無強力保護之必要。易言之，在實際上，於訂立傭船契約之時，「海上運送人」與「傭船人」雙方係處於「平等地位」，因此應依契約自由之原則，而無依海商法第六十一條特加保護之必要。

2.適用期間

　　海商法第六十一條仍未似海牙規則將法定強制責任期間明定為「裝載至卸載」，然而一般學者多認為，應採與海牙規則同一規定之解釋，將強制責任期間解釋為「裝載至卸載」。

㈣貨物裝船後，就其船舶及貨物，海上運送人應履行之強制義務

1.海上運送人於發航前及發航時，應盡相當之注意及措置，使船舶具有適航能力

　　海商法第六十二條規定：「Ⅰ運送人或船舶所有人於發航前及發航時，對於下列事項，應為必要之注意及措置：一　使船舶有安全航行之能力。二　配置船舶相當船員、設備及供應。三　使貨艙、冷藏室及其他供載運貨物部分適合於受載、運送與保存。Ⅱ船舶於發航後因突失航行能力所致之毀損或滅失，運送人不負賠償責任。Ⅲ運送人或船舶所有人為免除前項責任之主張，應負舉證之責。」

　　海上運送人就船舶適航能力所負之注意義務，應為善良管理人之義務。

2.貨物裝船後，海上運送人應負貨物之照管義務

　　海商法第六十三條規定：「運送人對於承運貨物之裝載、卸載、搬移、堆存、保管、運送及看守，應為必要之注意及處置。」貨物之照管義務者，乃指運送人對於承運貨物之裝載、卸載、搬移、堆存、保管、運送及看守，所應為必要之注意及處置義務也。

　　因運送契約係屬有償契約，當事人履行義務之注意標準為「善良管理人之注意義務」，故此之所謂「必要之注意及處置」，應指善良管理人之注

意義務而言，亦即對於具有技術經驗之專業人士在具體之情況下所能期待之注意也。

七、載貨證券為要因證券（異）

要因證券 (causative instrument) 者，又稱有因證券，乃指其發行與其原因關係互有牽連之證券也。無因證券 (abstract instrument) 者，又稱不要因證券，乃指主張證券上應享有之權利得不明示其原因所在之證券也。

票據只要具備法定要件，其權利即告成立，至於該票據行為之原因如何發生，執票人如何取得票據，皆可不問也。例如，因賭博所生之債權而發行票據，賭博為不法行為，本於賭博所生之債權在法律上本為無效，但該票據一旦流入善意第三人之手，付款人即不能以其原因行為不法而拒絕支付，故票據為無因證券，其目的乃在避免調查之麻煩而使授受者安心流通也。

載貨證券所記載者，係運送契約之權利義務，故其與運送契約（即其原因）具有密切關係。亦即載貨證券上之權利義務，並非因載貨證券之發行而發生，載貨證券上權利義務之存在，以運送契約之締結為前提。必先有運送契約之締結，載貨證券上所記載之權利義務始有所附麗。因此，載貨證券之發行，顯然與運送契約之締結（原因關係）互有牽連，故載貨證券為要因證券。

載貨證券之要因性，多反映於運送人與託運人之債權關係上。運送人與託運人本為運送契約之當事人，運送人與託運人之債權關係自應以運送契約為準，易言之，在運送人與託運人間，載貨證券不過是貨物收受之收據以及運送契約之證明文件而已，對於運送人與託運人雙方並無絕對之拘束力。因此，當載貨證券上記載三千包木炭而實際上僅裝載三百包時，託運人不得請求三千包木炭之交付，惟實際上僅裝載三百包之舉證責任應由運送人負擔之。

運送人與託運人間之債權關係，強調載貨證券之要因性，而在運送人

與載貨證券善意持有人（非託運人之持有人）間之債權關係，則強調載貨證券之文義性，如此，一邊強調要因性，一邊卻又強調文義性，似乎不無矛盾之處。因為強調文義性，本在保護善意持有人之安全、促進載貨證券之流通；強調要因性則又危害到善意持有人之安全、妨害載貨證券之流通。一旦強調了文義性，則對於運送契約之是否合法成立、運送貨物之是否確切交付，應可不加考慮；一旦強調了要因性，對於運送契約之是否合法成立、運送貨物之是否確切交付，則應加以考慮。

吾人以為，載貨證券既為證權證券，其本質應為要因證券，其發行自應與其原因關係互有牽連，亦即其發行自應以運送契約之合法存在、運送貨物之確切交付為前提，因此在空券之場合，因欠缺發行之原因，應為無效〔註：空券（くうけん）者，乃指未接受運送品或寄託物而發行之載貨證券、提單或倉單也〕。

然而，載貨證券之本質，既為要因證券，在運送人與載貨證券善意持有人（非託運人之持有人）間之債權關係，何以又突然變成文義證券？吾人以為，此種矛盾似可借用英美法上「禁反言」之原則，加以緩和。禁反言〔英：estoppel；日：禁反言（きんはんげん）〕者，乃指某人相信他方之表示，並因而變更自己之地位（有所作為）時，該他方即不得再以自己之表示違反真實為理由，否認其表示以逃避其損失之原則也。("Estoppel" means that party is prevented by his own acts from claiming a right to detriment of other party who was entitle to rely on such conduct and has acted accordingly.) 禁反言之目的，乃在於謀求交易之安全。載貨證券善意持有人（非託運人之持有人），非運送契約之當事人，對於運送契約之內容、運送物之情況，僅能根據載貨證券之記載，加以瞭解，在載貨證券轉讓之時，持有人亦僅能根據載貨證券之記載，以判斷是否買受、是否支付價金。載貨證券持有人之所以願意接受載貨證券之轉讓、支付價金（變更自己之地位、有所作為），顯然係因相信載貨證券之記載，而載貨證券係由運送人或船長所填發（亦即運送人方面之表示），此時若再考慮要因性，則載貨證券

持有人之權益，勢將毫無保障。如此一來，誰將樂於接受載貨證券，人人不樂於接受載貨證券，載貨證券又將何以流通？故為保護載貨證券持有人之權益，促進載貨證券之流通，只好讓運送人（持有人之他方），不得再以自己之表示違反真實，否認其表示，以逃避其損失也。

八、載貨證券為提示證券（同）

提示證券〔日：提示証券（ていじしょうけん）；德：Präsentationspapier〕者，乃指以證券之提示為債權人向債務人請求履行債務要件之證券也。易言之，提示證券者乃證券債權人請求債務人履行證券上之義務時，必須向債務人提示其證券始得請求給付之謂也。

票據法第六十九條第一項、第二項規定：「Ⅰ執票人應於到期日或其後二日內，為付款之提示。Ⅱ匯票上載有擔當付款人者，其付款之提示，應向擔當付款人為之。」擔當付款人，為付款人之付款代理人，付款之提示，以向付款人為之為原則，如付款人指定有代理人代辦付款事宜，則向該代理人為付款之提示。由此可知，票據為提示證券，票據之執票人欲行使其票據上之權利，依法必須提示其票據於債務人，如執票人不提示票據，債務人仍不因其到期不履行而負遲延責任。

載貨證券之持有人欲行使載貨證券之權利，必須提示其持有之載貨證券。載貨證券有數份者，在貨物目的港請求交付貨物之人，縱其僅持有載貨證券之一份，運送人或船長仍不得拒絕交付；不在貨物目的港時，運送人或船長非接受載貨證券之全數，不得為貨物之交付（§58），因此，載貨證券之持有人必先提示其證券始可請求貨物之交付，故載貨證券為提示證券。

九、載貨證券為繳回證券（同）

繳回證券〔日：受戾証券（うけもどししょうけん）；德：Einlösungspapier〕者，又稱返還證券，乃指證券債權人受領給付之時，須將證券交還於債務

人之有價證券也。繳回證券為有價證券之一般特性。

在票據之場合,票據法第七十四條第一項規定:「付款人付款時,得要求執票人記載收訖字樣,簽名為證,並交出匯票。」由此規定可知,票據債權人受領給付之時,須將票據交給票據債務人,故票據為繳回證券。因票據上權利與票據有不可分離之關係,票據債權人若不返還票據,則票據債務人對於善意之第三人將有再度付款之虞。

在載貨證券之場合,海商法第六十條準用民法第六三〇條規定之結果,受貨人請求交付貨物時,應將載貨證券交還,運送人或船長始負交付貨物之義務,故載貨證券為繳回證券。受貨人必須為載貨證券之持有人,在禁止背書之載貨證券,持有人應為載貨證券所載之特定受貨人,在以背書轉讓之載貨證券(亦即記名式 B/L),持有人應為其最後之被背書人,在無記名之載貨證券,持有人應為有權占有人或善意占有人。載貨證券有數份者,在貨物目的港請求交付貨物之人縱僅持有載貨證券一份,運送人或船長不得拒絕交付(§58 I),貨物交付後,其他之載貨證券失其效力(§59 I)。不在貨物目的港時,運送人或船長非接受載貨證券之全數,不得為貨物之交付 (§58 II)。若運送人於貨物目的港交付貨物後,未收回載貨證券或於非貨物目的港交付貨物後,未收回載貨證券之全數者,運送人對於載貨證券之持有人仍負交付貨物之責。

十、載貨證券為物品證券(異)

物品證券〔日:物品証券(ぶっぴんしょうけん);德:Warenpapier〕者,乃指以物品給付為權利內容之有價證券也。金錢證券〔日:金錢証券(きんせんしょうけん);德:Geldpapier〕者,乃指以金錢給付為權利內容之有價證券也。

票據法所稱票據,均以支付一定金額為目的,故票據為金錢證券。因此以金錢以外之給付為目的者,例如,記載給付在來米 10 kg,則非票據法上之票據也。反之,載貨證券(提單、倉單亦是),則以交付一定之物品為

目的，顯然係以物品給付為權利之內容，故載貨證券為物品證券。

第四項　載貨證券之發給

(一)請求發給人及發給人

海商法第五十三條規定：「運送人或船長於貨物裝載後，因託運人之請求，應發給載貨證券。」(A carrier or shipmaster, upon loading of the goods, shall, on demand of the consignor, issue bill of lading.) 依此規定，吾人可知：

1.請求發給人

有權請求發給載貨證券之人為貨物託運人。

2.發給人

本條明定載貨證券之發給人為運送人或船長，故運送人或船長都有資格發給載貨證券。

(二)發給時期

載貨證券之發給時期，本條明定應於貨物裝載以後，所以本法所謂之載貨證券，應以「裝船載貨證券」為限。因貨物在裝載之前，一切關係未定，若貿然發給載貨證券，使之流通，甚易發生種種流弊。

第五項　載貨證券之形式

海商法第五十四條規定：「Ⅰ載貨證券，應載明下列各款事項，由運送人或船長簽名：一　船舶名稱。二　託運人之姓名或名稱。三　依照託運人書面通知之貨物名稱、件數或重量，或其包裝之種類、個數及標誌。四　裝載港及卸貨港。五　運費交付。六　載貨證券之份數。七　填發之年月日。Ⅱ前項第三款之通知事項，如與所收貨物之實際情況有顯著跡象，疑其不相符合，或無法核對時，運送人或船長得在載貨證券內載明其事由或不予載明。Ⅲ載貨證券依第一項第三款為記載者，推定運送人依其記載

為運送。」依此規定,吾人可知,載貨證券應載明下列各款事項,由運送人或船長簽名:

㈠船舶名稱

船舶名稱,即船名。船舶名稱之記載,旨在方便查知何時到達,及在何船起貨。

㈡託運人之姓名或名稱

此之所謂託運人,可能為自然人,亦可為法人。記載託運人之姓名(自然人)或名稱(法人),旨在明瞭運送契約之相對人及載貨證券之持有人。本款規定,記載託運人之姓名或名稱,而非記載艤裝人之姓名或名稱,乃因本法僅承認託運人得請求發給載貨證券,艤裝人並無任何法律上之權利也 **❺⓪** 。

㈢依照託運人書面通知之貨物名稱、件數或重量,或其包裝之種類、個數及標誌

本款係有關記載貨物情狀之規定。本款之立法理由,旨在方便運送人交付時,識別該貨與託運人所託運之貨物為同一貨物,因此本款所列之貨物名稱、件數或重量,或其包裝之種類、個數及標誌,只要足以識別即可,並不以全部記載為必要 **❺①** 。再者,載貨證券所記載之內容,事關運送人負擔責任之範圍,因此載貨證券上所載貨物之件數或重量,自應以託運人之書面通知為準 **❺②** 。

本款所謂之「包裝」,指一般之包裝、裸裝、散裝等而言。本款所謂之「標誌」,係指識別貨物所必要之符號或記號而言,苟非識別貨物所必要之符號或記號,而僅係附帶之標識,或僅為表示品質之標示者,非本款所謂之標誌。再者,本款所謂之標誌,其標示方法並無特別之限制,但必須清

---

❺⓪ 施智謀,《海商法》,自版,宜增文具印刷品行印刷,1999 年 6 月修訂版,p. 243。

❺① 張東亮,《海商法新論》,五南圖書出版公司,1989 年 1 月修訂初版,p. 298。

❺② 王洸,《海商法釋論》,海運出版社發行,文和印刷公司印刷,1962 年 7 月出版,p. 80。

晰明確顯示於包裝之上，且須足以保持至航行終了時為止，否則若有「標誌不足或不符」之情形，依海商法第六十九條第十三款之規定，運送人或船舶所有人將可主張法定免責❸。

　　本條第二項規定：「前項第三款之通知事項，如與所收貨物之實際情況有顯著跡象，疑其不相符合，或無法核對時，運送人或船長得在載貨證券內載明其事由或不予載明。」依此規定，就貨物情狀之記載，雖然原則上運送人負有「依照託運人書面通知之貨物名稱、件數或重量，或其包裝之種類、個數及標誌」記載之義務，惟應以運送人所能核對者為前提，若託運人所通知之事項與所收貨物之實際情況有顯著跡象，疑其不相符合或無法核對時，運送人或船長得載明事由或不予載明，以減輕運送人或船長之責任。再者，海商法第五十四條第三項規定：「載貨證券依第一項第三款為記載者，推定運送人依其記載為運送。」依此規定，載貨證券上有關貨物情狀之記載，具有推定之效力，但既為推定之效力，運送人自得提出反證，加以推翻之。惟本人以為，本款之規定應僅限於運送人與託運人之間，因在運送人與善意載貨證券持有人間，有關運送事項之法律關係，強調載貨證券之文義性。運送人與善意載貨證券持有人間，關於運送事項，悉依載貨證券之記載，運送人自不得再提出反證加以推翻也（§60）。

　　1999 年修法之前，對於本款之記載，舊法之規定為「依照託運人書面通知之貨物種類、品質、數量、情狀及其包皮之種類、個數及標誌。」（舊海 §98 Ⅰ③）。當時對於所謂「數量」之解釋，約有下列二說：

1.包括重量說

　　主張此說者認為，所謂「數量」，包括「數」及「量」，因此件數、包數及重量、分量等事項，均應記載之。因散裝貨之運送，常會發生自然耗損及磅差（包括載貨磅差及卸貨磅差）等足以導致重量不符之現象，故此

❸　梁宇賢，《海商法精義》，自版，瑞興圖書股份有限公司總經銷，1999 年 9 月修訂新版，p. 174。楊仁壽，《最新海商法論》，自版，文太印刷企業有限公司印刷，三民書局總經銷，1999 年 10 月印刷，p. 369。

說之主張，對於運送人較為不利。

2.不包括重量說

　　主張此說者認為，所謂「數量」，僅包括「數」，而不包括「量」，因此件數、包數等事項固屬本款所謂之「數量」，而重量、分量等事項，則不包括之，無須記載之。此說之主張，對於運送人較為有利。

　　實務界採「包括重量說」，認為本款所謂之「數量」，包括「數」及「量」，因此貨運人之書面通知中，若有貨物之重量時，亦應記載之（1975 年最高法院臺上字 913 號判決、1975 年最高法院臺上字第 573 號判決）。

　　本款於 1999 年修正前之原有規定為：「依照託運人書面通知之貨物種類、品質、數量、情狀及其包皮之種類、個數及標誌。」修正前之規定，亦即 1962 年之規定，極其不妥。因其中「品質」一項，並非「外觀明顯可見」之事項，不但不符載貨證券文義性之理論，亦不符國際公約之規定。

㈣裝載港及卸貨港

　　裝載港及卸貨港之記載，旨在明白貨物之來源處所及交付地點。本款所謂之裝載港及卸貨港，係指各該貨物之裝載港及目的港，而非指該船本次航行之發航港及目的港，因此同一船舶所發行之載貨證券，各該貨物均有其各自之裝載港及卸貨港。在 FOB 及 CIF 之場合，裝載港及卸貨港之記載，關係到出口商是否依約履行之問題，何況海商法第五十八條第一項規定：「載貨證券有數份者，在貨物目的港請求交付貨物之人，縱僅持有載貨證券一份，運送人或船長不得拒絕交付。不在貨物目的港時，運送人或船長非接受載貨證券之全數，不得為貨物之交付。」裝載港及卸貨港之記載，對於貨物之交付，具有重大之意義。

㈤運費交付

　　本款所謂之運費交付，係指運費支付之方式，究為「運費已付」(freight paid) 或「運費到付」（後收，freight collect），而非指運費之數額或運費計算之基礎。因運費之多寡，涉及運送人營業之秘密，多不欲為外人知悉，而不記載於載貨證券之上。因此運費如已付訖，只須記載付訖字樣，表明

「已收」即可，並非必須記載金額之多寡。記載「運費須先付」(freight to be prepaid)、「運費可先付」(freight prepayable)，不得謂為「運費已收」之記載。

載貨證券記載「運費到付」之場合，受貨人於提貨時，是否有支付運費之義務？按運費〔英：freight；日：運送賃（うんそうちん）；德：Fracht；法：fret〕者，乃指運送旅客或貨物所生之報酬也。運費本為運送貨物之對價，託運人負有依照運送契約給付運費之義務，但受貨人並非運送契約之當事人，除非特別約定，受貨人並無支付運費之義務。因此受貨人不支付運費時，運送人對於受貨人，並無要求運費之權利，此時運送人僅能依民法第六四七條之規定，行使「運送人之留置權」，留置該貨物並拍賣取償。民法第六四七條規定：「Ⅰ運送人為保全其運費及其他費用，得受清償之必要，按其比例，對於運送物，有留置權。Ⅱ運費及其他費用之數額有爭執時，受貨人得將有爭執之數額提存，請求運送物之交付。」❺

(六)載貨證券之份數

為免遺失或被盜，託運人就同一貨物請求發行數份載貨證券，惟須於載貨證券上記明其發行之份數。載貨證券份數之記載，可供運送人或船長決定在中途港（非目的港）取貨時，應行收回載貨證券之全部份數（§58）。

(七)填發之年、月、日

記載填發之年、月、日，以便明白貨物確已裝上船舶，使進口商得據以估計貨物到達目的港之日期，並藉以判斷出口商是否已依約定日期裝船運送等等，可謂極其重要。

(八)載貨證券之簽名

簽名〔英：signature；日：署名（しょめい）；德：Unterschrift；法：signature〕者，乃指當事人基於願意負擔法律責任之意思，將其姓名記載在文書上之行為也。載貨證券應由運送人或船長簽名，否則無法發生效力（§54

❺　楊仁壽，《最新海商法論》，自版，文太印刷企業有限公司印刷，三民書局總經銷，1999 年 10 月印刷，p. 371。

I)。惟運送人或船長仍得依一般民法之規定，授權他人代為簽名。

以上所列事項，稱為法定記載事項，海商法第五十四條第一項亦將之稱為「應載明」之事項。惟若欠缺其中一項或數項時，其效力如何？歷來學界約有下列幾種見解：

(一)無效說

主張此說者認為，海商法第五十四條第一項所規定事項，係屬法定必要記載事項，若有欠缺，載貨證券即不生效力。例如鄭玉波教授即謂：「以上列舉之七種事項及船長簽名一點，為法定必要記載事項，因載貨證券為要式證券，所以這些事項都要一一記載，若欠缺其一，其證券不生效力。」❺❺ 張東亮教授主張：「以上法定七款記載事項如有欠缺，法理上即影響載貨證券之效力，此乃要式證券之原故，但不發生運送契約效力的問題。」❺❻ 甘其綬先生亦認為：「上述法定記載事項如有欠缺，則該證券之記載在運送人與託運人間雖仍有其效力，但不生法律賦予載貨證券之效力，即不得以該證券代表貨物而以其移轉視為貨物所有權之移轉。」❺❼

(二)有效說

主張此說者認為，海商法第五十四條第一項所規定事項，其性質僅為注意規定，縱有欠缺，載貨證券之效力亦不受影響，仍然有效。例如施智謀教授即謂：「海商法第五十四條關於載貨證券記載事項之規定，因海商法無類似票據法第十一條之規定，故性質為注意規定 (Sollvorschriff)，而非要件規定 (Mustvorschriff)，故載貨證券欠缺海商法第五十四條所規定事項之一者，並不影響載貨證券之法律效力 (Wustendorfer, a. a. O. S 228; Schaps-Abraham, a. a. O. 763)。」❺❽ 梁宇賢教授亦認為：「以上法定記載事

---

❺❺ 鄭玉波（林群弼修訂），《海商法》，三民書局印行，1999 年 11 月修訂 12 版，p. 125。

❺❻ 張東亮，《海商法新論》，五南圖書出版公司，1989 年 1 月修訂初版，p. 298。

❺❼ 甘其綬，《海商法論》，自版，文和印刷股份有限公司印刷，1963 年 10 月初版，p. 339。

項除 8.簽名外，如有欠缺，雖影響載貨證券之效力，但載貨證券並不因之而無效。蓋載貨證券係證權證券，與票據之為設權證券有別。按法定記載事項，在性質上為注意規定，而非效力規定，即非要件事項，若有欠缺法定記載事項之一者，該載貨證券並不因之而無效。倘運送人發行載貨證券，而其應記載事項欠缺，仍屬有瑕疵之載貨證券，對於瑕疵部分，當事人得舉證補充之。」**59**

(三)折衷說

主張此說者認為，海商法第五十四條第一項所規定事項，係屬法定必要記載事項，欠缺其中一項或數項，若妨礙「交運貨物之同一性」時，載貨證券歸於無效，若不妨礙「交運貨物之同一性」時，載貨證券仍不因之而無效。例如楊仁壽先生即謂：「載貨證券依海商法此條規定，『應載明下列各款事項』，雖有一『應』字，但如欠缺其中一項或數項，不妨『運送物之同一性』者，載貨證券並不因之而無效。」**60**

吾人以為，似以折衷說為妥。載貨證券應載事項之欠缺，若妨礙「交運貨物之同一性」或「交易之安全」時，載貨證券應歸於無效，若不妨礙「交運貨物之同一性」及「交運貨物交易之安全性」時，載貨證券仍不因之而無效。其理由如下：

1.無效說之見解，違反「盡量有效之解釋原則」，妨礙有價證券之流通

載貨證券具有流通性，採「盡量有效之解釋原則」，較能保護載貨證券持有人之權益，因此無效說之見解似非妥當。

2.有效說之見解，不符載貨證券文義性之要求

載貨證券具有文義性，運送人與「託運人以外之載貨證券持有人」之

58　施智謀，《海商法》，自版，宜增文具印刷品行印刷，1999 年 6 月修訂版，p. 244。

59　梁宇賢，《海商法精義》，自版，瑞興圖書股份有限公司總經銷，1999 年 9 月修訂新版，p. 178。

60　楊仁壽，《最新海商法論》，自版，文太印刷企業有限公司印刷，三民書局總經銷，1999 年 10 月印刷，p. 369。

間，悉依載貨證券之記載，決定其權利義務關係（§55）。有效說之見解，似乎不符載貨證券文義性之要求。

3.載貨證券並非絕對之要式證券，無採絕對嚴格要求要式之必要

載貨證券並非設權證券，而僅為證權證券，其對要式之要求，無像票據嚴格要求之必要。何況縱為設權證券之票據，尚有相對必要記載事項之規定（§24 II～§24 VI）。因此載貨證券雖為要式證券，但並非絕對之要式證券，無採絕對嚴格要求要式之必要。

4.就載貨證券之目的而言，折衷說之見解，較符載貨證券之需要

載貨證券之主要目的，既在提貨及轉讓，則載貨證券之記載，只要無妨「交運貨物之同一性」足供提貨之需要，只要無妨「交運貨物交易之安全性」足供轉讓之需要，應盡量使其有效。例如「船舶名稱」、「裝載港」、「載貨證券之份數」、「填發之年月日」等事項之記載，雖然極其重要，但縱未記載，亦不影響交運貨物之同一性，因此不宜使載貨證券歸於無效。反之，「交運貨物之名稱、數量，或其包裝之種類、個數及標誌」，若未記載，則「託運人以外之載貨證券持有人」無從瞭解交運貨物之內容，影響「交運貨物之同一性」，因此在此情況應使載貨證券歸於無效。再者，「託運人之姓名或名稱」、「卸載港」，若未記載，則無從判斷交運貨物由何人交付及在何港交付，甚至無從判斷交運貨物之價值，顯已影響「交運貨物交易之安全性」，亦應歸於無效。在何情況，妨礙「交運貨物之同一性」或「交易之安全」，應依航運之慣例判斷之[61]。

依票據法第二十四條之規定，「表明其為匯票之文字」為匯票之絕對必要記載事項，若未記載此等事項，匯票即歸於無效。載貨證券是否亦應記載「表明其為載貨證券之文字」？我國現行海商法並無明文規定，解釋上，亦依航運之慣例以判斷之，若依其外觀上之記載，足以判斷其為載貨證券

---

[61] 海商法第五條規定：「海商事件，依本法之規定，本法無規定者，適用其他法律之規定。」民法第一條之規定：「民事，法律所未規定者，依習慣；無習慣者，依法理。」

者即可，不因其未記載「載貨證券」之字樣，而必然歸於無效也。

在載貨證券上，記載法定事項以外之事項，其效力如何？吾人以為，載貨證券與票據法上之票據不同，票據法第十二條規定：「票據上記載本法所不規定之事項者，不生票據上之效力。」依此規定，在票據上，記載法定事項以外之事項，當然不生效力。但民法就提單、海商法就載貨證券均未有類似之規定。海商法第六十一條規定：「以件貨運送為目的之運送契約或載貨證券記載條款、條件或約定，以減輕或免除運送人或船舶所有人，對於因過失或本章規定應履行之義務而不履行，致有貨物毀損、滅失或遲到之責任者，其條款、條件或約定不生效力。」依此規定，於件貨運送契約之場合，在載貨證券上，記載法定事項以外之事項以免除或減輕運送人之法定責任者，當然不生效力。除此之外，凡與運送契約有關權利義務之事項，只要不違反法律之強行規定（民 §71）或公序良俗（民 §72），均得以任意條款之方式記載於載貨證券之上。

 實例演習

運送人若依照託運人書面通知之貨物名稱、數量、品質及其包裝之種類、個數及標誌簽發載貨證券予託運人，託運人又將該載貨證券交付予善意第三人。請問：運送人對該善意第三人就上列記載事項是否須依載貨證券負文義責任？試以載貨證券文義性之理論、有關國際公約及我國海商法修正前、後相關條文之規定說明之。

就此設例，吾人以為：

載貨證券之文義性者，乃指載貨證券發行之後，運送人與善意第三人之載貨證券持有人之間，悉依載貨證券所載之文義，以決定其權利義務內容之性質也。此乃因載貨證券原則上為流通證券，為保護善意之第三人，以謀交易之安全，法律所賦予載貨證券之性質也（§60）。

按載貨證券與運送契約之關係，在運送人與託運人之間，載貨證券僅具有推定運送契約存在及其內容之效力，因僅為「推定」之效力，當事人

得提出反證加以推翻之，故載貨證券之文義性，並未存在於運送人與託運人之間。但當託運人將載貨證券背書轉讓予善意之第三人時，運送人即不得再以「載貨證券所載事項與運送契約約定不符」為理由，對抗該善意第三人，此時運送人與載貨證券持有人之間，關於運送事項，應悉依載貨證券之記載（海 §60 準用民 §627），故載貨證券之文義性存在於運送人與善意第三人之載貨證券持有人之間。

載貨證券係依照託運人之書面通知而為記載，而有關貨物之實際情況，時有運送人無法查知者，在此情況下，若要求運送人仍須依照載貨證券所載文義負責，則運送人之責任未免過苛。因此國際公約及諸先進國家之立法，多僅限於「外觀明顯可見」之事項，運送人始負載貨證券之文義責任。

就載貨證券之應記載事項，1999 年修正前之海商法第九十八條第一項第三款規定為：「依照託運人書面通知之貨物種類、品質、數量、情狀及其包皮之種類、個數及標誌。」其中「品質」一項，因非「外觀明顯可見」之事項，不但不符載貨證券文義性之理論，亦不符國際公約之規定。「1968年海牙威士比規則」第三條第三項（b）之規定為：「由託運人書面提供之件數或包數，或者數量，或者重量」(Either the number of packages or pieces, or the quantity, or weight, as the case may be, as furniture in writing by the shipper)，其中並未包括「品質」之事項。海商法本具強烈之國際性，如此與國際公約不同之立法顯非妥當。1999 年修正後之海商法第五十四條第一項第三款規定為：「依照託運人書面通知之貨物名稱、件數或重量，或其包裝之種類、個數及標誌。」已將「品質」一項刪除，顯然修正後之規定，較符國際公約之規定，亦較符載貨證券文義性之理論。依現行海商法之規定，運送人對於善意第三人之載貨證券持有人，「依照託運人書面通知之貨物名稱、件數或重量，或其包裝之種類、個數及標誌」之記載事項，須負文義責任，但對於「品質」之記載，則無須負文義責任，因「品質」並非外觀明顯可見之事項也。

第六項　載貨證券之效力

載貨證券之效力，可分為：

一、物權之效力

交付載貨證券於有受領貨物權利之人時，其交付就貨物所有權移轉之關係，與物品之交付有同一之效力，學者稱此為載貨證券之物權的效力。

(一)載貨證券僅有一份時

載貨證券所表彰之貨物所有權，得依交付或背書之方法為之(海§60準用民§628)。依交付或背書而轉讓載貨證券時，與貨物之轉讓有同一之效力。如交付載貨證券於有受領貨物權利之人時，其交付就貨物所有權移轉之關係，與貨物之交付同（海§60準用民§629）。故載貨證券一經發給，關於貨物之處分，非依載貨證券不得為之。

(二)載貨證券有數份時

1.在目的港交付之場合

(1)僅持一份請求交貨時

海商法第五十八條第一項規定：「載貨證券有數份者，在貨物目的港請求交付貨物之人，縱僅持有載貨證券一份，運送人或船長不得拒絕交付。」（Ⅰ In the event that there are several copies of a bill of lading, the carrier or shipmaster shall not refuse delivery even though the person applying for delivery at the port of destination of the goods only holds one copy of the bill of lading.) 此乃因為貨物目的港本為交付貨物之預定地，在目的港請求交付之人，應推定其為正當權利人。同時，運送人或船長亦有急速脫離運送關係，另行準備發航之必要，此等均為正常之情形，故法律規定運送人或船長在貨物目的港，僅收回一份載貨證券即應交貨。

(2)一人先受領貨物交付時

海商法第五十八條第三項規定:「載貨證券之持有人有二人以上者,其中一人先於他持有人受貨物之交付時,他持有人之載貨證券對運送人失其效力。」〔In the event that there are two or more holders of bill of lading and one of them has taken delivery of the goods before the other holder(s), the bill(s) of lading held by the other holder(s) loses its validity.〕此乃指運送人或船長已將貨物交付於先行請求之持有人而言。

(3)二人以上同時請求交付時

海商法第五十八條第二項規定:「二人以上之載貨證券持有人請求交付貨物時,運送人或船長應即將貨物按照第五十一條之規定寄存,並通知曾為請求之各持有人,運送人或船長,已依第一項之規定,交付貨物之一部後,他持有人請求交付貨物者,對於其賸餘之部分亦同。」(In the event that two or more holders of bill of lading apply for delivery of the goods, the carrier or shipmaster shall forthwith turn over the goods for custody pursuant to the provision of Article 51 and notify respectively the holders having applied for delivery; if, after the carrier or shipmaster has delivered a part of the goods pursuant to the provision of the preceding first paragraph, another holder applies for delivery of the goods, the same rule applies to the remaining part of the goods.) 此係異常之情形,運送人或船長無法判定誰為正當權利人時,惟有將之寄存於港埠管理機關或合法經營之倉庫,以免除其責任。至於寄存後所以要通知曾為請求之各持有人,乃為使各持有人藉以知悉,除了自己之外尚有他人請求,及運送人或船長已將貨物寄存之情形。

至於「運送人或船長,已依第一項之規定,交付貨物之一部後,他持有人請求交付貨物者,對於其賸餘之部分亦同。」(§58 II),此乃謂運送人或船長遇有一持有人請求時,自可交貨;其請求人縱非正當權利人,運送人或船長之交貨亦有效力。但若交貨途中,又有人請求時,則原先請求人之權利就不免發生問題,此時已交之貨物固然不能請求返還,但未交之

貨物則不能繼續交付，惟有將該貨物寄存，以待解決。

⑷尚未交付貨物時（證券持有人間之關係）

海商法第五十九條規定：「載貨證券之持有人有二人以上，而運送人或船長尚未交付貨物者，其持有先受發送或交付之證券者，得先於他持有人行使其權利。」(In the event that there are two or more holders of bill of lading and the carrier or shipmaster has not yet delivered the goods, the one holding the bill which has been forwarded or delivered earlier may exercise his right in preference to the other holders.) 何謂「先受發送或交付之證券」？容後專題討論。

2.不在貨物目的港交付之場合

依海商法第五十八條第一項之規定，「不在貨物目的港時，運送人或船長非接受載貨證券之全數，不得為貨物之交付。」(At place other than the port of destination of the goods, the carrier or shipmaster, unless having received all copies of the bill of lading, shall not effect delivery of the goods.) 因為不在目的港交貨，乃屬異常之情形，所以非待手續齊備，運送人或船長不得交貨，以免發生糾紛。

二、債權效力

載貨證券之債權效力，可分下列三點述之：

㈠運送事項，悉依載貨證券之記載

載貨證券填發後，運送人與載貨證券持有人間，關於運送事項，依其載貨證券之記載（海 §60；民 §627），運送人應負絕對之責任。海商法第五十五條亦規定：「Ⅰ託運人對於交運貨物之名稱、數量，或其包裝之種類、個數及標誌之通知，應向運送人保證其正確無訛，其因通知不正確所發生或所致之一切毀損、滅失及費用，由託運人負賠償責任。Ⅱ運送人不得以前項託運人應負賠償責任之事由，對抗託運人以外之載貨證券持有人。」依此等規定，吾人可知，在運送人與載貨證券之善意持有人之間，載貨證

券與運送契約不符時，以載貨證券之記載為準。運送契約所記載之事項，僅適用於運送人與託運人間所生之法律關係。至於非託運人身分之善意載貨證券持有人，不受運送契約之拘束。例如，載貨證券之記載為電視機 100 臺，則運送人有給付載貨證券持有人電視機 100 臺之義務，否則應負債務不履行之責任。惟若載貨證券之持有人同時亦為託運人或非善意之第三人時，關於運送事項所生之法律關係，應以運送契約之記載為準，因在運送人與託運人之間，載貨證券究係基於運送契約而發給，原運送契約若有瑕疵，直接當事人（運送人與託運人）之間仍可抗辯也。

㈡任何減免法定責任之約定，不生效力

海商法第六十一條規定：「以件貨運送為目的之運送契約或載貨證券記載條款、條件或約定，以減輕或免除運送人或船舶所有人，對於因過失或本章規定應履行之義務而不履行，致有貨物毀損、滅失或遲到之責任者，其條款、條件或約定不生效力。」此乃為保障託運人及公眾之利益所設之規定也。因有此等規定之存在，運送人無法利用此類免責約款，以減免其法定之責任。例如，載貨證券上記載「貨物在運送契約中失竊，運送人不負責任」、「就運送途中所生之損害，本公司僅負一半損害賠償之責任」、「運送人對於任何裝有液體之包裝，因破漏所生之短少不負責任」、「船方不負壓扁或滲漏或內容漏失之責任」等約款，因此等約款將使運送人減免海商法第六十三條之法定責任（即「運送人對於承運貨物之裝載、卸載、搬移、堆存、保管、運送及看守，應為必要之注意及處置。」之責任），違反海商法第六十一條之規定，應為無效。惟運送人若不違反海商法第六十一條之規定，在運送契約或載貨證券上，另訂加重自己責任之約款、條件或約定，則該約款、條件或約定，例如在載貨證券上記載「就運送途中所生之損害，本運送公司應負兩倍之損害賠償」，應屬有效。

再者，海商法第六十一條，係「以件貨運送為目的之運送契約或載貨證券」為限，若為傭船契約（以船舶之全部或一部供運送為目的者）之運送契約或載貨證券，則可記載條款、條件或約定，以減輕或免除運送人或

船舶所有人之責任。其理由為：件貨運送契約之託運人，多為經濟上之弱者，並無登船檢查船艙之機會，而且多屬航運事業之門外漢，為保護件貨運送契約託運人之基本權益，海商法第六十一條乃規定，以件貨運送為目的之運送契約或載貨證券，不得記載條款、條件或約定，藉以減輕或免除運送人或船舶所有人之責任。反之，傭船運送契約之傭船人（對運送人而言，係屬託運人），多非經濟上之弱者，並非無登船檢查船艙之機會，而且非屬航運事業之門外漢，傭船契約之託運人（傭船人）與件貨運送契約之託運人不同，並無特別加以保護之必要，因此並非海商法第六十一條禁止規定之適用對象。

(三)載貨證券上記載之事項，發給人均應負責

海商法第七十四條規定：「Ⅰ載貨證券之發給人，對於依載貨證券所記載應為之行為，均應負責。Ⅱ前項發給人，對於貨物之各連續運送人之行為，應負保證之責。但各連續運送人，僅對於自己航程中所生之毀損滅失及遲到負其責任。」（Ⅰ Issuer of bill of lading shall be responsible for all acts which should be done according to the statement of the bill of lading. Ⅱ The issuer referred to in the preceding paragraph shall be liable as guarantor in respect of the acts of each consecutive carrier of the goods; provided, however, that each consecutive carrier is only liable for damage, loss and delay arising during his own voyage.)

連續運送者，乃指運送人於航程中，輾轉交付貨物於他運送人以達於目的港之運送也。各連續運送人之運送工具均為船舶，且僅對於自己航程中所生之滅失、毀損及遲到，負其責任。亦即海上運送之各連續運送人，各別負其責任，與陸上運送不同。根據民法第六三七條之規定，運送物由數運送人相繼為運送者，除其中有能證明無第六三五條所規定之責任者外，對於運送物之喪失、毀損或遲到，應連帶負責。但因海上運送，數量大、危險多，海商法為減輕海上運送人之責任，乃規定各連續運送人，僅對於自己航程中所生之滅失、毀損及遲到，負其責任。

實例演習

例如今有某託運人 K 將貨一批交海運公司 A、B、C 連續運送，由 A 公司
簽發一份包括運送全程之載貨證券，由 A、B、C 三公司相繼運送，將貨物
運至目的地。但該載貨證券載明 A、B、C 三公司僅各就自己運送階段負責。
貨物在 B 運送途中，因 B 之海員保管不善而生損害，載貨證券之持有人 X
向 A 請求賠償。在此情況：

1. A 得否主張貨物之毀損非發生在其運送階段，渠不負賠償責任？
2. 若 A、B、C 係共同與 K 簽訂運送契約，分段運送，但共同簽發一份包
   括全程之載貨證券，其結果有無不同？

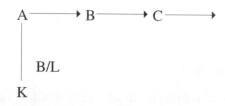

就此設例，吾人以為：

1. A 不得主張貨物之毀損非發生在其運送階段，而不負賠償責任

海商法第七十四條規定：「I 載貨證券之發給人，對於依載貨證券所記
載應為之行為，均應負責。II 前項發給人，對於貨物之各連續運送人之行
為，應負保證之責。但各連續運送人，僅對於自己航程中所生之毀損滅失
及遲到負其責任。」本件連續運送載貨證券之發給人 A，對於貨物之各連
續運送人之行為，應負保證之責。A 在載貨證券中記載僅就自己運送階段
之貨物毀損負責，有違海商法第六十一條之規定，該項記載應無效力，故
A 之主張為無理由。

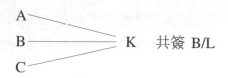

2.若 A、B、C 係共同與 K 簽訂運送契約，分段運送，但共同簽發一份包括全程之載貨證券，其結果有無不同？

　　吾人以為，在此情形已非連續運送，因 A、B、C 係共同與 K 簽訂運送契約，並共同簽發一份包括全程運送之載貨證券，即有共同負責全程運送之意思，屬於共同運送，其內部關係，各依各運送人之約定，例如本件即約定 A、B、C 分階段運送，惟其外部關係，對於託運人或受貨人應負連帶責任，不得適用海商法第七十四條第二項之規定，主張各運送人，僅對於自己航程中所生之滅失、毀損及遲到，負其責任，因此時之各運送人已非連續運送人而為共同運送人也。因此本件之設例，雖與前述連續運送之設例效果不同，但 A 仍須負擔連帶損害賠償責任，而不得主張僅對於自己航程中所生之滅失、毀損及遲到，負其責任。

　　海商法第五十九條規定：「載貨證券之持有人有二人以上，而運送人或船長尚未交付貨物者，其持有先受發送或交付之證券者，得先於他持有人行使其權利。」條文中所稱「先受發送或交付之證券」，其意究係何指？

　　吾人以為，所謂「先受發送或交付之證券」，乃指具有優先受領貨載權利之載貨證券也。持有此種載貨證券者，得先於他持有人行使較優先之權利。何種載貨證券係屬「先受發送或交付之證券」？法無明定，因此論者意見不一，大致有下列之見解：

(一)依載貨證券編號之順序以決定其權利之優劣說

　　此說認為，當載貨證券編有號數時，其編號在先者，得優先行使其權利。例如載貨證券同時發給三份，而於證券上註明第一份載貨證券、第二份載貨證券、第三份載貨證券，若運送人或船長尚未交付貨物，則持有第一份載貨證券者，得優先持有第二份或第三份之載貨證券者行使其權利。例如張東亮教授即謂：「所謂先受發送或交付之載貨證券，例如載貨證券上編有號數時，則編號在先者得優先行使權利。」[62]吳智教授亦主張：「至載貨證券之持有人有二人以上，而運送人或船長尚未交付貨物者，則其持有

---

[62]　張東亮，《海商法新論》，五南圖書出版公司，1989 年 1 月修訂初版，p. 320。

先受發送或交付之證券者,得先於他持有人行使其權利(海商法 §103 II,註:即現行海商法 §59),例如載貨證券同時發給三份,而於證券上註明第一份載貨證券,第二份載貨證券,第三份載貨證券,若運送人或船長尚未交付貨物,則當以持有第一份之載貨證券者,得先於持有第二份或第三份之載貨證券者,行使其權利是也。」❻

㈡依複本之取得先後以決定其權利之優劣說

此說認為,最先取得複本者,視為優先;複本向不同之地方發出者,以發出時間之先後決定之。此乃德國之通說,德國商法第六五二條規定:「(數位載貨證券持有人之順位)I 在船長尚未交付貨物時,有二人以上之載貨證券持有人,就該貨物主張權利時,在競合的限度內,在二份以上載貨證券之不同持有人中,其自共同前手最先取得載貨證券者具有優先受貨之資格。II 複本向不同之地點發出者,其取得先後之決定,以發出之時間之先後決定之。」〔(Rangordnung mehrerer Konnossementsinhaber) I Hat der Schiffer die Güter noch nicht ausgeliefert, so geht unter mehreren sich meldenden Konnossementsmentsinhabern, soweit die von ihnen auf Grund der Konnossementsübergabe an den Gütern geltend gemachten Rechte einander entgegenstehen, der vor, dessen Ausfertigung von dem gemeinschaftlichen Vormann, der mehrere Konnossementsausfertigungen an verschiedene Personen übertragen hat, zuerst der einen dieser Personen so übergeben worden ist, daß sie zur Empfangnahme der Güter legitimiert wurde. II Bei der nach einem anderen Ort übersandten Ausfertigung wird die Zeit der Uebergabe durch den Zeipunkt der Absendung bestimmt.〕

競合 (conflict) 者,乃指在同一目的物上,同時存有兩個以上同等效力之權利,而互相衝突之謂也。

㈢依各種權利衝突之情形以決定其權利之優劣說

此說認為,應依各種權利衝突之情形而分別判定之,詳言之,可分為

---

❻　吳智,《海商法論》,自版,1976 年 3 月修訂 4 版,p. 143。

下列三種情形：

1.數所有權衝突之場合

在此場合，由共同前手最先取得載貨證券者，得優先取得該貨物。如同時取得或取得先後無法判明時，則由各持有人平均受領。因所有人依法僅能就其所有權為一次之讓與，故載貨證券之持有人讓與其中一份載貨證券後，對於他份載貨證券即不得再為同樣之讓與。若就他份載貨證券再為讓與，則其受讓人係基於無權處分行為而取得其載貨證券，其對於載貨證券所表彰之所有權，亦當然不能取得。因此若該載貨證券再被輾轉讓與時，其後手亦不能取得較優於其前手之權利。但如果各該載貨證券之持有人，同時由共同前手取得其載貨證券者，或其取得載貨證券之時間無法判明時，則不能斷定何人應有優先受領之權，此時應認為各持有人有平均受領之權。

2.數質權衝突之場合

質權〔羅：pignus；英：pledge；日：質権（しちけん）；德：Pfandrecht；法：nantissement, gage〕者，乃指債權人為其債權之擔保而占有債務人或第三人移交之標的物，於債權未受清償時，得就該標的物優先受償之擔保物權也。質權為擔保物權之一種，就同一標的物設立多數之質權時，先成立之質權優先於後成立之質權。因此最先設定質權之載貨證券持有人，有優先受領貨物之權；其後設定質權之載貨證券持有人，僅得於先位之載貨證券持有人就其債權獲得清償後，始得主張貨物交付之請求權。如各該質權設定時間相同或其設立時間不明者，視為各質權之順位相同，各載貨證券持有人應享有平均受領之權。

3.所有權與質權衝突之場合

⑴所有權之讓與先於質權之設定時

所有權之讓與先於質權之設定者，亦即持有人先將載貨證券一份，以讓與背書之方式讓與所有權，而後又將他份以質權背書之方式為質權之設定者，在此場合，其讓與背書之被背書人及其後手，有優先受領貨物之權利，其質權背書之被背書人及其後手則不得請求貨物之交付。因載貨證券

之持有人，於讓與其載貨證券之所有權後，已不得再對他份載貨證券為任何之處分行為，質權人之載貨證券係基於無權處分行為而取得，當不得對載貨證券之合法取得者主張任何權利。

(2)質權之設定先於所有權之讓與時

質權之設定先於所有權之讓與者，依擔保物權與所有權得同時併存之原則，質權設定行為及所有權讓與之行為均屬有效，惟質權人享有優先受領貨物之權利。

(3)質權之設定與所有權讓與之時間相同或時間先後無從判明時

質權之設定與所有權讓與之時間相同或時間先後無從判明時，則亦以質權人享有優先受領貨物之權利。

吾人以為，宜採第三說，所謂「先受發送或交付之證券」，應依上述各種權利衝突之情形而分別判定之。其理由如下：

(1)第一說之見解，除了違反各份載貨證券效力均等之原則外，亦不能適應海外貿易之需要

複本〔英：duplicate copies or parts, bill in a set, parts of a set；日：複本（ふくほん）；德：Ausfertigung, Duplikat；法：exemplaire, duplicata〕者，乃指就單一法律關係所發行效力完全均等之數份證券也。此數份之證券，皆謂之複本，每份複本均有同等之效力，惟其法律關係則僅為單一性質，亦即其中一份複本已獲交付金額或貨物時，其他之複本即失其效力。

因吾人確認各份載貨證券具有效力均等之目的，除對海外貿易之出賣人，於資金融通（押匯）之便利外，同時亦使海外貿易之出賣人，在貨物目的港維持並保障其對該貨物之處分權。因若海外貿易之買受人拒絕付款或付款出現問題時，出賣人可憑其持有之一份載貨證券於目的港請求貨載之交付，而達到阻止買受人取得該貨載之目的。載貨證券若非效力均等，出賣人如欲於目的港保有其處分權，則自己應留第一份之載貨證券，此種作法買受人勢必難以接受；如欲滿足買受人之願望，則必須交付第一份載貨證券給買受人，則出賣人又勢必難以保留其在目的港之處分權，當買受

人拒絕付款或付款出現問題時，亦無法阻止買受人取得該貨物矣！故第一說之見解，除了違反各份載貨證券效力均等之原則外，亦無法適應海外貿易之需要。

⑵我國海商法並未設有如德國法之明文規定，故不宜採第二說

第二說之見解係德國之通說。惟外國法規之效力，其位階僅相當於法理而已，我國海商法既無德國商法之明文規定，自不能作相同之解釋。再者，第二說認為，最先取得複本者視為優先，複本向不同之地方發出者，以發出時間之先後決定之。一開始即以複本取得之先後決定其優先之次序，與複本效力均等之原理，似亦不符。

⑶第三說較符我國民商法之解釋原則

第三說之見解，較能兼顧各種妥當性，既未違反複本各份效力均等之原理，亦未違反國際貿易之實際需要，而且較符合我國民商法規效力解釋之原則，顯較第一說、第二說為優。

第七項　載貨證券上約款之效力

一、載貨證券上所載「仲裁條款」之效力

商務仲裁〔英：commercial arbitration；日：商事仲裁（しょうじちゅうさい）；德：Handelsschiedsgerichtsbarkeit；法：arbitrage commercial〕者，乃指基於當事人之合意，使一人或單數之數人居中調停，就當事人間現在或將來商務上之爭議，為判斷解決之程序也。仲裁法第一條第一項規定：「有關現在或將來之爭議，當事人得訂立仲裁協議，約定由仲裁人一人或單數之數人成立仲裁庭仲裁之。」載貨證券上記載「應適用××運送契約內之仲裁條款」時，此類「仲裁條款」之記載，其效力如何？

1998 年 6 月 24 日公布施行之仲裁法第一條第三項及第四項規定：「III仲裁協議，應以書面為之。IV當事人間之文書、證券、信函、電傳、電報

或其他類似方式之通訊，足認有仲裁合意者，視為仲裁協議成立。」依此規定，仲裁協議固然應以書面為之，但當事人無須另依仲裁法之規定訂立仲裁契約。仲裁法第三條復規定：「當事人間之契約訂有仲裁條款者，該條款之效力，應獨立認定；其契約縱不成立、無效或經撤銷、解除、終止，不影響仲裁條款之效力。」足見仲裁條款之效力，應有絕對之效力，不因契約之不成立、無效或經撤銷、解除、終止而受影響。

再者，現行海商法第七十八條規定：「I裝貨港或卸貨港為中華民國港口者之載貨證券所生之爭議，得由我國裝貨港或卸貨港或其他依法有管轄權之法院管轄。II前項載貨證券訂有仲裁條款者，經契約當事人同意後，得於我國進行仲裁，不受載貨證券內仲裁地或仲裁規則記載之拘束。III前項規定視為當事人仲裁契約之一部。但當事人於爭議發生後另有書面合意者，不在此限。」依此規定，吾人可知，只要具備下列二要件：㈠裝貨港或卸貨港為我國港口，其載貨證券載有仲裁條款；㈡經契約當事人同意，即得於我國進行仲裁，不受載貨證券內仲裁地或仲裁規則記載之拘束。此之所謂「契約當事人」，應指運送人及託運人、載貨證券持有人（受貨人）而言。因若將之解為「僅指運送契約之當事人──運送人及託運人」，則載貨證券持有人之權益，易受侵害，影響載貨證券之效力❻❹。海商法如此規定之理由為：⑴預防運送人利用仲裁條款之記載，剝奪我國國民就近在我國尋求法律途徑救濟之機會；⑵預防運送人利用我國國民須赴國外求償之不利益，以遂行其逃避運送責任之目的；⑶載貨證券所載之條款，多屬不公平、不合理之定型化約款，對於本國國民之託運人或載貨證券持有人甚為不利，乃參照「1978年漢堡規則」第二十二條有關「仲裁」(Arbitration)之規定，於1999年修法時，增列本條之規定。惟海商法為尊重「私法自治原則」，尊重當事人間解決爭議之事後合意，復規定若具備下列二要件：㈠於爭議發生後；㈡當事人另有書面合意，仍得不在我國進行仲裁，仍得無

---

❻❹　梁宇賢，《海商法精義》，自版，瑞興圖書股份有限公司總經銷，1999年9月修訂新版，p. 193。

須適用我國仲裁法之規定。例如載貨證券上載明「貨運所生之糾紛，應在美國提付仲裁」（或載明「在倫敦適用英國仲裁規則」），只要符合下列二要件：㈠裝貨港或卸貨港為我國港口，其載貨證券載有仲裁條款；㈡經契約當事人同意，即得於我國進行仲裁，不受載貨證券內仲裁地或仲裁規則記載之拘束。易言之，載貨證券上雖然載明「貨運所生之糾紛，應在美國提付仲裁」（或載明「在倫敦適用英國仲裁規則」），並非絕對依載貨證券上仲裁約款之記載，須在美國提付仲裁（或「在倫敦適用英國仲裁規則」）。惟如符合下列要件：㈠於爭議發生後；㈡當事人另有書面合意，約定「貨運所生之糾紛，應在美國提付仲裁」（或載明「在倫敦適用英國仲裁規則」），仍得在美國提付仲裁（或「在倫敦適用英國仲裁規則」），而無須在我國進行仲裁，無須適用我國仲裁法之規定❻❺。

於 1999 年修法之前，因無現行海商法第七十八條之規定，有關載貨證券上「仲裁條款」之效力，實務界與學術界見解不一。茲簡述於下，以供參考：

實務上之見解認為，運送人或船長簽發之載貨證券似非契約，而載貨證券上所引置之仲裁條款，亦非當然可被認為係當事人間合意之契約。例如在最高法院 1976 年臺上字第 2910 號判決中，最高法院曾明白宣稱：載貨證券係由運送人或船長簽發之證券，難謂係當事人雙方簽訂書面之商務仲裁契約，自無依該證券之記載而主張適用商務仲裁條例第三條之餘地（即現行仲裁法 §4 規定：「仲裁協議，如一方不遵守，另行提起訴訟時，法院應依他方聲請裁定停止訴訟程序，並命原告於一定期間內提付仲裁。但被告已為本案之言詞辯論者，不在此限。」此謂之妨訴抗辯）。1978 年 4 月 25 日最高法院 1978 年度第 4 次民事庭庭推總會議決議亦認為：「載貨證券係由運送人或船長單方簽名之證券，其有關仲裁條款之記載，尚不能認係仲裁契約，故亦無商務仲裁條例第三條（即現仲 §4）之適用。」❻❻

❻❺　施智謀，《海商法》，自版，宜增文具印刷品行印刷，1999 年 6 月修訂版，p. 258。

❻❻　柯澤東，《海商法論》，國立臺灣大學法學叢書編輯委員會編輯，臺大法學叢書

對此實務上之見解，學者有反對之看法，例如張特生、梁宇賢、楊仁壽等位先生即認為，該實務上之見解在理論上有欠妥當，其理由如下：

㈠託運人如無異議，即應認為已同意載貨證券上所記載之條款

載貨證券，依海商法第五十三條之規定，雖僅由運送人或船長於貨物裝載後，因託運人之請求而簽發，託運人並未在其上簽名，但託運人在收到載貨證券後，如無異議，即應認為已同意載貨證券上所記載之條款，如不同意或雙方協議之條款並未記載於載貨證券上，託運人儘可要求運送人或船長更正，亦可解除契約取回託運之物。因此，除非該仲裁條款有違法律之強行規定或公序良俗，不得謂該仲裁條款無拘束當事人之效力。

㈡單方簽名僅為海運商務演進之偶然結果

載貨證券之由運送人或船長單方簽發，乃因海運商務演進之偶然結果，並非本質上載貨證券不具拘束雙方之效力。因此，遽以「單方簽名」為理由而否認載貨證券本有之拘束雙方效力本質，似非妥當。

㈢「單方作成」與「載貨證券基本功能」不得相互混淆

載貨證券本具有下列三種功能：即⑴貨物收受並已裝船之證明；⑵運送契約之書面證明；⑶表彰運送中貨物所有權之有價證券。尤其在運送人及載貨證券持有人間，關於運送事項，悉以載貨證券之記載為準（海 §60 準用民 §627），最高法院之見解，徒以載貨證券為單方文書而認為凡在載貨證券上有關之記載亦皆為單方作成，無所謂仲裁契約之雙方意思，而根本否定其效力。如此見解，將「單方作成」與「載貨證券基本功能」相互混淆，相提並論，不無「根本忽略載貨證券在海上貨物運送中之特殊性，根本否定載貨證券基本功能」之嫌，實非的論。

二、載貨證券所載「裁判管轄條款」之效力

此之所謂裁判管轄條款（約款）者，乃指在運送契約或載貨證券中所載，發生糾紛時應由何國法院或何地法院管轄、裁判之約款也。例如在載

貨證券上附記「就貨運糾紛應適用日本法」、「就本貨運糾紛應由美國紐約地方法院管轄」等即是。

海商法第七十八條第一項規定:「裝貨港或卸貨港為中華民國港口者之載貨證券所生之爭議,得由我國裝貨港或卸貨港或其他依法有管轄權之法院管轄。」依此規定,只要裝載港或卸貨港為我國港口,縱然載貨證券上載有「裁判管轄條款(約款)」,仍得由我國裝貨港或卸貨港或其他依法有管轄權之法院管轄。易言之,只要裝貨港或卸貨港為我國港口,載貨證券上所載之「裁判管轄條款(約款)」,在我國法上,完全無效,仍歸我國裝貨港或卸貨港或其他依法有管轄權之法院管轄。本項係 1999 年修法時新增之規定,與 1978 年漢堡規則第二十一條第一項 C 款雷同。本項之立法理由,旨在預防外國之運送人,故意以「裁判管轄條款(約款)」之約定,排除我國海商法之適用,剝奪我國託運人、受貨人依我國海商法受裁判之機會,乃於 1999 年修法時,參照美國「1936 年海上物品運送法」(Carriage of Goods by Sea, 1936) 第十條,增設本項之規定,藉以保護本國託運人、受貨人之利益。

再者,我國現行海商法第七十七條規定:「載貨證券所載之裝載港或卸貨港為中華民國港口者,其載貨證券所生之法律關係依涉外民事法律適用法所定應適用法律。但依本法中華民國受貨人或託運人保護較優者,應適用本法之規定。」此等規定,於海牙威士比規則及漢堡規則均無類似規定,可謂我國新海商法之一大特色。本條並非就全部載貨證券所生法律關係所為之規定,而係僅就「載貨證券所載之裝載港或卸貨港為中華民國港口者,其載貨證券所生之法律關係」所為之規定。本規定之立法理由,旨在使託運人、受貨人有依本國法受裁判之機會,藉以保護我國國籍託運人、受貨人之權益。依此規定,載貨證券所載之裝載港或卸貨港為我國港口者,一概依據我國涉外民事法律適用法所定應適用法律。但依海商法我國受貨人或託運人保護較優者,應適用海商法之規定。

依據上述說明可知,於傭船契約或載貨證券上記載「任何賠償或爭議,

悉依英國法之規定」。原則上此等準據法條款之記載並非無效,但並無絕對效力。因依海商法第七十八條之規定,只要裝貨港或卸貨港為我國港口,則就其載貨證券所生之爭議,得由我國裝貨港或卸貨港或其他依法有管轄權之法院管轄,而且依海商法第七十七條之規定,對於本國受貨人或託運人保護較優者,一律適用我國海商法之規定。

海商法第七十七條之規定似有如下之缺失:

⑴本條之規定,赤裸裸地強調我國受貨人及託運人之保護,而不同等適用於在我國裝載或卸載之外商,對於外商之保護顯然有欠公平,就現代法之立法而言,不無欠缺合理性及國際性之嫌。

⑵依海商法第七十七條之規定,依涉外民事法律適用法所定應適用法律之結果,若其準據法應為我國法,然與外國法比較之結果,卻發現外國法較優,較為合理公平時,在此情況是否仍應適用我國法?不無疑問。

於 1999 年修法之前,因無現行海商法第七十七及七十八條之規定,有關載貨證券上「裁判管轄條款(約款)」(準據法條款)之效力,實務界與學術界見解不一。茲簡述於下,以供參考:

在運送契約(無論為件貨運送契約或傭船契約)中附記「仲裁條款」或「裁判管轄條款(約款)」等條款時,因該運送契約自始即為當事人雙方自由約定洽商後之契約,因此運送契約上所載之「仲裁條款」或「裁判管轄條款(約款)」等條款,自始即為雙方當事人所約定之約款,係基於平等、自由之立場,彼此洽商後所訂立之約款,在性質上屬於原來契約上之約款,應有契約上約款之效力。

於載貨證券上附記「仲裁條款」或「裁判管轄條款(約款)」等條款時,其效力又如何乎?至於「裁判管轄條款(約款)」,1978 年 4 月 25 日最高法院 1978 年度第 4 次民事庭庭推總會議決議認為,載貨證券附記「就貨物糾紛應適用美國法」之文句,乃單方所表示之意思,不能認係當事人之約定,尚無涉外民事法律適用法第六條第一項之適用。(涉外民事法律適用法第六條第一項規定:「法律行為發生債之關係者,其成立要件及效力,依當

事人意思定其應適用之法律。」）依涉外民事法律適用法第六條第二項之規定「當事人意思不明時，同國籍者依其本國法」，保險公司代位受貨人憑載貨證券向運送人行使權利，受貨人與運送人雙方均為中國人，自應適用中國法。易言之，最高法院認載貨證券所載條款，係運送人單方所表示之意思表示，故認其不生效力。

　　1978 年 10 至 12 月份基隆地院司法座談會的結論認為，載貨證券所載「就貨運之糾紛，應適用美國法」固可認係當事人就準據法之約定。惟當事人自治原則之適用，於雙方當事人約定準據法時，必須在形式上及實質上立於平等之地位始可。苟一方從屬於他方，則無當事人自治原則適用之餘地。載貨證券所記載之條款原係一種附合契約，雙方在形式上雖居於平等地位，但在實質上並非平等，故在載貨證券附記準據法所為之意思表示，應認為非出諸當事人之自治，應另以當事人之本國法或行為地法代替當事人之約定。涉外民事法律適用法第六條第二項規定：「當事人意思不明時，同國籍者依其本國法，國籍不同者，依行為地法，行為地不同者以發要約通知地為行為地，如相對人於承諾時不知其發要約通知地者，以要約人之住所地視為行為地。」因此在本案中，臺灣之進口商 A 向印尼之出口商 B 購置貨物一批，並以之向臺灣之保險公司 C 投保全險。B 於出口時，在印尼委託委內端拉國之輪船公司 D 運送來臺，D 即簽發一張載貨證券交付於 B，其上載有「就貨運之糾紛，應適用美國法」之文句。B 將載貨證券轉交 A，A 即前往提貨，發覺貨物短少，乃請求 C 給付保險金額，C 如數賠償後，依保險法第五十三條之規定，代向 D 請求賠償。本案依上述之理由，因託運人與運送人國籍並非相同，自應以契約之訂立地之印尼法為基準法。

　　由此可知，依實務界之見解，在載貨證券上約定準據法，應不生效力。惟在學界則認為，當事人自治原則為債之準據法之基本原則，當事人有明示約定時，固應依其約定決定其準據法；當事人無明示約定而依其他客觀之情事可推測其準據法時，亦應依其默示之意思表示決定即準據法，例如在載貨證券上記有「就證券之效力適用 1936 年美國海上物品運送條例」之

文句時，則關於載貨證券之適用，除該條例外，尚含有美國聯邦法及該船舶營業所所在地州之法律之適用**⑥**。

吾人以為，前述學界之見解較為可採。因此在載貨證券約定準據法，只要不違反法律之強行規定、不違反公序良俗、不違反形式上及實質上平等之原則，亦即只要當事人同意且事實上其約定之準據法並無減少或免除運送人之法定責任時，應認其有效較為妥當（§61）。

三、載貨證券所載「不知約款」之效力

不知約款〔英：unknown clause；日：不知約款（ふちやっかん）；德：unbekannte Klausel；法：clause dit (inconnue)〕者，亦稱據稱條款，乃指運送人在載貨證券上所記載，不知其所接受運送物品之內容為何、種類為何、重量為何等文句之免責約款也。例如在載貨證券上記載「內容不詳」、「重量不詳」(weight shipped unknown)、「據告重 50 公斤」(Said to weigh 50 kg)、「據稱有 50 臺」(Said to contain 50 set) 之條款即是。

海商法第五十四條規定：「I 載貨證券，應載明下列各款事項，由運送人或船長簽名：一　船舶名稱。二　託運人之姓名或名稱。三　依照託運人書面通知之貨物名稱、件數或重量，或其包裝之種類、個數及標誌。四　裝載港及卸貨港。五　運費交付。六　載貨證券之份數。七　填發之年月日。II 前項第三款之通知事項，如與所收貨物之實際情況有顯著跡象，疑其不相符合，或無法核對時，運送人或船長得在載貨證券內載明其事由或不予載明。III 載貨證券依第一項第三款為記載者，推定運送人依其記載為運送。」本條第三項，係 1999 年修法時新增之規定，其立法理由為：「為辨正當前國際海運實務於載貨證券上記載 "Said to be"、"Said to weigh" 或 "Said to contain" 等未明確載明本修正條文第一項第三款內容時，我國法院判決見解不一之情形（參閱 1976 年臺上字第 3112 號、1977 年臺上字第 108

---

⑥　楊仁壽，《海商法論》，自版，文太印刷有限公司印刷，三民書局總經銷，1993年 3 月印刷，p. 361。

號、2021 號、2971 號、1978 年臺上字第 1426 號、2270 號等判決），爰參照 1968 年海牙威士比規則第三條第四項〔原文為：Such a bill of lading receipt by the carrier of the goods as therein described in accordance with paragraph 3 (a), (b) and (c)〕，增訂修正條文第三項，以利適用。」足見本條第三項之規定，旨在辨正載貨證券上記載「不知約款」之效力。

「前項第三款之通知事項，如與所收貨物之實際情況有顯著跡象，疑其不相符合，或無法核對時，運送人或船長得在載貨證券內載明其事由或不予載明。」海商法第五十四條第二項之所謂「不予載明」者，係指消極地不於載貨證券記載而言（1978 年臺上 1774）。所謂「載明其事由」者，例如於載貨證券上記載「件數不知，因未數計」、「重量不知，因未曾磅秤」、「內容不知，因未曾核對」等，甚至僅記載「件數不知」、「重量不知」、「內容不知」等即是。

「載貨證券依第一項第三款為記載者，推定運送人依其記載為運送。」依海商法第五十四條第三項之此等規定，載貨證券似乎僅有「推定」之效力，運送人隨時均得提出反證加以推翻之。惟海商法第五十四條第三項之規定，似與海商法第五十五條第二項、第六十條之規定，不無矛盾之處。因此就不知約款之效力，吾人以為：

(一)就運送人與託運人間之法律關係而言

運送人及託運人，係運送契約之當事人，就載貨證券之記載，並無所謂「是否善意」之可言，因此於運送人與託運人之間，並無強調載貨證券文義性加強保護託運人之必要，因此可適用海商法第五十四條第三項之規定。其效力如下：

(1)依舉證責任分配之原則，「依照託運人書面通知之貨物名稱、件數或重量，或其包裝之種類、個數及標誌」而為記載乃屬原則；而「如與所收貨物之實際情況有顯著跡象，疑其不相符合，或無法核對時，運送人或船長得在載貨證券內載明其事由或不予載明」則屬例外。因此，在此場合，運送人欲主張有例外情事，應先由運送人舉證證明「託運人之通知事項與

所收貨物之實際情況有顯著跡象，疑其不符或無法核對」。運送人若能為此證明，則此項不知約款應認有效。此時，託運人若欲請求賠償，必須證明1.運送人有過失而且2.過失與損害之間有因果關係，始能向運送人請求損害賠償。託運人若不能為此證明，則不能向運送人請求賠償❻⓲。

⑵若事實上並無「顯著跡象，疑其不相符合，或無法核對」之狀況，而運送人或船長竟於載貨證券內記載不知約款（載明其事由）或不予載明時，託運人可依海商法第五十四條第三項之規定，提出反證加以推翻之。

⑶載貨證券之記載，於運送人與託運人之間，僅具「推定」之效力，運送人或託運人，均得提出其他反證推翻之。所謂其他反證者，例如運送契約、商業發票、大副收據等證明即是。

我國海商法第五十四條第三項規定:「載貨證券依第一項第三款為記載者，推定運送人依其記載為運送。」依此規定，我國現行海商法似採「舉證責任轉換說」之立法。依海商法第五十四條第三項之規定，載貨證券似乎僅具「推定」之效力，運送人似可提出反證（例如運送契約、商業發票、大副收據等）推翻其效力。惟海商法第五十四條第三項之規定，似與海商法第五十五條第二項及第六十條之規定相互矛盾，頗難徒以海商法第五十四條第三項之規定，遽然斷定我國現行海商法係採「舉證責任轉換說」之立法。

㈡就運送人與善意載貨證券持有人間之法律關係而言

就運送人與託運人以外之善意載貨證券持有人之間，載貨證券具有強烈之文義性，並無海商法第五十四條第三項之適用。運送人仍須依載貨證券之記載，負交貨之責任，就其無法交貨之部分，運送人應負債務不履行責任。其理由如下：

1.就我國海商法之規定而言

我國海商法第五十五條第二項規定:「運送人不得以前項託運人應負賠償責任之事由，對抗託運人以外之載貨證券持有人。」海商法第六十條規

❻⓲　楊仁壽，前揭《海商法論》，p. 302。

定:「Ⅰ民法第六二七條至第六三〇條關於提單之規定，於載貨證券準用之。Ⅱ以船舶之全部或一部供運送為目的之運送契約另行簽發載貨證券者，運送人與託運人以外載貨證券持有人間之關係，依載貨證券之記載。」依海商法第六十條準用民法第六二七條之結果，載貨證券發行後，運送人與載貨證券持有人間，關於運送事項，依其載貨證券之記載。依海商法第五十五條第二項及海商法第六十條之規定可知，於運送人與非託運人之善意載貨證券持有人間，載貨證券具有強烈之文義性。

2.就國際公約之精神而言

「1924 年海牙規則」第三條第四項規定:「此項載貨證券應作為依照前項(1)(2)及(3)款之貨物，已經運送人收受之表面證據。」（Such a bill of lading shall be prima facie evidence of the receipt by the carrier of the goods as therein described in accordance with paragraph 3 (a), (b) and (c).）原本「1924年海牙規則」僅規定，載貨證券上之記載，僅能作為對抗運送人之「表面證據」，僅具有「推定」之效力。但 1968 年海牙威士比規則，就前述「1924年海牙規則」第三條第四項增加但書規定，而以第一條第一項規定:「第三條第四項增加下列規定:『但載貨證券已轉入善意第三人者，不得提出反證。』」(In Article 3, paragraph 4 shall be added: "However, proof to the contrary shall not be admissible when the Bill of Lading has been transferred to a third party acting in good faith.")由此可知，依國際公約之精神，載貨證券一旦轉入善意第三人之手，應強調載貨證券之文義性，而不得再提出反證推翻之。

1999 年修法之前，因無現行海商法第五十四條第二項及第三項之規定，有關載貨證券上「不知約款」（據稱條款）之效力，學術界與實務界之見解，並不一致。茲簡述如下，以供參考:

託運人就貨物所為之書面通知，「如與所收貨物之實際情況有顯著跡象，疑其不相符合，或無法核對時，運送人或船長得不予載明」（舊海 §98Ⅱ）。但在實務上，運送人或船長往往依照託運人之書面通知而為記載，並另以附註之方式載明「據稱載有」(said to contain)、「據稱重量……」(said to be or said to weigh...)、「內容不詳」或「件數不詳」(not responsible for weight or condition) 等字樣,此等字樣之記載稱為「不知約款」(unknown clause)。不知約款之效力如何?因我國現行海商法缺乏明文規定,故有下列爭議:

㈠實務界之見解

1977 年以前之最高法院判決,曾採「可免責說」,認為載貨證券所載「據稱重量」等字樣,不得認作運送人已依載貨證券所載之重(數)量收受貨物之表面證據,亦不得認作託運人對於裝載時貨物之重(數)量,保證正確,故運送人可免責 (例最高法院 1976 臺上字第 3112 號判決)。但 1978 年以後之判決則多採「不可免責說」,認為載貨證券附記「據告稱」、「據告重」等字樣,能否視為海商法第五十四條第一項第三款所規定之「託運人書面通知」,乃屬事實之認定問題。載貨證券既依「據稱重」或「據告重量」而載明其重量,即非未載重(數)量,即應依載貨證券之文義負責 (例最高法院 1979 臺上字第 262 號判決、1978 臺上字第 1774 號判決、1978.4.25、1978 年度第 4 次民事庭庭推總會議決議)。

㈡學術界之見解

學術界大多主張承認其效力,但亦有下列不同之見解:

1.舉證責任轉換說

主張此說者認為,最高法院認為在載貨證券上記載「重量不確知」、「依託運人聲明」、「重量體積不知」,並無任何意義,運送人仍應依其所載文義負責,此乃對海商法第五十四條第二項之規定有所誤解所致。其實所謂「得不予載明」,不以消極地不於載貨證券記載為限,若以 "said to be or said to weigh" 之方式記載,亦應包括在內。

依舉證責任分配之原則,「依照託運人書面通知之貨物種類、品質、數量情狀,及其包皮之種類個數及標誌」而為記載乃屬原則;而「如與所收貨物之實際情況有顯著跡象,疑其不相符合,或無法核對時,運送人或船長得不予載明」則屬例外。因此,在此場合,運送人欲主張有例外情事,應先由運送人舉證證明「託運人之通知事項與所收貨物之實際情況有顯著

跡象，疑其不符或無法核對」。運送人若能為此證明，則此項不知約款應認有效。此時，託運人或載貨證券持有人若欲請求賠償，必須證明(1)運送人有過失而且(2)過失與損害之間有因果關係，始能向運送人請求損害賠償。託運人或載貨證券持有人若不能為此證明，則不能向運送人請求賠償❻。

2.保留原因有無說

此說係參考德國商法第六四六條之規定而來，認為運送人或船長於託運人書面通知之事項，如有海商法第五十四條第二項之規定之情形時，原有就貨物之情況拒絕記載之權利，若不行使此項拒絕記載之權利，仍照託運人書面通知為保留記載，原則上應承認其效力，但在運送人或船長所為之保留記載中，應明白表示其保留之原因。例如「重量不知，因未曾過磅」、「件數不知，因未曾數計」、「內容不知，因未曾核對」，如僅單純記載「重量不知」、「件數不知」或「內容不知」，因未記載不知之原因，該保留之記載應不生保留之效力。有效之保留記載，即為合法之「不知約款」，具有排除載貨證券文義責任之效力。

惟此非謂運送人僅按實際裝載貨物之數量負交付之義務，而係謂運送人得提出反證，證明裝載之數量較載貨證券所載之數量為少，而依較少之裝載數量負交付之義務，此乃我國關於載貨證券記載採「文義責任主義」所應有之解釋。易言之，當載貨證券未記載有效之保留時（未載保留原因時），該不知約款即為不合法，並無排除載貨證券文義責任之效力，運送人仍應依載貨證券所載之數量負交付之義務，而無提出反證，證明實際裝載之數量較載貨證券所載數量為少，而依較少之裝載數量負交付之權利。亦即，載貨證券有記載保留原因時，該「不知約款」有效，運送人取得「提出反證」之機會，若無記載保留原因時，則該不知約款無效，運送人並無提出反證之機會，此時，必須乖乖地依載貨證券之記載，如數給付❼。

---

❻　楊仁壽，前揭《海商法論》，p. 302。

❼　施智謀，《海商法》，瑞明彩色印刷有限公司印刷，1986 年 7 月再版，p. 247。

✦ 實例演習 ────────────────────────────

我國進口商甲，在乙國購得貨物一批，又租得二個貨櫃供裝運。甲並在乙國與運送人訂立運送契約。運送人在法國有主營業所。航行途中遭遇風浪，該二貨櫃被沖入海中滅失，應由運送人負損害賠償責任。載貨證券記註內容：「裝載港為馬賽，卸貨港為基隆」；「貨物裝於二貨櫃，每櫃各裝四箱機械；全部重四千公斤」；「訴訟管轄及準據法條款：以運送人之主營業所所在地為爭議訴訟地。應適用法國法」。試扼要回答下列問題：

㈠甲若在我國法院向運送人起訴成立，依我國海商法規定，貨物損害賠償，應以幾件計算？合多少金額？但甲得為如何之主張，對其賠償最為有利？

㈡甲在我國法院起訴，我國海商法就法律適用有何規定？法國準據法條款之效力如何？對我國此一規定，你有何意見？

㈢就我國及比較海商法規定，因載貨證券有外國管轄條款之規定，甲得否於我國起訴？甲尚可能得選擇於那些地點對運送人起訴？

以上各題之理由或依據為何？

就此設例，吾人以為：

㈠第一小題

1.貨櫃之計件方式

有關貨櫃運送時之計件方式，1999 年修法之前，因無明文規定，因此曾有「貨櫃件數說」、「貨物件數說」、「貨櫃所有人區別說」、「貨物區別說」、「裝填人區別說」、「載貨證券記載說」、「包裝機能說」（綜合判斷說）等不同之學說。1999 年修正後之新海商法第七十條第三項規定：「III前項所稱件數，係指貨物託運之包裝單位。其以貨櫃、墊板或其他方式併裝運送者，應以載貨證券所載其內之包裝單位為件數。但載貨證券未經載明者，以併裝單位為件數。其使用之貨櫃係由託運人提供者，貨櫃本身得作為一件計算。」顯然 1999 年修正後之新海商法，就有關貨櫃運送時之計件方式，係採「載貨證券記載說」之立法。

　　本設例中，載貨證券明白記載：「貨物裝於二貨櫃，每櫃各裝四箱機械；全部重四千公斤」，依前述現行海商法第七十條第三項之規定，貨物損害賠償之計算單位，應為 8 件＋2 件＝10 件。因載貨證券明白記載：「貨物裝於二貨櫃，每櫃各裝四箱機械」，故其貨物之件數應為 4 件×2 ＝ 8 件，再者，本設例之二個貨櫃係由進口商甲所租，係屬「由託運人提供者」，貨櫃本身得作為一件計算，因此加計二個貨櫃之結果，本設例貨物損害賠償之計算單位共為 8 件＋ 2 件＝ 10 件。

　2.合多少金額？

　　我國現行海商法第七十條第二項規定：「除貨物之性質及價值於裝載前，已經託運人聲明並註明於載貨證券者外，運送人或船舶所有人對於貨物之毀損滅失，其賠償責任，以每件特別提款權六六六‧六七單位或每公斤特別提款權二單位計算所得之金額，兩者較高者為限。」海商法第七十條第四項規定：「由於運送人或船舶所有人之故意或重大過失所發生之毀損或滅失，運送人或船舶所有人不得主張第二項單位限制責任之利益。」依此二項之規定，載貨證券上未記載貨物性質及價值，且貨物之毀損滅失非由於運送人或船舶所有人之故意或重大過失所致者，運送人得享有每件 666.67 SDR 或每公斤 2 SDR 單位責任限制之法定利益。

　　其最高賠償金額：

　　⑴以件數計算時

　　以件數計算時，依前述㈠之 1.之說明，本設例貨物損害賠償之計算單位共為 8 件＋ 2 件＝ 10 件，每件之賠償數額為特別提款權 666.67 單位，因此依件數計算時，本設例之最高賠償金額應為 666.67 SDR × 10 ＝ 6,666.7 SDR（每一 SDR ＝ 1.38107 美元）。

　　⑵以公斤數計算時

　　以公斤數計算時，因本設例之貨載全部重四千公斤，故其賠償金額應為 2 SDR × 4,000 ＝ 8,000 SDR。2 SDR × 4,000 ＝ 8,000 SDR ＞ 666.67 SDR × 10 ＝ 6,666.7 SDR。顯然以每公斤特別提款權二單位計算所得金額

較高，因此本設例之最高賠償金額應為 8,000 SDR。

　　若託運人甲能證明貨物之毀損滅失係由於運送人或船舶所有人之故意或重大過失所致時，運送人仍應依民法第六三八條之規定，以貨物之實際價值作為賠償，而不得主張海商法第七十條第二項單位責任限制之法定利益。

3.甲得為如何主張，對其賠償最為有利？

　　依前述現行海商法第七十條第二項之規定，託運人得主張：「其賠償責任，以每件特別提款權六六六・六七單位或每公斤特別提款權二單位計算所得之金額，兩者較高者為限」。

　　如前所述，以件數計算時，本設例之最高賠償金額應為 666.67 SDR × 10 ＝ 6,666.7 SDR；依公斤數計算時，本設例之最高賠償金額應為 2 SDR × 4,000 ＝ 8,000 SDR。2 SDR × 4,000 ＝ 8,000 SDR ＞ 666.67 SDR × 10 ＝ 6,666.7 SDR。顯然以每公斤特別提款權二單位計算所得金額較高，因此本設例之最高賠償金額應為 8,000 SDR（註：臺灣有另一派人士認為，以公斤數計算時仍應計算貨櫃二件之賠償額，依其見解則應為 8,000 SDR ＋ 1,333.34 SDR ＝ 9,333.34 SDR。）因此託運人得主張以貨物重量計算運送人之單位責任較為有利。

(二)第二小題

1.甲在我國法院起訴，我國海商法就法律適用有何規定？

　　我國現行海商法第七十七條規定：「載貨證券所載之裝載港或卸貨港為中華民國港口者，其載貨證券所生之法律關係依涉外民事法律適用法所定應適用法律。但依本法我國受貨人或託運人保護較優者，應適用本法之規定。」依此規定，本設例之卸貨港基隆港既為我國港口，又在我國法院起訴，自應依「涉外民事法律適用法」之規定決定其應適用之法律。但依「涉外民事法律適用法」決定應適用之法律與我國海商法比較，若依海商法之規定，我國受貨人或託運人保護較優者，應適用海商法之規定。易言之，當依「涉外民事法律適用法」決定應適用之法律與我國海商法比較，若依

該準據法（外國法或本國之其他法規）之規定，對於我國受貨人或託運人之保護，優於或等同我國海商法之規定時，適用該準據法之規定；反之，若依該準據法之規定，對於我國受貨人或託運人之保護，不如我國海商法之規定時，則應適用中華民國海商法之規定。

2.法國法準據條款之效力如何？

涉外民事法律適用法第六條第一項規定：「法律行為發生債之關係者，其成立要件及效力，依當事人意思定其應適用之法律。」依此規定，因載貨證券所生之法律關係係屬契約之法律關係，於適用國際私法時，自應依當事人意思定其應適用之法律。在本設例中，載貨證券既明白記註「應適用法國法」，當事人既合意以法國法為準據法，則此一準據法條款，自得為法院判斷當事人合意之依據。因此在本設例中，若對於我國受貨人或託運人之保護，法國法之保護較優或等同我國海商法規定時，仍適用該準據法條款所定之法國法，亦即承認該準據法條款之效力，但若我國海商法保護較優時，則應排除該準據法條款之效力，而適用我國海商法之規定（海§77）。

3.對於海商法第七十七條規定之意見

我國現行海商法第七十七條規定：「載貨證券所載之裝載港或卸貨港為中華民國港口者，其載貨證券所生之法律關係依涉外民事法律適用法所定應適用法律。但依本法我國受貨人或託運人保護較優者，應適用本法之規定。」吾人以為，本條之規定似有如下之缺失：

⑴本條之規定，赤裸裸地強調我國受貨人及託運人之保護，而不同等適用於在我國裝載或卸載之外商，對於外商之保護顯然有欠公平，就現代之立法而言，不無欠缺合理性及國際性之嫌。

⑵依海商法第七十七條之規定，依涉外民事法律適用法所定應適用法律之結果，若其準據法應為我國法，然與外國法比較之結果，卻發現外國法較優，較為合理公平時，在此情況是否仍應適用我國法？不無疑問。

㈢第三小題

1.就我國及比較海商法規定，因載貨證券有外國管轄條款之規定，甲得否於我國起訴？

海商法第七十八條第一項規定：「裝貨港或卸貨港為中華民國港口者之載貨證券所生之爭議，得由我國裝貨港或卸貨港或其他依法有管轄權之法院管轄。」依此規定，只要裝載港或卸貨港為我國港口，縱然載貨證券上載有「裁判管轄約款」，仍得由我國裝貨港或卸貨港或其他依法有管轄權之法院管轄。易言之，只要裝載港或卸貨港為我國港口，載貨證券上所載之「裁判管轄約款」，在我國法上，並無完全之拘束力，仍得歸我國裝貨港或卸貨港或其他依法有管轄權之法院管轄。因此在本設例中，雖有管轄條款之約定，但因卸貨港高雄港為我國之港口，因此甲仍得於我國法院起訴。

2.甲尚可能得選擇於那些地點對運送人起訴？

海商法第七十八條第一項雖然規定：「裝貨港或卸貨港為中華民國港口者之載貨證券所生之爭議，得由我國裝貨港或卸貨港或其他依法有管轄權之法院管轄。」但因條文係規定「得由」而非「應由」，因此本條之規定僅在賦予當事人得以合意選用我國法院裁判，並未絕對排除其他依法有管轄權之法院管轄，例如外國管轄約款或依「以原就被原則」起訴，或在被告之主要營業所所在地法院、居所地法院起訴。

因此在本設例中，當事人固得優先選用我國法院，在卸載港所在地之基隆地方法院起訴，不受該管轄條款之拘束，但原告亦得以合意依載貨證券所載之外國法院起訴。

 問題與思考

一、何謂載貨證券？其性質如何？試具理由以說明之。

二、何謂載貨證券？其請求發給人為何？發給人為何？其發給之時期又為何？

三、就我國現行海商法之規定，載貨證券應記載那些事項？在載貨證券上，

記載法定事項以外之事項，其效力如何？試具理由以說明之。

四、試述載貨證券之物權效力。

五、試述載貨證券之債權效力。

六、海商法第五十九條規定：「載貨證券之持有人有二人以上，而運送人或
　　船長尚未交付貨物者，其持有先受發送或交付之證券者，得先於他持
　　有人行使其權利。」條文中所稱「先受發送或交付之證券」，其意究係
　　何指？試具理由以說明之。

七、載貨證券上記載「仲裁條款」時，其效力如何？試具理由以說明之。

八、載貨證券上記載「裁判管轄條款」時，其效力如何？試具理由以說明
　　之。

九、載貨證券上記載「不知約款」時，其效力如何？試具理由以說明之。

十、何謂船舶（海商法上之船舶）？對之為扣押，假扣押有何特別之限制？
　　又何謂載貨證券？載貨證券文義責任？如其中有「仲裁條款」記載時，
　　其效力如何？試分別論述之。

十一、海運之載貨證券，與陸運之提單，其性質及效力是否相同？試比較
　　　之。

十二、海商法第八十一條為有關貨物運送契約之規定，又第九十七條為有
　　　關載貨證券之規定。試扼要作答下列問題：
　　　㈠載貨證券與運送契約之關係如何？二者有何區別？
　　　㈡何種運送契約之載貨證券常有「適用傭船契約之仲裁條款……」
　　　　之記載？原因何在？該記載之效力如何？

十三、試說明海運之載貨證券與陸運之提單有何異同。

十四、某甲託運水泥十萬包往日本東京，請求船長發給某乙載貨證券，試
　　　問：
　　　㈠某乙在何種情況下始能發給？
　　　㈡載貨證券有何特性？
　　　㈢載貨證券之效力如何？

十五、何謂載貨證券?其性質及效力如何?

十六、某甲產物保險公司承保某乙自美國進口小麥二萬噸,託由某丙航運公司之貨輪運回。該項小麥之裝船與卸載,均用吸管為之,並由運送人與託運人以外之第三人以電動計量器測定其重量,由某丙航運公司簽發載貨證券,記明裝運小麥之數量,為「據稱重」二萬噸,由某甲保險公司賠償某乙後,持載貨證券向某丙航運公司請求賠償未果,乃訴請法院判命某丙公司賠償該二萬噸小麥之價款,法院應如何裁判?

十七、我國進口商甲向美國出口商乙購買黃豆壹萬公噸,由乙託美國航運公司丙運送來臺,於貨物裝船後,由丙簽發載貨證券一紙給乙,其中載明雙方因貨運所生糾紛應在美國提付仲裁。該載貨證券經乙背書於甲,嗣後丙將黃豆運至基隆卸載時,短少黃豆壹百噸,甲向丙索賠、發生糾紛,丙依載貨證券所載條款提付仲裁時,問:

(一)甲主張依載貨證券所載仲裁條款係丙之單方意思表示,甲不受其拘束,是否可行?

(二)如甲意提付仲裁,但主張在臺北為之,有無理由?

十八、我國進口商甲,向美國出口商乙購黃豆壹萬噸,由乙託美航運公司運送來臺,於貨載裝船後,丙公司簽發載貨證券一紙給乙,其中載明雙方因貨運所生糾紛,應向美國紐約仲裁機構提付仲裁。該載貨證券經乙背書移轉於甲,嗣因黃豆運抵基隆卸載時,短少一百噸,發生糾紛,甲向臺灣臺北地方法院訴請丙公司賠償。問:

(一)丙公司抗辯甲應依載貨證券之記載,提付仲裁,不得起訴,有無理由?

(二)甲主張載貨證券所載仲裁條款,係丙單方意思表示,甲不受其拘束,是否可採?

十九、載貨證券上記載有 "Said to weigh"、"Said to be"、"Said to contain" 及 "CY\Shipper's load, count and seal, said to contain" 之「據稱」保留條

款時，試問：

㈠上述條款各發生於何種貨物之海上運送？又係對貨物之何種損失內容而為保留？

㈡運送人得為保留記載之法律依據為何？

㈢各類「據稱」條款之效力如何？試從國內法及比較法扼要說明之。

二十、載貨證券之文義性為何？載貨證券附有「不知約款」之記載時，該「不知約款」之效力如何？

二十一、試回答下列問題：

㈠載貨證券上記載（引置）備船契約之仲裁條款，原因何在？其引置對運送人有何實益可言？

㈡我國最高法院民事庭庭推總會議對上述記載（引置）之效力作何決議？並試扼要評釋之。

二十二、出口商 A 與進口商 B，F 令且條件訂立電腦機之買賣契約，由海運公司 C 承運。載貨證券 (B/L) 上載有 "Container said to contain, 5 computer machineries"，就本件交易與運送之內容，B 向產物保險公司投保；C 向 P&I Club（保護及補償協會）投保；A 向輸出入銀行投保。試問：

㈠B、C、A 各有何保險利益？

㈡B、C、A 所投保者，各為何種保險？

㈢"Said to Contain"（據稱）之記載，其效力有何法律依據？

㈣本件貨櫃 (container) 於海上運送滅失時，就上述載貨證券上之記載，C 應賠償一件或五件？理由依據為何？

㈤本件之載貨證券，若為聯運提單 (combined B/L) 之複合運送時，試問本件貨物係以何種方式運至目的地？貨櫃若於運送途中滅失時，有何不同之責任制度決定運送人（或稱聯運經營人）所應負之責任？試重要扼要說明之。

二十三、我國海商法第五十四條規定運送人於載貨證券上就貨物應載明之

事項,該條第一項第三款規定:「依照託運人書面通知之貨物名稱、件數或重量,或其包裝之種類、個數及標誌。」而同條第二項規定:「前項第三款之通知事項,如與所收貨物之實際情況有顯著跡象,疑其不相符合,或無法核對時,運送人或船長得在載貨證券內載明其事由或不予載明。」就上述規定,試問:

㈠第二項規定之立法法源依據為何?法意何在?規定上有何缺憾?試扼要說明之。

㈡依第二項規定,在散裝貨運送及貨櫃運送之載貨證券記載,實務上常發生那些保留條款?試舉例說明之。

㈢於貨物毀損滅失時,該等保留條款之效力

　(1)於散裝貨運送,在我國法如何?

　(2)於貨櫃運送,在我國法或比較法上如何?有何法律或法理或基準,被採為決定單位限制責任計算件數之依據?

二十四、A 與船公司 B 訂立一傭船契約,以船艙之一部供運送 A 之貨物自 X 港至 Z 港,途中於 Y 港裝載 C 之貨物於 B 所有之貨櫃至 Z 港,B 於裝載貨物後,各簽發載貨證券交予 A 及 C,C 持有之載貨證券上記載:「一貨櫃內裝五箱樂器……」,惟船舶在發航前,未補足燃料,發航後不久,即因缺燃料而無法前進,致遭遇暴風雨而觸礁擱淺,A 及 C 之貨物受損,C 之樂器毀損四箱。試扼要解答下列問題:

A 向 B 請求損害賠償時,應以傭船契約之內容或應以載貨證券之內容為準?

二十五、試回答下列問題:

㈠載貨證券之文義性,說明下列關係人之適用

　(1)運送人與託運人。

　(2)運送人與善意持有載貨證券之第三人。

㈡甲於船舶行蹤不明時,將船舶委付於保險人,保險人依約給付

保險金三千萬元，而後失蹤船舶歸來，保險人將其拍賣得價金三千五百萬元，甲得否向保險人請求五百萬元？請就委付說明之。

(三)海上運送責任與陸上運送責任有何不同？試就責任制度說明之。

二十六、在臺灣之出口商甲與美國之進口商乙訂立 C.I.F. 條件之買賣契約，買賣契約之標的物為腳踏車五千輛，試就下列問題作答：

　(一)何方負有訂立海上運送契約之義務？理由及所依據之規範為何？

　(二)運送人之載貨證券之文義性如何？試分別就載貨證券在甲持有中與載貨證券經背書交付予乙兩種情況說明之。

　(三)該載運腳踏車之船舶 A 與另一船舶 B 發生碰撞，兩船之船體貨物均有損失，經鑑定 A 船過失百分之四十，B 船過失百分之六十，A 船保險人就 A 船貨物之損失給付保險金後，向何人行使代位權？其範圍如何？

　(四)貨物所有人乙，於何種條件下得主張委付？如何主張？委付如何始能成立？

二十七、海商法第三十八條為有關貨物運送契約之規定，又第五十三條為有關載貨證券之規定。試扼要作答下列問題：

　(一)載貨證券與運送契約之關係如何？二者有何區別？

　(二)何種運送契約之載貨證券常有「適用傭船契約之仲裁條款……」之記載？原因何在？該記載之效力如何？

二十八、甲海運股份有限公司自高雄承運冷凍綠蘆筍一千箱至日本大阪，貨物係採整櫃制運送 (C/Y)，甲所簽發載貨證券記有「據告裝含」及「不知約款」。貨櫃之冷凍系統於航行中發生故障因而部分貨物解凍變色凋萎。試為託運人提供法律意見。

二十九、甲與船公司在臺北訂立運送契約，運送貨物至中東，並約定「適用卸貨港法律為準據法」。不料在運送途中遭遇海難，貨物受損。甲向臺北地方法院請求賠償，試問臺北地方法院如何「適用判決」？

試就法理與我國立法析述之。

第八項　載貨證券認賠書

在使用信用狀作為付款條件之場合，託運人（出口商）持清潔載貨證券前往押匯銀行押匯時，押匯銀行較樂於押匯，託運人持「不清潔載貨證券」前往押匯銀行押匯時，押匯銀行往往拒絕付款。因此在海運慣例上，託運人為換取運送人或船長簽發「清潔載貨證券」，通常多由託運人出具一份約定書面，聲明將來運送人如因簽發清潔載貨證券而發生任何損害時，託運人願負一切賠償責任，此等約定書面稱為「載貨證券認賠書」。茲將載貨證券認賠書簡單介紹如下：

一、載貨證券認賠書之意義

載貨證券認賠書〔英：letter of indemnity, letter of guarantee；日：補償狀（ほしょうじょう）；德：Revers, Konnossementsrevers, Gutschädigungsbrief, Garantiebrief；法：lettre d'indemité, lettre de garantie〕者，亦稱認賠書或免責函，英文簡稱為 L/I，乃指為換取運送人或船長發給清潔載貨證券，由託運人出具，其中擔保運送人或船長因發給清潔載貨證券所生之一切損害，託運人願負賠償責任之文書也。亦即，乃指為換取清潔載貨證券之簽發，聲明若因載貨證券之記載與託運物之實際狀況不符，運送人須負損害賠償時，託運人願意補償其損害，而由託運人交付予運送人或船長之契約書也 ❼ 。

二、載貨證券認賠書之性質

載貨證券認賠書之法律性質如何，約有下列見解：

---

❼　我妻榮，《新法律学辞典》，有斐閣，昭和 51 年 5 月 30 日新版初版第 16 刷發行，p. 1129。

(一)保證契約說

主張此說者認為，載貨證券認賠書係屬一種保證契約。其理由如下：

(1)託運物有瑕疵，託運人為求運送人簽發清潔載貨證券，而出具認賠書，聲明運送人若因簽發清潔載貨證券而受損害，託運人願負一切賠償責任，因此認賠書係屬民法上保證契約之一種。

(2)載貨證券認賠書之英文為 letter of guarantee，而英文 guarantee 一語，本為民法保證之意。

最高法院判決認為，認賠書屬於民法上之保證契約（1970 年臺上字第 655 號判決）。

(二)不當得利說

主張此說者認為，載貨證券認賠書係屬不當得利之法律關係。其理由為，不當得利〔羅：condictio；英：unjust enrichment；日：不当利得（ふとうりとく）；德：ungerechtfertigte Bereichcrung；法：enrichissement sans cause, enrichissement injuste ou illégitime〕者，乃指無法律上之原因，而受利益，致他人受損害，應負返還義務之法律事實也（民 §179）。不當得利之構成要件為 1.受利益；2.致他人受損害；3.無法律上之原因。託運人以有瑕疵之託運物換取無瑕疵之清潔載貨證券，顯屬「無法律原因而受利益」，運送人因簽發清潔載貨證券而蒙受損害顯屬「致他人受損害」，因此已構成民法上之不當得利。因之，運送人得依不當得利之法律關係，向託運人請求損害賠償，此種「依不當得利之法律關係，向託運人請求損害賠償」，即為託運人認賠義務之本質❼❷。

(三)和解契約說

主張此說者認為，載貨證券認賠書係屬一種和解契約。其理由為，和解〔羅：transactio；英：compromise；日：和解（わかい）；德：Vergleich；法：transaction〕者，乃指當事人約定，互相讓步，以終止爭執或防止爭執

---

❼❷　洪淑麗，《載貨證券認賠書之研究》，輔大碩士論文，1990 年 6 月，p. 58。
　　　李永然，〈載貨證券認賠書之研究〉，《工商時報》，1978 年 7 月 20 日。

發生之契約也（民 §736）。託運物有瑕疵或有顯著跡象，疑其與託運人之通知不相符合或無法核對時，運送人本得「載明其事由或不予載明」（海 §54），但運送人竟因託運人之請求而簽發清潔載貨證券，顯屬一種讓步。託運人於認賠書中聲明願負損害賠償責任，亦屬一種讓步。雙方讓步之目的，即在終止爭執或防止「運送人應否依託運人書面通知記載於載貨證券」爭執之發生。因此認賠書之本質，應屬我國民法上之和解契約。

㈣損害擔保契約說

主張此說者認為，載貨證券認賠書係屬一種損害擔保契約。其理由為，損害擔保契約〔英：indemnity；日：損害担保契約（そんがいたんぽけいやく）；德：Garantievertrag〕者，乃指當事人約定，一方於他方因某特定事項受有損害時，由其負擔填補損害之契約也。認賠書之認賠義務係託運人與運送人（當事人）約定，託運人（一方）於運送人（他方）因簽發清潔載貨證券（特定事項）受有損害時，由其負責人的賠償責任（負擔填補損害）之契約，其權利義務具有片務、獨立、無償之性質，於認賠書之範圍內，與第三人無關，因此載貨證券認賠書之性質，應屬一種損害擔保契約。

損害擔保契約說之見解，為我國學界之通說。吾人亦以此說為妥，其理由如下：

⑴保證契約說之見解似有未當。因①民法上之保證契約，僅為附屬於主債務契約之從契約，須以「主債務之存在」為前提。然而載貨證券認賠書係託運人與運送人之間所訂立之獨立契約，並無所謂「主債務之存在」，因此認賠書之性質並非一種保證契約。②大陸法系之學者，就認賠書之英文用語，常以 letter of guarantee 稱之。事實上，認賠書之英文用語應為 letter of indemnity，因此認賠書之性質，應非保證契約。

⑵不當得利說之見解似有未當。因依通說，在不當得利中，「受利益」與「致他人受損害」須基於同一原因事實之因果關係始可。但託運人之取得清潔載貨證券（受利益），係基於認賠書之約定，而運送人就載貨證券之記載對載貨證券之第三持有人應負文義責任（致他人受損害），係基於運送

契約之運送責任，「受利益」與「致他人受損害」之間，並非基於同一原因事實之因果關係。因此，託運人基於認賠書對運送人損失所負之債，並非不當得利之債。

(3)和解契約說之見解似有未當。因①和解係終止爭執或防止爭執發生之契約，和解契約之作用，本在於終止爭執或防止爭執發生，因此若無爭執或無發生爭執之虞，則無所謂和解之可言。所謂「爭執」，乃當事人對於某種法律關係之存在、內容、效力等為相反主張之謂[73]。然而認賠書之交付，就託運物之是否有瑕疵、清潔載貨證券之應否簽發，並無以運送人與託運人間具有爭執為必要，就有瑕疵之託運物簽發清潔載貨證券，與其說是當事人間之相互讓步，不如說是當事人間之相互「協議」，因此載貨證券認賠書不得謂為和解契約。②和解係當事人間相互讓步之契約，然而「託運人對於交運貨物之名稱、數量，或其包裝之種類、個數及標誌之通知，應向運送人保證其正確無訛，其因通知不正確所發生或所致之一切毀損、滅失及費用，由託運人負賠償責任。」（海 §55 Ⅰ），此乃法定責任，初不因認賠書之約定而加重託運人之責任，因此認賠書之交付，託運人並無所謂「讓步」之可言。

(4)損害擔保契約說之見解，較符載貨證券認賠書之性質。因①在認賠書之法律關係中，其法律關係僅存在於託運人與運送人之間，並無主債務存在，並無從契約存在，與損害擔保契約同。②在認賠書之法律關係中，託運人之擔保義務，僅為片務之危險承擔，並無對價關係存在。因此，認賠書之義務乃屬片務無償之獨立契約，其性質應為損害擔保契約[74]。

三、載貨證券認賠書之效力

就載貨證券認賠書之效力，有下列幾種見解：

---

[73]　鄭玉波，《民法債編各論（下）》，自版，三民書局總經銷，1980 年 1 月 5 版，p. 803。

[74]　洪淑麗，《載貨證券認賠書之研究》，輔大碩士論文，1990 年 6 月，p. 63。

(一)無效說

主張此說者認為，載貨證券認賠書無效，根本無存在之價值。其理由如下：

(1)託運人交付有瑕疵之託運物，運送人卻簽發無瑕疵之清潔載貨證券，顯然認賠書係以詐欺為目的所訂立之契約，不但違反海牙規則之規定，亦違反我國民法第七十二條之公序良俗，應歸無效。

(2)國際貿易應以誠信為基礎，承認認賠書之效力，無異摧毀國際貿易長久以來建立之制度。如果購貨人或銀行不再信任載貨證券，則認賠書對商業社會所帶來之損害，遠比認賠書所帶來之便利更大❼❺。

(二)有效說

主張此說者認為，載貨證券認賠書有效，並非毫無存在之價值。其理由如下：

(1)債權契約首應尊重「契約自由原則」，在不違反法律之強制規定及公序良俗之條件下，契約當事人應得相互協議訂立各種契約。認賠書之認賠約定，亦屬契約當事人間之一種協議，自應有其「契約自由原則」之適用。

(2)任何型態之契約，其訂立之動機及目的均有詐欺之可能，而導致契約之無效或得撤銷，吾人不應徒因認賠書之約定有詐欺之可能，而全盤否定其效力，否則豈非所有型態之契約，均應否定其效力？

(3)認賠書之簽發，不以運送人明知託運物有瑕疵為限。認賠書之簽發，或有因其「疑其通知與實際狀況不相符合者」，或有「因發航時間、裝載程序等客觀因素無法核對者」，認賠書之簽發，不以運送人明知託運物有瑕疵為限。因此認賠書之是否有效，應視其是否違反公序良俗或具有通謀虛偽之意思，依一般契約之法理而判定之，吾人不應因噎廢食，徒因其訂立之動機及目的似有詐欺之可能，而一概否認其效力。

(4)否定認賠書之效力，將使運送人無法就簽發清潔載貨證券之損害向託運人要求賠償，無異主張託運人就其託運物之不實通知無須負擔任何責

❼❺ Brown, Jenking & Co. Ltd. v. Percy Dalton Ltd. (London), 1957.

任，而有鼓勵託運人不實通知，獎勵詐欺之嫌❼。

㈢折衷說

折衷說，亦稱原則有效說或相對有效說。主張此說者認為，載貨證券認賠書之是否有效，應依每件案例之個別情況而定 (each case must depend on its circumstances)，不能一概而論❼。其理由如下：

⑴認賠書之是否有效，應以是否具有詐欺之故意為判斷之標準。因此當運送人明知託運物顯有瑕疵，卻不於載貨證券上加以批註，而仍簽發清潔載貨證券之時，即可推定運送人在主觀上具有詐欺之故意，其所換取之認賠書因違反公序良俗而無效；若運送人「疑其通知與實際狀況不相符合」，或「因發航時間、裝載程序等客觀因素無法核對或一時無法判定」，為避免爭執而簽發清潔載貨證券時，運送人在主觀上並無詐欺之故意，其所換取之認賠書自不生違反公序良俗之問題，基於契約自由原則，該認賠書應為合法有效之契約。

⑵一般法律行為之是否違反公序良俗，應依具體事實、行為時之情況及行為時之目的個別判斷之。判斷認賠書是否違反公序良俗時亦應如此。因此，認賠書之約定，是否有詐欺之故意，而使第三人受有損害，應屬當事人間舉證之問題，不能因此而全盤否定認賠書之效力❼。

目前國內學界以折衷說為通說。本人亦以折衷說為妥。因此載貨證券認賠書之效力如下：

㈠於運送人與託運人之間，認賠書之效力應依具體情況判斷之

1.運送人有詐欺之故意時

當運送人明知託運物顯有瑕疵，卻不於載貨證券上加以批註，而仍簽發清潔載貨證券之時，即可推定運送人在主觀上具有詐欺之故意，其所換

---

❼　洪淑麗，前揭《載貨證券認賠書之研究》，p. 74。

❼　Brown, Jenking & Co. Ltd. v. Percy Dalton Ltd. (London), 1957.

❼　施智謀，《海商法》，自版，瑞明彩色印刷有限公司印刷，1979 年 10 月初版，p. 203。洪淑麗，前揭《載貨證券認賠書之研究》，p. 76。

取之認賠書因違反公序良俗而無效。

2.運送人無詐欺之故意時

　若運送人「疑其通知與實際狀況不相符合」，或「因發航時間、裝載程序等客觀因素無法核對或一時無法判定」，為避免爭執而簽發清潔載貨證券時，運送人在主觀上並無詐欺之故意，其所換取之認賠書自不生違反公序良俗之問題，基於契約自由原則，該認賠書應為合法有效之契約。

㈡於運送人與託運人以外之第三人之間，認賠書之約定應不生效力

　依海商法第六十條準用民法第六二七條之結果，載貨證券填發後，運送人與載貨證券持有人間，關於運送事項，依其載貨證券之記載，運送人須就其所簽發載貨證券負文義責任，不得以認賠書對抗持有載貨證券之受貨人或其他善意之第三人（例如保險人）❼❾。

第九項　喜馬拉雅條款

一、喜馬拉雅條款之意義

　喜馬拉雅條款〔英：Himalaya Clause；日：ヒマラヤ・クロース，ヒマラヤ条項（ヒマラヤじょうこう）〕者，乃指內容規定運送人之履行輔助人亦得援引運送人「法定免責」、「責任限制」、「短期時效」等利益規定之條款也。易言之，喜馬拉雅條款，係指被記載於載貨證券之中，其內容規定有關運送人「法定免責」、「責任限制」、「短期時效」等利益，將擴及於運送人之代理人、受僱人及裝卸工人等之條款也。此條款係由「喜馬拉雅」輪海事案件〔Adler v. Dickson (The Himalaya), 1954〕之判決而產生，故因

---

❼❾　田中誠二，《海商法詳論》，勁草書房，昭和 51 年 8 月 20 日第 1 版第 1 刷第 2 回發行，p. 360。梁宇賢，《海商法精義》，自版，瑞興圖書股份有限公司總經銷，1999 年 9 月修訂新版，p. 169。

而得名。在 Adler v. Dickson (The Himalaya), 1954 一案中，英國輪船公司 Peninsular and Oriental Steam Navigation Company 所屬之客輪「喜馬拉雅號」(The Himalaya)，係以環遊地中海為航線，其所發給之船票中插有「免責約款」，依該免責約款，運送人對於其使用人加諸旅客之損害不負責任（船票之原文為："The company will not be responsible for and shall be exempt from all liability in respect of any...injury whatsoever of or to the person of any passenger...")。「喜馬拉雅號」一等艙旅客 Rose M. Adler 夫人，在該船停泊期間，欲上岸換乘他輪，當她走上連結輪船與碼頭之舷梯時，該舷梯突然傾斜，使 Rose M. Adler 夫人掉落至十六英尺下之碼頭，而致重傷。Rose M. Adler 夫人因礙於船票上插有「免責約款」，不向運送人請求賠償，而改依民法上侵權行為之規定，以「喜馬拉雅號」之船長 Dickson（及甲板長）為被告，請求損害賠償。英國之第一審法院、上訴審法院、上議院（英國最高法院 The House of Lords）均判令 Dickson 應向 Adler 給付全額損害之賠償。其中英國上議院駁回 Dickson 上訴之理由即謂：旅客運送與貨物運送相同，法律不但允許運送人訂立營業規則（約款）免除運送人本身之責任，亦可以此項規則（約款）免除其履行輔助人之責任，只要該免責約款曾經當事人同意，無論明示、默示均可。惟於本案當中，該運送人之免責約款僅對運送人本身有效，對其受僱人（船長、甲板長等），因免責約款之內容並未明示、默示包括受僱人，故船長應對原告 Adler 夫人負侵權行為 (torts) 之損害賠償責任。自此判決公布之後，海運公司紛紛於載貨證券中插入免責約款，載明運送人之履行輔助人，包括獨立履行輔助人在內，均得援引運送人之免責利益（包括法定免責、單位責任限制及短期時效）。因此等免責約款係由「喜馬拉雅」輪海事案件〔Adler v. Dickson (The Himalaya), 1954〕之判決而產生，故世人多將之稱為喜馬拉雅條款 (Himalaya Clause)，亦有人將之稱為 Adler v. Dickson 條款❽⓪。

---

❽⓪　蔡建賢，《載貨證券上喜馬拉雅條款之研究》，臺大碩士論文，指導教授柯澤東博士，1988 年 6 月出版，pp. 40 ～ 45。

二、「喜馬拉雅條款」(Himalaya Clause) 所欲解決之問題

綜觀上述可知，喜馬拉雅條款係在解決履行輔助人之海上運送責任問題，其目的即在，使海上運送人之代理人或受僱人發生侵權行為責任之時，亦得享有「法定免責」、「責任限制」、「短期時效」等利益。

三、有關「喜馬拉雅條款」之相關規定及擴大之規定

㈠我國海商法有關「喜馬拉雅條款」之相關規定

海商法第七十六條第一項規定：「本節有關運送人因貨物滅失、毀損或遲到對託運人或其他第三人所得主張之抗辯及責任限制之規定，對運送人之代理人或受僱人亦得主張之。但經證明貨物之滅失、毀損或遲到，係因代理人或受僱人故意或重大過失所致者，不在此限。」此即我國現行海商法有關「喜馬拉雅條款」之相關規定。

㈡我國海商法有關「喜馬拉雅條款」之擴大規定

海商法第七十六條第二項規定：「前項之規定，對從事商港區域內之裝卸、搬運、保管、看守、儲存、理貨、穩固、墊艙者，亦適用之。」此即我國現行海商法有關「喜馬拉雅條款」之擴大規定。因依照本項之規定，就其區域而言，凡在商港區域內之履行輔助人，包括裝船前及卸載後陸上階段之履行輔助人，均得享受「對託運人或其他第三人所得主張之抗辯及責任限制」，不再僅限於海上履行輔助人。就對象而言，而且不限於運送人之代理人或受僱人，縱為獨立契約承攬人，亦得主張之。亦即，包括獨立契約承攬人，不再僅限於運送人之代理人或受僱人。其範圍大於第一項之規定，顯然海商法第七十六條第二項之規定係將「喜馬拉雅條款」之內容，加以擴大，使其擴大適用於陸上之履行輔助人及獨立契約承攬人，比「喜馬拉雅條款」更具現代化之精神，堪稱為「喜馬拉雅條款」之擴大規定。

第四節　船舶之適航能力

第一項　船舶適航能力之意義

海商法第六十二條規定：「Ⅰ運送人或船舶所有人於發航前及發航時，對於下列事項，應為必要之注意及措置：一　使船舶有安全航行之能力。二　配置船舶相當船員、設備及供應。三　使貨艙、冷藏室及其他供載運貨物部分適合於受載、運送與保存。Ⅱ船舶於發航後因突失航行能力所致之毀損或滅失，運送人不負賠償責任。Ⅲ運送人或船舶所有人為免除前項責任之主張，應負舉證之責。」（Ⅰ A carrier or shipowner, prior to and at the time of commencement of the voyage, shall effect due diligence and arrangements with respect to the following: (a) To make the ship possess capability of navigating safely; (b) To properly man, equip and supply the ship; (c) To make the holds, refrigeration and cool chambers, and all other parts of the ship provided for carriage of goods, fit for reception, carriage and preservation. Ⅱ A carrier is not liable for indemnity against the damage or loss resulting from sudden loss of capability of navigating to the ship after commencement of the voyage. Ⅲ The burden of proof shall rest with the carrier or shipowner when he makes contention to exempt himself from the liability under the preceding paragraph.)

上述我國海商法第六十二條之規定，乃有關船舶適航能力之規定。

船舶適航能力〔英：seaworthiness；日：堪航能力（たんこうのうりょく）；德：Seetüchtigkeit；法：navigabilité〕者，亦稱船舶適航性、海值或船舶安全航海能力，甚至有些日本學者更將之稱為「堪航狀態」 ❽ 。何謂

船舶適航能力，在法律上並未給予明確之定義，其在航業界及學理上之概念，最初則被解釋為「在履行特定運送契約之場合，船舶本身得以耐受該次航行海上危險之能力。」（特定の運送契約を履行する場合において海上の危險に堪え得る能力。）而言。此種最初之定義，不啻將船舶適航能力解釋為，充作航行工具之船舶本身須有耐受該次航海危險之「航行適格性」，在概念上可謂甚為狹隘。其後，船舶適航能力之概念逐漸被擴張，而被加上「船舶須有適當之艤裝，相當海員之配置，適當糧食、燃料之準備等等，足以毫無障礙地完成航海之能力。」（船舶の適当な艤裝、人員の整備、適当な食糧、燃料の用意等航海達成を支障なかしめる能力）。最後，船舶適航能力之概念又再被擴張，而又被加上「因船舶之航海，乃以運送為一般之目的，故亦應具備載貨能力。」（船舶の航海は運送を一般目的とするものであるから載貨適応性を具備すべきであるとなすに至った）**②**。

「1924 年關於載貨證券法規之國際統一公約」(International Convention for the Unification of Certain Rules of Law relating to Bills of Lading, 1924，亦名海牙規則 The Hague Rules, 1924)，為求合乎當時航運界之實情，乃採廣義解釋，將上述之能力全部包括，而以第三條第一項，就船舶之適航能力作如下之規定，「運送人於發航前及發航時，應對下列事項為相當之注意：一　使船舶有適航能力。二　適當配置船舶之海員、設備及供應。三　使貨艙、冷藏室及其他供載運貨物部分適合並安全於受載運送與保存。」**③**
(The carrier shall be bound before and at the beginning of the voyage to exercise due diligence to: (a) Make the ship seaworthy. (b) Properly man, equip and supply the ship. (c) Make the holds, refrigerating and cool chambers, and all other parts of the ship in which goods are carried, fit and safe for their

---

⑧①　烏賀陽然良，《海商法論》，弘文堂書房，昭和 12 年 4 月 25 日發行，p. 495。

⑧②　山嘉一，《国際海上物品運送法》，海文堂，昭和 33 年 3 月 20 日初版發行，p. 44。

⑧③　劉承漢，《海商法論譯叢編》，交通部交通研究所編印，1971 年 10 月初版，p. 318。

reception, carriage and preservation.)

其後，英、美、德、法等國，紛紛仿效上述海牙規則之規定，制定或修訂國內法。日本亦於 1957 年（即昭和 32 年）制定「國際海上物品運送法」（こくさいかいじょうぶっぴんうんそうほう）。

我國 1962 年修正前之海商法第九十條規定：「Ⅰ船舶所有人，應擔保船舶於發航時，有安全航海之能力。Ⅱ船舶所有人為免除前項責任之主張時，應負舉證之責。」1962 年修法時，以第一〇六條規定為：「Ⅰ運送人或船舶所有人於發航前及發航時，對於左列事項，應為必要之注意及措置：一　使船舶有安全航行之能力。二　配置相當海員設備及船舶之供應。三　使貨艙、冷藏室及其他供載運貨物部分適合於受載運送與保存。Ⅱ船舶於發航後，因突失航行能力所致之毀損或滅失，運送人不負賠償責任。Ⅲ運送人或船舶所有人為免除前項責任之主張，應負舉證之責。」1999 年修法時，為求更符「海牙規則」及「海牙威士比規則」第三條第一項原文意旨及航運慣語 "properly man, equip, and supply the ship"，將法條用語略加修正，而以海商法第六十二條規定為：「Ⅰ運送人或船舶所有人於發航前及發航時，對於下列事項，應為必要之注意及措置：一　使船舶有安全航行之能力。二　配置船舶相當船員、設備及供應。三　使貨艙、冷藏室及其他供載運貨物部分適合於受載、運送與保存。Ⅱ船舶於發航後因突失航行能力所致之毀損或滅失，運送人不負賠償責任。Ⅲ運送人或船舶所有人為免除前項責任之主張，應負舉證之責。」1962 年修正前之規定與日本商法第七三八條之規定相類似。日本商法第七三八條規定：「船舶所有人，對於備船人或託運人，應擔保船舶於發航時，有安全航海之能力。」（船舶所有者ハ傭船者又ハ荷送人ニ対シ発航ノ当時船舶ガ安全ニ航海ヲ為スニ堪フルコトヲ担保ス）。若我國未曾修法，則我國舊法上所謂之「安全航海之能力」，其內容如何？可能會像日本商法第七三八條之解釋一樣，發生眾說紛紜莫衷一是之現象。但在 1962 年及 1999 年修法時，已廢棄上述第九十條之規定，而改採現行法第六十二條之規定。我國 1962 年版海商法第一〇六

條之規定，係仿自美國「1936 年海上物品運送法」(An Act relating to the Carriage of Goods by Sea, 1936) 第三條第一項之規定。而美國「1936 年海上物品運送法」第三條第一項之規定與 1924 年海牙規則第三條第一項之規定完全相同。可見 1962 年版海商法第一〇六條及現行海商法第六十二條所謂「適航能力」之內容，與 1924 年海牙規則第三條第一項之規定同樣，均採廣義解釋。

依上述說明，吾人可知，就我國現行海商法第六十二條而言，船舶適航能力〔英：seaworthiness；日：堪航能力（たんこうのうりょく）；德：Seetüchtigkeit；法：navigabilité〕者，乃指特定之船舶，在特定之航行中，能耐受通常可能遭遇或通常可能預測之危險，安全完成其航海及運送之能力也。其內容應包括下列三種能力：

(一)船體之航行能力

船體之航行能力〔日：船体能力（せんたいのうりょく）；德：Seetüchtigkeit des Schiffskörpers〕者，亦稱狹義之適航能力，乃指船舶本身能耐受通常海上危險之能力也。船體之航行能力，即我國現行海商法第六十二條第一項第一款上所謂之「使船舶有安全航行之能力」。惟此之所謂「安全航行之能力」，非指船舶能耐受任何海上危險，於一切狀況下均可顛撲不破之意。因現代之科學技術縱已突飛猛進，仍未達到足以耐受任何海上危險之地步。因此，只要船舶之設計構造足以抵抗海上通常之危險，即可稱船舶已具船體之航行能力。

為使船舶具有船體之航行能力，不僅船舶本身之設計及構造，必須堅牢而安全，船體以外之構成部分，例如機器、屬具、配備等，在事實上亦須健全而完善，方能克服航海上之危險 (peril of voyage)。

(二)船舶之運行能力

船舶之運行能力〔日：運航能力（うんこうのうりょく）；德：Reisetüchtigkeit des Schiffes〕者，乃指船舶須有適當之艤裝、相當之海員配置、必要之糧食燃料及文書之準備等等，足以毫無障礙地完成該次航海之

能力也。船舶之運行能力，即我國現行法第六十二條第一項第二款所謂之「配置船舶相當船員、設備及供應」也。

所謂「配置船舶相當船員」(properly man)，係指所配置海員之量與質，均須達到相當水準而言。易言之，不僅在數量上海員之人數必須足夠，在質量上此等海員必須具有相當之能力與經驗，在客觀上能勝任該次之航海，始足以當之。所謂「在客觀上能勝任」，係指該等海員在船舶之操作技術上、在人格品行上均已達到通常所要求之水平而言。

所謂「配置船舶相當設備」(reasonable equipment)，係指必須具備船舶上之救急、救助、消火、防火等安全設備及屬具而言。在實務上，應先審就船舶是否依法「配置相當設備」，再判斷該設備是否合乎標準。縱有配置相當設備，但經判斷其設備屬不合格者，仍將構成無適航能力之事實。有關船舶設備之項目，我國船舶法第五十條規定：「本法所稱船舶設備，係指左列各款而言：一　救生設備。二　救火設備。三　燈光、音號及旗號設備。四　航行儀器設備。五　無線電信設備。六　居住及康樂設備。七　衛生及醫藥設備。八　通風設備。九　冷藏設備。十　貨物裝卸設備。十一　排水設備。十二　操舵、起錨及繫船設備。十三　帆裝、纜索設備。十四　危險品及大量散裝貨物之裝載儲藏設備。十五　海上運送之貨櫃及其固定設備。十六　依法令應配備之其他設備。」(The expression "equipment of ship" as referred to in this Law denotes the following: 1. Life saving equipment; 2. Fire fighting equipment; 3. Light, sound and flag signals; 4. Navigation apparatus; 5. Radio tele-communication equipment; 6. Arrangements for accommodation, good health and happiness; 7. Sanitary and medical facilities; 8. Ventilating equipment; 9. Refrigerating equipment; 10. Gears for loading and unloading goods; 11. Drainage arrangements; 12. Steering, anchoring and mooring equipment; 13. Sails and rigs; 14. Facilities for loading and storage of dangerous goods and bulky goods of big quantity; 15. Containers and stationary equipment or facilities for marine transportation; 16. Other equipment or facilities required in accordance with provisions of law or ordinance.)

　　以上我國船舶法第五十條之規定，與日本船舶安全法第二條之規定大致相同。然而，吾人以為，海商法第六十二條第一項第二款所謂之「配置船舶相當設備」(properly equip)，應僅指與航海安全有關之設施而言，至於其他娛樂用或其他奢侈豪華之設備，應與適航能力無關。

　　再者，「必要之書類」(necessary papers and documents) 亦應為「配置船舶相當設備」之一。日本商法第七〇九條規定：「船長應於船上備置屬具目錄及有關運送契約之書類。」(船長ハ属具目錄及ヒ運送契約ニ関スル書類ヲ船中ニ備ヘ置クコトヲ要ス。) 就船舶應具備之書類，我國船舶法第九條第一項規定：「船舶應具備左列各款文書：一　船舶國籍證書或臨時船舶國籍證書。二　船舶檢查證書或依有關國際公約應備之證書。三　船舶噸位證書。四　船員名冊。五　載有旅客者，其旅客名冊。六　訂有運送契約者，其運送契約及關於裝載貨物之文書。七　設備目錄。八　航海記事簿。九　法令所規定之其他文書。」(Ship shall be equipped with the following documents: (1) Certificate of Nationality of Ship or Provisional Certificate of Nationality of Ship; (2) Certificate of Inspection of Ship or any other Certificate required in accordance with provisions of relevant international convention; (3) Certificate of Tonnage Admeasurement of Ship; (4) Name list of mariners; (5) Name list of passengers, if carrying passengers; (6) Contract of carriage and documents related to goods carried, if contract of carriage has been executed; (7) Inventory of equipment; (8) Log book; (9) Any other documents required by law and ordinance.)

　　「必要之書類」者，乃指完成該次航行不可或缺之書類也。例如船舶國籍證書或臨時船舶國籍證書，因係完成該次航行不可或缺之書類，故為「必要之書類」。至於裝載證書 (Certificate of Stowage)，雖係裝載港所發之證書，然就完成該次航行而言，並非不可或缺之書類，故非「必要之書類」，

因此裝載證書之缺乏不構成船舶適航能力之問題。

　　所謂「配置船舶相當供應」(properly supply the ship)，係指船舶應具備足量且適當之供應品而言。例如燃料、飲用水、糧食、藥劑等，均為完成航行所必需之供應品。惟其配備之多寡，其數量之是否適當，並無一定之標準，應依各個航程而定。燃料、飲用水等供應品之不足，固會構成船舶之不適航，然在遠程航行之場合，不必在發航時備足全部航程所需之供應品，一般而言，僅須備足從發航港至中途港或通常用以補充燃料港口之所需，再加上「合理之附加數量」(reasonable allowance)，以備意外狀況之用，即可認為該船舶已具足量且適當之供應品，而有適航能力。因此在此場合，吾人對船舶適航性之要求，由一次而變為數次，此乃英國法所謂之「補充燃料航段」(bunkering stage) 也。

(三)船舶之載貨能力

　　船舶之載貨能力〔英：cargoworthiness；日：堪貨能力（たんこうのうりょく）；德：Ladungstüchtigkcit〕者，乃指船舶之貨艙、冷藏室及其他供載運貨物部分適合於受載運送與保存之能力也。船舶之載貨能力，即我國海商法第六十二條第一項第三款所規定之能力。貨艙、冷藏室，乃運送貨物最常用之部位，固然須適合於受載運送與保存貨物，其他供載運貨物之部分亦應適合於受載運送與保存貨物。例如對於需要保溫設備之貨物，應有保溫室；運送黃金時，應有金庫之設備。亦即，當貨物有須特別船艙之場合，船舶無此特別船艙之設備，則不得謂該船舶具有載貨能力。

　　海牙規則禁止運送人以特約免除或減輕運送人此項責任，依我國海商法第六十一條之規定，在件貨運送契約之場合，運送人亦不能在運送契約或載貨證券中記載條款、條件或約定，以減免運送人此項責任。惟須達何種程度始得謂該船舶具有載貨能力？吾人以為，應依其具體情形，依客觀之標準決定之。依貨物裝載港之習慣，某託運物具有特殊性質，應裝載於某特別設備者，若船舶缺此特別設備而貿然加以承運，則應解釋為該船舶因缺乏載貨能力而不適航。故縱然託運人無異議而任其裝船，對於運送人

之舉證責任或損害賠償責任並無影響。

第二項　適航能力義務之性質

　　船舶之適航能力，其義務之性質究為過失責任？或為無過失責任？過失責任〔英：liability with fault；日：過失責任（かしつせきにん）；德：Culpahaftung；法：faute〕者，乃指以故意、過失為構成要件之損害賠償責任也。過失責任主義〔英：principle of liability with fault；日：過失責任主義（かしつせきにんしゅぎ）；德：Prinzip der Culpahaftung；法：théorie de faute〕者，乃指就損害之發生，僅於有故意、過失之場合，始負賠償責任之原則也。易言之，過失責任主義者，乃指若無故意、過失即不對其加害行為負擔損害賠償責任之原則也。

　　無過失責任〔英：liability without fault, absolute liability；日：無過失責任（むかしつせきにん）；德：Schadenersatzpflicht ohne Verschuden；法：responsabilité sans faute, responsabilité objective〕者，乃指不以故意、過失為構成要件之損害賠償責任也。亦即損害之發生，加害人縱無故意、過失，但因其行為或其他情事，加害人就其損害亦應負損害賠償之責任也。無過失責任主義 (principle of liability without fault) 者，乃指損害之發生，加害人縱無故意、過失，但因其行為或其他情事，加害人就其損害亦應負損害賠償責任之原則也。

　　1962 年修正前之舊海商法第九十條規定：「船舶所有人，應擔保船舶於發航時，有安全航海之能力。」因條文中使用「擔保」之用語，故通說認為，1962 年修正前之舊海商法第九十條之船舶適航能力義務之性質，係屬無過失責任。亦即，只要在發航時，船舶無安全航海之能力，船舶所有人不論有無故意、過失，均須負擔船舶不適航之損害賠償責任也。

　　日本商法第七三八條規定：「船舶所有人，對於傭船人或託運人，應擔保船舶於發航時，有安全航海之能力。」（船舶所有者ハ傭船者又ハ荷送人

ニ対シ発行ノ当時船舶ガ安全ニ航海ヲ為スニ堪フルコトヲ保ス。）亦因條文中使用「擔保」之用語，故在日本，就日本商法第七三八條之船舶適航能力義務之性質，向來以無過失責任主義（結果主義）為通說。但近年來，鑑於世界各國已採海牙規則之過失責任主義，就日本商法第七三八條之船舶適航能力義務之性質，主張不拘泥於「擔保」用語之文字解釋，而應依論理解釋將之解釋為過失責任的學者越來越多，「過失責任主義」說竟有成為通說之傾向。若我國舊海商法第九十條規定至今未曾修改，恐將像日本一般，發生眾說紛紜爭論不休之現象。

　　我國現行海商法第六十二條不再使用「擔保」之用語，而規定「應為必要之注意及措置」，與海牙規則中 "exercise due diligence" 之用語相當。亦即運送人只要在發航前及發航時，就船舶適航能力之義務，已盡相當之注意，運送人即可不負船舶不適航之損害賠償責任。因此我國現行海商法第六十二條所規定船舶適航能力義務之性質，係屬過失責任，應無疑問。

　　目前世界各國，就船舶適航能力義務之性質，多依海牙規則之規定，採用「過失責任主義」，其主要理由，約有下列三者：

1.即使採用無過失責任主義，亦無法防止船舶不適航現象之發生

　　以前採用無過失責任主義（結果主義）之原因，乃在於藉加強運送人之責任，以期防止船舶不適航現象之發生。惟目前船舶之構造極其複雜，縱然已盡相當之注意，隱有瑕疵之存在，仍然大有可能。「隱有瑕疵」(latent defect) 者，乃指以通常之注意仍無法發現之缺陷也。因此，即使採用無過失責任主義，強令運送人負擔無過失責任，亦無法防止船舶不適航現象之發生也。

2.即使採用過失責任主義，託運人亦不致於遭受重大損害

　　自海上保險制度發達之後，託運人所託運之貨物多有投保海上保險，基於隱有瑕疵所發生之損害，縱歸託運人負擔，託運人亦不致於遭受重大損害也。

3.強求運送人負擔無過失責任，無助於國家航運之發展

　　若強求運送人負擔無過失責任，又禁止運送人以特約減免責任（例如

我國海商法 §61 之規定），則對於運送人而言，未免過於殘酷。運送人之責任既然如此重大，其運費 (freight) 自非相對提高不可，結果對託運人反而未必有利（尤其像臺灣之島國經濟型態，係以出口作為經濟導向，運費提高之結果，勢必造成出口商成本之增加，對於出口商未必有利）。若運費不相對提高，運送人勢將無法獲利，無法獲利，則無錢改善殼備以增強國際競爭之實力，甚至運送人亦可能因為無利可圖而退出航運業界，對於助長發展海運之國家政策而言，實非好事。

運送人對於船舶適航能力義務，既以盡相當之注意為已足，則基於「隱有瑕疵」所生貨載之毀損滅失，運送人自可不必負責。惟「相當之注意」(due diligence) 者，乃指對一個謹慎且有相當經驗、技術之運送人，在具體之情況下，所能期待之注意也。所謂「相當之注意」，並無一定之標準，應就客觀之事實加以認定。易言之，是否已盡「相當之注意」，應斟酌各場合，依船舶、運送品及該航海之性質、時間以及季節，合理地、具體地、客觀地就其程度加以認定之[84]。

第三項　適航能力義務存在之時期

運送人負有使船舶具有適航能力之義務，此義務行使（存在）之時期，依海牙規則第三條及我國海商法第六十二條之規定，均為「發航前及發航時」(before and at the beginning of the voyage)。「發航前及發航時」，甚多學者將之解釋為「自貨物裝船時起，直到航海開始時為止」。例如我國之施智謀教授在其著作《海商法》中[85]、張天欽律師在其著作《海上貨物運送法修正專論》中[86]均持此種見解。英國之 Thomas Edward Scrutton 在其名作

---

[84] 原茂太一，《堪航能力擔保義務論》，千倉書房，昭和 58 年 11 月 30 日發行，p. 230。

[85] 施智謀，《海商法》，瑞明彩色印刷有限公司，1986 年 7 月再版，pp. 190 ～ 191。

[86] 張天欽，《海上貨物運送法修正專論》，海國法律事務所發行，1986 年 6 月 1 日

Charterparties and Bills of Lading 中 ❽ 、Thomas Gilbert Carver 在其名作 *Carver's Carriage by Sea* 中 ❽ 亦持此種見解。在 "Maxine Footwear v. Canadian Government Merchant Marine" 事件中，英國之樞密院 (Privy Council) 就「發航前及發航時」之意義，曾作如下判決："before and at the beginning of the voyage means the period from at least the beginning of the loading until the vessel starts on her voyage"。

前述一般學者之見解，吾人稱之為「一個期間說」。然而吾人以為，「發航前及發航時」應指「裝船開始及航海開始」兩個時點而言，此種見解，吾人暫稱之為「兩個時點說」。因為「自貨物裝船開始時起，直到航海開始為止」，有時需要甚長之時間，而保持載貨能力或適航能力之持續性，違背海牙規則之精神。在 1922 年布魯塞爾 (Brussels) 外交會議中，曾經有人提案在海牙規則第三條之規定「使船舶有適航能力」之後，加上一段「並使其能維持適航能力」(maintenir le navire en état de navigabilité)，然而此種提案未被採納，究其理由，乃因適航能力之維持根本違背海牙規則之精神也。海牙規則若有使適航能力維持一段期間之旨趣，當會像加拿大舊「水上物品運送法」(Carriage of Goods by Water Act) 一樣，規定 "make and keep the ship seaworthy" 才對。因此吾人以為，適航能力義務之行使時期應如下述：

裝船前	1. 裝船前，運送人對於運送品不負相當注意之義務。
	2. 第一時點。裝船之當時，運送人對適航能力（載貨能力）負有相當注意之義務。

初版，p. 379。

❽　Thomas Edward Scrutton, *Charterparties and Bills of Lading* , Sixteenth Edition (1955), by Sir W. L. McNair and A. A. Mocatta, Q.C., p. 473.

❽　Thomas Gilbert Carver, *Carver's Carriage by Sea*, Thirteenth Edition (1982), by Raoul Colinvaux, volume 1, p. 358.

	(1)盡了第一時點所要求之適航能力（載貨能力）相當注意義務之後，在裝船後發航前，即使因船員之航海過失而發生不適航之現象，運送人亦不負船舶不適航之責任。
裝船時	
裝船後發航前	(2)在裝船後發航前發生船舶不適航之狀況，此狀況能修復而運送人不修復，因而導致貨物毀損時，運送人固應負賠償之責，惟此責任係基於「安全運送貨物義務」（§63）之違反，而非基於適航能力義務（§62）之違反。

3.第二時點。發航之時，運送人對於適航能力（包括載貨能力）負有相當注意之義務。

	(1)於「裝船後發航前」這段期間所發生之不適航狀況，在此第二時點應加修復，否則應負船舶不適航之責任。
發航時	
發航後	(2)發航後變成不適航，能修復而不修復，因而貨物受損時，運送人固應負賠償之責，惟此責任係基於「安全運送貨物義務」之違反，而非基於適航能力義務之違反也。

第四項　舉證責任

　　舉證責任〔英：burden of proof；日：立証責任（りっしょうせきにん）；德：Beweislast；法：charge de la preuve〕者，乃指當事人主張有利於己之事實，他造對之有爭執者，有責任提出證據，據以證明其事實為真實之謂也。亦即，當事人為獲得有利於己之裁判起見，於法律上有提出證據使法院就其事實得生心證之責任也。舉證責任在於當事人，且分配於雙方。民事訴訟法第二七七條規定：「當事人主張有利於己之事實者，就其事實有舉證之責任。」依此一般民事訴訟法之原理，主張船舶欠缺適航能力而欲請求損害賠償者（例如託運人），應負下列舉證責任：(1)發航前及發航時船舶未具適航能力；(2)船舶未具適航能力與損害發生之間具有因果關係。

　　然而，現代船舶之構造極其複雜，貨物在船上受損之原因亦五花八門，

託運人既不占有貨物，對於船舶之構造又往往是門外漢，若依一般民事訴訟法之原理，使託運人負上述舉證責任，對託運人而言，未免過於殘酷。因此，一般通說認為，託運人只要提出表面證據 (to establish a prima facie case) 即可。表面證據 (prima facie evidence) 者，乃指依其他證據推翻其效力之前，可姑且認其為事實而據為判決之證據也。託運人所提出之此種表面證據，不必為絕對強固且確實之證據，否則法律若課託運人上述殘酷之負擔，無異縱容運送人逃避運送之責任。惟須達何等程度始得謂為表面證據？應依其具體情況，由法官判定之。例如船遇風暴，然而該風暴僅為通常可預測之風暴而已，同噸位之船舶或較小噸位之船舶均能安全出入，然而該船卻於出港未久，即告沉沒或浸水而致發生損害，由此可以推知，該船於發航時應無適航能力。

一旦託運人或其他請求損害賠償者提出上述表面證據時，運送人即應就下列事項，負舉證責任，否則無法免除違反適航能力義務之責任：(1)發航前及發航時，為使船舶具有適航能力，已盡相當之注意。或(2)船舶之未具適航能力與損害之發生並無因果關係。

惟運送人對於「已盡相當之注意」應達何等程度始為已足，應為 case by case 之問題。信譽卓著之船舶檢查機關所發行之「適航證明書」，雖可成為有力之證據，卻非絕對之證據。所謂「相當之注意」，乃係實質之問題，船舶之適航能力，每因航行之性質而有相對之意義。故須達何等程度始謂「已盡相當之注意」？除依個別之具體情形，由法官自由裁量外，別無他法。

第五項　適航能力規定之探討

就船舶適航能力之義務，我國現行海商法第六十二條規定：「I 運送人或船舶所有人於發航前及發航時，對於下列事項，應為必要之注意及措置：一　使船舶有安全航行之能力。二　配置船舶相當船員、設備及供應。三　使貨艙、冷藏室及其他供載運貨物部分適合於受載、運送與保存。II 船

舶於發航後因突失航行能力所致之毀損或滅失，運送人不負賠償責任。III
運送人或船舶所有人為免除前項責任之主張，應負舉證之責。」此等規定，
表面觀之，似與海牙規則之立法旨趣頗為符合，然若稍加探究，其與海牙
規則之立法精神，可謂形同而實異，甚至背道而馳。茲將其形同實異之處
及修正之建議，簡述如下：

㈠第一建議，吾人以為，現行海商法第六十二條之規定似應修正
　為：「I 運送人於發航前及發航時，對於下列事項，應為相當之
　注意：一　使船舶有安全航行之能力。二　配置相當海員設備及
　船舶之供應。三　使貨艙、冷藏室及其他供載運貨物部分適合於
　受載運送與保存。II 運送人為免除前項責任之主張，應負舉證之
　責。」

　　本建議之理由，約有下列幾點：

1.就履行適航能力義務之人而言，原規定「運送人或船舶所有人」
　中之「或船舶所有人」似應刪除

　　就履行適航能力義務之人，現行海商法第六十二條第一項規定為「運
送人或船舶所有人」，其中「或船舶所有人」似屬多餘之規定。海牙規則及
曾受海牙規則影響之各國海商法，就履行適航能力義務之人，多僅規定為
「運送人」，而不將「運送人」與「船舶所有人」並列。例如前述之德國商
法第五五九條、法國「1966 年海上物品運送法」第二十一條、日本國際海
上物品運送法第五條、美國「1936 年海上物品運送法」第三條、中華人民
共和國海商法第四十七條等，就履行船舶適航能力義務之人，莫不僅規定
為運送人 (carrier)，而不將運送人與船舶所有人並列。因船舶所有人若占有
管理船舶自為運送，則該船舶所有人即為運送人，此時「船舶所有人」之
概念已為「運送人」之概念所吸收；反之，若船舶所有人不占有管理船舶
不自為運送，則該船舶所有人已非海上物品運送契約之當事人，對於運送
契約之相對人無須負擔任何責任義務，自無「盡相當注意使船舶具有適航
能力之義務」可言。何況，此際之船舶所有人，既不占有船舶，縱然想盡

「相當注意」之義務，亦無從為之也❽。此等場合之運送人與船舶所有人，有點類似匯票上承兌人與付款人之關係。匯票有承兌之制度，付款人於未承兌前，並非票據之債務人，當無任何票據責任可言；付款人一經承兌後即為承兌人，亦即付款人一經承兌後，付款人之觀念已被承兌人之觀念所吸收，而成為票據之主債務人，應負絕對付款之票據責任也。

2.原規定「應為必要之注意及措置」中之「及措置」似應刪除

現行海商法第六十二條第一項將海牙規則之 to exercise due diligence 規定為「應為必要之注意及措置」，甚為不妥。將專門用語之「相當注意」(duc diligence) 規定為「必要之注意」，將「必要之注意」視為等同「相當注意」之專門用語而使用之，其妥當與否，在此姑且不論，但於「必要之注意」之外附加「及措置」等字句，可謂多此一舉，毫無意義。因「必要之注意」本含有「必要之措置」之意義，否則單盡「必要之注意」，對於船舶不適航之現象雖已注意及之，卻未採取「必要之措置」，使之依然欠缺適航能力。在此情況下之「必要之注意」，除使運送人構成「知情」、構成「惡意」之外，對於適航能力義務之履行又有任何意義乎？故吾人以為，「應為必要之注意及措置」之「及措置」三字，應為贅文之規定，並無任何實質之意義。

3.原規定之第二項似應全部刪除

現行海商法第六十二條第二項規定：「船舶於發航後因突失航行能力所致之毀損或滅失，運送人不負賠償責任。」此等規定不但顯屬多餘，而且本條第一項之良法美意，可能因此規定而被破壞殆盡。

本法第六十二條第一項，仿 1936 年美國海上物品運送法第三條第一項，規定運送人若於「發航前及發航時」就船舶之適航能力已盡必要之注意及措置（亦即相當之注意），即可免除因不適航所生損害之賠償責任。因船舶一旦發航，船舶既已離開與陸地之接觸，船舶已置於船長指揮控制之

---

❽ 甘其綬，《海商法》，自版，文和印刷股份有限公司印刷，1963 年 10 月初版，pp. 354 ～ 355。

下，運送人之適航能力注意義務當可自此而獲得解放。因此一旦發航之後，船舶即使變成不適航，運送人亦無再負船舶不適航責任之必要。縱然該不適航之現象能修復而不修復，以致貨物遭受毀損滅失，在此情況，運送人固然應負損害賠償責任，但該責任係基於違反「安全運送貨物之義務」(§63)所生之責任，而非基於違反「適航能力注意之義務」(§62)所生之責任也。易言之，船舶一旦發航之後，運送人即已自「船舶適航能力義務」完全解放，至於發航後之不適航狀況是否因為「突失航行能力所致」，則非所問也❿。

今本法第六十二條第二項規定：「船舶於發航後因突失航行能力所致之毀損或滅失，運送人不負賠償責任。」亦即，僅於「發航後」且「突失航行能力」之情況下，運送人始得不負賠償責任。「突然」(suddenly)者，乃指毫無預告期待而急遽發生之狀態也 (happening or done quickly or unexpectedly)。易言之，發航之後發生船舶不適航之狀況時，若該不適航之狀況非在「毫無預告期待而急遽發生」之突然狀態下發生，運送人仍然無法免除船舶不適航之責任。如此規定，不無「持續性地維持適航能力義務」之嫌，其違背海牙規則之基本精神，可謂至為顯然。

4.原規定之第三項應直接成為第二項

本法第六十二條第三項規定：「運送人或船舶所有人為免除前項責任之主張，應負舉證之責。」第三項之前項即為第二項，亦即運送人為免除船舶不適航之責任，必須證明(1)毀損滅失發生之時間係在「發航後」；(2)該不適航現象係在「突失航行能力」（突然）之情況下發生。兩者必須兼而證明之，否則縱在船舶「發航後」，但若非在「突失航行能力」（突然）之情況下發生，運送人仍無法自「船舶適航能力義務」中獲得解放。如前所述，依海牙規則之規定，運送人為免除不適航之責任，只須證明下列兩者之一即可：(1)發航前及發航時，已盡相當注意使船舶具有適航能力；(2)船舶不

---

❿ 黃茂清，《論海上貨物運送人之船舶適航性義務》，國立臺灣大學碩士論文，1969年6月，pp. 29、30。

適航與損害發生之間並無因果關係。由此可知，本法第六十二條第三項之規定，實與海牙規則之精神大異其趣也。

㈡第二建議，吾人以為，或可將現行海商法第六十二條之規定修正為：「運送人於發航前及發航時，對於下列事項，應為相當之注意：一　使船舶有安全航行之能力。二　配置相當海員設備及船舶之供應。三　使貨艙、冷藏室及其他供載運貨物部分適合於受載運送與保存。」再將本法第六十九條之第十七款改為第十八款，而將第十七款規定為：「船舶不適航。但以運送人已盡本法第六十二條之義務者為限。」

　　將現行海商法第六十二條第一項之規定修正為：「運送人於發航前及發航時，對於下列事項，應為相當之注意：一　使船舶有安全航行之能力。二　配置相當海員設備及船舶之供應。三　使貨艙、冷藏室及其他供載運貨物部分適合於受載運送與保存。」並將原規定之第二項、第三項全部刪除，同時將現行海商法第六十九條之規定修正為：「因下列事由所發生之毀損或滅失，運送人或船舶所有人不負賠償責任：一　船長、海員、引水人或運送人之受僱人，於航行或管理船舶之行為而有過失。二　海上或航路上之危險、災難或意外事故。三　非由於運送人本人之故意或過失所生之火災。四　天災。五　戰爭行為。六　暴動。七　公共敵人之行為。八　有權力者之拘捕、限制或依司法程序之扣押。九　檢疫限制。十　罷工或其他勞動事故。十一　救助或意圖救助海上人命或財產。十二　包裝不固。十三　標誌不足或不符。十四　因貨物之固有瑕疵、品質或特性所致之耗損或其他毀損滅失。十五　貨物所有人、託運人或其代理人、代表人之行為或不行為。十六　船舶雖經注意仍不能發現之隱有瑕疵。十七　船舶不適航。但以運送人已盡本法第六十二條之義務者為限。十八　其他非因運送人或船舶所有人本人之故意或過失及非因其代理人、受僱人之過失所致者。」

　　上述第一款至第十八款之規定，除第十七款之規定外，均為現行海商

法第六十九條之原文規定。現行海商法第六十九條之規定，或許尚存若干缺點，在此無暇討論，但現行海商法第六十九條之規定，遠優於現行修法前舊海商法第一一三條之規定，則為不爭之事實。例如海牙規則第四條第二項第 (b) 款及 1968 年「海牙威士比規則」第四條第二項第 (b) 款之規定原文為 "Fire, unless caused by the actual fault or privity of the carrier."，1999 年修法前之舊海商法第一一三條第三款卻將之規定為「失火」。此之所謂「失火」，究竟意為何指？歷來眾說紛紜，莫衷一是。實務界認為，所謂「失火」係指非由於運送人或其履行輔助人之過失所引起之火災。 例如最高法院 1979 年臺上字第 196 號判例即認為：「海商法第一百一十三條第三款以失火為運送人之免責事由，係指非由於運送人或其履行輔助人之過失所引起之火災而言。」易言之，依實務界之見解，此之所謂「失火」，僅限於自然之火。反之，學術界之通說則認為，所謂「失火」，除包括自然之火外，尚包括非由於運送人自己之故意或過失所引起之火災。其因運送人之履行輔助人之故意或過失所引起之火災，應在免責之範圍❾❶。依本人個人之見解則為，舊海商法第一一三條第三款所謂之「失火」，除天然之火外，尚包括「因履行輔助人過失所致之火災」，至於學界通說所謂之「因履行輔助人故意所致之火災」應不包括在內。蓋學界通說之見解，固較實務界之見解符合海牙規則之原意，但徵諸我國現行規定之用語，「失火」者，乃指因不小心而發生之火災也，其因「故意」或「小心」而引起之火災應為「放火」而非失火。本款規定之用語，既云「失火」而不曰「火災」，足見本款所謂之「失火」，應僅限於「因履行輔助人之過失所致之火災」也。再者，就法定免責之法理言之，法定免責之範圍亦不宜過分擴大，依一般法規解釋之原則，對於民商法上之「強制規定」、「例外規定」、「易於損及第三人利益之規定」等，吾人於解釋之時，宜採限縮解釋，不可過度擴大其範圍。就法定免責之法理言之，法定免責之適用，其損及第三人（債權人）之利益，

---

❾❶　楊仁壽，《海商法》，自版，文太印刷有限公司印刷，1993 年 3 月印刷，pp. 258 ～ 259。

遠甚於責任限制之制度，若將法定免責之範圍貿然擴張至「因履行輔助人之故意所致之火災」，其對債權人利益之保護而言，豈非過苛？此乃本人當時未採學界通說而提出個人見解之理由也。現行海商法第六十九條第三款將之修正為「非由於運送人本人之故意或過失所生之火災」。如此修正，不但較符國際公約規定之原意，而且託此修正之福，歷來實務界與學術界之劇烈爭論，將可煙消雲散而雨過天晴矣。

本文所以建議將「船舶不適航。但以運送人已盡本法第六十二條之義務者為限。」插入法定免責規定之中，旨在免除託運人舉證責任之困難。如前所述，海牙規則對適航能力採三段式之規定，正好反映適航能力義務三段成長之過程，誠為可圈可點之立法。惜乎海牙規則對於舉證責任之分配，並未加以明確之規定。根據海牙規則第四條第一項及我國現行海商法第六十二條規定之解釋，海牙規則及我國現行海商法未作適航能力欠缺之推定。「請求損害賠償者，應證明損害之原因」，此乃證據法上之基本法則，因此基本法則，我國民事訴訟法第二七七條乃明文規定：「當事人主張有利於己之事實者，就其事實有舉證之責任。」依此舉證責任之分配原則，主張船舶欠缺適航能力而欲請求損害賠償者，必須證明(1)發航前及發航時船舶未具適航能力（未盡相當注意使船舶具有適航能力）；(2)船舶之未具適航能力與損害發生之間具有相當因果關係。兩者之證明，必須兼而備之，否則無法要求基於船舶不適航之損害賠償。然而，如前所述，現代船舶之構造極其複雜，貨物在船上受損之原因又五花八門，託運人既不占有貨物，對於船舶之構造又往往是門外漢，在此情況，強使託運人負擔上述之舉證責任，不啻強人所難，對於託運人而言，未免過於苛酷。在此場合，若將「船舶不適航。但以運送人已盡本法第六十二條之義務者為限。」插入法定免責規定之中，一經專家調查結果，貨物之毀損滅失係因「船舶不適航」而發生，則運送人若非證明「已盡本法第六十二條之義務」，則無法免除船舶不適航之賠償責任，如此一來，有關適航能力義務之舉證責任，全歸運送人負擔，託運人對於船舶不適航舉證之困擾，將可適度免除也。因此吾

人以為，若採第二建議之修正，於第六十二條之規定，徹底採用海牙規則或海牙威士比規則過失主義之立法❾，採用三段式之規定，且就海牙規則或海牙威士比規則所未明確規定之舉證責任分配，亦能加以明確規定，適度免除託運人舉證責任之困擾，如此規定，將比海牙規則本身之規定，更符海牙規則（§4Ⅰ）之精神也。

 問題與思考

A輪自美國之X港承運B之貨物，欲前往臺灣之Z港，裝載之時，A輪就船舶之適航能力義務已盡必要之注意及措置。惟於裝船之後突遭暴風雨，以致B之貨物受損。暴風雨過後，A輪又盡必要之注意及措置，使船舶具有適航能力而後發航。A輪駛至日本Y港，另承運C之貨物，其卸載港亦為臺灣之Z港。然A輪自Y港發航二小時後，沉入海中。經查A輪自Y港發航時，海員人數較X港發航時減少。B、C要求損害賠償，就船舶適航能力之欠缺，B主張：在X港所遭遇之暴風雨，僅為可能遭遇或可能預期之危險，且在暴風雨期間，A又怠於修復，A輪應負船舶不適航之責。C主張：A輪就C貨物之承載，自Y港發航應具適航能力，今自Y港發航減少人員配置，A輪應負船舶不適航之責。試問：

㈠我國現行海商法就船舶之適航能力義務有何規定？其舉證責任之分配原則為何？

㈡B、C就A輪適航能力之主張，是否合理？

---

❾　1968年之「海牙威士比規則」，其第三條、第四條有關適航能力內容之規定，與1924年海牙規則第三條、第四條之規定，並無不同。

第四章　船舶碰撞

第一節　船舶碰撞之意義

碰撞 (collisions) 者，乃指兩個以上之物體相互間粗暴性之接觸或衝突之行為也。船舶碰撞〔英：collision between vessels；日：船舶衝突（せんぱくしょうとつ）；德：Zusammenstoß von Schiffen；法：abordage〕者，乃指兩艘以上之船舶發生損害之相互接觸也，此乃狹義之船舶碰撞。

除狹義之船舶碰撞外，尚包括船舶在物體上雖未接觸，但因不遵守航行規則或因駕駛上之過失，致有碰撞之虞，他船舶為避免碰撞而造成船舶或船舶上之人、貨發生損害之場合，其有過失之船舶，亦應負賠償責任。此謂之廣義之船舶碰撞，亦稱之為間接碰撞或準碰撞。惟在廣義之船舶碰撞，其受損害者，須以船舶或其上之人、貨為限，否則僅構成民法上之侵權行為而已。一般所謂之船舶碰撞，係指廣義之碰撞而言。

第二節　船舶碰撞之國際公約

茲將有關船舶碰撞之國際公約簡單介紹如下：

一、「1910 年關於碰撞法規之國際統一公約」(International Convention for the Unification of Certain Rules of Law in regard to Collisions, 1910.)

二、「1952 年關於碰撞事件民事管轄法規之國際公約」 (International Convention on Certain Rules Concerning Civil Jurisdiction in Matters of Collision, Brussels, May 10, 1952)

三、「1952 年關於碰撞或其他意外事件刑事管轄法規之國際統一公約」 (International Convention for the Unification of Certain Rules Relating to Penal Jurisdiction in Matters of Collision or Other Incidents of Navigation, Brussels,

May 10, 1952) ❶

四、「1960 年海上人命安全公約」(International Convention for the Safety of Life at Sea, 1960)

就救助之義務，「1960 年海上人命安全公約」第十五條規定：「海難發生，政府及船長均有救助之義務。」 ❷

五、「1958 年日內瓦公海公約」(Geneva Convention on the High Seas, April 29, 1958)

就船舶碰撞之救助責任，「1958 年日內瓦公海公約」 (Geneva Convention on the High Seas, April 29, 1958) 第十二條規定：「I 各國應責成懸掛該國國旗船舶之船長，於不嚴重危及其船舶、船員或乘客之情況下，1.救助在海上發現有生命危險之人員；2.於獲悉有人遇難，需要救助時，於可合理期待其採取救助行為時，應盡速前往援救；3.於碰撞後，對於他方船舶、船員及乘客進行救助，並於可能時，將自己船舶之名稱、船籍港及將開往之最近港口，告知他方船舶。II 各沿海國家應促進有關海上及上空安全適當有效之搜尋及救助服務之建立及維持，並應於需要時，為此目的通過相互之地區性安排及鄰國合作。」 (I Every State shall require the master of a ship sailing under its flag, in so far as he can do so without serious danger to the ship, the crew or the passengers, (a) to render assistance to any person found at sea in danger of being lost; (b) to proceed with all possible speed to the rescue of persons in distress if informed of their need of assistance, in so far as such action may reasonably be expected of him; (c) after a collision, to render assistance to the other ship, her crew and her passengers and, where possible, to inform the other ship of the name of his own ship, her port of registry and the nearest port at which she will call. II Every coastal State shall promote the establishment and maintenance of an adequate and effective search

---

❶　張東亮，《海商法新論》，五南圖書出版公司，1989 年 1 月修訂初版，p. 398。

❷　梁宇賢，《海商法論》，三民書局印行，1992 年 8 月修訂 3 版，p. 553。

and rescue service regarding safety on and over the sea and-where circumstances so require- by way of mutual regional arrangements co-operate with neighbouring States for this purpose.)

六、「1961 年關於海上旅客運送法規之國際統一公約」 (International Convention for the Unification of Certain Rules relating to the Carriage of Passengers by Sea, Brussels, April, 1961)

七、「1972 年國際海上避碰規則」(Convention on International Regulation for Prevention Collisions at Sea, London, October 20, 1972)

「1972 年國際海上避碰規則」 第一條第一項規定：「本規則適用於在公海上，及與公海相通，可供海船航行之水域上之所有船舶。」(These Rules shall apply to all vessels upon the high seas and in all waters connected therewith navigable by seagoing vessels.) 由此規定可知，「1972 年國際海上避碰規則」 為海上航行之最高法則。

第三節　船舶碰撞之損害賠償

船舶因碰撞而發生公法上及私法上之效果，除船長違反公法上之義務應負責任外，其餘私法上之效果，即為因碰撞而發生的責任歸屬問題。惟船舶碰撞，因其原因不同，茲將海商法所規定之損害賠償責任，分述如下：

(一)事變碰撞

海商法第九十五條規定：「碰撞係因不可抗力而發生者，被害人不得請求損害賠償。」 (In the event that a collision takes place by reason of force majeure, the injured party shall not claim indemnity for damage.) 不可抗力〔羅：vis major；英：act of God, irresistible force majeure；日：不可抗力（ふかこうりょく）；德：höhere Gewalt；法：force majeure, cas fortuit〕者，乃指由於外界之力量，而非人力所能抗拒或避免之事故也，亦即，來自於外

部之力量，縱然已盡交易觀念上通常所要求之注意或預防方法，亦無法防止損害之事實也。例如在暴風濃霧中，船長、海員已盡相當之注意，仍不免發生碰撞之情形即是。惟在此情形，須以船長、海員無過失為前提，因事變乃過失之相對觀念也。因此，因天災或其他人力所不能避免之事由，而雙方均無過失所發生之船舶碰撞，其所生之損害，彼此各自負其責任，不生損害賠償請求權之問題。

(二)一方過失之碰撞

海商法第九十六條規定：「碰撞係因於一船舶之過失所致者，由該船舶負損害賠償責任。」(In the event that a collision is caused by the fault of one ship, that ship is held liable for the indemnity of damage.) 所謂「係因於一船舶之過失所致者」，例如因其中一艘船舶之所有人，發航時未盡相當之注意及措置，以致該船未具適航能力，因而導致碰撞，自應依民法上一般侵權行為之原則，由船舶所有人負損害賠償責任（§62）。船舶碰撞係採「過失歸責主義」，凡碰撞係因其中某一船舶之單獨過失所致者，應由該船舶單獨負擔損害賠償責任，不能因該船舶損害較重而主張免責。此項賠償責任「不因碰撞係由引水人之過失所致而免除」（§98）。因此，因引水人之過失所致之碰撞，該有過失之船舶亦應負損害賠償責任。

(三)共同過失之碰撞

海商法第九十七條規定：「Ⅰ碰撞之各船舶有共同過失時，各依其過失程度之比例負其責任，不能判定其過失之輕重時，各方平均負其責任。Ⅱ有過失之各船舶，對於因死亡或傷害所生之損害，應負連帶責任。」(Ⅰ In the event that the ships involved in a collision are jointly at fault, each is to bear a liability in proportion to the degree of her faults; if the relative degree of the faults cannot be adjudged, the liability is to be apportioned equally between the parties. Ⅱ The ships at fault, with respect to damage arising from death or personal injury, shall be held jointly and severally liable.) 此項責任，「不因碰撞係由引水人之過失所致而免除」（§98），亦即碰撞之各船舶有共同過失時，

對於物的損害,各依其過失程度之比例負其責任,屬於「過失比例主義」。不能判定過失輕重時,則採「過失平分主義」,由雙方平均分擔其責任。對於人的損害,則為加重保護被害人起見,採「連帶賠償主義」,由有過失之各船舶,對於因死亡或傷害所生之損害,負連帶賠償責任。惟對於人之死亡或傷害為連帶責任賠償之後,仍得依第九十七條第一項之規定,對於他船請求其應分擔之部分。

至於賠償方法,則有下列二種:

1.單一責任法

單一責任法,亦稱單一責任主義 (principle of single liability),乃指由應賠償較多之一方按雙方比例賠償之差額(雙方互相抵銷後之賠償差額),給付賠償較少一方之賠償方法也。例如 A、B 兩船相撞,A 損失 200 萬元,B 損失 100 萬元,因雙方各有 50% 過失,則 A 應對 B 賠 50 萬元,B 應對 A 賠 100 萬元,則雙方互為抵銷之後,僅由 B 對 A 賠 50 萬元。

	A	B
損害額	200 萬	100 萬
過失比例	50%	50%
賠償額	100 萬 × 50% = 50 萬	200 萬 × 50% = 100 萬
抵銷後之賠償額	B 須賠 100 萬 - 50 萬 = 50 萬	

此法之優點為,可避免雙方之往返請求,較為便利。

2.交叉責任法

交叉責任法,亦稱交叉責任主義 (principle of cross liability),乃指由各碰撞之船舶,各自按其過失之比例,就對方之損失而互相賠償,不先互為抵銷之計算賠償方法也。因若採單一責任法,將賠償互為抵銷,則保險人之責任將行減低,對於船舶所有人顯然不利。一般保險界,為保護船舶所

有人之利益，使之均能向保險人索賠，乃採交叉責任法。例如 A、B 兩船互撞，A 損失 100 萬元，B 損失 500 萬元，其過失程度經判明為 A 70%、B30%，則 A 對 B 應賠 500 萬 × 70% ＝ 350 萬元，B 對 A 應賠 100 萬 × 30% ＝ 30 萬元。

 實例演習

今設有 A、B 兩船相撞，A 損失 600 萬元，B 損失 300 萬元。且 B 之船員 X、Y 落海而一傷一亡，經協議其應賠額為 1,000 萬元，A、B 之過失各為 60%、40%，在此情況之下，A、B 應如何理賠？海商法第九十七條規定：「Ⅰ碰撞之各船舶有共同過失時，各依其過失程度之比例負其責任，不能判定其過失之輕重時，各方平均負其責任。Ⅱ有過失之各船舶，對於因死亡或傷害所生之損害，應負連帶責任。」依此規定，船舶碰撞，對於物的損害，採「過失比例主義」；對於人的損害，採「連帶賠償主義」。而且應依交叉責任法賠償，因此，其賠償方法，應如下述：

A ———　　　　　　　　　　　　　　　　B

600 萬　　　　　　　　　　　　300 萬

　　　　　　　　　　　　　　X Y ＝ 1,000 萬

60%　　　　　　　　　　　　　40%

(1)物的損害方面

A 對 B 應賠 300 萬 × 60% ＝ 180 萬

B 對 A 應賠 600 萬 × 40% ＝ 240 萬

(2)人的損害方面

　　A、B 對於 X、Y 之傷亡應負連帶賠償責任，惟於為連帶責任賠償之後，仍得依第九十七條第一項之規定，對於他船請求其應分擔之部分。其應分擔之部分，A 為 1,000 萬×60% ＝ 600 萬，B 為 1,000 萬 × 40% ＝ 400 萬。若 A、B 一方先為賠償，可向他方要求其償還其應分擔之額。

㈣原因不明之碰撞

事實上，無法判明過失誰屬之船舶碰撞，常常發生，但我國海商法對之卻缺乏明文規定。多數外國立法例，因鑑於無從舉證，往往明文規定被害人不得請求損害賠償，例如德國商法第七三四條即規定：「船舶碰撞，因其偶然事故、天災或原因不明之事故而發生者，碰撞之各船舶，對於船舶及船舶內之人、物所生之損害，沒有賠償請求權。」〔(Zusammenstoß durch Zufall) Im Falle eines Zusammenstoßes von Schiffen findet, wenn der Zusammenstoß durch Zufall oder höhere Gewalt herbeigeführt ist oder Ungewißheit über seine Ursachen besteht, kein Anspruch auf Ersatz des Schadens statt, der den Schiffen oder den an Bord befindlichen Personen oder Sachen durch den Zusammenstoß zugefügt ist.〕「1910 年關於碰撞法規之國際統一公約」 (International Convention for the Unification of Certain Rules of Law in regard to Collisions, 1910) 第二條第一項亦規定：「若碰撞係由於意外事故、不可抗力或其碰撞原因不明時，其損害由受害人自負之。」 (If the collision is accidental, if it is caused by force majeure, or if the cause of the collision is left in doubt, the damage are borne by those who have suffered them.) 一般見解認為，我國海商法對於原因不明之碰撞，其損害應由受害人自負之。如此解釋，方可符合上述「1910 年關於碰撞法規之國際統一公約」之精神。

第四節　船舶碰撞所生請求權之時效

就船舶碰撞所生請求權之時效，海商法第九十九條規定：「因碰撞所生之請求權，自碰撞日起算，經過兩年不行使而消滅。」由此規定可知，因船舶碰撞有損害賠償請求權之人，其請求權應及時行使，否則經過兩年不行使，其請求權將歸於消滅。此兩年之期間，並非除斥期間，屬於時效期

間。因此，有所謂「時效中斷」或「時效不完成」之問題。

第五節　船舶碰撞之處理

所謂船舶碰撞之處理，係指「碰撞法規之適用」、「加害船舶之扣押」、「碰撞訴訟之管轄」而言。茲將船舶碰撞之處理，簡述如下：

一、碰撞法規之適用

就船舶碰撞之法律適用，海商法第九十四條規定：「船舶之碰撞，不論發生於何地，皆依本章之規定處理之。」由此規定可知，無論碰撞船舶之國籍如何？碰撞之地點如何？應一律適用我國現行海商法「船舶碰撞」章之規定。

二、加害船舶之扣押

就加害船舶之扣押，海商法第一○○條規定：「Ⅰ船舶在中華民國領海、內水、港口、河道內碰撞者，法院對於加害之船舶，得扣押之。Ⅱ碰撞不在中華民國領海、內水、港門、河道內，而被害者為中華民國船舶或國民，法院於加害之船舶進入我國領海後，得扣押之。Ⅲ前兩項被扣押船舶得提供擔保，請求放行。Ⅳ前項擔保，得由適當之銀行或保險人出具書面保證代之。」本條之立法目的，屬於公益性質，為保障受害之我國船舶及人民，故賦予法院對於加害船舶，得逕行扣押，不受海商法第四條規定之限制。因船舶碰撞後，若不及時扣押，一旦讓船舶遠航，執行將變成相當困難，對於被害人顯然相當不利。惟本條之目的既在保護被害船舶請求權之滿足，當被害船舶請求權無妨礙時，則無再予扣押船舶之必要。因此本條又規定，被扣押船舶得提供擔保，請求法院放行。

三、碰撞訴訟之管轄

就碰撞訴訟之管轄，海商法第一○一條規定：「關於碰撞之訴訟，得向下列法院起訴：一　被告之住所或營業所所在地之法院。二　碰撞發生地之法院。三　被告船舶船籍港之法院。四　船舶扣押地之法院。五　當事人合意地之法院。」由此規定可知，關於碰撞之訴訟，得向下列法院起訴：

(一)被告之住所或營業所所在地之法院

此即民事訴訟法上所謂之「以原就被」原則。本款規定之目的，乃在防止原告之濫訴。

(二)碰撞發生地之法院

此與民事訴訟法第十五條第一項之規定相同。民事訴訟法第十五條第一項規定：「因侵權行為涉訟者，得由行為地之法院管轄。」

(三)被告船舶船籍港之法院

此與民事訴訟法第十五條第二項之規定相同。此之所謂「被告船舶船籍港」，係指起訴時之被告船舶船籍港而言。民事訴訟法第十五條第二項規定：「因船舶碰撞或其他海上事故，請求損害賠償而涉訟者，得由受損害之船舶最初到達地，或加害船舶被扣留地，或其船籍港之法院管轄。」

(四)船舶扣押地之法院

此與民事訴訟法第十五條第二項「或加害船舶被扣留地」之法院管轄相似。

(五)當事人合意地之法院

此係 1999 年修正時新增之規定。其立法目的，旨在方便不同國籍船舶之碰撞，使其得依合意於第三國之法院訴訟，以求公平。

以上係依海商法第一○一條所規定之法院，若依民事訴訟法第十五條第二項之規定，關於碰撞之訴訟，尚得向下列法院起訴：

1. 受損害之船舶最初到達地之法院。
2. 加害船舶被扣留地之法院。

3.船籍港之法院。

(六)受害船舶最初到達地之法院

　　民事訴訟法第十五條第二項規定：「因船舶碰撞或其他海上事故，請求損害賠償而涉訟者，得由受損害之船舶最初到達地，或加害船舶被扣留地，或其船籍港之法院管轄。」由此規定可知，因船舶碰撞或其他海上事故，請求損害賠償而涉訟者，除由「加害船舶被扣留地，或其船籍港之法院」管轄外，尚得由「受損害之船舶最初到達地」之法院管轄。

　　被害人得就上述法院之任何法院，任擇其一而起訴之。若無法在本國之上述法院起訴時，被害人只有向外國法院提起訴訟。

 實例演習

A 所屬之 X 輪裝載某 K 價值一千萬元之貨物，自基隆港前往高雄港。於航海途中，因船長之過失，與 B 所屬之 Y 輪相撞。X 輪上 K 之貨物全毀但人員並無傷亡；Y 輪上之貨物損失為一億元，且 Y 輪上之船員 M 因此落海身亡。協議之結果，就 M 之死亡，其賠償金額為一千萬元。經高雄港務局海事評議會判斷結果，X 輪確為航海技術上之過失，而 Y 輪亦有 40% 之過失。設 X 輪發航時，其價值為一億五千萬元，事故後到達港口時僅為一千萬元（此數額未低於§21 IV 所列之標準），而且事故後 A 破產。試問：

(一) A 向 K 得否主張免責？K 向 A 得請求如何之損害賠償？

(二) B 向 K 得否主張免責？K 向 B 得請求如何之損害賠償？

(三) 若 X 輪抵高雄港後，另發現 X 輪送冷系統故障，以致溫度太高，貨物腐敗，則 X 輪之運送人就貨物之腐敗得否主張免責？

	基	高	
A	X———————	Y	B
	K 貨全損 1,000 萬	貨損一億	
	人無傷	M 亡（1,000 萬）	
	船價存 1,000 萬		
	航過	40% 過失	

就此案例，吾人以為：

(一)第一小題

1. A 向 K 得主張法定免責

本案係於航海途中，因 X 輪船長之過失，與 B 所屬之 Y 輪相撞，經高雄港務局海事評議會判斷結果，X 輪確為航海技術上之過失，故應屬海商法第六十九條第一款因航海過失適用法定免責之問題。主張法定免責之基本要件為：1.主張法定免責之主體須為運送人或船舶所有人；2.適用法定免責之客體限於訂有運送契約之本船貨物；3.運送人必須於發航前及發航時已盡船舶適航能力之義務。本件 A 為船舶所有人，符合「主張法定免責之主體須為運送人或船舶所有人」之要件，且 K 與 A 間訂有運送契約，K 之貨物，亦符合「適用法定免責之客體限於訂有運送契約之本船貨物」之要件，故除非能證明運送人 A 於發航前及發航時未盡船舶適航能力之義務，否則 A 得依海商法第六十九條第一款之規定，向 K 主張法定免責，不受 A 破產之影響。

2. 既得主張法定免責，即無所謂「K 向 A 得請求如何之損害賠償」之問題。

(二)第二小題

1. B 向 K 不得主張法定免責

如前所述，本件固屬海商法第六十九條第一款因航海過失適用法定免責之問題。惟主張因航海過失之法定免責，尚須符合下列基本要件：即 1.主張法定免責主體須為運送人或船舶所有人；2.適用法定免責之客體須為訂有運送契約之本船貨物；3.運送人須於發航前及發航時已盡船舶適航能力之義務。因 B、K 間並未訂有運送契約，因此就法定免責之主體而言，B 並非 K 之運送人或船舶所有人；就法定免責之客體而言，K 之貨物並非 B 所屬 Y 輪之本船貨物，不符前述法定免責第 1.及第 2.之要件，故 B 不得依海商法第六十九條第一款之規定，向 K 主張法定免責。

2. K 得依船舶碰撞（侵權行為）之規定，向 B 要求損害賠償

海商法第九十七條規定：「I 碰撞之各船舶有共同過失時，各依其過失程度之比例負其責任，不能判定其過失之輕重時，各方平均負其責任。II 有過失之各船舶，對於因死亡或傷害所生之損害，應負連帶責任。」K 之損害額為 1,000 萬元，依交叉責任法之計算，K 所得向 B 要求之損害賠償數額應為 1,000 萬元×40%＝ 400 萬元，其餘 600 萬元之損害，如前所述，因 A 得主張法定免責，K 不得向 A 要求賠償。此時 K 若有投保貨物保險，自可向該保險人求償，若無投保貨物保險，K 應自負其不利之結果（參照本書「船舶碰撞」之說明）。

依我國海商法第二十四條第一項第四款之規定，「因船舶操作直接所致陸上或水上財物毀損滅失，對船舶所有人基於侵權行為之賠償請求。」有優先受償之權。因本案例中 B 所屬之 Y 輪具有 40% 之過失，K 之損害賠償請求權係屬基於侵權行為而生之債權，因此 K 就其 400 萬元之損害賠償請求權，得依海商法第二十四條第一項第四款之規定，以第四優先之順序向 B 主張船舶優先權。

(三) X 輪之運送人就貨物之腐敗不得主張免責

依海商法第六十二條之規定，「使貨艙、冷藏室及其他供載運貨物部分適合於受載、運送與保存」，係屬船舶適航能力之一部分，此謂之載貨能力。本件「輸送冷凍空氣之風扇故障」，雖與「船體之航行能力」〔日：船体能力（せんたいのうりょく）；德：Seetüchtigkeit des Schiffskörpers〕、「船舶之運行能力」〔日：運航能力（うんこうのうりょく）；德：Reisetüchtigkeit des Schiffes〕無關，但卻屬「船舶之載貨能力」〔英：cargoworthiness；日：堪貨能力（たんかのうりょく）；德：Ladungstüchtigkeit des Schiffes〕之一部分，故亦屬「船舶適航能力」之問題。因此「輸送冷凍空氣之風扇故障」若發生於「發航前及發航時」，而運送人未盡必要之注意及措置即貿然發航時，運送人應負船舶不適航之責任（§62）。反之，「輸送冷凍空氣之風扇故障」若發生於船舶發航之後，則運送人無須負船舶不適航之責任，但因其

「輸送冷凍空氣之風扇故障」係屬「直接」「必然」影響貨物安全之過失，運送人仍應負商業上過失之責任，即貨品處理過失之責任，此乃我國海商法第六十三條所規定之責任。在此情況，X輪之運送人縱然已盡船舶適航能力義務，亦絕對不得主張基於「航海過失」之法定免責。航海過失，係指就航行或船舶本身之處理上，船長或其他船員所犯之過失，航海過失必須以該過失「非直接」且「非必然」影響貨物安全為要件。因本件「輸送冷凍空氣之風扇故障」與「貨物之毀損滅失」並非「非直接」且「非必然」之關係，故不得主張基於航海過失之法定免責。

綜觀上述，可得下列判斷：

(1)本件「輸送冷凍空氣之風扇故障」，若係發生於「發航前及發航時」，而運送人未盡相當注意即貿然發航時，運送人應負海商法第六十二條船舶不適航之責任，當然無法主張法定免責（§69），亦不得主張責任限制（§22 I）。

(2)若本件「輸送冷凍空氣之風扇故障」，係屬「發航前及發航時」縱盡相當注意仍無法發現之隱有瑕疵時，或「輸送冷凍空氣之風扇故障」係發生於發航之後時，運送人無須負船舶不適航之責任，但仍應依海商法第六十三條之規定，負損害賠償之責任，此係基於商業過失所發生之損害賠償責任，縱有免責條款之約定，亦不得免除其責（§61）。

因此本件「輸送冷凍空氣之風扇故障」，無論發生於「發航前及發航時」，或發生於發航之後，船舶運送人A就海鮮之腐敗均不得主張免責。

 問題與思考

臺灣之出口商A與臺灣之K輪船公司簽訂海上運送契約，自臺灣之X港運送A之貨物前往美國之Z港。途中，因風浪觸礁，在日本之Y港修繕，應付B修繕費4,000萬元；修繕後繼續航行時，因購買燃料，應付C燃料費3,000萬元。抵Z港後發現A價值一億元之貨物全毀。試具理由，回答下列各題：

㈠K能否主張船舶所有人責任限制？

㈡設 K 輪本次航行之船舶價值、運費及其他附屬費為 3,000 萬元，則 A、
　B、C 應如何參與分配？

㈢設本件 A 之貨物，係 K 輪抵 Z 港將貨物卸載後，由運送人 K 所僱之卡
　車運往碼頭倉庫途中，因卡車不慎摔毀，A 能否向 K 主張無限責任？

第五章　共同海損

└ 三、我國海商法中，共同海損章之制定（§129～§144）

　㈠就共同海損之意義而言

　㈡就共同海損之分擔義務而言

　㈢就被保存財產分擔價值之計算而言

　㈣就共同海損之費用而言

　㈤就不分擔共同海損之物品而言

第三節　共同海損之意義及其成立要件

┌ 一、共同海損之意義（§110）

└ 二、共同海損之成立要件

　㈠須有共同危險

　┌ 須為船舶航程期間之危險

　├ 須為現時之危險

　│　1.客觀主義

　│　2.主觀主義

　└ 須為共同之危險

　㈡須有處分（§65、§110、§114）

　┌ 須為為求共同危險中全體財產之安全所為之處分⇨犧牲主義

　└ 須為故意及合理之處分

　㈢須有直接造成之犧牲及發生之費用⇨相當因果關係說

　㈣須有保存之效果⇨船貨不問主義（§111）

第四節　共同海損之損失（債權）

─ 一、概說（§110）

─ 二、共同海損之損失範圍

　㈠犧牲（§113、§115～§118）

　┌ 船舶之犧牲

　├ 貨載之犧牲

　│　1.犧牲

　│　2.甲板貨載之投棄

　　　　3.無載貨證券亦無船長收據之貨物

　　　　4.貨幣、有價證券及其他貴重物品

　　　　5.船上所備糧食、武器、海員之衣物、薪津及旅客之行李

　　└ 運費之損害

㈡費用（§114）

　　┌ 為保存共同危險中全體財產所生之港埠、貨物處理、船員工資及船舶維護所必需之燃、物料費用

　　├ 船舶發生共同海損後，為繼續共同航程所需之額外費用

　　├ 為共同海損所墊付現金百分之二之報酬

　　├ 自共同海損發生之日起至共同海損實際收付日止，應行收付金額所生之利息

　　└ 替代費用

└ 三、共同海損損失額之計算（即共同海損之債權）

㈠計算之標準（§112）

　　┌ 船舶損害之計算

　　└ 貨物損害之計算

㈡計算之程序（§121）

第五節　共同海損之債務

一、共同海損債務之分擔

㈠共同海損之分擔人（§111）

　　┌ 船舶所有人

　　├ 貨物所有人

　　├ 運費取得人

　　└ 因共同海損行為所犧牲而獲共同海損補償之財產所有人

㈡共同海損之分擔額

　　┌ 計算之基準（§111、§112、§116、§117、§119、§120）

　　│　1.船舶分擔額之計算基準

　　│　2.貨物分擔額之計算基準

　　│　3.運費分擔額之計算基準

　　│　4.為共同海損行為所犧牲財物分擔額之計算基準

　　└ 計算之方法（§110）

第一節　概　說

第一項　海損之意義

海損〔英：average；日：海損（かいそん）；德：Haverei; varies；中：海损〕者，乃指船舶航行海上之際，船舶或運送物所發生之損害及費用也。

第二項　海損之種類

如前所述，海損一詞，英文為 Average，乃平均分擔之意。我國及中華人民共和國均沿襲日本之意譯之方式，將之譯為「海損」，雖與英文「平均分擔」之本意，略有出入，但沿襲已久，而且作為海商法上之專門用語，在適用上尚無困難。

海損之分類，極其複雜。在海運實務上，常依其受損之程度，將海損分為全部損失 (Total Loss) 及部分損失 (Partial Loss)；或依其損害之原因，將海損分為通常海損及非常海損。在學術界，雖有某些學者將海損分為單獨海損 (Particular Average)、共同海損 (General Average) 及全部海損 (Total Average) 三種類型 ❶，惟一般學者，多將海損分為廣義之海損及狹義之海損兩種。茲將一般學者之分類，簡單介紹如下：

第一款　廣義之海損

廣義之海損者，乃指船舶航行海上之際，船舶或運送物所發生之一切

---

❶　王洸，《海商法釋論》，海運出版社發行，文和印刷公司印刷，1962 年 7 月出版，pp. 115 ～ 116。

海上損害也。亦即自裝載發航時起直至歸港卸載時止，船舶或運送物所發生之一切損害及費用也❷。廣義之海損，包括(1)實物損害，例如船舶、運送物之毀損滅失；(2)費用損害，例如救助報酬及其他費用之支出即是❸。廣義之海損，因其發生原因之不同，又可分為下列兩種：

一、通常海損

通常海損，又稱小海損〔英：petty average；日：小海損（しょうかいそん）；德：kleine Haverei, ordinäre Haverei；法：avaries manues〕，乃指船舶航行海上之際，基於通常原因，船舶或運送物所發生之損害及費用也。例如船舶之折舊、引水費、入港費、碇泊費、拖船費等即是。此等通常海損，應計入運費成本之中，而由船舶所有人負擔之；船舶因逾齡而遭廢棄、拆卸之情形，因屬通常海損中之折舊範圍，亦應由船舶所有人負擔之。惟船舶於修繕期間，為確保安全，而將貨載起陸置於倉庫者，其卸載、棧租、再裝等費用，則應由貨載所有人負擔之❹。

二、非常海損

非常海損者，乃指船舶航行海上之際，基於非常原因，船舶或運送物所發生之損害及費用也。所謂非常原因，即不能預期之原因，亦即事故(Unfall) 也。基於非常海損所發生之損害及費用，船舶所有人及其他利害關係人均應分擔之。非常海損，又可分為下列兩種：

㈠全部損失

全部損失，亦稱全損 (total loss)。全損又可分為下列幾種：

---

❷ 吳智，《海商法論》，自版，三民書局總經銷，1976 年 3 月修訂 4 版，p. 213。

❸ 鄭玉波，《海商法》，三民書局印行，1976 年 5 月 7 版，p. 101。

❹ 吳智，前揭《海商法論》，p. 213。梁宇賢，《海商法論》，三民書局印行，1992 年 8 月修訂 3 版，p. 574。

1.實際全損

　　實際全損 (actual total loss) 者，乃指船貨全部歸於滅失或受到損害不得恢復原狀或永不得再歸所有人所有之損害也。 1906 年英國海上保險法 (Marine Insurance Act, 1906) 第五十七條第一項規定:「於被保險標的毀滅、或損害不得恢復為被保險時之原狀或永不得再歸被保險人所有者，為實際損害。」 (Where the subject-matter insured is destroyed, or so damaged as to cease to be a thing of the kind insured, or where the insured is irretrievably deprived thereof, there is an actual total loss.) 全部歸於滅失者，例如船貨全部沉沒之情形即是。受到損害不得恢復原狀或永不得再歸所有人所有者，例如船貨雖未沉沒，但因遭受風浪劇烈衝擊，其殘骸已不成船形，或其受損狀況已達不能修復之程度者即是。實際全損之情形，應由船舶所有人及貨物所有人共同分擔之，若有投保海上保險，則由海上保險人代為分擔。

2.擬制全損

　　擬制全損 (constructive total loss) 者，乃指受毀損之船貨，雖未達於實際全損，然其損害程度在經濟上已不減於實際全損，或其修復費用將超過標的物修復後之市價時，即可將之視為全損之謂也。保險標的由於保險事故所致之下列情況，得視為擬制全損:

(1)其實際全損似已無可避免

　　其實際全損似已無可避免者，例如船舶擱淺於多石而危險之岸灘，而且其時風浪尤極為險惡，則該船之沉沒，遭受實際全損，似已無可避免。

(2)自實際全損中施救之費用將超過其被保全後之價值

　　自實際全損中施救之費用將超過其被保全後之價值者，例如施救之費用為五十萬元，而施救後之貨載價值卻不及五十萬元即是。

　　1906 年英國海上保險法 (Marine Insurance Act, 1906) 第六十條第一項規定:「除保險單上另有明示之約定外，於保險標的因實際全損似已無可避免而合理委付者，或若由實際全損中保全，則其費用將超過被保之價值而合理委付者，為擬制全損。」(Subject to any express provision in the policy, there is a constructive total loss where the subject-matter is reasonably abandoned on account of its actual total loss appearing to be unavoidable, or because it could not be preserved from actual total loss without an expenditure which would exceed its value when the expenditure had been incurred.)

3.推定全損

推定全損 (presumed total loss) 者，乃指遭難之船舶行蹤不明，且超過合理期間而仍無音訊時，得推定其為全損之謂也。1906 年英國海上保險法 (Marine Insurance Act, 1906) 第五十八條規定：「遭難之船舶行蹤不明，且經過合理期間而仍無音訊時，得推定其為全損。」(Where the ship concerned in the adventure is missing, and after the lapse of a reasonable time no news of her has been received, an actual total loss may be presumed.)

4.協議全損

協議全損 (compromised or arranged total loss) 者，乃指被保險人因保險事故所致之損害既非全損，亦未符合推定全損之標準，但基於其他因素之考慮（多指為維持保險人與被保險人間良好之業務關係），當事人認為若以全損理賠，將比嚴格執行保險單之約定較為有利，而相互協議以全損理賠之謂也 ❺。

5.可劃分之部分全損

可劃分之部分全損 (total loss of an apportionable part) 者，乃指被保險標的因保險事故之發生而遭受部分之損失，但因其可劃分，乃將該可劃分之部分劃分出，以全損處理之謂也。易言之，被保險標的之某一部分，因保險事故發生而遭受之損害，即使是全損，亦僅為該全部標的之部分損失，但如該保險標的可以明確劃分，則該可劃分之部分全損即可以全損處理，亦即將釐定全損之標準縮小至保險標的之任一可劃分之部分，而不以全部保險標的為必要也。

---

❺ 孫堂福，《海上保險學》，自版，長勝排字印刷有限公司印刷，1984 年 3 月增訂 14 版，p. 63。

　　在實務上，僅於保險單上註明「每一件視為單獨保險」(Each package is to be deemed a separate insurance) 時，始得將釐定全損之標準縮小至每一件保險標的。1906 年英國海上保險法 (Marine Insurance Act, 1906) 第七十六條第一款規定：「Ⅰ若保險標的依不保單獨海損投保，除非保險單所包含之契約係可分割者，否則被保險人遭受之部分損失，將無法得到賠償。若屬共同海損犧牲之損失，但係屬可分割者，被保險人得對保險標的之可分割部分之全損得到賠償。」(Ⅰ Where the subject-matter insured is warranted free from particular average, the assured cannot recover for a loss of part, other than a loss incurred by a general average sacrifice, unless the contract contained in the policy be apportionable; but, if the contract be apportionable, the assured may recover for a total loss of any apportionable part) 此即為有關「可劃分之部分全損」之規定❻。

㈡部分損失

　　部分損失 (partial loss)，亦稱分損，或一部損害，乃指船貨所受之損害較輕，而未達全部損失之謂也。任何損害，不是全部損失，即為部分損失 (any loss other than a total loss is a partial loss)。部分損失，依其性質，又可分為下列幾種：

1.單獨海損

　　單獨海損〔英：particular average；日：単独海損 (たんどくかいそん)；德：einfache, partikuläre od, besondere Haverei；法：avaries particulières ou simples〕者，又稱特別海損，乃指船舶航行海上之際，因天災不可抗力或不法行為之所致，其程度未構成全損，其性質亦不屬於共同海損之損害及費用也。例如因氣候惡劣，航運中船舶龜裂，海水浸入所生之損害及費用，因其非係共同利益而招致之損失，故非共同海損，而應由各關係人各自負擔其損失。我國現行海商法，除「船舶碰撞」係屬單獨海損之一種規定外，對於單獨海損並無明文規定，在此情況之下，關於單獨海損，應依下列兩

---

❻　孫堂福，前揭《海上保險學》，p. 64。

大原則處理其法律關係,即(1)單獨海損係由天災或不可抗力所致者,依「天災歸所有人負擔」〔日:所有主が天災の危險を負う;德:Den Zufall spürt der Herr〕之原則,由船舶所有人或該貨載之所有人自行負擔之(若投保海上保險時,則由保險人負擔);(2)單獨海損係侵權行為所致者,得依民法有關侵權行為之規定,向該加害人請求損害賠償❼。

1906 年英國海上保險法 (Marine Insurance Act, 1906) 第六十四條第一項規定:「因保險事故所致且非屬共同海損之保險標的部分損失,為單獨海損。」(A particular average loss is a partial loss of the subject-matter insured caused by a peril insured against, and which is not a general average loss.) 依此英國海上保險法之規定,單獨海損必須具備下列要件,即(1)須為保險事故所致保險標的之部分損失;(2)須非屬共同海損之部分損失,應由該關係人自行負擔。

德國商法之海商編中,其第七章即為「海損」(Siebenter bschnitt. Haverei),對海損設有專章規定,內容極其詳盡。德國商法第七〇一條規定:「Ⅰ(單獨海損)因保險事故所致且非屬共同海損之損害及費用,而其費用非屬第六二一條所揭示者為限,均謂之單獨海損。Ⅱ單獨海損,其船舶及貨載之所有人,各自單獨負擔其損失。」〔Ⅰ (Besondere Haverei) Alle nicht zur großen Haverei gehörigen, durch einen Unfall verursachten Schäden und Kosten, soweit die letzteren nicht unter den §621 fallen, sind besondere Haverei. Ⅱ Die besondere Haverei wird von den Eigentümern des Schiffes und der Ladung, von jedem für sich allein, getragen.〕

法國商法之海商編中,其第十一章即為「海損」(Titre Onzième Des avaries),對於海損亦設有專章規定,其內容亦極為詳盡。例如法國商法第三九九條即規定:「海損可分大海損或共同海損及單純海損或特別海損兩種。」(Les avaries sont de deux classes, avaries grosses ou communes, et avaries simples ou particulières.)

---

❼　鄭玉波,前揭《海商法》,p. 102。

單獨海損之意義為何？與共同海損之間有何區別？我國現行海商法缺乏明文規定，不無缺漏之感。將來似有仿效德、法之立法例，將「海損」制定專章，將單獨海損之意義、範圍加以規定之必要。

2.共同海損

共同海損〔英：general average；日：共同海損（きょうどうかいそん）；德：extraordinäre, große Haverei；法：avaries communes〕者，乃指船舶在航程期間，為求共同危險中全體財產之安全所為故意及合理處分，而直接發生之犧牲及發生之費用也。共同海損係本文討論之主題，容後敘之。

第二款　狹義之海損

狹義之海損，係指上述廣義海損中之非常海損部分而言。廣義海損中之通常海損部分，則不在狹義海損範圍中。

第二節　共同海損制度之沿革

共同海損，係海商法特有之古老習慣及制度。因自古以來，海上貿易一直被視為風險極大之冒險事業，由於海上運送之特殊環境，自然災害或意外事故時有發生，而且一旦發生此等事故，船貨所受之損害往往極其重大，此等損害若全由船方負擔，勢必影響航業之發展。因此根據公平原則，由受益之各方共同分擔其損失，以利保護及促進航運之正常發展，此乃共同海損制度之由來也。

第一項　共同海損制度之發展經過

共同海損，為海商法中發達最早制度之一，揆其發源，相傳發軔於羅德海法（Law of Rhodes 或 Rhodian Law）。海商史中有記錄可尋者，可溯至

古代希臘法之部分斷篇為基礎，在羅馬《查士丁尼法典》上有專章敘述。茲將共同海損制度之發展經過，簡單敘述如下：

一、羅德海法

共同海損之制度，最早出現於古希臘之法律，例如西元前三世紀之羅德海法（Law of Rhodes 或 Rhodian Law 或 The Rhodian Sea Law）即已確立「為減輕載重而拋棄貨物，應由全體分攤」之原則。羅德島原係愛琴海中之一小島，位於埃及與小亞細亞之間，在地中海之東，為古代交通往來之要衝，往來其間之歐洲船舶，遇有糾紛，多在該島解決，因此商業繁盛，習慣漸成。為確保航運及交易之安全，立法者乃將當時多數有效之習慣，彙集成一法典，此乃相傳之「羅德海法」也。

於紀元前四世紀至前三世紀，羅德島人創立「投棄法」〔羅：lex Rhodia de iactu；日：投荷に関するロード法〕。相傳紀元前三世紀時，有羅馬律師保羅斯者，著有論文五卷 (*The Selection of Rules*)，在其第二卷即有「羅德海法」一節云：「如為減輕船舶載重而投棄貨載者，其因共同利益而受之損失，應共同負擔。」❽一般而言，上古或中古時代，航行於地中海或愛琴海之船隻，多屬貿易小船，而且貨主大多親自隨船經商，每次遭遇風浪，安危瞬變，為穩定船體浮力，以保人命之安全，勢必投棄貨物，而投棄之貨物，應由被保全之財產，共同分攤，始為公允。在此背景之下，乃漸有前述「為減輕載重而拋棄貨物，應由全體分攤」原則之確立。

二、羅馬法

西元六世紀時，羅馬帝國之查士丁尼大帝曾派學者至羅德島，將羅德海法加以整理研究，而於《查士丁尼法典》(*Pandects of Justinian, Digest of Justinian*, A.D. 533) 第十四卷中記載：「羅地法規定，為共同利益計而將貨

---

❽ 何佐治，《最新海商法釋義》，自版，建華印書有限公司印刷，1962 年 9 月初版（臺），p. 17。

物投棄以減輕船舶之載重者，其損失應由全體共同分擔之。」(Lege Rhodia cavetur ut si levandae navis gratiâ jactus mercium factus est, omnium contributione sarciatur, quod pro omnibus datum est) (Dig Lib xiv tit 2 foll) 及「凡船舶向海盜納金贖放者，應由利害關係者，共同分擔其贖金」。論者謂，此乃首次以成文法出現之共同海損，由此起點，乃逐漸發展成今日之共同海損及海上保險❾。

三、亞勒倫海法

亞勒倫海法〔英：Judgments of Oleron；日：オレロン海法；法：Rôles ou Jugements d'Oléron〕者，乃指西元十二世紀時，將亞勒倫海事裁判所之判決，彙編而成之判例法也。亞勒倫為法國西南海上之一小島，為中古時代大西洋交通之門戶，因地處交通要衝，貿易極為發達。

亞勒倫海法規定，船長為共同安全，將船桅截斷以救船舶及貨載者，其船桅之損失由船舶及貨載共同分擔之 (Oleron Arts. 8, 9)。亞勒倫海法，直接繼受於羅馬法，間接繼受於羅德海法，最後滲入於英美法及歐洲大陸法。除比利時、荷蘭、英國、北歐之海商法繼受其內容外，威士比海法 (Wisby Seerecht) 亦以此為主要範本❿。

四、吉丹海法

吉丹海法〔日：ギドン・ド・ラ・メール；法：Guidon de la mer〕者，十六世紀，在法國之羅安 (Rouen)，收集北歐、地中海系之海事習慣法彙編而成之海事法典也⓫。在吉丹海法中，曾就共同海損之定義，規定為：「共

---

❾　梁宇賢，《海商法論》，三民書局印行，1992 年 8 月修訂 3 版，p. 576。

❿　桂裕，《海商法新論》，國立編譯館出版，正中書局發行印刷，1982 年 9 月臺 9 版，p. 459。竹内昭夫、松尾浩也，《新法律学辞典》，有斐閣，平成 2 年 4 月 20 日第 3 版第 2 刷発行，p. 93。

⓫　我妻栄，《新法律学辞典》，有斐閣，昭和 51 年 5 月 30 日新版初版第 16 刷発

同海損係由投棄貨物、支付贖金，或為援救船舶商品而將纜繩、帆、主桅等割棄時，可扣押船舶或商品以償，故謂共同。」此為就共同海損最先之定義❷。其後，十七世紀時，荷蘭學者平寇沙克 (Bynkershoek van) 亦曾對共同海損作如下之定義：「凡為全體之利益而受之損失，應由全體利害關係人分擔之。」(Bynker, Quest Priv, Jur, Lib, 4, C. 24, Introd)❸。

五、1681 年路易十四海商條例

1681 年路易十四海商條例 (Ordonnance of Louis XIV , 1681) 規定：「就船舶及貨載共同或分別發生特殊之費用及自裝貨發航時起以迄回程卸貨時止，船貨所受之損害，稱為海損 (average)。僅於船舶或僅於貨載發生特殊之費用，或單獨發生之損害為單獨損害；為船舶及貨載共同之利益及安全計而發生特殊之費用或所受之損害為共同海損。單獨海損由各該有關財產自行擔當；共同海損則由船舶及貨載共同負擔，並應就損害之全部按金磅及先令計算分擔之。」(Every extraordinary expense which is made for the ship and merchandise conjointly or separately, and every damage that shall occur to them from their loading and departure until their return and discharge, shall be reputed average. Extraordinary expense for the ship alone, or for the merchandise alone, and particular average; and extraordinary expenses incurred and damage suffered, for the common good and safety of the merchandise and the vessel, are gross and common average. Simple averages are borne and paid by the thing which shall have suffered the damage or caused the expense, and

---

行，p. 858。

❷ 梁宇賢，《海商法論》，三民書局印行，1992 年 8 月修訂 3 版，p. 577。邱錦添，《海商法》，五南圖書出版公司印行，1997 年 8 月初版 1 刷，p. 400。Donaldson, "British Shipping Law", *The Law of General Average*, 7th, p. 11。

❸ 桂裕，《海商法新論》，國立編譯館出版，正中書局發行印刷，1982 年 9 月臺 9 版，p. 460。

the gross and common shall fall as well upon the vessel as upon the merchandise, and shall be equalised over the whole at the shilling in the pound.)❶ 如此規定，已較荷蘭學者平寇沙克 (Bynkershoek van) 所下之定義，超前甚多，可謂相當完備，其後各國有關共同海損之規定，多以路易十四海商條例上述之規定為基礎，例如 1807 年拿破崙法典、乃至今日歐洲各國之法典，大多參照路易十四海商條例而制定。

第二項　國際共同海損規則制定之經過

共同海損係各國面臨之共同問題，惟因各國立法分歧，在實務之操作上難免有所不同，影響所及，對於共同海損之處理造成相當之不便，於是國際間遂有共同海損規定統一運動之發起。茲簡述如下：

一、1860 年格拉斯哥決議

1860 年初期，由所謂「海損精算人」(average stater) 推動，經由英國勞依茲 (Lloyd's) 團體、利物浦保險人協會 (The Underwriter's Association of Liverpool) 及其他重要商業團體 (several other important commercial bodies)，一齊向英國「國家社會科學促進會」(The National Association for the Promotion of Social Science) 陳情 (appeal)，表達促進共同海損統一之意願，並受到各相關商業團體之擁護。英國「國家社會科學促進會」乃於 1860 年 5 月 3 日，由 Lord Brougham 署名，向歐美各主要海運國家海商團體發函，請求派員參加協商，討論共同海損統一之問題。函中並開宗明義表示：「共同海損制度，明顯需要各主要海運國家間相互承認之相同原則，藉以避免紛爭及不公。」(The system of general average is one which, to prevent

---

❶　J. F. Donaldson, M.A. (Cantab.), *The Law of General Average* (British Shipping Law 7), London Stevens & Sons, 9th ed., 1964, p. 11. 桂裕，前揭《海商法新論》，p. 460。

confusion and injustice, preeminently requires that the same priciples should be acknowledged amongst the chief maritime nations.)❶ 於是各國海商團體之代表人員，於蘇格蘭中南部之主要港口格拉斯哥 (Glasgow)，自 1860 年 9 月 25 日起，召開會議三天，會中通過兩項決議，依該決議，並以會前所提出之備忘錄 (memorendom) 為藍本，具體規定出十一個條文，被稱為「格拉斯哥決議」(The Glasgow Resolutions, 1860)，此乃有關共同海損最早之統一法案。惜乎對於此項決議，各團體之觀點未能一致，尤其英國勞依茲保險公司 (The Corporation of Lloyd's) 對於該決議之用語極其不滿，竟然加以擱置，以致各國仍各行其事，此項共同海損最早之統一法案遂告無法實現。

二、1864 年約克規則

「1860 年格拉斯哥決議」無法實現之後，有心人士從中奔走斡旋，於是乃有 1862 年在倫敦之再度會議。此次會議，雖非公開，但與會者莫不同意將「1860 年格拉斯哥決議」加以修正，並由英、美、比、丹麥等國代表組成委員會，蒐集丹麥、德國等法規，並在 1864 年元月將此委員會之意見及批評，以《國際共同海損委員會議事錄》(*Transaction of the International General Average Committee*) 之名義印行。1864 年 9 月 26 日，各國代表人員如海上保險協會、海損理算師代表等，在英國之約克 (York)，就前述議事錄加以討論，經過三天之研議，終於達成決議，此即「1864 年約克規則」(York Rule, 1864)，共十一條。在該決議中，呼籲各國立法當局能將該規則納入國內法，希望能使該規則成為國際共同海損法之基礎。並建議各國在尚未立法之前，能將「1864 年約克規則」當成特別約款插入傭船契約書或載貨證券之中。惜乎英國勞依茲 (Lloyd's) 團體對「1864 年約克規則」態度曖昧，以致英國國會，對於該規則亦採反對之態度，未予通過，結果國際

---

❶ D. J. Wilson and J. H. S. Cooke edited, *Lowndes and Rudolf the Law of General Average and the York-Antwerp Rules*, London Sweet & Maxwell, 11th edition, 1990, pp. 39〜40.

共同海損法統一運動又遭挫折。

三、1877 年約克・安特衛普規則

1857 年「國際法協會」(International Law Association) 前身之「國際法改革及編纂協會」(The Association for the Reform and Codification of the Law of Nations)，於第三屆年會時 (The third annual Congress)，鑑於共同海損法統一運動有繼續推動之必要，該會乃指定一委員會加以研究，尋求統一共同海損規定之可行方案，並於 1877 年 8 月 30 日於比利時之安特衛普 (Antwerp) 重行集會，此次會議共有六十八位各國代表參加，經過三天之討論，大部分既存規則（包括 1、3、7、8、10 等）受到修訂，並增列規則 12「被犧牲貨物之回復數額」(amount to be made good of cargo)。因此 1864 年約克規則加上 1877 年在安特衛普會議增列之規則 12，合稱為「1877 年約克・安特衛普規則」(York and Antwerp Rules, 1877)，共十二條。值得注意者為，過去一向被推薦採取之「國內立法」方式，在本次決議中首度被揚棄。

「國際法改革及編纂協會」於修正案通過之後，建議各國採行。英國雖未將之國內法化，但「1877 年約克・安特衛普規則」亦確實對全球海運實務產生重大之影響，因當時在英國註冊登記之船舶噸數超過全球之五分之二，英國之船舶所有人多同意在傭船契約書及載貨證券內，納入「共同海損應依約安規則予以精算」之約款 (to insert in bills of lading and charterparties the words, "general average, if any, payable according to York and Antwerp Rules")。大多數相互保險協會及海上保險人亦同意該規則納入外國共同海損約款承保而不收取附加保險費。此種情況，其後逐漸擴及美國、歐洲及大英帝國殖民地，可謂為統一共同海損規定踏出國際之第一步。1881 年「國際法改革及編纂協會」之年會報告上亦宣稱：「1877 年規則已普遍被適用」(it was reported that the "rules have become all but universally adopted")，惟英國勞依茲 (Lloyd's) 團體仍堅持依其習慣辦理理

賠⓰。

四、1890 年約克‧安特衛普規則

「1877 年約克‧安特衛普規則」係以帆船為規範對象，但自工業革命之後，汽船之使用日益普遍，「1877 年約克‧安特衛普規則」之規定，經過十幾年之實際運用之後，已經無法適應商業上實際之需要。因此，1890 年「國際法改革及編纂協會」於英國之利物浦 (Liverpool) 會議時，英國「海損理算師協會」 (The Association of Average Adjusters) 乃提出「1877 年約克‧安特衛普規則」修正案，由英、美、法、德、比、丹麥諸國代表，經四天討論之後，通過修正案，而將原有之規則，加以大幅修正，並新增多條之規則，由十二條增訂至十八條，是為「1890 年約克‧安特衛普規則」 (York-Antwerp Rules, 1890)。經過修正之條文，包括原規則 2、3、5、6、10 (a)、11、12、15、16、17 等，新增七條，包括新規則 7、8、9、10 (b) ～ (d)、13、14、18 等。

各國對於本規則，大致已願自動遵守，而且自此以後，各國之載貨證券、海上運送契約以及海上保險契約，大多註明在共同海損方面，依「1890 年約克‧安特衛普規則」辦理。至此，國際統一共同海損規定，初次達到「廣為世界採用」之目的⓱。「約克‧安特衛普規則」之名稱，亦自本規則起正式確定，並沿用至今。

五、1924 年約克‧安特衛普規則

「1890 年約克‧安特衛普規則」雖能首次達到「廣為世界採用」之目的，但「1890 年約克‧安特衛普規則」與「1877 年約克‧安特衛普規則」，均犯有嚴重之缺點 (shortcoming)，均未能基於共同海損之原則而加以規定

⓰ J. F. Donaldson, M.A. (Cantab.), *The Law of General Average* (British Shipping Law 7), London Stevens & Sons, 9th ed., 1964, p. 497.

⓱ 梁宇賢，《海商法論》，三民書局印行，1992 年 8 月修訂 3 版，p. 597。

(The rules were based on no coherent and logical principle)，而僅係就特定狀況或實務運作有關之處理規則加以組成彙編而已 (They consisted merely of a group of rules dealing with certain specific points—points upon which the law or practice was known to differ...)，因此當約安規則未有規則時，只好依據各國原有之習慣予以精算。以致有關共同海損之成立要件或共同海損之損害範圍、損失之計算、分擔方法等核心問題，仍須適用各國之法律或各國原有之習慣。「1890 年約克・安特衛普規則」所以未就共同海損一般規則訂立總則規定，究其原因，係由於英國之共同安全主義與法國之共同利益主義尖銳對立，無法妥協所致。英國之共同安全主義認為，海損處分之目的，須為謀求船貨之共同安全，為謀求共同安全所生之犧牲及費用，始能列為共同海損；反之，法國之共同利益主義則認為，海損處分之目的，須為謀求共同航海之繼續進行，為謀求共同航海繼續進行所生之犧牲及費用，始能列為共同海損。其結果，「1890 年約克・安特衛普規則」，雖然在形式上，已經「廣為世界採用」，但在實質上，仍未達到共同海損法國際統一之目的❸。

　　1895 年 1 月英國出版之《法律季刊》(*Law Quarterly Review*) 上，載有 Mr. Dowdall (later His Honour Judge) 之文章，其中對於共同海損之定義、損失之計算、分擔方法、支付方式 (the definition of general average, the calculation of general average losses, the method of contribution thereto, and the means of enforcing payment.) 等課題加以探討。同時，「國際法協會」(the International Law Association) 對此共同海損法國際統一之問題，亦一直具有興趣 (The chronicles of the International Law Association, too, show that interest in the question of uniformity had not ceased)，其於 1900 年、1906 年、1912 年、1914 年年會中，對於共同海損之問題，均曾加以討論，甚至於 1914

---

❸　楊仁壽，《共同海損法論》，自版，文太印刷有限公司印刷，三民書局總經銷，1996 年 12 月初版，p. 15。J. F. Donaldson, M. A. (Cantab.), *The Law of General Average* (British Shipping Law 7), London Stevens & Sons, 9th ed., 1964, p. 501.

年之春季曾發表〈關於共同海損之草案〉，引起廣泛之興趣及評論 (printed and circulated under the title of a "Draft International Code relating to General Average" in the spring of 1914, and aroused a great deal of interest and a considerable amount of criticism.)，但因第一次世界大戰爆發，共同海損法國際統一之探討，乃告中斷。

　　第一次世界大戰結束之後，共同海損法國際統一之問題又被提起。1923年 10 月 23 日，「國際法協會」經過充分討論之結果，決定指派一特別委員會，就 1914 年之〈關於共同海損之草案〉加以研究，並提出修正建議，必要時重新起草 (After a full discussion, however, it was resolved that a special committee should be appointed, ... "to consider the provisions of the draft Code as such and to make any suggestions for its improvement, if necessary by redrafting.")。1924 年 7 月 29 日共同海損特別委員會召開討論，除制定「字母規則」（A 至 G）及「數字規則」外，另增六條新規則，並於同年 9 月 28 日在瑞典首都斯德哥爾摩 (Stockholm) 召開之「國際法協會」通過此修正案，此即「1924 年約克・安特衛普規則」(York-Antwerp Rules, 1924)。我國舊海商法亦曾參考此原則，而規定共同海損章，以資遵循 ❶⁹。

　　「1924 年約克・安特衛普規則」最大之貢獻，乃在於增訂七條字母規則（自 A 至 G），解決長久以來爭論不已之定義問題。「1924 年約克・安特衛普規則」之「字母規則」(lettered Rules)，自 A 至 G，適用於一般之要件，大致相當於一般法典中之總則。「字母規則」採英國之共同安全主義，亦即海損處分之目的，須為謀求船貨之共同安全，為謀求共同安全所生之犧牲及費用，始能列為共同海損。反之，「1924 年約克・安特衛普規則」之「數字規則」(numbered Rules)，適用於個別之情況，大致相當於一般法典中之分則。「數字規則」採法國之共同利益主義，亦即海損處分之目的，須為謀

---

❶⁹　郭明仁，《共同海損之研究》，國立中興大學碩士論文，指導教授楊崇森博士，1973 年 5 月，p. 17。J. F. Donaldson, M.A. (Cantab.), *The Law of General Average* (British Shipping Law 7), London Stevens & Sons, 9th ed., 1964, p. 274.

求共同航海之繼續進行，為謀求共同航海繼續進行所生之犧牲及費用，始能列為共同海損。

　　「字母規則」與「數字規則」之並存，本係英國派與歐洲大陸派（包括美國）互相對抗，相持不下之產物，並存之結果，難免發生適用順序先後之問題。依「1924 年約克‧安特衛普規則」起草者之原意應為：依數字規則所規定之全部案例均應列為共同海損，而建立共通原理之字母規則則適用於數字規則所未規定之案例。但於 1928 年 Markis 號事件❷之判決中，Roche 法官卻認為：「1924 年約克‧安特衛普規則」之字母規則，係支配一切情形所作之原則規定，屬於共同海損之法則及共通原理，而數字規則則僅由特定、個別之案例構成而已。既然字母規則與數字規則係屬一個整體，則數字規則不得與字母規則所規定之共通原理相牴觸，亦不得有與字母規則相反之規定。亦即數字規則所規定之一切情形亦應適用文字規則所建立之共通原理。事實上，Roche 法官曲解「1924 年約克‧安特衛普規則」之立法原意，各界亦認為，此等判決嚴重違背「1924 年約克‧安特衛普規則」之精神。當時，為維護數字規則適用上之優位性，在英國實業界，倫敦海上保險人及船舶所有人乃於 1929 年聯手達成所謂 "Markis Agreement" 之協議，以克服海運實務之困難。在 "Markis Agreement" 協議中明文約定：「除規則 1 至 23 有規定者外，共同海損理算應依據規則 A 至 G。」(Except as provided in the numbered Rules 1 to 23 inclusive, the adjustment shall be drawn to in accordance with the lettered Rules A to G inclusive.) 易言之，共同海損之精算，僅於數字規則未有規定之情況下，始有字母規則之適用❷。

　　對於「1924 年約克‧安特衛普規則」，美國反對全部之「字母規則」及一部分之「數字規則」，堅持對此予以保留。亦即美國僅在排斥全部「字

---

❷　Vlassopoulos v. British & Foreign Marine Insurance Co. Ltd. (1929) 1 K. B.187.

❷　*Lowndes and Rudolf the Law of General Average and the York-Antwerp Rules*, 11ᵗʰ edition, by D. J. Wilson and J. H. S. Cooke, London Sweet & Maxwell, 1990, p. 53.

母規則」及一部分「數字規則」之條件下，勸導美國航運界採用「1924 年約克‧安特衛普規則」。在如此抵制之態度下，許多美國航運業者僅願適用「1924 年約克‧安特衛普規則」之部分規定，而於載貨證券中插入如下之約款：「共同海損應依據 1924 年約克‧安特衛普規則規則 1 至規則 15，規則 17 至規則 22 及規則 F 理算、敘述及解決……。」(Generan average shall be adjusted, stated and settled, according to Rules 1～15 inclusive, 17～22 inclusive and Rule F of York-Antwerp Rules 1924, ...) 其結果，「1924 年約克‧安特衛普規則」既有前述英國解釋上之矛盾，復加美國如此抵制之態度，欲真正達成共同海損法規國際統一之目的，實在困難重重❷。

六、1950 年約克‧安特衛普規則

如上所述，「1924 年約克‧安特衛普規則」除英國內部在解釋上發生疑點之外，美國基本上亦持保留態度，其他國家之商業團體例如「德國船東聯合會」(The Union of German Shipowners) 等，對之亦頗有批評。尤其第二次世界大戰之後，航運貿易更形繁榮，修改「1924 年約克‧安特衛普規則」之呼聲，乃不絕於耳。首先於 1947 年 9 月，原屬於「國際法協會」(International Law Association, ILA) 之 「國際海事委員會」 (International Maritime Committee, IMC; Comité Maritime International, CMI) 於安特衛普之年會上首度進行「1924 年約克‧安特衛普規則」之修訂工作，並向「國際法協會」提出修正案，要求將原規則第二十二條有關利息之規定，由最終目的港之法定利率變更為各國共通之固定利率。國際法學會除於 1948 年承認「國際海事委員會」此項提案外，並與「國際海事委員會」磋商決定，

---

❷ 吳炳標，《論共同海損的最近發展——1994 年約克‧安特衛普規則為中心》，國立臺灣海洋大學碩士論文，指導教授黃正宗博士，1996 年 6 月，p. 73。

Lowndes and Rudolf the Law of General Average and the York-Antwerp Rules, 11th edition, by D. J. Wilson and J. H. S. Cooke, London Sweet & Maxwell, 1990, p. 52.

往後一切有關約安規則之發展事宜從此改由「國際海事委員會」(CMI) 正
式接辦❷。

　　其後，「國際海事委員會」所屬之「常設局」(Permanent Bureau) 邀請
「英國海事法協會」(The British Maritime Law Association) 先行調查與其他
會員國合作之可行性。英國海事法協會奉命隨即於 1948 年 7 月，於倫敦集
會，並指派一「次委員會」(Sub-committee) 從事「1924 年約克・安特衛普
規則」之修正研究，各主要會員國例如比、丹、法、荷、挪、瑞典、美國
等亦分別成立委員會支會，同時同步進行研究，其報告、備忘錄、議事錄，
則交由英國海事法協會加以彙編整理，並於 1949 年 7 月 4、5 日兩日於倫
敦開會時，在國際海事委員會常設局所指派之「國際委員會」(International

---

❷　「國際海事委員會」(CMI)，原本隸屬於「國際法協會」(International Law
Association, ILA)，但至十九世紀末期，有關海事法規之業務，極其繁重而且
異常複雜，頗有成立一獨立機構以專門承辦其業務之必要。1896 年，「國際法
協會」有感於國際海事立法之開創性及專業性，乃設置一特別委員會，專門負
責國際海事司法之研究發展。該特別委員會隨即於 1897 年與「國際法協會」
分離，獨自邀集各國海事組織於比利時之布魯塞爾 (Brussels) 召開第一次會
議，組成「國際海事委員會」，總部即設於安特衛普。該委員會係一國際非政
府組織，其宗旨即在於致力海事法之統一。其「組織章程」(CMI Constitution,
1981) 第一條即規定：「國際海事委員會係一非政府組織，其宗旨為：經由各種
適當之途徑及活動，藉以完成海商法律、海事習慣、慣例及實務之統一。為達
此一目的，應促進各國海事法協會之成立，並與其他目標一致之國際協會或組
織合作。」(The Comité Maritime International is a non-governmental Organization
the object of which is to contribute by all appropriate means and activities to the
unification of maritime and commercial law, maritime customs usages and
practices. To this end it shall promote the establishment of National Associations of
maritime law and shall co-operate with other international Associations or
Organizations having the same object.)
吳炳標，《論共同海損的最近發展——1994 年約克・安特衛普規則為中心》，
國立臺灣海洋大學碩士論文，指導教授黃正宗博士，1996 年 6 月，p. 74。

Committee) 上發表、討論。發表、討論之後,作成結論,再由修正案起草委員根據會議結論草擬修正建議,並就各規則修正之背景及理由作成補充報告,並準備於「國際海事委員會」年會時一併提出。

1949 年 9 月,「國際海事委員會」於荷蘭之阿姆斯特丹 (Amsterdam) 召開年會,就該修正建議及補充報告,加以充分討論之後,僅僅稍加修正即予通過,並將之命名為「1950 年約克‧安特衛普規則」(York-Antwerp Rules, 1950)。國際法協會 (the International Law Association) 於 1950 年在丹麥之首都哥本哈根 (Copenhagen) 開會時,通過「1950 年約克‧安特衛普規則」之英文本,並委託「法國海事法協會」(The Association Francaise de Droit Maritime) 制譯法文本。

「1950 年約克‧安特衛普規則」與「1924 年約克‧安特衛普規則」之不同點約為:

⑴新增「解釋規則」(Rule of Interpretation),將 Markis Agreement 之内容引進新增之解釋規則,以解決英美國家因 the Markis 案判決所造成之困擾。因此「1950 年約克‧安特衛普規則」可謂為英國派與歐洲派(包括美國)達成妥協之一種折衷案㉔。

⑵將確立共同海損中受犧牲、毀損貨物回復數額之方法,加以修正。

⑶增列規則 F 之用語,明白規定「無論對於其他利害關係人有否減省」(without regard to the saving if any, to other interests),因共同海損所獲補償之替代費用,以所避免共同海損之數額為限。

⑷修正 1924 年約安規則規則 20 第一項之文句後,將其條碼變更為規則 11 (a),簡化 1924 年約安規則規則 20 第二項之用語後,將其條碼變更為規則 11 (b)。

㉔ 東京海上火災保険(株)船舶損害部、貨物損害部,《共同海損と 1974 年ヨーク‧アントワープ規則》〔原著:Leslie J. Buglass, *General Average and the York-Antwerp Rules, 1974—American Law and Practice* (1974)〕,(株)成山堂書店,昭和 58 年 11 月 28 日初版発行,p. 6。

對於「1950 年約克・安特衛普規則」之內容，在會議過程中，全體代表幾乎全無異議地通過，公布之後，各國亦多毫無保留地全盤接受，因此，「1950 年約克・安特衛普規則」推出不久，旋即取代「1924 年約克・安特衛普規則」，而適用於全世界。共同海損法國際統一之發展，向來命途多舛，至此各主要航運國家，總算意見趨於一致。因此，「1950 年約克・安特衛普規則」，在性質上雖然僅為一種自願適用之國際規則，適用與否並非像一般國際公約之具有強行性，但各國航運團體及保險業者，對於共同海損之處理，多樂於適用此規則，儼然「1950 年約克・安特衛普規則」已真正成為國際處理共同海損之慣例，真正達到共同海損規則國際統一之目的矣❷❺！

七、1974 年約克・安特衛普規則

「1950 年約克・安特衛普規則」固然得以獲得全球之普遍採用，然而隨著時間之經過，商業行為及海運技術之不斷改進，乃逐漸無法滿足實際之需要，於是至 1960 年代末期，船舶及貨載之關係人乃日益期盼共同海損之簡單化及現代化。其中 1967 年，在美國「海損精算人協會」總會中，會長 L. J. Buglass 即以「宇宙時代之共同海損」為題，指摘共同海損精算之過度複雜。在 1969 年，英國「海損精算人協會」總會中，會長 J. S. Crump 亦以「共同海損之簡單化」為題，痛陳共同海損簡單化之必要。兩者之講演，頗能引起國際之重視及呼應。另一方面，代表海上保險人之「國際海上保險人聯盟」(International Union of Marine Insurer/Insurance)❷❻一直主張，共

---

❷❺　梁宇賢，《海商法論》，三民書局印行，1992 年 8 月修訂 3 版，p. 580。郭明仁，《共同海損之研究》，國立中興大學碩士論文，指導教授楊崇森博士，1973 年 5 月，p. 18。

❷❻　「國際海上保險人聯盟」，全衛為 International Union of Marine Insurer/Insurance，簡稱 IUMI，1874 年 1 月 8 日成立於德國之柏林 (Berlin)，1946 年重組，1950 年修訂章程，總部設於瑞士之蘇黎世 (Zürich)，其宗旨為「代表、保障及發展海上保險利益」，經常接受國際海事組織之諮詢。

同海損之理算事實上只不過是一種將金錢總額自某一海上保險人之口袋移至另一他人口袋之麻煩方法，因而共同海損中之補償應予廢除，以便為將來共同海損之可能廢除作準備。而「歐洲國際海損理算師協會」(Association Internationale de Dispacheurs Européens)❷則認為：將共同海損程序及理算手續簡化，不失為可行之方式，不但不主張廢除共同海損，而且著手帶動約安規則之國際化。1967 年 9 月，「歐洲國際海損理算師協會」(AIDE) 於荷蘭之鹿特丹 (Rotterdam) 設立一個委員會，負責約安規則簡化之研究，該委員會於 1969 年、1971 年陸續向「歐洲國際海損理算師協會」大會提出報告。「國際海上保險人聯盟」(IUMI) 所屬之共同海損委員會亦從事約安規則簡化之研究，且亦於 1969 年 3 月、1970 年夏天陸續向「國際海上保險人聯盟」大會提出報告。兩大團體之修正見解大致相同，但仍有些許之差異。例如欲減少小額共同海損之數量時，IUMI 主張應規定小額共同海損之起賠額度 (attainable franchise)；而 AIDE 則認為，欲解決此問題似應於船體保險單插入約款，指示船體保險人就其被保險人所發生之共同海損支出加以回應，達到一定數額時，則不得請求貨物所有人或其他利害關係人分攤。

1969 年 11 月，「國際海事委員會」所屬之「常設局」設立「國際次委員會」(International Sub-committee, ISC) 專門負責共同海損之研究事宜，以免 IUMI 及 AIDE 研究成果之中斷。其後，ISC 向「國際海事委員會」提出簡報 (preliminary report)，並向各會員國之海法會發送問卷，希望各國之海法會就「擔保共同海損分攤之形式要件」、「排除小額共同海損之起賠額」、「船貨不分離協議之標準格式」等課題提供意見。其後，ISC 成立工作小組 (working group)，以審查整理各會員國海法會所提供之意見，並於 1973

---

❷ 「歐洲國際海損理算師協會」，全銜為 Association Internationale de Dispacheurs Européens，簡稱 AIDE，成立於 1961 年。其宗旨為：①研究、統一共同海損之法律、規則、習慣及國際慣例；②提昇海損理算師之專家地位；③維持優良之專業傳統。聯合國貿易與發展會議及國際海事組織均承認其為國際非政府組織之專家團體。

年2月擬訂修正建議之初稿，分送各國海法會。在初稿中，載有ISC主席 William Birch Reynardson 之如下說明：「共同海損之概念不應被覆蓋於學術之神秘氣氛中，其純然為一種偉大而古老之觀念，向為其他海商法規之分支觀念所追隨。例如在海上貨物運送之責任領域中，亦即，就海事冒險中所發生之損失，船貨雙方之間應該公平分攤。然而，欲使此等分攤獲得雙方滿意，則該分攤所依據之法則必須明確而簡單。否則，不必要之成本及遲延勢將不斷發生。為使將來能獲接受，此項制度必須著眼於維持公平法則並符合商業之需求……但願此次之簡單化及明確化，能對業者有所助益，且能以最小限度之費用與遲延促進海損理算書之制作。」(The concept of General Average should not be allowed to be shrouded in academic mystique. It is a simple idea of great antiquity which has been followed in other branches of the law maritime, for example in sphere of liability of cargo carried by sea, namely that losses incurred during the maritime adventure should be apportioned equitable between ship and cargo. But if this apportionment is to operate satisfactorily, then the principles upon which it is based must be clear and simple. If not, then unnecessary costs and delays will ensue. To be acceptable in the future the system must be seen to be both equitable and commercially viable...It is hoped that the simplifications and clarifications which have been made will aid the practitioner and facilitate the drawing up of adjustments with the minimum of expense and delay.)

　　1974年4月，「國際海事委員會」在漢堡召開第三十屆年會，此次年會盛況空前，可謂將約安規則之國際化運動推到最高潮。為期五天之會期中，共有二十九個國家派出四百多位代表參加。在會議中，1973年之修正初稿，幾乎完全獲得所有與會代表之認同，表決時亦幾乎獲得全票通過，並於該年4月4日之會議中正式決議：「各國海事法協會之與會代表表示：㈠茲已同意就1950年約克・安特衛普規則所作之修訂，並將編入規則本文之修訂條文稱為1974年約克・安特衛普規則。㈡建議自1974年7月1日

實施之後，有關共同海損之理算應盡量適用 1974 年約克‧安特衛普規則。」 (The deligates representing the National Associations of Maritime Law of those States as set hereunder: 1. Having noted with approval the amendments which have been made to the YorkAntwerp Rules 1950 and which have been incorporated into a revised text of Rules to known as the York-Antwerp Rules 1974. 2. Recommend that the York-Antwerp Rules 1974 should be applied in the adjustment of General Average as soon as is practical after July 1, 1974.) 此即「1974 年約克‧安特衛普規則」之制定經過 ❷ 。

「1974 年約克‧安特衛普規則」與「1950 年約克‧安特衛普規則」之不同，其主要者約有下列幾點：

㈠增訂規則 6 之規定，將救助報酬列入共同海損

就救助報酬之得否列入共同海損，「1974 年約克‧安特衛普規則」第六條規定：「航海當事人因救助所支出之費用，無論該救助是基於契約或其他方式，均應列為共同海損，但以該救助行為，係以自危險中保全共同海事冒險中之財物為目的者為限。」(Expenditure incurred by the parties to the adventure on account of savage, whether under contract, or otherwise, shall be allowed in general average to the extent that the savage operations were undertaken for the purpose of preserving from peril the property involved in the common maritime adventure.) 本條係 1974 年規則新增之規定，其增訂目的，旨在確保航海當事人因救助所支出之費用得列入共同海損。實際上，本條係依據歐陸國家及美國之法律、實務所增訂。

㈡修正規則 10 (b) 及規則 11 (b)，將某些費用排除於共同海損之外

「1950 年約克‧安特衛普規則」第十條 (b) 之規定：「無論於裝載、寄航或避難之港口或場所，在船上處置或卸下貨物、燃料或貯藏品，若為共

---

❷ 前揭 D. J. Wilson and J. H. S. Cooke edited, *Lowndes and Rudolf the Law of General Average and the York-Antwerp Rules*, pp. 56～57. 吳炳標，前揭《論共同海損的最近發展──1994 年約克‧安特衛普規則為中心》，pp. 78～79.

同安全所必需，或為使船舶因犧牲或事故所致之損害得以修理，且此項修理又為安全完成航海所必需者，則此等處置或卸貨之費用應認為共同海損。」(The cost of handling on board or discharging cargo, fuel or stores whether at a port or place of loading, call or refuge, shall be admitted as general average when the handling or discharge was necessary for the common safety or to enable damage to the ship caused by sacrifice or accident to be repaired, if the repairs were necessary for the safe prosecution of the voyage.) 修正之結果，「1974 年約克‧安特衛普規則」第十條 (b) 規定：「無論於裝載、寄航或避難之港口或地點，在船上處置或卸下貨物、燃料或貯藏品，若為共同安全所必需；或為使船舶因犧牲或事故所致之損害得以修理，且此項修理又為安全完成航海所必需者，則此等處置或卸貨之費用應認為共同海損，但於裝載或寄航港口或地點所發現之船舶損害與本航海所發生之任何事故或其他特殊情況無關時，不在此限。若在航海中僅因為使貨物、燃料或貯藏品移動而重新裝載時，則在船上處置或卸下貨物、燃料或貯藏品之費用，不得認為共同海損，但此等重新裝載係共同安全所必須者，不在此限。」(The cost of handling on board or discharging cargo, fuel or stores whether at a port or place of loading, call or refuge, shall be admitted as general average when the handling or discharge was necessary for the common safety or to enable damage to the ship caused by sacrifice or accident to be repaired, if the repairs were necessary for the safe prosecution of the voyage, except in cases where the damage to the ship is discovered at a port or place of loading or call without any accident or other extraordinary circumstance connected with such damage having taken place during the voyage. The cost of handling on board or discharging cargo, fuel or stores shall not be admissible as general average when insured solely for the purpose of restowage due to shifting during the voyage unless such restowage is necessary for the common safety.)

　　「1950 年約克‧安特衛普規則」第十一條 (b) 之前段規定：「船舶，因

事故、犧牲或其他非常狀況發生之結果,船舶駛入或停留任何港口或地點,若為共同安全所必需;或為使船舶因事故、犧牲所致之損害得以修理,且該修理又為安全完成航海所必需時,則在此等港口或地點之額外停留期間,直至該船完成或應能完成繼續航海準備工作之時為止,所合理支出船長、高級職員及一般船員之薪津及給養,應認為共同海損。」(When a ship shall have entered or been detained in any port or place in consequence of accident, sacrifice or other extraordinary circumstances which render that necessary for the common safety, or to enable damage to the ship caused by sacrifice or accident to be repaired, if the repairs were necessary for the safe prosecution of the voyage, the wages and maintence of the master, officers, and crew reasonably incurred during the extra period of detention in such port or place until the ship shall or should have been made ready to proceed upon her voyage, shall be admitted in general average.) 修正之結果,「1974 年約克・安特衛普規則」第十一條 (b) 之前段規定:「船舶,因事故、犧牲或其他非常狀況發生之結果,船舶駛入或停留任何港口或地點,若為共同安全所必需;或為使船舶因事故、犧牲所致之損害得以修理,且該修理又為安全完成航海所必需時,則在此等港口或地點之額外停留期間,直至該船完成或應能完成繼續航海準備工作之時為止,所合理支出船長、高級職員及一般船員之薪津及給養,應認為共同海損。但於裝載或寄航港口或地點所發現之損害與本航海所發生之任何事故或其他特殊情況無關時,則縱然修理上述所發現之損害係安全完成航海所必需,其因修理而額外停留期間所支付船長、高級職員及一般船員之薪津及給養,及消耗之燃料、貯藏品,不得認係共同海損。」(When a ship shall have entered or been detained in any port or place in consequence of accident, sacrifice or other extraordinary circumstances which render that necessary for the common safety, or to enable damage to the ship caused by sacrifice or accident to be repaired, if the repairs were necessary for the safe prosecution of the voyage, the wages and maintence of the master, officers, and crew reasonably incurred during the extra period of detention in such port or place until the ship shall or should have been made ready to proceed upon her voyage, shall be admitted in general average. Provided that when damage to the ship is discovered at a port or place of loading or call without any accident or other extraordinary circumstance connected with such damage having taken place during the voyage, then the wages and maintenance of master, officers and crew and fuel and stores consumed during the extra detention for repairs to damages so discovered shall not be admissible as general average, even if the repairs are necessary for the safe prosecution of the voyage.) 此兩條修正之結果，可將某些費用排除於共同海損之外，縮小共同海損之費用範圍。例如貨物裝載之後，例行檢查時，發現機械具有重大之瑕疵，只要該瑕疵與本次航海所發生之任何事故或其他特殊狀況無關，則不得列為共同海損。若依「1950 年約克・安特衛普規則」第十條 (b) 之規定，只要該機械之瑕疵在性質上具有發生事故之可能，無論該瑕疵與本次航海所發生之事故或其他狀況有無關係均得列入共同海損❷。

㈢修正規則 17 之規定，將共同海損之分擔價值，自市場價值變更為發票價值

　　「1950 年約克・安特衛普規則」第十七條規定：「Ⅰ共同海損之分擔，應依航程終止時，財產之實際淨值，加上共同海損所犧牲財產之損害額定之；但船舶所有人應取得之貨物或旅客之運費中，應扣除如船舶或貨物於共同海損之日受全損而無須支付且不得作為共同海損之費用及海員薪津。又財產之價額中應扣除共同海損行為後，所生一切不得作為共同海損之費用。Ⅱ旅客行李及隨身所帶物件，不發行載貨證券者，不分擔共同海損。」(Rule ⅩⅦ.—Contributory Values. Ⅰ The contribution to a general average shall be made upon the actual net values of the property at the termination of

---

❷　東京海上火災保險（株）船舶損害部、貨物損害部，前揭《共同海海と 1974 年ヨーク・アントワープ規則》，p. 8。

the adventure, to which values shall be added the amount made good as general average for property sacrificed, if not already included, deduction being made from the shipowner's freight and passage money at risk, of such charges and crew's wages as would not have been incurred in earning the freight had the ship and cargo been totally lost at the date of the general average act and have not been allowed as general average; deduction being also made from the value of property of all charges incurred in respect thereof subsequently to the general average act, except such charges as are allowed in general average. II Passengers' luggage and personal effects not shipped under bill of lading shall not contribute in general average.) 「1974 年約克・安特衛普規則」 (The York-Antwerp Rules, 1974) 第十七條第一項規定:「共同海損之分攤,應依航程終止時財產之實際淨值定之。但貨物之價值,應依開給受貨人之商業發票所確定之卸載時價值定之。若無此等發票時,則自裝船價值確定之。貨物之價值,應包括保險費及運費。但此等運費由貨方以外之利害關係人負擔危險者,不在此限。貨物在卸載前或卸載時所受之滅失或損害,應自貨物之價值扣除之。船舶之價值,於估計時,無須考慮該船可能簽定光船租賃契約或定期傭船契約所致有利或有害之影響。」 (Rule XVII.— Contributory Values. I The contribution to a general average shall be made upon the actual net values of the property at the termination of the adventure except that the value of cargo shall be the value at the time of discharge, ascertained from the commercial invoice rendered to the receiver or if there is no such invoice from the shipped value. The value of the cargo shall include the cost of insurance and freight unless and insofar as such freight is at the risk of interests other than the cargo, deducting therefrom any loss or damage suffered by the cargo prior to or at the time of discharge. The value of the ship shall be assessed without taking into account the beneficial or detrimental effect of any demise or time charterparty to which the ship may be committed.) 修正之結

果，計算貨物損失或毀損之分擔價值及回復數額，須以發票價值為準，而非市場價值。

八、1974 年約克‧安特衛普規則規則 VI 之 1990 年修正案

　　一般而言，約克‧安特衛普規則為適應航海及貿易技術之發展，大約每隔二十年至二十五年即由共同海損相關之團體或人士主動出面加以檢討、修訂。然而，1974 年約克‧安特衛普規則之 1990 年修正卻係被動，而因其他國際公約之修正而被要求修正。1989 年 4 月 28 日，「國際海事組織」(International Maritime Organization) 通過「1989 年海難救助國際公約」(International Convention on Salvage, 1989)，並於「1989 年海難救助國際公約」附件二 (attachment 2) 明確記載：「請求修正 1974 年約克‧安特衛普規則之決議案」(Resolution Requesting the Amendment of the YorkAntwerp, 1974)。「請求修正 1974 年約克‧安特衛普規則之決議案」之內容為：「1989 年海難救助國際會議，已採納 1989 年海難救助國際公約，而認為依據（本公約）第十四條所為支付，並無認係共同海損之意圖，茲請求國際海事組織秘書長採取適當措施，儘速修正 1974 年約克‧安特衛普規則，確使依據（本公約）第十四條所支付之補償金，不適用於共同海損。」(Having adopted the International Convention on Salvage, 1989, Considering that payments made pursuant to Article 14 are not intended to be allowed in general average, Requests the Secretary-General of the International Maritime Organization to take the appropriate steps in order to ensure speedy amendment of the York-Antwerp, 1974, to ensure that special compensation paid under Article 14 is not subject to general average.)

　　如前所述，原本「1974 年約克‧安特衛普規則」第六條規定，救助報酬應認係共同海損而獲得補償。CMI 為配合「1989 年海難救助國際公約」附件二之修正請求，乃於 1990 年 6 月在巴黎召開第三十四屆年會時，進行修正工作，並將修正後之約安規則定名為「1974 年約克‧安特衛普規則規

則VI之 1990 年修正案」(Amendment of 1990 to Rule VI of the York-Antwerp Rules, 1974)。

「1974 年約克‧安特衛普規則規則六之 1990 年修正案」第六條規定：「(救助) I 航海當事人所支出之費用，具有救助之性質者，無論該救助是基於契約或其他方式，均應列為共同海損，但以該救助行為，係以自危險中保全共同海事冒險中之財物為目的者為限。得列為共同海損之費用，應包括考慮諸如 1989 年海難救助國際公約第十三條第一項 (b) 款所述救助人以其技能及努力為防止或減輕環境損害所支出之一切費用。II根據上述公約第十四條，應由船舶所有人支付予救助人之特別補償，在該條第四項或任何其他實質類似規定所確定之範圍內，不得作為共同海損。」(Salvage — I Expenditure incurred by the parties to the adventure on account of salvage, whether under contract, or otherwise, shall be allowed in general average to the extent that the salvage operations were undertaken for the purpose of preserving from peril the property involved in the common maritime adventure. Expenditure allowed in general average shall include an salvage remuneration in which the skill and efforts of the salvors in preventing or minimizing damage to the environment such as is referred to in Art. 13 paragraph 1 (b) of the International Convention on Salvage, 1989 have been taken into account. II Special compensation payable to a salvor by the shopowner under Art. 14 of the said Convention to the extent specified in paragraph 4 of that Article or under any other provision similar in substance shall not be allowed in general average.)

第一項前段，基本上與「1974 年約克‧安特衛普規則」第六條之規定相同，僅將原規定之下列用語略作修正：

(1)將原規定中之 "on account of"（因……之理由，基於……）修正為 "in the nature of"（具有……性質之……）。其立法目的，旨在將具有救助性質所支出之費用，包括於共同海損之內，似有放寬共同海損費用範圍之意。

⑵將原規定中之 "to the extent that"（以……為限，到……之限度）修正為 "provided that"（但……，倘若……）。其立法目的，旨在使用具有引導性之用語 "provided that"，藉以避免 "to the extent that" 用語之含糊。

第一項後段，係新增之規定。其立法目的，旨在規範共同海損之特殊費用。因「救助人以其技能及努力為防止或減輕環境損害所支出之一切費用」，在性質上本非「為保存財產避免危險所支出之費用」，若無特別規定，恐將失之於法無據。

第二項，亦屬新增之規定。其立法目的，旨在藉此特殊之「除外規定」，藉以配合「1989 年海難救助國際公約」附件二之修正請求，以資因應國際公約之修正及變動。

九、1994 年約克・安特衛普規則

1990 年「1974 年約克・安特衛普規則」第六條修正之後，CMI 有感於海上貨物運送技術之急速發展及有關海上貨物運送文書電子化之一日千里，共同海損制度有加以配合之必要，因此認為 1990 年僅就「1974 年約克・安特衛普規則」第六條稍作修正，不符實際之需要。乃於 1990 年 12 月 6 日由 CMI 執行委員會 (Exccutive Council) 決議指派一「國際次委員會」〔全名應為「1974 年約克・安特衛普規則規則VI之 1990 年修正案研討國際次委員會」，the International Sub-committee for Review of the Law of General Average and York/Antwerp Rules 1974 (as amended 1990)〕，由 David W. Taylor 擔任主席，專門負責「1974 年約克・安特衛普規則規則VI之 1990 年修正案」增修之研究。該「國際次委員會」奉命指派工作小組，於 1991 年在倫敦開會，會後發表一份簡報，其後將該簡報分送所屬五十二個會員國之海法會，並作問卷調查，探詢有關共同海損之現狀及修正約安規則之意見。簡報中強調：「(a) 約克安特衛普係藉著在載貨證券及備船契約插入約款，經由雙方自願之同意而實施。通常並非經由立法而具有強制性。(b) 作為一個自願適用之重大結果，因其修正或改訂極為迅速（相較於經由國

際公約之單一化），約克‧安特衛普規則具有頗大之彈性。1974 年約克‧安特衛普規則規則Ⅵ之 1990 年修正案，即為適例。(c) 或許約克‧安特衛普規則堪稱為國際間海事法自願統一成功之最佳範例。」〔(a) The York-Antwerp Rules are enforced through voluntary agreement, by means of clauses introduced in Bill of Lading and Charterparties. They were not normally made mandatory by legislation. (b) That as an important consequence of voluntary adoptione (compared with unification by means of an international convention) there is great flexibility since amendment or revisions of the York-Antwerp Rules could be made very quickly. The amendment to Rule 6 in 1990 illustrates this. (c) The York-Antwerp Rules represent perhaps the best example of successful worldwide voluntary unification of Maritime Law.〕**❸⓪** 其後於 1992 年一月在哥本哈根舉行第二次會議時，各會員國之海法會提出回覆意見，並由作業部門完成回覆意見之彙整及分新，完成簡報，並以該「國際次委員會」主席之名義分送各會員國之海法會。

其後，該「國際次委員會」又於 1992 年 12 月在布魯塞爾召開會議，會中要求各海法會就先前提出之簡報提出意見，並加以檢討，並確認簡報中所指摘之爭議及事項。1993 年 7 月，該「國際次委員會」以前次會議之結論為基礎完成書面報告，並將該報告分送各會員國。書面報告中，除評述現行約安規則之規定外，尚具體指出現今各國就共同海損所面臨之新問題，包括「環境損害之共同海損責任」、「成本及費用之處理」、「小額共同海損之約款」(absorption clause)、「拖船、駁船如何適用共同海損」等。「國際次委員會」希望各會員國海法會重視此份書面報告，密切注意共同海損之議題，並祈預作準備能於 1993 年 12 月於巴黎召開會議時提出討論。

在前述「國際海事委員會」所屬「國際次委員會」進行約安規則修訂

---

❸⓪ David W. Taylor, "Review of the Law of General Average and York-Antwerp Rules 1974 (as amended 1990): Report of the Chairman of the International Sub-committee", *CMI Yearbook 1993*, p. 140.

研討之同時，其他某些國際組織亦同時著手約安規則之修訂事宜。其中較為著名者，例如「歐洲國際海損理算師協會」(Association Internationale de Dispacheurs Européens，簡稱 AIDE)、「國際海上保險人聯盟」(International Union of Marine Insurer/Insurance，簡稱 IUMI)、「聯合國貿易與發展會議」(United Nations Conference on Trade and Development, UNCTAD) 等即是。尤其 AIDE 係由海損理算師組成之職業團體，憑其專業知識及實務經驗，在各次會議中，屢就技術面之修正提供不少專業意見，對約安規則之修訂，可謂助益不淺。有關約安規則之修訂，雖然在名譽上，一向獨由代表各國海法會之 CMI 統籌辦理，但在事實上共同海損及約安規則之領域中，CMI 常向 AIDE 徵詢意見，並請求其直接發表建議。在雙方取得「維持密切合作、各自獨立研究」之共識下，有關約安規則之修訂，實際上係由 CMI 與 AIDE 同時進行研究，AIDE 對於修訂約安規則之影響力，由此可見。

　　1994 年 10 月，CMI 於雪梨召開正式會議，本次會議之與會者，除各會員國海法會之代表外，尚有 AIDE、IUMI、UNCTAD、「防護與補償協會國際團體」(International Group of Protection and Indemnity Clubs, P&I)、「勞依茲保險人協會」(Lloyd's Underwriters' Association, LUA)、「倫敦保險人學會」(Institute of London Underwriters, ILU) 等組織均派代表或觀察員參加。在本次會議中，有關約安規則之修訂，未受任何宣言或聲明之約束，因此在各方之期待下順利通過約安規則之修正，並將之定名為「1994 年約克‧安特衛普規則」(The York-Antwerp Rules, 1994)。

　　「1994 年約克‧安特衛普規則」共分「解釋規則」(Rule of Interpretation，全文之第一條)、「至上規則」(Rule Paramount，全文之第二條)、「字母規則」(lettered rules，規則 A 至規則 G，共七條)、「數字規則」(numbered rules，規則 1 至規則 22，共二十二條) 四部分。惟「字母規則」及「數字規則」僅為學理上歸納分類之稱謂，規則本文中並未出現「字母規則」及「數字規則」之標題。「1994 年約克‧安特衛普規則」與「1974 年約克‧安特衛普規則」（或「1974 年約克‧安特衛普規則規則六之 1994 年修正案」），其

重要之不同點，約有下列幾點：

㈠依「至上規則」之規定，共同海損之補償應以合理所發生或造成之犧牲或支出為限

　　「1994 年約克·安特衛普規則」之 "Rule Paramount"（全文第二條）規定：「在任何情形下，所為或所發生之犧牲或支出，若不合理不予認許。」(Rule Paramount—In no case shall there be any allowance for sacrifice or expenditure unless reasonably made or incurred.) 此係 1994 年新增之規定，依此規定，得列為共同海損之補償者，僅以「合理所為或所發生之犧牲或支出」為限。

㈡依規則 B 第一項之規定，使以船舶從事商業活動而非屬就助作業者所生之共同海損，亦得適用「1994 年約克·安特衛普規則」

　　「1994 年約克·安特衛普規則」規則 B 第一項規定：「一艘或數艘船舶拖帶或推頂另一艘或數艘船舶時，屬於共同海事冒險。但以該等船舶從事商業活動，而非救助者為限。」(There is a common adventure when one or more vessels are towing or pushing another vessel or vessels, provided that they are all involved in commercial activities and not in a salvage operation.) 本項係 1994 年修正時，將 1974 年約安規則規則 B 移至 1994 年約安規則規則 A 第二項後，所新增之「拖帶條款」(tug and tow)。依此規定，從事商業性而非屬海難救助性質之拖帶作業所生之共同海損，亦得適用「1994 年約克·安特衛普規則」。

㈢依規則 C 第二項之規定，將污染環境所生之損失排除於共同海損之外

　　「1994 年約克·安特衛普規則」規則 C 第二項規定：「無論是由環境損害所生或由海上共同冒險財產洩漏或排出物質之結果所生，其所造成之損失、毀損或費用，無論如何均不得認係共同海損。」(In no case shall there be any allowance in general average for losses, damages or expenses incurred in respect of damage to the environment or in consequence of the escape or release of pollutant substances from the property involved in the common maritime adventure.) 此係 1994 年新增之規定,本規定之目的,旨在彌補 1990 年僅修正規則Ⅵ之不足,明確將污染環境所造成之損失、毀損或費用,排除於共同海損之外。

㈣依規則 E 第二項、第三項之規定,將利害關係人提出之資料之期限規定為十二個月

「1994 年約克・安特衛普規則」規則 E 第二項、第三項規定:「Ⅱ請求共同海損之所有當事人,就請求分擔之損失或費用,自海上共同冒險終了之日起十二個月內,應以書面通知海損理算師。Ⅲ若當事人怠於為前項之通知,或自被要求提出證據證明已為通知之請求起或被要求提出分擔利益之價格明細起,未於十二個月內提出時,海損理算師得基於其現行可用之資料逕行估計其認定之範圍或分擔之價格。此項估計,除有明顯錯誤外,當事人不得異議。」(Ⅱ All parties claiming in general average shall give notice in writing to the average adjuster of the loss or expense in repect of which they claim contribution within 12 months of the date of the termination of the common maritime adventure. Ⅲ Failing such notification, or if within 12 months of a request for the same any of the parties shall fail to supply evidence in support of a notified claim, or particulars of value in respect of a contributory interest, the average adjuster shall be at liberty to estimate the extent of the allowance or the contributory value on the basis of the information available to him, which estimate may be challenged only on the ground that it is manifestly incorrect.) 本規則第二項、第三項係 1994 年修正時新增之規定,其目的旨在明文規定請求共同海損之當事人提出資料之期限為十二個月,藉以加速理算之完成 (speed up the completion of adjustments),並使其得以配合「簡化共同海損及程序」之指導原則。因共同海損之理算,通常多因海損關係人怠於在合理期間內提供相關之文件資料,以致共同海損之程序無法早日完成也。

㈤依規則十七第二項、第三項之新增規定，使有關救助報酬之特別補償金，不得納入船舶分擔價值之考慮

「1994 年約克‧安特衛普規則」第十七條第二項、第三項規定：「II 前項之價值，若未包括因財產被犧牲之共同海損補償額時，應加上此一數額。但應自暴露於危險之貨物運費及旅客票價中，扣除如在共同海損行為發生之日船舶及貨物全部滅失即無須為賺取該項運費而支出，且不得列入共同海損之費用及船員之薪津；應自財產價值中，扣除共同海損行為發生後所支付有關該財產之一切額外費用，但得列入共同海損之費用，不予扣除。但得認共同海損之費用，或在 1989 年有關海難救助國際公約第十四條或其他本質上與之類似規定之下，對於因特別補償之裁定而由船舶負擔之費用，不予扣除。III在 G 條第三項之情況下，貨物及其他財產，除於送達原目的地前已出售或處分者外，應依原目的地之價格分擔之。船舶應依卸載完了時之實際淨額分擔之。」（II To these values shall be added the amount made good as general average for property sacrificed, if not already included, deduction being made from the freight and passage money at risk of such charge and crew's wages as would not have been incurred in earning the freight had the ship and cargo been totally lost at the date of the general average act and have not been allowed as general average; deduction being also made from the value of the property of all extra charges incurred in respect thereof subsequently to the general average act, except such charges as are allowed in general average or fall upon the ship by virtue of an award for special compensation under Art. 14 of the International Convention on Salvage, 1989 or under any other provision similar in substance. III In the circumstances envisaged in the third paragraph of Rule G, the cargo and other property shall contribute on the basis of its value upon delivery at original destination unless sold or otherwise disposed of short of that destination, and the ship shall contribute upon its actual net value at the time of completion of discharge of

cargo.）本項自 "or fall upon the ship..." 係 1994 年修正時新增之規定，因此
增訂之結果，使規則十七成為，除在 1990 年修正案規則VI之外，納入 1989
年海難救助公約旨趣之第二個規則。因若非如此明文規定，該國際公約第
十四條所規定之特別補償金可能被認為，係屬船舶共同海損行為後所造成
之額外開銷，因此須自船舶之完好價格 (sound value) 扣除以獲得分擔價值。
若進行如此扣減，將使貨物之共同海損分擔部分增加，則 1990 年修正案規
則VI之修正目的，勢將遭致破壞。

㈥將規則十七之原第四項增訂為第五項，使郵件及私人之交通工具等不列入共同海損

　　1974 年約安規則僅將旅客行李及非依載貨證券載運之私人物品排除
於分擔之外，但在實務上私人物品或隨身交通工具多依「海上貨運單」
(waybill) 或其他類似文書載運，1974 年約安規則所謂之「非依載貨證券載
運之私人物品」，顯然不符實際，而且顯然違反規則 A、G 所闡示之共同海
損基本原理。因此「1994 年約克‧安特衛普規則」第十七條第五項規定：
「郵件、旅客行李、私人用品及伴隨旅客之自用機動交通工具，不分擔共
同海損。」 (Mails, passenger's luggage, personal effects and accompanied
private motor vehicles shall not contribute in general average.) 依此規定，郵
件、旅客行李、私人用品等，不分擔共同海損。

　　以上僅為修訂之較為重大者，一般而言，1994 年之修訂，可謂意義非
凡，對於未來共同海損之發展方向，具有如下之指示意義：

　　⑴今後共同海損之規則及理算程序，應力求簡單化及明確化。

　　⑵今後共同海損之範圍，應力求縮減，而不應加以擴大。

　　⑶今後非屬理算範疇之認定，例如涉及過失與否之認定，應予除
　　　外 ㉛。

㉛　吳炳標，前揭《論共同海損的最近發展──1994 年約克‧安特衛普規則為中
　　心》，p. 92。

第三項 我國海商法中，共同海損章之制定

共同海損，我國俗稱「攤水」，足見在海商法公布實施之前，我國雖無「共同海損」之名，但民間早已行之甚久 ❸❷。共同海損係日本法上之用語，日本共同海損制度，見諸文字記載者，始於「迴船式目」，制定於日本貞應二年（西元 1222 年），相當於中國南宋寧宗嘉定十五年。

我國海商法，於 1929 年 12 月 30 日由國民政府制定公布，全文一百七十四條，1931 年 1 月 1 日施行。其中第七章為「共同海損」，自第一二九條至第一四四條，共十六條。就共同海損之定義，其第一二九條規定：「稱共同海損者，謂在海難中，船長為避免船舶及積載之共同危險所為處分，而直接發生之損害及費用。」就因瑕疵或過失所致共同海損之分擔，其第一三〇條規定：「因船舶或貨物固有瑕疵或因利害關係人之過失所致之損害及費用，其他關係人仍應分擔之。但對於固有瑕疵或過失之負責人得請求償還。」就甲板上貨物，其第一三一條規定：「1.裝載於甲板上之貨物經投棄者，不認為共同海損。但其裝載為航運習慣所許者，不在此限。 2.前項貨物若經撈救者，仍應分擔共同海損。」就無證券收據之貨物，其第一三二條規定：「無載貨證券亦無船長收據之貨物，或未記載於屬具目錄之屬具經投棄者，不認為共同海損；但經撈救，仍應分擔共同海損。」就運費之共同海損，其第一三三條規定：「運費因積貨之滅失或損害致減少或全無者，認為共同海損；但運送人因此減省之費用應扣除之。」就貴重物品，其第一三四條規定：「貨幣、有價證券，及其他貴重物品，除經報明船長者外，不認為共同海損。」就共同海損之分擔，其第一三五條規定：「共同海損應以所存留之船舶、積貨之價格及運費之半額與共同海損之損害額為比例，

---

❸❷ 袁宗蔚，《保險學》，合作經濟月刊發行，三民書局總經銷，正文印刷公司印刷，
1979 年 8 月 14 版，p. 245。

黃川口，《保險法學》，自版，永章印刷行印刷，1972 年 9 月出版，p. 301。

由各利害關係人分擔之。」就共同海損分擔額之計算，其第一三六條規定：
「關於共同海損之分擔額，船舶以到達地到達時之價格為價格，積貨以卸
載地卸載時之價格為價格；但關於積貨之價格，應扣除因滅失無須支付之
運費及其他費用。」就共同海損損害額之計算，其第一三七條規定：「共同
海損之損害額，以到達地到達時之船舶價格，或卸載地卸載時之積貨價格
定之；但關於積貨價格，應扣除因滅失或毀損無須支付之費用。」就不實
聲明之分擔額及損害額，其第一三八條規定：「滅失或毀損之貨物，於裝載
時曾為不實之聲明，而所聲明之價值，少於實在之價值者，其滅失或毀損，
以聲明之價值為準，分擔額以實在之價值為準。聲明之價值多於其實在之
價值者，其滅失或毀損，以實在之價值為準，分擔額以聲明之價值為準。」
就不分擔共同海損之物品，其第一三九條規定：「Ⅰ船上所備糧食、武器、
海員之衣物、薪津，及旅客之行李，皆不分擔海損。Ⅱ前項物品，如被投
棄，其損害應由各關係人分擔之。」就共同海損之計算，其第一四〇條規
定：「共同海損之計算，由全體關係人協議定之。協議不成時，由商事公斷
處或法院定之。」就共同海損之留置權，其第一四一條規定：「船長對於未
清償分擔額之貨物所有人，得留置其貨物；但提供擔保者不在此限。」就
共同海損之回復，其第一四二條規定：「利害關係人，於受分擔後，復得其
船舶或貨物之全部或一部者，應將其所受之分擔額，返還於關係人；但得
將其所受損害及復得之費用扣除之。」就共同海損之委棄免責權，其第一
四三條規定：「應負分擔義務之人，得委付其存留物，而免分擔海損之責。」
就共同海損債權之時效，其第一四四條規定：「因共同海損所生之債權，自
計算確定之日，經過一年不行使而消滅。」其大部分之規定與 1924 年之約
安規則相近，可見 1929 年公布之舊海商法已採 1924 年之約安規則為立法
之法則。

　　第二次世界大戰之後，航海事業突飛猛進，不但船舶噸位加大，而且
航行速度、次數等均較以往增進，加以 1924 年約安規則已修訂為 1950 年
約安規則，顯然 1929 年頒布之舊海商法已不符商業之實際需要，且不符國

際之立法潮流。因此行政院乃於 1958 年 1 月 17 日第五四八次院會中,審議通過交通部有關修正海商法條文之呈請,並於同年 2 月 8 日咨請立法院予以審議,其後於 1962 年 7 月 25 日經總統令公布實施,全文共一九四條,是為 1962 年版之舊海商法。此次修正,不但將條文數目自一七四條增加為一九四條,而且條次大幅更動。共同海損之章次,亦自第七章變更為第八章,自第一五〇條至一六五條,共十六條。惟 1962 年之修正,雖然幅度頗大,但在共同海損方面,除將原條文之第一三五條變更條次為第一五一條時,增列第四款外,並無重大之修訂,1929 年版舊海商法留存之缺點,並未獲得修正,甚為可惜。就共同海損之分擔,1929 年版之舊海商法第第一三五條規定:「共同海損應以所存留之船舶、積貨之價格及運費之半額與共同海損之損害額為比例,由各利害關係人分擔之。」1962 年版之舊海商法第一五一條規定:「共同海損應以左列各項與共同海損之總額為比例,由各利害關係人分擔之:一 所存留之船舶。二 所存留貨載之價格。三 運費之半額。四 為共同海損行為所犧牲之財物。」使「為共同海損行為所犧牲之財物」亦應與共同海損之總額為比例,分擔共同海損,堪稱 1962 年對共同海損最大之修正。

1962 年修正之後,經三十餘年未曾修正。基於國際海運興革及海洋法律思潮之變遷,如 1924 年海牙規則 (The Hague Rules, 1924) 已經受到 1968 年布魯塞爾議定書 (Brussels Protocol, 1968)、海牙威士比規則 (The Hague-Visby Rules) 及 1979 年特別提款權議定書 (S. D. R. Protocol, 1979) 之修正,美國 1916 年海運法 (The Shipping Act, 1916) 於 1984 年完成總修訂,以及國際共同海損理算規則 1950 年約克‧安特衛普規則 (The York-Antwerp Rules, 1950) 亦於 1974 年、1990 年、1994 年三次修正等,顯然 1962 年公布之海商法已不合時宜,不足因應實際需要。為因應時代之變遷及海運經營型態之更迭,並配合社會環境整體之需要,行政院於 1994 年 1 月 27 日第二三六七次院會中,審議通過交通部有關修正海商法條文之呈請,並於同年 2 月 16 日函請立法院予以審議,幾經討論折衝之結果,其後

於 1999 年 7 月 14 日經總統令公布實施，全文共一五三條，是為 1999 年版之新海商法。此次修正，不但將條文數目自一九四條縮減為一五三條，而且條次大幅更動，諸多海商觀念亦產生重大之變革。其中除將 1962 年版海商法第三章「船長」及「海員」合併另將草擬「船員法」外，對於共同海損之部分，亦將其章次由原本之第八章變更為第六章，其條次自原本之第一五〇條至一六五條，變更為第一一〇條至第一二五條。就共同海損之規定而言，1999 年之海商法與 1962 年版之海商法，其重大之不同，約有下列幾點：

一、就共同海損之意義而言

就共同海損之意義，1962 年版之海商法（以下簡稱舊海商法）第一五〇條規定：「稱共同海損者，謂在海難中船長為避免船舶及貨載之共同危險所為處分，而直接發生之損害及費用。」而 1999 年版之海商法（以下簡稱新海商法）第一一〇條則規定：「稱共同海損者，謂在船舶航程期間，為求共同危險中全體財產之安全所為故意及合理處分，而直接造成之犧牲及發生之費用。」依舊海商法第一五〇條之規定，共同海損須以船長之行為為絕對要件，則第三人自不敢當機立斷，採取適當之妨害措施，有違共同海損制度設立之目的。因此 1999 年修正之時，乃參照 1974 年約克・安特衛普規則（The York-Antwerp Rules, 1974，以下簡稱約安規則）規則 A 之規定，修正共同海損之定義，採共同安全主義之立法。

二、就共同海損之分擔義務而言

就共同海損之分擔義務，舊海商法第一五一條規定：「共同海損應以左列各項與共同海損之總額為比例，由各利害關係人分擔之：一　所存留之船舶。二　所存留貨載之價格。三　運費之半額。四　為共同海損行為所犧牲之財物。」而新海商法第一一一條則規定：「共同海損以各被保存財產價值與共同海損總額之比例，由各利害關係人分擔之。因共同海損行為所

犧牲而獲共同海損補償之財產，亦應參與分擔。」

　　舊海商法採「運費半額制」，顯然不合國際之海運實務。因此 1999 年修正之時，乃參照約安規則之規則 B，採概括式之規定，俾免文字與其他條文牴觸，尤其揚棄舊法之「運費半額制」，以符國際之海運實務。

三、就被保存財產分擔價值之計算而言

　　就被保存財產分擔價值之計算，舊海商法第一五二條規定：「關於共同海損之分擔額，船舶以到達地到達時之價格為準，貨物以卸載地卸載時之價格為準。但關於貨物之價格，應扣除因滅失無須支付之運費，及其他費用。」而新海商法第一一二條則規定：「Ⅰ 前條各被保存財產之分擔價值，應以航程終止地或放棄共同航程時地財產之實際淨值為準，依下列規定計算之：一　船舶以到達時地之價格為準。如船舶於航程中已修復者，應扣除在該航程中共同海損之犧牲額及其他非共同海損之損害額。但不得低於其實際所餘殘值。二　貨物以送交最後受貨人之商業發票所載價格為準，如無商業發票者，以裝船時地之價值為準，並均包括應支付之運費及保險費在內。三　運費以到付運費之應收額，扣除非共同海損費用為準。Ⅱ 前項各類之實際淨值，均應另加計共同海損之補償額。」新法第一項第一款增訂船舶航程途中已修復之情形，藉以補救現行條文之缺失。至於所扣除部分，因共同海損之犧牲額於本條第二項已明定加計共同海損之補償額，故不能再計犧牲額致成重複。關於其他非共同海損之損害，因既與共同海損無關，自不應計入。船舶價值必須為到達地客觀價格始能為其他共同海損利害關係人所承認，至於個別契約下之價值，如抵押貸款或租船租金所可估計之船舶價值等，均不得視為本條船舶之分擔價值，此亦為約安規則規則十七所明定。新法之第一項第二款，亦係參照約安規則規則十七所為之規定。因依舊法之規定，欲求貨物卸載地卸載時之價格，往往耗時費日。而且貨物在海運途中，常因買賣行為而使貨物數易其主，如此必有前後多種價值不同之商業發票出現，故新法明文規定，應依交付與最後受貨人之

商業發票為準，以免紛爭。新法第一項第三款增訂運費分擔價值之計算標準。共同海損應由各被保存財產共同分擔，舊法第一五二條僅規定船舶及貨物之分擔額，故新法第一項第三款乃增訂運費分擔價值之計算標準，以補救舊法規定之不足。

四、就共同海損之費用而言

　　新海商法第一一四條規定：「Ⅰ下列費用為共同海損費用：一　為保存共同危險中全體財產所生之港埠、貨物處理、船員工資及船舶維護所必需之燃、物料費用。二　船舶發生共同海損後，為繼續共同航程所需之額外費用。三　為共同海損所墊付現金百分之二之報酬。四　自共同海損發生之日起至共同海損實際收付日止，應行收付金額所生之利息。Ⅱ為替代前項第一款、第二款共同海損費用所生之其他費用，視為共同海損之費用。但替代費用不得超過原共同海損費用。」本條係 1999 年修正時，新增之規定。就共同海損之費用，舊海商法並無明文規定，惟參照舊法條文第一五○條定義文字，可見此係明顯闕漏。因此於 1999 年修正時，乃參照約克規則之規則 F、十、十一、二十、二十一，作概括式之增訂。

五、就不分擔共同海損之物品而言

　　就不分擔共同海損之物品，舊海商法第一六○條規定：「Ⅰ船上所備糧食、武器、海員之衣物、薪津及旅客之行李，皆不分擔海損。Ⅱ前項物品，如被投棄，其損害應由各關係人分擔之。」而新海商法第一二○條則規定：「Ⅰ船上所備糧食、武器、船員之衣物、薪津、郵件及無載貨證券之旅客行李、私人物品皆不分擔共同海損。Ⅱ前項物品如被犧牲，其損失應由各關係人分擔之。」因郵件不能行使留置權且負有保密之義務，自難估計其價值，因此新法特予增訂，使其不分擔共同海損。

　　2000 年 1 月 26 日又公布新修正之海商法，惟本次之修正，僅限於第七十六條。1999 年版之海商法第七十六條規定：「Ⅰ本節有關運送人因貨

物滅失、毀損或遲到對託運人或其他第三人之代理人或受僱人亦得主張之。但經證明貨物之滅失、毀損或遲到，係因代理人或受僱人故意或重大過失所致者，不在此限。II前項之規定，對從事商港區域內之裝卸、搬運、保管、看守、儲存、理貨、穩固、墊艙者，亦適用之。」第一項自「其他第三人」至「之代理人」之間，似乎遺漏「所得主張之抗辯及責任限制之規定，對運送人」等字，可能係打字員打字遺漏所致。因此 2000 年版之海商法第七十六條規定：「I本節有關運送人因貨物滅失、毀損或遲到對託運人或其他第三人所得主張之抗辯及責任限制之規定，對運送人之代理人或受僱人亦得主張之。但經證明貨物之滅失、毀損或遲到，係因代理人或受僱人故意或重大過失所致者，不在此限。II前項之規定，對從事商港區域內之裝卸、搬運、保管、看守、儲存、理貨、穩固、墊艙者，亦適用之。」以修訂 1999 年修定時打字之錯誤。因此，2000 年之修法，就共同海損之規定而言，並無任何意義。

第三節　共同海損之意義及其成立要件

第一項　共同海損之意義

海商法第一一〇條規定：「稱共同海損者，謂在船舶航程期間，為求共同危險中全體財產之安全所為故意及合理處分，而直接造成之犧牲及發生之費用。」依此規定，吾人可知，共同海損〔英：general average；日：共同海損（きょうどうかいそん）；德：extraordinäre, große Haverei；法：avaries communes〕者，乃指在船舶航程期間，為求共同危險中全體財產之安全所為故意及合理處分，而直接造成之犧牲及發生之費用也。

第二項　共同海損之成立要件

依前述之定義，共同海損必須具備如下要件：

一、須有共同危險

此一要件，又可分為下列三點說明：

㈠須為船舶航程期間之危險

共同海損，係於船舶航程期間所生之損害及費用，故其危險須為船舶航程期間之危險，始有共同海損之適用。至於非船舶航程期間所生之損害及費用，則無共同海損之適用。

舊海商法（1962 年公布）第一五〇條規定：「稱共同海損者，謂在海難中船長為避免船舶及貨載之共同危險所為處分，而直接發生之損害及費用。」依此規定，危險以「須為海上之危險」為要件。現行海商法（1999 年公布）之條文，將「海難中」修正為「船舶航程期間」，乃因共同海損未必發生在海難中也。

㈡須為現時之危險 (necessity for peril)

危險須為現時之危險，始有共同海損之適用，若因預想不確定之危險處分者，則不得算做共同海損。例如船舶在航行中，船長猜測可能有敵艦接近，為防被敵艦襲擊，乃僱船拖帶。在此情況，船長之用意，固在擺脫危險，但該危險僅為預想不確定之危險，即使日後證實其猜測無誤，亦無共同海損之適用。

此之所謂「現時之危險」，不以加害力已經發動且損害已經發生者為限，其加害力之潛在性得以明顯感覺時，亦為現時之危險。例如風雲已經變色，暴風雨加害力之潛在性得以明顯感覺，此時若將船舶改變航程，急駛至附近港口避難，則因避難所生之損害及費用得認為共同海損。

至於共同海損之危險是否須為客觀之危險？　立法例上約有下列兩種

主義：

1.客觀主義

採客觀主義之立法者認為，客觀上不存在之危險，不得稱為危險，故客觀上不存在之危險而誤認為危險存在所為之處分不得認為共同海損，此種主義為法國法系國家所採。

2.主觀主義

採主觀主義之立法者認為，共同海損之危險，不以客觀上存在之危險為限，故依客觀之情勢，由主觀判斷，足認有危險存在所為之處分，縱事後並無客觀危險存在時，亦無礙於共同海損之成立。英、美及德國採此主義❸。

吾人以為，應以主觀主義為妥。其理由如下：

⑴在法理上，客觀主義不無以結果論斷動機之嫌，在實務上，以客觀上危險之是否存在論斷共同海損之是否成立，往往難免紛爭之發生。

⑵我國對於共同海損之分擔採殘存主義，若採客觀主義，以客觀上危險之是否存在論斷共同海損之是否成立，則船長於危險臨頭之際，難免猶豫不決，以致觀望過度而貽誤救助時機。故宜採主觀主義，始符我國海商法共同海損之立法旨趣。

(三)須為共同之危險

關於危險之程度，在英美法系之國家多以「急迫之危險」(immediate or imminent danger) 為要件，而大陸法系之國家則以「共同之危險」為要件。例如德國商法第七○○條規定：「Ⅰ（共同海損）為避免船舶及貨載某一共同危險為目的，由船長對船舶或貨載，或兩者同時故意所為之一切加害處分，因而發生意外損害，以及為實施上述目的所發生之費用，均謂之共同海損。Ⅱ共同海損，由船舶、運費及貨載共同負擔之。」〔Ⅰ (Große Haverei) Alle Schäden, die dem Schiffe oder der Ladung oder beiden zum Zwecke der

---

❸　施智謀，〈從約克‧安特衛普規則論共同海損〉，刊於《政大法學評論》，第 8 期，政大法律系發行，1973 年 6 月出版，p. 73。

Errettung beider aus einer gemeinsamen Gefahr von dem Schiffer oder auf dessen Geheiß vorsätzlich zugeführt werden, sowie auch die durch solche Maßregeln ferner verursachten Schäden, ingleichen die Kosten, die zu demselben Zwecke aufgewendet werden, sint große Haverei. II Die große Haverei wird von Schiff, Fracht und Ladung gemeinschaftlich getragen.〕 ❸❹法國商法第四〇〇條第二項亦規定,「依通例,自貨物裝載及船舶發航之時起,至船舶回港及卸載之時止,凡為船舶及貨載之共同利益及安全計,依其合理之決議所受一切之損害及支出之費用為共同海損。」(Et, en général, les dommages soufferts volontairement et les dépenses faites d'après délibérations motivées, pour le bien et salut commun du navire et des marchandises, depuis leur chargement et départ jusqu'à leur retour et déchargement.) 日本商法第七八八條第一項規定:「船長為使船舶及貨載避免共同之危險,就船舶或貨載所為之處分所發生之損害及費用,稱為共同海損。」(船長ガ船舶及ヒ積荷ヲシテ共同ノ危險ヲ免レシメルル為メ船舶又ハ積荷ニ付キ為シタル処分ニ因リテ生シタル損害及ヒ費用ハ之ヲ共同海損トス。)

　　共同海損之危險須為共同之危險,亦即共同海損之危險須為船舶及貨載共同之危險,其利害關係人應有二人以上。因此危險僅及船舶而不及貨載,或僅及貨載而不及船舶者,其損害（犧牲）及費用,即不得構成共同海損,而僅能成立單獨海損。危險僅及船舶而不及貨載者,例如緝拿交戰國之船舶而不沒收船內所載中立國人所有貨載之情形即是；僅及貨載而不及船舶者,例如海盜洗劫貨載而將船舶放行或天氣悶熱而冷凍設備毀壞,船舶本身無恙而僅貨載有腐敗之情形即是。總之,若非基於共同危險所發生之損害,即非共同海損而應歸於單獨海損之範圍,此乃共同海損與單獨海損最基本之不同。

　　船舶與貨載分開之後,共同危險之關係即告中斷,其後縱然船舶或貨

---

❸❹　劉承漢,《海商法論譯叢編》,交通部交通研究所編印,1971 年 10 月初版,pp. 222、223。

載發生損害,亦不得成立共同海損。例如船舶因有修繕之必要,將貨載卸載之後,船舶發生火災,為救火而導致船中尚存之貨物受損時,該尚存船中受損之貨物,不得向已卸載之貨物主張共同海損之分擔。惟若該共同危險屬於延續狀態者,則仍得向已卸載之貨物主張共同海損之分擔。例如船舶擱淺於灘石,處於危險之中,為救船貨之故,船長下令一面救船,一面用小艇將貨載運至岸上,此時因救船或救貨所支出之費用,仍得列入共同海損,請求各關係人負擔其損失㉟。

二、須有處分

就此要件,亦可分下列幾點說明之:

㈠須為為求共同危險中全體財產之安全所為之處分

處分之目的,須為「為求共同危險中全體財產之安全」,始得列為共同海損。若非為求共同危險中全體財產之安全,則不能列為共同海損。例如海商法第六十五條第二項規定:「前項貨物在航行中發現時,如係違禁物或其性質足以發生損害者,船長得投棄之。」船長依此規定將違禁物投棄時,即非為求共同危險中全體財產之安全所為之處分,則不能列為共同海損。

對於海損處分所發生之犧牲及費用,是否得列入共同海損之範圍,各國在立法上所採之主義,各有不同。就其處分之動機而言,約有下列幾種主義:

1.共同安全主義

共同安全主義 (common safety theory) 者,乃指海損處分之目的,須為謀求船貨之共同安全,為謀求共同安全所生之犧牲及費用,始能列為共同海損之原則也。英國之立法,採此主義。

㉟ 郭明仁,《共同海損之研究》,國立中興大學碩士論文,指導教授楊崇森博士,1973 年 5 月,p. 45。梁宇賢,《海商法論》,三民書局印行,1992 年 8 月修訂 3 版,p. 588。

2.共同利益主義

共同利益主義 (common benefit theory) 者，乃指海損處分之目的，須為謀求共同航海之繼續進行，為謀求共同航海繼續進行所生之犧牲及費用，始能列為共同海損之原則也。美國之立法，採此主義。

3.犧牲主義

犧牲主義 (offer system) 者，乃指海損處分之目的，雖非增進共同安全或共同利益，只要是海損處分所致之合理犧牲，就其發生之犧牲及費用均得列為共同海損之原則也。大陸法系國家之立法，採此主義。

我國現行海商法第一一〇條規定：「稱共同海損者，謂在船舶航程期間，為求共同危險中全體財產之安全所為故意及合理處分，而直接造成之犧牲及發生之費用。」條文規定中，以「為求共同危險中全體財產之安全所為故意及合理處分」為要件，似為共同安全主義之立法，然而我國海商法，海損之處分，並不以「與共同安全相關聯」為必要。例如海商法第一一四條第一項第二款之規定，「船舶發生共同海損後，為繼續共同航程所需之額外費用」，此等費用係克服現實危險後，為繼續共同航程所需之額外費用。若依共同安全主義之見解，此等費用應不得列為共同海損之費用。因此在實質上，我國海商法之立法應屬犧牲主義之立法**㊱**。

1999 年修正前之海商法第一五〇條規定：「稱共同海損者，謂在海難中船長為避免船舶及貨載之共同危險所為處分，而直接發生之損害及費用。」依此規定，共同海損須以船長之行為為絕對要件。當時之立法理由為，因船長係一船之首長，負有指揮航行之責，對於船舶所遇之危險，認識自較正確，對於船貨是否面臨共同危險？應為何種處分始能有效挽救？瞭解自較詳細，因此共同海損之處分，應由船長之決定或命令為之。因此其非由船長之決定或命令而發生之損害或費用，例如因不可抗力之偶然事件或因無代理權第三人之決定或命令而發生之損害或費用，則不得認為共同海損。此外，雖非船長處分之直接目的但為船長處分所引起之必然結果

㊱　林咏榮，《商事法新詮（下）》，五南圖書出版公司，1989 年 4 月再版，p. 629。

者,亦為共同海損,例如船長之處分本為將貨載投海,但將貨載投海時,須將部分甲板拆毀始能投出,則此部分甲板之拆毀,雖非船長處分之直接目的,但卻為船長處分所引起之必然結果,仍得為共同海損❸。

如上所述,因依 1999 年修正前海商法第一五〇條之規定,共同海損須以船長之行為為絕對要件,因此第三人往往無法當機立斷,採取適當之防險措施,有違共同海損制度之本旨。因此 1999 年修正海商法之時,乃參照 Papayanni v. Grampian S. S. Co., 1986, 1 Com. Cas. 448; Ralli v. Troop, 1894 157 U. S. 386; Beatrice 1924 A. M. C. 914; Australian Coastal Shipping Co. v. Green, 1971 1 Q. B. 456 等判例,不再規定須以船長之行為為絕對要件。

㈡須為故意及合理之處分

此之所謂處分,包括事實上之處分及法律上之處分。事實上之處分,例如船舶遭風浪侵襲之時,船長為保護全體船貨之安全,將貨載之全部或一部投棄即是(1919 年上字第 523 號判例);法律上之處分,例如船舶遭遇海難之時,船長為保護全體船貨之安全,與他人訂立海難救助契約,因而支付報酬即是❸。

再者,船員法第六十八條規定:「船舶在航行中,船長死亡或因故不能執行職務而未有繼任人時,應由從事駕駛之海員中職位最高之一人代理執行其職務。」(While a ship being under way, if the shipmaster dies or, due to any cause, is unable to perform his duties and there is no successor to take over, the highest ranking one among the mariners undertaking navigation shall perform the shipmaster's duties in acting capacity.) 依此規定,當船舶遭受危難,船長不在場(例如死亡)或因故不能執行職務(例如船長重傷而昏迷不醒)時,應由從事駕駛之海員中職位最高之一人代理執行其職務,亦即應由大副或其他從事駕駛之海員中職位最高之一人為之,若由其他無代理權人所為之處分,仍不得列為共同海損❸。對於此點,英美法上曾有判例認為,其他

---

❸ 吳智,《海商法論》,自版,三民書局總經銷,1976 年 3 月修訂 4 版,p. 223。

❸ 鄭玉波,《海商法》,三民書局印行,1976 年 5 月 7 版,p. 105。

相當之第三人，例如港務局、消防機關等所為之處分，只要有益於船舶及貨載而無其他動機時，仍得列為共同海損。例如英國法院在 Papayanni v. Grampian S. S. Co. (1986, 1 Com. Cas. 448) 一案中，The Birkhall 號船舶，因著火而駛入 Philippeville 港，經海員盡力施救卻無效果，因此港務局乃下令鑿船，Mathew 法官認為，港務局之此等處分，有益於船舶及貨載，而無其他動機，且事後船長亦認為處分恰當，因此該港務局之處分得列為共同海損❹。若依我國舊海商法第一五○條之規定，共同海損須為船長所為之處分，除船長或其代理人所為之處分外（§52），不得列為共同海損，上述英國之判例，不得適用於我國。惟依 1999 年新海商法第一一○條之規定，共同海損已不以船長之行為為絕對要件，上述英國判例之情況，只要符合海商法第一一○條之要件，縱非船長或其代理人所為之處分，亦得列為共同海損。

故意〔英：intention；日：故意（こい）；德：Vorsatz；法：intention；羅：dolus〕者，乃指行為人對於構成侵權行為之事實，明知並有意使其發生，或預見其發生，而其發生並不違背其本意之心理狀態也。此之所謂故意 (intentionally) 之處分，係指自動且有意識之海損處置而言，若非基於自動且為有意識之海損處置，其所生之損害，僅能算是單獨損害，而不能列為共同海損。所謂合理之處分，係指公平而適當之海損處置而言，若非基於公平而適當之海損處置，其所生之損害，亦僅能算是單獨損害，而不能列為共同海損。例如船舶遭受危難，須投棄一部貨載，增加浮力以避免船舶之沉沒，船長不將木材、廢鐵等重而便宜之物投棄，卻將鑽石、名畫等輕而貴重之物優先拋棄，則屬不合理之處分，不得列為共同海損。一般而言，基於善良管理人之立場，就當時之情狀，慎重考慮後所為之海損處置，

❸　桂裕，《海商法新論》，國立編譯館出版，正中書局發行印刷，1982 年 9 月臺 9 版，p. 467。

❹　Lawndes and Rudolf, *The Law of General Average*, 7th ed., 1971, p. 54. 郭明仁，前揭《共同海損之研究》，p. 46。梁宇賢，前揭《海商法論》，p. 589。

應可推定為故意而合理之處分。

現行海商法第一一〇條之用語為「故意及合理處分」,係譯自「1974 年約克‧安特衛普規則」規則 A (Rule A) 之用語 "intentionally and reasonably made or incurred",「1974 年約克‧安特衛普規則」以 "intentionally" 代替英法之 "Voluntarily" 以界定共同海損之必要條件,此因 "Voluntarily" 不若 "intentionally" 者,後者必須係為明知而有意使其發生。

三、須有直接造成之犧牲及發生之費用

共同海損制度之目的,本在分擔共同海損之犧牲及費用,自應以「有犧牲及費用發生」為前提。若無犧牲及費用之發生,根本不會發生共同海損之問題。此之所謂犧牲 (sacrifice) 者,係指物質上之毀損或滅失而言。例如斷桅、棄船、拋貨等即是。此之所謂費用 (expenditure) 者,係指金錢上之損害而言。例如修繕費、救助費、卸貨費、重裝費、赴避難港修理之進出港費等即是。

依我國現行海商法第一一〇條之規定,此之所謂犧牲及費用,應限於在船舶航程期間,為求共同危險中全體財產之安全所為故意及合理處分,而「直接」造成之犧牲及發生之費用。舊法第一五〇條之用語為「而直接發生之損害及費用」,現行海商法第一一〇條之條文,將「損害」修正為「犧牲」,以示自願故意之涵意,亦係「1974 年約克‧安特衛普規則」規則 A 之用語 "sacrifice",避免與一般之財產損害雷同。

共同海損之犧牲及費用是否為共同海損之行為所直接發生?學術界則有下列幾種見解:

㈠最近原因說

主張最近原因說者認為,行為與結果之間雖有多數條件存在,但僅以最後加入具有決定力之條件,作為發生結果之原因。亦即,僅該最後加入具有決定力之條件與結果之間,始具有直接之關係。最近原因說,又稱為最後條件說。

此說以最後條件之原則 (ultima causa spectaur, non priori) 作為原因與結果之判定方法，在理論上固然十分簡便，但在實際上卻無法盡適實情，尤其當原因與結果之間呈現網狀形態，各條件之間缺乏時間順序時，又何能判定何者為最後之條件？何者為最具決定力之條件？

(二)最重原因說

主張最重原因說者認為，行為與結果之間雖有多數條件存在，但多數之條件中，可分為「一般之條件」及「對結果發生最有力之條件」，一般之條件均為單純之條件，僅該對結果發生最有力之條件，具有原因力，而得作為發生結果之原因。亦即，僅該對結果發生最有力之條件，與結果之間，始具有直接之關係。

此說將發生結果之一切條件區分為「一般之條件」及「對結果發生最有力之條件」，僅於「對結果發生最有力之條件」與結果之間承認具有因果關係，而「一般之條件」與結果之間則不承認具有因果關係，在理論上固然極其簡便清楚，但在實際上「一般之條件」與「對結果發生最有力之條件」究應如何區別？卻無確切之標準，故亦不足取。

(三)相當因果關係說

主張相當因果關係說者認為，某原因僅於某特定場合中發生某結果者，尚不能斷定其有因果之關係，必須該事實，在一般情形之下，依社會之通念，亦謂能發生同一之結果者，始得認為具有因果之關係。易言之，從一般之場合，就行為與結果間客觀之觀察，無此行為固不發生此種損害之結果，但有此行為則通常必會發生此種損害之結果者，是為有相當因果關係，反之，無此行為固不發生此種損害之結果，但有此行為通常亦不發生此種損害之結果者，是為無相當因果關係❹。

上述三說，以相當因果關係說為通說。亦即共同海損之犧牲及費用，以由共同海損行為直接所發生者為限，而是否直接發生則以行為與犧牲、

---

❹　施智謀，《海商法》，自版，瑞明彩色印刷有限公司印刷，1986 年 7 月再版，p. 300。

費用是否具有相當因果關係以為判斷。例如因避免共同危險，將一部貨載及船舶之 X 屬具投棄，一部貨載及船舶之 X 屬具投棄，固可列為共同海損，其後又意外發生火災，因 X 屬具之缺乏，又造成 K 貨之損害，在此情況下，K 貨之損害與 X 屬具投棄雖然不可謂全無關係，然而其後火災之發生係出意外，依一般之觀察，X 屬具之投棄，未必生此火災之結果，自不宜認為 K 貨之損害與避免共同危險所為之處分具有相當因果關係，因此 K 貨之損害非避免共同危險所為之處分而直接發生之損害，不得列為共同海損。

四、須有保存之效果

共同海損之行為須有保存之效果，始足以言損害之分擔，否則若無保存之成果，船舶及貨載遭受全部之損害，共同海損已失賴以存在之經濟基礎，當然無法成立共同海損。惟此之所謂「須有保存之效果」，不以全部之船貨獲得保存為必要，只要有部分財產之保存，即可成立共同海損。

至於保存之範圍如何，亦即當船舶與貨載因處分之結果而僅存其一時，是否仍得成立共同海損？各國立法各有不同，約有下列幾種主義：

㈠船貨併存主義

船貨併存主義者，乃指共同海損處分後，必須船舶貨載之全部或一部併有保存者，始得主張共同海損分擔之見解也。若船舶貨載其中之一方未獲保存，則不得主張共同海損之分擔。德國商法第七〇三條規定：「（僅於撈救有效之場合，始有海損分擔）僅於船舶及貨載，亦即該標的物雙方之全部或一部，在實際上撈救有效之場合，始有共同海損之分擔。」〔(Havereiverteilung nur bei Rettung) Die Havereiverteilung tritt nur ein, wenn sowohl das Schiff als auch die Ladung, und zwar jeder dieser Gegenstände entweder ganz oder teilweise wirklich gerettet worden ist.〕足見德國商法採船貨併存主義之立法 ❷ 。

---

❷　*Das Seerecht in der Bundesrepublkt Deutschland*, von Professor em. Dr. jur. Hans Jürgen Abraham, 3 Teil, Walter de Gruyter, Berlin, 1978, p. 1136.

㈡船舶單存主義

船舶單存主義者，乃指共同海損處分後，至少船舶必須獲得保存，始得主張共同海損分擔之見解也。若船舶未能獲得保存，則不得主張共同海損之分擔。法國商法第四二三條規定：「Ⅰ經投棄貨物而不能救助船舶時，不生任何海損之分擔。Ⅱ經救助之運送品，對於投棄或受毀損之物，無支付或負損害賠償之義務。」（Ⅰ Si le jet ne sauve le navire, il n'y a lieu à aucune contribution. Ⅱ Les marchandises sauvées ne sont point tenues du payement ni du dédommagement de celles qui ont été jetées ou endommagées.) 依此規定，共同海損處分後，若船舶未能獲得保存，則不得主張共同海損之分擔，足見法國商法採船舶單存主義之立法。

㈢船貨不問主義

船貨不問主義者，亦稱種類不問主義，乃指共同海損處分後，不問船舶或貨載，只要任何一方有所保存，即得主張共同海損分擔之見解也。依此見解，僅須有所保存，不問其為船舶或貨載，均得主張共同海損之分擔。日本商法第七八九條規定：「共同海損應按因此所得保存之船舶或貨載之價格與運費之半數及為共同海損之損害額之比例，由各利害關係人分擔之。」（共同海損ハ之ニ因リテ保存スルコトヲ得タル船舶又ハ積荷ノ格ト運送賃ノ半額ト共同海損タル損害ノ額トノ割合ニ応シテ各利害関係人之ヲ分ス。）依此規定，共同海損處分後，僅須有所保存，至於保存者不論其為船舶或貨載，均得主張共同海損之分擔，足見日本商法採船貨不問主義之立法❹❸。

上述三種主義，似以船貨不問主義較妥。因若採船貨併存主義或船舶單存主義之立法，必須考慮至少船舶應該獲得保存，否則無法主張共同海損之分擔，於海難發生之際，往往徒增海損處分時臨機裁量上之困擾，並無實益，不如採用船貨不問主義之立法，俾海損處分之際，得就利害輕重，相互比較，自由裁量❹❹。我國現行海商法第一一一條規定：「共同海損以各

❹❸　《模範六法（1995年版）》，三省堂，1994年10月10日發行，p. 1045。

被保存財產價值與共同海損總額之比例，由各利害關係人分擔之。因共同海損行為所犧牲而獲共同海損補償之財產，亦應參與分擔。」依此規定觀之，我國海商法係採船貨不問主義之立法**❹**。

再者，保存與共同海損行為之間，是否須有因果關係？亦即船貨之保存與共同海損處分之間，是否以因果關係之存在為必要？約可分為下列二說：

1.因果主義

因果主義〔日：因果主義（いんがしゅぎ）；德：Rettung durch das Opfer〕者，乃指海損處分與船舶貨物之保存，須有因果關係，始能成立共同海損之見解也。依此見解，海損處分與船舶貨物保存之間，未有因果關係，嗣以他種原因，使船舶貨物得以保存者，前此海損處分所生之犧牲及費用，不生共同海損之問題。例如船舶觸礁，先僱拖船（處分），拖救未能拖起（無結果），後因投棄貨載（處分），船舶減輕，始獲脫險（有結果），因投棄貨載之處分與船貨保存之間，具有因果關係，貨載投棄之犧牲，固可請求共同海損之分擔，但因拖船處分與船貨保存之間，未具因果關係，其當初支付之拖船費，應不得算為共同海損。法國商法第四二三條規定：「Ｉ經投棄貨物而不能救助船舶時，不生任何海損之分擔。ＩＩ經救助之運送品，對於投棄或受毀損之物，無支付或負損害賠償之義務。」（原文參前），足見法國商法採因果主義。

2.殘存主義

殘存主義〔日：現存主義（げんそんしゅぎ）；德：Rettung nach dem Opfer〕者，乃指僅須於海損處分之後，船舶貨物有所保存，不論海損處分與船舶貨物保存之間，有無因果關係，均可成立共同海損之見解也。依此見解，海損處分與船舶貨物保存之間，縱無因果關係，嗣以他種原因，使船舶貨物得以保存者，前此海損處分所生之損害及費用，仍生共同海損之問題。

---

❹　吳智，前揭《海商法論》，p. 226。

❺　梁宇賢，前揭《海商法論》，p. 592。

例如前例船舶觸礁，先僱拖船（處分），拖救未能拖起（無結果），後因投棄貨載（處分），船舶減輕，始獲脫險（有結果），因投棄貨載之處分與船貨保存之間，具有因果關係，貨載投棄之犧牲，當然可以請求共同海損之分擔，拖船處分與船貨保存之間，雖無因果關係，其當初支付之拖船費，仍得算為共同海損，請求共同海損之分擔。「1950 年約克・安特衛普規則」第十七條規定：「（分擔價額）Ⅰ 共同海損之分擔額，應以船舶終了時，現實存在之財產實價，加為共同海損所犧牲之財產之損害額定之；但船舶所有人應取得之貨物或旅客之運費中，應扣除如船舶或貨物於共同海損處分之日受全損而無須支付且不得作為共同海損之費用及海員薪金。又財產之價額中應扣除共同海損行為後，所生一切不得作為共同海損之費用。Ⅱ旅客行李及隨身所帶物件，不發行載貨證券者，不分擔共同海損。」

〔(Contributory Values) Ⅰ The contribution to a general average shall be made up-on the actual net values of the property at the termination of the adventure, to which values shall be added the amount made good as general average for property sacrificed, if not already included, deduction being made from the shipowner's freight and passage money at risk, of such charges and crew's wages as would not have been incurred in earning the freight had the ship and cargo been totally lost at the date of the general average act and have not been allowed as general average; deduction being also made from the value of the property of all charges incurred in respect thereof subsequently to the general average act, except such charges as are allowed in general average. Ⅱ Passenger's luggage and personal effects not shipped under bill of lading shall not contribute in general average.〕 由此規定，吾人可知，「1950 年約克・安特衛普規則」排除因果主義而採殘存主義之立法。

我國現行海商法究採因果主義之立法？抑或殘存主義之立法？學界約有下列二說：

1.因果主義說

　　主張此說者認為，我國現行海商法係採因果主義之立法。例如林咏榮教授即謂：「本法既云『所為處分而直接發生之損害及費用』（海§150），自係依從前者（因果主義）。」（筆者註：此係林咏榮教授就舊海商法第一五〇條，所作之評述，現行海商法第一一〇條與舊法第一五〇條同樣，均有「直接」二字。）❹ 主張此說之主要理由為，日本商法第七八八條第一項與我國現行海商法第一一〇條之規定相同，日本商法上之規定雖無「直接」二字，日本學者尚且認為係採因果主義之立法，我國現行海商法具有「直接」二字，更應認為係採因果主義之立法。日本商法第七八八條第一項規定：「稱共同海損者，謂船長為使船舶及貨載避免共同之危險，就船舶或貨載所為處分而發生之損害及費用。」（船長ガ船舶及ヒ積荷ヲシテ共同ノ危險ヲ免レシムル為メ船舶又ハ積荷ニ付キ為シタル処分ニ因リテ生シタル損害及ヒ費用ハ之ヲ共同海損トス。）舊海商法第一五〇條，已於 1999 年修正變更為現行海商法之第一一〇條。我國現行海商法第一一〇條規定：「稱共同海損者，謂在船舶航程期間，為求共同危險中全體財產之安全所為故意及合理處分，而直接造成之犧牲及發生之費用。」

2.殘存主義說

　　主張此說者認為，我國現行海商法係採殘存主義之立法。例如吳智教授即謂：「我海商法第一五一條規定：『共同海損應以一　所存留之船舶，二　所存留貨載之價格，三　運費之半額，與四　共同海損之行為所犧牲之財物為比例，由各利害關係人分攤之。』並無有效無效之規定，蓋亦採取殘存主義也。」❹ 鄭玉波教授亦認為：「我國海商法由第一五一條之規定觀之，係採殘存主義無疑。」❹ 主張此說之主要理由為，我國海商法第一五一條並無有效無效之規定，應屬殘存主義之立法。（筆者註：舊海商法

---

❹　林咏榮，前揭《商事法新詮（下）》，p. 630。

❹　吳智，前揭《海商法論》，p. 227。

❹　鄭玉波，前揭《海商法》，p. 107。

§151，已於 1999 年修正變更為現行海商法 §111，現行海商法 §111 規定：「共同海損以各被保存財產價值與共同海損總額之比例，由各利害關係人分擔之。 因共同海損行為所犧牲而獲共同海損補償之財產，亦應參與分擔。」)

以上二說，各有其理，惟吾人以為應採殘存主義立法說較妥。其理由如下：

(1)是否視為共同海損，其判斷標準，應求之於動機而不應求之於結果

共同海損本為非常時期之非常處分，處分當時，對於處分後是否發生效果，頗難預料，故因處分所生之損失是否視為共同海損，其判斷標準，應求之於動機而不應求之於結果。

(2)因果關係之證明，極為困難

共同海損之處分行為，原於海難緊急時刻為之，而且其處分多由一連串之行為所構成，其中某一行為，其本身或無價值或無法發生作用，必與其他行為配合之後，始能發生效力，因此到底何者發生救助之效果，其間因果關係之證明，極為困難。

(3)若採因果主義說之見解，難免發生救助遲延之結果

若採因果主義說之見解，以「處分應生結果」為必要，則船長於處分之時，勢必躊躇不決，貽誤時機，難免發生救助遲延、全體受害之結果。

(4)若採因果主義說之見解，對被處分物之所有人有欠公平

被處分之物，與未被處分之物，原本立於平等之地位，原有受救助之希望，因其被處分之故，永失其受救之機會，若因其無因果關係之存在而不得請求殘存利益之共同分擔，則被處分物之所有人顯較未被處分物之所有人立於不利之地位，殊不公平，而且有違共同冒險、共同分擔之理論❹。

(5)現行海商法第一一一條並無有效、無效之規定

我國海商法第一一一條規定：「共同海損以各被保存財產價值與共同海損總額之比例，由各利害關係人分擔之。因共同海損行為所犧牲而獲共同

---

❹　施智謀，前揭《海商法》，p. 297。

海損補償之財產，亦應參與分擔。」並無其處分必須有效之規定，並無採因果關係說之必要。

(6)海商法第一一〇條中之「直接」二字，應予刪除，以符國際公約及諸先進國家之立法潮流

國際公約及諸先進國家海商之立法，對於共同海損之犧牲及費用，固以「直接發生者始能請求分擔」為原則，但尚有例外及限制之規定。例如在「1950 年約克・安特衛普規則」中，對「擴張至非直接損害者」，即有「向避難港轉航後及於避難港停泊中船員薪津、給養及其他費用」（Wages and Maintenance of Crew and other Expenses bearing up for and in a Port of Refuge, etc., §11）、「臨時修繕費」（Temporary repairs, §14）、「資金之供給」（Provision of Funds, §20）、「共同海損損害額之利息」（Interest on Losses made good in general average, §21）等規定；對「限制直接損害使其不計入共同海損者」，即有「船舶之一部或散裝貨物之一部或個別包裝貨物，已罹火災之損害」（no compensation shall be made for damage to such portions of the ship and bulk cargo, or to such separate packages of cargo, as have been on fire，§3 但書）、「破損物之切斷」（Cutting away Wreck, §4）、「故意擱淺」（Voluntary stranding, §5）、「平常船舶浮於海上時，因船帆之強用，致船舶、貨物及運費或其任何一項，發生滅失或損害時，不得認為共同海損」（but where a ship afloat, no loss or damage caused to the ship, cargo and freight, or any of them, by carrying a press of sail, shall be made good as general average，§6 但書）、「船舶平常浮於水面時，因使用機器及鍋爐所生之損害」（but where a ship is afloat no loss or damage caused by working the machinery and boilers, including loss or damage due to compounding of engines or such measures, shall in any circumstances be made good as general average，§7 但書）、「未為聲明或聲明不實之貨物」（Undeclared or Wrongfully Declared Cargo, §19）等規定 ❺⓿。雖然我國現行海商法第一一〇條規定：「稱共同海

---

❺⓿ 郭明仁，《共同海損之研究》，國立中興大學第八屆碩士論文，1973 年 5 月，

損者，謂在船舶航程期間，為求共同危險中全體財產之安全所為故意及合理處分，而直接造成之犧牲及發生之費用。」吾人實不宜因其「直接」二字之存在，而據以將之認為排除「1950 年約克‧安特衛普規則」擴張及限制之例外規定。當然將來修法之時，我國現行海商法第一一○條中之「直接」二字應予刪除，以免除被誤解為因果主義之困擾。

第四節　共同海損之損失（債權）

第一項　概　說

共同海損之效力者，乃指共同海損分擔之債權債務關係也。例如 A 之船舶裝載 B、C、D 之貨物，在航行途中，遭遇海難，為避免船舶及貨載之共同危險，船長將 D 之貨物投棄於海，該船始獲保全，完成航海。在此情況，A 之船舶及 B、C 之貨物，係因 D 貨物之投棄於海而獲得保全，D 貨投棄於海之損失自不得獨令 D 一人負擔，而必須由 A、B、C、D 四人共同分擔，而發生共同海損分擔債權債務之關係，足見共同海損亦為「債之發生」之原因之一。在此情形，A、B、C 是債務人，D 同時是債權人及債務人，因 D 固然是債權人，但自己也應分擔一部分損害，惟依民法混同之法理，就此分擔部分債之關係應歸消滅❺¹。

海商法第一一○條規定：「稱共同海損者，謂在船舶航程期間，為求共同危險中全體財產之安全所為故意及合理處分，而直接造成之犧牲及發生之費用。」依此規定，吾人可知，共同海損之損失者，乃指在船舶航程期間，為求共同危險中全體財產之安全所為故意及合理處分，而直接造成之

楊崇森教授指導，p. 60。

❺¹　鄭玉波，《海商法》，三民書局印行，1976 年 5 月 7 版，p. 108。

犧牲及發生之費用也。易言之，共同海損之損失，包括共同海損之犧牲及費用兩者，因共同海損處分所直接造成之犧牲及發生之費用，其被害人或支出費用之人，得向利害關係人請求分擔，故共同海損之損失為共同海損之債權。

第二項　共同海損之損失範圍

第一款　犧　牲

此之所謂犧牲〔英：sacrifice；日：犧牲（ぎせい）〕者，係指在船舶航程期間，為求共同危險中全體財產之安全所為故意及合理處分，所作一部利益之犧牲而言。更具體言之，此之所謂犧牲，係指共同海損中，物質之毀損、滅失而言。至於運費則係屬於一種「間接」、「抽象」之標的物，在共同海損理算上，應將之視為「貨物」之一件而列入「犧牲」之範圍。海商法對此並無統一之規定，僅散見於第一一三條、一一五條至一一八條等規定之中。

一、船舶之犧牲

在船舶航程期間，為求共同危險中全體財產之安全所為故意及合理處分，而直接造成之船舶犧牲，應算入共同海損。例如船長故意使船舶坐礁、擱淺、截斷錨鎖，使船舶部分毀損，而貨載因此獲得保存時，該船舶之犧牲自應算入共同海損之內。

此之所謂船舶，不僅指船舶本體，即其設備屬具亦包括在內。惟海商法第一一七條規定：「無載貨證券亦無船長收據之貨物，或未記載於目錄之設備屬具，經犧牲者，不認為共同海損。但經撈救者，仍應分擔共同海損。」依此規定，「未記載於目錄之設備屬具，經犧牲者，不認為共同海損。」因此等未記載於目錄之設備屬具，因其無憑無據，經犧牲後，其數量如何，

難以稽考，其價值如何，難以評定，為避免糾紛，並維持事務之正確性及衡平性起見，本法特規定「不認為共同海損」。「但經撈救者，仍應分擔共同海損。」因同舟之利害關係人，皆有分擔共同海損之責任，其未記載於目錄之設備屬具既經撈救，已無數量價值難以稽考之問題，自應適用「同舟之利害關係人，皆應分擔共同海損」之原則❷。

　　海商法第一一七條所謂之船舶屬具，係指既非船舶構成之一部，亦未被視為船舶之一部，而被設置於船上之器具而言。依海商法第七條規定：「除給養品外，凡於航行上及營業上必需之一切設備及屬具，皆視為船舶之一部。」依此規定，供食用之米糧、麵粉、蔬菜等給養品不被視為船舶之一部。「航行上必需之一切設備及屬具」者，係指在航行上不可缺乏之設備及屬具而言。例如船檣、桅杆、羅經、無線電、六分儀等器具即為航行上必需之設備；錨鏈、救生艇、救生帶、舢板等器具即為航行上必需之屬具。「營業上必需之一切設備及屬具」者，係指營業上不可缺乏之一切設備及屬具而言。例如客艙內供餐宿用之床桌、傢俱等即為營業上必需之設備及屬具。此等於航行上及營業上必需之一切設備及屬具，因已被視為船舶之一部，因此縱未記載於目錄，亦可算入共同海損。其他非於航行上及營業上必需之設備及屬具，例如海員私人之傢俱、娛樂設備等器具，因未被視為船舶之一部，以有記載於目錄者，始得算入共同海損；其未記載於目錄者，不得認為共同海損❸。

二、貨載之犧牲

(一)犧　牲

　　固有意義之投棄，係指為減輕船舶負擔，以防止船貨之全部沉沒，而

---

❷　何佐治，《最新海商法釋義》，自版，建華印書有限公司印刷，1962 年 9 月初版（臺），p. 333。

❸　王洸，《海商法釋論》，海運出版社發行，文和印刷公司印刷，1962 年 7 月出版，p. 12。

將貨物棄擲於海中之犧牲行為而言，惟本條所謂之犧牲，縱非投棄於海中，只要係於船舶航程期間，為求共同危險中全體財產之安全所為故意及合理處分，所作一部利益之犧牲，亦屬此之所謂「犧牲」。例如將貨載棄擲於無保護措施之海岸，只要具備共同海損之要件，亦屬此之所謂犧牲，亦得成立共同海損❺❹。

貨載之犧牲（尤其貨載之投棄），為共同海損發展之根源，共同海損之制度，本係以「貨載之犧牲」為其濫觴，漸次發展而來。在帆船時代，貨載之犧牲經常發生，進至輪船時代，犧牲現象已較顯著減少。促成貨載犧牲之原因，例如遭遇風暴有滅失之危險時、遭敵人追擊而有被捕獲之危險時、船舶觸礁而有減輕重量之必要時，在此等情況下所為之犧牲，不問其原因為事變或其他原因之結果，除為船長之過失外，其因緊急處分所為之犧牲，其損害應由被保全財物之各關係人共同負擔。一般而言，犧牲時通常多先將需要性、重要性較小，體積較大而價值較低之貨載為之，再依船長之選擇或依船長之意見犧牲之。

海商法第一一〇條規定：「稱共同海損者，謂在船舶航程期間，為求共同危險中全體財產之安全所為故意及合理處分，而直接造成之犧牲及發生之費用。」依此規定，在船舶航程期間，為求共同危險中全體財產之安全所為故意及合理處分，而直接造成之貨載犧牲，當然算入共同海損。惟依海商法第一一〇條後段之規定，共同海損僅限於「直接造成之犧牲及發生之費用」，因此得算入共同海損之貨載損害，應以「直接」造成之貨載犧牲為限，其「間接」造成之貨載犧牲，例如因船舶鑿洞所引起之貨載浸漬，因非直接投棄貨載所生之損害，依我國現行海商法第一一〇條之規定，應不得算入共同海損。此點我國現行海商法第一一〇條之規定，與「1974 年約克・安特衛普規則」(The York-Antwerp Rules, 1974) 及德國商法第七〇六條第一款之規定不同。「1974 年約克・安特衛普規則」第二條 (Rule II)

---

❺❹　楊仁壽，《共同海損法論》，自版，文太印刷有限公司印刷，三民書局總經銷，1996 年 12 月初版，p. 74。

規定:「為共同海損所為之犧牲或其後果所致;及為共同安全而有意投棄所
為之開艙或鑿洞,致海水浸入致船舶及貨載或其任何之一者之毀損,均得
由共同海損補償之。」(Damage done to a ship and cargo, and cargo, or either
of them, by or in consequence of a sacrifice made for the common safety, and
by water which goes down a ship's hatches opened or other opening made for
the purpose of making a jettison for the common safety, shall be made good as
general average.) 德國商法第七〇六條第一款規定:「實行將物品、船舶一部
分或屬具投棄、帆桅切斷、纜或帆切斷、錨、錨鏈或錨鎖強行拖引或切斷
時。以上船舶或貨載之本身損害,及因實施處置所生之損害均屬共同海損。」
(Wenn Waren, Schiffsteile oder Schiffsgerätschaften über Bord geworfen,
Masten gekappt, Taue oder Segal weggeschnitten, Anker, Ankertaue oder
Ankerketten geschlippt oder gekappt werden. Sowohl diese Schäden selbst als
die durch solche Maßregeln an Schiff oder Ladung ferner verusachten Schäden
gehören zur großen Haverei.) 由此規定可知,因船舶之鑿洞而致貨載之浸漬
損害,雖為間接之損害,依「1974 年約克‧安特衛普規則」第二條規定及
德國商法第七〇六條第一款之規定,均得算入共同海損;反之,若依我國
現行海商法第一一〇條之規定,因係間接之損害,不得算入共同海損。比
較之下,似以「1974 年約克‧安特衛普規則」第二條規定及德國商法第七
〇六條第一款之規定為優。

(二)甲板貨載之投棄

　　海商法第一一六條規定:「未依航運習慣裝載之貨物經投棄者,不認為
共同海損犧牲。但經撈救者,仍應分擔共同海損。」由此規定,吾人可知:

1.未依航運習慣裝載之貨物經投棄者,不認為共同海損犧牲

　　例如某種貨物本應裝載於艙內,卻將其裝載於甲板上,當其被投棄時,
不得算入共同海損。此時貨載之所有人僅能向運送人或船長請求損害賠償。
其不得列為共同海損之理由,約有下列幾點:

⑴貨物未依航運習慣裝載，本可推定當事人早有犧牲該貨之默示

未依航運習慣裝載之貨載，例如依航運習慣，本應裝載於船艙之貨載卻裝載於甲板之上，本就較為危險，而且較易投棄，海損發生緊急之際，為求其迅速，將較易投棄之甲板貨載先行投棄，此乃理所當然之事。因此未依航運習慣裝載之貨載，應可推定當事人本有於海難時，儘先被投棄之打算，因此本應裝於艙內之貨載，其因裝於甲板上所生之損害，不應認為共同海損犧牲。

⑵未依航運習慣裝載貨物之損害，本難判明其損害之原因

未依航運習慣裝載之貨載，本就較易受損，其損害之原因，或因風吹，或因雨淋，或因海水之衝擊，貨載之損害，是否因共同海損行為所致，往往混淆不清，甚難判明。

⑶未依航運習慣裝載之貨物，往往危及船舶之安全，本應先予投棄

未依航運習慣裝載之貨物，本就較難固定，易於脫落，往往危及船舶航行之安全，尤其海損發生緊急之際，不但有害船貨人員之安全，而且有礙救助作業之進行，因此應將之先行投棄，且不認為共同海損犧牲❺❺。

2.依航運習慣裝載於甲板上之貨物經投棄者，仍認為共同海損

依前述海商法第一一六條之規定，得否認為共同海損犧牲，應以是否「依航運習慣裝載」為判斷標準，與是否「裝載於甲板上」無關。因此，依航運習慣裝載於甲板上之貨物經投棄者，仍應認為共同海損犧牲。例如遠洋航海時，對於煤礦、鐵沙、木材等貨載，習慣上均將之裝載甲板上，此等貨載若經投棄，仍應認為共同海損犧牲。海商法第七十三條規定：「運送人或船長如將貨物裝載於甲板上，致生毀損或滅失時，應負賠償責任。但經託運人之同意並載明於運送契約或航運種類或商業習慣所許者，不在此限。」海商法第一一六條前段之規定，旨在配合海商法第七十三條之規

---

❺❺　郭明仁，《共同海損之研究》，國立中興大學碩士論文，指導教授楊崇森博士，1973 年 5 月，p. 68。

梁宇賢，《海商法論》，三民書局印行，1992 年 8 月修訂 3 版，p. 600。

定。

3.貨櫃運送之場合，貨櫃之投棄，仍應列為共同海損

目前貨櫃運送甚為流行，在海難中為避免船舶及貨載之共同危險，船長所為貨櫃之投棄，亦應列為共同海損。其理由如下：

(1)現代貨櫃船之設計，通常三分之一之貨櫃須裝載於甲板之上，可見貨櫃裝於甲板之上，應屬一般航運之習慣。如此解釋，符合海商法第七十三條之規定。

(2)自貨櫃運送發達以來，將貨櫃裝於甲板上，不但已經司空見慣，而且在安全上極盡保護之能事，將貨物裝於甲板上，其安全性並不遜於船艙內裝載。將貨櫃裝於甲板之上，不能推定當事人早有犧牲該貨櫃之默示。

(3)貨櫃雖為裝貨之器具，但其本身亦具有價值，且往往為第三人租予船舶所有人、運送人或託運人使用之物，因此於海難投棄之時，應列為共同海損。海商法第一一六條前段規定：「未依航運習慣裝載之貨物經投棄者，不認為共同海損犧牲。」此之所謂「依航運習慣裝載之貨物」，其意義應指櫃內貨物，而非貨櫃本身。因此習慣上本不得裝載於甲板上之貨物，若被置於貨櫃之內而被裝載於甲板上，於海難被投棄時，是否得列為共同海損？吾人以為，應列為共同海損。因貨櫃運送已為各國海運所適用，且依目前貨櫃輪船之設備而言，多數學者認為貨櫃已成船艙之延長，裝貨於船艙之內與裝貨於貨櫃之內，在實質上，其安全度並無多大差異，在此情況，若不使之列為共同海損，裝納此等貨物之貨櫃即不得再裝載於甲板之上，則貨櫃運送之效用，必將因之而大為減弱也 ❺❻。

---

❺❻　邱錦添，《海商法》，五南圖書出版公司印行，1997 年 8 月初版 1 刷，p. 411。
桂裕，〈貨櫃運送之法律基礎〉，《法令月刊》，第 23 卷第 5 期，1971 年 5 月 1 日出版。
郭明仁，《共同海損之研究》，國立中興大學碩士論文，指導教授楊崇森博士，1973 年 5 月，p. 70。
梁宇賢，《海商法論》，三民書局印行，1992 年 8 月修訂 3 版，p. 600。

(4)貨物一旦裝納於貨櫃之內，則「貨」及「櫃」已成一個整體。既然貨櫃裝於甲板之上，已屬一般航運之習慣，則於海難投棄之時，貨櫃之貨及櫃，均應視為共同海損之損害，而由各利害關係人共同分擔之，方為合理。

(三)無載貨證券亦無船長收據之貨物

海商法第一一七條規定：「無載貨證券亦無船長收據之貨物，或未記載於目錄之設備屬具，經犧牲者，不認為共同海損。但經撈救者，仍應分擔共同海損。」本條係參照「1974 年約克·安特衛普規則」第十七條第四項所為之規定。依此規定，無載貨證券，亦無船長收據之貨物，經犧牲者，不認為共同海損。但經撈救者，仍應分擔共同海損。所謂無載貨證券，亦無船長收據之貨物，例如海員私人之傢俱、娛樂設備等器具即是。因此等貨物，既無載貨證券，亦無船長之收據，無憑無據，一經犧牲，其數量如何，難以稽考，其價值如何，尤難評定，為避免無謂之糾紛，海商法乃明文規定不算入共同海損。若此等海員私人之傢俱、娛樂設備等器具，經支付運費，已交運送人保管者，已屬海上貨物運送契約之貨物，不論有無簽發載貨證券，均得認為貨物而分擔共同海損。惟本條所規定之此等貨物，若經撈救者，仍應分擔共同海損。因既經撈救，其數量及價值，已足稽考評定，已無發生糾紛之疑慮，因此仍應恢復「同舟之利害關係人，皆應分擔共同海損」原則之適用❺❼。

本條所謂之載貨證券，係指裝船載貨證券 (shipped or on board bill of lading) 而言。至於備運載貨證券 (received for shipment bill of lading)，因貨物尚未裝船即已簽發，不合我國海商法第五十三條「貨物裝載後」之要件，非屬我國海商法上之載貨證券。本條所謂之收據，凡足以證明貨物已交船長並已裝船之書類均屬之。其正式載有「收據」字樣之書證固為此之所謂收據，其他足以證明貨物已交船長並已裝船之書類亦屬之，例如運送契約上之批註、運送文件上之附註等即是。

---

❺❼　鄭玉波，《海商法》，三民書局印行，1976 年 5 月 7 版，p. 110。

㈣貨幣、有價證券及其他貴重物品

海商法第一一八條規定:「貨幣、有價證券或其他貴重物品,經犧牲者,除已報明船長者外,不認為共同海損犧牲。但經撈救者,仍應分擔共同海損。」依此規定,貨幣、有價證券或其他貴重物品,若未經報明船長者,雖經犧牲,不得認為共同海損。但經撈救而復得者,仍應分擔共同海損。因依目前客運實務,貨幣、有價證券或其他貴重物品,均可不報明船長,但此等物品,價值昂貴,本易遺失,是否因共同海損之行為而遭犧牲,甚難稽考,為避免認定之困難,本法乃規定,除已報明船長者外,不認為共同海損。

本條所謂之貨幣,不以本國之通貨為限,外國之貨幣亦屬之。貨幣〔英:money, currency;日:貨幣(かへい);德:Geld;法:monnaie〕者,乃指在一般社會中作為交易媒介,而具有強制通用力之支付手段也。例如硬幣、鈔票即是。有價證券〔英:valuable instrument;日:有価証券(ゆうかしょうけん);德:Wertpapier;法:titre, valeurs〕者,乃指表彰財產權價值於其上,原則上須依其占有方能處分或行使其全部或一部權利之私權證券也。例如票據、股票、提單、載貨證券即是。本條所謂之「其他貴重物品」者,例如珠寶、鑽石、黃金或其他珍貴之物品即是。本條所謂之「報明」者,當指投棄前向船長所為之報知而言。例如貨幣、有價證券或其他貴重物品,夾雜於其他貨物或行李之內,於投棄前未曾報明於船長,即不得列為共同海損。報明,通常多於登船之際為之。其報明之方式,應具有足以證明之證明力,始為有效。否則日後難以稽考,無法強使他人分擔也。此點恰似民法上之旅客住店,投宿旅店之旅客,應將銀錢等貴重物品,交由旅店代為保管,其報明方式應具有足以證明之證明力,始為有效,否則旅客應自負其責,與人無關也。

㈤船上所備糧食、武器、海員之衣物、薪津及旅客之行李

海商法第一二〇條規定:「Ⅰ船上所備糧食、武器、船員之衣物、薪津、郵件及無載貨證券之旅客行李、私人物品皆不分擔共同海損。Ⅱ前項物品

如被犧牲，其損失應由各關係人分擔之。」本條係分擔共同海損之例外規定。依此規定，船上所備糧食、武器、海員之衣物、薪津、郵件及無載貨證券之旅客行李、私人物品，皆不分擔海損。惟此等物品若於海難中被犧牲時，其損害則應由各關係人分擔之。因本條所規定之物品，或為全體之公益而備置，或為個人生活之所必須，而且數額不大，重量較小，若強令分擔海損，於旅客行程上，難免發生諸多不便，因此本法乃明文規定，不分擔海損。郵包因非屬一般海運貨物，亦未簽發載貨證券，故亦不分擔共同海損。至於規定此等物品「如被犧牲，其損害應由各關係人分擔之」，此乃根據「同舟之利害關係人，皆應分擔共同海損之原則」，使各利害關係人分擔之，以減輕該公益或個人之損害也❺❽。

本條所謂之「船員」，包括船長及海員。1962 年海商法第一六○條之原本規定為「I 船上所備糧食、武器、海員之衣物、薪津及旅客之行李，皆不分擔海損。II 前項物品，如被投棄，其損害應由各關係人分擔之。」1999 年海商法第一二○條將「海員」修正為「船員」，使之包括船長及海員，以資周延。對於郵件，因不能行使留置權且負有保密之義務，自難估計其價值，故 1999 年海商法第一二○條特予增訂不分擔共同海損。本條所謂之「旅客行李、私人物品」，係指旅客隨身攜帶而為生活所不可或缺之行李或私人物品而言❺❾。「旅客行李、私人物品」，通常有二種：㈠為較重大而不易隨身攜帶者，可寄託於船舶之行李艙房；㈡為隨身攜帶而為生活不可或缺者。其寄託於船舶艙房之行李，固可謂為行李或私人物品，惟其既已寄託於運送人，自應由運送人發給收據（載貨證券）交由旅客收執，因此該行李如被犧牲時，自可依本法第一一七條之規定認為共同海損❻⓪，故

❺❽ 王洸，《海商法釋論》，海運出版社發行，文和印刷公司印刷，1962 年 7 月出版，p. 125。

❺❾ 吳智，《海商法論》，自版，三民書局總經銷，1976 年 3 月修訂 4 版，p. 239。

❻⓪ 邱錦添，《海商法》，五南圖書出版公司印行，1997 年 8 月初版 1 刷，p. 412。
梁宇賢，《海商法論》，三民書局印行，1992 年 8 月修訂 3 版，p. 602。

1999 年海商法第一二〇條特予增訂「無載貨證券之旅客行李、私人物品」皆不分擔海損。本條所謂之「由各關係人分擔之」，究係指運送人及行李所有人分擔之，或泛指共同海損之關係人分擔之，在法條用語上，似乎未甚明確。吾人以為，本條第二項之規定，本係根據「同舟之利害關係人，皆應分擔共同海損之原則」而來，其目的本在減輕該公益或個人之損害，因此本條所謂之「各關係人」，應泛指共同海損之關係人而言，如此解釋，始能真正減輕該公益或個人之損害也。

三、運費之損害

海商法第一一三條第三款規定：「運費以貨載之毀損或滅失致減少或全無者為準。但運送人因此減省之費用，應扣除之。」運費〔英：freight；日：運送賃（うんそうちん）；德：Fracht；法：fret〕者，乃指運送旅客或貨物所生之報酬也。運費雖不像船舶或貨物得「直接」「具體」成為共同海損行為之標的物，但仍得「間接」「抽象」成為共同海損行為之標的物。運送物於運送中，因共同海損行為而毀損滅失時，運費可能因此而減少或全無。在此情況，運送人所喪失全部或一部之運費，若不列為共同海損，對於運送人殊不公平，因此本法規定，運費因貨載之毀損或滅失致減少或全無者，認為共同海損。惟運送人因此減省之費用，例如運送人因此減省之卸載費用，應扣除之，以防運送人取得雙重利益也。

本條所稱之運費，係指於航海完成時，始可取得之運費而言。易言之，須為航海不完成或無法完成時，即不得請求之運費，始得列為共同海損之損害。若該運費屬於預付性質，無論在任何情況均不得退還者，則非本條所謂之運費，不得列為共同海損。再者，船舶因共同海損行為原貨運回原港口時，其運費之負擔，應依海商法第六十六條之規定❻❶；船舶中途修繕託運人提前取貨時，其運費之負擔，應依海商法第六十七條之規定❻❷；船

---

❻❶　海商法第六十六條規定：「船舶發航後，因不可抗力不能到達目的港而將原裝貨物運回時，縱其船舶約定為去航及歸航之運送，託運人僅負擔去航運費。」

舶無法航行由船長設法運抵目的港時，其運費之負擔，應依海商法第六十八條之規定❸。因此，本條所謂之運費，須非前述海商法第六十六條、第六十七條、第六十八條所規定之費用，因此等費用，已另有分擔之明文規定，自不必再列入共同海損之計算也。

1962 年海商法第一五四條規定：「運費因貨載之毀損或滅失致減少或全無者，認為共同海損。但運送人因此減省之費用，應扣除之。」1999 年修正之時，將此條文併入 1962 年海商法第一五三條之規定，而變更其條次為第一一三條。易言之，合併 1962 年海商法第一五三條及一五四條之規定，1999 年海商法第一一三條規定：「共同海損犧牲之補償額，應以各財產於航程終止時地或放棄共同航程時地之實際淨值為準，依下列規定計算之：一　船舶以實際必要之合理修繕或設備材料之更換費用為準。未經修繕或更換者，以該損失所造成之合理貶值。但不能超過估計之修繕或更換費用。二　貨物以送交最後受貨人商業發票價格計算所受之損害為準，如無商業發票者，以裝船時地之價值為準，並均包括應支付之運費及保險費在內。受損貨物如被出售者，以出售淨值與前述所訂商業發票或裝船時地貨物淨值之差額為準。三　運費以貨載之毀損或滅失致減少或全無者為準。但運送人因此減省之費用，應扣除之。」其立法（修正）理由為，1962 年海商法第一五四條對於運費犧牲之補償額與「1974 年約克‧安特衛普規則」Rule XV 之規定相同，將 1962 年第一五四條與一五三條合併為 1999 年第一一三條之規定，體系較為分明也。「1974 年約克‧安特衛普規則」第十五條 (Rule XV) 規定：「Ⅰ因貨物之損害或滅失所致之運費損失，以基於共

---

❷　海商法第六十七條規定：「船舶在航行中，因海上事故而須修繕時，如託運人於到達目地港前提取貨物者，應付全部運費。」

❸　海商法第六十八條規定：「Ⅰ船舶在航行中遭難或不能航行，而貨物仍由船長設法運到目的港時，如其運費較低於約定之運費者，託運人減支兩運費差額之半數。Ⅱ如新運費等於約定之運費，託運人不負擔任何費用，如新運費較高於約定之運費，其增高額由託運人負擔之。」

同海損行為，或貨物之損害或滅失可認為共同海損之情形為限，得認為共同海損。II運費損失總額中，應扣除運費取得人為取得運費原應發生，因犧牲之結果而未發生之費用。」（Ⅰ Loss of freight arising from damage to or loss of cargo shall be made good as general average, either when caused by a general average act, or when the damage to or loss of cargo is so made good. II Deduction shall be made from the amount of gross freight lost, of the charges which the owner thereof would have incurred to earn such freight, but has, in consequence of the sacrifice, not incurred.)「1994 年約克・安特衛普規則」第十五條仍沿襲此等規定，而未作任何修正。

第二款　費　用

1999 年海商法第一一〇條規定：「稱共同海損者，謂在船舶航程期間，為求共同危險中全體財產之安全所為故意及合理處分，而直接造成之犧牲及發生之費用。」依此規定，共同海損之行為，除「造成犧牲」之行為外，尚包括「發生費用」之行為。

就共同海損之費用，海商法第一一四條規定：「Ⅰ下列費用為共同海損費用：一　為保存共同危險中全體財產所生之港埠、貨物處理、船員工資及船舶維護所必需之燃、物料費用。二　船舶發生共同海損後，為繼續共同航程所需之額外費用。三　為共同海損所墊付現金百分之二之報酬。四　自共同海損發生之日起至共同海損實際收付日止，應行收付金額所生之利息。II為替代前項第一款、第二款共同海損費用所生之其他費用，視為共同海損之費用。但替代費用不得超過原共同海損費用。」茲簡單析述如下：

(一)為保存共同危險中全體財產所生之港埠、貨物處理、船員工資及船舶維護所必需之燃、物料費用

本款係指駛入避難港之費用及在避難港所生之費用。因船舶及貨物有現實之危險存在，為克服此等危險，將船舶駛入避難港避難，事實上亦為

共同海損行為之一種，因此駛入避難港之費用及在避難港所生之費用，得列為共同海損之費用。惟此等得列為共同海損之費用，應以「為克服現實之危險」，為保存共同危險中全體財產所生之港埠、貨物處理、船員工資及船舶維護所必需之燃、物料費用為限。

所謂之「港埠費用」，係指為保存共同危險中全體財產所生「出入避難港以及在該港所支出之費用」而言。例如進入避難港之費用、避難港之港費即是。所謂之「貨物處理費用」，係指在避難港中，貨物之處理費用而言。例如在避難港中，貨物之保管費用、搬移費用、移動後再堆存費用、再裝載及再堆存費用即是。所謂之「船員工資」，係指在避難港中船員之薪津、給養及其他費用而言。所謂之「船舶維護所必需之燃、物料費用」，係指在避難港中，船舶維護所必需之燃料、物料費用而言。例如在避難港中，船舶維護所必需之燃料、貯藏品之保管費用、搬移費用即是。

本款係參照「1974 年約克‧安特衛普規則」第十條第一項及「1994 年約克‧安特衛普規則」第十一條所為之規定。「1974 年約克‧安特衛普規則」第十條第一項 (Rule X (a)) 規定：「船舶因遭遇意外事故、犧牲或其他特殊事項，為共同之安全，必須駛入避難港或避難地，或折返裝載港或裝載地時，其駛入該港或該地之費用，得認為共同海損。其駛入或折返後，船舶裝載原貨物之全部或一部駛離該港或該地時，其駛出該港或該地所須之相當費用，亦得認為共同海損。」(When a ship shall have entered a port or place of refuge, or shall have returned to her port or place of loading in consequence of accident, sacrifice or other extraordinary circumstances, which render that necessary for the common safety, the expenses of entering such port or place shall be admitted as general average; and when she have sailed thence with her original cargo, or a part of it, the corresponding expenses of leaving such port or place consequent upon such entry or return shall likewise be admitted as general average.)「1994 年約克‧安特衛普規則」第十條第一項 (Rule X (a)) 之規定與「1974 年約克‧安特衛普規則」第十條第一項 (Rule

X (a)) 之規定，完全相同。

　　「1994 年約克‧安特衛普規則」第十一條規定：「(a) 船舶駛入避難港或避難地，或折返裝載港或裝載地之航海延長期間，合理發生之船長、高級船員或普通海員之薪津、給養及所消耗之燃料、貯藏品，及進入該地之費用，於其費用依第十條 (a) 項得認係共同海損者時，得認為共同海損。(b) 因遭遇意外事故、犧牲或其他特殊情事，船舶駛入或停泊於任何港口或地點，若其為共同安全所必須，或為使船舶因犧牲或意外事故所致之損害得以修繕，而此修繕又為安全完成航海所必須時，於該港口或地點之額外停留期間，直至該船完成或應完成繼續航海之準備為止，合理支給船長、高級船員及普通海員之薪津及給養，得認為共同海損。」 ((a) Wages and maintenance of master, officers and crew reasonably incurred and fuel and stores consumed during the prolongation of the voyage occasioned by a ship entering a port or place of refuge or returning to her port or place of loading shall be admitted as general average when the expenses of entering such port or place are allowable in general average in accordance with Rule X (a) (b) When a ship shall have entered or been detained in any port or place in consequence of accident, sacrifice or other extraordinary circumstances which render that necessary for the common safety, or to enable damage to the ship caused by sacrifice or accident to be repaired, if the repairs were necessary for the safe prosecution of the voyage, the wages and maintenance of the master, officers and crew reasonably incurred during the extra period of detention in such port or place until the ship shall or should have been made ready to proceed upon her voyage, shall be admitted in general average.)

㈡船舶發生共同海損後，為繼續共同航程所需之額外費用

　　所謂「為繼續共同航程所需之額外費用」，例如為使船舶修繕可能所需之費用或延長航海所支出之費用即是。前者，例如船舶進入避難港避難，其共同海損行為已告終了，其後為安全完成航海，船舶必須加以修繕時，

其因為使船舶修繕可能所需貨物搬移、卸載,並在停滯期間船員給養之費用即是。後者,例如為避海難,船舶自預定航線偏航駛進某避難港,於避難港為某必要之處置後,再駛回原預定航線,如此額外支出之費用,即屬延長航海所支出之費用。

本款與第一款不同。第一款係在「現實危險」中,為克服現實之危險,以確保船貨共同安全所需之費用;而本款係屬船舶已進避難港,「現實危險」已告終了之後,為求航海之完成,船貨繼續航行所需之費用而言。本款之費用,若依「共同安全主義」之見解,顯然已非共同海損之範圍,然而若不將本款之費用,列入共同海損,又不足以維持船貨之共同利益,因此第一款顯係「共同安全主義」之立法,而本款則為「共同利益主義」之立法。

本款係參照「1974 年約克・安特衛普規則」第十條第二項 (Rule X (b)) 規定:「無論在裝載、停泊、避難之港口或地點,其貨物、燃料或貯藏品之船上搬移費用或卸載費用,當其搬移或卸載,為共同安全所必須,或為使船舶因犧牲或意外事故所致之損害得以修繕,而此修繕又為安全完成航程所必須時,其搬移或卸載之費用,得認為共同海損。但於裝載或停泊之港地所發現之船舶受損,若與本航程發生之任何事故或其他特殊情況無關時,不在此限。」(The cost of handling on board or discharging cargo, fuel or stores where at a port or place of loading, call or refuge, shall be admitted as general average, when the handling or discharge was necessary for the common safety or to enable damage to the ship caused by sacrifice or accident to be repaired, if the repairs were necessary for the safe prosecution of the voyage, except in cases where the damage to the ship is discovered at a port or place of loading or call without any accident or other extraordinary circumstance connected with such damage having taken place during the voyage.) 「1994 年約克・安特衛普規則」第十條第二項 (Rule X (b)) 之規定與「1974 年約克・安特衛普規則」第十條第二項 (Rule X (b)) 之規定,完全相同。「1974 年約克・安特衛普規則」第十條第三項 (Rule X (c)) 規定:「貨物、燃料或貯藏品之搬移或卸載

費用得認係其共同海損時，貨物、燃料或貯藏品之保管費，包括合理支出之保險費及再裝載、再堆存之費用，亦得認為共同海損。但得認為共同海損之貯存費用，於船舶無法或不繼續預定航海時，僅計算至無法或放棄航海之日為止；若無法或放棄航海發生於貨物卸載完成之前時，則應計算至貨物卸載完成之日為止。」(Whenever the cost of handling or discharging cargo, fuel or stores is admissible as general average, the costs of storage, including insurance if reasonably incurred, reloading, and stowing of such cargo, fuel or stores shall likewise be admitted as general average. But when the ship is condemned or does not proceed on her original voyage, storage expenses shall be admitted as average only up to the date of the ship's condemnation or of the abandonment of the voyage or up to the date of completion of discharge of cargo if the condemnation or abandonment takes place before that date.)

「1994年約克・宏特衛普規則」第十條第三項 (Rule X (c)) 規定：「貨物、燃料或貯藏品之搬移或卸載費用得認係其共同海損時，貨物、燃料或貯藏品之保管費，包括合理支出之保險費及再裝載、再堆存之費用，亦得認為共同海損。第十一條之規定，於前述再裝載或再堆存而生額外停泊期間適用之。但得認為共同海損之貯存費用，於船舶無法或不繼續預定航海時，僅計算至無法或放棄航海之日為止；若無法或放棄航海發生於貨物卸載完成之前時，則應計算至貨物卸載完成之日為止。」(Whenever the cost of handling or discharging cargo, fuel or stores is admissible as general average, the costs of storage, including insurance if reasonably incurred, reloading, and stowing of such cargo, fuel or stores shall likewise be admitted as general average. The provisions of Rule XI shall be applied to the extra period of detention occasioned by such reloading or restowing. But when the ship is condemned or does not proceed on her original voyage, storage expenses shall be admitted as average only up to the date of the ship's condemnation or of the abandonment of the voyage or up to the date of completion of discharge of cargo if the condemnation or abandonment takes place before that date.)「1994 年約克‧安特衛普規則」第十條第三項與「1974 年約克‧安特衛普規則」第十條第三項之規定,除增加「第十一條之規定,於前述再裝載或再堆存而生額外停泊期間適用之。」一段之規定外,兩者之規定,並無不同。

㈢為共同海損所墊付現金百分之二之報酬

船舶所有人或其他分擔之利害關係人為共同海損墊付現金之後,實際籌措現金之人得給付其報酬,其報酬額為共同海損墊款之百分之二。因船舶所有人或其他分擔之利害關係人為共同海損墊付現金之後,必須承擔外匯市場匯率下跌以及無法回收之風險,因此本款規定得給付墊付現金百分之二之報酬,而且此等報酬得列為共同海損。

本款係參照「1974 年約克‧安特衛普規則」第二十條所為之規定。「1974 年約克‧安特衛普規則」第二十條規定:「(資金之提供)Ⅰ墊付共同海損之費用,除船長、高級海員及一般海員之薪津、給養,及在航海中未經補給之燃料、貯藏品外,得加列百分之二為佣金,列入共同海損。但墊付之款項,若非由分擔之利害關係人所提供,而係以冒險借貸契約或其他方法籌得者,則為此支出之必要費用,或為此被變賣貨物之所有人所受損失,得列為共同海損。Ⅱ為共同海損支出預先墊付之保險費用,亦得列為共同海損。」〔(Provision of Funds) Ⅰ A commission of 2 per cent on general average disbursements, other than the wages and maintenance of master, officers and crew and fuel and stores not replaced during the voyage, shall be allowed in general average, but when the funds are not provided by any of the contributing interests, the necessary cost of obtaining the funds required by means of a bottomry bond or otherwise, or the loss sustained by owners of goods sold for the purpose, shall be allowed in general average. Ⅱ The cost of insuring money advanced to pay for general average disbursements shall also be allowed in general average.〕

㈣自共同海損發生之日起至共同海損實際收付日止，應行收付金額所生之利息

「被處分之物與未被處分之物，立於平等地位」，此乃共同海損之基本原則。因共同海損而發生損害或費用時，受損害財產之所有人或費用之支出人，對於其他利害關係人，取得共同海損分擔請求權，固不待言。但自損害發生日或費用支出日，至海損理算完畢分擔額確定之日，可能須時甚久。尤於理算繁雜之場合，更加顯然。因此若未將「自共同海損發生之日起至共同海損實際收付日止，應行收付金額所生之利息」考慮在內，並將之列入共同海損，則受損害財產之所有人或費用之支出人，與其他利害關係人相較，顯然處於相當不利之地位，有違前述共同海損之基本原則。

本款係基於「公平」之旨趣，參照「1974 年約克‧安特衛普規則」第二十一條所為之規定。「1974 年約克‧安特衛普規則」第二十一條規定：「（共同海損損失額之利息）得列入共同海損之費用、犧牲及補償金，應按週年百分之七，算至共同海損理算書作成日止，加給利息。但已由分擔利害關係人或自共同海損保證金中臨時補償者，應扣減相當之利息。」

〔(Interest on losses made good in general average) Interest shall be allowed on expenditure, sacrifices and allowance charged to general average at the rate of 7 per cent per annum, until the date of the general average statement, due allowance being made for any interim reimbursement from the contributory interests or from the general average deposit fund.〕

㈤替代費用

替代費用〔英：substituted expenses；日：代替費用（だいたいひよう）；德：Stellvertretende Kosten〕者，乃指為避免船貨之毀損，於海損即將發生之際，採取費用較小或較為有效之行為，以替代原將發生之共同海損行為，而發生之費用也。例如船舶因海損處分而駛入避難港避難，但因該避難港之修繕費用過高，為節省費用，乃僱拖船拖至其他港口修繕，此等替代原將發生共同海損行為之費用，即為替代費用。

海商法第一一四條第二項規定：「為替代前項第一款、第二款共同海損費用所生之其他費用，視為共同海損之費用。但替代費用不得超過原共同海損費用。」依此規定，為替代下列費用所生之其他費用，得視為共同海損之費用：

1.為克服現實危險在避難港之費用

此之所謂「為克服現實危險在避難港之費用」，即指「為保存共同危險中全體財產所生之港埠、貨物處理、船員工資及船舶維護所必需之燃、物料費用」（§114 I ①）。例如為克服現實危險，將船舶駛入 A 港避難，但因 A 港之港費較貴，或在 A 港貨物、燃料及貯藏品之搬移費用、保管費用、再裝載及再堆存費用甚貴，乃以拖船拖至他港避難之費用即是。

2.為繼續共同航程所需之額外費用

此之所謂「為繼續共同航程所需之額外費用」，即指「船舶發生共同海損後，為繼續共同航程所需之額外費用」（§114 I ②）。例如在克服現實危險後，為繼續共同航程，在避難港必須修繕船舶，但避難港之修繕費過於昂貴，乃以拖船拖至修繕費較為廉價之他港之費用即是。

所謂「替代費用不得超過原共同海損費用」，係指船長為替代行為所發生之費用，必須低於船長不為替代行為所發生之費用而言。因共同海損制度存在之目的，本在於「犧牲較小之損害，防止較大之損害」，唯有「替代費用不得超過原共同海損費用」，始符共同海損之精神也。

本項係參照「1974 年約克·安特衛普規則」第 F 條所為之規定。「1974 年約克·安特衛普規則」第 F 條 (Rule F) 規定：「替代原可作為共同海損之他項費用而發生之任何額外費用，得認為共同海損。此項認定，無須考慮其對其他利害關係方面是否有所節省，但僅以所避免之共同海損費用數額為限。」(Any extra expense incurred in place of another expense which would have been allowable as general average shall be deemed to be general average and so allowed without regard to the saving, if any, to other interests, but only up to the amount of the general average expense avoided.) 「1994 年約克·安

特衛普規則」第 F 條 (Rule F) 規定：「替代原可作為共同海損之他項費用而發生之任何追加費用，得認為共同海損。此項認定，無須考慮其對其他利害關係方面是否有所節省，但僅以所避免之共同海損費用數額為限。」(Any additional expense incurred in place of another expense which would have been allowable as general average shall be deemed to be general average and so allowed without regard to the saving, if any, to other interests, but only up to the amount of the general average expense avoided.)「1994 年約克・安特衛普規則」第 F 條 (Rule F) 與「1974 年約克・安特衛普規則」第 F 條 (Rule F) 之規定，除原來之「任何額外費用」(Any extra expense) 修正為「任何追加費用」(Any additional expense) 之外，兩者之規定，並無不同。

第三項　共同海損損失額之計算（即共同海損之債權）

(一)計算之標準

如前所述，共同海損之損害，包括實物損害（船舶之損害及貨載之損害）及費用損害兩者。費用損害，因其支付，木以金錢計算之，僅有支付與否之問題，並無所謂計算標準之問題，因此對於費用損害之計算標準，本法並無特別規定。至於實物損害，除有支付與否之問題外，亦有計算標準之問題。就實物損害之計算標準，海商法第一一二條規定：「I 前條各被保存財產之分擔價值，應以航程終止地或放棄共同航程時地財產之實際淨值為準，依下列規定計算之：一　船舶以到達時地之價格為準。如船舶於航程中已修復者，應扣除在該航程中共同海損之犧牲額及其他非共同海損之損害額。但不得低於其實際所餘殘值。二　貨物以送交最後受貨人之商業發票所載價格為準，如無商業發票者，以裝船時地之價值為準，並均包括應支付之運費及保險費在內。三　運費以到付運費之應收額，扣除非共同海損費用為準。II 前項各類之實際淨值，均應另加計共同海損之補償額。」

依此規定，吾人析述如下：

1.船舶損害之計算

共同海損之分擔價值，船舶應以航程終止時地或放棄共同航程時地之實際淨值為準。

2.貨物損害之計算

共同海損之分擔價值，各被保存貨物之分擔價值，應以航程終止地或放棄共同航程時地貨物之實際淨值為準。

(二)計算之程序

海商法第一二一條規定：「共同海損之計算，由全體關係人協議定之。協議不成時，得提付仲裁或請求法院裁判之。」依此規定，共同海損之計算，由全體關係人協議定之。因共同海損純係私人間之債務問題，故其計算，應由全體關係人協議定之。若協議不成時，始得提付仲裁或請求法院裁判之。此之所謂全體利害關係人者，例如船舶所有人、船長、貨物所有人、運費收受人或保險人等即是。此之所謂提付仲裁者，係指提付商務仲裁而言。商務仲裁〔英：commercial arbitration；日：商事仲裁（しょうじちゅうさい）；德：Handelsschiedsgerichtsbarkeit；法：arbitrage commercial〕者，乃指基於當事人之合意，使一人或單數之數人居中調停，就當事人間現在或將來商務上之爭議，為判斷解決之程序也（仲裁 §1）。仲裁法第四條第一項規定：「仲裁協議，如一方不遵守，另行提起訴訟時，法院應依他方聲請裁定停止訴訟程序，並命原告於一定期間內提付仲裁。但被告已為本案之言詞辯論者，不在此限。」仲裁法第三十七條第一項規定：「仲裁人之判斷，於當事人間，與法院之確定判決，有同一效力。」依此規定可知，提付商務仲裁協會仲裁之共同海損爭議，若經仲裁人判斷者，於雙方當事人之間，發生與「法院確定判決」同樣之效力。如其中一方當事人不遵守，而另行提起訴訟，他方當事人得據以請求法院駁回原告之訴，此謂之妨訴抗辯之效力。

於仲裁程序進行中，因仲裁程序尚未完成，尚無妨訴抗辯之效力，此

時若利害關係人請求法院裁判時，仲裁程序應因法院之受理而停止，而進入訴訟程序。再者，共同海損之債權，既屬損害賠償之性質，共同海損之訴訟程序自應依據民事訴訟法之規定。民事訴訟法第八條規定：「因船舶債權或以船舶擔保之債權涉訟者，得由船舶所在地之法院管轄。」依此規定，船舶於共同海損發生後之到達地法院，應為共同海損債權訴訟之管轄法院。民事訴訟法第七條規定：「對於船舶所有人或利用船舶人，因船舶或航行涉訟者，得由船籍所在地之法院管轄。」依此規定，船舶為複合運送或為循環航行時，共同海損之債權人如欲對船舶所有人起訴時，得由船籍所在地之法院管轄。民事訴訟法第十五條第二項規定：「因船舶碰撞或其他海上事故，請求損害賠償而涉訟者，得由受損害之船舶最初到達地，或加害船舶被扣留地，或其船籍港之法院管轄。」依此規定，如屬船舶碰撞或其他海上事故（如誤觸水雷、浮標等物），其因侵權行為而發生共同海損者，得由受損害之船舶最初到達地，或加害船舶被扣留地，或其船籍港之法院管轄。民事訴訟法第二十四條規定：「Ⅰ當事人得以合意定第一審管轄法院。但以關於由一定法律關係而生之訴訟為限。Ⅱ前項合意，應以文書證之。」依此規定，共同海損之管轄法院，無特別審判籍之規定者，原則上以船舶所在地或船籍所在地之法院為管轄法院，亦得以當事人之合意決定第一審管轄法院，但以關於由一定法律關係而生之訴訟為限，而且此項合意，應以文書證明之❻❹。

　　本條僅係原則性之規定，實際上，海損發生後，其損害究應如何由各關係人負擔，如何分配責任，須經詳盡之計算，此項共同海損之計算，稱為海損理算 (adjustment of general average)。惟共同海損之計算，須由對於共同海損問題有相當知識經驗者，始足擔當之❻❺。因此基本上，無論關係人協議、商務仲裁協會之仲裁，或法院之裁判，均須先由「海損理算師」計算而作成海損理算書，否則協議、仲裁或裁判等若無海損理算書之依據，

❻❹　梁宇賢，《海商法論》，三民書局印行，1992 年 8 月修訂 3 版，p. 620。

❻❺　鄭玉波，《海商法》，三民書局印行，1976 年 5 月 7 版，p. 111。

頗難以令人信服。海損理算師〔英：average adjuster；日：共同海損清算人（きょうどうかいそんせいさんにん）〕者，乃指於共同海損發生後，受共同海損利害關係人之委託，或經運送人之指定，依其專業知識或一般共同海損之理算規則（例如 1974 年約克・安特衛普規則），以公正客觀之態度，負責計算及確定各利害關係人間賠償責任之專業人員也。在大陸法系之國家，海損理算師多屬公職人員，由法院或航政機關選任；在英美法系之國家，則有海損理算師協會之組織，以確保海損理算之標準及理算書製作之一致。海損理算師，須具一定之資格者始得充任，延聘時多經各利害關係人同意委任之。例如在英國，共同海損之計算，應由運送人委請有相當專業知識及實務經驗之海損理算師為之。先由海損理算師計算並作成海損理算書，經分送利害關係人承認後，始達成協議。關係人應於所定合理期限內答覆承認與否，其未於所定合理期限內答覆者，視為承認。在美國，則多由海損理算所 (Average Adjusting Offices) 與海上保險經紀人 (Marine Insurance Broker) 聯合執行共同海損之理算業務，及其他項目之保險業務，其費用由保險人給付，或列入海損理算之內。海損理算師之主要職責如下：

(1)協助提供事實之資料，以便海事賠償要求得以成立。

(2)計算共同海損及救難之費用。

(3)協助計算共同海損及救難之費用。

海損之理算，以共同海損之情況最為複雜。因在單獨海損或全損之場合，其牽連關係較為簡單，當船舶蒙受損害時，其負擔者僅為船舶所有人或保險人；當貨載蒙受損害時，其負擔者僅為貨物所有人或保險人。惟於共同海損之場合，其牽連關係則涉及船舶、貨載及運費，而貨載方面之關係人，動輒高達數十戶乃至數百戶之多，其責任關係極其錯雜，非由專業人員理算，實在無法確定海損之總金額及各利害關係人所應分擔之金額，因此委託海損理算師從事海損之理算者，實以共同海損之場合最為頻繁。易言之，海損之理算，實以共同海損最為複雜，實以共同海損最為重要，海商法所以另闢專章（第六章）特設「共同海損」規定者，其原因乃在於

此。

　　海損之理算，通常多以「海損理算書」之方式為之。海損理算書〔英：average statement；日：共同海損清算書（きょうどうかいそんせいさんしょ）〕者，乃指由海損理算師所製作，其內載明海損之總金額及各利害關係人所應分擔金額之書類也 ❻❻。至於海損理算書之記載方式及計算順序，吳智教授於其名著《海商法論》中，即有如下詳細之說明：「海損計算通常以書面為之。首先分別海損性質，為單獨（特別）海損抑為共同海損，如為共同海損，則除分明事實關係及海損分類外，尚須作成三面計算關係，其一、為債權人團體（或稱主動團體），記載並估計應由全部利害關係人共同分擔之損害及費用；其二、為債務人團體（或稱被動團體），記載應分擔之理由，及因船長所為犧牲而受利益之物，並其估價；其三、為比較債權團體債務團體兩者後所確定各利害關係人應分擔之部分；是為計算之最後目的。第一第二團體書作成後，第三部分已離開法律問題，而屬於單純之計算事務矣。若同一航行中發生數次共同海損時，則應將各共同海損視為個別而定其分擔責任，蓋第一次共同海損與第二次共同海損係各異其共同危險，且共同利益（危險）團體之範圍亦往往不同故也。至其計算之順序，則以先計算最後之共同海損而定其分擔額，再以其分擔額自各分擔財產價額中扣除殘額，計算次之共同海損。蓋扣除最後共同海損分擔額，其殘餘數額，即為其共同海損之現在價額也。其計算順序所以如此者，蓋前共同海損之損害額，係因後次共同海損而得保存也。」❻❼

　　我國目前尚無海損理算師之制度，因此在實際上理算時，多由當事人之合意，而委託適當之第三人為之。如此情況，該受委任之第三人並無海損理算師之執照，既無理算師之專業知識，亦不受任何機關之監督，實有未當，因此政府似有早日立法，建立理算師制度之必要❻❽。

---

❻❻　J. ベス著，小川武，《海運傭船事典》，岩崎書店，1963 年 3 月 31 日第 4 版發行，p. 277。

❻❼　吳智，《海商法論》，自版，三民書局總經銷，1976 年 3 月修訂 4 版，p. 247。

第五節　共同海損之債務

第一項　共同海損債務之分擔

　　共同海損債務之分擔者，乃指就船貨因共同海損行為所造成之犧牲及發生之費用，以各被保存財產價值與共同海損總額之比例，由各利害關係人所為之共同債務分擔也。茲就其分擔人及分擔額簡述如下：

一、共同海損之分擔人

　　共同海損行為之結果，雖然必有損失，但亦必有保存，因此從事共同海損之理算時，除應計算共同海損之損失額（債權）外，亦應計算共同海損之分擔額（債務），由各分擔人共同分擔之。因此此之所謂分擔人者，係指分擔共同海損之債務人而言。惟何者為分擔人？亦即何者為分擔共同海損之債務人？海商法第一一一條規定：「共同海損以各被保存財產價值與共同海損總額之比例，由各利害關係人分擔之。因共同海損行為所犧牲而獲共同海損補償之財產，亦應參與分擔。」依此規定，共同海損應由各利害關係人分擔之。而所謂共同海損之利害關係人，應指下列之人：

㈠船舶所有人

　　依海商法第一一一條之規定，「共同海損以各被保存財產價值與共同海損總額之比例，由各利害關係人分擔之。因共同海損行為所犧牲而獲共同海損補償之財產，亦應參與分擔。」船舶所有人為利害關係人之一，當然必須分擔共同海損。船舶所有人分擔共同海損時，不但其船舶被保存之「財產價值」應分擔之，其「因共同海損行為所犧牲而獲共同海損補償之財產，

❻⑧　梁宇賢，《海商法論》，三民書局印行，1992 年 8 月修訂 3 版，p. 619。

亦應參與分擔。」否則被犧牲之部分若獲得補償而不參與分擔，將得到全部賠償，有失公平。

(二)貨物所有人

此之所謂貨物所有人，通常係指託運人或受貨人。依前述海商法第一一一條之規定，貨物所有人分擔共同海損時，不但其貨物被保存之「貨物價值」應分擔之，其「因共同海損行為所犧牲而獲共同海損補償之財產，亦應參與分擔。」否則被犧牲之部分若獲得補償而不參與分擔，將得到全部賠償，結果共同海損全由他人分擔，自己卻毫無損失，其地位豈不反而優於被保存貨物之所有人？因此為維持公平起見，本法規定，其因共同海損行為所犧牲而獲共同海損補償之財產，亦應參與分擔，否則有失公平。

(三)運費取得人

此之所謂運費取得人，係指運送人而言。當船舶所有人占有管理船舶自為運送，則船舶所有人即為運送人，即為運費取得人；當船舶所有人將船舶出租他人，由該他人占有管理船舶從事運送業務時，該船舶租賃人即為運送人，即為運費取得人。依前述海商法第一一一條之規定，運費取得人分擔共同海損時，不但其運費被保存之「運費價值」應分擔之，其「因共同海損行為所犧牲而獲共同海損補償之運費，亦應參與分擔。」其理由與前述相同。

(四)因共同海損行為所犧牲而獲共同海損補償之財產所有人

海商法第一一一條規定：「共同海損以各被保存財產價值與共同海損總額之比例，由各利害關係人分擔之。因共同海損行為所犧牲而獲共同海損補償之財產，亦應參與分擔。」依此規定，分擔共同海損之財產中，「因共同海損行為所犧牲而獲共同海損補償之財產」亦包括在內。因若將在共同海損受犧牲之財物，排除於分擔共同海損財產之外，則受損害之利害關係人將因自被保險人保存財產獲得損害全額填補之結果，反能保持財產之全額，在經濟上將與「完全未暴露於共同危險」立於同一之地位。亦即，「因共同海損行為所犧牲而獲共同海損補償之財產」，因受全額填補之故，將反

較被保險人保存財產立於有利之地位，違反各利害關係人公平負擔之原則。

二、共同海損之分擔額

　　共同海損之分擔額者，乃指於共同海損行為發生之後，被保存之船舶、貨載乃至於運費，對於該犧牲及費用所應分擔補償之數額也。因此共同海損之分擔額，即為共同海損之債務，而共同海損之損失額即為共同海損之債權。因共同海損行為之結果，一方面必有所犧牲，另方面亦必有所保存（參照共同海損之要件），因此共同海損行為發生之後，吾人除應計算共同海損損失額（債權額）之外，亦應計算共同海損之分擔額（債務額），使各利害關係人依法定之比例共同負擔共同海損損失額，始符公平之法則。

㈠計算之基準

　　就共同海損分擔額之計算基準，海商法第一一一條規定：「共同海損以各被保存財產價值與共同海損總額之比例，由各利害關係人分擔之。因共同海損行為所犧牲而獲共同海損補償之財產，亦應參與分擔。」對於此點，舊海商法曾以第一五一條規定：「共同海損應以左列各項與共同海損之總額為比例，由各利害關係人分擔之：一　所存留之船舶。二　所存留貨載之價格。三　運費之半額。四　為共同海損行為所犧牲之財物。」1999 年修法時，參照「1974 年約克‧安特衛普規則」(The York-Antwerp Rules, 1974) B 條，放棄舊法列舉式之立法，而改採概括式之立法，俾免文字與以下各條之規定抵觸，尤其不再採運費半額制，以便配合國際通行之實務。

　　茲依前述現行海商法第一一一條之規定，將共同海損分擔額之計算基準，簡單說明如下：

1.船舶分擔額之計算基準

　　船舶因投棄、犧牲及支出特別費用而獲得保存，自應參與負擔共同海損之損失額，各國皆然。至於船舶共同海損分擔額之標準，各國規定則略有不同，惟均不以發航時發航地之價格為準[69]。因此我國現行海商法第一

---

[69]　吳智，《海商法論》，自版，三民書局總經銷，1976 年 3 月修訂 4 版，p. 241。

一一條規定，船舶應依其被保存之財產價值與共同海損總額之比例，分擔共同海損之損失額。至於船舶被保存價值之計算基準，海商法第一一二條第一項第一款規定：「前條各被保存財產之分擔價值，應以航程終止地或放棄共同航程時地財產之實際淨值為準，依下列規定計算之：一　船舶以到達時地之價格為準。如船舶於航程中已修復者，應扣除在該航程中共同海損之犧牲額及其他非共同海損之損害額。但不得低於其實際所餘殘值。」依此規定，船舶應以「航程終止地或放棄共同航程時地財產之實際淨值」為準。實際淨值 (actual net value) 者，乃指依進口國法律所定之同一時間及地點，該進口商品或同類商品在完全競爭之條件下，依通常貿易程序 (ordinary course of trade) 所銷售或供應銷售之淨價 (不包括折扣、佣金等費用之價格) 也 ❼⓪。此之所謂「航程終止地或放棄共同航程時地財產之實際淨值」，在船舶之場合，則應以到達時地之價格為準。所謂「如船舶於航程中已修復者，應扣除在該航程中共同海損之犧牲額及其他非共同海損之損害額。」因本條之第二項已明定「前項各類之實際淨值，均應另加計共同海損之補償額」，在此若未規定扣除共同海損之犧牲額，則恐有重複計算共同海損犧牲額之嫌。至於「其他非共同海損之損害額」，因與共同海損無關，自不應計入。所謂「不得低於其實際所餘殘值」，船舶價值須為到達時地客觀價格始能為其他共同海損利害關係人所承認，至於個別契約下之價值，如抵押貸款或租船租金所可估計之船舶價值，均不得視為本條船舶之分擔價值。本條第一款，係參照「1974 年約克・安特衛普規則」(The York-Antwerp Rules, 1974) 第十七條所為之規定。「1974 年約克・安特衛普規則」(The York-Antwerp Rules, 1974) 第十七條規定：「Ⅰ共同海損之分擔，應依航程終止時財產之實際淨值定之。但貨物之價值，應依開給受貨人之商業發票所確定之卸載時價值定之。若無此等發票時，則自裝船價值確定之。貨物之價值，應包括保險費及運費。但此等運費由貨方以外之利害關

---

❼⓪　林柏生，《國際貿易金融大辭典》，中華徵信所企業股份有限公司發行，1991 年 10 月出版，p. 13。

係人負擔危險者，不在此限。貨物在卸載前或卸載時所受之滅失或損害，應自貨物之價值扣除之。船舶之價值，於估計時，無須考慮該船可能簽定光船租賃契約或定期傭船契約所致有利或有害之影響。II前項之價值，若未包括因財產被犧牲之共同海損補償額時，應加上此一數額。但應自暴露於危險之貨物運費及旅客票價中，扣除如在共同海損行為發生之日船舶及貨物全部滅失即無須為賺取該項運費而支出，且不得列入共同海損之費用及船員之薪津；應自財產價值中，扣除共同海損行為發生後所支付有關該財產之一切額外費用，但得列入共同海損之費用，不予扣除。III若貨物於到達目的地前被出售，應以出售之淨得數額，加上共同海損受補償之數額，進行分擔。IV非根據載貨證券裝運之旅客行李及個人物品，不參加共同海損分擔。」(Rule XVII—Contributory Values. I The contribution to a general average shall be made upon the actual net values of the property at the termination of the adventure except that the value of cargo shall be the value at the time of discharge, ascertained from the commercial invoice rendered to the receiver or if there is no such invoice from the shipped value. The value of the cargo shall include the cost of insurance and freight unless and insofar as such freight is at the risk of interests other than the cargo, deducting therefrom any loss or damage suffered by the cargo prior to or at the time of discharge. The value of the ship shall be assessed without taking into account the beneficial or detrimental effect of any demise or time charterparty to which the ship may be committed. II To these values shall be added the amount made good as general average for property sacrificed, if not already included, deduction being made from the freight and passage money at risk of such charge and crew's wages as would not have been incurred in earning the freight had the ship and cargo been totally lost at the date of the general average act and have not been allowcd as general average; deduction being also made from the value of the property of all extra charges incurred in respect thereof subsequently to the general average act, except such charges as are allowed in general average. III Where cargo is sold short of destination. However, it shall contribute upon the actual net proceeds of sale, with the addition of any amount made good as general average. IV Passenger's luggage and personal effects not shipped under Bill of Lading shall not contribute in general average.)

　　其次，船舶當然包括設備及屬具在內。未記載於目錄之設備屬具，被投棄時雖不認為共同海損（§117本文），前已言之；但此等設備屬具如經撈救，仍應分擔共同海損（同條但書）。再者，若船舶無法以到達時地之價格衡量時，例如無市場價格可作為客觀之衡量價格時，應如何處理？我國現行海商法並無明文規定，解釋上似應另請專家估計，以專家估計之價值為準。到達時地之價格若遠低於其他港埠之價格時，是否仍應遵守本條第一款之規定，仍以到達時地之價格為準，賤價拍賣船舶，致使船舶所有人蒙受損害？本條似有更加周延規定之必要❼。

2.貨物分擔額之計算基準

　　依我國現行海商法第一一一條規定，貨物應依其被保存之財產價值與共同海損總額之比例，分擔共同海損之損失額。至於貨物被保存價值之計算基準，海商法第一一一條第一項第二款則規定：「前條各被保存財產之分擔價值，應以航程終止地或放棄共同航程時地財產之實際淨值為準，依下列規定計算之：……二　貨物以送交最後受貨人之商業發票所載價格為準，如無商業發票者，以裝船時地之價值為準，並均包括應支付之運費及保險費在內。」依此規定，貨物應以「航程終止地或放棄共同航程時地財產之實際淨值」為準，而此之所謂「航程終止地或放棄共同航程時地財產之實際淨值」，在貨物之場合，則應以送交最後受貨人之商業發票所載價格為準，如無商業發票者，以裝船時地之價值為準，並均包括應支付之運費及保險費在內。本條第一項第二款，係參照「1974年約克‧安特衛普規則」(The York-Antwerp Rules, 1974) 第十七條所為之規定（規定內容，參照前述）。

❼　梁宇賢，《海商法論》，三民書局印行，1992年8月修訂3版，p. 615。

其立法目的，旨在謀求計算之簡單，以免因估價而耗費時日。但貨物在海運途中，常因買賣行為而使貨物所有人幾度易主，如此必有前後多種價值不同之商業發票出現，故本條所謂之商業發票，係指交付予最後受貨人之商業發票而言。因此，依前述海商法第一一二條第一項第二款之規定，貨物分擔額之計算基準，在有商業發票之場合，應以送交最後受貨人之商業發票所載價格為準，在無商業發票之場合，應以裝船時地之價值為準，若裝船時地之價值，亦無客觀之標準時（例如根本毫無市場價格，毫無行情時），應請專家鑑定之。

就貨物分擔額之計算基準，舊法曾以第一五二條規定：「關於共同海損之分擔額，船舶以到達地到達時之價格為準。貨物以卸載地卸載時之價格為準，但關於貨物之價格，應扣除因滅失無須支付之運費，及其他費用。」舊法以卸載地卸載時之市場價格為準，但為獲得貨物卸載地卸載時之市場價格，往往煩費周章，困難重重，而且某些貨物，根本毫無所謂市場價格，常因估價而耗日費時，因此本法為期劃一，以求共同海損精算之簡化，乃參照「1974 年約克‧安特衛普規則」(The York-Antwerp Rules, 1974) 第十七條，改以商業發票上之價格，取代市場價格。

商業發票〔英：commercial invoice, invoice, merchandise invoice；日：送り狀（おくりじょう），インヴォーイス〕者，亦稱發貨清單、發貨票，乃指出口商於貨物裝運出口時，開給進口商，載明商品之性質、數量、價格等事項，作為進口商進貨憑證之通知書也。商業發票為進出口通關之必備文件，並為貨運之主要單據 (shipping documents) 之一。因商業發票上載有貨物之性質、淨重、毛重、體積、成交數量、價格等事項，故商業發票亦具有貨物清單 (list of goods shipped) 之性質。於 C & F 或 CIF 之場合，賣方在貨物裝運以後，為讓買方明瞭其債務，通常多以商業發票之副本，連同載貨證券（提單）及保險單之副本，寄給買方，以便買方付款之準備，故商業發票亦具有債務通知書 (statement of account) 之性質。又因商業發票不但記載金額及其細帳，而且載有各筆金額間之關係，因此商業發票亦具有

帳單 (debt note) 之性質。依信用狀統一慣例 (Uniform Customs for Credits)，除另有規定外，商業發票須以開狀申請人 (opener) 為抬頭 (title)，其金額不得超過信用狀之金額，而且其貨物之記載須與信用狀相符。在 CIF 之場合，買主將購買之貨物轉售他人，乃常有之事，因對貨物內容之記載，商業發票較載貨證券更為詳盡，若附上商業發票，將使貨物之轉賣更為容易，因此雖然在普通法上原則上不以開具商業發票為必要，但美國統一商法典仍然明文規定，CIF 契約之賣主有開具商業發票之義務 (U.C.C. §2–320 ⑵ (d)) ❷。

再者，本法第一一九條規定：「Ⅰ貨物之性質，於託運時故意為不實之聲明，經犧牲者，不認為共同海損。但經保存者，應按其實在價值分擔之。Ⅱ貨物之價值，於託運時為不實之聲明，使聲明價值與實在價值不同者，其共同海損犧牲之補償額以金額低者為準，分擔價值以金額高者為準。」依此規定，聲明價值與實在價值兩不相同時，共同海損犧牲之補償額以金額低者為準，而共同海損之分擔額則以金額高者為準。其立法理由，旨在制裁狡獪之徒，防止託運人故為不實之聲明，圖謀不當之利益也。

其次，裝載於甲板上之貨物經投棄者，原則上雖不認為共同海損，但經撈救者，卻應分擔共同海損（§116）。再者，無載貨證券亦無船長收據之貨物，經犧牲者，不認為共同海損，但經撈救者，仍應分擔共同海損（§117）。

3.運費分擔額之計算基準

海商法第一一二條第一項第三款規定：「運費以到付運費之應收額，扣除非共同海損費用為準。」本款係 1999 年修法時新增之規定，就分擔額之計算基準，舊法曾以第一五二條規定：「關於共同海損之分擔額，船舶以到達地到達時之價格為準，貨物以卸載地卸載時之價格為準，但關於貨物之價格，應扣除因滅失無須支付之運費及其他費用。」舊法僅規定船舶及貨

---

❷　林柏生，《國際貿易金融大辭典》，中華徵信所企業股份有限公司發行，1991 年 10 月出版，p. 195。鴻常夫、北沢正啓，《英米商事法辞典》，商事法務研究会，昭和 61 年 3 月 25 日初版第 1 刷發行，p. 430。

物之分擔額，惟依現行海商法第一一一條之規定，共同海損應由各被保存財產共同分擔，故修法之時，特增訂第三款，明文規定運費分擔額之計算標準，以補舊法規定之未備。

本款所謂之「到付運費之應收額」，係指貨物到達目的地時應收之運費總額而言。因運費之支付，大多以到達目的港時交付為條件，當貨物曝露在危險中，運費亦曝露於危險中。若當事人約定，無論貨物是否滅失，運送人均可取得運費時，此時之運費已為貨物之分擔價格所吸收，應依「貨物之分擔價格」處理。所謂「扣除非共同海損費用」，係指扣除非共同海損行為直接發生之費用或與共同海損目的不符之費用而言。

4.為共同海損行為所犧牲財物分擔額之計算基準

為共同海損所犧牲之財物，可能為船舶屬具，可能為貨物，亦可能為其他財物（例如運費、旅客行李），此等被犧牲之財物，一方面構成共同海損之主要部分(若尚有費用支出時，其費用亦一併列為損害額而受人分擔)，但另一方面其自己亦應參加分擔。於是此等被犧牲財物之所有人（或為船舶所有人、或為貨物所有人、或為運費取得人），同時是債權人，也是債務人。

共同海損依上述之基準，由利害關係人分擔。此外，依本法第一二〇條第一項規定：「船上所備糧食、武器、船員之衣物、薪津、郵件及無載貨證券之旅客行李、私人物品皆不分擔共同海損。」是為分擔之例外（參照本書「共同海損債務分擔之例外」）。

㈡計算之方法

共同海損以各被保存財產價值與共同海損總額之比例，由各利害關係人分擔之。因共同海損行為所犧牲而獲共同海損補償之財產，亦應參與分擔（§111），已如上述。此種計算方法即是以「各被保存財產價值之數額總和」加「因共同海損行為所犧牲而獲共同海損補償之財產數額」為分母，而以「共同海損總額」為分子，計算其比例後，再以此比例分別乘以「各該利害關係人所保存財產價值」，即為各該利害關係人所應分擔之數額。前

述所謂「各被保存財產價值之數額總和」，係指被保存船舶價值＋被保存貨物價值＋運費＋被保存其他財物價值而言。所謂「因共同海損行為所犧牲而獲共同海損補償之財產數額」，即係指因共同行為直接造成之犧牲損害額而言。所謂「共同海損總額」，一般即係指因共同行為直接造成之犧牲損害＋發生之費用損害而言（§110）。若無費用損害時，共同損害總額往往即等於犧牲損害額，即等於「因共同海損行為所犧牲而獲共同海損補償之財產數額」。茲以公式列之如下：

(1)
$$\frac{共同海損總額}{各被保存財產價值＋犧牲補償額}×船價（被保）＝船舶所有人分擔額$$

註：共同海損總額＝犧牲損害＋費用損害

　　各被保存財產價值＝被保存之船價＋貨價＋運費＋其他財物

　　犧牲補償額＝因共同海損直接造成之犧牲損害

　　船價係指被保存船舶之價值而言，後述之貨價係指被保存貨物之價值而言。

(2)
$$\frac{共同海損總額}{各被保存財產價值＋犧牲補償額}×貨價（被保）＝貨物所有人分擔額$$

(3)
$$\frac{共同海損總額}{各被保存財產價值＋犧牲補償額}×運費（被保）＝運費取得人分擔額$$

(4)
$$\frac{共同海損總額}{各被保存財產價值＋犧牲補償額}×財物犧牲額＝被犧牲財物人自己之分擔額$$

　　茲依照上列公式，設一實例計算。例如某貨船於海難中只投棄貨物一批，即行脫險，而該被投棄貨物之價格為 50,000 元（被犧牲財物額，同時

也是共同海損損害額，此等為共同海損行為所犧牲之財物，以下簡稱犧牲額），被保存船舶之價值為 2,000,000 元，被保存貨物之價值為 2,000,000 元，運費為 10,000 元，為計算之便利，可先求出共同海損分擔額之成數：

$$\frac{50,000 \ (共同海損總額)}{(2,000,000 + 200,000 + 10,000 + 0) + 50,000} = \frac{50,000}{2,260,000} = X$$

（各被保存財產價值）＋　　　　　犧牲補償額

註：因本設例未有被保存其他財產之價值，再者因未有費用損害，因此共同海損總額＝犧牲損害額＝犧牲補償額。

X 即為共同海損分擔額之成數，然後再以上開成數 X 分別乘以各該基準額，即得：

⑴ X × 2,000,000 ＝ A 元⋯⋯船舶所有人之分擔額

⑵ X × 200,000 ＝ B 元⋯⋯貨物所有人之分擔額

⑶ X × 10,000 ＝ C 元⋯⋯運費取得人之分擔額

⑷ X × 50,000 ＝ D 元⋯⋯被犧牲財物所有人之分擔額

註：X 即為共同海損分擔額之成數，即 $\frac{50,000}{2,260,000}$ 之代號。

被犧牲財物（被投棄貨物）所有人自己應分擔之 D 元，因自己同時為債權人，亦同時為債務人，依民法混同之法理，其 D 元之債權及債務歸於消滅，因此被投棄貨物所有人應得之賠償為 A 元＋B 元＋C 元之總和金額。亦即 50,000 元（被投棄貨物之損失額，亦即被投棄貨物之原本應有之補償額）－ D 元（被投棄貨物人自己之分擔）。「A 元＋B 元＋C 元」，與「50,000元－ D 元」，必然相等。前者之算法係學理上之算法，後者之算者係海運實

務之算法，參照後述之說明。

　　再如，今設有運送人某 A 以其所有之 K 輪運送 B 所有之貨物一批，自基隆港運往澎湖港，其運費為 100 萬元。在船舶航程期間遭遇海難，為求共同危險中全體財產之安全，船長將 B 貨中之一部分貨物投棄，始獲脫險。抵澎湖港經請專家調查估計之結果，共同海損行為發生前，船舶原有價值為 900 萬元，所載 B 貨之原有價值為 500 萬元，運費為 100 萬元。在海難中，共同海損之損害額為 300 萬元，其中船舶之損害額為 200 萬元，被投棄貨物之價值為 100 萬元，則其船舶之被保存價值為 700 萬元，貨物之被保存價值為 400 萬元，運費之被保存價值為 100 萬元。在此情況，A、B 各應獲得如何之賠償？

　　吾人以為，海商法第一一一條規定：「共同海損以各被保存財產價值與共同海損總額之比例，由各利害關係人分擔之。因共同海損行為所犧牲而獲共同海損補償之財產，亦應參與分擔。」依此規定，應以「各被保存財產價值之數額總和」加「因共同海損行為所犧牲而獲共同海損補償之財產數額」為分母，而以「共同海損總額」為分子，計算其比例後，再以此比例分別乘以「各該利害關係人所保存財產價值」，即為各該利害關係人所應分擔之數額。茲以公式列之如下：

(1) $$\frac{共同海損總額}{各被保存財產價值 + 犧牲補償額} \times \overset{(被保)}{船價} = 船舶所有人分擔額$$

(2) $$\frac{共同海損總額}{各被保存財產價值 + 犧牲補償額} \times \overset{(被保)}{貨價} = 貨物所有人分擔額$$

(3) $$\frac{共同海損總額}{各被保存財產價值 + 犧牲補償額} \times \overset{(被保)}{運費} = 運費取得人分擔額$$

(4)
$$\frac{共同海損總額}{各被保存財產價值 + 犧牲補償額} \times 財物犧牲額 = 被犧牲財物人自己之分擔額$$

為計算之便利，吾人可依上列公式，先求出共同海損分擔之比例：

$$\frac{(200 萬 + 100 萬)(共同海損總額)}{(700 萬 + 400 萬 + 100 萬) + (200 萬 + 100 萬)} = \frac{1}{5}$$

（各被保存財產價值）＋　　　（犧牲補償額）

註：因本設例未有被保存其他財產之價值，因此各被保存財產價值之總和＝ 700 萬＋400 萬＋100 萬＋0。再者，因未有費用損害，因此共同海損總額＝犧牲損害額＝犧牲補償額＝ 200 萬＋100萬。

$\frac{1}{5}$ 即為共同海損分擔額之比例，然後再以上開比例 $\frac{1}{5}$ 分別乘以各該被保存財產價值，即得：

(1) $\frac{1}{5} \times 700$ 萬＝140 萬元……船舶所有人之分擔額
　　（被保存船舶之價值）

(2) $\frac{1}{5} \times 400$ 萬＝80 萬元……貨物所有人之分擔額
　　（被保存貨物之價值）

(3) $\frac{1}{5} \times 100$ 萬＝20 萬元……運費取得人之分擔額
　　（運費）

　　A 應得之賠償本應為：

(4) $\frac{1}{5} \times 200$ 萬＝ 40 萬元…… A 就船損自己之分擔額
　　（船損）

(5) $\dfrac{1}{5} \times 100$ 萬＝20 萬元……B 就貨損自己之分擔額
　　（貨損）

　　因被損害船舶所有人 A 自己應分擔之 40 萬元，既為 A 之債權，亦為 A 之債務，依民法混同之法理，其債權債務歸於消滅。同理，因被損害貨物所有人 B 應分擔之 20 萬元，既為 B 之債權，亦為 B 之債務，依民法混同之法理，其債權債務歸於消滅。因此事實上可供 A、B 分配之金額僅為 140 萬元＋80 萬元＋20 萬元而已（註：140 萬元為船舶所有人 A 就被保存船舶價值之分擔額；80 萬元為貨物所有人 B 就被保存貨物價值之分擔額；20 萬元為運費取得人就被保存運費之分擔額）。因此本案例中 A、B 應得之賠償額應為：

$$A = (140 \text{ 萬元} + 80 \text{ 萬元} + 20 \text{ 萬元}) \times \dfrac{200 \text{ 萬}}{100 \text{ 萬} + 200 \text{ 萬}} = 160 \text{ 萬元}$$

$$B = (140 \text{ 萬元} + 80 \text{ 萬元} + 20 \text{ 萬元}) \times \dfrac{100 \text{ 萬}}{100 \text{ 萬} + 100 \text{ 萬}} = 80 \text{ 萬元}$$

　　以上所述「總和比例」之計算方式，係學理上之計算方式。此等計算方式，當利害關係人數目少時，尚無大礙；但於利害關係人數目較多時，可能較為麻煩，而且較易算錯。例如當利害關係人多達數百人乃至數千人時，若依前述學理上之算法，A 應得之賠償應為：

$$A = \dfrac{2}{3} \times (140 \text{ 萬元} + 80 \text{ 萬元} + 20 \text{ 萬元} + ? \text{ 元} + \cdots\cdots \text{幾百幾千單位})$$

　　B 應得之賠償應為：

$$B = \dfrac{1}{3} \times (140 \text{ 萬元} + 80 \text{ 萬元} + 20 \text{ 萬元} + ? \text{ 元} + \cdots\cdots \text{幾百幾千單位})$$

因此在海運實務上，多採「分別計算」之計算方式。亦即分別就各利害關係人之共同海損之損失額（亦即原本應有之補償額，此為債權額）減去該利害關係人之共同海損分擔額（債務額），即為該利害關係人所能獲得之共同海損賠償額，此等額度與前述依學理方式所計算之額度，必然相等。亦即：

共同海損賠償額＝共同海損損失額－共同海損分擔額

因此在本設例中，依海運實務「分別計算」之計算方式，A、B 所應獲得之共同海損賠償額如下：

A 之共同海損賠償額＝200 萬（A 之共同海損損失額，亦即 A 原本應有之補償額）－ 40 萬（A 就船損自己之分擔額）＝ 160 萬元

B 之共同海損賠償額＝100 萬（B 之共同海損損失額，亦即 B 原本應有之補償額）－ 20 萬（B 就貨損自己之分擔額）＝ 80 萬元。結果，兩種算法之答案，必然相同。

第二項　共同海損債務分擔之例外

共同海損債務分擔之例外者，係指雖因共同海損行為受有利益，卻因某種理由，法律規定其無須分擔共同海損債務之例外情況而言。依我國現行海商法之規定，不分擔共同海損之財產，其情形約有下列幾種：

(一)船上所備糧食、武器、船員之衣物、薪津、郵件及無載貨證券之旅客行李、私人物品

海商法第一二〇條規定：「I 船上所備糧食、武器、船員之衣物、薪津、郵件及無載貨證券之旅客行李、私人物品皆不分擔共同海損。II 前項物品如被犧牲，其損失應由各關係人分擔之。」

此之所謂船員，包括船長及海員。因船上所備糧食，係為維持船員旅客全體生命之所需，屬於共益之物，因此法律規定不使其分擔海損。船上

所備武器，係為防衛船舶及貨物之所需，使船舶及貨物免遭海盜掠奪，亦屬共益之物，因此法律規定不使其分擔海損，以示公平。船員之衣物及無載貨證券之旅客行李、私人物品，多為個人生活之所需，而且其數額往往甚為輕微，若強令分擔海損，必將引起多方之不便，故法律規定不使之分擔共同海損。

郵件，係 1999 年修法時新增之項目，因郵件不能行使留置權，且負有保密之義務，自難估計其價值，何況郵政法第十八條第二項亦明文規定：「郵件在航運發生海難時，不分擔共同海損。」因此，基於公益及公共政策之理由，本法特予增訂不分擔共同海損（參前說明）。

㈡未依航運習慣裝載之貨物

海商法第一一六條規定：「未依航運習慣裝載之貨物經投棄者，不認為共同海損犧牲。但經撈救者，仍應分擔共同海損。」本條係參照「1974 年約克‧安特衛普規則」(The York-Antwerp Rules, 1974) 第一條所為之規定。

「1974 年約克‧安特衛普規則」第一條規定：「貨物之投棄，除非該貨物依公認之貿易習慣被運送者外，不得作為共同海損而受補償。」(No jettison of cargo shall be made good as general average, unless such cargo is carried in accordance with recognised custom of the trade.)

依此前述海商法第一一六條之規定可知，不認為共同海損犧牲者，並非僅限於裝載於甲板上之貨物，凡未依航運習慣裝載之貨物，經投棄者皆屬之。例如本應裝載於艙內之貨物，竟將之裝載於甲板之上，此等貨物經投棄者，固然不認為共同海損，依航運習慣本應裝載於特殊船艙之貨物，竟然將之裝載於非該特殊船艙，以致海難之時，難於保全而且易招危險，因此此等貨物經投棄者，亦不得認為共同海損。惟此等貨物投棄後經撈救者，已與一般「被保存之財產」無異，為求公平起見，自應與一般「被保存之財產」分擔共同海損。投棄 (jettison) 者，乃指在船舶航程期間，為求共同危險中全體財產之安全，將貨物投擲於船外之行為也（參前說明）。

㈢貨幣、有價證券或其他貴重物品

海商法第一一八條規定：「貨幣、有價證券或其他貴重物品，經犧牲者，除已報明船長者外，不認為共同海損犧牲。但經撈救者，仍應分擔共同海損。」因依目前客運實務，貨幣、有價證券或其他貴重物品，均可不報明船長，但此等物品，價值昂貴，本易遺失，是否因共同海損之行為而遭犧牲，甚難稽考，為避免認定之困難，本法乃規定，除已報明船長者外，不認為共同海損（參前說明）。

㈣託運時故意為不實聲明之貨物

海商法第一一九條規定：「Ⅰ貨物之性質，於託運時故意為不實之聲明，經犧牲者，不認為共同海損。但經保存者，應按其實在價值分擔之。Ⅱ貨物之價值，於託運時為不實之聲明，使聲明價值與實在價值不同者，其共同海損犧牲之補償額以金額低者為準，分擔價值以金額高者為準。」本條係參照「1974 年約克‧安特衛普規則」(The York-Antwerp Rules, 1974) 第十九條所為之規定。「1974 年約克‧安特衛普規則」第十九條規定：「（未經聲明或聲明不實之貨物）Ⅰ未經報明船舶所有人或其代理人之貨物，或於裝載時故意聲明不實之貨物，其所遭受之損害或滅失，不認為共同海損。但經撈救者，仍應分擔共同海損。Ⅱ於裝載時，故意以低於實際價格為不實聲明之貨物，其遭受之損害或滅失，應以聲明價格為損害額，但該貨物應以實際價值分擔之。」(Rule ⅪⅩ.—Undeclared or Wrongfully Cargo. I Damage or loss caused to goods loaded without the knowledge of the shipowner or his agent or to goods wilfully misdescribed at time of shipment shall not be allowed as general average, but such goods shall remain liable to contribute, if saved. II Damage or loss caused to goods which have been wrongfully declared on shipment at a value which is lower than their real value shall be contributed for at the declared value, but such goods shall contribute upon their actual value.)

所謂「貨物之性質，於託運時故意為不實之聲明」，例如危險品、違禁

物或腐蝕性等貨物，託運人於託運時，故意對貨物之性質為不實之說明，致使運送人對於該貨物未予適當處置之情形即是。因此等情況，對於船貨共同安全影響甚大，因此本條第一項規定，此等貨物經犧牲者，不認為共同海損，但經保存者，仍應其實在價值分擔共同海損，以茲制裁。

所謂「貨物之價值，於託運時故意為不實之聲明」，例如貨物之價值本為五十萬元，託運人於託運時，卻故意對貨物之價值虛報為一百萬元，以圖貨物受共同海損處分時，得受較高額補償之情形即是。對此情況，本條第二項規定，聲明價值與實在價值兩不相同時，共同海損犧牲之補償額以金額低者為準，而共同海損之分擔額則以金額高者為準。其立法理由，旨在制裁狡獪之徒，防止託運人故為不實之聲明，圖謀不當之利益也。

伍 無載貨證券亦無船長收據之貨物，或未記載於目錄之設備屬具

海商法第一一七條規定：「無載貨證券亦無船長收據之貨物，或未記載於目錄之設備屬具，經犧牲者，不認為共同海損。但經撈救者，仍應分擔共同海損。」依此規定，無載貨證券，亦無船長收據之貨物，經犧牲者，不認為共同海損。但經撈救者，仍應分擔共同海損。所謂無載貨證券，亦無船長收據之貨物，例如未支付運費之海員私人傢俱、娛樂設備即是。因此等貨物，既無載貨證券，亦無船長之收據，無憑無據，一經犧牲，其數量如何，難以稽考，其價值如何，尤難評定，為避免無謂之糾紛，海商法乃明文規定不算入共同海損。若此等海員私人之傢俱、娛樂設備，經支付運費，已交運送人保管者，已屬海上貨物運送契約之貨物，不論有無簽發載貨證券，均得認為貨物而分擔共同海損。惟本條所規定之此等貨物，若經撈救者，仍應分擔共同海損。因既經撈救，其數量及價值，已足稽考評定，已無發生糾紛之疑慮，因此仍應恢復「同舟之利害關係人，皆應分擔共同海損」原則之適用 ❼❸ 。

本條所謂之載貨證券，係指裝船載貨證券 (shipped or on board bill of lading) 而言。至於備運載貨證券 (received for shipment bill of lading)，因貨

---

❼❸　鄭玉波，《海商法》，三民書局印行，1976 年 5 月 7 版，p. 110。

物尚未裝船即已簽發，不合我國海商法第五十三條「貨物裝載後」之要件，非屬我國海商法上之載貨證券。本條所謂之收據，凡足以證明貨物已交船長並已裝船之書類均屬之。其正式載有「收據」字樣之書證固為此之所謂收據，其他足以證明貨物已交船長並已裝船之書類亦屬之，例如運送契約上之批註、運送文件上之附註等即是。

第六節　共同海損之回復

　　共同海損分擔後，如被投棄物復被撈回或船舶復被救回時，應如何處理？對於此種狀況，我國現行海商法第一二三條規定：「利害關係人於受分擔額後，復得其船舶或貨物之全部或一部者，應將其所受之分擔額返還於關係人。但得將其所受損害及復得之費用扣除之。」此等利害關係人於受分擔額後，因其船舶或貨物全部或一部之復得，而應將其所受之分擔額返還於關係人之事實，稱為共同海損之回復。

　　投棄並非表示所有權之拋棄，因此當被投棄物復被撈回或船舶復被救回時，其原所有人自得本其所有權而復得該物。惟原所有人（受分擔人）於受分擔額後，復得其船舶或貨物之全部或一部時，其損害已因復得而減少或免除，其所受之分擔額（共同海損賠償額）自應返還於關係人，以免受分擔人（受賠償人）享有不當得利，若受分擔人不返還，其他關係人亦得依不當得利請求返還之。惟船舶或貨物之復得時，往往需要支付費用或受到某些損害，因此受分擔人將分擔額返還於關係人時，自得將其所受損害及復得之費用扣除之，始符衡平之法則。就利害關係而言，受分擔人將其所受損害及復得之費用扣除，將其分擔額返還於關係人後，等於未分擔共同海損，在實際上仍比其他分擔人較為有利。

　　利害關係人於受分擔額後，復得其船舶或貨物之全部或一部者，應將其所受之分擔額返還於關係人，若受分擔人不返還，其他關係人亦得請求

返還之。至於此等請求權之時效如何？約有下列二說：

㈠一年期間說（甲說）

主張一年期間說者認為，海商法第一二五條規定：「因共同海損所生之債權，自計算確定之日起，經過一年不行使而消滅。」此項請求權亦為因共同海損所生之債權，因此應於自共同海損計算確定之日起經過一年不行使而消滅。若船舶或貨物之復得發生於共同海損確定之日一年以後，則該受分擔人（復得人）雖已受領分擔，亦無須將其所受之分擔返還於關係人，因一年之時效期間已過，關係人向受分擔人之請求權已經消滅也。

㈡十五年期間說（乙說）

主張十五年期間說者認為，此項請求權係屬不當得利之返還請求權，理應適用民法一般消滅時效之規定。就一般時效期間，民法第一二五條規定：「請求權，因十五年間不行使而消滅。但法律所定期間較短者，依其規定。」就消滅時效之起算，民法第一二八條規定：「消滅時效，自請求權可行使時起算。以不行為為目的之請求權，自為行為時起算。」故此項請求權，應自請求權可行使時起算，因十五年不行使而消滅。

以上兩說，似以十五年期間說為妥。因海商法第一二五條係屬針對共同海損債權所為之時效規定，其立法理由，乃因航海事業變化多端，凡因船舶所生之債權，均定有行使期限，故因共同海損所生之債權，亦不能不有行使期間之規定。因共同海損所生之債權，海商法規定自計算確定之日起，經過一年不行使而消滅，其時效期間極為短促，旨在防止航海糾紛之久懸不決也。然而基於海商法第一二三條所發生之返還請求權，其本質並非共同海損之債權，而僅為一般民法上基於不當得利之返還請求權，自應適用民法上一般消滅時效期間之規定❼。

---

❼　甘其綬，《海商法論》，自版，文和印刷股份有限公司印刷，1963 年 10 月初版，p. 550。

第七節　共同海損分擔請求權之擔保

第一項　運送人或船長之留置權

　　海商法第一二二條規定:「運送人或船長對於未清償分擔額之貨物所有人，得留置其貨物。但提供擔保者，不在此限。」本條旨在規定共同海損之擔保，運送人或船長之留置權。依此規定，貨物所有人有清償共同海損分擔額之義務，運送人或船長對於未清償分擔額之貨物所有人，得留置其貨物。但若該項貨物係禁止扣押之物時，則不得留置。同時，貨物所有人若能提出與各個留置物價值相當之擔保，則可消滅對於該物之留置權。

　　本條之立法理由，旨在保護運送人及共同海損債權人（即應受分擔額之受補償者）之共同利益。本條所謂之「提供擔保」，實務上，均以提供保證金為之，藉以方便日後之執行。得行使留置權之人為運送人或船長，因共同海損之費用多由運送人先行墊付，故本法賦予運送人行使留置權之權利，藉以便利運送人為該貨物所有人清償其分擔額。船長雖非共同海損之債權人，但船長既受船舶所有人之僱用，處理船舶事務，且負有公法上之責任，而事實上共同海損之發生亦多由船長下令所致，因此對於未清償分擔額而又不提供擔保之貨物所有人，船長自應留置該所有人之貨物，藉以保護共同海損債權人之利益，因此本法乃賦予船長行使留置權之權利❼❺。但若貨物所有人提供擔保時，其共同海損之債權，既無不能清償之虞，自不在此限。

　　至於共同海損之債權人是否亦得行使留置權？吾人以為不能。因依民

---

❼❺　王洸，《海商法釋論》，海運出版社發行，文和印刷公司印刷，1962 年 7 月出版，p. 162。

法第九二八條之規定，留置權之成立，以「須債權人占有屬於其債務人之動產」、「須債權已屆清償期」等為要件❼，共同海損債權人既未「占有」債務人之貨物，而且在理算完畢之前，亦無所謂「債權已屆清償期」，事實上共同海損債權人並無行使留置權之餘地。因此若運送人或船長不行使留置權時，共同海損債權人僅能眼睜睜地坐視債務人任意取走其貨物。

　　本條之規定，似有為德不卒之憾。因本條規定之目的，旨在保護運送人及全體共同海損債權人之利益，如前所述，共同債權人既無行使留置權之可能，自應課以運送人或船長行使留置權之義務，否則共同債權人之權益焉能獲得充足之保護？但本條之用語卻為「得留置其貨物」，而非「應留置其貨物」。因使用「得」字之故，顯然本條僅為任意規定，而非強制規定，運送人或船長既可行使留置權，亦可不行使留置權，而且本法對於運送人或船長不行使留置權以致共同海損債權人遭受損害時，並無任何補救之規定，對於共同海損債權人之保護，顯然不夠周延。對於共同海損後留置權之行使，德國商法第七三一條規定：「Ⅰ船長對於共同海損分擔額應行負責之貨物，在清償或提供擔保前（§615），不得交付。Ⅱ損害賠償請求權人，對於負有分擔義務之貨物具有質權。海上運送人應為請求權人之權益，實行此項質權，實行時，應依適用於運費及附屬費有關海上運送人質權之規定為之。」〔Ⅰ Der Kapitän darf Güter, auf denen Havereibeiträge haften, vor der Berichtigung oder Sicherstellung der letzteren（§615）nicht ausliefern. Ⅱ Das an den beitragspflichtigen Gütern den Vergütungsberechtigten zustehende Pfandrecht wird für diese durch den Verfrachter ausgeübt. Die Geltendmachung des Pfandrechts durch den Verfrachter erfolgt nach Maßgabe der Vorschriften, die für das Pfandrecht des Verfrachters wegen der Fracht und der Auslagen gelten.〕「1974 年約克・安特衛普規則」，雖然對於共同海損後留置權之行使，未有明文之規定，但對於保證金之處理，則以第二十二條規定：「就貨物為共同海損、救助費用或特別費用所負分擔之責任，已收有保證金者，

---

❼　鄭玉波，《民法物權》，三民書局印行，1980 年 1 月修訂 8 版，pp. 347、348。

此項保證金應立即以船舶所有人及繳付保證金者雙方代表人之共同名義，存入雙方認可銀行之特別帳戶內。此項存款及其可能自然增加之利息，應作為該繳付保證金之貨物，對有權得到共同海損、救助費用或特別費用補償之當事人付款之擔保。經海損經算人之書面證明者，得將保證金支出或返還。此項保證金之存入、支出或返還，不影響關係當事人之最後責任。」(Rule ⅩⅩⅡ.—Treatment of Cash Deposits. Where cash deposits have been collected in respect of cargo's liability for general average, salvage or special charges, such deposits shall be paid without any delay into a special account in the joint names of a representative nominated on behalf of the shipowner and a representative nominated on behalf of the depositors in a blank to be approved by both. The sum so deposited, together with accrued interest, if any, shall be held as security for payment to the parties entitled thereto of the general average, salvage or special charges payable by cargo in respect to which the deposits have been collected. Payments on account or refunds of deposits may be made if certified to in writing by the average adjuster. Such deposits and payments or refunds shall be without prejudice to the ultimate liability of the parties.) 德國商法課以船長及運送人「不得交付」及「行使留置權」之義務，「1974 年約克‧安特衛普規則」就保證金之處理則有詳細之規定，對於共同海損債權人之保護，似乎較為周到，此等立法似乎值得我國借鏡。

第二項　共同海損債權人之優先權

依海商法第二十四條第一項第三款之規定，「救助之報酬、清除沉船費用及船舶共同海損分擔額之賠償請求。」為海事優先權擔保之債權，有優先受償之權。依此規定，共同海損之債權人，亦即在共同海損中應受分擔額之受補償者，對於船舶所有人得主張優先權，此亦為共同海損債權之一種擔保。

　　基於此項優先權，共同海損債權人，依本法第二十七條之規定，得就海事優先權之標的物行使其優先權。為確保此等債權之行使，共同海損債權人，並得請求法院為扣押或假扣押。共同海損債權人請求就船舶為扣押或假扣押之時，並不受海商法第四條第一項規定之限制。海商法第四條第一項規定：「船舶保全程序之強制執行，於船舶發航準備完成時起，以迄航行至次一停泊港時止，不得為之。但為使航行可能所生之債務，或因船舶碰撞所生之損害，不在此限。」因共同海損所生之債務，其本質即為「為使航行可能所生之債務」，符合海商法第四條第一項但書之規定，因此船舶雖在航行中，亦得扣押或假扣押。在此情況，船舶所有人是否得提供相當之擔保，以求航行之繼續？法無明文，吾人以為，應採肯定之見解。因為船舶所有人既已提供相當之擔保，其共同海損之債權，已無不獲清償之虞，已無就船舶為扣押或假扣押之必要，因此應許船舶所有人提供相當之擔保，以便航海之繼續進行❼❼。

　　再者，海商法第二十二條規定：「第二十四條第一項海事優先權自其債權發生之日起，經一年而消滅。但第二十四條第一項第一款之賠償，自離職之日起算。」依此規定，共同海損債權人優先權之存在除斥期間，應為「自其債權發生之日起，經一年而消滅」。此一年之期間，為除斥期間，不適用民法關於消滅時效之規定，因而無期間中斷或中止之情形。惟因此除斥期間不行使而消滅者僅為海事優先權而非債權本身。因此優先權消滅之後，由優先權擔保之共同海損債權，乃成為普通債權，而仍繼續存在。此項普通債權仍具有強制性，其存在期間，海商法第一二五條規定：「因共同海損所生之債權，自計算確定之日起，經過一年不行使而消滅。」依此規定，共同海損之時效期間為一年，自計算確定之日起，經過一年不行使而消滅。此期間之性質，屬於時效期間，適用民法關於消滅時效之規定，因而有期間中斷或中止之情形。此一年之消滅時效完成後，共同海損之債權，

❼❼　施智謀，《海商法》，自版，瑞明彩色印刷有限公司印刷，1986 年 7 月再版，p. 308。

始自「法定債權」淪為「自然債權」，自有強制性之債權而變成無強制性之債權。

　　法定債權者，乃指有訴權保護之債權也，亦即得依訴訟之方法請求給付之債權也。通常債權多伴有訴權，債務人不履行時，債權人得依訴權之作用，請求法院強制執行。自然債權者，乃指不得依訴訟之方法請求給付之債權也。亦即若債務人自為給付時，其履行固為有效之給付，但若債務人不為給付時，債權人亦不得依訴訟之方法請求給付之債權也。自然債權係與法定債權相對立之觀念，雖然債權人不得依訴訟之方法，請求強制執行，但若債務人任意履行，或基於道德上義務上而為給付時，其給付亦屬有效之給付，不構成不當得利，債務人不得藉口其為無原因之給付，請求返還。

第八節　共同海損債權之時效

㈠共同海損債權優先受償之時效

　　依海商法第二十四條第一項第三款之規定，「救助之報酬、清除沉船費用及船舶共同海損分擔額之賠償請求。」為海事優先權擔保之債權，有優先受償之權。依此規定，吾人可知，「船舶共同海損分擔額之賠償請求」，屬於海事優先權之第三優先。

　　海商法第三十二條規定：「第二十四條第一項海事優先權自其債權發生之日起，經一年而消滅。但第二十四條第一項第一款之賠償，自離職之日起算。」依此規定，共同海損債權人優先權之存在除斥期間，應為「自其債權發生之日起，經一年而消滅」。此一年之期間，為除斥期間，不適用民法關於消滅時效之規定，因而無期間中斷或中止之情形。惟因此除斥期間不行使而消滅者，僅為海事優先權而已，其債權本身並未因之而消滅。因此海事優先權消滅之後，由該海事優先權擔保之共同海損債權，乃成為普

通債權，而仍繼續存在。

(二)共同海損一般債權之時效

　　共同海損債權，優先受償之權利消滅後，共同海損債權，乃成為普通債權，而仍繼續存在。此項普通債權仍具有強制性，其存在期間，海商法第一二五條規定：「因共同海損所生之債權，自計算確定之日起，經過一年不行使而消滅。」依此規定可知，共同海損之時效期間僅為一年，自計算確定之日起，經過一年不行使而消滅。因此，海商法第一一五條所規定之共同海損負擔義務人，對於有過失負責人之賠償請求權，亦應適用海商法第一二五條之規定，自計算確定之日起，經過一年不行使而消滅。此期間之性質，屬於時效期間，適用民法關於消滅時效之規定，因而有期間中斷或中止之情形。此一年之消滅時效完成後，共同海損之債權，始自「法定債權」淪為「自然債權」，自有強制性之債權而變成無強制性之債權。

(三)共同海損利害關係人對於船貨復得人所受分擔額返還請求權之時效

　　海商法第一二三條規定：「利害關係人於受分擔額後，復得其船舶或貨物之全部或一部者，應將其所受之分擔額返還於關係人。但得將其所受損害及復得之費用扣除之。」此項時效不適用海商法第一二五條一年時效之規定，而應依民法第一二五條、第一二八條之規定，自請求權可行使時起算，因十五年不行使而消滅（其理由請參照前述）。

第九節　共同海損債務人之委棄免責權

　　本法第一二四條規定：「應負分擔義務之人，得委棄其存留物而免分擔海損之責。」是為共同海損債務人之委棄免責權。依此規定，共同海損債務人，僅以其被保存之財產，為最高責任限度，必要時得委棄其存留物而免除其分擔海損之責。易言之，共同海損之債務人，就分擔海損之責任，

僅負有限責任。

舊法第二十一條第一項第八款規定,「在共同海損中屬於船舶所有人應分擔之部分」,船舶所有人僅以本次航行之船舶價值、運費及其他附屬費為限負其責任。易言之,船舶所有人對共同海損之債務,為船舶所有人責任限制之一種。1999 年修法之時,已將舊法第二十一條第一項第八款刪除,並於第二十二條第三款明文規定,「救助報酬及共同海損分擔額」,船舶所有人不得依第二十一條之規定主張責任限制(理由參照本書「船舶所有人有限責任之例外」)。足見依現行海商法之規定,船舶所有人對於共同海損之債務,已非船舶所有人責任限制之項目。因就「共同海損分擔額」,若允許船舶所有人主張責任限制,則其他利害關係人勢將增加負擔,對其他利害關係人殊不公平也。

 實例演習

某 X 以其所有價值新臺幣九百萬元之船舶,運送 A、B、C、D 四人之貨物。其貨物價值各為一百萬元、二百萬元、三百萬元、四百萬元。在海難中,A、B 之貨物被投棄,亦即 A 之損失額為一百萬元,B 之損失額為二百萬元,而 X 之船舶,C、D 之貨物均安然無恙,運費(被保存之運費)為一百萬元。在此情況,X、A、B、C、D 之分擔額各多少?A、B 應獲如何之賠償?

就此設例,吾人以為:

海商法第一一一條規定:「共同海損以各被保存財產價值與共同海損總額之比例,由各利害關係人分擔之。因共同海損行為所犧牲而獲共同海損補償之財產,亦應參與分擔。」依此規定,應以「各被保存財產價之數額總和」加「因共同海損行為所犧牲而獲共同海損補償之財產數額」為分母,而以「共同海損總額」為分子,計算其比例後,再以此比例分別乘以「各該利害關係人所保存財產價值」,即為各該利害關係人所應分擔之數額。茲以公式列之如下:

(1)
$$\frac{共同海損總額}{各被保存財產價值＋犧牲補償額} \times 船價(被保) ＝ 船舶所有人分擔額$$

(2)
$$\frac{共同海損總額}{各被保存財產價值＋犧牲補償額} \times 貨價(被保) ＝ 貨物所有人分擔額$$

(3)
$$\frac{共同海損總額}{各被保存財產價值＋犧牲補償額} \times 運費(被保) ＝ 運費取得人分擔額$$

(4)
$$\frac{共同海損總額}{各被保存財產價值＋犧牲補償額} \times 財物犧牲額 ＝ 被犧牲財物人自己之分擔額$$

為計算之便利，吾人可依上列公式，先求出共同海損分擔之比例：

$$\frac{(100 萬＋200 萬)(共同海損總額)}{(900 萬＋300 萬＋400 萬＋100 萬)＋(100 萬＋200 萬)}$$

(各被保存財產價值)＋ (犧牲補償額)

$$= \frac{300 萬}{2000 萬} = \frac{3}{20}$$

註：因本設例未有被保存其他財產之價值，因此各被保存財產價值之總和
＝900 萬（X 船舶被保存價值）＋＋ 300 萬（C 貨物被保存價值）＋ 400
萬（D 貨物被保存價值）＋ 100 萬（運費）＋＋ 0（因設例中未有被保
存其他財產之價值）。再者，因未有費用損害，因此共同海損總額＝犧
牲損害額＝犧牲補償額＝100 萬＋200 萬。

$\frac{3}{20}$ 即為共同海損分擔額之比例，然後再以上開比例 $\frac{3}{20}$ 分別乘以各該

被保存財產價值，即得：

(1) $\dfrac{3}{20}$ × 900 萬＝135 萬……船舶所有人 X 之分擔額
（被保存船舶之價值）

(2) $\dfrac{3}{20}$ × 300 萬＝45 萬元……貨物所有人 C 之分擔額
（被保存貨物之價值）

(3) $\dfrac{3}{20}$ × 400 萬＝60 萬元……貨物所有人 D 之分擔額
（被保存貨物之價值）

(4) $\dfrac{3}{20}$ × 100 萬＝15 萬元……運費取得人 X 之分擔額
（運費）

(5) $\dfrac{3}{20}$ × 100 萬＝15 萬元……被犧牲財物人 A 之分擔額
（犧牲額，補償額）

(6) $\dfrac{3}{20}$ × 200 萬＝30 萬元……被犧牲財物人 B 之分擔額
（犧牲額，補償額）

由此可知，X、A、B、C、D 之分擔額如下：

X ＝ 135 萬（船舶部分），X ＝ 15 萬（運費部分，因在本案例中，運送人即船舶所有人 X）；A ＝ 15 萬；B ＝ 30 萬；C ＝ 45 萬；D ＝ 60 萬。

至於 A、B 應獲如何之賠償？若依學理上「總合比例」之計算方式，A、B 應獲之共同海損賠償額如下：

$$A = \dfrac{100 \text{萬}}{100 \text{萬} + 200 \text{萬}} \times (135 \text{萬} + 15 \text{萬} + 45 \text{萬} + 60 \text{萬}) = 85 \text{萬}$$

$$B = \dfrac{200 \text{萬}}{100 \text{萬} + 200 \text{萬}} \times (135 \text{萬} + 15 \text{萬} + 45 \text{萬} + 60 \text{萬}) = 170 \text{萬}$$

註：135 萬係船舶所有人之分擔部分；15 萬係運費之分擔部分；45 萬係 C
　　之分擔部分；60 萬係 D 之分擔部分。因 A 之分擔額 15 萬及 B 之分擔
　　額 30 萬，已因混同而消滅，不得計入。

　　若依海運實務上「分別計算」之計算方式。A、B 應獲之共同海損賠償
額如下：

　　共同海損賠償額＝共同海損損失額（原本應有之補償額）－共同海損
分擔額

　　A 之共同海損賠償額＝100 萬（A 之共同海損損失額）－ 15 萬（A 之
共同海損分擔額）＝ 85 萬

　　B 之共同海損賠償額＝200 萬（B 之共同海損損失額）－ 30 萬（B 之
共同海損分擔額）＝ 170 萬

　　無論依學理上「總合比例」之計算方式，或依海運實務上「分別計算」
之計算方式，計算之結果，A、B 應獲之共同海損賠償額，必然相同。

　　共同海損分擔額之計算，依前述算定後，依海商法第一二一條之規定，
「共同海損之計算，由全體關係人協議定之。協議不成時，得提付仲裁或
請求法院裁判之。」因共同海損純屬私人間之債務問題，因此共同海損分
擔額之計算，應由全體關係人之協議決定；如協議不成時，始得提付商務
仲裁協會仲裁，或請求法院裁判之。惟無論全體關係人之協議，或商務仲
裁協會之仲裁，或法院之裁判，均須先有海損理算書，否則協議、仲裁、
裁判等均將失其依據，而難以令人信服（參照本書「共同海損損失之計算」
之說明）。

第六章　海上保險

綱要導讀

第一節　總　說

第一項　海上保險之意義

海上保險〔英：marine insurance；日：海上保險（かいじょうほけん）；德：Seeversicherung；法：assurance maritime〕者，亦稱水上保險，簡稱水險，乃指當事人約定，一方交付保險費於他方，他方對於保險標的物，除契約另有規定外，因海上一切事變及災害所生之毀損、滅失及費用，負擔賠償責任之一種保險型態也（§129）。依此定義，吾人簡單析述如下：

(一)**海上保險係保險型態之一種**

就保險之意義，我國現行保險法第一條規定：「Ⅰ本法所稱保險，謂當事人約定，一方交付保險費於他方，他方對於因不可預料或不可抗力之事故所致之損害，負擔賠償財物之行為。Ⅱ根據前項所訂之契約，稱為保險契約。」以保險之標的作為區分標準，保險可分為財產保險及人身保險兩種（保§13）。人身保險又可分為人壽保險、健康保險、傷害保險及年金保險；而財產保險又可分為火災保險、海上保險、陸空保險、責任保險、保證保險及其他財產保險。再者，就海上保險，海商法第一二六條亦規定：「關於海上保險，本章無規定者，適用保險法之規定。」保險法第八十四條亦規定：「關於海上保險，適用海商法海上保險章之規定。」足見，有關海上保險，海商法海上保險章係保險法之特別法，海上保險係保險型態之一種。

(二)**海上保險係屬保險人對於保險標的物，因海上一切事變及災害所生之毀損滅失及費用，負賠償責任之一種財產保險**

海上保險係屬保險人對於保險標的物，除契約另有規定外，因海上一

切事變及災害所生之毀損、滅失及費用，負擔賠償責任之一種保險型態，因此海上保險屬於財產保險之範圍。所謂保險標的物，例如船舶或貨物即是。所謂契約另有規定者，係指當事人於保險契約內，就保險人承保之範圍另有約定而言。例如海上保險契約中，將保險人之承保範圍，另行約定延展加保至陸上、內河、湖泊或內陸水道之危險即是（§127）。因海上保險屬於財產保險之範圍，與人身保險不同。因此有關旅客海員之傷害保險，因屬人身保險之範圍，並非屬於海上保險。

㈢海上保險係屬保險人對於保險標的物，因海上一切事變及災害所生之毀損滅失及費用，負賠償責任之一種運輸保險

　　運輸保險，包括海上保險、內陸運輸保險及航空運輸保險。海上保險係以「與海上航行有關而可能發生危險之財產權益」為保險標的（§127）。所謂「與海上航行有關而可能發生危險之財產權益」，例如與船舶之沉沒、坐礁、擱淺、碰撞、暴風雨、水災、海盜、海員不法行為、戰爭、共同海損處分有關而可能發生危險之財產權益即是。因其危險多因海上「運輸」而發生，因此具有「運輸保險」之性質，又因其多於「海上」發生，而與內陸運輸保險及航空運輸保險不同。一般而言，在運送保險之中，海上保險發展最早，制度最為完備，其理論往往可以應用於其他保險。

第二項　海上保險之經濟作用

　　海上保險制度，與一般保險制度相同，係依「危險分散」(distribution of risk)、「負擔平均」(equalization of losses) 兩大理論而產生，因個人能力有限，當意外之損害發生時，受害者往往無法恢復其損失或減免其痛苦，於是乃透過保險制度之作用，依危險分散、負擔平均之法則，將集中於個人或少數人之損失，分散於投保大眾，使遭受者之損失得以減輕或避免也。

　　海上保險係航海貿易不可或缺之制度，因為海上運送險象叢生，運送人或船舶所有人經營航運事業，難免有所顧慮，而畏縮不前。雖然在海商

法上，對於運送人或船舶所有人權益之保護，已有「船舶所有人責任限制」、「法定免責」等制度之規定，但此等規定均僅能對於第三人之責任，消極地加以限制或免除而已，對於運送人本人因航海危險所受之損害，尚無法積極地加以彌補。因此，欲減輕運送人或船舶所有人之顧慮，使其安心經營航運事業，非借助「海上保險」之制度不可。易言之，在海上保險制度中，運送人或貨物所有人得僅花費小額之保險費，避免海難發生時大損害之發生，以確定之小損失換取不確定之大損失，如此可免運送人或貨物所有人後顧之憂，海運事業可因之而興盛矣！

　　因海上保險對於海上運送之發展甚為重要，現代各國立法例多將海上保險列為海商法之重要部門。我國保險法雖列有「海上保險」一章，但卻以保險法第八十四條明文規定：「關於海上保險，適用海商法海上保險章之規定。」足見有關海上保險，海商法係屬保險法之特別法，海商法應優先保險法而適用之。

第三項　海上保險之沿革

　　海上保險制度，發源甚早，在所有保險制度中具有最悠久之歷史，惟其真正源流已難稽考。據學者一般說法，現行保險制度之前身有二：其一為共同海損制度。共同海損〔英：general average；日：共同海損（きょうどうかいそん）；德：extraordinäre, große Haverei；法：avaries communes〕者，乃指在船舶航程期間，為求共同危險中全體財產之安全所為故意及合理處分，而直接造成之犧牲及發生之費用也。共同海損之制度，首見於西元前三世紀之羅德海法（Law of Rhodes 或 Rhodian Law 或 The Rhodian Sea Law）。因其允許當事人為避免共同危險，將貨物或船舶屬具之一部分加以投棄，然後就其所生之損害，由危險共同團體加以分擔。其二為冒險借貸之制度。冒險借貸〔英：bottomry；日：冒險貸借（ぼうけんたいしゃく）；德：Bodmerei；法：prêt à la grosse〕者，乃指以籌借航海資金為目的，船

舶所有人以船舶（或同時以船舶、貨載、運費）為擔保，若船舶沉沒無法完成航海，無須清償債務，若船舶安全完成航海，則須以高利（據說此項利率可高達三分六釐）清償債務之一種金錢消費借貸制度也。因中世紀教會法曾禁止基於海上借貸請求利息，故該項海上借貸乃轉變為冒險借貸。冒險借貸盛行於希臘時期，西元前四世紀 Demostenes 之演說集中早有冒險借貸之記載，直到西元十九世紀末期，歐洲各國之海事法，莫不承認冒險借貸之制度，尤其在英美之海事法中，更承認冒險借貸具有海事優先權 (maritime lien) ❶。其後，冒險借貸之制度逐漸改善，加上證券之採行，並配合當時之法令，乃逐漸演變為今日之海上保險制度 ❷。海上保險制度於第十四世紀時，盛行於地中海沿岸，由義大利傳至西班牙。至第十六世紀時，更推廣至荷蘭、英國、德國等地。同時，為交換彼此訂立保險契約之情報及經驗，更於各地成立交易所，如此逐漸發展，至第十八世紀時，已經發展成「保險公司」之企業型態，而個人保險事業乃逐漸被保險市場淘汰，而銷聲匿跡矣 ❸！

---

❶ 鴻常夫、北沢正啓，《英米商事法辞典》，商事法務研究会，昭和 61 年 3 月 25 日初版第 1 刷發行，p. 98。

❷ 藤崎道好，《海商法概論》，成山堂書店，昭和 53 年 3 月 28 日增補版發行，p. 168。
張東亮，《海商法新論》，五南圖書出版公司，1989 年 1 月修訂初版，p. 454。

❸ 鄭玉波（林群弼修訂），《海商法》，三民書局印行，1999 年 11 月修訂 12 版，p. 179。

第二節　海上保險契約

第一項　海上保險契約之訂立

保險法第四十三條規定：「保險契約，應以保險單或暫保單為之。」保險法第五十五條規定：「保險契約，除本法另有規定外，應記載左列各款事項：一　當事人之姓名及住所。二　保險之標的物。三　保險事故之種類。四　保險責任開始之日、時及保險期間。五　保險金額。六　保險費。七　無效及失權之原因。八　訂約之年、月、日。」由此規定可知，海上保險契約之訂立，原則海上保險應以保險單或暫保單為之，且於保險契約中，應載明下列事項，即：

㈠**當事人之姓名及住所** (Names and domiciles of the parties)

此之所謂當事人，係指保險人與要保人，此兩人皆為保險契約之主體。因契約成立後，凡保險費之請求、保險費之催告、保險費之交付、危險增加或發生之通知、危險發生原因之調查、保險金額之給付等，均與當事人之姓名及住所有關，故必須加以記載。至於受益人之姓名，則可任意記載之。

㈡**保險之標的物** (The object matter of insurance)

此之「保險之標的物」，應修正為「保險標的」，否則於人身保險將無法適用。保險標的〔英：object of insurance；日：保險の目的（ほけんのもくてき）；德：Versicherungsgegenstand；法：objet de l'assurance〕者，乃指保險契約所締立之對象，亦即保險事故發生所在之本體也。保險標的，就財產保險而言，乃指作為保險對象之財貨，例如火災保險之貨物、海上保險之船舶、貨物、運費及貨物到達時應有之利得等是；就人身保險而言，

乃指被保險人生命或身體而言,惟人之生命或身體不可視之為「物」,故在人身保險之場合,只能稱為「保險標的」,而不能稱為「保險標的物」。故此之所謂「保險之標的物」,係指財產保險而言。

基本條款中,應載明保險之標的物(應為保險標的),因保險標的若未明確記載,則無由決定保險之種類,亦無由判斷要保人或被保險人,對於保險標的有無保險利益存在。再者,保險標的之記載,對於保險人之賠償範圍,亦不無密切關係,因物有主物從物之分,以物為標的時,應載明其所包括之從物,以定賠償之範圍。例如以某建築物作為保險標的時,若不記明某附屬物亦包括之,則事故發生後,對於該附屬物,保險人往往拒絕賠償❹。

(三)保險事故之種類 (The category of risk insured)

保險事故 (insured event) 者,乃指保險人依保險契約所應擔保之責任事由也。例如火災保險之「火災」,人壽保險之「死亡」。不同種類之保險契約,其保險事故之種類固然不同,相同種類之保險契約,其保險事故之範圍亦未必相同,例如一般房屋之火災保險,以通常之火災為保險事故,由地震所發生之火災,則不在通常火災保險範圍之內,保險人不負賠償之責任。因此保險事故之種類,必須在保險契約上明確加以記載,否則保險契約之種類將難以明白,保險人所負之責任範圍將難以確定,糾紛亦將難以避免矣。

(四)保險責任開始之日、時及保險期間 (The date and the hour from which the insurance liability commences and the period of insurance)

保險責任開始之日、時者,乃指保險人開始負擔保險責任之日期或時間也。保險責任開始之日、時,通常與保險契約成立之日、時一致。惟保險責任開始之日、時,保險法並未加以強制規定,因此當事人亦得在契約

---

❹ 陳志川,《保險法新論》,文笙書局,1974 年 6 月初版,p. 43。

張國鍵,《商事法論(保險法)》,三民書局,1985 年 9 月修訂 7 版,p. 79。

上另行約定，使保險責任開始於保險契約成立之前，亦得使保險責任開始於保險契約成立之後。保險責任開始於保險契約成立前之保險契約，謂之追溯保險〔英：retrospective policy, retrospective insurance；日：遡及保險（そきゅうほけん）；德：Rückwärtsversicherung, Vergangenheitsversicherung〕；保險責任開始於保險契約成立後之保險契約，謂之待期保險 (waiting period)。

保險期間〔英：term of insurance, duration of risk, period of insurance；日：保險期間（ほけんきかん）；德：Versicherungsdauer, Versicherungszeit；法：durée d'assurance, durée de risque〕者，又稱危險期間或責任期間，乃指保險人對於保險事故應付責任之存續期間也。自保險人保險責任開始之日、時起，迄其責任終了或解除之日、時止，即為保險期間。保險費期間，係與保險期間似同而異之名詞，保險費期間〔英：premium paying period；日：保險料期間（ほけんりょうきかん）；德：Prämienzahlungsdauer；法：durée du paiement des primes〕者，亦稱危險測定期間，乃指保險技術上依危險測定之標準，以計算其保險費應交付之一定期間也。在此保險費期間內，可能又分為若干時期以為保險費之交付時期者，此謂之為保險費時期。

保險期間，通常由當事人約定，並記載於保險契約之中，其約定方式，約有下列幾種：

1.定期保險

定期保險者，乃指保險期間以一定之時間為標準之保險也，例如在保險契約上載有「自何年何月何日起一年為期」者，即為定期保險，又稱為限時保險。

2.限程保險

限程保險者，乃指保險期間以一定之事實為標準之保險也，例如在保險契約上載有「自 A 港至 B 港之航海期間」者，即為限程保險。

3.混合保險

混合保險者，乃指保險期間兼以一定之時間及一定之事實為標準之保

險也,例如在保險契約上載有「自 A 港至 B 港間之三個星期中」者,即為混合保險❺。

保險責任開始之日、時,關係到保險人保險責任之開始與否;而保險期間關係到保險人保險責任之負擔與否,保險事故若發生在保險期間之期間內,保險人負有給付保險金額之義務,不在此期間內發生則否。因此保險責任開始之日、時及保險期間,必須明載於保險契約之內,否則保險契約之法律關係無以確定也。

㈤**保險金額** (The insured amount)

保險金額〔英:sum insured;日:保險金額(ほけんきんがく);德:Versicherungssumme;法:somme assuré〕者,乃指保險契約當事人約定,於保險事故發生時,保險人所應賠償(給付)之金額也。在人身保險,除因發生減少保險金額之特殊情形(保§117、§118)外,當保險事故發生時,保險人即應按照保險契約所約定之保險金額給付,不得減少,故原則上人身保險之保險金額與人身保險之賠償金額,其數額往往相同。反之,在財產保險,保險金額往往只是保險人賠償責任之最高限額而已,至其實際賠償金額,則應視其實際損失而決定之。人身保險之保險金額,其金額之多寡,悉由當事人約定,別無限制,因此保險法第一〇二條規定:「人壽保險之保險金額,依保險契約之所定。」反之,財產保險之保險金額,其金額之多寡,則應受保險價額之限制,若保險金額超過保險價額者,謂之超額保險 (over insurance),其效力如何,法律另有規定,容後述之。

由於上述,吾人可知,保險金額之多寡,不僅為保險人所負賠償金額之最高限度,亦為要保人應付保險費之計算標準,其於雙方當事人之權利義務,可謂至為重要,故須記載之。

㈥**保險費** (The premium)

保險費〔英:premium;日:保險料(ほけんりょう);德:Prämie;法:

---

❺ 林咏榮,《商事法新詮(下)》,五南圖書出版公司,1989 年 4 月再版,pp. 358、359。

Prime, cotisation〕者，乃指保險人負擔危險之代價，而由要保人給付之金額也。保險契約為雙務契約，且為有償契約，保險費係要保人保險金額請求權之相對給付，保險費之給付約定，應明載於保險契約之上，以為保險人請求要保人交付保險費之依據。

㈦無效及失權之原因 (Causes for invalidation and for loss of rights)

保險契約之無效 (invalidation) 者，乃指保險契約成立後，因違反法定事項或約定事項，在法律上自始不生效力之謂也。保險契約之失權 (loss of rights) 者，乃指保險契約成立後，因違反法定事項或約定事項，要保人、被保險人及受益人喪失其契約權利之謂也。當事人得預先約定，在某種情事發生時，其保險契約即歸無效或要保人、被保險人及受益人即喪失其契約之權利。此之所謂「某種情事」，即為無效及失權之原因。易言之，「無效之原因」者，乃指保險契約之當事人，事先約定並明載契約之上，導致保險契約在法律上自始不生效力之某種情事也。「失權之原因」者，乃指保險契約之當事人，事先約定並明載契約之上，導致要保人、被保險人及受益人喪失其契約權利之某種情事也。

無效及失權之原因，當事人可以自由約定，例如預先約定保險費若欠繳若干期，則保險契約自始無效，或喪失保險金之請求權即是。無效及失權之原因，因關係當事人間之權利義務，保險法許其自由約定，惟其範圍並非漫無限制，例如 1.其所約定者，須以保險法所未規定者為限，若保險法本有規定，其約定可為多此一舉，毫無意義；2.其所約定者，不得違反保險法之強制規定，如有違反，除有利於被保險人外，依保險法第五十四條之規定，該無效及失權原因之約定，應為無效。

由於上述，吾人可知，無效及失權原因之約定，對於雙方當事人之權利義務，極為重要，故必須明載於保險契約之上，俾使雙方當事人有所憑據，免滋糾紛。無效及失權之原因，固然被我國保險法列為基本條款之一，但與保險契約之實質內容究無直接關係，因此在保險契約上即使漏列或欠缺，亦無害於契約之實質，保險契約仍然有效。此時，因未預先約定，無

效及失權之原因，應以法律之規定為準。

㈧訂約之年、月、日 (The date of making contract)

訂約之年、月、日者，乃指當事人記載於契約上之年、月、日也。此之所謂「訂約之年、月、日」，與實際訂約之年、月、日未必相同。如前所述，訂約之年、月、日者，與保險責任開始之日、時，兩者通常相同，但未必一致。保險法第五十一條規定：「Ⅰ保險契約訂立時，保險標的之危險已發生或已消滅者，其契約無效。但為當事人雙方所不知者，不在此限。Ⅱ訂約時，僅要保人知危險已發生者，保險人不受契約之拘束。Ⅲ訂約時，僅保險人知危險已消滅者，要保人不受契約之拘束。」

由此規定，吾人可知，訂約年、月、日之記載，與保險契約之效力，關係至大，藉此訂約年、月、日之記載，吾人可以決定契約之是否有效，當事人是否應受契約之拘束。故本法規定，訂約之年、月、日應於保險契約上明白記載之。

以上八款，係一般保險契約之基本條款，但保險法第五十五條中尚有「除本法另有規定外」一語，所謂「另有規定」者，係指前面所述之特種基本條款而言（例保 §108、§129、§132 等），在此等情形，除了應記載上述八款事項外，尚應記載各該特種之基本條款，以為補充。其補充事項如何，容後再述。

第二項　海上保險契約之要素

一、海上保險契約之主體

㈠海上保險契約之當事人

當事人〔英：party；日：当事者（とうじしゃ）；德：Partei；法：partie〕者，乃指與某事件、事務、契約、手續等具有直接利害關係之人也。保險契約之當事人者，乃指與保險契約具有直接利害關係之人也。海上保險契

約之當事人為保險人及要保人。

1.保險人

保險人〔英：insurer, underwriter；日：保險者（ほけんしゃ）；德：Versicherer；法：assureur〕者，亦稱承保人，乃指經營保險事業之各種組織也 (various organizations engaged in the business of insurance)。亦即在保險契約成立時，有保險費之請求權，在承保危險事故發生時，依其承保之責任，負擔賠償義務之人也（保 §2）。保險法第一三六條第一項規定：「保險業之組織，以股份有限公司或合作社為限。但依其他法律規定或經主管機關核准設立者，不在此限。」由此規定可知，海上保險契約之保險人，原則上有下列兩種：

(1)股份有限公司

股份有限公司〔英：company (limited by shares)；美：(stock or business) corporation；日：株式会社（かぶしきがいしゃ）；德：Aktiengesellschaft；法：société anonyme〕者，乃指二人以上股東或政府、法人股東一人所組織，全部資本分為股份；股東就其所認股份，對公司負其責任之公司也（公司 §2 Ⅰ ④）。因股份有限公司為法人，組織嚴密，基礎鞏固，資金雄厚，符合保險「危險分散」之原則，而且股份有限公司必須登記，方便主管機關之監督管理也。

(2)合作社

合作社〔英：cooperative, cooperative association；日：協同組合（きょうどうくみあい）；德：Genossenschaft；法：coopératives, société coopérative〕者，乃指依平等原則，在互助組織之基礎上，以共同經營方法，謀社員經濟之利益與生活之改善，而其社員人數及股金總額均可變動之團體也（合作社 §1）。因合作社亦為法人，且其內部及對外之關係，又與股份有限公司相近，以之經營保險事業，與保險互助互救之本質，正相符合也。以保險為目的之合作社，在臺灣似乎僅有 1979 年 8 月 6 日成立之「臺灣省漁船產物保險合作社」，但與航運界關係不大 ❻。

2. 要保人

要保人〔英：applicant for insurance；日：保險契約者（ほけんけいやくしゃ）；德：Versicherungsnehmer；法：assuré, preneur d'assurance〕者，亦稱投保人，乃指對保險標的具有保險利益，向保險人申請訂立保險契約，並負有交付保險費義務之人也（保 §3）。保險法第三條規定：「本法所稱要保人，指對保險標的具有保險利益，向保險人申請訂立保險契約，並負有交付保險費義務之人。」由此規定可知，除無行為能力人外，凡對保險標的具有保險利益之自然人或法人均得成為要保人。

㈡海上保險契約之關係人

關係人〔英：person concerned；日：利害関係人（りがいかんけいにん）〕者，乃指與某事件、事務、契約、手續等具有間接利害關係之人也。保險契約之關係人者，乃指與保險契約具有間接利害關係之人也。保險契約之關係人為被保險人與受益人。

1. 被保險人

被保險人〔英：insured；日：被保険者（ひほけんしゃ）；德：Versicherter；法：assuré〕者，乃指於保險事故發生時，遭受損害，享有賠償請求權之人也。保險法第四條規定：「本法所稱被保險人，指於保險事故發生時，遭受損害，享有賠償請求權之人；要保人亦得為被保險人。」

2. 受益人

受益人〔英：beneficiary；日：保険金受取人（ほけんきんうけとりにん）；德：Begünstigter；法：bénéficiaire〕者，又稱保險金受領人，乃指被保險人或要保人約定享有賠償請求權之人也。保險法第五條規定：「本法所稱受益人，指被保險人或要保人約定享有賠償請求權之人，要保人或被保險人均得為受益人。」

㈢海上保險契約之輔助人

保險契約之輔助人 (assistant, auxiliary staff members) 者，乃指非保險

---

❻　梁宇賢，《海商法論》，三民書局印行，1992 年 8 月修訂 3 版，p. 462。

契約當事人或關係人，而為輔助保險契約訂立或履行之第三人也。海上保險契約之輔助人，有保險代理人、保險經紀人、保險公證人三種。茲分述如下：

1.保險代理人

　　保險代理人〔英：insurance agent；日：保險代理商（ほけんだいりしょう）；德：Versicherungsagent；法：agent d'assurance〕者，乃指根據代理契約或授權書，向保險人收取費用，並代理經營業務之人也。保險法第八條規定：「本法所稱保險代理人，指根據代理契約或授權書，向保險人收取費用，並代理經營業務之人。」

2.保險經紀人

　　保險經紀人〔英：insurance broker；日：保險仲立人（ほけんなかだちにん）；德：Versicherungsmakler；法：courtier d'assurance〕者，俗稱保險掮客或跑街，乃指基於被保險人之利益，代向保險人洽訂契約，而向承保之保險業收取佣金之人也（保 §9）。保險法第九條規定：「本法所稱保險經紀人，指基於被保險人之利益，代向保險人洽訂保險契約，而向承保之保險業收取佣金之人。」

3.保險公證人

　　保險公證人〔英：surveyor, public adjustor, appraiser；日：評価人（ひょうかにん）〕者，乃指向保險人或被保險人收取費用，為其辦理保險標的之查勘、鑑定及估價與賠款之理算、洽商，而予證明之人也（保 §10）。保險法第十條規定：「本法所稱公證人，指向保險人或被保險人收取費用，為其辦理保險標的之查勘、鑑定及估價與賠款之理算、洽商，而予證明之人。」

二、海上保險之保險標的

　　保險標的〔英：object of insurance；日：保險の目的（ほけんのもくてき）；德：Versicherungsgegenstand；法：objet de l'assurance〕者，乃指保險契約所締立之對象，亦即保險事故發生所在之本體也。海商法第一二七條

規定:「Ⅰ凡與海上航行有關而可能發生危險之財產權益,皆得為海上保險之標的。Ⅱ海上保險契約,得約定延展加保至陸上、內河、湖泊或內陸水道之危險。」由此規定可知,凡與海上航行有關而可能發生危險之財產權益,均可作為海上保險契約之保險標的。本條第二項,係 1999 年修法時新增之規定。其立法目的,乃旨在配合現行海陸聯運之發展趨勢及其作業之需要,並參照 1906 年英國海上保險法 (Marine Insurance Act, 1906) Sec. 2 之規定,爰增訂海上保險契約之當事人,得自由約定加保內河及陸上等之危險❼。由海商法第一二七條之規定可知,海上保險契約之保險標的,不外下列幾種:

(一)船　舶

　　船舶保險〔英:hull insurance;日:船舶海上保險(せんぱくかいじょうほけん),船舶保險 (せんぱくほけん);德 : Schiffversicherung, Kaskoversicherung;法:assurance sur corps de navire〕者,乃指以船舶作為保險標的之海上保險型態也。海上保險中,依其保險標的係屬船舶或貨物,可分為船舶保險及貨物保險兩種。

　　海商法第七條規定:「除給養品外,凡於航行上或營業上必需之一切設備及屬具,皆視為船舶之一部。」由此規定可知,除契約另有約定外,船舶保險之船舶,除船身、機器外,尚包括航行上或營業上必需之一切設備及屬具。再者,船舶保險之船舶,不以運送貨物或旅客之船舶為限,凡從事工業、漁業或其他實業之船舶,均得作為船舶保險之保險標的。再者,就船舶之保險價額,海商法第一三四條規定:「船舶之保險以保險人責任開始時之船舶價格及保險費,為保險價額。」

(二)貨　物

　　貨物保險〔英:cargo insurance;日:貨物海上保險(かもつかいじょうほけん),積荷保險(つみにほけん);德:Guter-oder Cargoversicherung;

---

❼　鄭玉波(林群弼修訂),《海商法》,三民書局印行,1999 年 11 月修訂 12 版,
　　p. 182。

法：assurance sur facultés〕者，乃指以貨物作為保險標的之海上保險型態也。貨物保險之貨物，原則上以買賣之商品為限。其非屬買賣之商品，例如船長、海員之個人行李衣物、客船之行李、糧食及票據等，因非屬買賣之商品，因此除非於保險契約海上保險特別註明，否則不應包括於貨物範圍之內。

　　海商法第七十三條規定：「運送人或船長如將貨物裝載於甲板上，致生毀損或滅失時，應負賠償責任。但經託運人之同意並載明於運送契約或航運種類或商業習慣所許者，不在此限。」由此規定可知，所謂裝載貨物，原則上係指裝載於船艙之貨物而言。因此，海上保險契約若以「裝載貨物」為保險標的者，除非經託運人之同意並載明於運送契約或航運種類或商業習慣所許者外，凡裝載於甲板上之貨物，均不包括於「裝載貨物」範圍之內。再者，就貨物之保險價額，海商法第一三五條規定：「貨物之保險以裝載時、地之貨物價格、裝載費、稅捐、應付之運費及保險費，為保險價額。」由此規定可知，貨物之保險價額，除裝畫地、裝載時之貨物價格外，尚須加算裝載費、稅捐、應付之運費及保險費。因此等費用，於貨物安全到達目的地後，均得取償於賣價，故應使其包括於保險價額之內 ❽。

(三)運　費

　　運費保險〔英：freight insurance；日：運送賃保險（うんそうちんほけん）；德：Frachtversicherung；法：assurance sur fret〕者，乃指以運送人或運送之運費利益作為保險標的之海上保險型態也。運費〔英：freight；日：運送賃（うんそうちん）；德：Fracht；法：fret〕者，乃指運送旅客或貨物所生之報酬也。惟就一般習慣，運送旅客所生之報酬，通常稱為票價，運送貨物所生之報酬，始稱為運費。託運人負有依照運送契約給付運費之義務。惟運費保險之運費，與一般之運費異其範圍，而包括下列三者：即(1)運送貨物所應收之費用；(2)出租船舶所應收之租金；(3)船舶所有人運送他

---

❽　鄭玉波（林群弼修訂），《海商法》，三民書局印行，1999 年 11 月修訂 12 版，p. 185。

人或運送自己貨物之利得。運送旅客之票價,通常先付,固無作為保險標的之可能,但若此等票價後付者,亦得作為運費保險之保險標的,惟若未於保險契約特別註明,運費保險之運費,並不當然包括未付之票價❾。

(四)利　得

利得保險〔英:profits insurance, profits policy;日:希望利益保險(きぼうりえきほけん)〕者,乃指以貨物安全到達目的地之利得作為保險標的之海上保險型態也。此之利得,乃指預期獲得之利益也。無論船主於貨物安全到達目的地時預期獲得之利益,或貨主於貨物安全到達目的地時預期獲得之利益,均得作為利得保險之保險標的。

(五)責　任

責任保險〔英:liability insurance;日:責任保險(せきにんほけん);德:haftpflichtversicherung;法:assurance de responsabilité〕者,乃指保險人於被保險人對於第三人,依法應負賠償責任,而受賠償之請求時,負賠償責任之一種財產保險也(保 §90)。責任保險以「賠償責任」作為保險標的。例如再保險契約、竊盜險契約即是。再保險〔英:reinsurance;日:再保險(さいほけん);德:Rückversicherung;法:réassurance〕者,乃指保險人以其所承保之危險轉向他保險人為保險之保險型態也。再保險契約之保險標的為原保險人所承受保險契約上之責任,原保險人為避免遭受損失,或減輕責任,或避免小型保險業者之破產,原保險人得轉與他保險人訂立再保險契約(保 §39)。竊盜險契約者,乃指以運送人對於承運貨物所負偷竊損失責任作為保險標的之保險契約也。海上運送人為減輕或避免對於承運貨物所負偷竊損失責任,得以其責任作為保險標的而投保險法竊盜險契約。

三、海上保險之保險事故

保險事故〔英:insured event, occurrence of event insured against;日:

---

❾　鄭玉波(林群弼修訂),前揭《海商法》,p. 182。

保險事故（ほけんじこ）；德：Versicherungsfall；法：cas d'assurance〕者，
乃指保險人依保險契約所應擔保之責任事由也。例如火災保險之「火災」，
人壽保險之「死亡」即是。海上保險之保險事故，即「與海上航行有關而
可能發生之危險」（§127）。「無危險即無保險」，此乃保險法之一大法則。
海上保險之保險事故，甚為複雜，不像火災保險之保險事故僅限於火災一
項。海上保險 (peril of the sea) 之範圍，甚為廣泛，有由於天然者，例如暴
風雨、駭浪等即是；有由於人為者，例如捕獲、火災、盜難、掠奪、船員
之不法行為、共同海損之處分等即是；有介於天然與人為之間者，例如沉
沒、觸礁、擱淺、碰撞等即是。海上保險之保險事故，原則上以在航行中
所發生者為限，但在慣例上，在港灣停泊或在船塢中所發生之火災危險，
亦包括在內❿。

四、海上保險之保險期間

　　保險期間〔英：term of insurance, duration of risk, period of insurance；
日：保險期間（ほけんきかん）；德：Versicherungsdauer, Versicherungszeit；
法：durée d'assurance, durée de risque〕者，又稱危險期間或責任期間，乃
指保險人對於保險事故應付責任之存續期間也。自保險人保險責任開始之
日、時起，迄其責任終了或解除之日、時止，即為保險期間。就船舶保險
及貨物保險之保險期間，海商法第一二八條規定：「保險期間除契約另有訂
定外，關於船舶及其設備屬具，自船舶起錨或解纜之時，以迄目的港投錨
或繫纜之時，為其期間；關於貨物，自貨物離岸之時，以迄目的港起岸之
時，為其期間。」由此規定可知：

(一)推定保險期間

1.船舶之保險期間

　　船舶之保險期間，除契約另有訂定外，關於船舶及其設備屬具，自船
舶起錨或解纜之時，以迄目的港投錨或繫纜之時，為其期間。

---

❿　　林咏榮，《商事法新詮（下）》，五南圖書出版公司，1989 年 4 月再版，p. 641。

2.貨物之保險期間

貨物之保險期間，自貨物離岸之時，以迄目的港起岸之時，為其期間。

3.運費保險及利得保險之保險期間

利得保險及運費保險之保險期間，我國現行海商法及保險法並無明文規定，但在解釋上，應與貨物保險之保險期間一致❶。

㈡約定保險期間

一般而言，海上保險契約之生效起訖時間，多由此規定可知契約當事人約定。依現行實務，對於船舶之保險期間，契約當事人常約定，自船舶起錨或解纜時起，直至安全到達後 24 小時為止。遇疑義時，應依有利於被保險人之原則解釋之❷。

五、保險金額

保險金額〔英：sum insured；日：保險金額（ほけんきんがく）；德：Versicherungssumme；法：somme assuré〕者，乃指保險契約當事人約定，於保險事故發生時，保險人所應賠償（給付）之金額也。一般稱為保險金。

在海上保險之場合，與其他之財產保險一樣，保險金額僅係保險事故發生時保險人負擔賠償責任之最高金額，至於其實際理賠金額則應依其實際損害決定之。保險金額應由當事人約定，並載明於保險契約之上，但保險金額不得超過保險價額，否則即將構成超額保險。

六、保險價額

保險價額〔英：insurable value, policy value；日：保險価額（ほけんかがく）；德：Versicherungswert；法：valeur d'assurance〕者，乃指保險標的物在某特定時期得以金錢估計之價額也。保險價額之計算方法，亦可由當

---

❶　梁宇賢，《海商法精義》，自版，瑞興圖書股份有限公司總經銷，1999 年 9 月修訂新版，p. 310。

❷　梁宇賢，前揭《海商法精義》，p. 271。

事人自行訂定，但海商法設有如下標準性之規定：

(一)海商法的標準性規定

1.船舶之保險價額

海商法第一三四條規定：「船舶之保險以保險人責任開始時之船舶價格及保險費，為保險價額。」本條所稱之船舶價格，係指船舶在市場交易中之價格而言。由此規定可知，船舶之保險價額係以保險人責任開始時之船舶價格及保險費為準。惟其時點，固以「保險人責任開始時」為準，至於其地點，究以「船籍港之船舶價格及保險費為準」或以「船舶所在地之船舶價格及保險費為準」？吾人以為，應以船籍港之船舶價格及保險費為準。因若以船舶所在地之船舶價格及保險費為準，當保險人責任開始之時，船舶可能正在航行之中，將無法決定船舶所在地之船舶價格及保險費。再者，船舶之買賣亦未必到處均有，有時欲知船舶所在地之船舶價格，並非易事。因此，應以船舶所在地之船舶價格及保險費為準，較為妥當❸。

再者，海商法第七條規定：「除給養品外，凡於航行上或營業上必需之一切設備及屬具，皆視為船舶之一部。」由此規定可知，所謂船舶價格之船舶，除船舶本體外，尚包括航行上或營業上必需之一切設備及屬具在內。

2.貨物之保險價額

就貨物之保險價額，海商法第一三五條規定：「貨物之保險以裝載時，地之貨物價格、裝載費、稅捐、應付之運費及保險費，為保險價額。」由此規定可知，貨物之保險價額，除「裝載時、地之貨物價格」外，尚須加算「裝載費、稅捐、應付之運費及保險費」。因此等費用，於貨物安全到達目的地後，均得取償於賣價，因此應包括於保險價額之中。再者，本條所謂之貨物價格，係指貨物在市場交易中之價格而言❹。

---

❸　鄭玉波（林群弼修訂），《海商法》，三民書局印行，1999 年 11 月修訂 12 版，
　　p. 185。

❹　鄭玉波（林群弼修訂），《海商法》，三民書局印行，1999 年 11 月修訂 12 版，
　　p. 185。

3.運費之保險價額

　　就運費之保險價額，海商法第一三七條規定：「Ⅰ運費之保險，僅得以運送人如未經交付貨物即不得收取之運費為之，並以被保險人應收取之運費及保險費為保險價額。Ⅱ前項保險，得包括船舶之租金及依運送契約可得之收益。」由此規定可知，運費保險所謂之運費，包括⑴貨物運送所應收之運費；⑵船舶之租金；⑶依運送契約可得之收益。

　　海商法第一三七條係 1999 年修正時，自舊海商法第一七九條規定修正而來。修正前之海商法第一七九條之原本規定為：「Ⅰ關於運費之保險，以運送契約內所載明之運費額及保險費為保險價額，運送契約未載明時，以卸載時卸載港認為相當之運費額及其保險費為保險價額。Ⅱ以淨運費為保險標的，而其總額未經約定者，以總運費百分之六十為淨運費。」其修正理由為：「一、條次變更。二、參照 MIA sec. 16 (2) 以被保險人應負擔之運費為保險價額，以符海上保險『損害填補』之基本法理。爰將現行條文第一項、第二項合併修正為第一項如上。三、增訂第二項船舶之租金及運送保險契約約可得之收益得為運費保險之標的，以符國際慣例（參照 MIA 1st Schedule 16 及我國保險法 §20）」 ❺ 。

4.利得保險之保險價額

　　就利得保險之保險價額，海商法第一三六條規定：「貨物到達時應有之佣金、費用或其他利得之保險以保險時之實際金額，為保險價額。」由此規定可知，貨物經過運送後之利得，除貨物到達時之利潤外，尚包括佣金、費用或其他之利得，此係參照英國 1906 年海上保險法第三條第二項第 (b) 款及第十六條第四項所為之規定。佣金、費用或其他之利得，根據商業習慣，應以保險時之實際金額，為保險價額，旨在避免舉證或估價之困難 ❻ 。

　　於人身保險之場合，保險金額即為保險事故發生時，保險人實際支付之金額；於財產保險之場合，保險金額往往僅為保險人賠償責任之最高金

❺　交通部，《海商法修正草案（含總說明）》，1995 年 7 月，p. 172。

❻　交通部，《海商法修正草案（含總說明）》，1995 年 7 月，p. 23。

額而已，至於保險人之實際賠償金額，應視實際之損害情形以決定之。但無論如何，保險人之實際賠償金額不得超過保險價額，否則即將構成「不當得利」。茲將保險金額與保險價額之關係，簡單說明如下：

㈡保險金額與保險價額之關係

1.全部保險

全部保險〔英：full insurance；日：全部保險（ぜんぶほけん），全額保險（ぜんがくほけん）；德：Vollwertversicherung；法：assurance en valeur total〕者，乃指以保險價額全部作為保險金額之保險也。亦即，保險價額與保險金額相等之保險也。於全部保險之場合，保險事故發生後，若標的物全部滅失時，保險人應依保險金額之全部理賠；若標的物一部損失時，保險人僅按實際損失之金額理賠。

2.一部保險

一部保險〔英：under-insurance；日：一部保險（いちぶほけん）；德：Underversicherung；法：sousassurance〕者，乃指以保險價額之一部作為保險金額之保險也。亦即，保險金額小於保險價額之保險也。於一部保險之場合，保險事故發生後，若標的物全部滅失時，保險人應依保險金額之全部理賠；若標的物一部損失時，保險人應就實際損失，依保險金額與保險價額之比例理賠之。保險法第七十七條規定：「保險金額不及保險標的物之價值者，除契約另有訂定外，保險人之負擔，以保險金額對於保險標的物之價值比例定之。」由此規定可知，於一部保險之場合，若標的物一部損失時，保險人理賠金額之計算公式如下：

$$保險人之理賠金額 = \frac{保險金額}{保險價額} \times 實際損失金額$$

3.超額保險

超額保險〔英：over-insurance；日：超過保險（ちょうかほけん）；德：Überversicherung；法：surassurance〕者，乃指保險金額超過保險價額之保

險也。就超額保險，保險法第七十六條規定：「Ⅰ保險金額超過保險標的價值之契約，係由當事人一方之詐欺而訂立者，他方得解除契約。如有損失，並得請求賠償；無詐欺情事者，除定值保險外，其契約僅於保險標的價值之限度內為有效。Ⅱ無詐欺情事之保險契約，經當事人一方將超過價值之事實通知他方後，保險金額及保險費，均應按照保險標的之價值比例減少。」由此規定可知：

⑴有詐欺情事者

保險金額超過保險標的價值之契約，係由當事人一方之詐欺而訂立者，他方得解除契約。如有損失，並得請求賠償。

⑵無詐欺情事者

無詐欺情事之保險契約，經當事人一方將超過價值之事實通知他方後，保險金額及保險費，均應按照保險標的之價值比例減少❼。

第三項　海上保險契約之效力

第一款　海上保險人之理賠責任

一、賠償責任之原則

㈠就保險標的物之毀損滅失及費用負賠償責任

海商法第一二九條規定：「保險人對於保險標的物，除契約另有規定外，因海上一切事變及災害所生之毀損滅失及費用，負賠償責任。」由此規定可知，保險人對於保險標的物之毀損滅失及費用應負賠償責任。

㈡就減免損失之費用負償還責任

海商法第一三〇條規定：「Ⅰ保險事故發生時，要保人或被保險人應採

---

❼　鄭玉波（林群弼修訂），《海商法》，三民書局印行，1999 年 11 月修訂 12 版，p. 187。

取必要行為，以避免或減輕保險標的之損失，保險人對於要保人或被保險人未履行此項義務而擴大之損失，不負賠償責任。II保險人對於要保人或被保險人，為履行前項義務所生之費用，負償還之責，其償還數額與賠償金額合計雖超過保險標的價值，仍應償還之。III保險人對於前項費用之償還，以保險金額為限。但保險金額不及保險標的物之價值時，則以保險金額對於保險標的之價值比例定之。」由此規定可知，海上保險人就減免損失之費用負償還責任。

二、不負賠償責任之例外

㈠就因要保人或被保險人或其代理人之故意或重大過失所生之損害

海商法第一三一條規定：「因要保人或被保險人或其代理人之故意或重大過失所致之損失，保險人不負賠償責任。」

㈡就要保人或被保險人違反裝運通知義務所致之損害

海商法第一三二條規定：「未確定裝運船舶之貨物保險，要保人或被保險人於知其已裝載於船舶時，應將該船舶之名稱、裝船日期、所裝貨物及其價值，立即通知於保險人。不為通知者，保險人對未為通知所生之損害，不負賠償責任。」

㈢終止契約後所生之損害

海商法第一三三條規定：「要保人或被保險人於保險人破產時，得終止契約。」就終止契約後所生之損害，保險人無須負理賠責任。

三、保險金之給付

保險金之給付，係保險人最主要之義務。就保險金之給付，海商法第一五〇條規定：「I保險人應於收到要保人或被保險人證明文件後三十日內給付保險金額。II保險人對於前項證明文件如有疑義，而要保人或被保險人提供擔保時，仍應將保險金額全部給付。III前項情形，保險人之金額返

還請求權，自給付後經過一年不行使而消滅。」

　　由前述第一項之規定可知，保險人就其應為賠償之範圍，應於收到要保人或被保險人證明文件後 30 日內給付保險金額。所謂「證明文件」，係指證明保險標的物在航行中發生損害之文件而言。由前述第二項之規定可知，前項之證明文件若有疑義，自應展開調查，待調查清楚之後，再為給付。但要保人或被保險人提供擔保時，仍應將保險金額全部給付，藉以避免保險人之拖延給付，以便保護要保人或被保險人之權益。由前述第三項之規定可知，若給付之後，查明該項證明文件屬實，固無問題；若查明不實或數額有所出入，則保險人有返還請求權。惟此項返還請求權自給付後，經過一年，即因不行使而消滅。如此短期消滅時效之規定，旨在使法律關係早日確定，避免保險人藉故拖延賠款，藉以保護要保人或被保險人之權益。

四、減免損失費用之償還

　　海商法第一三〇條規定：「I 保險事故發生時，要保人或被保險人應採取必要行為，以避免或減輕保險標的之損失，保險人對於要保人或被保險人未履行此項義務而擴大之損失，不負賠償責任。II 保險人對於要保人或被保險人，為履行前項義務所生之費用，負償還之責，其償還數額與賠償金額合計雖超過保險標的價值，仍應償還之。III 保險人對於前項費用之償還，以保險金額為限。但保險金額不及保險標的物之價值時，則以保險金額對於保險標的之價值比例定之。」是為保險人減免損失費用之償還義務。

　　由前述第一項之規定可知，要保人或被保險人負有損害防止之義務，要保人或被保險人違反此項義務時，保險人對於因而擴大之損失，不負賠償責任。第一項所謂「避免或減輕保險標的之損失」，多指「救助費用」(salvage charge) 及「訴訟及工作費用」(sue and labor charge) 而言。

　　由前述第二項之規定可知，保險人對於要保人或被保險人，為履行減免損失義務所生之費用，負償還之責，其償還數額與賠償金額合計雖超過

保險標的價值，仍應償還之。因此等費用，純為避免或減輕保險標的之損害，以減輕保險人之負擔而發生，若保險人在場，亦必採取同樣措施，因此本條規定「其償還數額與賠償金額合計雖超過保險標的價值，仍應償還之。」例如投保海上保險之船舶價值為一千萬元（保險標的價值），其保險金額亦為一千萬元。於航行途中發生海上事變，要保人或被保險人採取必要行為，花費一百萬元，僱人救助，以避免或減輕保險標的之損失，惜乎海上事變過大，救助無效，船舶沉沒海底。此時，保險人除應賠償該海上保險之保險金額一千萬元之外，對於救助費用之一百萬元（為履行前項義務所生之費用），亦須加以賠償。縱然其償還數額（一百萬元）與賠償金額（一千萬元）合計雖超過保險標的價值（一千萬元），仍應償還之。

由前述第三項之規定可知，保險人履行減免損失義務所生費用之償還，以保險金額為限。但保險金額不及保險標的物之價值時，則以保險金額對於保險標的之價值比例定之。例如前例之中，船舶之價值一千萬元（保險標的物之價值），但僅投保五百萬元（保險金額），此時即本條第三項所謂之「保險金額不及保險標的物之價值」。在此情況之下，「則以保險金額對於保險標的之價值比例定之」。亦即，對於前例所花費之救助費用一百萬元，保險人僅須負擔五十萬元。

$$100\,萬元 \times \frac{500\,萬元（保險金額）}{1{,}000\,萬元（保險價額）} = 50\,萬元$$

再者，就減免損失費用之償還責任，保險法第三十三條亦規定：「Ⅰ保險人對於要保人或被保險人，為避免或減輕損害之必要行為所生之費用，負償還之責。其償還數額與賠償金額，合計雖超過保險金額，仍應償還。Ⅱ保險人對於前項費用之償還，以保險金額對於保險標的之價值比例定之。」顯然，保險法第三十三條與海商法第一三〇條第二項、第三項，其規定內容極為相似。就海上保險而言，海商法既為保險法之特別法，特別法無特別規定者，回歸普通法規定之適用，保險法第三十三條既已明文規

定，海商法第一三〇條第二項、第三項似無重複規定之必要也 ⑱ 。

五、海上保險人之責任範圍

㈠法定責任範圍

　　就法定責任範圍，我國海商法僅作概括性之原則規定，茲簡單說明如下：

1.因海上一切事變及災害所生之毀損滅失及費用，負賠償責任

　　海商法第一二九條規定：「保險人對於保險標的物，除契約另有規定外，因海上一切事變及災害所生之毀損滅失及費用，負賠償責任。」

2.就因戰爭所致之損害，除契約有相反之訂定外，應負賠償責任

　　海商法第一二六條規定：「關於海上保險，本章無規定者，適用保險法之規定。」而對於因戰爭所致之損害，保險法第三十二條規定：「保險人對於因戰爭所致之損害，除契約有相反之訂定外，應負賠償責任。」由此規定可知，就因戰爭所致之損害，除契約有相反之訂定外，海上保險人應負賠償責任。

㈡約定責任範圍

　　海上保險人所負責任之範圍，除前述法定責任範圍外，當事人亦得以特約約定其責任範圍，是為約定責任範圍。茲簡單說明如下：

1.縮小範圍之約定

　　保險人本應負責之事項，契約當事人得以特約訂定，縮小其負責之範圍。例如：

⑴單獨海損不賠條款

　　單獨海損不賠條款（free from particular average，簡稱 F.P.A.）者，乃指保險契約當事人以特約訂定，除因船舶擱淺、沉沒焚毀、碰撞所致之危險及共同海損外，對於其他單獨海損，保險人均無須負責之條款也。訂定

⑱　　鄭玉波（林群弼修訂），《海商法》，三民書局印行，1999 年 11 月修訂 12 版，p. 195。

單獨海損不賠條款之目的，旨在縮小保險人之責任範圍。

⑵兵險除外條款

兵險除外條款〔英：free of war risk clause；德：Freivon Kriegsgefahr；法：clause de guerre〕者，乃指保險契約之當事人，於保險契約基本條款之外，另行約定，因戰爭所致之損害，保險人不負責任之特約條款也。保險法第三十二條規定：「保險人對於因戰爭所致之損害，除契約有相反之訂定外，應負賠償責任。」由此規定可知，就因戰爭所致之損害，保險人得於契約上為相反之訂定，免除其賠償責任。

2.擴大範圍之約定

保險人本應負責之事項，契約當事人得以特約訂定，擴大其負責之範圍。例如：

⑴倉庫至倉庫條款

倉庫至倉庫條款〔英：warehouse to warehouse clause；日：倉庫間約款（そうこかんやっかん）；德：von Haus zu Haus Klausel；法：clause de magasin à magasin〕者，乃指保險契約之當事人，於保險契約基本條款之外，另行約定，承認將保險責任延長至發貨地之倉庫與目的地之倉庫兩倉庫間之特約條款也。

⑵艙面損失賠償條款

艙面損失賠償條款 (on deck, O.D.) 者，乃指保險契約之當事人，於保險契約基本條款之外，另行約定，承認就甲板上所裝之貨物，亦負保險責任之特約條款也。依海上保險慣例，對於裝在甲板上之貨物，保險人多不承保。因此若要保人欲使保險人對於此等貨物亦負保險責任，按例須於保險單或保險契約上特別訂定，並支付較高之保費。

第二款 要保人之權利義務

一、保險費之給付

　　保險費〔英：premium；日：保險料（ほけんりょう）；德：Prämie；法：Prime, cotisation〕者，乃指保險人負擔危險之代價，而由要保人給付之金額也。就保險費之給付，保險法第二十二條第一項規定：「保險費應由要保人依契約規定交付。」而且依保險法第五十五條第一項之規定，保險費應記載於保險契約。由此規定可知，保險費之給付為要保人最主要之義務。要保人未履行此項義務時，契約當事人亦可自由約定其效果，若未特別約定時，自得依據保險法或民法之規定解決之。

二、危險之通知

　　就危險之通知，保險法第五十八條規定：「要保人、被保險人或受益人，遇有保險人應負保險責任之事故發生，除本法另有規定，或契約另有訂定外，應於知悉後五日內通知保險人。」海商法第一四九條亦規定：「要保人或被保險人，於知悉保險之危險發生後，應即通知保險人。」由此規定可知，要保人或被保險人，於知悉保險之危險發生後，應即刻通知保險人。本條之立法目的，旨在保護保險人之利益。因保險事故發生之後，其損害情況如何？有無挽救之希望？有待保險人早日展開調查，以免坐失良機，並作理賠之準備，若不早日通知，恐將失去危險之真相，不易確定損害之範圍，理賠金額之爭執勢將在所難免也 ❶⁹。

　　就違反此項義務之效果，保險法第六十三條規定：「要保人或被保險人不於第五十八條、第五十九條第三項所規定之期限內為通知者，對於保險人因此所受之損失，應負賠償責任。」由此規定可知，若要保人或被保險

---

❶⁹　王洸，《海商法釋論》，海運出版社發行，文和印刷公司印刷，1962 年 7 月出版，p. 152。

人不履行此項危險通知義務,對於保險人因此所受之損害,應負賠償責任。再者,就貨物損害通知之期限,海商法第一五一條規定:「要保人或被保險人,自接到貨物之日起,一個月內不將貨物所受損害通知保險人或其代理人時,視為無損害。」海商法第一五一條之立法理由,乃因貨物到達之後,理應即時檢查,而且一個月之期間,就貨物損害之檢查而言,並不為短,若經一個月之期間尚未發現其損害,則縱有損害亦極輕微,因此本條乃明文規定,一個月內不將貨物所受損害通知保險人或其代理人時,視為無損害,藉以使當事人之法律關係早日確定,並藉以避免事後之誣詐,防止弊端,而杜糾紛[20]。

三、保險金之請求

海商法第一五〇條第一項規定:「保險人應於收到要保人或被保險人證明文件後三十日內給付保險金額。」由此規定可知,於保險事故發生後,保險人有給付保險金額之義務。此項保險人保險金額之給付義務,就要保人或被保險人而言,即為保險金之請求權利。

再者,保險法第六十五條第一項規定:「由保險契約所生之權利,自得為請求之日起,經過二年不行使而消滅。」由此規定可知,就保險契約上權利之消滅時效,僅二年而已。

第三款　海上保險損害額之計算

於全部保險之場合,當保險事故發生後,保險人之理賠金額,須以損害額為理賠金額;於一部保險之場合,當保險事故發生後,保險人之理賠金額,應以損害額乘以「保險金額與保險價額之比例」為理賠金額。易言之,無論是全部保險或一部保險,決定保險人之理賠金額時,必須先確定海上保險之損害額。茲將海上保險損害額之計算簡單說明如下:

---

[20]　王洸,前揭《海商法釋論》,p. 153。

一、全部損失

全部損失〔英：total loss；日：全損（ぜんそん）；德：Totalverlust；法：perte total〕者，亦稱全損，乃指保險標的物全部滅失之損失也。亦即，保險利益全部消滅之損失也。全部損失又可分為下列二種：

㈠實際全部損失

實際全部損失〔英：absolute or real total loss, actual total loss；日：現全損（げんじつぜんそん）；法：perte totale effective〕者，乃指保險標的全部滅失或失去原有形體，或永遠不能恢復之損失也。在實際全部損失之場合，被保險人自得請求保險人支付全部之保險金額。在如何情況下得認為實際全部損失？我國海商法未作明文規定。解釋上，似可參照德國商法之規定。

1.船舶之全損

德國商法第八五四條規定：「（船舶及貨物之全損）船舶或貨物業經沉沒，或於沉沒後而無法救助，或固有之狀態已被破壞，或已被宣告捕獲，而被保險人不能收回時，均視為船舶或貨物之全損。破難船體之破片，或屬具之破片，縱被救助，亦不能否定船舶之全損。」〔(Totalverlust des Schiffes und der Güter) Ein Totalverlust des Schiffes oder der Güter liegt vor, wenn das Schiff oder die Güter zugrunde gegangen oder dem Versicherten ohne Aussicht auf Wiedererlangung entzogen sind, namentlich wenn sie unrettbar gesunken oder in ihrer ursprünglichen Beschaffenheit zerstört oder für gute Prise erklärt sind. Ein Totalverlust des Schiffes wird dadurch nicht ausgeschlossen, daß einzelne Teile des Wrackes oder des Inventars gerettet sind.〕由此規定可知，當船舶沉沒，無法救助者；固有狀態已被破壞者；已被捕獲，而被保險人無法收回者，均可被視為船舶之全損。縱然其後該破船或屬具之一部被撈起，亦不能否定船舶之全損。

2.貨物之全損

依前述德國商法第八五四條之規定可知，貨物全損之認定，與船舶相

同。當船舶沉沒，無法救助者；固有狀態已被破壞者；已被捕獲，而被保險人無法收回者，均可被視為貨物之全損。

3.運費之全損

德國商法第八五五條規定：「（運費之全損）運費全額損失時，視為有運費全損之存在。」〔(Totalverlust der Fracht) Ein Totalverlust in Ansehung der Fracht liegt vor, wenn die ganze Fracht verloren gegangen ist.〕由此規定可知，當運費全部滅失時，視為運費全損。

4.應有利得之全損

德國商法第八五六條規定：「（預期利益或手續費之全損）應行到達目的港之貨物而未到達時，視為有預期利益或手續費全損之存在。」〔(Totalverlust des imaginären Gewinns oder der Provision) Ein Totalverlust in Anschung des imaginären Gewinns oder in Ansehung der Provision, welche von der Ankunft der Güter am Bestimmunsort erwartet werden, liegt vor, wenn die Güter den Bestimmungsort nicht erreicht haben.〕由此規定可知，木應到達目的港之貨物而未到達時，視為應有利得全損之存在[21]。

㈡推定全部損失

推定全部損失〔英：constructive total loss；日：解釈全損（かいしゃくぜんそん），推定全損（すいていぜんそん），準全損（じゅんぜんそん）〕者，亦稱解釋全損或準全損，乃指保險標的物雖非實際已全部滅失，但具有某種情形，在法律推定其為全部損失之損失也。依我國現行海商法之規定，推定全部損失，有下列之情形：

1.船　　舶

海商法第一四三條規定：「Ｉ被保險船舶有下列各款情形之一時，得委付之：一　船舶被捕獲時。二　船舶不能為修繕或修繕費用超過保險價額時。三　船舶行蹤不明已逾二個月時。四　船舶被扣押已逾二個月仍未放

---

[21]　鄭玉波（林群弼修訂），《海商法》，三民書局印行，1999 年 11 月修訂 12 版，p. 191。

行時。II前項第四款所稱扣押，不包含債權人聲請法院所為之查封、假扣押及假處分。」由此規定可知，船舶有下列之情形，推定全部損失：

(1)船舶被捕獲時。

(2)船舶不能為修繕或修繕費用超過保險價額時。惟根據最高法院 1973 年臺上字第 2749 號之判決，機器在檢驗認定不能修復前，不能推定為全損❷。

(3)船舶行蹤不明已逾二個月時。

(4)船舶被扣押已逾二個月仍未放行時。

2.貨　物

海商法第一四四條規定：「被保險貨物有下列各款情形之一時，得委付之：一　船舶因遭難，或其他事變不能航行已逾二個月而貨物尚未交付於受貨人、要保人或被保險人時。二　裝運貨物之船舶，行蹤不明，已逾二個月時。三　貨物因應由保險人負保險責任之損害，其回復原狀及繼續或轉運至目的地費用總額合併超過到達目的地價值時。」由此規定可知，貨物有下列之情形，推定全部損失：

(1)船舶因遭難，或其他事變不能航行已逾二個月而貨物尚未交付於受貨人、要保人或被保險人時。

(2)裝運貨物之船舶，行蹤不明，已逾二個月時。

(3)貨物因應由保險人負保險責任之損害，其回復原狀及繼續或轉運至目的地費用總額合併超過到達目的地價值時。

3.運　費

海商法第一四五條規定：「運費之委付，得於船舶或貨物之委付時為之。」由此規定可知，於船舶或貨物之委付時，得推定運費全部損失。

二、部分損失

部分損失〔英：partial loss；日：分損（ぶんそん）；德：Teilschaden；

---

❷　梁宇賢，《海商法精義》，自版，瑞興圖書股份有限公司總經銷，1999 年 9 月修訂新版，p. 312。

法：perte partielle〕者，亦稱分損、一部損失，乃指保險標的物部分遭受毀損之損失也。亦即，全部損失以外之損失也。就部分損失之計算方法，我國現行保險法未作具體規定，僅於海商法作部分之規定。茲依海商法之規定，簡單說明如下：

(一)船舶之分損

就船舶分損補償額之計算方式，海商法第一三九條規定：「Ⅰ船舶部分損害之計算，以其合理修復費用為準。但每次事故應以保險金額為限。Ⅱ部分損害未修復之補償額，以船舶因受損所減少之市價為限。但不得超過所估計之合理修復費用。Ⅲ保險期間內，船舶部分損害未修復前，即遭遇全損者，不得再行請求前項部分損害未修復之補償額。」由此規定可知，船舶部分損害之計算如下：

1.船舶修繕時

當船舶有修繕時，船舶部分損害之計算，以其合理之修繕費，作為損害額。但每次事故應以保險金額為限，其修繕費用不得高於保險金額。

2.船舶未修繕時

當船舶不可能修繕或船舶無修繕之價值時，船舶部分損害之計算，以船舶因受損所減少之市價為限。但不得超過所估計之合理修復費用。

3.在保險期間內，船舶遭遇全損時

保險期間內，船舶部分損害未修復前，即遭遇全損者，不得再行請求前項部分損害未修復之補償額。亦即，在保險期間，船舶部分損害未修復前，即遭遇全損者，應按全損賠償，自不得再請求部分損害未修復之補償額。

海商法第一三九條，係 1999 年修法時新增之規定。其立法理由為：「一、參照 MIA sec. 69 規定，增訂船舶分損補償額之計算方法，使其補償方式有所依據。二、船舶遭遇全損者，即按全損賠償，自不得再請求部分損害未修復之補償額。」❷❸

---

❷❸　交通部，《海商法修正草案（含總說明）》，1995 年 7 月，p. 173。

㈡貨物之分損

1.未變賣時貨物分損之計算

就貨物分損補償額之計算方式,海商法第一三八條規定:「貨物損害之計算,依其在到達港於完好狀態下所應有之價值,與其受損狀態之價值比較定之。」例如某船舶自美國運送飼料至臺灣時,「其在到達港於完好狀態下所應有之價值」為新臺幣一千萬元,「其受損狀態之價值」為新臺幣八百萬元,則「其在到達港於完好狀態下所應有之價值,與其受損狀態之價值」之差額為新臺幣二百萬元,此二百萬元之差額,即為貨物之損害額。在此場合,若本海上保險為全部保險時,保險人之理賠金額應為貨物之損害額新臺幣二百萬元;反之,若本海上保險為一部保險時,保險人之理賠金額應為貨物之損害額新臺幣二百萬元乘以「保險金額與保險價額之比例」。例如該批飼料(保險標的)之保險價額為新臺幣一千萬元,但其投保之保險金額僅新臺幣五百萬元,則保險人之理賠金額應為:

$$保險人之理賠金額 = 200\,萬元 \times \frac{500\,萬元(保險金額)}{1{,}000\,萬元(保險價額)} = 100\,萬元$$

2.變賣時貨物分損之計算

就變賣時貨物分損之計算,海商法第一四一條規定:「受損害貨物之變賣,除由於不可抗力或船長依法處理者外,應得保險人之同意。並以變賣淨額與保險價額之差額為損害額。但因變賣後所減省一切費用,應扣除之。」由此規定可知,受損害貨物之變賣,除由於不可抗力或船長依法處理者外,應得保險人之同意。此規定之目的,旨在明定變賣之條件,並藉以保障保險人之權益。依據本條之規定,變賣受損貨物時,應以「變賣淨額與保險價額之差額」為損害額。但因變賣後所減少之一切費用,應扣除之。例如某船舶自美國運送飼料至臺灣時,其「保險價額」為新臺幣一千萬元,其「變賣淨額」為新臺幣八百萬元,因變賣後所減省之運費為新臺幣五十萬元。則在本設例中,其「變賣淨額與保險價額之差額」為新臺幣二百萬元,

此二百萬元之差額扣除「變賣後所減省之一切費用」新臺幣五十萬元後之一百五十萬元，即為該變賣貨物之損害額。在此場合，若本海上保險為全部保險時，保險人之理賠金額應為：貨物之損害額新臺幣一百五十萬元；反之，若本海上保險為一部保險時，保險人之理賠金額應為：貨物之損害額新臺幣一百五十萬元乘以「保險金額與保險價額之比例」。

現行海商法第一四一條之規定，係 1999 年修法時，修正且變更條次後之規定。1999 年修正前，就船舶貨物變賣後損害額之計算，舊海商法曾以第一八一條規定：「Ⅰ受損害之船舶或貨物，如經變賣者，以變賣價額與保險價額之差額為損害額。但因變賣後所減省之一切費用，應扣除之。Ⅱ前項變賣，除由於不可抗力或船長依法處理者外，應得保險人之同意。」1999 年修法時，其修正理由為，「一、條次變更。二、現行海險實務已鮮有以受損後之船舶變賣所得之價值與保險價額之差額為保險人補償之基礎，爰將現行條文船舶部分刪除。三、現行條文第二項併入修正條文。」❷❹

㈢運費或利得之分損

就運費分損補償額之計算方式，海商法第一四〇條規定：「運費部分損害之計算，以所損運費與總運費之比例就保險金額定之。」例如某船舶自美國運送飼料至臺灣時，其運費保險之「保險金額」為新臺幣三百萬元，其「所損運費」為新臺幣一百萬元，其「總運費」為新臺幣四百萬元。則在本設例中，其運費分損補償額應為：

$$運費分損之補償額 = 300 萬元 \times \frac{100 萬元（所損運費）}{400 萬元（總運費）} = 75 萬元$$

（保險金額）

至於應有利得之分損，其損害額及補償額，應就實際情形估計之❷❺。

---

❷❹ 交通部，《海商法修正草案（含總說明）》，1995 年 7 月，p. 174。

❷❺ 梁宇賢，《海商法精義》，自版，瑞興圖書股份有限公司總經銷，1999 年 9 月

第四項　海上保險契約之消滅

一、海上保險契約之終止

就海上保險契約之終止，海商法第一三三條規定：「要保人或被保險人於保險人破產時，得終止契約。」因保險人既已破產，保險人已無給付保險金之能力，理賠已經無望，故本法規定要保人或被保險人於保險人破產時，得終止契約。

海商法第一三三條之規定，係 1999 年修法時修正且變更條次後之規定。1999 年修正前之海商法，曾以第一七五條規定：「要保人或被保險人於保險人破產時，得解除契約。但以保險人不提供擔保者為限。」1999 年修法時，有鑑於保險契約係自保險人破產時歸於無效，並非自始無效，並無藉解除契約回復原狀之必要，因此於 1999 年修法時，乃將「解除契約」修正為「終止契約」。再者，保險人既已破產，其負債既已大於資產，其財務狀況既已無法提供任何擔保，就法但書所規定之「但以保險人不提供擔保者為限」，在事實上已無多大意義，因此 1999 年修法時，乃將舊法但書之規定全部刪除。

二、保險人之免負責任

就保險人之免負責任，海商法第一三二條規定：「未確定裝運船舶之貨物保險，要保人或被保險人於知其已裝載於船舶時，應將該船舶之名稱、裝船日期、所裝貨物及其價值，立即通知於保險人。不為通知者，保險人對未為通知所生之損害，不負賠償責任。」因船舶之構造，與海上運送之安全與否息息相關，知悉船舶之名稱，有利於保險人對於裝貨船舶航海技術是否精良之判斷，知悉裝船日期、所裝貨物及其價值，有利於保險人對

修訂新版，p. 313。

於航海危險之預估，因此要保人或被保險人於知貨物已裝載於船舶時，應將該船舶之名稱、裝船日期、所裝貨物及其價值等資訊，立即通知於保險人。

　　海商法第一三二條之規定，係 1999 年修法時修正且變更條次後之規定。1999 年修正前之海商法，曾以第一七四條規定：「貨物保險時，未確定裝運之船舶者，要保人或被保險人於知其已裝載於船舶時，應將該船舶之名稱及國籍，即通知於保險人，不為通知者，保險契約失其效力。」1999 年修法時，有鑑於(1)船舶之結構及性能等影響船舶航行安全甚鉅，在造船技術不發達且各國造船水準差異很大時期，船舶之國籍影響保險人對於保費之預估，惟現代造船技術進步，此項影響保險費率之因素，已漸式微，故將現行條文之「國籍」予以刪除。(2)未確定裝運船舶之貨物保險之要保人於知悉貨物之裝船日期及價值時，均應立即通知保險人，以利保險人對於危險之預估，特予增訂「貨物之價值」應通知保險人。(3)前項保單，如承保數航次時，當要保人疏於本條規定之通知義務時，保險人僅對於因之所發生之損害不負責任，其原訂保險契約仍具效力，因此 1999 年修法時，乃將「不為通知者，保險契約失其效力」，修正為「保險人對未為通知所生之損害，不負賠償責任」，以期合理 ❷⁶。

---

❷⁶　交通部，《海商法修正草案（含總說明）》，1995 年 7 月，p. 168。

第三節　海上保險之委付

第一項　總　說

一、委付之意義

就委付之意義，海商法第一四二條規定：「海上保險之委付，指被保險人於發生第一百四十三條至第一百四十五條委付原因後，移轉保險標的物之一切權利於保險人，而請求支付該保險標的物全部保險金額之行為。」由此規定可知，委付〔英：abandonment；日：委付（いふ）；德：Abandon；法：abandon, délaissement〕者，乃指被保險人於發生法定委付原因後，得將保險標的物之一切權利移轉於保險人，而請求支付該保險標的物全部保險金額之法律行為也（§142）。依此定義，吾人簡單析述如下：

㈠委付係被保險人之法律行為

委付在法律上，係一種制度，且係海上保險特有之一種制度。既為海上保險特有之一種制度，則此種制度，僅海上保險之被保險人得主張之，陸上保險，例如汽車保險、火災保險等之被保險人均不得主張之。委付在當事人間，係一種行為，且係一種法律行為。既為一種法律行為，則此種行為須以意思表示為之，並且須得對方之承諾或法院之判決，始能發生效力❷❼。

---

❷❼　鄭玉波（林群弼修訂），《海商法》，三民書局印行，1999 年 11 月修訂 12 版，
　　　p. 199。梁宇賢，《海商法精義》，自版，瑞興圖書股份有限公司總經銷，1999 年
　　　9 月修訂新版，p. 314。

㈡委付係移轉保險標的物之一切權利於保險人，而請求支付該保險標的物全部保險金額之行為

因委付之目的，旨在向保險人請求保險標的物全部保險金額之給付，因此被保險人必須將保險標的物之一切權利移轉於保險人，藉以避免被保險人取得雙重利益。

㈢委付係法定原因下所為請求支付全部保險金額之行為

當保險標的全部損失（實際全損）時，被保險人固得請求全部保險金額之給付，但有時保險標的雖非全部損失，然其狀態與全部損失無異，亦即具有法定原因，得推定全損時，則法律為保護被保險人起見，亦允許將保險標的物之一切權利移轉於保險人，而據以請求給付全部保險金額之給付。此等據以請求給付全部保險金額給付之行為，即為委付。

委付制度係海上保險所獨有之制度，其他陸上保險則無委付制度，因此其他陸上保險之被保險人不得主張委付。例如今設甲結婚時獲贈轎車一輛及珠寶一個。甲以該轎車為標的物向某產物保險公司投保保險公司全額車體險；以該珠寶為標的物投保定值竊盜險及遺失險。嗣因九二一地震，該車為倒塌之房屋壓扁，非支付超過車輛價值百分之八十修繕無法修復，而珠寶亦遍尋不著。在此情況，(1)若甲以該轎車之修繕費超過車輛價值四分之三，應視為全損為理由，主張將該車委付與保險人，並請求保險人給付全損之保險金，保險人得否拒絕？(2)若保險人於給付珠寶之保險金後，甲於清理被壓毀之衣櫃時發現該珠寶，因消息走漏為保險人聞悉，甲得否以珠寶未遺失為由，主張保留該珠寶，退還保險金？就此設例，吾人以為：

1.委付〔英：abandonment；日：委付（いふ）；德：Abandon；法：abandon, délaissement〕者，乃指被保險人於發生法定委付原因時，得將保險標的物之一切權利移轉於保險人，而請求支付該保險標的物之全部保險金額之法律行為也（§142）。

委付制度係海上保險特有之制度，陸上保險並無委付之制度。再者，委付係屬在法定原因下，所為請求支付全部保險金額之行為，委付僅以具

有法定原因時為責任限制。例如就被保險船舶之委付，海商法第一四三條規定：「Ⅰ被保險船舶有下列各款情形之一時，得委付之：一　船舶被捕獲時。二　船舶不能為修繕或修繕費用超過保險價額時。三　船舶行蹤不明已逾二個月時。四　船舶被扣押已逾二個月仍未放行時。Ⅱ前項第四款所稱扣押，不包含債權人聲請法院所為之查封、假扣押及假處分。」就被保險貨物之委付，海商法第一四四條規定：「被保險貨物有下列各款情形之一時，得委付之：一　船舶因遭難，或其他事變不能航行已逾二個月而貨物尚未交付於受貨人、要保人或被保險人時。二　裝運貨物之船舶，行蹤不明，已逾二個月時。三　貨物因應由保險人負保險責任之損害，其回復原狀及繼續或轉運至目的地費用總額合併超過到達目的地價值時。」就運費之委付，海商法第一四五條規定：「運費之委付，得於船舶或貨物之委付時為之。」

　　本設例中，甲以該輛車之修繕費超過車輛價值四分之三，其性質既非海上保險，亦非委付之法定原因，因此除非當事人於保險契約上另有明文約定，否則被保險人甲不得以該輛車之修繕費超過車輛價值四分之三，應視為全損為理由，主張將該車輛委付與保險人，並請求保險人給付全額之保險金，保險人得拒絕之。

　　2.在本案例中，珠寶既然遍尋不著，應屬遺失保險保險事故之發生，保險人自應給付保險金。惟保險人於給付保險金之後，復尋獲保險標的物時，被保險人是否得以主張保留該保險標的物，退還保險金？約有下列二說：

⑴甲　說

　　主張甲說者認為，珠寶既然遍尋不著，應屬遺失保險保險事故之發生，保險人於給付保險金之後，應已取得保險標的物之所有權。縱然事後重新尋獲標的物，應另依其他法律解決，例如依民法第一七九條有關不當得利之規定。

⑵乙　說

主張乙說者認為，基於保險制度消化危險之功能而言，保險人於給付保險金之後，重新尋獲標的物時，應將之視為「保險事故之未發生」。此時，被保險人應將保險金退還保險人，而主張保留該標的物。

吾人以為，一般所謂「遺失」，係指在客觀上脫離被保險人之占有而不知該物究在何處而言。惟遺失保險之所謂「遺失」，除絕對無法尋獲之情形外，其於一定之期間內，經嚴密而確實之搜尋仍無法發現之相對無法尋獲之情形，亦屬遺失，而為保險事故之發生，保險人即應給付保險金。但遺失保險究為財產保險之一種，以填補損害為原則，因此自有不當得利禁止原則之適用，所以「保留珠寶」、「獲得保險金」僅能擇一行使。因此依據私法自治之原則，保險契約已有明文約定之時，自應從其約定，保險契約無明文規定，而該保險標的物對於被保險人具有特別意義（例如紀念意義）時，保險人自無必須保留保險標的物，拒絕退還保險金之必要，因縱然允許被保險人主張保留珠寶，退還保險金，對於被保險人並未造成不當得利也。再說，保險契約本屬一種附合契約，一有疑義，往保護被保險人方向解釋，亦較符附合契約之解釋原則也。

二、委付制度之沿革及其立法例

委付制度可分為下列兩種：

㈠免責委付

免責委付〔英：abandonment；日：委付（いふ）；德：Abandonsystem；法：abandon, délaissement〕者，乃指本來船舶所有人對於因船舶業務活動所生之債務，與其他債務相同，應以全部之財產，負人的無限責任，但在法律規定之條件下，船舶所有人得委棄其船舶及運費予債權人而免除其責任之制度也。免責委付之起源甚早，於羅馬法上有所謂「加害物委付訴訟」之制度。「加害物委付訴訟」(Actic Noxalis) 者，乃指家長對於其家屬、奴隸或動物所為之加害行為，得將加害者委付於被害人，以代罰金或損害賠

償之支付，而免除責任之訴訟也。1967 年以前法國商法第二一六條、1975
年以前日本商法第六九〇條，有關船舶所有人責任限制委付主義之立法，
即由羅馬法之「加害物委付訴訟」制度演化而來。

㈡保險之委付

保險之委付〔英：abandonment；日：委付（いふ）；德：Abandon；法：
abandon, délaissement〕者，乃指被保險人於發生法定委付原因後，得將保
險標的物之一切權利移轉於保險人，而請求支付該保險標的物全部保險金
額之法律行為也（§142）。保險之委付起源於十五、十六世紀，在當時，保
險委付之制度，已慣行於海上保險。起初，在保險契約中，往往載有「船
舶航行方向不明而無任何消息時，視同船舶之喪失。」條款，其後遂逐漸
形成被保險人得將保險標的讓與於保險人而取得其保險金之制度。1681 年
法國之路易十四海事條例，更將其觀念稍加擴大而規定，凡被保險物之滅
失而具有確實性者，例如發生捕獲、難損等事件時，均得許其委付。

今日世界各國之海上保險，例如德國商法第八六一條以下、法國商法
第三六九條以下、日本商法第八三三條以下、英國海上保險法第六十條以
下、義大利航行法第五四〇條以下，莫不承認保險委付之制度❷。

三、海上保險之委付，究為單獨行為或契約行為

海上保險之委付，究為單獨行為或契約行為，亦即海上保險之委付，
是否需要對方之承諾？約有下列二說：

㈠單獨行為說

主張此說者認為，海上保險之委付，係屬委付權人之單獨行為，無須
經保險人之同意，即生效力。主張此說之理由，約有下列幾點：

---

❷ 林咏榮，《商事法新詮（上）》，五南圖書出版公司，1990 年 11 月 4 版，p. 648。
何佐治，《最新海商法釋義》，自版，建華印書有限公司印刷，1962 年 9 月初
版（臺），p. 395。俞士英，《海商法要義》，自版，福元印刷廠印刷，1968 年
10 月初版，p. 262。

(1)雖然海商法第一四七條第一項規定：「委付經承諾或經判決為有效後，自發生委付原因之日起，保險標的物即視為保險人所有。」但此之所謂「經承諾或經判決為有效」，僅在強調須經保險人確認委付之原因，經法院判決有效亦在確認委付之原因，而非在於強調保險人有承諾與否之自由。易言之，海商法第一四七條第一項所謂之「委付經承諾」，其承諾之真正意義，乃在於確認，而不在於同意。因此吾人不得徒因海商法第一四七條第一項之規定，而誤以為海上保險之委付，需要對方之同意或承諾。

(2)海商法第一四六條第二項規定：「委付不得附有條件。」足見海上保險之委付，其法律關係甚為單純，與單獨行為不得附條件之性質較為相同。

(3)若海上保險之委付，無須經保險人之同意，始生效力，則委付之生效時間應自「保險人承諾時」起。但事實上保險委付之生效時間，並非自保險人承諾起，而係「自發生委付原因之日起，保險標的物即視為保險人所有」（§147I）[29]

(4)海上保險之委付，係以委付之原因為前提，並非以委付之承諾為前提，因此在理論上，海上保險之委付，應屬單獨行為，而非契約行為[30]。

(二)契約行為說

主張此說者認為，海上保險之委付，係屬委付權人之契約行為，須經保險人之同意，始生效力。其主要理由為：海商法第一四七條第一項明文規定：「委付經承諾或經判決為有效後，自發生委付原因之日起，保險標的物即視為保險人所有。」足見被保險人為委付之意思表示，須獲保險人「承諾」之意思表示，始能成立，因此海上保險之委付，其性質應屬委付權人與保險人間之契約行為。

目前我國學界，以契約行為說為通說。例如梁宇賢教授即謂：「我國學

---

[29]　梁宇賢，《海商法實例解說》，自版，2000年5月修訂版，p. 319。莫凡，《海商法》，保成出版事業有限公司，2001年9月修訂2版，p. 306。

[30]　何佐治，《最新海商法釋義》，自版，建華印書有限公司印刷，1962年9月初版（臺），p. 407。

者以契約說為通說。筆者亦採契約說。蓋我國海商法第一四七條第一項明文規定要保人或被保險人之委付，經保險人之承諾，即可發生效力。如保險人未為承諾，則要保人或被保險人可訴請法院，經法院判決為有效，亦可取代保險人之承諾，是故海上保險之委付，符合契約之原理。」❸ 吳智教授亦謂：「本條係採英美法例，不認委付為單獨行為。」❷ 鄭玉波教授亦主張：「委付是否需要對方承諾？立法例不同，德商（第八六八條）、日商（第八三三條以下）認為委付為委付權人之單獨行為，無須經保險人之同意，即可生效；而英海上保險法（第六二條）、法商（第三八五條）則認為須經對方之承諾，始能有效，本法仿後者之立法例，於第一四七條中有：『委付經承諾或判決有效後……』等字樣，可見在我國海商法上委付並非單獨行為，而係須經對方承諾之行為。倘委付人具備合法要件而表示委付，如對方不予承諾者，祇有訴請法院判決其有效」❸。何佐治先生亦認為：德國商法第八六八條之規定、日本商法第八三三條第一項及第八三九條第一項之規定，均認為委付係屬單獨行為，而我國海商法係仿英國海上保險法第六十二條、法國商法第三八五條之規定，須經承諾或判決，乃委付生效之要件，而非成立之要件，因此海上保險之委付，應屬契約行為❸。吾人亦以為契約行為說較為妥當。因依我國現行海商法第一四七條之規定，海上保險之委付，並非被保險人一方之意思表示即可成立，若無保險人之承諾或無法院之確定判決，事實上海上保險之委付無從發生效力，因此契約行為說之見解似乎較符我國現行海商法之立法旨趣。

❸ 梁宇賢，《海商法實例解說》，自版，2000 年 5 月修訂版，p. 319。

❷ 吳智，《海商法論》，自版，三民書局總經銷，1976 年 3 月修訂 4 版，p. 314。

❸ 鄭玉波（林群弼修訂），《海商法》，三民書局印行，1999 年 11 月修訂 12 版，p. 204。

❸ 何佐治，《最新海商法釋義》，自版，建華印書有限公司印刷，1962 年 9 月初版（臺），p. 407。

第二項　委付之成立要件

委付之成立要件，可分為實質要件及形式要件，茲簡單說明如下：

一、委付之實質要件

所謂委付之實質要件，係指委付之原因而言。而所謂委付之原因，即指推定全損之情形而言。茲將船舶委付之原因、貨物委付之原因、運費付之原因及應有利得之委付原因簡單說明如下：

(一)船舶委付之原因

就船舶委付之原因，亦即就船舶之推定全損，海商法第一四三條規定：「Ⅰ被保險船舶有下列各款情形之一時，得委付之：一　船舶被捕獲時。二　船舶不能為修繕或修繕費用超過保險價額時。三　船舶行蹤不明已逾二個月時。四　船舶被扣押已逾二個月仍未放行時。Ⅱ前項第四款所稱扣押，不包含債權人聲請法院所為之查封、假扣押及假處分。」由此規定可知，被保險船舶有下列各款情形之一時，得委付之：

1.船舶被捕獲時

所謂船舶被捕獲，係指船舶被敵國所拿捕或被海盜所掠奪之情形而言。本款係就實際全損原因所為之規定，就船舶委付之原因，1999 年修法之前，舊海商法曾以第一八三條規定：「被保險船舶之委付，得於有左列各款情形之一時為之：一　船舶被捕獲或沉沒或破壞時。二　船舶因海損所致之修繕費總額達於保險金額四分之三時。三　船舶不能為修繕時。四　船舶行蹤不明，或被扣押已逾四個月仍未放行時。」1999 年修法時，有鑑於：所謂沉沒係指船舶沉入水底，不易撈救之意，船舶沉沒屬於實際全損，實務上已經無須委付，因此修法時將「沉沒」刪除之。再者，所謂破壞係指船舶觸礁或碰撞不堪收拾之意，因舊法第一款之「船舶破壞」與舊法第二款之「修繕費總額」有關，乃將此二款合併加以修正。

2.船舶不能為修繕或修繕費用超過保險價額時

因在「船舶不能為修繕」之場合，船舶雖非全損，但事實上船舶已至不能再行利用之狀態，縱有殘骸，亦與全損無異，因此本法規定得以委付。在「修繕費用超過保險價額」之場合，其修繕費事實上既已高過保險金額，因此本法亦規定，得以委付，以求全部保險金額之給付。

就本款之狀況，1999 年修法前，舊海商法曾以第一八三條第二款規定：「船舶因海損所致之修繕費總額達於保險金額四分之三時。」1999 年修法時，有鑑於：舊法第一款之「船舶破壞」、第二款之「修繕費總額」，因涉及國際間法律規定不一，故與舊法第三款之「船舶不能為修繕時」合併修正為新法條文之第二款，並明定修繕費用超過保險價額時，亦得委付，使其較具彈性。

3.船舶行蹤不明已逾二個月時

所謂「船舶行蹤不明」，係指船舶存否無法知悉之情形而言。船舶行蹤不明，既已超過二個月，顯然凶多吉少，因此本法亦規定，得以委付，以求全部保險金額之給付。

就本款之狀況，1999 年修法前，舊海商法曾以第一八三條第四款規定：「船舶行蹤不明或被扣押已逾四個月仍未放行時。」1999 年修法時，有鑑於：船舶被扣押與行蹤不明性質不同，故將之分別列為新法第一項第三款及第四款。再者，因現今通訊科技及搜尋技術之進步，對於船舶行蹤不明之調查時間縮短，參照 Japanese Hull Insurance Union（簡稱 JHIU），General Conditions of Hull Insurance Article 10，乃將船舶委付之原因規定，予以縮短為二個月。

4.船舶被扣押已逾二個月仍未放行時

因船舶被扣押，已逾二個月，顯然放行希望已經渺乎其微，故本法規定得為委付。本款所謂之「船舶被扣押」，係指船舶被本國或外國之有權機關或治安機關依法所為之強制處分而言，惟此處所謂之處分，非指所有權之喪失，而僅在於對船舶之使用收益加以時間之限制而已。再者，本款所

謂之扣押，係指公法上之扣押而言，非指私法上之扣押。因此不包括債權
人聲請法院所為之查封、假扣押及假處分。海商法第一四三條第二項規定：
「前項第四款所稱扣押，不包含債權人聲請法院所為之查封、假扣押及假
處分。」係 1999 年修法時新增之除外規定，其立法理由，旨在配合海上保
險排除私法上扣押之實務❸。

㈡貨物委付之原因

　　就貨物委付之原因，海商法第一四四條規定：「被保險貨物有下列各款
情形之一時，得委付之：一　船舶因遭難，或其他事變不能航行已逾二個
月而貨物尚未交付於受貨人、要保人或被保險人時。二　裝運貨物之船舶，
行蹤不明，已逾二個月時。三　貨物因應由保險人負保險責任之損害，其
回復原狀及繼續或轉運至目的地費用總額合併超過到達目的地價值時。」
由此規定可知，被保險貨物有下列各款情形之一時，得委付之：

1.船舶因遭難，或其他事變不能航行已逾二個月而貨物尚未交付於受貨人、要保人或被保險人時

　　通常船舶因遭難或其他事變無法航行時，運送人應設法將存留之貨載
另以其他船舶送達至目的地。若船舶因遭難，或其他事變不能航行已逾二
個月而貨物尚未交付於受貨人、要保人或被保險人，顯然裝載於船上之貨
物已經凶多吉少，因此本法規定在此情況得以委付，藉以保護受貨人、要
保人或被保險人之權益。

2.裝運貨物之船舶，行蹤不明，已逾二個月時

　　所謂行蹤不明，係指船舶存否莫卜之情形而言。依目前之通訊科技及
搜尋技術進步，若裝運貨物之船舶行蹤不明，已逾二個月，則裝載於船舶
之貨物必也凶多吉少，無法獨得倖免，故亦為委付之原因。

---

❸　梁宇賢，《海商法精義》，自版，瑞興圖書股份有限公司總經銷，1999 年 9 月
　　修訂新版，p. 315。交通部，《海商法修正草案（含總說明）》，1995 年 7 月，
　　p. 177。

3.貨物因應由保險人負保險責任之損害，其回復原狀及繼續或轉運至目的地費用總額合併超過到達目的地價值時

例如某船裝有宏碁電腦一批，投有保險，到達目的地洛杉磯之價值為新臺幣一千萬元，於航行途中船舶發生故障，為防止該批電腦毀損滅失，船長乃將該批電腦轉運至目的地洛杉磯。在此情況，若該批電腦「回復原狀」及「繼續運送」或「轉運」之費用，其費用合併超過「到達目的地洛杉磯之價值為新臺幣一千萬元」，被保險人得將該批電腦委付，取得全部之保險金額。因在此情況，將該批電腦委付，顯然較能避免雙方計算費時之弊，較能維護雙方之利益，較符經濟之法則也。

本款係 1999 年修正之規定，舊海商法曾以第一八四條第三款及第四款規定：「三　因應由保險人負保險責任之損害，於航行中變賣貨物，達於其全價值四分之三時。四　貨物之毀損或腐壞，已失其全價值四分之三時。」1999 年修法之時，有鑑於：「何種狀況始可謂於航行中變賣貨物，達於其全價值四分之三？」、「何種狀況始可謂貨物之毀損或腐壞已失其全價值四分之三？」在認定上頗為困難，而且「貨物因應由保險人負保險責任之損害，其回復原狀及繼續或轉運至目的地費用總額合併超過到達目的地價值，將形成不經濟現象」，於 1999 年修正時，乃將原有規定之第三款、第四款合併修正為現行之規定 ❸❻ 。

(三)運費委付之原因

就運費委付之原因，海商法第一四五條規定：「運費之委付，得於船舶或貨物之委付時為之。」因運費係附麗船舶或貨物而來，因此於船舶或貨物委付時，運費亦得委付之。由此規定可知，於船舶或貨物全損委付時，運費固得委付之，於船舶或貨物可以推定全損委付時（例如裝運貨物之船舶，行蹤不明，已逾二個月時），運費亦得委付之。

本條係 1999 年修法後之規定，舊海商法曾以第一八五條規定：「運費之委付，得於船舶行蹤不明已逾四個月時為之。」1999 年修法時，有鑑於：

---

❸❻　交通部，《海商法修正草案（含總說明）》，1995 年 7 月，p. 178。

「運費之得委付，不僅限於船舶行蹤不明達一定期間時，凡船舶或貨物達推定全損時均得為之。」乃將舊法第一八五條之規定，修正為現行法第一四五條之規定。

㈣應有利得委付之原因

就應有利得委付之原因，海商法並無明文規定。在解釋上，應有利得應可委付。因應有利得既為貨物到達後所可預期之利益，海商法亦規定，應有利得可為海上保險之標的（§127），則有關應有利得之委付，自應比照貨物之委付情形辦理❸。

1999 年修法前，舊海商法曾以第一八六條規定：「專就戰事危險為保險者，被保險之船舶、貨物或運費之委付，得在被捕獲或被扣留時為之。」1999 年修法時，有鑑於「現行海險實務，多將戰爭危險附屬於船舶或貨物保險單之中，除再保險外，事實上海上保險無專就戰爭為保險者」，因此乃將舊法第一八六條刪除之❸。

二、委付之形式要件

如前所述，委付在當事人間，係一種行為，且係一種法律行為。既為一種法律行為，則此種行為須以意思表示為之，並且須得對方之承諾或法院之判決，始能發生效力。茲將委付之形式要件簡述如下：

㈠須有委任之表示

1.委付之完整性

委付之完整性，亦稱「委付之不可分性」，乃指原則上委付應就保險標的全部為之之性質也。海商法第一四六條第一項規定：「委付應就保險標的物之全部為之。但保險單上僅有其中一種標的物發生委付原因時，得就該

❸　鄭玉波（林群弼修訂），《海商法》，三民書局印行，1999 年 11 月修訂 12 版，p. 203。梁宇賢，《海商法精義》，自版，瑞興圖書股份有限公司總經銷，1999 年 9 月修訂新版，p. 317。

❸　交通部，《海商法修正草案（含總說明）》，1995 年 7 月，p. 180。

一種標的物為委付請求其保險金額。」由此規定可知，是否委付，被保險人固有自由，但被保險人若欲委付，則須以標的物之全部為之。因若許被保險人一部分委付，一部分不委付，不但法律關係複雜，發生爭執，而且若許被保險人一部委付，被保險人難免將保險標的物之有利部分選擇保留，而將保險標的物之不利部分選擇委付，對於保險人之利益勢將有所妨礙也。惟此係指保險標的物全部發生委付原因之情形而言，若保險標的物僅其中一種標的物發生委付原因時，自得就該一種標的物為委付請求其保險金額。對於此點，日本商法第八三七條亦規定：「Ⅰ委付應單純。Ⅱ委付應就保險標的之全部為之。但委付之原因就其一部發生者，得僅就該部分為之。Ⅲ以保險價額之一部付諸保險者，委付得依保險金額對保險價額之比例為之。」〔（委付の要件）Ⅰ委付ハ單純ナルコトヲ要スⅡ委付ハ保險ノ目的ノ全部ニ付テ之ヲ為スコトヲ要ス但委付ノ原因ガ其一部ニ付テ生シタルトキハ其部分ニ付テノミ之ヲ為スコトヲ得Ⅲ保險価額ノ一部ヲ保險ニ付シタル場合ニ於テハ委付ハ保險金額ノ保險価額ニ対スル割合ニ応シテ之ヲ為スコトヲ得。〕 ❸❾

2.委付之單純性

　　委付之單純性者，乃指委付不得附有條件或有所保留之性質也❹❶。海商法第一四六條第二項規定：「委付不得附有條件。」由此規定可知，委付不得附有條件，既不得附有條件，自不得附有期限，而且委付之通知一經保險人明示承諾，當事人均不得撤銷之（§148）。本項之立法理由，乃因委付之目的，本在迅速解決當事人間之法律關係，委付之意思表示不宜附有條件，否則若許附有條件，無異拖泥帶水，徒增當事人之糾葛，顯然有背委付之立法目的❹❶。

---

❸❾　劉春堂，《日本保險法規》，財團法人保險事業發展中心編印，1994 年 4 月初版，p. 18。《模範六法（1995 年版）》，三省堂，1994 年 10 月 10 日發行，p. 1049。

❹❶　林咏榮，《商事法新詮（上）》，五南圖書出版公司，1990 年 11 月 4 版，p. 649。

❹❶　張東亮，《海商法新論》，五南圖書出版公司，1989 年 1 月修訂初版，p. 493。

(二)須經承諾或判決

　　海商法第一四七條第一項規定：「委付經承諾或經判決為有效後，自發生委付原因之日起，保險標的物即視為保險人所有。」由此規定可知，委付並非單獨行為，被保險人為委付時，應向保險人為意思表示，且須經保險人承諾之後，始能自發生委付原因之日起，將保險標的物視為保險人所有。若保險人不為承諾，被保險人須以訴訟方式請求法院判決，須待判決確定後，始能自發生委付原因之日起，將保險標的物視為保險人所有。

　　我國海商法第一四七條所規定之「經承諾或經判決為有效後」，究為委付之生效要件或成立要件？我國學界通說認為，「須經承諾或判決」之要件，係屬委付之生效要件，而非委付之成立要件。例如鄭玉波教授即謂：「可見在我國海商法上委付並非單獨行為，而係須經對方承諾之行為；倘委付人具備合法要件而表示委付，如對方不予承諾者，只有訴請法院判決其有效，所以嚴格說來『須經承諾或判決』一項並不是委付的成立要件，而是它的生效要件。」❷吳智教授亦謂：「委付必須具備法定之原因及條件，由被保險人以通知方式，經被保險人接受承諾或經判決確定後，始有效力。」❸甘其綬先生亦主張：「海商法第一百八十八條（註：即現海 §147）規定：『委付經承諾或經判決為有效後，自發生委付原因之日起，保險標的物即視為保險人所有。』被保險人為委付應以意思表示向保險人為之，如保險人承諾，委付即生效力；若保險人拒絕承諾，惟有訴諸法院，俟經判決有效時，委付方生效力。」❹惟實務界則認為，「須經承諾或判決」並非委付

　　鄭玉波（林群弼修訂），《海商法》，三民書局印行，1999 年 11 月修訂 12 版，p. 204。

❷　鄭玉波（林群弼修訂），《海商法》，三民書局印行，1999 年 11 月修訂 12 版，p. 205。

❸　吳智，《海商法論》，自版，三民書局總經銷，1976 年 3 月修訂 4 版，p. 314。

❹　甘其綬，《海商法論》，自版，文和印刷股份有限公司印刷，1963 年 10 月初版，pp. 559、560。

之生效要件。例如最高法院 1966 年臺上字第 69 號判決即謂:「海上保險之委付,依海商法第一八二條(現海 §142)之規定,係指被保險人於發生同法第一八三條(現海 §143)所列委付原因時,得將保險標的物之一切權利移轉於保險人,而請求支付該保險標的物之全部保險金額而言。同法第一百八十八條(現海 §147),則係規定委付經承諾或經判決為有效後,溯及發生委付原因之日起,保險人取得保險標的物之所有權,並取得因此而生之權利。然此並非委付之生效要件,上訴人既表示以委付為原因,請求給付全部保險金額,則其委付是否合法,有無具有委付之原因,即應加以調查審究。所謂先經判決確認委付有效,始能請求,顯屬適用法規不當。」❹

再者,海商法第一四七條第二項規定:「委付未經承諾前,被保險人對於保險標的物之一切權利不受影響。保險人或被保險人對於保險標的物採取救助、保護或回復之各項措施,不視為已承諾或拋棄委付。」由此規定可知,委付經被保險人表示而未被保險人承諾之前,仍為被保險人所有,藉以鼓勵被保險人對於保險標的物隨時採取救助、保護或回復等各項措施,避免損失之擴大。所謂「被保險人對於保險標的物之一切權利」,包括保險標的物直接之權利及間接之權利。直接之權利,例如保險標的物之所有人或擔保物權即是。間接之權利,例如船舶碰撞之損害賠償請求權、共同海損分擔請求權等即是。此等保險標的物直接之權利及間接之權利,於委付未經承諾前,仍屬被保險人所有,亦即被保險人對於保險標的物之一切權利不受影響❹。

海商法第一四七條第二項係 1999 年修法時新增之規定,其立法理由為:「增訂第二項規定,係參照一九八三年協會船舶保險條款 (Institute Time

---

❹ 最高法院 1966 年臺上字第 69 號判決。梁宇賢,《海商法論》,三民書局印行,1992 年 8 月修訂 3 版,p. 694。洪哲夫,《海商法爭議問題》,保成出版社,1990 年第 2 版發行,p. 220。

❹ 楊仁壽,《最新海商法論》,自版,文太印刷企業有限公司印刷,三民書局總經銷,1999 年 10 月印刷,p. 548。

Clauses-Hulls, 1/10/83) 第十三條第三款及一九八二年協會貨物保險條款
(Institute Cargo Clauses (A), 1/1/82) 第十七條，於保險標的物雖經委付而未
被承諾前，當事人雙方均得採取救助、保護或回復等各項措施，以避免損
失之擴大，乃係世界性之公益規定。」 ❹

第三項　委付之效力

委付之效力，約有下列二點：

一、保險標的物權利之移轉

海商法第一四七條第一項規定：「委付經承諾或經判決為有效後，自發
生委付原因之日起，保險標的物即視為保險人所有。」由此規定可知，無
論船舶、貨物或運費，其委付一經承諾或判決有效，均自發生委付原因之
日起，其權利即移轉於保險人。此種移轉，係屬法定移轉，無須被保險人
之讓與行為，一旦「委付經承諾或經判決為有效（判決確定）後」，保險標
的物即視為保險人所有，而且其權利移轉時間，溯及自發生委付原因之日
起 ❹ 。

對於此點，日本商法第八四〇條第一項規定：「（有關其他保險契約等
之通知）被保險人辦理委付時，應將有關保險標的之其他保險契約及有無
債務與種類，通知保險人。」〔（他の保險契約等に関する通知）被保險者
ハ委付ヲ為スニ当タリ保險者ニ対シ保險ノ目的ニ関スル他ノ保險契約並
ニ其負担ニ属スル債務ノ有無及ヒ其種類ヲ通知スルコトヲ要ス。〕我國海
商法及保險法雖無類似之規定，但基於我國保險法之一般規定及法理，應
作相同之解釋。因此在目前保險實務上，被保險人辦理委付時，須將有關

---

❹　交通部，《海商法修正草案（含總說明）》，1995 年 7 月，p. 181。

❹　楊仁壽，《最新海商法論》，自版，文太印刷企業有限公司印刷，三民書局總經
銷，1999 年 10 月印刷，p. 548。

保險標的物之權利證書、各種契約及各種負擔債務通知保險人。因保險標的物是否有重複保險，導致被保險人不當得利，曾否分擔共同海損，均與保險人之利益息息相關也。於接到前項通知之前，保險人並無支付保險金額之義務。而且，保險人亦得對於前述證明文件提出反證，例如提出反證證明，該載貨證券係屬「內容不詳」之載貨證券，證據力過分薄弱而得拒絕支付保險金。惟在此情況，若被保險人提供擔保，保險人仍有先將保險金支付之責任，以待證據之認定。再者，於被保險人接受委付賠償時，應將「授權狀」（letter of subrogation，或稱授權書，subrogation receipt）交付予保險人，藉以確定所有權或求償權之移轉，保險人始能據以行使代位權。再者，保險人因被保險人之委付而取得者，係屬有關保險標的物之權利（船舶殘餘物及其權利），而非保險標的物之義務。例如船舶沉沒阻礙航道時，船舶所有人（被保險人）有清除沉船之義務並負擔其費用，此時不得因被保險人之委付，而將該沉船清除之義務移轉於保險人❹❾。

二、保險金額之給付

海商法第一五〇條規定：「Ⅰ保險人應於收到要保人或被保險人證明文件後三十日內給付保險金額。Ⅱ保險人對於前項證明文件如有疑義，而要保人或被保險人提供擔保時，仍應將保險金額全部給付。Ⅲ前項情形，保險人之金額返還請求權，自給付後經過一年不行使而消滅。」由此規定可知，被保險人委付之後，發生與現實全損同一之結果，保險人既可取得保險標的之權利，自應對之為保險金額全額之給付。

再者，海商法第一四八條規定：「委付之通知一經保險人明示承諾，當事人均不得撤銷。」本規定之立法目的，旨在貫徹委付制度之單純性，因此明文規定，委付之通知一經保險人明示承諾，當事人均不得撤銷。

---

❹❾ 吳智，《海商法論》，自版，三民書局總經銷，1976 年 3 月修訂 4 版，p. 317。
梁宇賢，《海商法精義》，自版，瑞興圖書股份有限公司總經銷，1999 年 9 月修訂新版，p. 319。

第四項　委付之時效

㈠委付權利之行使期間

　　海商法第一五二條規定：「委付之權利，於知悉委付原因發生後，自得為委付之日起，經過二個月不行使而消滅。」由此規定可知，被保險人若已知悉委付之原因，自應及早委付，否則其委付之權利，自得辦理委付之日起，經過二個月不行使而消滅。惟此消滅者，僅委付權而已，被保險人就其損害向保險人之理賠請求權，並未因之而消滅，而且將來鑑定之結果確定為「現實全損」時，仍得向保險人請求保險金額之全額給付。

㈡委付權利行使期間之性質

　　海商法第一五二條規定所定委付權利之行使期間（二個月），其法律性質應屬除斥期間或時效期間？吾人以為，委付權利行使期間之性質，應屬除斥期間。其理由如下：

　　⑴因海上航運，船舶遭難，常在偏遠海域，查勘不易，為免證據保全不易，理應使其權利義務早日確定。採除斥期間之見解，較能使海事法律關係早日確定，不致拖延過久❺⓿。

　　⑵因委付制度本為保護被保險人之利益而設，若被保險人於知悉委付原因發生後，自得為委付之日起，經過二個月而不行使，顯然該被保險人已無加以保護之必要。

　　因委付權利之行使期間屬於除斥期間，不得延長或縮短，亦不因被保險人之行使委付而中斷。一旦超過此等行使期間，被保險人之委付權利即歸消滅。惟如前述，其消滅者，僅委付權而已，被保險人就其損害向保險人之理賠請求權，並未因之而消滅，而且將來鑑定之結果確定為「現實全損」時，仍得向保險人請求保險金額之全額給付。

---

❺⓿　梁宇賢，《海商法實例解說》，自版，2000 年 5 月修訂版，p. 318。

▶ 民法債編總論（上）（下）

楊芳賢 著

　　本書說明民法債編通則的規定及相關制度。全書篇幅粗略而言，是依照最高法院相關判決之數量多寡而定；也就是判決越多，越是實務重點所在，說明會較為詳細；反之，較少或毫無最高法院判決者，則儘量精簡說明。本書期望可以幫助讀者理解民法債編通則的相關規定，並且在面臨不同個案時，能夠獨立思考及尋找法律依據，再依解釋、補充或各種論證方法，以具體理由作成論斷。本書對讀者而言，為入門性質的讀物，幫助建立基礎觀念，作者並期望，三年、五年或最晚七年，讀者已有能力親自閱讀英文（或其他外文）著作及判決。

▶ 不當得利

楊芳賢 著

　　本書涉及民法上不當得利的規定，自說明架構而言，主要區分不當得利之構成要件與法律效果，其中構成要件之說明，包括民法第 179 及 180 條之規定；法律效果部分，則包括民法第 181、182 及 183 條之規定。本書撰寫方式，首先為教學性質之說明，於各章節開始處，以相關實例問題作引導，簡介該章節之法律概念，儘量以實務及學說上之見解詳做解析；其次，則進入進階部分，即最高法院相關判決之歸納、整理、分析與評論；最末，簡要總結相關說明。期能藉由本書之出版，讓欲學習不當得利規定及從事相關實務工作之讀者，更加掌握學習與運用法律規定之鑰。

▶ 民法上權利之行使

林克敬　著

　　民法主要規範人與人之間的權利與義務，本書專門討論權利之行使與義務之履行。內容不僅介紹民法中之各種權利，而且也探討了如何行使權利，才不會超過權利應有的界限。司法實務上最容易產生的民法爭議主要集中於權利界限模糊的問題，本書特別論述民法的「誠實信用原則」（民法的帝王條款）與「禁止權利濫用原則」對於處理權利界限模糊所具有的特殊功能，並探討以上兩原則對於人民如何守法、國會如何立法及法院如何進行司法審判所具有之深遠影響。

▶ 代理關係

劉昭辰　著

　　本書企望能以十萬字的篇幅，透過生動活潑的講解方式及案例試舉，來呈現代理的法學理論。一方面希望可以讓學習者，避免因抽象的學術寫法而怯於學習，二方面也希望避免本書成為僅是抽象文字的堆積，而變成令人難以親近的學術著作。本書盡力對代理理論做最詳盡的解說，除期望可以提供初學者對於代理理論有更多的閱讀資料外，也冀望本書可以讓一般法律實務工作者樂於使用當中資料於實務工作中，以求充分發揮法律理論的學術功能性：將法律正義實踐於生活。

▶ 無因管理

林易典　著

　　本書之主要內容為解析無因管理規範之內涵，並檢討學說與實務對於相關問題之爭議與解釋。本書共分十三章：第一章為無因管理於民法體系中之地位，第二章為無因管理之體系與類型，第三章為無因管理規範之排除適用與準用，第四章至第六章為無因管理債之關係的成立要件，第七章為無因管理規範下權利義務的特徵，第八章至第十章為管理人之義務，第十一章為管理人之權利，第十二章為管理事務之承認，第十三章為非真正無因管理。期能使讀者在學說討論及實務工作上，能更精確掌握相關條文之規範意旨及適用，以解決實際法律問題。

▶ **委任**

王怡蘋 著

本書主要區分為契約定性、委任人之義務、受任人之義務與委任關係之結束等幾部分說明委任之相關條文,而於說明相關規定時,並輔以判決為例,以呈現當事人間之法律關係,希望藉此使讀者透過案例運用思考相關之法律規範。至於案例說明時,則先以請求權基礎呈現當事人間法律關係,藉此勾勒整體法律關係之輪廓,因此,此部分內容不以委任規定為限,藉此促使讀者在思考上連結委任以外之相關規定,於案例說明中再就與委任相關之規定詳加說明。